新哲學概論：通俗性與當代性

吳汝鈞 著

臺灣 學生書局 印行

自 序

　　這本內容相近於哲學概論或哲學導論（Introduction to Philosophy）的書，我在很久以前便想寫了，只是由於忙於其他的學問，一直未有動筆。現在才執起筆來認真的寫。現在還不寫，恐怕將來沒有甚麼機會了。我寫這本書有兩個原因。遠因是我在香港浸會大學宗教與哲學系教了十五年書，共三十個學期；每個學期都要開一門通識的課，在我來說，不是世界宗教（World Religions），便是哲學導論。浸大不被定位為教學與研究的大學，而只著重教學一面，不怎麼著重學術研究。在香港的大學中，有接近十所大學是經政府認可和在經濟上支援的，浸大的排名落於後半截，又是一所有濃厚的基督教背景的大學，因此學生的質素參差不齊，很多在語言文字、知識與思考方面的基本訓練都顯得不足，甚至貧乏，而哲學導論是通識課程，每一學生都得修讀。他們來聽課，大體上都有被逼的感受，壓力相當大，自然也有一定程度的抗拒性。因此這一科，在老師和同學來說，都不是討好的學科。一大班學生坐在偌大的教室中，坐在前幾排的學生的表現比較好些，坐在後面的學生便很難說了。有時也兼雜有染上金髮的同學，所謂「金毛」，坐在後面總是講個不停。教授在前面講，他們在後面講，秩序不好，場面難以控制。年年都是如是。大學方面沒有中學的訓導主任之類來矯正、提點學生的行為。在課堂上，所謂秩序，都由教授自己來處理，有時場面相當尷尬。

　　我一直有注意這些金毛的學生，最初幾年，拿他們沒有辦法。有一次，有一個金毛在課室的後面講個沒完沒了，跟鄰坐的同學講。我問他講甚麼呢？可不可以安靜一些，讓我不受干擾，繼續講下去呢？他竟說：「我在跟同學講哲學概論，向他詢問哩，老哥！」他竟叫我作「老哥」！

我說我不是你的甚麼老哥，而是你的老師，有甚麼問題，問我好了，不要騷擾隔鄰的同學。他知道說錯了話，便不再講下去了。這樣的場合不少，我問系主任如何處理，他說沒有辦法的，教授得自己動腦筋，想出一條路來。這種情況很讓人沮喪，在近上課前已經有一種不自在、疲厭的心理。最後，我終於想出一個辦法了。我對同學說，我只有一張嘴在課堂講書，你們幾十甚至過百張嘴在座位上講東講西，我怎麼講得下去呢？倘若我發現你們不停講話，影響我的授課，我便請其中有關的同學離開。倘若不願離開，則我自己離開，回到我的 office。當班代表覺得靜了下來，我可以講課了，便請到我的 office 通知我來講課。但由於課室嘈吵而讓我不能講下去的東西，我不會補講了，你們自己找書看，自己想辦法好了。考試時我仍會提出有關這些東西的問題，讓你們作答。不及格的便重修，云云。我竟以考試來壓他們，把球交回他們手上，但這很有效、很管用。教書教到要耍出這種招數，我真是無話可說。我是讓那些想靜下來聽講課的同學向那些不停在坐位上嘮嘮叨叨的同學施壓，不要妨礙講課，後者感到壓力，終於靜了下來。

就講課來說，哲學導論或哲學詮釋是很難講的。它比科學難講，後者可藉著實驗事例來協助；也難於歷史、地理，後者可參考實際發生的故事和現實地點來助解。它甚至比宗教還要難處理，後者可透過信仰、經書、宗教信物，如十字架等來闡明。哲學是講理，是理性的、邏輯的，也涉及人的立身處世、安身立命之道和終極理想、絕對真理等比較虛無的東西，難以捉摸、示現。有一次，我剛在講這門課時，一個坐著又像睡醒了的同學突然問：「阿 Sir，你能否不看著天花板、地階及對著我們空口講呢？你能否把要講的一塊一塊地講呢？」他把我叫作「阿 Sir」，還停留在中學的階段，不曉得稱呼「老師」、「教授」或「doctor」哩！怎樣把哲學一塊一塊地講呢？我問他「一塊一塊」地講是甚麼意思，他又答不出來。我回到家裏琢磨了半天，終於有答案了。他是問我能否一點一點或一個問題一個問題地講哲學，像我們通常把一塊大福餅切成一塊塊地吃呀。他其實是要我具體地講哲學，不要講得太抽象，不要老是講概念、理論甚麼

的，讓他們難以吸收，吃不消哩。他是不懂得運用具體、抽象這些範疇來提醒我吧。

　　不管怎樣，我每次要開哲學導論或哲學概論這門課，在學期之先，我都會把講義從頭看過，看看有甚麼要修改或補充之處，有時也會拿同類內容的參考書檢視一下，以吸取別人的長處。我的注意點，主要是就更通俗的、更深入淺出的途徑來改動，有時也會加入一些現代的題裁，把古老的、不合時宜的部分刪去。現在寫的這本書，其中一小部分正是這些講義的整理的成果。

　　另外是一個近因。十二年前我辭去香港浸會大學的教職，應聘中央研究院文哲所做研究，並兼作國立中央大學中文所與哲學所的合聘教授，每隔一個學期開一門課，中大的同學來中研院上課，另外有些其他大學如臺北市立大學、玄奘大學、淡江大學的研究生來旁聽。他們大部分都是中文所的學生，也有跟我寫碩、博士論文的。大體上，他們勤於閱讀和整理資料，只是在哲學和邏輯上的訓練偏弱。一個同學跟我寫禪方面的碩士論文，要求我推介一些哲學概論方面的參考書讓他看，以提高哲學思考的能力。我寫了 J. Hospers 的 *An Introduction to Philosophical Analysis* 和 B. Castell 的 *An Introduction to Modern Philosophy*，都是英文的，他便面有難色，問我能否介紹一些中文的參考書。我就自己所接觸及的說，目前還未見有寫得好的中文的哲學概論的書出現，除了唐君毅的兩鉅冊《哲學概論》。這書內容非常豐富，而且涵攝東西方哲學，分哲學總論、知識論、形而上學、價值論四大部分，而每一部分都較一般專論的著作有更繁富的內容，初學者或會感到困難。其他的好的中文哲學概論的著作，便很難說了。大陸張世英的《哲學概論》看來不錯，分本體論、認識論、審美觀、倫理觀、歷史觀等，有些地方（如審美觀和歷史觀）可以補唐氏《哲學概論》的不足。它是近年出版的（2002），不像唐氏著書已出版超過半個世紀，有點過時了。有人或者會提鄔昆如的《哲學概論》，但此書是基於方東美的講課而編寫成，於人有零碎之感，也缺乏連貫性，有頗濃厚的教科書意味。我的這本書，或許對只看中文的讀者有些用，因此便寫出來。

在日本方面，京都學派的西田幾多郎寫過一部《哲學概論》，以認識論與形而上學為主軸，並附論他自己所提出來的純粹經驗思想。他的高足務台理作也寫過同名字的書，但以問題為主軸，分世界、唯物論、觀念論、主體的存在、認識、實踐與價值諸問題，頗有讓人耳目一新的感覺。特別是在世界方面，他提出三種存在：自然、精神、歷史，有黑格爾的精神現象學的痕跡。西田的畏友田邊元也寫了《哲學通論》，分立場與方法兩大項，特別是哲學方面，分神秘主義、存在論、先驗論、現象學、生命哲學、自覺存在論（即解釋學的存在論）和辯證法。這也受到黑格爾的影響。

筆者的這本《新哲學概論：通俗性與當代性》，是哲學導論式而把重點放在當代性與通俗性方面。這正是書名「新哲學概論」的「新」的所涵。除了依循傳統的亦即是唐君毅與西田幾多郎的包含形而上學、知識論、倫理學外，也包含宗教哲學、歷史哲學、文化哲學、美學，內容更為多元，另外也說及現代西方的顯學如現象學、詮釋學、機體主義哲學。後三種都有當代的意味。最後更有富當代意味的史懷哲的敬畏生命的倫理學、杭亭頓的文明衝突論和京都學派的懺悔道哲學與筆者自己提出的純粹力動現象學。另外，在闡述某種觀點或思想方面，我盡量兼收並蓄。除了選取傳統流行的西方哲學的材料如柏拉圖、亞里斯多德、聖多瑪斯、康德、黑格爾、馬克斯、史賓格勒、柏格森、懷德海、胡塞爾、葛達瑪、杭亭頓等之外，也酌量從東方哲學方面吸取重要的資源，如老子、莊子、熊十力、金岳霖、王國維、宗白華和京都學派的田邊元、西谷啟治等，也有印度佛學的法稱，有相當濃厚的當代性。我並不如前人寫哲學史或哲學概論方面以西方哲學為主，而是適量地考量東方哲學。東西方哲學的不同不是高下的差異，而是思維模式的異向。雙方各有其意義與價值，我不會厚彼薄此。

在描述各種不同思路的哲學義理方面，我力求通俗化，以我們日常生活所常碰到的事物、經驗來解說，避免運用哲理化、思辯性的語詞，代之以日用云為常見的通俗易懂的詞彙。在一般情況下，我都較少交代文獻方

面的註腳，除了少數有爭議性的概念或觀點，例如講現象學的一章。這樣可減少嚴肅而又艱澀的述語，讓讀者在閱讀時不會感到太大的壓力，也明顯增強了在文字與義理方面的可讀性（readability）。依於此，拙著不是一本學術研究性格的書，而是一本思想性格的書，希望讀者不要在學術研究方面有太高的要求。

　　寫哲學史和哲學導論是很難的，因為範圍太廣，不可能不考慮其他書籍，我自然也不能例外。參考較多的，在記憶中有唐君毅的《哲學概論》、何秀煌的《邏輯》，和上面列過出來的 J. Hospers 與 B. Castell 的兩本英文著作，這些都是年輕時看的。實際上，看過的哲學的典籍多得很，一時也記不清楚了。書中或有反映別人的說法，但已為我自己所吸收消化了，這是難免的。在撰寫這本書方面，有幾點要交代一下。書中包含十多章，每章又分若干節，每節的篇幅，有時落差很大；篇幅多少，要視相關的節的內容而定，沒有規限。另外，由於這本書各章節是在不同時期撰寫的，有時不免有重複的地方，如形而上學章提到懷德海和熊十力，後面又有專章講懷德海的機體主義的，最後一章講自己的純粹力動現象學，又涉及熊十力。本應刪除重複的地方，但由於那些內容是在一個較確定的思路或思想脈絡下寫的，刪去了會影響有關的思想脈絡，故還是保留下來。好在重複的地方不多。這點還請讀者諒察。又在知識論方面，通常的哲學導論總是以康德的為主，我在這方面的做法有些不同，只簡介康德，而集中說法稱與金岳霖。他們兩人的看法，都能展示知識論的輪廓。這點也請讀者垂注。

　　另外，書中第十二、十三章講歷史哲學與文化哲學。這兩種學問在內容上頗有重疊之處。歷史哲學當然包含文化的發展歷程，文化哲學也常常是在歷史發展中見到的。在這裏我還是分開來說，第十二章講歷史哲學，第十三章講文化哲學。在講歷史哲學方面，自然涉及黑格爾、馬克斯和史賓格勒的史觀，也談及我國現代學者如林同濟、雷海宗的說法，他們基本上是依史賓格勒的歷史形態學來講中國的歷史與文化的發展的。同時也講到日本京都學派的絕對無的史觀。在講文化哲學方面，則較多講史懷哲的

敬畏生命的倫理性格的文化觀。由於史懷哲不是一個純粹的哲學家，他的
學術成就跨越哲學、神學、音樂和醫學四大面相，文化知識非常多元而豐
富，他同時也是一個身體力行、實踐性格的人道主義者、諾貝爾和平獎的
得獎人，要揀別出他的文化哲學思想，頗不容易。我在這裏把重點放在倫
理性格的敬畏生命的文化觀點上，很多時會涉及他的倫理思想，這頗可補
本書第九章講的道德哲學或倫理學方面的不足。因此讀者在看這一章時，
可兼參看這第十三章講的史懷哲的倫理思想。我還闡述及當代新儒學家特
別是馬一浮和唐君毅的文化哲學思想。另外，我又特別詳細地闡述美國政
治哲學家杭亭頓的文明衝突與世界秩序的重建問題，這是很有當代意義
的。

　　書中第二章講哲學所關心、處理的問題，這些問題與書中各章所探討
的主題並不完全相應。在書中，我沒有以專章講人生問題和政治哲學問
題，卻轉講當今哲學界流行的現象學、詮釋學、機體主義哲學和京都學派
的絕對無的哲學，特別是懺悔道哲學，也涉及我自己近十多年構思與建立
的純粹力動現象學。那是考慮到本書所特別標榜的通俗性與現代性的緣
故。隨著時代的進展，哲學的內容越來越多元，也反映出人生問題與社會
問題的複雜性格。關連著這一點，我本來有意多講一些，例如精神分析與
深層心理學的關係，以至當代新儒學的問題。但這裏的篇幅很有限，只能
割愛了。

　　最後，在參考書目方面，為了方便讀者進一步理解哲學及其問題，我
用了很多時間，盡量列出多元性的資料，內容兼及一般性質的哲學或哲學
概論、形而上學、知識論、倫理學或道德哲學、宗教哲學、美學或藝術哲
學、歷史哲學、文化哲學、現象學、詮釋學、機體主義哲學、京都學派哲
學特別是懺悔道哲學。在系統上則涉及西方哲學、中國哲學、印度哲學與
日本哲學。另外，考慮到我國的讀者通常多看中、英文書籍，而較少看
日、德文書籍，參考書目也以中、英文方面居多，日、德文方面少一些，
只有少數原典是例外。又，讀者可能會看到書目中有關佛學、現象學方面
的資料特別多，那是由於我的研究專業是佛學，所以不自覺地在這方面多

列了一些；而現象學是當今哲學界的顯學，這就更顯得拙書具有當代性了。對於這些參考書，我也不是隨便羅列出來的，而是翻過一下，確定是具有參考價值，才選上的。

拙書蒙陳森田先生代為製作索引，謹在此向他表示衷心的謝意。

是為序。

吳汝鈞

2014.12.29

臺北南港中央研究院

新哲學概論：通俗性與當代性

目　次

第一章　哲學是甚麼

　　德國哲學家康德（I. Kant）一晚仰天看到上面群星閃爍，便感覺到自己內心的道德律也在閃爍。我們凡人不必有康德的那種哲人的道德的情操。但當夜間昂首看到天上的星星，總會意識到或想到一些頗難解答的耐人尋味的問題：星星所處身其中的天際，有沒有邊限呢？倘若有的話，則這邊限的外面是甚麼呢？倘若沒有的話，則天際便是無窮無限，它怎樣跨越整個宇宙呢？跟著也會想到自己的年限，那即是時間：時間有沒有開始呢？有沒有結束呢？倘若是有的話，則在時間之外的不能以時間來限定的、限制的虛無縹緲的東西是甚麼呢？倘若是沒有的話，則時間如何向上和向下、向前和向後延伸呢？我們又可能會想到，這個千奇百怪的但又似是依循某些規律而變動的世界，有沒有創造者呢？倘若是有的話，則這創造者是甚麼呢？祂怎樣或用甚麼創造世界呢？祂自己又是甚麼東西呢，是不是本來便有的呢？倘若沒有創造者的話，則這個世界的根源是甚麼呢？是不是沒有根源，而自己本來便存在的呢？我們也可以再問，這個世界有朝一日會不會毀滅呢？倘若會的話，則它毀滅之後，有沒有其他東西補上呢？倘若沒有的話，則世界是不是自然地永遠地存在下去呢？

　　我們當然也可以提出一些較具體的問題：這些星星跟我們地球、月球和太陽等所組成的太陽系，和由無量數的太陽系組成的銀河系，它們之外還有沒有別的東西呢？物理學家說的黑洞、大爆炸，到底是甚麼東西呢？

　　以上如許的問題，初看似乎是科學的問題。但科學是經驗的（empirical）性格，我們難以在其中找到終極意義的答案。這些問題，最後還得循哲學之途才能求得終極的答案。只有哲學和宗教是終極的（ultimate）、超越的（transcendental）性格。現象學家胡塞爾（E.

Husserl）便強調，一切學問，最後都以現象學（Phänomenologie）為依據，或稱為現象學的哲學（Phänomenologische Philosophie）。因為後者講求明證性（Evidenz），明證性是一切確認（assertion）、命題（proposition）的基礎。

從文字學的觀點看哲學（philosophy）的意涵，這個語詞最初來自希臘文，由 philos 和 sophia 組成；philos 是對事物的愛好，sophia 即是智慧，兩部分合起來，便成哲學。這「哲學」字眼在我國的古典文獻中未有出現，是日本人先用的，我們承受了這個表示式。在我國的古典文獻中，「理學」或「玄學」、「形而上」庶幾近之。但我國的這些語詞中所包含的一些內容，例如心性論，則是西方人所謂的 philosophy 所無的。就流行的字眼來說，我們暫時可對哲學作如下定義：

> 哲學是一種對宇宙與人生的真相作本質層面的綜合的、整體的、理性的反省研究的活動成果。

關連著哲學問題的生起來說，人類學者認為人類的思想可分三期：

一、神話期：人類訴諸超自然和超人類的各種力量，來說明自然界和人事界的各種變化，例如以風伯、河神、雨師、雷神來說明風、河水、雨、雷等現象。在這個階段，人類的科學知識貧乏，哲學方面更不用說了。

二、宗教期：以集體心靈信奉一個共同的對象，以求得精神上的安頓，和死後有好的歸宿。例如相信世間有創造主，如基督教的耶和華（Jehovah）和伊斯蘭教的安拉（Allah），世間一切善惡事情，最後都由祂來審判，善者上天堂，惡者下地獄。

三、哲學期：強調理性，以理性、法則來說明世間種種現象、事物。如柏拉圖（Plato）以理型（Ideas）作為萬物的原型，每一類事物都有其自身的原型，如球類、眼鏡、茶杯之屬，它們都是理型的仿製品。原型或理型是最完美的，它純是精神性格；仿製品都不能如理型般完全，因為它

們都摻有物質的成分。

　　大體上，人的文化向前發展，由神話階段向哲學階段邁進，漸漸感到神話以至宗教對現象世界的事物的解說不合理，這兩者太強調情感與信仰，他們追求理性的解釋，因而傾向哲學方面去。哲學的起步在自由思想，但也不能完全沒有信仰。人的生活必有所信。如科學家到一家餐室喝一杯咖啡，咖啡到了，他便喝了。他總是相信那杯咖啡是安全的，沒有毒的，他不會事先準備一根銀針，插進咖啡中，看看是否會變黑，看到顏色不變，才放心飲用。這表示他對侍應、餐室有所信，相信他們不會害他。但他可能覺得以世界由神所創造的說法過於主觀，以至獨斷，因而不予相信，而試圖以理性的方式解決這個問題，而求助於科學或哲學。

　　科學與哲學都重視理性，但又不是同一的東西。兩者有甚麼分別呢？科學分門別類，對事物作專門的研究。如物理學研究事物的運行規律，天文學則擴大研究的範圍，研究天體宇宙的分布與質素，化學研究事物的組成，生物學研究動植物的生理問題，心理學則研究人的經驗的心理反應，精神分析則研究人的潛意識或下意識的問題。哲學則對全體事物作整體的反省，這不單限於現象的層面，而且包含本質的、物自身的層面。其中的問題如世界的成立、時空的性格與來源、生命的真相、心靈與物質的關係、人生的意義或價值，以至整個宇宙是有目的地發展抑是機械性的進行，抑是隨意性的（random）發展，等等問題。

　　說到哲學的生起（origination）問題，東西方的哲學家有不同的說法。西方哲學家以驚異（wonder）來說哲學的生起。他們認為，人類面對偌大的自然世界，多姿多彩，洪水猛獸、風雨雷電、日月星辰的多元的景象，感到驚異，但又不能解釋其所自來，則不得不去了解它們，適應它們，於是不斷地觀察、思索，求出一個合理的答案。日本京都學派的哲學家西田幾多郎則從不同角度去理解哲學的興起，是起於悲哀。這悲哀不是情緒性的、主觀的、消極性的，卻是指一種同情共感的悲情（compassion）。由此生起互助互愛以求生存的意願，進而克服自然的種種限制，建立以知、情、意為主軸的種種文化活動。中國儒家的孟子則從

道德的導向（moral orientation）出發，指出人自身超越地、普遍地具有一顆不忍人之心、惻隱之心，他不能面對別人遭受到種種痛苦危難的事而袖手旁觀，卻是以同情共感的悲情去展現道德行為以求改變現狀，救他人於水深火熱之中。這便開拓出實踐哲學特別是道德實踐哲學。

上面說哲學是一種對宇宙和人生的真相作綜合的、整體的、理性的反省的活動，這裏有幾點需要解釋一下。第一，關於宇宙的真相，是指宇宙的真理。通常我們把事物分成兩個層面看：現象（appearance）與實在（reality）。現象是顯現於我們的感官面前的。實在則是現象成立的依據，通常不為我們的感官所接觸，而是我們的理性的對象。有時我們也有這種想法：現象能夠在我們的感官面前出現，而且停留下去，它的背後必有某些具有恆久性、絕對性、超越性的東西支撐才行。哲學所探討的，以實在為主，現象則是科學的探討對象。

這裏要對實在的問題，作多一點說明。所謂實在傾向於終極實在（ultimate reality）。主要的意思是不變的、永恆的、絕對的和普遍的，與變動不居的現象相對比。例如牛隻會長大，不斷在變；但其牛的本性、本質，亦即是「牛性」（cowness）則不變。故牛隻是現象，牛性則是實在。早期的希臘哲學家留意宇宙的構成、形成的問題，認為宇宙是由水、原子（atom）等構成，以之為終極實在。蘇格拉底（Socrates）則重視人的本性與價值問題，視之為終極實在。中古階段的思想家則注意神或上帝（God），視之為終極實在，萬物都是由祂所創造、導出。西方近代哲學則以知識的問題作為探求終極實在時首先要解決的問題。這主要是就康德（I. Kant）的批判哲學而言。康德提出的一個知識論的問題是：我們是否可能具有對於終極實在的知識？他自己提出負面的、否定的答案，因為我們沒有接觸終極實在的直覺（Anschauung）。他是以物自身（Ding an sich）來說終極實在的。在他看來，我們人只有感性的直覺（sinnliche Anschauung），以認知對象的現象面，要認知其物自身，或終極實在，則要有睿智的直覺（intellektuelle Anschauung）。我們人沒有這種直覺，因而不能作這種認知。只有上帝才有。

　　第二，關於人生的真相，主要是指人性（human nature）的問題而言，以及如何建立理想的人間關係與理想人格、理想人生的問題。宇宙是屬於自然世界，故宇宙論亦即是自然哲學。人生則是屬於價值世界。這在東方哲學來說，特別是如此。說到人生，或人生的意義，是有一種價值的估量在其中的。人生倘若沒有價值可言，則人勢必淪於純然的動物（bare animal）。孟子說人與禽獸的幾稀差別，便在這一點上。哲學的目標，是謀求自然世界與價值世界的統一。透過價值的意義，以提升自然世界，使後者臻於價值世界。這讓我們想到京都哲學家西田幾多郎的場所特別是絕對無的場所的觀念。場所作為價值義的精神或意識的空間，讓萬物能自由無礙地遊息於其中，而展現、實現它的無可替代的價值義的存在。

　　第三，上面提到理性的反省一詞，取嚴格的意義。理性（Vernunft）兼有知識理性與道德理性兩方面的意義，而尤以道德理性為重。知識理性是思辯的理性，相當於康德的理論理性（theoretische Vernunft）；道德理性則相當於康德的實踐理性（praktische Vernunft）。道德理性是從實踐的脈絡中說，但不限於康德以實踐理性來處理的上帝存在、自由意志和靈魂不朽這幾項。一切行為，涉及應然的問題，有 sollen 的意涵，都是理性所指涉的。當然，理性有一般所謂的客觀的、分析的和系統性的意味。它排斥主觀的、情緒的和零碎的涵義。至於反省，則可有多個對象，而以對自我的反省為主，因而是以自覺形式來進行。甚麼是自覺呢，我想到京都學派如西田幾多郎、久松真一與西谷啟治所提到的自覺的意思：真我在對自己的反照中面對自己、照見自己。這樣的反省或自覺，非要在實踐中進行不可。這樣才可能有具體的、立體的效果。以純理論、純思辯的方式來進行，是不行的。另外一點是，在反省或自覺中，心力是向內運用的，不能轉向外邊而隨波逐流。真正的自我是在內的，不是在外的，特別是就意識、價值及其根源、精神、心靈、生命存在而言。

　　第四，哲學所要求的對於宇宙、人生方面的理解，是在廣度（extention）方面，更是在深度（depth）方面。廣度可以擴寬我們的視野，使我們看到世界現象的多元性。但惟有從深度下工夫，才能見到現象

的內在的本質（Wesen），而不會停留在表象的層面。故哲學主要是一種追求、發掘本質的學問。更重要的是，所謂本質的證成，不能只靠語言文字，這是靜態的。本質必須透過動感的方式展現出來，才能說真正的證成。像海德格（M. Heidegger）所說那樣：存在的本質要在顯現中證成（Sein west als Erscheinen）。我們不說本質則已，一說本質，必須連同顯現一齊說，才有其具體的、立時的意義。孟子以四端（惻隱、羞惡、辭讓、是非）來說我們的不忍人之心、良知良能，都必須扣緊其實踐面、呈現面來說。空談不忍人之心、良知良能，在現實上並沒有意義，只會淪於流蕩而不切實際。

第五，對於宇宙或人生，不管提出甚麼論點，例如人性是善，或人性是惡；或世界有創造主，或沒有創造主；或世界的根源是物質，或是心靈，必須以論證（argument）來證成，而論證需依於嚴格的思考，有邏輯性，有客觀有效性（objective validity），才成哲學。這論點與論證加起來，便成一哲學體系，或哲學理論。故哲學的骨幹在論證。論證本身便是一種理論性的反思、反省活動。沒有論證支持的論點，只能是觀點，不能是哲學。就佛教的情況來說，它有經（sūtra），也有論（śāstra）；經具有權威性，其重點是提出一些原則性的觀點，沒有很多論證。論則提供論證，透過負面的、否定的方式，來證立某些觀點。故說到佛教哲學，通常是就論來說。《般若經》（Prajñāpāramitā-sūtra）主要講空（śūnyatā），講諸法的本質是空，沒有自性可得。龍樹（Nāgārjuna）的《中論》（Madhyamakakārikā）則提出種種論證，以證成空義。在儒家，《論語》多次提到人的仁性或善性，但沒有甚麼論證；《孟子》則提出四端的說法，以證立人的善性。

第二章　哲學所關心、處理的問題

　　哲學所關心、處理的問題，泛說是宇宙和人生的問題。羅賓遜（D. S. Robinson）曾將哲學分為兩大部門：批判的哲學（critical philosophy）和玄想的哲學（speculative philosophy）。前者分為知識論與邏輯，後者則分為形而上學與價值論。這種分法，是站在西方的立場來說。批判的哲學自然是指以康德為代表的哲學，特別是其知識論，其批判性是指向我們的知識只限於對現象的知識，而不能有對物自身的知識。倘若我們硬要對現象之外的形而上學和道德有知識，則勢必出現種種弔詭或背反（Antinomie）。同時，這些知識是涉及存在世界的，即是具有存有論的指涉的知識。而邏輯則基於形式的思考，只求推理的合法性，不問是否具有存有論的指涉。至於玄想的哲學，則主要是指形而上學方面。這種學問依於我們的形而上的、先驗的思維，與實踐生活談不上甚麼交集。羅賓遜的這種分法，漠視了東方中國方面的心性論和印度方面的瑜伽瞑想。中國哲學的儒、道、佛三家，都十分著重心、性或本心、本性的涵養，其思考形態不是主客對立的，而是主客合一的。即是說，主體與客體不是二元性的分解關係，而是一元思維的、綜合的、辯證的關係。舉一個例子來看，西方柏拉圖哲學把宇宙萬物加以對分，分為理型與現象。理型是抽象的，存在於理型的世界，亦即是超越的世界。現象則是理型的仿製品，是具體的，存在於經驗的世界。這兩個世界是分離的、分解的。在這裏不能講儒家的天人合一，不能講道家的與天地精神相往來，也不能講佛教的色空相即。後三者都強調辯證的思維，其終極的歸趨是一元論，多元的現象可以依循某種實踐方式，而回歸於一元的本體。印度教與印度哲學基本上也是一元論的模式。《奧義書》（*Upaniṣad*）與吠檀多（Vedānta）哲學都強調

人要透過瞑想的實踐，以證成人與大梵（Brahman）的同一不二的關係。

一、宇宙論

　　以下我們要將哲學區分為多個項目，並一一闡明它們所關心、處理的問題。研究宇宙或世界的生成和變化的法則、秩序、組織，強調世界的經驗的性格（empirical character）、現象的性格（phenomenal character）的，亦即是感性的、物理的性質與結構的，為宇宙論（cosmology）。按在早期社會中，人們剛會運用語言與思考，他們最感興趣的，就是這個形形色色的世界。他們試圖以某種最基本的、最具根源性的東西，來說明、解釋種種複雜的現象。有人以為萬事萬象是從一種原始的質料變化出來，因而有「一元宇宙論」。有人以為是從多種原始的質料變化出來，因而提出「多元宇宙論」。一元宇宙論的一元，可以是水，可以是氣；多元宇宙論的多元，可以是四大：地、水、火、風。這多元宇宙論發展到成熟的階段，便成為所謂「原子論」。這理論以為，世界上的一切東西，都是由一種不可分割的微粒構成，這即是原子（atom）。這在印度哲學來說，是極微（aṇu）。不同的東西，有不同的原子。西方哲學家羅素（B. Russell）便提出所謂邏輯原子論（logical atomism）。進一步看，這原子並不是一種質實的、具有不可分割性的微粒，或質體（entity）。毋寧是，它是一種結構、構造（structure）。宇宙間並沒有質實而不可分割的質體，以質體言之，是由於這較為易懂，較易為人所理解和接受。我國哲學家張東蓀便以結構或構造來說質體、不可分割的東西。

二、形而上學

　　研究世界的存在根據或實在的，是形而上學（metaphysics）。這實在可以是一原理（Principle），也可以是一實體（Substance）、基底（Substratum）。原理有軌則義，也近於上面說的結構；實體則有基底

義。不管是原理、實體或基底，它都是不變的，具有超越的性格（transcendental character），也有絕對性、普遍性。我們也可以說，形而上學的研究，是以超感官經驗的實在為對象。我們的感官能接觸到的東西，在哲學上稱為經驗的對象，如亭台樓閣、車水馬龍，都是經驗的對象。經驗是對著超越說的。研究經驗的對象，是經驗科學的任務。研究超經驗的實在，則是形而上學的任務。經驗的對象是不斷變化的、生滅無常的。超經驗的對象則是不變的實在。例如上面提過的牛隻與牛性，牛隻是經驗的對象，牛性則是超經驗的實在。形而上學通常的問題是，不變的實在能否被我們知道呢？我們如何才能知道它呢？那種實在本身是怎樣的東西呢？它是單一的，抑是多數的呢？它是一種力量，抑是一種形式呢？或者，它是不是精神呢？是不是一個有意志的心靈呢？形而上學者對於這些問題提供不同的答案，因而有許多不同的學派。西方的、印度的、中國的，多得很。

　　我在這裏試就我們對於形而上學的實在如何知道提一些事例來說說看。西方哲學家以思辯的、辯解的方式來理解形而上學的實在。此中最明顯的，莫如黑格爾（G. W. F. Hegel）對於精神（Geist）的理解。他使用辯證法來說精神的發展：首先是主觀精神，然後發展出客觀精神，最後成熟於絕對精神。這精神特別是絕對精神，正是形而上學的實在。不過，黑氏這樣處理精神的問題，純然是思辯性的、理論性的，對於他自身作為一個凡夫，有種種執著，並沒有效應。他還是他，強調辯解的理性的哲學家，不能提升自家的精神境界，而成為一個君子，一個具有良好的道德操守的哲學家。東方的儒學便不是這樣。儒家人物通常都生活於他們自己的信念之中。例如程明道，他提到自己對天理的理解，是透過道德的涵養而致的。他講道德義的天理，自己同時也依循道德義的天理的準則而生活。

　　形而上學有時又作本體論或存有論（ontology）。這則集中在研究何謂實在的問題，特別是心靈與物質兩者的關係問題。物質是外界問題，心靈則是內界問題；後者亦包括自我問題和心靈與身體的關係問題。在物質與心靈之間，哪一方面更具有根源性呢？宇宙中種種事物、現象，都離不

開物質與心靈的問題，這兩者中以何者更為基礎性呢？以物質作為終極基礎的觀點，稱為唯物論或唯物主義（materialism）；以心靈作為終極基礎的觀點，則稱為唯心論或觀念主義（idealism）。這種分法是共產黨提出的，但不是很周延。宇宙間的事物，並不是不是物質便是心靈，而是有兩者之外的另外的東西。這個問題比較複雜，這裏也就暫且擱下。在這裏我想強調一點：存有論本來是只處理具有絕對普遍性的形而上學的對象，如實體（Substance）、實有等，這也是實在論所指涉的。後來有些哲學家把一般的存在於時空中的物體也包含到實在論所要處理的對象方面去，因而有所謂新實在論，這些哲學家包括摩爾（G. E. Moore）和羅素等人。他們也把一般的事物稱為實體（substance，首字母 s 用小寫）。

在西方哲學，世界的生成、變化問題常與它的根據或實在問題分開來處理，故宇宙論與本體論也分得很清楚。在東方哲學，兩者常被綜合起來看，哲學家以世界的生成、變化為「用」，以世界的根源或實在為「體」，他們強調「體用一源」、「體用不二」，把兩者統一起來。故宇宙論與本體論不能截然分開，因而有「本體宇宙論」（onto-cosmology）的稱法。這個詞彙用得最多的，是當代新儒家，特別是牟宗三先生。熊十力與牟先生時常提到《周易》的生生不息，大用流行的思想，他們認為世間的種種事物，都是作為宇宙的實體的「易體」所創生，但創生後雙方並沒有分離，易體的真實無妄的性格也流注到事物方面去，所以這些事物是實理實事，不是佛教所講的虛妄不實的性格。[1]

---

[1] 關於儒家所謂的實理實事問題，有一點是極具爭議性而未有被充分提出來討論的。當代新儒家強調傳統儒學講天道性命相貫通，以天道創生萬事萬物，同時也把自身的性格貫注於事物之中，而成就事物的本性。天道是真實無妄的，它所創生的事物也是真實無妄的，因此有實理實事的說法。此中的事物的實在性，其「實」是一實實到底的。但若把這實性抓得太緊，讓事物的實無限制地凝固、固結起來，致不能被打破、被改變，便會向常住論（eternalism）方面傾斜，最後當事者變得像佛教唯識學所說的一闡提（icchantika）那樣，其愚癡性無法被影響、被誘導，使歸於明覺，這樣，一切道德上的教化、宗教上的轉化，便變得不可能了。這樣，求覺悟、成解脫的宗教的目標便無從說起。因此，說實理實事，強調事物的真實不虛性，便應有所限制，使不會

三、知識論

以上我們花了不少篇幅講形而上學的問題。以下要轉到知識論方面去。研究我們對世界的知識（knowledge, Erkenntnis）問題的，例如我們在甚麼情境下能說「我知道」（I know）、知識的特性與標準、知識活動的運行方式、知識活動的要素（如對象、感性、知性）、知識的界限等種種問題，則可成就知識論（epistemology, Erkenntnislehre）。此中的關鍵問題是，我們如何對事物建立客觀而有效的知識（objective and valid knowledge）？

一般來說，人們會注意兩種知識：經驗的知識與形而上學的知識。就知識論的立場來說，前者是可靠的，後者則是不可靠的，或不易成立的。經驗的知識（empirical knowledge）以感官經驗為依據，這種知識的真偽，很容易決定，因為我們可以直接知覺到感覺經驗的事實。例如，我們說：「老虎是四足的動物」。這句話的真偽，我們很容易判斷出來，只要到動物園看看老虎，便知道了。除非我們的視覺出現問題，看一物會有兩個影像。但這是特殊的例子，不能作準。經驗科學所給予我們的知識，似乎較為複雜，但也都是這種知識。例如化學上說，水是 H_2O，這種知識是真是偽，也很容易決定，只要把水電解便行。H 是氫，O 是氧，水是由 2 粒氫原子和 1 粒氧原子構成，這便是水的分子。

形而上學的知識（metaphysical knowledge）便不同，它不是感官經驗對象的知識，它的真與不真不能以感官來決定。但我們有沒有其他的認識機能來接觸形而上學的東西呢？這得看形而上學的對象是甚麼。西方的形而上學的對象，希臘時期有柏拉圖的理型，柏氏認為，理型雖然存在於理型世界，不存在於現象世界，但我們的思想、思維可以認知理型。中古神

淪於常住論。即是說，事物要實到甚麼程度，才是最恰當的，才不會沾到常住論。這是宗教的轉化、道德的教化上的挺重要的問題。對於這個問題，先秦的孔孟沒有明說，宋明儒以至當代新儒學似乎也沒有注意這個問題。

學講形而上的特別是基督教的上帝，我們可以透過祈禱來瞑思上帝，與上帝面對面地（face to face）相遇，或者透過上帝的道成肉身的耶穌（Jesu）的言行，來了解上帝，特別是祂的愛。德國神秘主義（Deutsche Mystik）者如艾卡特（M. Eckhart）、伯美（J. Böhme）則以靜思來體證上帝的無（Nichts）的本質。

在東方，印度教教人透過以苦行為主脈的瞑思方式來清洗以往的污垢，以與梵（Brahman）冥合，回歸於梵。佛教則透過八正道來提升自己的精神境界，以無我（anātman）來體證空（śūnyatā）、中道（madhyamā pratipad），滅除煩惱而證入涅槃（nirvāṇa）。儒家則講天人合一，教人克己復禮、證四端的不忍人之心以契接作為天的終極真理的天道、天命、天理，以成為君子、聖賢。道家則透過虛靜的修行來體證終極的道、無、自然，莊子更提出坐忘、心齋的工夫來克服對形軀與成見的執著以證成與自然的大諧和，所謂天和。

就嚴格意義的知識論言，我們說知識，指我們的感性直覺在時間與空間的形式下吸取外界的與料，經我們的知性以其範疇的形式概念對這些與料予以範鑄，使它們成為對象，而得到對於對象的知識。這基本上是康德的說法。在佛教也有類似的說法。陳那（Dignāga）提出我們的對象有兩種，一是自相（sva-lakṣaṇa），是特殊的、個別的相狀；另一則是共相（sāmānya-lakṣaṇa），是普遍的相狀。相對於此，我們有兩種認知能力：現量（pratyakṣa）與比量（anumāna），分別認識自相與共相，以成就個別的知識與普遍的知識。陳那以後，法稱（Dharmakīrti）把這種知識論繼承下來，並發揚光大之。關於此中的問題，這裏不能細說。這裏只想提一下，關於形而上學的知識，其對象有超越性、絕對性，我們需以睿智的直覺來證取，感性的直覺是派不上用場的。

四、邏輯

研究思想的規律，特別是如何構成有效的推理，從前提有效地、合法

地推導出結論，則成為邏輯學（logic）。這邏輯通常稱為思想方法，專門指人們如何在其思想歷程中，求得可靠結論的方法。由此可以發展出所謂「方法論」（methodology），這方法論的「方法」，是指尋求真知識與建立系統理論的方法而言。這方法論其實可指一種應用的邏輯（applied logic）。這則不限於邏輯的範圍，而涉及一般學問或科學的建立了。

　　要注意的是，邏輯所關心的，是思想本身，或思想的規律，它不涉及實際的存在世界的事實或樣態。它只是形式性的（formal），沒有經驗的內容，不指涉存在世界方面。例如像：

　　凡賣國賊都是貪錢的——大前提

　　文天祥是賣國賊——小前提

　　文天祥是貪錢的——結論

這樣的推理，雖然與事實完全不符，但卻是有效的、可接受的推理。

　　方法論到處都可以應用，不限於西方，也不限於東方。在地球上可以用，在月球上也可以用，雖然目前還未有人在月球上居住；即使月球上沒有空氣與水，人不能居住於其中，但作為不涉具體情況的方法論，其有效性是不變的。共產黨說資產階級有他們的方法論，無產階級有自己的方法論，都是為自己的階級服務，所以不同。那是瞎說。邏輯或方法論都有其普遍性，沒有身分、地域等的限制。德國人製造出來的顯微鏡，可以用來看西方的細菌，也可以用來看中國的細菌。它只是工具性（instrumental）而已。邏輯與方法論亦是這樣。

五、意義論

　　研究語言的意義問題，有所謂意義論（theory of meaning）。例如說：

　　1. 所有的人都是會死的。

　　2. 所有的人都是戴眼鏡的。

第一句是真的，第二句是偽的。兩者都涉及事實的問題。關於第一句，出

現在歷史中的人，都死去了，沒有一個人能例外，沒有一個能修成不死長生的神仙。關於第二句，根據事實的考察，有些人戴眼鏡，因為他們的眼睛出了問題。另外也有些人不戴眼鏡，因為他們的眼睛都能正常運作，能看清楚，所以不用戴眼鏡來輔助。在這兩句中，不管哪一句是真是偽，它們的意義都很清楚，一聽就懂。人、會死、眼鏡的意義都很清晰、很確定，沒有含糊。但有一些語句，卻不能說真，也不能說偽，它們難有確定的意義。例如說：

　　3. 所有有益的行為都是有神助的。

　　4. 所有的佛教徒都是很慷慨的。

這兩句與上面兩句的情況都不同。上面兩句可確定哪是真哪是偽。這兩句則無法證它們真，也無法證它們偽。就第三句而言，其中的「有益的行為」與「神助」，意思都很含糊，存在著不少的不確定性（imprecision）。因此整句便難以確定地說真偽。對於有信仰（對神的信仰）的人來說，可能是真，但真到甚麼程度，便很難說。至於第四句，也同樣是含糊，不能截然地確定其為真。佛教有六波羅蜜多的說法，其中有布施波羅蜜多。這布施有三種：財施、法施、無畏施。財施是金錢上的布施，法施是授與知識，無畏施是鼓舞，讓對方增加信心去面對一切遭遇，這有相當的宗教意味。佛教徒通常都知道這三種施捨，慷慨有施捨的意味，但是哪一種施捨，施捨到甚麼程度，便很難說。至於「很慷慨」，慷慨到甚麼程度，則更難說。

六、道德哲學（倫理學）

　　研究善或道德的問題，如道德的性格、如何是道德的意志，及一種行為在甚麼情況下能稱為是道德的、應該做的，或者是好的，則成道德哲學（moral philosophy），或倫理學（ethics）。對於道德問題的看法，通常有兩派，互相衝突。一是實用主義或功利主義（pragmatism），也可說是實驗主義；另一則是理想主義（idealism）。實用主義者的看法很簡單，

他們認為一切價值都只是利益或效用而已，他們將道德解釋為對人有利、有用的一種行為方式。力主這種看法的，是美國哲學家杜威（J. Dewey）。這種看法很淺易，很容易明白，但所謂有利、有用，很難說得清楚。某種行為或某些東西對某甲為有利、有用，但對某乙來說，則不必是如此。這利、用沒有客觀的基礎（objective ground），只就當事人在時空上的某點中的評估而已，時空變化了，便不一定是有利、有用。此中的問題是，實用主義者眼中的道德，並不具有獨立的價值（independent value），它的價值或性格，是實用性的，端看它對當事人在當時情境中的需求為如何而已，道德在他們眼中，只是工具性格（instrumental）而已。

理想主義者的看法則大為不同。他們認為道德本身有其自身的內在價值（intrinsic value），它不是作為可利用的工具，不是對其他東西或目標的達致而有其價值。毋寧是，它自身即是價值，我們不能為了達致某種理想而犧牲它。它是一種應然的、自覺的行為。持此種說法，在西方哲學中有以康德為代表的德國觀念論（Deutscher Idealismus），在東方哲學中，自然以儒家為典範。儒家自孔孟以降，一直到當代新儒學，都是持這種立場。後者更把道德的性格關連到形而上學的天命、天理、天道方面去，認為作為一切事物的存有論的根源的天道，本來便是道德性格的。《中庸》說的「萬物並育而不相害，道並行而不相悖」，便是以道德精神為基礎。唐君毅先生更提出人類的種種文化活動都依於其文化意識，而文化意識更立根於道德理性，他強調道德的終極義，非常明顯。就這點來說，唐氏認為道德與宗教之間，道德更有終極義。

七、歷史哲學（文化哲學）

研究歷史或文化問題，如歷史或文化的性格、歷史或文化發展的動力（如心靈、精神、生產關係、物質）、歷史或文化發展的規律，則成歷史哲學（philosophy of history）或文化哲學（philosophy of culture）。黑格

爾寫有《歷史哲學》（*Philosophie der Geschichte*）和《精神現象學》
（*Phänomenologie des Geistes*），以精神（Geist）的發展，是依據由東方
向西方這種導向（orientation）而進行的。首先是中國，如日出於東。然
後是印度，如日向南移。跟著是亞拉伯、埃及、希臘，最後成熟於日耳
曼。這種觀點大體上是依據政治發展的成熟程度而進行，但失之於機械化
（mechanism），同時也無法解釋日耳曼以後的歷史的發展。另方面，史
賓格勒（O. Spengler）寫有《西方之沒落》（*Der Untergang des
Abendlandes*）一書，以歷史形態學（morphology of history）或文化形態
史觀的觀點來說人類歷史、文化的發展。他是以人類的文化如一個有機
體，經歷了出生、成長、衰老，最後是衰亡，之後便完了。我國近、現代
的戰國策學者林同濟、雷海宗承接這種說法，但強調中國歷史、文化的第
二周期的發展。就他們的觀察來看，中國的歷史、文化到清末年間便步向
衰亡，但至民初又復甦，開展出第二個周期。

　　關於歷史哲學，有些人特別是唯物論者，喜歡談所謂「歷史的必然
性」、歷史的規律性。如說無產階級打倒資產階級，社會主義取代資本主
義，這是必定如此，是歷史的必然性（historical necessity）。這無疑是一
種誤解。歷史和文化是人類精神活動的記錄，這種活動的方向本來無所謂
「必然性」，即無所謂必定向某一方向發展。好像個人的生命歷程，有進
步的可能，也有墮落的可能。人類整體也是這樣發展下去。真正的歷史哲
學或文化哲學只能解釋人類是在追求哪種價值，採取哪種生活方式，絕不
能決定人類要往哪個方向走下去。頂多只能提供一種見解，說人類應該如
何發展而已，所謂歷史的必然性，實是子虛烏有。

　　倒是當代大儒馬一浮對歷史、文化有他的洞見。他強調文化自心性中
流出，而心性的表現，見於六藝的活動之中。這六藝便是孔子所常說及的
禮、樂、射、御、書、數。他認為這六藝足以涵蓋文化的主要內容。在這
裏，我想強調一點，六藝的內容，依時代的遷移，可以有變易，但文化或
推動文化的動力，是我們的心性。這心性是自覺、自主性格的，不會服從
於某一種政治威權。心性一日不滅，文化便終會發展下去。這所謂心性，

在儒家是道德的心性，在佛教是宗教的心性，在道家則是藝術審美的心性。

八、宗教哲學

　　研究宗教的問題，如宗教的本質、宗教的終極關懷、宗教的理想境界（如基督教的天堂、佛教的涅槃、道教的雲遊太虛的神仙、儒家的天人合一、道家的與天地精神相往來）、解脫或永生的獲致、宗教對世界的態度（如基督教的道成肉身、替世人贖罪、佛教的普渡眾生、儒家的人文化成）等，則成宗教哲學（philosophy of religion）。宗教哲學中的一個重要的項目，是神學。這裏所謂「神」是就基督教中的人格神（personal God）而言。基督教在西方日漸發達以後，其中的知識分子運用希臘傳統的思想方法，建立一套關於神的理論，而成為神學這種專門的學問。其中主要的問題是對神的存在的證明問題、神性的詮釋問題和神人關係等。這神學可以說是一種特殊的形而上學，一切解釋神的理論與形而上學中解釋宇宙的終極實在的理論並沒有基本的差異。不同的是，形而上學中的實在是未定的，可作種種解釋，如柏拉圖的理型、亞里斯多德（Aristotle）的基底、儒家的天道、天命、天理、道家的道、自然，以至京都學派的絕對無（absolutes Nichts）。神學中的神則是已定下來的，在教義中也有清楚的解釋，不能任意說明。如神是人格化的，是單一的，是世界的創造者。祂如何創造包括人類在內的世界，在《聖經》中已規定下來了。

　　在基督教的內部言，對於神的存在、經典的教義，在細節上，一直在發展中。保羅（Paul）、路德（M. Luther）和聖多瑪斯（St. Thomas Aquinas），都先後作過具有原創意義的補充。聖多瑪斯企圖以理性的方式來解說神的存在性，對神的性格也提出新的說法，這都可見於他的《神學大全》（Summa theologiae）中。近現代的西方的神學界在路向上經歷了不少新的說法，出現辯證神學、歷程神學之類。神學家也輩出，其中有巴特（K. Barth）、布魯納（E. Brunner）、拉納（K. Rahner）、田立克

（P. Tillich）、布爾特曼（R. Bultmann）、莫爾特曼（J. Moltmann）、希克（J. Hick）、孔漢思（H. Küng）、鄂圖（R. Otto）、潘能伯格（W. Pannenberg）、朋霍費爾（D. Bonhöffer）等等。我們中國的學者對他們的神學思想研究不多，倒是日本的京都學派與他們有較多的接觸、對話。[2]其中尤以久松真一、西谷啟治、武內義範、阿部正雄、上田閑照等為積極與活躍。

　　關於宗教對話或宗教遇合（religious encounter, religiöse Begegnung）問題，這裏可以多談一些。由於科學發達，人在空間方面的相隔減少了，因而有更多的碰面機會。宗教更不能例外，教徒有一個本務，便是向他人傳達宗教的訊息，進一步遊說別人信仰自己的宗教。作為一種宗教現象看，宗教與宗教之間的對話、交流，便變得更為普遍。不同的宗教的人士聚在一起，並不一定要向對方提供自己的宗教的信仰、教義。大多數是彼此相互了解，並透過比較，以提高自身的宗教對社會的適切性；也可提升自己宗教的理性程度，以進行自我轉化。不同系統的宗教或非宗教的人，儘管對宗教有不同的說明，如西田幾多郎以心靈的真實來說宗教，田立克則以終極關懷來說，有更多人傾向以處理人的生死相許的事作為宗教的要務，宗教的遇合還是有其存在的價值。因為在這種遇合之中，宗教的信徒可以比照對方，捨棄自己的所短，而吸取對方的所長。倘若一開步便以為自己所信仰的宗教是最好的、最殊勝的，是高人一等，因而不與其他宗教溝通，關起門來自己修行，是很可惜和可哀的事。柏格森（H. Bergson）以動進性、動感性（dynamism）來說宗教，很有他的睿見在。一個偉大的宗教，它的大門應該是永遠敞開的。門庭越是開放，宗教的懷抱越是寬容，有更大的包容性，才能收納外界有用的、有價值的東西。基督教之所以能有進於猶太教，最重要的因素是它拋棄了後者的神選說，因為後者的大門沒有真正地敞開，它只吸收猶太人為選民，給予他們特別的眷顧，這

2　關於宗教的多元問題，這裏不能多談，有興趣的讀者，可參考拙著《宗教世界與世界宗教》（臺北：臺灣學生書局，2013）。

便有違宗教的平等性的大原則。神是要平等地看待四眾的，有所選，便有所偏私。神應該是所有人的真神，不應該只是猶太人的真神。

關於宗教的對話、比較問題，中國傳統的思想便有。晉代以「格義」的方式，運用本來的儒家、道家的名相，來比附由印度傳來的佛教，這是眾所周知的事。而在儒家與道家之間，道家的王弼，以儒家的聖人能體證道、無，故不多說道、無，老子則只到有的水平，故多說道、無，這分明是借助對儒家的推崇，而闡揚老子的道家的道、無的形而上學。及後有儒、釋（佛）、道三教合一的主張，也預認了三教先有對話、比較，然後說合一。宗教教義由分而合，這是大勢所趨，也是理性的發展。

及至近現代，由於基督教與佛教具有較強的國際性，宗教的對話或遇合，自然是以這兩者為主角了。在基督教方面，有上面提及的神學家，在佛教方面，則以京都學派為主，又有前此的鈴木大拙和柴山全慶、山田無文。他們的專業是禪學。另外，有一個德國天主教神父是值得注意的，他是杜默林（H. Dumoulin）。他早年研究基督教神學，後來到日本，對禪學產生很濃厚的興趣，也研究起禪學以至禪宗史。他是同時兼有西方神學與東方禪學兩方面專業（discipline, expertise）的少有的學者。大體上，西方的宗教神學家對東方的宗教了解得不多，只有榮格（C. G. Jung）是例外，他是精神科醫生，熟諳深層心理學，亦即是以潛意識為主的精神分析（psycho-analysis）。他很懂西方神學，同時也深入地研究過東方的學問如冶金術、易學、曼陀羅（maṇḍala）神秘宗教之屬。而京都學派則大多數成員都對西方神學有一定水平的認識。故東西雙方的宗教對話不是很平衡。特別是，阿部正雄提出自我淘空的神（kenotic God, self-emptying God）一觀念，要空化基督教的神，解構西方的實體觀點，對西方宗教界帶來一定程度的衝擊。

九、美學

此外，哲學還有美學（aesthetics）、人生哲學（philosophy of life）、

政治哲學（political philosophy）等。美學也稱為藝術哲學（philosophy of art），研究美（beauty）的問題，如美的性格、美感經驗如何成立，和我們根據甚麼標準去判斷一幀藝術品的美的價值等。同時，美表現於不同的藝術品中，如音樂、詩、詞、文章、繪畫、雕刻、朗誦、跳舞、歌劇、書法等等，不一而足。現代人以更寬廣的眼光來看美，認為美可表現於多種運動中，如體操、跳水、劍術等項。甚至動物自身也有其不同的美態，如雄獅、雄雞、孔雀、鳳凰、赤兔馬。自然景物也各有其美態，這是所謂「大美」。莊子便說過「天地有大美而不言」。

王國維在他的《人間詞話》中，提到美的境界，有有我之境，也有無我之境，他認為無我之境有最高的美學價值，並提出陶淵明的詩作「採菊東籬下，悠然見南山」為例。他的意思是，在美學活動中，有欣賞者與被欣賞者之分。美學的最高境界，是作為欣賞者的美感主體與作為被欣賞者的美感對象的分別界限被泯滅、被超越過來，這是無我之境。這讓人想到宋代廓庵禪師的《十牛圖頌》的第八圖頌的〈人牛俱亡〉的超越主客分別的境界，那是美學上最高的境界，過此以往，有〈返本還原〉與〈入鄽垂手〉，這已離開美學，而入於宗教了。[3]所謂入於宗教，是要由純然是淒美孤獨的狀態而回返到世間，進行普渡眾生的入世的活動。故宗教與藝術或美學，只是一線之隔的差異而已。

美學方面很多時強調移情（empathy）作用。這是說審美主體的精神流注到審美對象方面去，而審美對象的妙麗形相，也不期然地為審美主體所吸取，而成一種情感上、形相上的對流現象或關係。這亦可視為進一步闡明物我兩忘、主客歸一的帶有形而上學的狀態。對象本來是沒有情感的死物，但在審美活動中，它可為審美主體所帶動，而變得活現起來。這是審美活動的起死回生的現象。但這要在審美主體具有很強的動感，以其情感注入對象的內裏，使它儼然以一個有機的生命體而存在，才可能。辛棄

3　有關《十牛圖頌》，這裏不能多說。可參考拙著《游戲三昧：禪的實踐與終極關懷》
（臺北：臺灣學生書局，1993）中的〈游戲三昧：禪的美學情調〉一文。

疾的詞句「我看青山多嫵媚，料青山看我應如是」，便有這個意趣。這則
不是形而上學的旨趣，而是生機旺盛、生氣盎然的流動現象。莊子曾說
「與物為春」，便頗有這個意味。

　　上面提到我們如何評論一件藝術作品的美的價值，這裏可就中國的山
水畫的美態說一下。中國山水畫的描繪，一向有一個總的原則，那便是
「外師造化，中得心源」。即是說，山水是自然的景物，我們描畫山水
畫，必須寫生，以求得自然界的真確樣貌，不能關起門來，自己想像出一
幀山水的圖象，然後專心作畫。所作出來的景物，自然與客觀的自然有距
離，只能表現心中的所思，必然缺乏實在感。繪畫的形相，應與客觀事物
相符順，故需寫生，以自然景物、造化為描繪對象。但光是這樣做是不足
夠的。若要取得對象的最真確的形相，攝影應該是最好的途徑。但這很難
說藝術。藝術除了能真確地反映出對象的形相外，還要能展示出藝術家自
身的涵養、性格，甚至他心中的所想，這即是他的心靈形態，這便是「心
源」。這心源不是物質性格，而是精神上的歷煉，或者可說是藝術家特有
的性情、風骨。這性情、風骨，連同山水的形相，都有美、藝術可言。如
馬遠、夏圭的山水畫，以斧劈式作皴，顯出一種陽剛的力動，這可以稱為
陽剛的美。黃賓虹的山水畫，善用漬墨、點墨作皴，展現出「渾厚華滋」
的性格。傅抱石的抱石皴，在創作風雨的山水畫時，山、樹、石頭，呈現
一種渾矇、蒼茫的景象。

十、人生哲學

　　人生哲學則是研究人生的問題，例如人性是善抑是惡、人生的負面如
罪惡、苦痛煩惱、死亡等的來源及其克服之道、如何才能獲致幸福的人
生，以及人生的終極目標等問題。這不是人類學所關心的問題，毋寧是，
它們有很濃厚的精神上的意涵，與倫理、宗教實踐有一定程度的關連。牟
宗三先生與唐君毅先生所常說的生命的學問，也大有關連。

　　一般來說，我們提到哲學，總會想到有很多概念依一定的網絡被排比

開來，而構成一個理論體系，有向純思考、純辨解的學問探索下去的傾向。這是西方哲學和一部分印度哲學的情況。中國哲學則不是這樣，它說起哲學問題，除了有概念、理論之外，還帶有很濃厚的實踐的成分。在他們看來，哲學不單是拿來看的、研究的，更重要的是，它是拿來實踐的、拿來生活的。哲學家的哲學形態是怎樣，他們也是生活在這種形態中，他們是知行合一的。在他們的哲學中，有他們的生命在裏頭，這便是生命的學問。印度哲學很重視瞑想，這是他們的工夫實踐。他們除了建構哲學體系外，如勝論（Vaiśeṣika）、數論（Sāṃkya）、正理派（Nyāya）和吠檀多（Vedānta），還進行嚴刻的瞑想生活。在這種瞑想活動中，他們要盡量消除心中種種虛妄的、不清淨的念頭，要以心回向宇宙的創生原理：梵（Brahman），這亦是我們的生命的本質。梵本來是清淨無染的，我們的生命都分有它的質素，只是為後天的污垢所遮蓋，不能展示梵的清淨的明覺。瞑想是讓人去妄復明的方便法門。實際上，對很多印度教徒來說，瞑想已成為他們生活的一重要部分了。

十一、政治哲學

政治哲學研究政治的概念與問題，如精神自由（spiritual freedom）與政治自由（political freedom）的分野、人權（human right）的性格及如何受到保障、如何確立人權清單（bill of human rights）等。政治哲學若以法律的性格為中心，則為法律哲學（philosophy of right）。黑格爾寫有《法哲學》（*Philosophie des Rechts*）一書，以其精神哲學用到政治與法律方面去。

德國社會學家與哲學家韋伯（M. Weber）曾從人性的問題談到政治的問題，頗有一番洞見。在他看來，基督教強調人的原罪（original sin）對西方的民主政治有一定的貢獻。他認為，《聖經》提到人性有惡，這在政治上來說，會招來獨夫民賊的暴君及其殘暴的統治。一個國君倘若是賢明的話，則能致天下於太平，但性惡的觀點可招來種種弊政，因此對於主

政者應有種種限制，限制其權力的範圍。這些都在憲法中說得很清楚。同時有選舉制度，讓人民有權利選擇他們心目中的理想的主政者，而主政者也有組閣的權利，任用心目中的人士為閣員。主政者的執政時間也有規定，例如每任為五年，一個人只能連任一次，任期滿了，便要下台，由執政黨和反對黨或在野黨各自選出下一任的理想人選，透過民主的選舉，得到較多選票的一方，便是未來的主政者，由他自行組閣。這樣依憲法列出的公平的方式來處理政權轉移的問題自然是合理的。這種權力移交的方式，是依和平的方式進行的，不用經過你爭我奪的戰爭方式、革命方式來進行，後者會對人民與國家元氣帶來巨大的傷害。這是基督教的原罪觀或性惡論在政治活動方面的貢獻。人有性善有性惡，性善的人執政，自然很好；萬一執政者變得性惡，也只能執政一段時期，任期屆滿，人民便可選舉其他人來主政。

　　中國的情況便很不同。皇帝的政權的轉移，傳統以來都是採世襲制，倘若皇帝是好皇帝，則很好，國家政治清明，人民有太平的日子過。倘若皇帝不是好的，老百姓便遭殃了。特別是儒家講性善，他們期待皇帝依其性善而施行仁政，期待皇帝是一個賢明的君主，而輔助他的人，也是能體驗民間的疾苦和有治國的才幹。這便是聖君賢相的政治。但實際上不是人人都能展現孟子所說的性善，卻傾向於荀子所講的性惡，則老百姓便慘了。統治者便可以亂攪，殘民以自肥。政權轉移只能依世襲，這到了末代皇朝，則國家便淪於亂局。中央失去了控制亂局的權力，這種亂局只能透過戰爭和革命來解決。成者為王，敗者為寇。西方意義的民主政治，一直建立不起來，也沒有明確的憲法為依據。儒家一直都是講內聖，少講外王。到了明末清初才有人如黃宗羲、顧炎武、王船山出來對這方面的問題作深刻的反省。真正的探討，要到當代新儒家如牟宗三等人出來，提出種種問題。牟氏的反省可見於他的《政道與治道》一書中。他強調我們一直只有治道，而沒政道。真正的政道要參照西方的民主立憲才能建立起來。這是外王的事。關於外王，他認為荀子講得最多，後者的禮樂文制的思想可以通到外王方面的學問去，因而他寫《荀學大略》，對荀子甚為推崇。

但荀子的那套思想，在理論上是不很通的，他以經驗主義來說人性，排斥人的道德的心性的超越性與內在性，又由我們要依聖人制禮作樂而行事，而制禮作樂的聖人又需前此的聖人的制禮作樂而成就，這樣便淪於無窮推溯的理論困難。牟先生避重就輕來評價荀子，「重」是無窮推溯，「輕」則是外王的傾向，並不具有很高的說服力。

目前中國的政治狀況，仍不是很樂觀。四個現代化推行了三十多年，在政治方面仍然難以講西方民主式的現代化。劉曉波是一個明顯的例子；他不過和一些有相近見解的人士簽署了一段文字，便被判監十年，他的妻子劉霞的行動也受到限制，受到監控。這是甚麼世界呢？諾貝爾基金會幾年前頒了一個和平獎給劉曉波，當局也不讓他參加頒受典禮，接受獎項。當局同時也斥責挪威政府，說是干涉中國的內政。看來中國人民還需要等待一段頗長的時間，才能見到政治的現代化。

第三章　東西方哲學的不同

　　由上面所述，可以見到，哲學基本上是對不同的宇宙與人生問題的提出與回應的具有邏輯性與理論性的學問。因而不同的問題與回應，會帶來不同的哲學。西方與東方便在這些點上發展出不同的哲學。這裏說東方，以中國為主，有時也概括印度與日本。在這裏，我們分以下幾點來探討。

一、東西方人所關心的問題

　　西方人較關心宇宙與存在世界方面的問題，亦即是客觀方面的問題。他們說哲學起於驚異，便是由於他們看到自然方面的種種雄奇怪異的東西，如太陽與月球的運轉、崇山峻嶺的孤高、江河與大海的水總是滔滔不停地流動、浩瀚的沙漠與幽暗的叢林。他們的關心可集中在兩個問題上：

　　a. 存在世界的真相或宇宙實在是甚麼？

　　b. 我們如何對存在世界建立客觀有效的知識？

對於 a 問題的探索，帶來了形而上學，也附帶帶來了宇宙論。[1]對於 b 問題的探討，帶來了知識論。另外，西方人很有作形式思考（formal thinking）、抽象思維的興趣，這便帶來了邏輯、數學。我們可以約略地說，形而上學、宇宙論、知識論和邏輯是西方哲學的主流。這些哲學都帶有濃厚的概念的、理論的成分。

1　在一般的說法方面，形而上學概括了本體論和宇宙論；本體論有時作存有論，宇宙論有時又作自然哲學。宇宙論研究宇宙萬物的生成與變化，有經驗的意涵，按理不應放在形而上學之中。一般人好像未有注意到這點。

　　中國人較關心人的生命存在的問題。這種關心集中在以下兩個問題上：

　　a. 人的本質（本性）是甚麼？

　　b. 如何能達致善的、幸福的人生？

這兩問題與倫理學（道德哲學）、人生哲學有直接的關連，故這兩種哲學是中國哲學的主流。比較具有現實的、生活的氣息。

　　印度人包括佛教徒在內，從人的苦痛煩惱出發，這是比較負面的、凝重的觀點，他們又盛行輪迴的說法，認為人若不能得覺悟，達致解脫，便世世代代作輪迴的生命模式，在苦惱的生存領域中翻滾，不得出離。他們認為，我們必須正視輪迴這個現實的問題，尋求解放的出口，從輪迴的生命圈中超越開來。這樣，幸福才能說。因此印度人重視出家，或到深山大澤中去清修，進行瑜伽（yoga）的瞑想，或者過苦行、頭陀行的生活。他們以為這樣可以消融自己的罪與苦，與大梵（Brahman）冥合。後者是他們的生命的本原。

　　另外，中國人很有實踐的興趣，認為善行不是拿來研究的、拿來講習的，而是讓人存在地、主體性地生活於善德之中，在道德的踐履中成為君子、聖賢。這善德是一切德性行為的總綱，可統領、涵蓋一切德目，孔子把它說成「仁」。仁是道德的整全、基礎。孔子教弟子遵循道德的準繩，便是以行仁為中樞。不過，他講仁，回應弟子的問仁之方，與西方哲學處理道德問題很是不同。西方學者總是以定義來說道德，在概念上、理論上探討道德的原理，而不是從切身的行為方面來說。講者可以抽象地討論一大堆道德的問題，但自身有否或需否表現道德行為，便未有充分的注意。英國分析學家赫爾（R. M. Hare）寫了一本《道德之語言》（*The Language of Morals*），討論很多有道德意涵的概念，最明顯的莫如「應該」（should）。他對應該作了周詳的分析與闡說，交代在日常生活中，我們常用「應該」這一語詞或概念，它到底表示甚麼意思呢？他的分析、解說可以做得很好，但與自己在行為上的表現沒有甚麼關連。例如，他說「應該」有祈使、開示以至諭令的意思，如「人應該注重環保，不隨地吐

痰」，他的闡釋在概念上可以很清晰，很理性；但在他的私生活下，他可能不是一個環保的支持者，並且有隨地吐痰的不環保的行為，他並不留意，甚至不介意，未有意識到他的行為是不符合那種環保的說法的。這種情況在西方哲學家中不算少見。不少哲學家講是一套，做起來則是另一套，兩者不相應，不能貫徹知行合一的原則。康德講很多道德的理論，但他自己是不是一個具有嚴整的道德意識的人呢？他是不是在平常生活中時常依循他所說的去做呢？我想需要做些研究才能回應。

　　孔子處理仁的道德問題則完全不同。他是純粹從道德實踐的角度出發，並且注重實際效果。他對不同弟子問仁，以不同的方式、內容或做法來回應，以切合弟子的個別情況、狀態，讓他實質上能表現仁的行為。例如，他說：「克己復禮為仁，一日克己復禮，天下歸仁焉！」這些文字在《論語》中說得清清楚楚。所謂克己復禮，是克制、超克自己的主觀的私欲、私念，而回復到客觀的禮儀文制。從這個方面修行，便會有成效，而符合仁的旨趣。仁是公心，不偏私。為政者如能做到這樣，便有一種榜樣生起，讓其他人也照著來做，大家都能實現仁德了。孔子又說：「唯仁者能好人，能惡人。」這與克己復禮為仁有點關連。孔子的意思是，具有仁德的人，他的好惡純是從客觀的、公平的觀點看別人，沒有私心，他對別人的友善或拒斥，是以客觀之理為據，值得我們信賴。有弟子問他為仁之道，他大抵是看到該弟子性情柔弱但又喜歡表現自己，因此說：「剛毅木訥近仁。」剛毅是對治性情柔弱的，木訥則表示做事要以實幹的態度來進行，不可炫耀自己。又孔子的弟子宰予反對守三年之喪，認為這樣做是曠日彌久，沒有甚麼意義。孔子則反問他這樣處理父母的逝去，能否心安理得呢？他強調：「子生三年，然後免於父母之懷，三年之喪，天下之通喪也。」孔子的意思是，父母對我們的養育，需要三年之久，他們逝去，我們守三年之喪，是理所當然的。他提醒宰予說，後者的想法，是不仁的。按守三年之喪，在現代這種緊張節奏的工業社會來說，可能是久遠一些。但在孔子的年代，以農業為主，社會呈現一片悠閒狀況，守三年之喪，並不算過分。孔子也曾準確地說：「為仁由己，而由人乎哉！」又說：「我

欲仁，斯仁至矣。」這表示說，行仁或實踐仁德，並不困難，每一個人都可以做得到，只要具有真正的心念便行。同時，仁德之事，要自己去做，不能假手他人。

孟子回應孔子的說法，他提出人人都有惻隱之心、不忍人之心，這是行仁的端緒，他以見孺子入井的平常事故來論證。人會見孩童爬進井那邊去，掉下去便沒命。人為不忍之心所推動，會馬上撲過去，把孩童拉回來。這表示行仁是一種天性，人本來便具有這天性，因為天性是超越的，不是後起的、經驗性格的。他也像孔子一樣，周遊列國，遊說國君施行仁政。例如他見魏王，後者問他不遠千里而來，應該為魏國帶利益來的。但孟子沒有提到利益之事，卻大力遊說魏王施行仁義之政。後者認為這樣做太迂腐，難以迅速地見到成效，聽不下去，孟子的遊說沒有成功。

孟子更進一步把孔子的仁德推展到形而上學方面去。他強調我們要「盡心知性知天」、「存心養性事天」，把心與天連接起來，由天或天理的無限以說心，這便引出牟宗三先生講無限心的觀念。在孔子方面，他曾說過「知我者其天乎」，這裏並非要把我或心無限化，只是一種無奈的感嘆而已。唐君毅先生說到孔子與天，有很強的哲學理論性格，特別是形而上學性格，孔子的生活氣息漸漸被剝落。這在他的巨著《中國哲學原論》中多次表現出來。我想我們沒有必要這樣做。嚴格來說，孔子不算是一個哲學家，而是一個聖人。他所關心的，不是哲學理論，而是人生的真相、人的善性如何表現的問題。但到了漢代，儒家所關心的重點漸漸由主體性移到客體性，以至於形而上學方面去，《中庸》所說的「天命之謂性，率性之謂道，修道之謂教」，是很明顯的例子。到了宋明時期，很有一部分的儒者已把其關心點由倫理學或道德哲學轉到形而上學方面去。程明道便宣說他的學問是有所承繼的，但對於形而上學的天理，則是自己通過實修實證體證出來。黃宗羲則提出即工夫即本體的說法，展現出道德實踐的形而上學的轉向。到了近、現代，熊十力、牟宗三盛言本體宇宙論，後者更強調無限心的觀念，更把心強調為通於形而上學的天道了。

印度人也很重視實踐的旨趣，而修習瑜伽行。佛教更教人要無我

（anātman）、克服、超越對自我的種種執著：我癡、我慢、我見、我
愛，成就無私的大我，以證成涅槃（nirvāṇa）的境界。印度六派哲學基本
上也是相同的旨趣，要把分流自大梵的清淨的自我由種種染污的、虛妄的
因素解放出來，而回歸向大梵的絕對清淨性格，與梵冥合，達致「汝即
梵」（tat tvam asi）的平等境界。不過，佛教與印度的正統的六派哲學及
其所自來的《奧義書》在基本的立場上很不相同。後者是實體主義
（substantialism）的立場，強調一切事物有其不變的實體、自性。佛教則
是非實體主義（non-substantialism），強調一切事物都無實體、自性，是
空的（śūnya）。日本的京都學派吸收了佛教的非實體主義的觀點，強調
一切事物的空、絕對無的性格，但在空、絕對無之中也有緣起性格的東
西：有，即是「真空妙有」也。

二、東西方人的思維方式

　　在思維形式方面，東西方哲學也是很不同的。西方哲學反映出很強烈
的認知性格，要清楚地認知對象，則主體與對象必須維持一種橫向的對立
的（co-ordinate）關係，兩者分離開來，互相獨立於對方。這便是一般所
謂主客關係。例如眼看一枝筆，必須與筆保持一段距離，才能看到對方，
倘若眼太貼近筆，則會看不清楚，朦朧一片。倘若距離太遠，則筆對眼來
說，變得太小，便看不見。故兩極性的、二元性的思考（dichotomous
thinking）很明顯。例如主體與客體、主觀與客觀、精神與物質、有與
無、實與虛、生與死、善與惡、人與天、天與地、美與醜、實然與應然、
理性與情感等等。這是由於二元性中的任何一元、一端或一極，在存有論
上是對等的。它們的存有的強度，或存在的資格，是相同的。認知主體與
認知對象的關係也是這樣，倘若認知主體壓倒、吞沒認知對象，則認知活
動便不可能了。故西方哲學的主脈，一直都在知識論方面。自蘇格拉底
（Socrates）、柏拉圖和亞里斯多德以來，都是這樣。亞里斯多德提出範
疇論，以十個範疇來說人的思考模式，是著名的例子。下有康德、懷德海

（A. N. Whitehead）以及胡塞爾所提的範疇的數目雖有變，但它的性質，作為認知主體的作用形式，都是一樣。中古時代以聖多瑪斯為代表的神學家，好以理性的論證以確認上帝的存在，也有很濃厚的知識論意味。歐陸的理性主義（rationalism）人物如萊布尼茲（G. W. Leibniz）、斯賓諾薩（B. de Spinoza）和笛卡兒（R. Descartes）強調知性的作用，英國的經驗主義（empiricism）人物如洛克（J. Locke）、巴克萊（G. Berkeley）和休謨（D. Hume）則強調感性的、經驗的作用，不管是哪一邊，都認定對象的獨立性、重要性。分析哲學的摩爾、羅素，維也納學派的邏輯實證論（logical positivism）的舒里克（M. Schlick）、維根斯坦（L. Wittgenstein）和卡納普（R. Carnap），都在知性思考上有其成就，而知性思考可以說是成就知識的基礎。*2*

　　中國哲學的思維方式與西方的很是不同，它是德性性格或道德性格的。主體與客體並不在一種對立關係中，而是以主體為主，客體為從，主客關係是一種縱向的、垂直的、附屬的（sub-ordinate）關係，即是主體涵攝客體，以客體附屬於主體。這種關係表現在君臣之間，是君愛護、眷顧臣，臣服從君；在父母子女之間，是父母慈愛子女，子女孝敬父母；在朋友之間，是有能幫助無能，無能忠於有能。這種君臣、父母子女與朋友的關係，不是認知關係，而是道德關係。在這種關係中，總是有一方施恩澤予他方，他方則受恩澤和從屬於一方的情況。

　　進一步看，我們可以說西方哲學是分解的導向，中國哲學則是圓融的導向。所謂分解，可以從很多方面看，如主體與客體、實體與屬性、主詞與謂詞、人與神、人與自然、神聖與世俗、俗諦與真諦、凡與聖，等等。這分解並不一定指敵對的意味，而是指兩種層次、兩種角度、兩種形態、兩種模式，等等。在西方的哲學與宗教，人與神總是分開的，而且分開得很清楚。例如人與神之間，永遠存在著一條鴻溝，人是世俗的、經驗性的、現象層面的，神則是神聖的、超越的、本體層面的。人不能變成與神

2　這一節中所提到的西方哲學家的名字，有些已在上面出現過，並附了原文的名字。

同一性格，也不能和神直接溝通，在神方面也一樣，祂不能直接與人溝通。因而基督教有道成肉身的說法，以肉身的耶穌（Jesu）出現，讓耶穌具有人的性格，而代表神，與人溝通。猶太教的神則通過對摩西（Moses）顯靈，以摩西為先知，而與人溝通。伊斯蘭教則以穆罕默德（Muḥammad）為先知，代表安拉，而與人溝通。這種人神關係是分解狀態的、分開狀態的，而且必須是這樣，神才能永遠保持祂的獨尊性，不讓人能轉化為神，與神為同等。不然的話，在這些宗教中，唯一真神便不能說，而宗教也會自動崩解、解構。一言以蔽之，西方人的分解的思維方式，永遠區隔了人與神的和合的、平等的關係，人與神是不同質的，人絕不能成為神。神有睿智的直覺，人則沒有，只有感性的直覺，但神不具有感性的直覺。[3]

　　在中國哲學，圓融的思維方式較分解的思維方式更具終極性。即是，在概念上的二元性不是最後的，最後的二元、兩端要被融合起來，而成為一超越的一元。更具體地說，二元或兩端如生與死、善與惡、有與無、凡與聖等所成的背反（Antinomie）要被克服、突破，從二元或兩端提升至更高的、最高的圓融境界，例如天人合一的終極理想與實踐。此種圓融現象如何可能呢？關鍵在二元或兩端具有同一的根源，二元、兩端的矛盾、背反，例如天與人，最後會結合在一起，而臻於圓融的、終極的天人合一境界。若就凡與聖而言，依中國哲學，不管是儒家、道家或佛教，都強調經驗的人間與超越的天理都含有相同的本性。這本性的全面敞開、全面朗現，即臻於絕對的圓融。儒家強調人人都有善性、仁德的本性，人人都可以為堯禹，都可成為聖賢，這種實踐的基礎在善性、仁德的充實飽滿的實現，這正應合於海德格所說的存有透過顯現以證成其本質。道家則強調人

3　在這裏也不是沒有例外。例如基督教中的德國神秘主義便宣說人與神是同質的，都是以無（Nichts）為本質，這便否定神的獨尊性。這派的主要人物有艾卡特和伯美。但他們被正統的基督教教會斥為異端邪說。另外，康德在他的被視為第四批判的《只在理性的限度下的宗教》（*Die Religion innerhalb der Grenzen der blossen Vernunft*）中，以耶穌與人是同質，只是未有正面說人可以成為耶穌、神而已。

人都有道心，通過坐忘與心齋的工夫，人的道心得以顯現，最後臻於絕對，成為至人、真人、神人，與天地精神相往來。佛教則說一切眾生皆有佛性或如來藏自性清淨心，它的般若明覺能照見一切事物的緣起無自性的空性（śūnyatā），而對事物不取不捨，無得無失，以進於中道（madhyamā pratipad）。最後便能捨棄一切苦痛煩惱，而覺悟、得解脫，而成佛。

在中國哲學裏，儒家的聖賢、道家的至人、真人、神人和佛教的佛，都是超越的存在，都可基於內在的善性、仁德、道心與佛性以展現聖賢、至人、真人、神人、佛的圓融的人格理想。這些理想都超越時空、範疇，而具有絕對性、平等性、永恆性，與西方的神、上帝為同等存在的層次。只是儒家、道家、佛教都確認人人皆能證成最高的圓融境界；西方的基督教則認為人只能成為一個理想的基督徒，不能成為耶穌、上帝，只能於死後登天堂，與上帝同在。

在印度的哲學與宗教中，瞑想是一種非常普遍的實踐，也可說是生活方式。自《薄伽梵歌》（Bhagavad-gītā）、《奧義書》以至六派哲學，特別是吠檀多和瑜伽兩派，都重視這種工夫實踐。其目標是透過這種工夫實踐，把心念集中起來，去除內心的種種虛妄執著，和種種淫邪的想法，以與作為本體、實體的梵遇合，最後結成一體。也可以說是回歸於梵，融合於梵的清淨的本性中。按這種宗教與哲學大體上認為人是分有梵的清淨性的，只是為染污的客塵所覆蓋。如能去除這些客塵，便能重新展現自我的明覺，像去除遮蔽太陽的雲層後便能讓太陽的光輝照向大地那樣。吠檀多更鼓吹本體與現象的不分離、不二的關係，所謂「不二吠檀多」也。

印度的哲學與宗教都強調實體，是實體主義的立場。唯有佛教是例外，它強調性空，認為萬物的本性都是空，沒有實體、自性，是非實體主義的立場。我們也可以說，宇宙萬物作為有，是空無自性的；這空與有具有相即不離的關係。萬物自身當體即是空，而空也只能展現於萬物中，離開萬物，沒有空可言。這便是《心經》（Hṛdaya-sūtra）的「色即是空，空即是色」的意涵，表示真理與事物的圓融關係。龍樹的《中論》強調世俗諦與勝義諦或第一義諦的相即不離的關係。若以世俗諦（saṃvṛti-satya）說世間、生死世界，以勝義諦（paramārtha-satya）說涅槃、永恆真理世界，則世俗諦與勝義諦也是相即不離的關係。這兩種說法都有圓融的意味。但佛教不止於此，它傳到中國，發展出中國佛教。天台宗的智顗在他的《法華玄義》中，提出「煩惱即菩提，生死即涅槃」，把染污的煩惱、生死與清淨的菩提、涅槃完全等同起來，視雙方為一物的二面，同一東西的不同面相。這是經驗、超越兩界的完全的圓融。

　　日本京都哲學家都相當重視圓融的關係。西田幾多郎講絕對矛盾的自我同一；田邊元講絕對媒介；久松真一講真空妙有；西谷啟治講空的世界；武內義範講宇宙合唱；阿部正雄講非佛非魔，佛魔同體；上田閑照講人牛雙亡，入鄽垂手。具體言之，西田的絕對矛盾的自我同一的基礎在絕對無的限定觀念。即是，絕對無是終極真理，它有其實現或顯現（Erscheinen）活動，這即是限定。按他言限定，有三個意思：一是絕對無自身的自我限定，而展現種種事物；二是絕對無對事物的限定；三是事物在絕對無中的相互限定。絕對無是絕對的、超越的、無限的，事物則是相對的、經驗的、有限的，雙方構成一種絕對矛盾。而絕對無透過其限定作用，以成事物的存在，事物沒有其自身的自性，其根源是絕對無，這顯示絕對無與事物之間的自我同一關係。[4]至於田邊元，他的圓融思想，主要表現於他的絕對媒介一觀念中。此中的絕對媒介是就絕對無而言，它作為一種意識空間、精神空間、絕對無的場所，能提供一種自由自在的境域，讓種種事物遊息於其中，而不相互障礙，而成就圓融狀態。這是由於事物在這種場所之中，都以不具有自性的空的存在活動，而成就一個具有理想義、現象學義的生活世界。自性或實體是有障礙、對礙的，無自性、無實體是虛的，不是實的，因而是無障礙、對礙的。這絕對媒介觀念來自佛教的空觀，但比後者為積極、具有建設性。它對於萬物有無盡的容受

4　西田幾多郎的絕對矛盾的自我同一的思想，非常深微、艱澀，索解不易。拙著《絕對無詮釋學：京都學派的批判性研究》（臺北：臺灣學生書局，2012），有一篇長文專門論述這個問題，讀者可參考。

力，對萬物之能相互摩盪，起媒介的催化作用。久松真一善言真空妙有，這真空與妙有分別源於佛教的般若思想與唯識思想。事物是緣起的，沒有自性，因而是空。但這空不是斷滅空，卻是有動感的意味，由此說真空。事物正是由於是真空，因而能成就種種緣起的萬物，這是妙有。就事物來說，其真空與妙有互相補足，不相妨礙，而成就圓融的關係。西谷啟治的哲學，一般稱為空的哲學，我則進一步把它定位為空的存有論。在空之先，有虛無主義。虛無主義若能善加處理，能摧破一切二元性的思考。但光是這樣是不足夠的，它只有破壞性，而沒有建設性。因此要繼續向空轉進。事物在空之中，可有一種迴互相入的關係，其各自的存在性，都為空所包攝。這是事物與空的圓融關係，而事物與事物之間，也相容無障礙，這也可說圓融關係。西谷的這種想法，有華嚴宗的萬法相即相入的辯證關係。武內義範則繼承田邊元，強調眾生在念誦作為絕對無的阿彌陀佛的佛號中，構成一支宇宙的大合奏隊，隊員之間有一種自在無礙的圓融關係。阿部正雄講非佛非魔，不執著於佛，也不執著於魔，卻是在清淨的佛與染污的魔所成的背反中突破出來，超越上來，當下悟得佛與魔是在同一個體段之中，上升為佛，或下墮為魔，都不能遠離這個體段。這樣，佛與魔構成一種徹底的圓融關係。上田閑照則在廓庵的《十牛圖頌》中講人與牛或主體與客體的圓融關係，這便是其中第八圖的〈人牛俱亡〉所表現的訊息。這是從負面來說圓融關係，而不是從正面來說。實際上，我想這《十牛圖頌》可分兩個階段來解讀，第一階段由第一圖頌〈尋牛〉開始節節向上，實修實證，超越一個一個關卡，到了第八圖，表示關卡一個一個被克服、被超越，修行者達致自我完成的最高境界，這也可以說是淨土宗所說的「往相」。但光是有往相是不夠的，修行者只是在獨善其身而已，不能普渡眾生。因此還要下來，到人群、市纏中作潤生的工作，這即是第九圖頌的〈返本還原〉與第十圖頌的〈入廛垂手〉的意思，亦即是所謂「還相」。往相與還相並不必處於對反的狀態，而是有相輔相成的圓融關係。往相為始，還相為終。真正的修行者，既有往相，達致最崇高之境，但高處不勝寒，下面凡間還有無量眾生在生死輪迴中打滾。修行者對他們不會

掉頭不顧，卻是還落凡間，與眾生共苦難，進行道德教化與宗教轉化的廣大的任務。崇高而又廣大，才是修行者的終極目標。

三、圓融、體用與詐現問題

關於圓融問題，我們似乎是先有一種認識，認為關係的雙方有一種對反性格，透過克服這種對反性格，對反性格減弱以至消失，圓融便可以談了。不過，如上面提到，這對反性格不必是絕對的、敵對的、無法克服的。毋寧是，雙方的對反、不同，是性質上的，而性質不是絕對不可變更的；或者說，不同性質的東西，通過某種處理，不同的性質變得弱化。這些處理，可以是辯證的思維、工夫實踐，對於背反雙方的同時涵攝與超越，拉近雙方的距離，這距離自然不是空間的，而是精神性格的。而圓融亦不只是機械式的一種兩種，而是有很多不同的層次。例如，父子之間在身分上有對反，但不表示雙方不能同在一起，達成某種共識。男女雙方可以結婚，如魚得水。地產商蓋高樓賺大錢，各人都在爭地皮，但這不排除不同的地產商共同合作，以最符合經濟原則的方式，賺取最高的利潤。

在我們的日常的活動中，最常碰到的圓融事例，莫如利用某種用具來操作，例如以斧頭來砍柴，坐渡輪到對岸，以發電機來發電，等等，這是以工具為所依、體，憑著它的作用、效力，可以完成某種服務、工作。發電機的例子最為明顯。我們有了發電機為體，這可以說是水力發電，產生電能。電能的應用可多元了：電燈、電視、電話、電車、收音機、Hi-Fi器材、電梯，哪一種不是用電來作業的呢？這樣，我們便以發電機為工具之體，以電能的作用為用，這樣便得出體用關係。即是說，某種作用、能力，需要由一個本源、一個實體性的事物生發出來；沒有這個本源、實體性的（substantive）事物或體，作用或用便無從說起。這便是體用關係。不過，這種體用關係，頗有些機械性的（mechanical）的意味。即是，一切作用，特別是虛的作用，需要從一些質實的個體引發出來；若沒有這質實的個體，作用便無由說起。這便是我所謂的體用的機械性的關係。倘若

以這種意味的體用關係來說世間種種現象、事件，自然沒有問題，而且很
有生活情調。譬如說，一個農夫，必須要有強健的身體，才能拿得住鋤
頭，下田工作。倘若他患了疾病，身體變得很虛弱，則不要說下田工作，
連鋤頭也拿不起哩。這個意思很清楚，一切幹活，必須要有強健的身體才
行。而強健的身體是發出力的，或者說，力需要由一種健全的東西發生出
來。健全的東西是體，它所生發出的是力，是用；體發為用，用由體發。
有體才有用，無體則無用。這種說法應該不會有問題，特別在我們生於斯
長於斯的現實的環境來說，在現象界來說，是如此。這可以說是現象界的
真理，是俗諦。

　　但若深入地思考下去，現象界的真理有機械性性格，這種機械性性格
是否便可以照單全收地納入於超越界的真理中呢？超越界的真理是否也必
然具有一種用由體發、體發為用的體用的機械性關係呢？佛教一方面講俗
諦（saṃvṛti-satya），另方面講真諦（paramārtha-satya），表示應由世間
真理轉向終極真理，再由此而證成涅槃境界。要由俗諦著眼來處理真諦，
即是要由現象界的真理轉向超越界的真理，這便表示俗諦的真理與真諦的
真理不同，亦即是超越的真理不同於現象界的真理。[5]我們應如何理解此
中的兩界不同的真理呢？體用關係正是一個重要的探討的題裁。

　　現在的問題是，倘若在超越界或終極界的真理有所謂體用關係的問
題，則終極界的真理或終極真理是否也遵循機械性的體用關係而運用、發
揮其影響力呢？我想這是一個非常重要的關鍵性問題。我們通常說真理，
傾向於從靜態來說，起碼就俗諦的真理或現象的真理來說是如此。即是，
這種真理是一種狀態，體用關係是一種靜態的關係。說到真諦的真理或終
極真理便不應如此看，此中要有一種真理的動感性的轉向（dynamic
turn）。[6]即是，終極真理不是靜態的，而是有動感的，這動感可帶來力

5　這是龍樹在其《中論》中講的。
6　京都學者阿部正雄提出「動感的空」（dynamic emptiness, dynamic śūnyatā）。但這在
　　文獻學與義理上都缺乏依據，筆者認為不能成立。

量、超越的力量。我們可以說，終極真理本身是一種活動（Aktivität,
Akt），是超越的活動，則自身便具有充分的力量，而且是超越的力量。
因此，用即內在於作為終極真理的終極活動或終極力動中，不需要在它以
外尋找一個體，而由體發出力量、力用。因此，在這種思維脈絡下，只說
用便足夠了，不需說體。或者乾脆說用便是體，不需要另立一個體，以之
作為用的基礎、源泉。這樣，在超越的世界中，體用關係便被解構掉。因
為體與用是完全的、徹裏徹外、徹頭徹尾的同一的東西，再無確立體用關
係的必要。這種超越的、終極的真理，筆者稱為「純粹力動」，這種力動
是超越性格，不含有任何經驗內容。我把這種自己提出的哲學稱為「純粹
力動現象學」。[7]

　　以上是就體用關係來說圓融問題。實際上，到了這個階段，已無體用
關係可說，因為兩者完全相同，體與用只能是自我同一，這是純粹力動的
自我同一。倘若是這樣，則純粹力動作為完全的、徹裏徹外、徹頭徹尾的
自我同一，沒有經驗內容，則世界如何形成呢？宇宙論如何說呢？這得從
純粹力動的顯現或詐現來說。即是，純粹力動作為終極原理，它不可能沒
有存在性，但又不能孤懸地、寡頭地存在，它還是存在於宇宙萬物之中。
它具有旺盛的動感，它正存在於自我活動中。即是，它會凝聚、下墮，詐
現為氣，這是物質的最初步的形態。但光是氣不能說各種個體物，因此它
會繼續活動，形成多種的、多元的蘊聚，這是氣的凝縮化的結果，比氣具
體化了很多。不同的、多元的蘊聚會作第二度的詐現，分化、具體化、個
別化為種種個體物。這可以說是宇宙論的開拓、演化歷程。蘊聚有點像懷
德海的機體主義的實際的境遇（actual occasion）、事件（event），而由
蘊聚進一步個別化為個體物，則頗有懷德海的實際的質體（actual entity）

7　有關筆者的純粹力動現象學，在這裏不能細說。有興趣的讀者，可參拙著《純粹力動
　　現象學》（臺北：臺灣商務印書館，2005）、《純粹力動現象學續編》（臺北：臺灣
　　商務印書館，2008）。

的意味。**8**

　　至於詐現，則是由佛教唯識學中借來用的。在唯識學，詐現（pratibhāsa）或轉變（pariṇāma）表示心識在自己內部起分化，展現出相分（nimitta），自己則以見分（dṛṣṭi）來認識它，並執取之為具有實體、自性（svabhāva）的客體，或實在的對象。這實體或自性自然是不存在的，只是心識在其自身的活動中起分化，以為分化出來的東西好像存在著，並呈現於自身的面前，宛然有這麼一個物體存在，它是一種施設性的存在，實際上是沒有的，只是詐然地、虛假地有其存在性而已。不過，我們不應由於這是詐現的東西，只是好像有這種東西存在，實際上是假的、虛妄的，因而小看了它，認為它等於虛無、一無所有，可以完全忽略。不應這樣，其中是大有文章在。這些詐現的東西，具有某種程度的真實性、固結性，它們各自有其樣貌，出現在我們的感官面前。另外，它們各有其功能、效能。例如眼鏡可以讓我們看東西看得更清楚；房屋可以讓我們安住於其中；衣服可以暖和我們的身體；汽車、渡船、飛機可以讓我們快速地由一個地方移至另一個地方。我們若要好好地過正常的日子，都要倚靠它們。沒有了它們，我們的生活會變得一團糟。

　　純粹力動的存在性，只能就這些詐現出來的東西說。我們不可想像在這個詐現的世界之外，有一種虛靈的東西，稱為純粹力動。不能這樣想。純粹力動詐現某些東西，它自身的存在性即貫注於這些東西之中。在這些東西之外，再沒有純粹力動存在了。這讓我們想到《心經》中的「色即是空，空即是色」的語句，它有色或現象當體便是空，而空也只顯現於存在於現象之中的意思。更重要的是，我們不能想像在現象世界之外，能夠找到空，而體證它。

　　有人可能說，純粹力動詐現為宇宙萬物，我們能否說它自身是體，它

8　關於懷德海的宇宙論觀念為實際的境遇、事件、實際的存在或質體，這裏不能細說，有興趣的讀者，可參考拙著《機體與力動：懷德海哲學研究與對話》（臺北：臺灣商務印書館，2004）。

所詐現的宇宙萬物是用，這樣不是可以說體用關係麼？這個問題並不難回應。首先，純粹力動是一種超越的力動，它不是形而上學意義的實體，它根本沒有體性，沒有確定的內容，它只是不停地在轉動、運作，自強不息，因而開拓出種種文化的活動，如道德、宗教、藝術、科學。這並不表示它自身含藏有這些文化內容，倘若它含藏這些內容，則它可被還原為這些內容，而失去其終極性了。終極性是最基層的、源基的東西，不能被還原為另外的東西。它有這些多元的文化開拓，是透過人表現出來的。倘若地球不是由人作主，而由其他的生物作主，則它能不能開拓這些文化活動，難說得很。第二，純粹力動只存在於詐現活動中。純粹力動便是詐現，它詐現事物，其存在性即內在於事物之中，而不是與事物分離，這與上帝造人、母雞生蛋大為不同。上帝造人，還是與人分開；上帝是上帝，人是人，雙方還是分開，而且不能直接溝通，而要借助耶穌，讓祂道成肉身，一方面有神性，一方面又有人性。人只能透過耶穌作橋樑，才能間接與上帝溝通。再如母雞，生蛋之後，母雞仍是母雞，蛋仍是蛋，母雞不能內在於蛋中，雙方分別得很清楚。第三，詐現是力的表現，而力是虛的，不是實體物。這種力是超越的活動，既然是活動，力即在其中，它不需要在自身之外尋求一個能發力的東西：體。它即是體，體與力不是體用關係，而是純粹力動的自我認同。雙方完全是同一東西。這是最圓融的一元論。沒有比這方面更圓融的了。

　　有一點是非常重要的，那便是顯現的觀念。終極的東西必須要能活動，顯現自己，以證成自己的本質。終極的東西必須要能顯現出來，不能只處於潛隱的狀態而無所顯現。終極的東西必有其本質，這本質不能長期處於冬眠狀態，靜止而沒有動感。宇宙中一切事物都是一個機體（organism），它不是死寂的，而是有生機的，這生機表現於它的活動之中。尤其是本質，若不顯現出來，不能示現，便等於虛無（Nichts）。因此上面第一章所引的海德格講的那句話便很有洞見：存在在顯現中證成自己的本質。一切形而上的實在都必須是動感的，只有這動感，才能讓它與萬物有所關連，而顯現它的本來意義、本質。像柏拉圖設定的理型世界中

的理型是不行的，它是靜止不動的，不能主動地對現象世界有所行動，帶導世界往一有理想義的目標進發。它只能被動地作為一個型範、一個原型，讓世間事物來羨慕（aspire to）它，以它為一個模型，然後各自變化、推進，以接近這個模型。模型是純粹抽象性格的，事物的發展愈像它便愈好，愈趨於完美無缺，但由於它們的經驗的、物質的性格，這種性格在柏拉圖看來，永遠無法變得完全完美無缺。因為柏拉圖認為完美性不屬於物質性的東西，只屬於精神性、觀念性的東西。物質性的東西只能不斷模倣理型，以自我轉化，但不能達致完美無缺。故柏拉圖的形上學，始終存在著一種本體界與現象界的分離問題，雙方的絕對的圓融關係根本無法說起。這是一嚴重的理論困難。關於這點，我們在後面會有更詳盡更周延的探討，這裏就把這個問題擱住，不再繼續探索下去。

四、熊十力的體用不二思想

　　熊十力先生對體用關係問題作過深邃的探究，而提出體用不二的理論，這是一種很富有形而上學的洞見的哲學，值得我們仔細思索。這種理論或觀點表現在他的多部著作中，包括《新唯識論》、《十力語要》、《十力語要初續》、《體用論》、《明心篇》、《乾坤衍》等。他的體用不二論，肇始於他對佛教在處理萬法生起的問題的困難。他的理解是佛教講緣起性空，性空是事物不具有實體、自性，這也與緣起概念有密切的關連。萬物依因待緣而生成（pratītya-samutpāda），我們稱之為緣起，便是萬物的緣起性格，才能成就它的本質。即是，萬物的構成、成立，是依不同的條件（緣）聚合起來而成，它們都不具有自性、實體，這正是空。空即是自性是空，自性不存在的意思。故這空與緣起具有某種程度的圓融關係。不過，熊先生提出兩點質疑。第一，空是佛教所強調的終極真理，這特別是就印度佛教為然。但空只表示無自性的性格，沒有實體的內容，則它如何能作為萬法的存有論的根源，以生起萬法呢？在熊先生看來，終極真理是要能創生萬物的，並且帶領萬法運行、成長。倘若以空是終極真理

的話，則由於它是一種沒有實體、自性的狀態，它是虛的，不是實的，而
萬法是具有某種程度的實在性的，則空如何能創生萬法，作為後者的存有
論的根源呢？第二，佛教一方面強調空，同時又積極提倡普渡眾生的宗教
大業。這便構成嚴重的問題。普渡眾生是一樁天大的事情，需要具足強勁
的力量才行，這力量只能來自精神實體，但佛教的緣起性空又排斥精神實
體的存在性。這樣，沒有精神實體，自然也不能說精神實體的力量，或精
神力量，則如何能達成普渡眾生的大業呢？

　　在這兩個難題之下，熊先生想來想去，結果找不到解決的方法。於是
借鏡《易經》或《大易》的「生生不息，大用流行」的說法，以易體亦即
是《大易》所鼓吹的精神實體、本體宇宙論的實體來替代佛教的空寂思
想，以生生不息的《大易》的精神實體來說萬物的生起。但他這樣做，並
沒有為佛教的問題找到涵蓋於佛教的義理中或為佛教所能接受的方法、方
案，以解決之，卻是引入儒家的重要經典的《大易》的實體主義思想以取
代佛教的非實體主義思想，這自然不為佛教徒所接受。

　　不過，熊先生的體用不二思想並不是完全沒有問題。在概念上，我們
可以提出以下三點質疑。首先，熊先生說體用不二，而實有別。即是說，
實體或本體與它的作用雖然是不二，還是有所分別，不能混而為一。所謂
體用不二，只是本體與其作用相即不離而已，兩者還是有所分別。本體是
作用的本體，不是其他東西的本體；而作用也是本體的作用，不是其他東
西的作用。本體是實的，是主，作用是虛的，是客。兩者不是完全等同，
而是各有其分際。徹底的圓融的關係仍然不能說。第二，熊先生強調本體
有其複雜性。這可看成是本體有其多元的內容，不是單一的、純粹的本
質。倘若是這樣，則本體是由多方內容、性質所構成，不是純一無異的。
這樣，我們便可對本體進行分解，把它的內容、性質一一還原出來，因而
本體便失去其終極性。所謂終極，表示最後的、最高層次的、不能被還原
為較它更為基源的東西。這樣，我們便不能說本體是終極的本體、終極原
理。第三，熊先生表示本體能發生作用，而作用則必須由某種東西亦即是
本體生發出來。這便無異說本體是源頭，作用是其能力、動能，像水力發

電一樣，發電機是源頭，電是它所發出來的作用、動能，這便讓體用淪於機械化的關係（mechanical relationship）。這種機械化的關係，可以影響以至動搖本體的自在無礙的性格，使它受限於經驗性的運作成規，服從於經驗論。這會使本體解構，不能成為萬物的本體宇宙論的依據。熊先生所提的以上三點，足以剝奪本體的終極性，也不能讓體用關係臻於真正的圓融關係。**9**

9　在這裏，熊先生提到易體或天道的生生不息的創生萬物的問題。宋明儒學及當代新儒學也常論及真實無妄的天道實體創生萬物，因而萬物也有實理實事的性格。這看來不錯，起碼從表面看是如此。不過，若小心謹慎地審思這個問題，有兩點還是可以提出來。第一，說天道創生萬物，這是形而上的創生作用，不是耍魔術，不是基督教的上帝說「讓光明出現」（Let there be light）這麼簡單。天道是實體、本體，但仍不能超離作為原理、真理的抽象的狀態。萬法則是具體的、立體的東西。天道如何能以抽象的終極原理的身分去創生具體的、立體的萬法呢？這其實要有一個宇宙論的推演：天道以某種方式進行分化，漸漸趨近個別化、個體化，才可能說萬物。耍魔術是不行的，像上帝說讓光明出現又傾向於信仰而缺乏理性的困難。關於這點，佛教特別是唯識學便用心識分裂出相分或對象，這對象其實不是真有其實在物，只是在我們的認知機能面前現出某種形象、形相，好像真的有那種實在物存在。但這種存在性並不是獨立的，而是依賴心識的作用。這作用正是詐現。這或許不是一個很好的說明（其實也不可能有完全可以為我們的理性接受的說明），但也不失為一種宇宙論的推演的說法。宇宙中的一切事物，都需要有這種推演，在理性上才能站得住。因此筆者提出純粹力動現象學，以純粹力動經過兩層的詐現程序，才能成就一切事物。宋明儒學與當代新儒學好像未有注意這個推演的問題。或許已經有人處理過，只是筆者孤陋寡聞，未有注意及之。

另外一點，天道創生萬物，天道是真實無妄的終極原理、終極實體，由它所創生出來的東西，當然可以分有它的實性。因此，實理實事的說法，是順理成章的，沒有甚麼問題。但若進一步細審思量，不見得完全沒有問題。以比喻來說，物體中最堅硬的、最堅實的，莫如金剛石。對於這種東西，幾乎沒有辦法擊碎。倘若實理實事一實實到底，以至於用盡一切方法，都無法讓它轉變。則實事實物便會成為頑實（佛教中有頑空概念，指事物的空性變得非常消極，像虛無一樣，這便是頑空），不管用甚麼方法也不能改變它。眾生的體性倘若實到這程度，則會像唯識學講的一闡提（icchantika）那樣，一切道德上的教化、宗教上的轉化，都變得沒有作用與意義了。因此，我們說真實無妄的終極的天道創生實理實事的萬物，這種「實」應有一種規定。它實到甚麼程度，致不會淪於頑實，是非常重要的問題。

五、心性論

　　東西哲學的差異，還有一種。這並不是說雙方在某一問題上有不同見解，而是說有一種哲學，西方是沒有的，而為東方特別是中國所獨有，這便是心性論。這種情況，勞思光先生在很多年前便提過，不過說得比較簡略，沒有讓人留下深刻的印象。要說明這個問題，得先知道甚麼是心性論；而要交代這一點，得先從哲學的目的說起。關於哲學的目的，很多人都討論過，但總是沒有一致的看法。我在這裏，則擬從本章開始時所講的東西方所注意的問題說起。

　　西方人對作為客體的世界，特別感到興趣。他們不單要在這方面追尋一個客觀的答案，特別要建立一種概念的體系，要在理論上成立一個包攝寬廣內容的體系。柏拉圖和亞里斯多德便這樣做了。特別是亞里斯多德，他的知識非常廣博，幾乎是無所不知；也有很強烈的興趣與信心，要在這方面建立一套大學問，一種外延寬廣、內容無所不包的哲學的理論體系。他的成就是有目共睹的。到了基督教時代，聖多瑪斯以宗教的立場，開拓出一套很有理性性格的神學體系，展現在他的《神學大全》之中。我們很難想像，一個活到只有五十出頭的宗教哲學家，能寫出那麼廣寬與深邃的具有濃厚哲學性的神學體系的書。後來一段頗長的時間，哲學的重點聚集到知識論方面，經過歐陸的理性主義和英國的經驗主義，出現了康德與黑格爾兩個大師。康德用了很多年的時間，特別是那漫長的十年的沉思期，到了六十歲，思想逐漸成熟，一口氣寫出那幾部批判性的、理論性又很強的大書，開拓出承先啟後的西方哲學的新天地。黑格爾的哲學知識那麼廣博和深邃，在六十年的生命中，竟能寫出那麼豐碩的著作，特別是那部幾乎所有人都認為難懂的《大邏輯》（*Wissenschaft der Logik*）。他的自信是超乎常人的，看不起東方哲學，包括儒家那部經典《論語》在內。便是由於他看不起東方哲學，特別是中國哲學，因此不能比對出自己的哲學的不足之處，而無法自我轉化。他的哲學的缺點，其實與心性論大有關連。他講哲學，非常重視概念與理論，思辯（speculative thinking）的傾向很

強。但缺點也很明顯，即是不能展示實踐特別是道德實踐方面的人格。他對於哲學能夠如何陶冶個人的性情，如何培養個人對人生與宇宙的理解，而達致一種天地宇宙的情懷，意識得很少，這些正是中國的儒家與道家，和印度與中國的佛教所擅長的。他研究東方哲學，只注意概念與理論的部分，其他一無所得，真是入寶山而空手歸，令人惋惜。若把他與萊布尼茲比較，後者大受中國哲學的正面的、積極的影響，真是不可同日而語。兩者同是德國的大哲學家，何以會有這樣大的差異呢？其後在歐陸哲學家輩出，比較受到注意的有現象學家胡塞爾、海德格與哲學詮釋學家葛達瑪（H.-G. Gadamer）、英美哲學家羅素與懷德海。其中海德格較受東方思想特別是禪的影響，因而能夠體會到中古時代一個神父所說的以下一段話：

　　一個在死亡之前已經死亡過的人，在他死亡時，不會死亡。[10]

這裏所透露出來的，是非常深邃的人生智慧。「已經死亡過」直指禪宗的大死。這是徹底斬斷一切苦痛煩惱的葛藤的破釜沉舟式的做法，亦即是佛陀釋迦牟尼在成道前克服了對於自我與世界的執著的結果。具有這種體證的人，是不會真正地死亡（肉身死亡）的，這不正是宗教中時常強調的永生麼？在西方哲學與宗教中，很少具有這樣的智慧與洞見的。我能列舉的，是耶穌、保羅、德國神秘主義的艾卡特、伯美和寫《太陽之歌》的聖法蘭西斯（Francesco d'Assisi）。

　　所謂心性論，心是心靈，這有很多方面的矢向，如道德心、宗教心、美感心，這是超越層次的心，一如我自己提出的自我設準的德性我、本質明覺我、委身他力我、迷覺背反我、靈台明覺我。其中，德性我相應於道德心，本質明覺我、委身他力我和迷覺背反我合起來相應於宗教心，靈台

---

[10] 這番話在筆者的著書中時常被提及，因此在這裏不提供出處。

明覺我則相應於美感心。[11]非超越層次的心，而是經驗層次、心理學層次和形軀層次的心，則分別有認知心、心理心、情緒心、心臟。其中，心理學層次的心又包含意識、前意識和潛意識，這些都是弗洛伊德（S. Freud）和榮格所擅言的。另外，認知心又分感性與知性，知性有時又分為統覺和智思。

　　心性論中的心與性，是兩個哲學觀念，都具有超越性，與經驗性的心與性不同。超越的心又作主體性，是人的本心，又包含道德主體、宗教主體和美感主體。性則是人的本性、本質，是客體性。在儒家哲學中，有很濃厚的心性論，有時又加上天命。心是主體性，性是客體性，天命則指形而上學的天理。在儒家來說，心、性、天是一貫直下的，三者都具有同一的本性，這即是道德性。孟子說「盡心知性知天」、「盡其心者，知其性也，知其性，則可以知天矣」。《中庸》說「天命之謂性，率性之謂道，修道之謂教」。這些都是心性論的說法的文獻依據，當然還有其他的文獻說到這點，這裏不能一一列述了。在這裏我們要注意的是，心性論的開拓與發展，主要是在道德的踐履的脈絡下說，都是在道德的實現中說。儒家從來都不會空談心性，也不會把心與性當作概念來思考。在儒家，不談心性則已，一談心性，必然是在道德實踐中談。海德格是西方的哲學大師，是近現代最偉大、最受注目的哲學家之一，他所說的存有在顯現中證成其本質的意義，最具有共鳴的、最能與之相應的，還是儒家的心性論。唐君毅先生提及孟子即心言性，牟宗三先生提及胡五峰以心著性，都透露這種心聲。人的心，不管是孟子所說的惻隱之心、不忍人之心，抑是陸象山所說的本心，抑是王陽明所說的良知良能，都是最具體的、最親切的、最具有動感的心，所謂道德心。心與性是相通的，甚至是相同的，內容、性質完全相同，只是在不同分際中的不同說法而已。心是主體性，性是客體性，分別是道德的主體性、道德的客體性。要顯現人的普遍的道德的本

11　關於自我設準的問題，拙著《純粹力動現象學》中有很詳盡的闡釋，在這裏不想重複。

質、客體，最恰當的下手處，便是心，是道德的主體。只有道德的主體最能保證道德的本質、本性的具體的顯現。離開了道德心、道德的主體，人的道德的本性、本質便難以通過具體的、親切的途徑被實現、被顯現出來了。孟子提的四端、程明道提的觀雞雛便能識仁，是最顯明的例子。康德講實踐理性，說仰看天上的閃耀的星星，便能想到內心的莊嚴的道德律。這只是少數有智慧、有存在的實感的人能做到，一般的凡夫如何能做到呢？

　　以上是說儒家的心性論。另外，佛教與道家也可以發展、開拓一套心性論。例如佛教的禪學強調「教外別傳，不立文字，直指本心，見性成佛」，明顯地是著眼於心方面，直截了當地在心上作工夫，心即是性，故若能在心方面開悟，便能證成性、佛性，便成佛了。不過，我們在這裏沒有很多篇幅探討佛教與道家的心性論，故在這裏暫且擱住。

第四章　哲學的用處與意義

　　哲學就表面來看，好像很抽象，與人生特別是物質、經濟、政治、科學技術等似乎沒有直接的、密切的關連。很多時有人聽到別人唸哲學、研究哲學，總會以一種懷疑的、甚至困惑的口吻問：「這怎麼吃飯呢？」他的意思是，像哲學這種東西、這種學問，很難說實用、實際的功用，即使讀了很多哲學的書籍、文獻，甚至成為一個哲學家，在社會上，如何找到穩定的工作，以養妻活兒？甚至有些人會這樣想：你讀上哲學系，畢業後可能連自己也養不起，更不要談養活妻子兒女了。倒是有些占卜、算命、看風水的術數的人，掛出了哲學家、哲學博士的招牌，在市纏中，很能混得一口飯吃。而且你要光顧他，也得預先約時間，像看醫生一樣，要預先掛號哩。但占卜、算命、風水的術數學問，當然與真正的哲學沒有交集。我們在這裏講哲學，並不包含占卜、算命、風水的學問在內。[1]我們在上面所說的哲學，也沒有牽涉及這種學問，後者的基礎是迷信，哲學的基礎則是理性。

　　關於哲學，我想我們應該從較深較廣的層次來看。我在這裏把探討的焦點放在用處與意義方面。所謂用處（use）是比較具體的，與我們的日常生活有較密切的關連，但也不會只限於找工作、賺錢方面，但對這些問

---

[1]　我這樣說，並沒有看不起占卜、算命、風水的人的意思。實際上，我自己的學生，便有好些是從事這方面的。他們憑這種學問吃飯，光顧他們的人也是自願的。你情我願的事，也不觸犯法律，你不相信，別人相信，有甚麼看不起看得起的問題呢？我只是從理性的角度看，這些學問談不上理性問題。有人處理問題，不從理性方面著手，卻循有迷信的成分的方式來做，而且效果有時倒不錯。你講理性，要費腦汁、浪費細胞，現實效果並不見得好，何苦呢？

題也不能完全不理會，管仲說衣食足而後知榮辱。一個人只要肯用功，努力做事，基本上不需要用很多錢。讀哲學也不一定要從事與哲學有直接關連的工作，他可以做其他事情為職業，以探討哲學問題為終身的事業。上面提過的史賓格勒只是一個中學教師而已，卻能寫成《西方之沒落》的巨著。他是在教書之餘，祕密練功的。至於意義（significance）方面，並不是定義（definition）那一種，而是涉及人生價值、人生目的的導向。我們雖然不必像古代聖哲所說的要建立三種不朽的事：立德、立功、立言，但也得有一個人生的宗旨，讓自己能做一些好事，最好能讓自己成為一個人才，對社會、老百姓有一個好的交代，不枉此生。要這樣做，便得懂一點哲學。

一、哲學是求深度的學問

以下我們要闡述一下哲學的用處與意義。首先，哲學是求深度的學問，而不是求廣度的學問。所謂廣度，是瑣碎，甚麼都懂一些，都有一些知識，但這些知識不見得能夠被聯繫起來，而求得一個聯繫重心。這樣的廣博的知識是沒有甚麼用的。我們得依從一些方法，把這些多元的知識連貫起來，以求得知識的共通性，這樣會讓我們在千絲萬縷的問題中找到一個重心，以這個重心為基礎，來應付世間多元的現象與問題。如何能這樣做呢？這得有賴哲學所提供的分析與綜合的方法。分析與綜合是哲學的思想方法。分析可以應付多元的問題，綜合則可讓我們找到問題的共通點。這共通點可以以本質（essence, Wesen）或律則言之。層次高的律則可以把層次低的事項概括起來，本質性格的東西可以把現象性格的事物加以統領過來，靠的是分析與綜合：分析事項、事物的性質、性格，對這些東西加以歸類、綜合，得出其共通點，亦即是本質、律則。例如，我們看見一壺水下面有火燒的現象，我們會說：「水快要滾起來了。」我們看見天空有黑雲，會說：「天快要下雨了。」在很多較窮困的國家，很多人會擠在一條船上，船面與水面不斷接近，我們會說：「船快要沉了，有些人可能

會掉落在水裏，會淹死了。」顯然，這些可能性依賴或表示因果關係，而這種因果關係都要預認因果律或因果性（causality）。[2]像因果律這種屬於深度的、本質方面的律則或因果性，是有概括性的學問，正式哲學所要探究的對象。進一步說，火燒導致水滾，黑雲導致下雨，人擠導致船沉，很多人會被淹死，都是個別的現象，它們所依據的因果律，則是普遍原理。哲學所要探討的，便是這樣的普遍原理。這種原理讓我們對現象世界有深一層的了解，從現象的了解提升到本質的了解。這裏所說的本質，是有關思想的模式。這思想模式，按照康德的說法，具有超越性和普遍性，對於一切現象都能加以影響、決定，使它們轉為對象。有了對象，我們便可建立對於對象的知識，而成就對於客觀世界的了解。

二、哲學是反省的學問

哲學的另外一點意義是，它是一種反省的學問。這即是從科學的向外觀察、測量的活動回轉向自我或主體自身，寬鬆地可說為是一種向內的轉向（internal turn, subjective turn）。我們一般所說的反省（reflection），正是這方面的意思。這種反省可以依自我的設準的不同而有知識的反省、宗教的反省、美學的反省和道德的反省。一般所著重的，是道德的反省。即是，從同情共感的心態回向自身，檢討自己在言說上、行為上的活動，是否合乎道德的規準，有沒有一視同仁，有沒有以己心比他心，以公正無私的同情共感的態度、心態對待別人。《論語》中說「吾日三省吾身：為人謀而不忠乎？與朋友交而不信乎？傳不習乎？」這顯然是以道德的主脈來反省，然後及於知識上的檢討。忠與信都是道德的德目，學習則有知識的意味。這樣反省，很有日常的、親切的生活意味。道德本來便是要在平常的生活細節中表現，並不一定動不動便講殺身成仁、捨生取義的天下國

---

2 關於因果性或因果律，休謨認為依於我們的心理經驗，康德則認為是我們的知性運作的一個普遍概念，亦即是範疇（Kategorie）。我們這裏依康德的說法。

家的大道理。見微知著，倘若在一般的生活情節上放浪、不檢，又如何能肩負「天下興亡，匹夫有責」的大任呢？道德實踐必須始於當下，對自己的良知能夠交代得來，自己先做好，然後才旁及他人。《論語》所說的「古之學者為己，今之學者為人」，便頗有這種意思。即是，古代的賢人、君子進行道德實踐，是要提升自己的心性涵養，這是求自己的心安。現今的所謂聖人、君子則往往要在他人面前炫耀自己的超卓性、優越性，要在他人心中留下自己的好印象、好名聲，讓他們羨慕自己。他們做好事，為的是要取悅於他人。這是從功義主義、實用主義出發的。

　　有一點很重要：儒家講反省，是反求諸己，審思自己的想法、行為，是否合乎道德的準繩。京都學派則強調「己事究明」。所謂己事，是指自己的生死大事。這是宗教性格的。我們要在自己方面用工夫，展現人生的目標，讓自己能夠從一切虛妄的言說與行為解放開來，超越上來，了脫生死的大事，因而克服生死的背反，以達致無生無死，從生死的分別心解脫開來的精神境界。

　　我們通常講自覺，頗有反省的意味。京都學派認為，自覺是自己在自己中見到自己。這應該是在宗教與道德的脈絡下說的，而且是在工夫實踐中說。此中的自己，應該不是經驗的、現象的主體，而是超越的主體。「見」即是實現、證成。這是自己對自己的認同活動。就宗教方面來說，自己在自己中見到自己，此中見的自己與被見的自己，不是主客對分、主客分別的二元關係，應該是主客渾融而為一體的關係，這便是自我認同。主客的自我渾同為一，即是自我解構、無自我。在日本禪宗流行有這樣一種對話的公案：學生問道元禪師：「甚麼是佛學呢？」道元答：「佛學即是學佛。」學生又問：「甚麼是學佛呢？」道元答：「學佛即是學自己。」學生又問：「甚麼是學自己呢？」道元答：「學自己即是忘記自己。」忘記自己即是釋迦牟尼的無我實踐，即是克服了、超越了自我意識，這是宗教上的覺悟的基礎。就道德來說也是一樣，道德的基礎在同情共感，以己心比他心，然後泯去自他的分別意識。自與他是相對的，兩者的分別泯失，則自不成自，他不成他，這便相應於釋迦牟尼的無我思想。

孔子在《論語》中也說要「無意，無必，無固，無我」，與釋氏殊途同歸。

　　進一步看自覺特別是反省的問題，似乎在道德的導向下，反省更為暢順。反省甚麼呢？反省自我的本性也。自己的本性也是他人的本性，這表示人的本性是同一的，它具有普遍性與必然性，非如此不可。這本性自然是道德的本性，這又回到心性論的問題了。這道德的本性可由我們通常所想到的問題說起。我們在日常生活中，會想及很多問題，東想西想，這些問題可以歸納為以下三種：

1. 有關事實的問題，這是比較具有客觀性的，通常為各人所認同，沒有很多爭論。科學即是研究這些問題的。

2. 有關規律的問題，這是擬設的條件問題：如果怎樣，便會怎樣。條件擬定了，便會有怎樣的結果。這基本上是形式性格的，邏輯與數學便是探討這種問題的學問。

3. 牽涉及責任、義務的應然性的問題，亦即是一般所謂道德的問題。

事實問題是「是怎樣」的問題；規律的問題是「會怎樣」的問題；道德問題則是「應該怎樣」的問題。事實問題是陳述性格的，它說及某一種事實，一種實然性的事情，一椿已經發生了的事件。例如「馬英九是臺灣的總統」。規律的問題是先預設了某些前提、條件，然後推斷一些必然性的結果。例如「如果天下雨，則地會變濕」。但前提如有所改變，例如向相反的方面發展，在結果方面，並不必同樣會導致相反的方面發展。例如「如果天不下雨，則地不會變濕」。地會不會變濕，除了天下不下雨之外，還會有其他的選項發生，譬如有人把一盆水倒在地上，這樣地便會變濕了。至於道德問題，則涉及應然性。即是，就我們所共同具有的應該、不應該的意識，亦即是孟子所說的惻隱之心、不忍人之心，或康德所說的強制律令（categorical imperative），亦即在道德格律之下，我們應該以至必須做某些事情而言。[3]例如我們看到一個無知的小孩要衝過有汽車要駛

3　我們應該做些甚麼，不應該做些甚麼，在日常生活中，這些問題比比皆是。例如：人

過來的馬路，會很自然地撲向前把小孩拉回來，以免他被汽車撞傷甚至撞死。我們不忍心看到小孩被害，因而不容已地表現救人的行動。這沒有考量的餘地，而是刻不容緩的事情。這種行動的基礎，正是我們人人都具有的道德意識、道德自覺。這是應然性格的，我們應該這樣做的。倘若不這樣做，或者有人阻止我們這樣做，我們內心會感到不安。由此反省下去，我們會覺得、認識到人是一種道德的存在，有同情共感的心念。如果自己不想不幸受傷，也會想到別人也不想不幸受傷，因而會自動自覺地採取一些行動，去阻止不幸的事情，不讓它發生在別人身上，這便是同情共感。這是透過哲學的反省而來的對人自身的深層的認識、本質性的認識。

三、哲學是智慧的學問

哲學是智慧的學問，可以透過在生活中實際的經驗，磨煉和提高人的智慧。如上面說過，「哲學」（philosophy）原來的意思是愛智，也和這點有關。我們可以說哲學是智慧的學問，是特別就在形而上學方面為然。但對其他問題如宗教、道德、藝術、文學等，都有適切性。大文學家蘇東坡、莎士比亞（W. Shakespeare）、歌德（J. W. von Göthe）都是文學天才，但也經歷過艱苦的學習，才有各各的成就。

形而上學是探究超越的終極真理，探究經驗世間、現象世間的事物的流變無常的背後那不變的、永恆的本質。對於這本質，人人所說不同。在西方，柏拉圖說理型，亞里斯多德說基底，聖多瑪斯說上帝，斯賓諾薩說自然，康德說意志自由，黑格爾說精神（Geist），胡塞爾說絕對意識（absolutes Bewuβtsein），海德格說存有（Sein），懷德海說實際的存在（actual entity）、實際的境遇（actual occasion）。在東方，印度教（古

應該保持環境清潔；人應該知足，只拿自己分內的東西，不應該霸佔別人的東西；人應該說真話，不應該說假話；人不應該做損人利己的事；人不應該把自己的快樂建築在他人的痛苦上，等等，不一而足。這表示人有應然意識，這種意識是道德性格的。

代稱婆羅門教）說梵（Brahman），儒家說仁、天道，道家說無、自然，印度佛教說空（śūnyatā）、法性（dharmatā），中國佛教說佛性，京都學派說絕對無、場所，筆者自己則說純粹力動，不一而足。大體上，這些形而上學的不變的、永恆的本質，有些具有動感，有些則不具有動感。發展到近現代，形而上學的本體、實在，動感的傾向比較強。懷德海不說實體主義（substantialism），而說機體主義（organism），頗能道出此中的消息。

對於流變無常的事物的理解，我們主要靠感官經驗，例如看到桌子是白色的；櫻花在五月會盛開，白得高潔；楓葉在十二月初會變紅，紅得璀璨；山澗的流水發出潺潺的妙音；初生的嬰兒，柔軟得像一團麵粉；明月松間照，清泉石上流，等等。這些都是我們在日常生活中常有的感受、經驗。它們的存在，非常明顯，是毋庸置疑的。但倘若你提一個問題：在一切變化不定的感官經驗的事物的背後，有沒有不變的本質或本體呢？在一切可知覺的事物背後，有沒有不可知覺的東西，來支撐那些事物呢？這種問題不是感官經驗的問題，而是形而上學的問題。不同的哲學，對這種問題，有很不一致的回應，但不出以下的幾種看法。實在論者認為，在我們的日常生活中，這些東西都是真實的，在背後也有支撐著它們的形而上的實體。西方哲學的實在論和新實在論，都持這種說法。基督教更以上帝是人與萬物的創生者，是一個大實體。印度的六派哲學如正理派、勝論派、數論派、瑜伽派、吠檀多派和彌曼差派，都是實在論者。佛教的說一切有部（Sarvāsti-vāda）更提出法體恆有，說有一些所謂法體的要素，在過去、現在、未來都是實有的。儒家也是實體主義。觀念論者則認為觀念或心靈是實在的，一切感官所對的事物則缺乏實在性。佛教唯識學更認為一切法、現象都是心識所變現的，而心識也不是實在的東西，只是不如一切法般虛妄而已。道家則介於實體主義與非實體主義之間，老子的道、無傾向於實體主義，莊子的天地精神則傾向於非實體主義，雙方可以互轉，這

是比較有新意的看法。[4]另外，佛教的經量部（Sautrāntika）則認為在一切可知覺的事物背後，依思想的推演，應有不可知覺的實在的東西支持它們，但我們又沒有認知機能去確認這些實在的東西的存在性。即是。它們缺乏胡塞爾所說的明證性（Evidenz），故應該存而不論，將之擱置（Epoché）。一言以蔽之，形而上學的問題，不能以感官經驗來回應，但對它的探究，可以擴闊我們的視野，提升我們的思考能力，促進我們的智慧的發展。

　　為甚麼是這樣呢？我們可以說，人的心智常是只留意層次比較低的東西，即經驗性的東西、現象世界的東西，離開了這個層面，我們便感到陌生了。形而上學的問題，涉及超越經驗與現象的變化的、無常的性格，要探討一些具有超越性、常住性、絕對性、永恆性的東西。這對於我們的感官經驗的常識心靈，自然是非常陌生。形而上學問題的提出，促使我們的心靈突破常識層面，而向另外一種方向發展，以臻於本質的、本體的深邃的層面，這可以擴展我們的視野，開拓更高層次的智慧。古籍說到「觀變思常」，也有這個意思。即是，我們面對流變無常的現象，總會為美好的現象不能久留而感到惋惜，希望得到一些常住的、穩定的東西，或置身於常住的、穩定的環境，心靈才會有安穩、怡然的感覺。

　　上面說哲學是智慧之學，這種智慧可以淨化人心，提升人的道德情操，舒緩人與人之間的張力，增長他們的互動與相互了解，到了有困難時可以共同協商解決。三個人或多個人的合力，總比一個人獨自的力量要強。智慧對於達致一個諧和的世界，有很大的作用。這諧和的世界，正是胡塞爾現象學所要追求的生活世界（Lebenswelt）、有價值、理想導向的世界。

　　說來說去，智慧可以使我們生活得更好，明白人不該有強烈的得失之心，進而做到得而不喜，失而不憂，一切隨緣。人倘若沒有得失之心，則

4　有關道家的實體主義與非實體主義的互轉問題，參看拙著《老莊哲學的現代析論》（臺北：文津出版社，1998）。

對於世間便無所求，人到無求品自高。如果能夠做到生而不喜，死而不
憂，則可以了斷生死問題。這生死會帶給人莫大的煩惱與恐懼。人倘若能
夠克服生死的分別心，突破生與死的背反，便生活得無煩惱與恐懼，一切
怡然自得。基督教說是死後能上天國，與上帝同在。佛教則說是得解脫，
證成涅槃的精神境界。基督教還提到信、望、愛，聖多瑪斯對望或盼望
（hope）也做過好些發揮。人要心存希望、盼望，才能迎接未來。盼望表
示懷著一個希望，相信目前的惡劣的環境會逆轉，自己的理想終能達致、
實現。若自暴自棄，自我放棄，只待奇蹟會出現，則哀莫大於心死，人便
沒有希望了。

　　人生有很多苦痛、屈辱的事，這些都需要智慧來化解。人人都不能免
於苦痛與屈辱，特別是到了老年，有很多病症會相繼來臨，例如血壓高、
血糖高、柏金遜症、失憶之類，這些病痛一般都不會消除的，反之，它們
會隨著年齡的增長，越來越變得嚴重。對於這些病症，我們得培養一種忍
耐的心情去接受，跟它們打打交道，做做朋友，以削弱雙方之間的張力，
減少自己的痛苦。不應恃強爭勝，說要消滅病魔，這便與病症為敵。人生
多一個朋友，永遠比多一個敵人為好。屈辱也是一樣，是人生不能免的。
我們必須承認屈辱，接受它，然後慢慢把它點化，擴闊自己的胸襟，增強
自己的涵養。韓信當年為幾個惡少年侮辱，要他在他們胯下穿過。韓信不
以為恥，依照他們的意思去做，化解一場不利於自己的爭鬥。後來他幫助
劉邦，打敗項羽，建立大漢帝國，留名青史。這樣做，需要深邃的智慧與
堅強的耐力，才能竟其功。

　　智慧的另一種重要表現，是寬恕。寬恕並不是怕事，不是缺乏勇氣。
反之，寬恕能讓人敞開心胸，虛懷若谷，接受多元的聲音，凝聚力量。這
是做大事業的條件。當年印度聖雄甘地（Mahātma Gandhi）為了讓印度從
英國的鐵腕統治解放開來，採取不合作的非暴力主義，結果終於使英國同
意印度獨立。而甘地還是與英國往來，不計較後者的過惡。印度一直以印
度教為國教，信奉的人很多，但亦有回教的教徒，其大本營在巴基斯坦。
一次一個印度教徒的兒子被一個回教徒殺害，作為父親的印度教徒非常傷

心，終日生活於憤怒與悲哀之中。有人勸他請教聖雄甘地，看應該怎樣做。甘地提議他收留一個回教徒的孤兒，把他當作自己的兒子來撫養。甘地的巨人的形象立時展現出來。這是出於寬恕的力量啊。一般人的做法，不是這樣。他們會建議那個印度教徒把那個回教徒找來，一刀砍死，了卻心頭的仇恨。但問題不會是這樣簡單。回教徒的朋友會報復，會殺害印度教徒。這樣展轉仇殺，無有了期，不是長久之法。甘地是從和平的目標進發，要以寬恕來點化仇殺，化敵為友。這不是懦弱，而是以寬恕的慈悲心來包容仇敵，點化他。所以在最後，甘地在一個演講會中，被一個印度教的極端分子迎面槍殺，還勸諭他的部屬不要為難這個人。

由寬恕可導致和諧或諧和的心境。儒家和道家都很重視這種心境。孔子在《論語》中說其道是一以貫之，弟子曾參一聽便能悟出，表示老師的道，正是忠恕。忠是忠於職守，對責任有所交代。恕是寬恕，以己心比他人之心，「己所不欲，勿施於人」。莊子則潛心於與自然或道的諧和關係。他提出諧和有兩種：天和與人和。即是，一方面與終極真理建立諧和關係，另方面則與他人建立諧和關係。前者可以達致天樂，後者可以達致人樂，兩者都是道家的理想。諧和的基礎在恕、寬恕他人。律己要嚴，待人要寬，這樣才能謙和地、平和地與別人相處。

四、關於共產主義

共產主義對世界帶來巨大的影響，目前這種思想還在國際間發生作用。特別是全世界人口最多的中國，目前還在奉行共產主義，只是在字眼上有些不同，他們要施行、實現具有中國特色的社會主義。這共產主義在世界上橫行了一個多世紀，能不能實現，大家有目共睹。很多中國的國家領導人都變得比他們的前輩溫和，知道極權統治是不能長久的，只有改革開放才是中國的出路。但所謂改革開放，仍只限於經濟、軍事、農業等中性的領域。至於政治和意識形態，則沒有多大轉變。一朝六四民運未能平反，劉曉波仍被監禁於秦城監獄，真正的改革開放還不能說。

　　大陸很多知識分子都認為毛澤東一生做了很多錯事，文化大革命的災難是一個高潮。他所倡導的「國家要獨立，民族要解放，人民要革命」只是一些空頭的、寡頭的口號，用來維持人民的情緒，遮掩他的極權統治而已。韓戰以來官方所提出的口號，以「三面紅旗」、「人民公社」、「大躍進」、「大鍊鋼」、「超英趕美，一天等於二十年」、「中國共產黨萬歲」、「戰無不勝的毛澤東思想萬歲」、「鼓足幹勁，力爭上游，多、快、好、省地建設社會主義祖國」，除了最後一個口號有點意思外，其他都是政治神話，不能實行的。但當時很多人都相信，包括還是孩童階段的終日在農村跑跑跳跳的筆者自己。我還想當少年先鋒隊，披紅領巾哩。

　　共產主義的很多說法都是有問題的，例如辯證法唯物論、階級鬥爭、階級的人性論。他們不承認有普遍的人性，只有階級性的人性：甚麼階級便只有該階級的人性。他們的祖師馬克斯（K. Marx）的很多說法都是站不住的。不過，對於哲學的任務、功能，馬氏倒有非常深邃的洞見。他強調哲學不單要說明世界，而且要改造世界。這真是石破天驚的說法。以哲學來說明世界是對的，但缺乏動感；以哲學來改造世界也是對的，而且充滿動感。就德國哲學家雅斯培斯（K. Jaspers）的軸心文明說來看，希臘的蘇格拉底、柏拉圖和亞里斯多德、印度的釋迦牟尼與龍樹、中國的孔子、孟子、老子、莊子和墨子，都在差不多同一時期中，提出睿智的、洞見的思想，影響世界的大部分的人。這三個哲學傳統，都可以說是在某種程度上改造了世界。希臘哲學和羅馬法典，開拓出知性的文化傳統；印度的佛教開拓出克服一切苦痛煩惱的宗教傳統；[5]儒家與道家則開拓出德性的與審美的文化傳統。這些文化傳統都可以說創造性。這種創造性，非要以大智大慧來開拓不可。

5　印度的宗教傳統的開拓，當然不限於佛教，同時也包括在它之先的《吠陀》（Veda）、《薄伽梵歌》（Bhagavad-gītā）、《奧義書》等古典，也包含與它同期或較後的六派哲學和錫克教，等等，我在這裏只以佛教為代表。

第五章　邏輯與方法論

　　上面我們花了不少篇幅來探討有關哲學的種種一般性的問題。以下我們要就哲學的每一個部門或題裁來作比較詳盡的探討。首先從哲學思想的基本規律著眼，看看哲學思考有哪些重要的方式作為基礎，才能展開哲學思考（philosophising）的。這便是一般所謂邏輯（logic），或方法論（methodology）。這兩者有不少重疊之處。我們通常說起方法論，是指一般的思想方法，是思想過程中人應該依循的一些條目，這主要是邏輯的條目。因此我們說邏輯與方法論很多時是同一說法的。邏輯比較嚴格一些，它的最重要的功能是推理，由已知的前提合法地推導出結論。而不管是前提抑是結論，都是命題，即有真假可言的語句。而命題的主要構成因素是概念（concept）。故這裏先討論概念問題。

一、概念與類

　　首先我們對比著觀念（idea）來說概念。概念是一個詞項（term），表示一種客觀性格的意義（meaning）或義理，展示外物的某種性格。這又得從知識說起：我們若要對外物有概念，即需對外物有確定的認識或知識。或者說，我們需對外物的客觀性格有所認識。例如，我們說，這衣服是「紅色」的，這桌子是「圓形」的，動物和植物是「會死」的。這「紅色」、「圓形」、「會死」，都是概念，都有一種客觀的意義，它們分別表示紅色的性格、圓形的性格，和會死的性格（mortality）。

　　我們首先得注意，概念不同於觀念。前者的意思有客觀性、不變性。後者的意思則是主觀的、心理性的（psychological），表示我們的主體對

外物的看法、聯想以至反應，由之可引生、推動某些行動。例如見到皮球，知道它是球狀的、塑膠所做和具有跳彈性格的。這「球狀」、「塑膠做」、「有跳彈性格」，都是概念。但倘若進一步認為它是可以拿來玩的，因而真的執起它來玩耍，這「可玩耍的」，即是觀念。一般來說，概念有靜態的意涵，指被置定於某一處所；觀念則有動感的意味，可以對我們的心產生某種動作。例如，我們觀看到一個皮球，就單單是觀看而言，這觀看是靜態的；但之後拿它來玩耍，這玩耍便是動感性格了。

　　以下說一下分類問題。就所涉及的意義的狀況而言，概念可分為虛概念與實概念。虛概念有虛的性格，並沒有實質的內涵相應，不指涉實在的對象（real object），只是一種形式字（formal word）。它只表示某種形式。具體地說，它可決定命題自身的形式。例如：

　　　　這是一本書　　　　　　　　　　　「是」（肯定形式）
　　　　這不是一枝筆　　　　　　　　　　「不是」（否定形式）
　　　　我坐車或者步行回家　　　　　　　「或者」（選取形式）
　　　　我坐車和步行回家　　　　　　　　「和」（並兼形式）
　　　　如果我富有，則會參予慈善工作　　「如果～則」（條件形式）

「是」、「不是」、「或者」、「和」、「如果～則」都是虛概念，沒有實際的所指，但可以決定命題為肯定命題、否定命題、選取命題、並兼命題和條件命題。肯定命題表示確認、明確地指出某種情況；否定命題表示不確認、排斥某種情況；選取命題表示只選擇多個選項中其中一種情況；並兼命題表示同時包含、攝取二個或多於二個的情況；條件命題則表示如果某一條件成立，則會確認或肯定另一或其他情況。

　　實概念則指涉實在的對象和它們的性質，與實質的內涵相應，是所謂對象字（object-word）。如「毛筆」、「桌子」、「藍色」、「可逆轉性」。

　　而在實概念中，就範圍（realm）而言，可分兩種：個體概念與類概念。個體概念的範圍，只包含一個分子。如：諸葛亮、黃河、這間屋宇、這頭牛。類概念的範圍，包含多個分子。如臺灣人、成功大學的大學生、

播音機。其中的類概念，涉及類（class）的問題，這在邏輯上非常重要。對類若有清晰的理解與意識，可增長我們的思考能力。故在這裏要作進一步的討論。

　　類表示一個組合（group, composition），其中包含多個分子（member）。要把這些分子歸聚在一起，必須依據某一普遍性質。由於各分子都分享這普遍性質，因而可聚合在這普遍性質的旗幟下，而成為一個類。必須要有這一普遍性質，我們才能把散列於各處的東西或個體物聚合起來。例如「中華民國人」是一類，其中的所有分子都具有中華民國身分證這一普遍的東西或性質，因而聚合起來，而成「中華民國人」這一類。因此，我們可以對類作出如下的界定：「以普遍性質貫穿於個體物中而使後者聚合起來而成的一個組合」。

　　原則上，一個普遍性質可以構成一類。但亦有很多情況，需要多個普遍性質合起來，才能成為一類。例如「飛機」，其普遍性質是：摩打、機翼、在空中飛行、把人由一地方迅速地載到另一地方。

　　類是分子的組合，通常是能概括若干分子的。但亦有些類是沒有分子的，是在現實世界找不到相應的分子的。這種類稱為「空類」（null class）。[1]這空類又可分為兩種：

1. 由自相矛盾的概念所組成的空類。例如「結了婚的王老五」。「結了婚」與「王老五」是相互矛盾的概念，它們根本不能聚合在一起，它們是相互排斥的。因此，這兩個概念所成的類不可能有實質的分子。不過，倘若我們不從邏輯分析方面來看，而是從弔詭或辯證法方面來看，這又不同。如天台宗說「不斷斷」，這倒表示另外一層次的價值的境界，其中的兩個「斷」字有不同意涵。前一「斷」字表示與世間煩惱隔除開來，後一「斷」字則是了斷、解決

---

[1]　空類雖然沒有分子，但不表示它便是無用的。反之，空類在我們一般日常生活以至文化生活中很有它的價值。關於這點，可參看何秀煌著《邏輯：邏輯的性質與邏輯的方法導論》（臺北：東華書局，1998），頁132。

生死問題的意思。這是指不用斷除世間煩惱而證成覺悟、解脫的宗教的目標。至於京都哲學家西田幾多郎所提的「絕對矛盾的自我同一」，自是一弔詭的提法，我們不擬在這裏探討這個問題。

2. 由不矛盾但無現實存在與之相應的概念所做成的類。例如「龜毛」、「兔角」、「牛蛋」、「臺灣的皇帝」。這些概念並不含有矛盾性，如「龜」與「毛」並不矛盾，故原則上可以成為一類，但由於它們所概括的分子沒有現實的存在（限於地球為然），故不可能有分子。

總括來說，類可以有五種，這是依類的範圍的不同而區分的：

1. 個體類（individual class）：類的概念所包含的分子只有一個，例如毛澤東、北京大學。嚴格來說，每一個體都可以自成一類。不過，我們通常說類，多數是就有若干個分子而言，很少想到它只有一個分子。

2. 有限類（finite class）：類的概念所概括的分子為有限，例如「日本人」、「美國海軍陸戰隊」。當然這有時間的限制，在不同時期，類的分子可以增加或減少，故數目可以不同。

3. 無限類（infinite class）：類的概念的分子數目為無限制，例如「萬物」、「諸法」、「all things」。

4. 空類（null class）：類的概念所概括的分子不存在。這是由於類概念自相矛盾，或這些分子在現實上根本不存在，如上面所述。

5. 全類（universal class）：全類有些像無限類，但它的範圍較為確定，它是由兩個互相排斥而窮盡的組合而成。例如「黃」與「非黃」，這兩個概念可組成兩個互相排斥而又窮盡的組合。所謂互相排斥，是黃不是非黃，非黃不是黃。所謂窮盡，是黃與非黃構成或窮盡顏色的全部，或構成或窮盡一切事物；一切事物，不是黃便是非黃。

即是說，「黃」是顏色，「非黃」則可以是顏色，可以不限於是顏色。若「非黃」是顏色，則「黃」與「非黃」加起來，即是顏色的

全類。若「非黃」不限於是顏色，而廣泛地指不是黃色的一切東西，則「黃」與「非黃」加起來，即指一切東西，與萬物同，因而成一無限制的、無所不包的全類。

類概念很有邏輯的意味，可以增進我們的思考，對於一些表面上好像是矛盾、弔詭的問題，可以以這種概念來處理。在哲學上的「白馬非馬」一問題，必須涉入類概念，才能解決。如以內屬關係來看，白馬明明是馬的一種。馬有白色的，有黑色的，有棕色的，都是馬，為何又說「白馬非馬」呢？以類概念來說，白馬是小類，馬是大類，小類不等於大類，故說白馬非馬。

二、概念的內容與外延

由類概念可引至對概念的內容與外延的討論，特別是類概念與概念的外延有很密切的關係。以下依次討論概念的內容與概念的外延。

1. 概念的內容（intension）：這內容不是一般泛說的內容（content），而是指概念的意義（meaning）。就「人」一概念來說，它的內容即是它的意義，或定義，這即是「理性的動物」。也可以說，概念的內容是限定概念之為如是如是概念的那些條件。在「人」的概念中，它的限定條件是理性與動物。即人一方面是動物，同時又要是理性的。動物排斥植物，不是植物，以至其他死物；理性則排斥非理性。[2]

2. 概念的外延（extension）：指概念所能概括或伸展（cover）其效用

---

[2]　這裏有一點需要注意。說人是理性的動物，應含有只有人才是理性的動物之意。這是目前我們所具有的科學知識。倘若有一天科學家發現，在理性的動物中，除了人之外，還有其他動物是具有理性的。則「人是理性的動物」一定義便不是那樣精確。我們只能說人是理性的動物中的一種。因此，以「理性的動物」來界定人，便變得不足。我們得向理性的動物方面著手看看其他理性的動物和人還有甚麼差異。說到這裏，問題便變得複雜，我在這裏無意繼續探討下去。

　　　　的範圍。每一類概念都應具有能概括的分子，外延即指這些分子全
　　　　體的領域、範圍。如「人」一概念，它的內容是理性的動物（這裏
　　　　暫以此為人的內容），它的外延則是這些理性的動物的全體所覆涵
　　　　的範圍，即動物中而又是有理性的那個範圍。

雖然所有概念都有內容，但並不是所有概念都有外延的。例如「龜毛」、
「兔角」，它們的內容都很清楚，即指生長在龜上的毛和兔上的角。但實
際上並沒有這些東西存在，故這兩概念並沒有能概括於其下的分子，因而
無外延可言。必須要有實際的分子存在，才能說外延。而且這是天然的，
不包含以人工來製造的分子。

　　概念的內容與外延兩者成反比例。內容越多，外延越小；內容越少，
外延越大。如「人」一概念，可概括一切人，故外延很大。但若不斷加入
內容，則其外延或範圍會相應地縮小。如加上黃皮膚一內容，則其外延會
縮為黃種人。如再加上中國，則其外延會縮為黃種人中的中國人。理論
上，內容可不斷增加，而外延會不斷縮小，最後會縮至只指某一特定的個
體的人物才停止。

三、分析命題與綜合命題

　　以上說的是概念。以下探討命題（proposition）。命題指由多個語詞
組成而有真假可言（determinable as true or false）的陳述（statement）或
語句（sentence）。所謂真假或真假性，分形式的（formal）與經驗的
（empirical）或實然的（factual）。形式的真假是其真假性可由語句本身
來決定，不必考究客觀事實方面，如「猛男是男人」是必定真的，「猛男
不是男人」是必定假的。經驗的真假或實然的真假則指其真假性要考察客
觀的經驗事象來決定，不能單看語句本身來決定。如「太陽從東方升起」
是經驗真的命題。「太陽從西方升起」則是經驗假的命題。

　　形式真與經驗真的最大區別是，形式真的反面是不可能的。如「白筆
是白的」的反面「白筆不是白的」是不可能的。經驗真的反面則是可能

的，如「太陽從東方升起」的反面「太陽從西方升起」是可能的，只是到目前為止太陽都是從東方升起而已。但有朝一日，太陽系的運行規律可以改變，變得太陽由西方升起，這是可能的。至於語句如「神是愛人的」，則是一種信仰的與心理學的表白或話語，因無真假性可言，故嚴格來說不是一命題。

以下說一下命題的存在的意涵問題（existential import）。存在意涵指在客觀世界方面的實際指涉，即具有存在性。有存在意涵指在客觀世界方面有實際指涉，有存在性。沒有存在意涵指在客觀世界方面沒有實際指涉，沒有存在性。舉例言之，形式上的真假的命題，如「死貓是貓」、「死貓不是貓」，都沒有存在意涵，即使世間上沒有死貓，這些命題的真假性都不會變。但經驗上的真假的命題，如「月球上有生物」、「月球上沒有生物」，則有存在意涵，因它們牽涉到月球和在它之上的生物問題。

如把命題依量（quantity）為標準而加以區分，則可有三種：

1. 全稱命題（universal proposition）；如「凡人是有死的」。這牽涉類概念的所有分子，由「凡」一字眼表現出來。

2. 偏稱命題（particular proposition）；如「有些人是色盲的」。這牽涉類概念的部分分子，由「有些」表示出來。

3. 單稱命題（singular proposition）；如「克林頓是浪漫的」。這牽涉類概念的單一分子，由「克林頓」表示出來。

就存在意涵來看，這幾種命題是有些微差別的。即是，全稱命題不一定要有存在意涵。當我們說「凡人是有死的」或「凡人是愛美的」時，嚴格來說，我們並沒有因提出這些全稱命題而一定肯定有人存在（當然也沒有否定有人存在）。「凡」這個量詞，並不必一定指涉存在性。「凡偷竊者都會被罰一萬大元」一全稱命題，其不必含有存在意涵一點至為明顯。它只作為一條懲罰規則，去警告人們不要偷竊，並不必定表示世間是有偷竊的人。即使從來沒有人犯偷竊罪，這條懲罰規則仍然可以存在。

偏稱命題與單稱命題則不同。當說「有些人是偷竊的」、「有些花是香的」（偏稱）、「克林頓是不檢點的」、「浸會大學是在香港」（單

稱）時，就語言的運用的角度言，它是要求甚至帶有存在意涵的，即表示世間確是有人、花這些東西存在，及克林頓、浸會大學這些東西存在。嚴格來說，這些區分，不是邏輯上的，而是語言的應用上的。邏輯只講形式，不涉實際。語言應用則涉實際情況。另外，說「凡人都是講究吃的」與「100% 的人都是講究吃的」，表面看來，似乎沒有分別。「凡」是指涉全體之意，這正是 100%。不過，在語言的應用上來說，如上所示，「凡人……」並不必要求存在意涵。但「100% 的人……」則有表示世間確是有人存在的意味。若說「有 65% 的人是講究吃的」一類偏稱命題，其存在意涵便更為明顯。

　　以上對命題的分類，基本上是就邏輯運作而作的區分。就命題的性格，即就命題是否具有實質的內容一面，可將之分為分析命題與綜合命題，這點在哲學特別是在知識論方面非常重要。以下即討論這兩種命題。

　　分析命題（analytic proposition）即是，在一個命題中，倘若謂詞的意思已包含在主詞中，謂詞的意思可由主詞中分析而出，則這命題是分析命題。例如「愛滋病人是病人」、「圓形是一個圖形」、「老人有很大的年紀」等，都是分析命題。病人、圖形、很大的年紀這些謂詞或屬性，都已包含於主詞愛滋病人、圓形和老人中。

　　由以上的闡釋，可推出分析命題有兩個特性：

其一是沒有增加新的知識。因為謂詞的涵義已包含在主詞中，說愛滋病人，便知道他是病人。說出愛滋病人是病人，並未能增加我們對愛滋病人的知識，故這種命題並無實質的內容。

其二是，一切分析命題都是必然地真（necessarily true）的，或必然地正確（necessarily correct）的。甚麼是「必然地真」呢？這即是必定地如此的，「其反面是不可能的」。例如，「紅蘋果是紅色的」是必然地真，它的反面，即「紅蘋果不是紅色的」，是不可能的。所謂不可能，是不可能理解（inconceivable），或是矛盾的。

分析命題有甚麼用呢？表面看來，它好像沒有甚麼用，因為它沒有增加新

的知識，謂詞所表示的意思已包含在主詞中了。事實並不是如此，對分析命題若有清晰的認識，起碼有兩種作用。第一是辯斥一些含糊或似是而非的論點。如說「人是理性的動物」，這表示凡人都有理性，好人、壞人，都有理性；但理性是甚麼呢？都未有說明清楚。提出這論點的人，很多時持這樣的論據，他們說理性是自然而有的、天生的、與生俱來的，只要是人，便有理性。故說「人是理性的動物」。他顯然把理性與人預先連繫起來，假定有理性才是人，否則便不是人。即是，把理性看成是人的必有的一部分，然後說「人是有理性的動物」。這樣其實等於說：

　　人（具有理性的人）是有理性的動物。

亦即是說：

　　具有理性的人是有理性的動物。

這句話明顯地是一分析命題，因而它沒有實質的內容，沒有提供新的知識，說了等於沒說。對於「人是有理性的動物」，並沒有作出真正的論證。因此，這樣說「人是有理性的動物」可以說是只說了一句廢話。

　　另外一個作用是，由於在分析命題中，謂詞的意思可以從主詞中分析而出，故我們可以把隱含在主詞中的意思推斷出來。同樣，我們可依同樣原理，把前提（若干前提）所隱含的意思推斷出來，如：

老子老於莊子　⎫
莊子老於列子　⎬　前提
　　　　　　　⎭
老子老於列子　⎬　結論

這樣可由已知的前提推斷出隱含於其中的結論，這是分析命題的原理：從已知的前提推斷出隱含於其中的消息。這點在現實生活或實驗操作中可以非常重要。如可判斷陳先生是否患有某種重病，如愛滋病。

　　例如，如我們從實驗方面證實凡眼肚變綠的人是患愛滋病，我們又發覺陳先生眼肚變綠，則我們便可根據這些已知的前提，依分析命題的原理，把這些前提所隱含的意思推斷出來，以確定陳先生是愛滋病患者。

　　凡眼肚變綠的人患愛滋病

　　陳先生眼肚變綠
　　─────────────
　　陳先生患愛滋病

事實上，在我們的日常生活中，常會有一堆二堆繁複的前提，我們都可依據分析命題的原理，運用精密的邏輯推理，把隱藏在前提裏的結論或消息推斷出來，幫助我們解決問題。

　　另外一種命題叫綜合命題（synthetic proposition）。在一命題中，倘若謂詞的涵義不包含在主詞中，謂詞與主詞的綜合或連繫，要靠經驗觀察（empirical observation）來決定，則這種命題是綜合命題。例如在「克林頓體重有二百磅」一命題中，主詞克林頓與謂詞體重有二百磅的能否連繫起來，要透過經驗觀察，即讓克林頓上磅，才能決定，故這是一綜合命題。另外，「砒霜可使人服食致死」，亦是一綜合命題。一般的科學命題，都是綜合命題。

　　由以上的闡釋，亦可推出綜合命題有兩個特性：

　　其一是真的綜合命題能增加我們的知識。例如，我們原來不知道克林頓的體重；克林頓這一主詞所代表的人物，亦不必必然是有多少體重，經過經驗觀察，讓他過磅，便能知道他的體重。這個「克林頓體重二百磅」的命題，增加了我們對克林頓的認識。故這命題具有實質的內容。

　　其二是，綜合命題的真，不是必然地真，而是實然地真（empirically true, factually true）。必然地真的命題，反面是不可能的。實然地真的命題，其反面雖不是事實，但仍是可能的。例如，克林頓可以不是二百磅重。他是二百磅重，是一經驗的事象。倘若事象改變，他減肥成功，便可少於二百磅重。他少於二百磅重，是沒有矛盾的。

關於綜合命題的用途，非常明顯。一切科學、歷史學、社會學、地理學、天文學等的命題都是綜合命題，能大量增加我們的知識，提高我們的生活水平。如汽車、輪船、飛機的製造，電腦的發明，能源的開發，市場經濟

的推行，都是基於無數的綜合命題所提供的知識而得成就。

在哲學上，分析命題又稱為先驗命題（a priori proposition），即其真假與經驗事實無關之意，例如「三翼象是具有三隻翼的象」，是恆真的，不管世間有沒有三翼象這種動物。綜合命題又稱為經驗命題（empirical proposition）。分析命題的真假，可以離開經驗事實而純由邏輯上的不矛盾律來決定，只要邏輯上不矛盾，便會是真的，邏輯上矛盾，便是假的。綜合命題的真假，其判斷的標準在經驗事實。一般來說，數學和邏輯方面的運算與推理式，都是先驗的分析命題，如 2＋2＝4，而自然科學中所陳述的知識，如地球是球體，都是經驗的綜合命題。

康德提出先驗綜合判斷（a priori synthetic judgment），是兩者的綜合。這是較深入而複雜的問題，這裏暫不討論。要注意的是，命題之分為分析命題與綜合命題，是就其主詞、謂詞的連貫關係說。不必看經驗事實、有必然的連貫關係的，是分析命題，要看經驗事實才能決定連貫關係的，是綜合命題。至於說命題是有真假可言的陳述或語句，則是就命題的真假的值（value）說。分析命題是必然真的命題。至若「王老五是結了婚的男人」這一類語句，亦是命題，但不能說是分析命題，它只是假的命題，或其命題的真假值為假。

關於分析命題，我們可進一步看：

〔「王老五是未結婚的男人」是真的〕這一命題，是一分析命題。

〔「王老五是結了婚的男人」是假的〕亦是一分析命題。

〔阿 Jack 是王老五〕是綜合命題。

第六章　語言問題

　　在日常對話中，我們時常會聽到「你所說的是甚麼意思？」（What do you mean by that?）的問題，甚至會聽到「你所說的『意思』究竟是甚麼意思？」對於這「意思」的意義（meaning）的研究，實是語言哲學的一項重要工作。故有所謂意義論（theory of meaning）。而此中所說的意思，實可來自不同的語言，如哲學語言、政治語言、宗教語言、藝術語言、自然科學語言，等等。故語言是可以有很多種的。所謂「語言哲學」（philosophy of language）是從哲學的角度來研究這些種種語言的特殊性與共通性。

　　語言通常包括「言說」（language）和「文字」（words）。言說指我們說話時所發出的聲音；文字則指我們書寫下來的字句（sentence）或記號（symbol）。兩者都有溝通的作用。在人類的語言發展歷程中，言說是先於文字的。嬰兒不懂文字，但卻能發出聲音。言說與文字比較，後者有一個優點是前者所無的。文字可以保留下來，而言說則瞬間便消失掉（人類文明初期，並沒有錄音器材。）而且，我們可無限量地運用文字來記錄事情的發生及內心的感受，都可以傳留下來。言說則不行，人的記憶與傳頌能力有限，超過某個限度，人便無能為力了。文字確比言說有較細密而精確的功能。一個最簡單的例子是代數中的：

$$(a-b)^2 = a^2 - 2ab + b^2$$

這種公式，若以言說來敘述，便不容易，若見諸文字，則很清楚。若是方數不是 2，而是 3、4、5、6……，則更不易以言說來敘述。以文字來表示，當然也相當複雜，但還是清晰明瞭的。由於文字具有這種優越性，故我們通常說語言，很多時指文字而言。「語言」與「文字」通常是連用

的，所謂「語言文字」。

一、語言的功用

讓我們先從語言的功用、作用說起。我們可以說語言是一種符號（symbol），它的象徵意味在社會上是約定俗成的。例如我們共同約定以「馬」或「horse」來指述那種跑得很快的動物，以「牛」、「cow」來指那種幫助耕田的動物。當一個人初出生時，並不帶有任何社會的語言習慣。因此一個嬰兒到底將來要說哪種語言，完全看他生長在甚麼環境而定。

我們通常說語言表達意念（idea），這意念是由概念的連結而成。例如說「克林頓是一個風流的人。」「克林頓」、「風流」、「人」都是概念。「洛文是一個猛男」，「洛文」、「猛」、「男」都是概念。說語言的功能是表達意念是不錯的。但這種說法太籠統，不夠精細。我們最少可以把這種表達意念的功能分為五個方面來看：

1. 報導或描述。關於發生了的事件、狀態與發生的規律，我們都可用語言陳說出來。例如一個電視台記者報導一則交通意外，一個攝影愛好者報告他在夜間看到發光的飛行物體（所謂「飛碟」），或者科學家在實驗室中關於糖尿病驗血糖的測試報告，或者一個旅行家關於在旅行南極時內心的開朗或愉快的描寫。這些全部都有以語言來報導或描述的功能。

2. 分析論辯。人具有運用概念與命題的能力，例如以「球體」和「白色」的概念來形容足球，以「米高佐敦是傑出的籃球手」來形容米高佐敦，或比較米高佐敦與洛文哪一位是較有吸引力的籃球手。這些概念與命題的運用可以進行得很複雜，但總是循著運用語言來分析概念，闡釋命題，表現系統組織及陳示推理關聯來進行的。例如關於「自由」的描述的問題，有些人以「無拘無束」來說自由，但在討論的過程中，也許發覺「無拘無束」不能說人的合理的生活方

式，不能建立人性的尊嚴，認為「自由」應有更積極的、層次更高的意義，應關連著人權、責任和社會福利各方面來說。這樣可增進對自由問題的深入的理解。

3. 表達情意與抒發願望。人是感情豐富的動物，內心世界是很複雜的，充滿情意與願望。人有時感覺不舒服，覺得世界一片黑暗，希望這黑暗能一掃而空。有時意志高昂，所謂「意氣風發」，希望自己的救世願望能一一實現。這些表達情意與抒發願望的功能，多表現於文學作品之中。例如杜甫詩句「安得廣廈千萬間，大庇天下寒士俱歡顏。」由文學作品在人生的意義與重要性，我們可以了解語言的這種表達情意與抒發願望在我們的生活中和在人類文明的演進上所佔有的地位。

4. 表示對事物價值的評估。在我們的生活中，有些事物是美好的，有些事物是醜惡的；有些行為是正當的，有些行為是不正當的；有些人是善良的，有些人是邪惡的。這種對事物的價值的評估表現在語言文字之上，就形成許多褒獎讚賞和貶評指責的說法。即使對同一狀況，若用字不同，便會有差別很大的評價。例如對於固執的個性，若說是意志堅定，是褒獎的表示，是正面的評價；若是說冥頑不靈，則是貶抑的表現，是負面的評價。在我們的語言中，含有極為豐富的價值評估的語彙和表達方式。

5. 表示對人的祈求或規令。語言的這種用法在我們的日常生活中是很多的。例如父母著令子女放學後不得在街上遊蕩，不得打機，軍官命令士兵打仗要衝鋒陷陣，信士到黃大仙燒香祈求好運，教徒在教堂禱告祈求上帝赦罪。甚至最原始最簡單的法律規條：殺人者死，都表示語言的有效用法，表示一種警誡或規令。[1]

1　關於這方面的語言的功能，參看上面第五章註 1 所舉何秀煌書，頁 68-87。

二、語言的分類

因功用不同，語言有不同的類別，這便是語言的分類。首先我們可就有無認知要素，把語言分為兩大類：認知語言（cognitive language）與非認知語言（non-cognitive language）。前者表示對客觀世界的狀態有所陳述，有所認識，後者則表示內心的感受與態度，有主觀成分。

首先我們說認知語言。這又稱為直陳語言（descriptive language, depictive language, indicative language）。這是對事實作客觀的陳述。一切表達科學知識（scientific knowledge）的陳述，都屬於這種語言。例如：

泰臣曾是重量級拳賽冠軍。

今天上午烏雲密佈，然後下了幾場大雨。

月球繞地球運轉，地球繞太陽運轉。

克林頓遭受國會彈劾。

至於非認知語言，則非常複雜。但不外分兩大類：關涉現實的語言（worldly language）與不關涉現實的語言（unworldly language）。前者表示對世界的態度及內心的境界、感受、祈盼。後者則涉及思考的規則，是形式性的，而不是實質性的。

關涉現實的語言可分五種如下：

1. 規範語言（prescriptive language）。表示規限、告誡的意味。這又分兩種：

    i. 法律的涵義（in legal sense）。這純是懲誡意向，例如：不得吸煙，否則罰款五千大元。

    ii.道德的涵義（in moral sense）。這有教化意向，例如：我們不應隨地吐痰，以免染污環境。

    懲誡與教化是不同的。懲誡有強制性；教化則是開導，強調自覺、自願遵守。

2. 審美語言（aesthetical language）。表示內心的欣賞的、美學的心情。如：

我看青山多嫵媚，料青山看我應如是。（辛棄疾）

江山如此多嬌，引無數英雄競折腰。（毛澤東）

（顯示江山的攝人魅力）

這基本上是一種移情作用（empathy）。

3. 祈求語言（language expressive of desire）。

例：求上主賜我平安，誠心所願。

　　皇天在上，求早日降下甘霖，救民饑渴。

4. 情緒語言（emotive language）。表示內心的憤憤不平的激情（emotion）。

例：王大媽每次買六合彩都不中，看到別人中了，便妒恨在心頭，叫一聲：「天打雷劈，大家都一齊死吧！」

　　（「大家」包括她自己在內，可見不能當真，是激情表現。）

5. 比喻語言（analogous language）。

例：奪朱非正色，異種也稱王。（詠牡丹，由胡人傳入）

　　遊行的北大學生高呼：打破小瓶（平）。

　　（此種語言較為複雜，在比喻的運用中，表示說者的內心意願與激情）

以上是五種關涉現實的語言。至於不關涉現實的語言（unworldly language），或作形式的語言（formal language），則顯示必然真的形式規則或義理。不需看外在的世界，就語句本身便知它是必然真的。這又分兩種：

1. 邏輯語言（logical language）。結論或謂詞已包括於前提或主詞中。如：

左丘子老於公羊子，公羊子老於谷梁子，故左丘子老於谷梁子。

（不管世界中是否有左丘子、公羊子或谷梁子，這個說法都必然成立）

又如：

美麗的女鬼是美麗的。

　　（不管世上有否女鬼，這句話都能成立）

2. 數學語言（mathematical language）。通過數學公式來表示必然真的義理。如：

7＋5＝12

　　（這在地球、月球，或任何地方，都是真的）

又：

全體是其各部分的總和。

三、語言的特性

　　語言是人為的，它有如下的特性：

1.約定俗成性（conventionality）

　　語言的單位為語句（sentence），而語句由詞項（term）組成，而詞項的意思或所指，是約定俗成的，並無先天的必然性。例如，我們約定地用「眼睛」或「eye」去指謂那個具有視覺作用的器官，用「耳朵」或「ear」去指謂那個具有聽覺作用的器官。這種視覺與聽覺器官，本來並不是非要叫作「眼睛」和「耳朵」不可的。

　　又如董建華，他並不是一定要名為「建華」的，只是他的父母或有關人士相約地這樣定他的名字。他也不是非要姓「董」不可的，只是他的家族最初相約採用「董」作為其姓氏。故詞項與其意義的關係或連繫是約定俗成的，此中並無必然的對應關係（necessary correspondence）。

2.相對性（relativity）

　　語言既是人為的構作，則一切詞項的意義應是相對的，「大」對「小」言，「高」對「下」言，「貴」對「賤」言，「聰明」對「愚蠢」言。其理由很簡單，語言是對世間事物的描述，而世間事物是相對的，因而語言也是相對的。對於絕對性格（不受時空限制、常住不變）的東西，例如上帝、道，語言是不能完全地描述的，它會規限了絕對東西的無限性。本來是無限性的東西，一經語言來描述，便變成有限的東西了。故對

於上帝，人們要說「全知」、「全善」、「全能」。「全」即表示無限之意。老子索性說，道是無限的，用語言來描述的道，便不是真正的、無限的道了。他說：「道可道，非常道。」（《老子》）[2]

3.工具性（instrumentality）

語言是用來表達意念的，它是表達意念的工具；故它的價值，是工具價值，那是對於目的而言的。一般來說，工具價值是低於目的價值的。語言既是工具價值，故我們不應執著於語言。表達意念的目的達到了，語言便可捨棄。一般所謂「得魚忘筌，得兔忘蹄」，便是這個意思。

再看一個例子。如有人說：

「一切語言文字都是相對的。」..(1)

由於(1)自身亦是語言文字，因而有：

「一切語言文字都是相對的」是相對的。 ....(2)

這兩個「相對」互相對消，便變成：

「一切語言文字都不必然是相對的。」 ....(3)

(1)與(3)便成矛盾，或弔詭（paradox）。

這其實是語言的自我指涉問題。即是語言指涉或包含了其自身所形成的語言上的弱點。這種自我指涉的例子主要是由於表達上不夠清晰的語病所引起。我們只要把話講得清楚些便可避免。例如，你對人說「不要講話」，但你自己正說出「不要講話」的話，這便有矛盾。但只要附加一句「除了本句可以講之外」，便沒有語病，問題便解決。又例如警察在公佈欄上貼著：「不得在此張貼佈告」，反駁的人說，「你這張告示正是佈告，怎麼可以貼呢？」於是把它撕掉。很顯然，警察必須加上「除了本張佈告可以貼以外」的語句，便沒有問題。

---

2 關於由語言的相對性而來的限制性，不可精確表達終極真理的絕對性，東西方的思想家、哲學家都有提到。佛教與道家尤其重視這一點。佛教禪宗所標榜的「教外別傳，不立文字，直指本心，見性成佛」，便表示語言文字的限制性，不足以指涉超越的本心，無與於覺悟成佛。慧能在《壇經》中告誡門人「不思善、不思惡」，不要以言說概念來表達終極真理。《莊子》也強調「天地有大美而不言」。

更進一步看，這涉及對象語言（object-language）與後設語言（meta-language）的區分問題。例如，就「我所說的話都是謊話」來說：

　　我所說的話都是謊話 ....(1)

因而有：

　　「我所說的話都是謊話」是謊話 ....(2)

在(2)中，兩個「謊話」對消，因而有：

　　我所說的話是真話 ....(3)

(1)與(3)是矛盾的。

　　解決之道，是在說「我所說的話都是謊話」時，附加一句「除了這句是例外，這是一句真話。」這即表示「我所說的話都是謊話」這一句話不包括在謊話的範圍中。

　　在這個例子中，「我所說的話」是對象語言，「我所說的話都是謊話」則是後設語言，這是語言的兩個不同層次，應該分清楚，不應混淆。即是，不應把作為後設語言的「我所說的話都是謊話」當作為對象語言來看待，即不應提出(2)的〔「我所說的話都是謊話」是謊話〕一語。這樣，便不會出現語言的矛盾或弔詭情況。

　　關於對象語言與後設語言的區分，可以再進一步清楚闡釋如下：

4.語言不即是現實

　　語言是用來描述現實世界的，故語言並不等同於現實世界。人若不明瞭語言的這種性格，便會誤用語言，把語言世界視為現實世界，以為若改變語言世界，便能改變現實世界。伊拉克人憎恨美國前總統克林頓，把他的名字寫在木板上，然後踐踏木板，甚至把木板燒掉，這只是洩憤而已，對克林頓毫無損害。

四、語言的弔詭性

　　到了這裏，我們探討一下語言的弔詭性（paradox）。先看一下下面一段敘述：

　　有一個人在法官面前承認了別人告發他的所有罪狀，可是當他滔滔不絕地說完他如何犯罪之後，突然說：「我所說的話是假的。」這時我們是否也要將他最後這句話當作假話呢？如果是的話，這將引出嚴重的認知困難。到底他自己所訴說的罪狀，是真抑是假呢？

　　此中的問題是：

1. 如「我所說的話是假的」不被包括在假話之內，則他所訴說的罪狀是假的。

2. 如「我所說的話是假的」被包括在假話之內，則假假得真，結果他在上面所訴說的罪狀是真的。

若語言 A 所討論的對象是事物的性質，是初級層次，如「這是一頭瘋狗」，則這語言 A 是對象語言。若語言 A 所討論的對象不是事物的性質，而是另一句語言，如「『這是一頭瘋狗』是不對的」，則這語言 A 是一後設語言。後設語言比對象語言在抽象程度上要高一級。即是說，對象語言是討論事物的性質的，這比較具體；後設語言則是討論語言本身，則比較抽象。這是一般的情況。但有時對象語言也可以是描述語言本身的，如上面的「我所說的話都是謊話」，但較諸作為後設語言：「『我所說的話都是謊話』是謊話」來說，層次還是較低的。

第七章　形而上學

　　上面我們已把東西方哲學及哲學自身的性格作了基本的交代，同時也處理過邏輯與語言等思維方法與溝通的問題。以下要就哲學上一些重要問題作進深的探討，此中包括形而上學、知識論、道德哲學、人性論、文化哲學及現象學等。以下先看形而上學。

　　表面看來，形而上學好像只涉及一些空泛而迂迴的問題，跟我們的日常生活沒有甚麼關係。其實不是這麼簡單。我們在日常生活中所面對的周圍環境，如花草樹木、山河大地、風雨雷電等事物和現象，其意義偏於自然世界的形成與發展，這些都與我們的日常生活有一定程度的關連。從哲學的觀點來看這些事物和現象，便是所謂宇宙論（cosmology），或自然哲學（philosophy of nature）。至於較深的層次，在一切事物與現象等變化背後的不變化的支撐者、支持著這些事物與現象的確立的不變化的、具有恆久性的東西，它們的真實面貌是如何，它們與現前的具體的事物與現象有甚麼關係，都是要從哲學的角度予以探討的。這便成了本體論（ontology），或存有論。有時存有論也包含對現前在時空中出現的事物和現象的探討。它們雖然有變化，但都是具體的、立體的東西，與我們的生活息息相關的。故在哲學上也不容忽視。一般來說，我們把宇宙論與存有論合起來，稱之為「形而上學」（metaphysics）。

一、形而上的意義及其動靜問題

　　「形而上」一語詞來自《周易》：「形而上者謂之道，形而下者謂之器。」道是指大道、終極真理（ultimate truth）；器則指物質的、物理的

世界。道與器可以說是概括了一切存有，包括抽象的、原理義的實在、真實和一切具體的、立體的事物或現象。前者是價值標準，是不變的；後者則是流變無常的萬象萬物。[1]形而上學的英語語詞是 metaphysics，這可分為：

　　meta（後設）＋physics（物理學）

即所謂後設物理學。物理學是研究各類現象變化的不同規律的學問。後設物理學或形而上學則是站在高一層次，研究一切事物、現象背後那個不變的原理或實在、實體。它使現象呈現為如是如是的狀態，是現象的依據，所謂實體（Substance）、基底（Substratum）。這種作為現象背後的依據的基底、實體，通常被視為具有如下的性格：常住性（permanency），這與變化對比；永恆性（eternality），與時間對比；無限性（infinitude），與空間對比；絕對性（absoluteness），與相對性對比；獨立性（independence），與依待性對比。這五種性格分別超越、克服變化、時間、空間、相對性及依待性。前者的常住性、絕對性與獨立性分別超越後者的變化、相對性與依待性；永恆性與無限性則分別超越時間與空間。變化、相對性與依待性是感官的、經驗的；時間與空間則是形式的。形而上的基底超越這些經驗的性格與形式的性格。人是具有理性的，人的理性總有一種超越的要求，超越一切感官經驗的和形式的性格，而向那個常住的、永恆的、無限的、絕對的與獨立自存的形而上的基底趨附，尋求關於基底的形而上的知識，進而證成這個基底，讓生命具有永恆的價值。

　　有一個問題我們是絕對需要提出和探討的，那便是形而上的真實是處於甚麼狀態呢？它是靜態抑是動態或動感的呢？關於這個問題，我們或許可以先這樣想：發生在我們周遭的一切現象，是不是被創造、創生的呢？

---

[1]　史學家羅香林在他的《中國民族史》一著作中謂中國文化是道、器並重的。其實非是。中國文化一直是重道而輕器，因而開拓出以道為核心的內聖之學；開拓不出與器有密切關係的科學，以至於外王學；同時，在哲學上，也沒有發展出一套與科學知識相關連的知識論。

倘若答案是肯定的話，則它們應有一個形而上的創造者，或擬人化的創造者作為存在的來源。這樣，神或上帝的觀念便出來了。基督教、伊斯蘭教、猶太教便是這樣想的。倘若不以這創造者是人格化的上帝，而是一個創生的原理、實體，它在運行中創生了這個宇宙，很多的東方的宗教和哲學是這樣想的。如印度教的梵（Brahman）、儒家的天道、天命、天理、良知和道家的道、無、天地精神。創生萬物是一種存有論的活動，創生者需要有動感才行。這樣看，形而上的真實或原理是動態的。倘若不是這樣看，而是以形而上的真實作為一個價值義的實體，它本來便停駐於超越的層面，讓萬物都以之作為一種典範、型範，不斷變化，提升自己跟這形而上的型範的相似性；越是相似，便越是美，越是善。但由於萬物是物質性格，型範是精神的、形式的性格，萬物始終不能變得完全是精神的、形式的狀態，因而也永遠不能臻於最圓美的狀態，而型範則永遠停駐於精神的、形式的、超越的境域，因而是靜態的，沒有動感。在這方面最明顯的例子，正是柏拉圖的理型（Idea）。

　　或許我們可以用本質（essence, Wesen）一觀念來助解形而上學。一般的理解是，本質是事物的經驗的性格所寄託、所依附的場所。沒有本質，種種感性的、經驗的性質便不能聚合而表現出來。這與海德格所強調的存有透過顯現而證成其本質，也有一定的關連。但目下我們的討論未到那個程度。我在這裏只想說，形而上學者以為，我們在日常生活中的所見、所聞、所覺，雖只是色、聲、香、味等性質，但在它們的背後，應有那不可見、不可觸的本質存在。即是說，現象的背後總會有一些穩定的東西如本質隱藏在那裏，那是外、內因素的相互關連；沒有那本質，現象、純然是現象的東西便無從說起。但亦有哲學家否定這形而上性格的本質的存在性的。例如英國的巴克萊提出「存在即被知」（To be is to be perceived），認為形而上的本質不能為我們所經驗、所接觸，故不能說存在性。此中的問題錯綜複雜，要認真討論，得涉及很多支問題和概念。

　　我們也可以說，智力高、善於思考的人，傾向於把自然世界或事物分為兩面：一為現象（appearance），一為實在（reality）或本質；或一為

作為感官經驗的自然，一是作為感官經驗的原因的自然。他們認為，作為感官經驗的自然是變而不常、動而難測的；而作為感官經驗的原因、在背後展現支撐力量的自然，則是常住不變，靜而穩當的。他們傾向於以現象為假，以實在為真。這倒有點像佛教以俗諦（saṃvṛti-satya）為施設性，以真諦（paramārtha-satya）為終極性的對比。他們感覺到，變化的現象缺乏安全感，不變的實在則是安全的。

　　我們在這裏可以提出一個問題：形而上的實在與現象世界的關係又如何呢？只說前者為後者所依靠是不夠的。前者對後者可有兩種不同的關係：

1. 它超越一切現象，不為後者所牽累，也不積極地、主動地決定後者、影響後者，因而有靜態的（static）傾向。
2. 它超越現象，不為後者所束縛，卻能回頭積極地、主動地通過運作以決定後者、影響後者，因而有動感的（dynamic）傾向。

大體上，西方的形而上學頗有傾向第一種情況，其形而上的世界是靜態的，基本上要透過論證來證成形而上的世界，理論意味重，不太強調人如何在實踐上上通於這個世界。這可稱為理論性的形而上學，為天人相隔的形而上學。[2]柏拉圖的形而上學正是此中的典型。東方的形而上學則傾向第二種關係，其形而上的實在或實體具有動感。這種形而上學不重視抽象的論證，而強調要以感通的實踐方式，體證和實現形而上的實在，所謂「回歸於梵，與梵合一」（印度教）、「體道」、「天人合一」（儒家）、「與天地精神相往來」（道家）、「透過實證的懺悔道哲學以歸向他力大能的淨土」（京都學派的田邊元）。

　　不過，在西方的形而上學中，到了近現代，出現了一種動感的轉向

2　此中有例外，便是有神論。神作為創造天地萬物的人格實體，是動感的，不是靜態的。就基督教來說，天人合一的理想便很難說。神為了打破人神的懸隔性，便以道成肉身的耶穌（Jesu）來到世間，為人贖罪，讓他們死後能登天，但他們與神還是懸隔，人只能是基督徒，和神在精神性上仍有深遠距離。故基督教的神雖具動感，但仍不能談神人合一，如天人合一那樣。

（dynamic turn）。最明顯的，莫如柏格森的創化的哲學和懷德海的機體主義哲學。柏氏有動感的、開放的宗教與道德的觀念。懷德海則提出機體主義哲學以與傳統的實體主義哲學相抗衡。

二、柏拉圖的理型說

以下我們引介西方哲學的一種典型的靜態的形而上學，那便是柏拉圖所提出的。他的形而上學體系的焦點是理型（Idea）。他把世界分為兩個層面或領域：理型世界（world of Idea）和感覺世界（sensible world）。前者，特別就理型來說，是靜態的、不變化的；後者則是動感的、變化無常的。感覺世界有多種不同類的事物，都是經驗的、感性的性格，每一類事物的理型，都存在於理型世界中，而成為一個獨立的存在體。這理型世界不等於心（mind）或思想（thought），故不能說理型存在於心或思想中，而存在於理型世界中。不過，理型可為我們的心所理解、把握，它是理智（intelligence）的認知對象。不管我們是否意識到理型，它都是離心而存在於理型世界中。

進一步看理型，它有以下的性格：

1. 每一理型都是一完整的模型（paradigm），是最圓滿的、最美善的。感覺世界的東西都是理型的不完整的、不圓滿的仿製品（copy, imitation）。例如絕對直性（absolute straightness）的理型是一切直線的完滿的、標準的狀態，這一切直線都是我們的視覺的對象。智慧（wisdom）是一個理型，蘇格拉底作為一個哲學家，是它的示現，也有其他的人、有智慧的人示現它。但都只是部分地示現它；完全的智慧則是智慧的理型自身。它是一種純粹的本質（pure essence），只有形式（form），沒有任何物質或經驗內容。這理型可以是某類個別事物的理型，例如茶杯，也可以是某種德性的理型，例如慈悲。在現實生活中，一個人遠離欺騙，逐漸變得誠實，表示他逐漸遠離欺騙的理型，而趨附誠實的理型（Idea of honesty）。

2. 理型是一個形而上學的觀念，在知識論方面，它也可以說是一種普遍、共相（universal）。共相是抽象的類概念，可以為我們的智思所認識。又在存有論方面，理型的質素，可以為與它相應的物類分子所分享。這些個體物的分子（particulars）可以參予（participate）、成就（partake）理型，在感覺世界中成為一個類別。如球形的東西都分享了「球形」的理型，而成球類。這「球形」的理型是使球形物體成為球形物的形式的原因，其中有多種，如足球、籃球、排球、棒球、水球、乒乓球、曲棍球之類，這些東西都能分享較優的球形的理型。至於羽毛球，則所吸收到的球形的理型是較少的。

3. 理型可以與感覺對象或與它相應的具體物類分子完全分離。即使感覺世界中沒有了球形的物體，「球形」的理型還是可以存在於理型世界中，而有其存在性、實在性。

4. 理型永遠停駐於那個超越的、抽象的、形式的世界中；它是靜態的，沒有動力、動感，它與感覺對象的關連，是由造物主或上帝促成的。造物主依據不同的理型，創造出不同類型的事物，其步驟是造物主把理型帶到現實的感覺世界、物質世界，以其中的物質材料為質料，以理型為模型，而創造各種事物。

三、進深地看理型說

　　以下我們進一步探討柏拉圖的理型論。柏拉圖的這種理論很有吸引力，而理型自身也是美、善俱備。它的背景是宇宙論。柏拉圖的問題是從宇宙論的存在開始，而所關涉的理型，又是構成宇宙的一個重要因素。[3]

---

[3] 就理型之作為萬物的典範、型範，特別是就理型的價值義、目的義來說，說存有論比較恰當。但就理型之影響現象世界或整個宇宙的內涵來說，說理型論是一種宇宙論比較恰當。

我們這裏可以以形而上學的進路向柏拉圖提出如下的問題：

　　宇宙是有開始抑是沒有開始呢？它是本來自有抑是被創造的呢？

柏拉圖的回應會是：

　　宇宙是可見可觸的，有它的秩序與理路，故應是有所從來，亦即有
　　其開始。可見可觸表示宇宙是在時空之中；既在時空之中，則不可
　　能是自有，而是被造的。凡在時空中的東西都有變化，有變化即是
　　被創造的，不是自有的。

宇宙既然是被創造物，則應有創造因。柏拉圖以此創造因為以下四者：
　　1. 神。神是宇宙的活動因（active cause）。此因必須是自動，不可能
　　　　是他動。它具有理型所缺乏的性格：原動。理型是靜而非動的。這
　　　　神便是使理型與事物的質料結合起來的動力。
　　2. 理型。理型是自有的，不是被造的。神依理型來造宇宙萬物，神自
　　　　身亦有其自身的理型，那是最佳善的理型。一般理型都不是神所
　　　　造，而是與神同在。
　　3. 能容者（receptacle）。指容納理型於其中的材料，是神創造宇宙
　　　　萬物的材料。能容者兼有空間性與物質性兩種性格。理型提供模
　　　　型，能容者則提供材料，神把這兩者結合起來，即成就宇宙萬物。
　　　　理型或模型是決定的（determinate），不會改變；材料則是未決定
　　　　的（indeterminate），可以改變。此中創造的程序是，能容者是神
　　　　創造事物的場所，神藉著能容者為材料，創造萬物。在未創造之
　　　　前，能容者是混亂無序的，沒有一定的樣式。神便以理型為樣式，
　　　　使能容者變為有秩序。整個宇宙的創造，是理型加於能容者中，與
　　　　能容者結合的歷程。理型對於能容者，可來去自由，由神使它來
　　　　去。它來到能容者中，即形成某種事物。它從某種事物中離開，便

使事物變化，解體，不再成為某種事物，而成為一團混雜的材料。

4. 善（good）。神為何創造這一宇宙而不創造其他宇宙呢？此中必有
　 一目的或動機在。柏拉圖認為，神之所以這樣做，端在於善的目
　 標。神以實現善為目的，而神本身便是善。神所希望的東西，只能
　 是善。而此世界是神所希望的，故這世界是最善的世界。神實是依
　 善的原理而選擇和創造這個世界。按這種說法，與萊布尼茲的說法
　 頗為相似。萊氏認為，我們目前所生活的世界是最好的、最圓滿
　 的，因此神便創造這一世界。

　　要注意的是，柏拉圖的創造說與基督教的並不相同。後者由無而生
有，含有極端的神秘性。柏拉圖的創造說則強調理性，他的神只是一個普
通的製造者，祂不能從無之中而生有，而創造世界，卻是需要現成的理型
和材料，才能創造世界。

　　上面提到神的善的目的的問題。我們可以說，柏拉圖的理型世界實有
目的論的（teleological）傾向，而不是機械性的（mechanical）或任意的
（random）。所謂機械性是指以因果律為依據而說，目的性則是在自然
的因果律之外，有一既定的目標，這一目的是不就原因制約的。[4]而任意
性則指神隨其喜好，主觀地創造祂所喜歡的世界，這跟因果或原因距離更
遠。

　　理型是個別種類事物的模型，亦是目標。事物都跟著這個模型或目的
而轉化，而前進，而改善自己的質素，使自己越來越接近理型的圓滿性。
至亞里斯多德，則不用理型一語詞，而以形式（Form）來代替。他認為
一物之成，有形式，亦有材料。例如造一四方枱，木頭是材料，方形及四
腳則是形式。木匠越是努力製造這一四方木枱，則表示木枱的形式越來越
能實現出來，趨於圓滿的狀況。

4　按這種說法不是很符順佛教的緣起（pratītya-samutpāda）的說法。不過，柏氏的神有
　　超越的意義，不應該被視為一般的因或緣。神是超越因果律的。

四、理型說的困難

　　最後要對柏拉圖的這種理型論作一評論。柏氏的理型說確實很有吸引力，理型自身是圓滿無缺的，充滿理想主義的情調。德國現象學家釋勒爾（M. Scheler）在他的《妒恨論》（*Ressentiment*）一書中便提到，柏氏的這種哲學有代表性，它代表希臘哲學展現人對超越世界的一種企羨（aspire to）之情，希望自身最後也能像理型的美善一樣，得到精神向上的轉化。這種轉化有道德與宗教的意涵，企盼自己的人生境界能不斷向上提升，以至於圓滿的境域。不過，柏氏的這種哲學也不無缺點或欠缺善巧之處。

　　首先，柏拉圖所舉的理型，大體上都傾向有正面意義者。正面的事物固然有它的理型，可以引導我們在精神生活上不斷提升，不斷向美善的矢向進發。但負面的事物，例如貪心、自私、見利忘義、惑亂無知等，也應各有其相應的理型。我們是否也要向這些負面的理型趨附，因而變得越來越貪心、自私，等等呢？柏拉圖以理型世界的價值高於感官世界，這顯然只能就正面的理型說。但負面的理型又如何呢？人總不能不斷向自私自利的理型不斷靠攏，致不斷沉淪，最後連僅有的道德意識也泯滅、忘失掉。我們講理型，顯然要有限制，即只能就正面的理型說。至於負面的理型的整理，則是一個異常艱巨的困難。柏拉圖沒有碰這方面的問題。

　　其次，理型與感覺對象的對應關係並不牢固。圓形物體以「圓形」為理型，此「圓形」應該是最圓的，是絕對地圓的，圓周上每一點與圓心的距離都是相等的，沒有任何偏差；一切現實的圓形的東西都要視它們對這絕對的圓形的相似度來定其價值。這樣，橢圓形便遠離這個標準而不能有崇高的價值了。但橢圓形自身能否具有其理型呢？若有，則橢圓形便應有其自身的價值了。我們甚至可以推至每一具體的形狀、東西甚至行為自身即是理型的所在，因而一切事物或行為自身都是最圓滿的了。一個崩口碗的物體或一件詐騙的行為對於自身的理型來說，都可以是最圓滿的了。崩口碗對於正常的圓形的碗的理型自然是醜怪的，但對於崩口碗的理型來

說，卻是最圓滿的。這樣說得通嗎？

第三，理型作為一形而上的標準看，是靜態的，越是靜態便越有它的價值。但靜態的東西不能與感官世界的事物有直接的、自動的接觸，而影響感官世界的事物；它必須由有動感的上帝把它帶到感覺世界，與感覺世界的事物相結合，以至改變、提升這些事物的圓滿性。但上帝自身也有祂的理型，但是誰把上帝的理型帶到上帝身上來，以成為人們心目中的上帝呢？這樣又要預設另一個上帝，把上帝的理型關連到現今的上帝方面來，這最後必然走向無窮追溯的問題。一切具有無窮追溯的困難的理論都不可能是一有說服力的理論。

第四，理型是一個型範，存在於理型世界，亦即是本體世界，是純形式性格的。現象世界的種種事物，都是理型的仿製品，它們類似理型，除了這點外，與理型沒有交集。這樣，本體世界與現象世界在存有論上便分離開來，兩不相涉。這在義理上是很難說得通的。理型是圓整無缺，這應包含理型與現象的密切結合在內。現在柏拉圖說理型歸理型，現象歸現象，則世界便成分裂形態，這是本體與現象分裂、分離。世界若就其內容來說，應該是一個圓善的合一體。現在分裂為二：一為理型，一為現象，因而雙方應有進一步以連貫、綜合為主調的對話空間。

由本體世界與現象世界的分離，我們要探討沒有這種分離、斷裂的形態的另外一種形而上學，這便是懷德海的機體主義的形而上學。

五、懷德海的機體主義

古希臘傳統的哲學，特別是柏拉圖的理型和亞里斯多德的實體（Substance）哲學，都是實體主義的（substantialistic）形而上學。懷德海的則是非實體主義的（non-substantialistic）形而上學。在他的科學哲學著作《科學與現代世界》（*Science and the Modern World*）中，懷氏首先稱自己的哲學為一套機體主義（organism）的哲學。其後他在總括自己在哲學上的特殊思維時，也喜用「機體哲學」這種字眼。這種字眼容易讓人想

到生機、動感的質料方面去，不以實體來說個體物，而把它作為一件事情、事件來處理。在這事件中，有很多因素在活動，作巧妙的結合。

在他的最重要著作《歷程與實在》（*Process and Reality*）中，懷氏表示，機體主義哲學是一種實現性的細胞理論（cell-theory of actuality）。即是每一個終極的事實單位（unit of fact）都是一個細胞的聚合，不能分解為在實現性（actuality）上具有相同的完整性的組成部分。這讓人想到化學上的原子（atom）概念，認為是物質不可分割的最小單位。懷氏強調，根據普遍的相對性原理（principle of universal relativity），一個實際的存在（actual entity）可以出現在其他的實際的存在之中。他特別指出，機體主義哲學主要致力於澄清「出現在另一存在中」這一概念。這便引出相互牽連、相互包含這樣的意味，而排斥獨立存在的實體（independent substance）的概念。

一切形而上學，說到最後，總是離不開宇宙的終極問題或終極者。懷氏即在他的機體主義哲學中，以創造性（creativity）來說終極者。在他看來，即使是上帝，亦是在創造性的脈絡中說：上帝是創造性的根本的、非時間性的依附物。創造性自然是活動義，故在懷氏看來，機體主義哲學揚棄「實在～屬性」這種概念或思考模式，而是以動感歷程的描述為主。從當前的事物來說，事物不會以靜態的模式或形態而存在，而是在一個動感的發展歷程當中。至於所謂「真理」又如何呢？懷氏認為，真理是機體的實現性（organic actualities）的構成性格得到充分的表象。表象（representation）是一種呈顯、呈現的活動。懷氏這樣說真理，符合海德格的名言：實在的本質是呈顯；實在在呈顯中證成其本質。雙方在重視真理的動感關連上是一致的。

現在的問題是，構成機體主義哲學有哪些重要的概念呢？懷氏提出四個概念：實際的存在（actual entity）、攝握（prehension）、結聚（nexus）和存有論原理（ontological principle）。這四個概念都有很濃厚的宇宙論意味。懷氏自己也承認：他的哲學重視歷程、發展，以歷程具有終極性格，這與重視事實、以事實具終極性格的西方的實在論有一段距

離。

在範疇論方面，懷氏特別重視存在的範疇，其中有八個：實際的存在（actual entity）、攝握（prehension）、結聚（nexus）、主體形式（subjective form）、永恆客體（eternal object）、命題（proposition）、多樣性（multiplicity）和對比（contrast）。其中，實際的存在是存在的根本的、終極的單位，可作終極實在（ultimate reality）看。攝握則是關係意義，表示實際的存在或實際的境遇（actual occasion）相互間的涵攝、交感關係。[5]結聚是相互內在的實際的存在或實際的境遇的結集。主體形式則指個別的實際的存在或實際的境遇。永恆客體則指個別事實的純粹的潛能（pure potential）；或更精確地說，是決定個別事實的純粹的潛能。命題的意思相當寬泛，可指理論本身，或可能的在決定中的狀態。多樣性指存在世界中的種種雜多的分離狀態。至於對比，則指被定了位的、被區別為某種模型的存在，或在一種攝握中的種種存在的綜合。在這八種範疇中，實際的存在與永恆客體位於相對的極端，即是，實際的存在是最具現實性、實現性的，永恆客體則只是純粹可能性。其他的範疇則夾雜在這兩個極端之間。按這八種存在的範疇，可見於懷氏的巨著《歷程與實在》中，懷氏自己對這些範疇的解說不是很明朗。不過，他既然立了八個存在的範疇，便可看到他對存在世界的重視。談宇宙的確不能不涉及存在世界的。

機體主義是一種非實體主義的表現形式，它是相對於實體主義或實體論而言的。這種哲學的產生，在歐洲很有其歷史的淵源。自希臘的亞里斯多德以來，歐洲人即習慣以實體與屬性這種二元論的思路來思考，視每一存在都有其實體與屬性兩面。我們要注意，這裏說存在與懷氏特別說「實際的存在」（actual entity）中的「存在」（entity）的所指並不完全相同。這裏說存在是一般的寬泛意味，猶一般所謂事物或現象。「實際的存

---

5 在懷德海的哲學中，實際的存在和實際的境遇沒有多大分別，都是指終極的實在而言。實際的存在傾向於粒子狀態，實際的境遇表示環境、事故。

在」中的「存在」則是具有終極義的，有形而上的真實的意味。但這不是抽象意義的真實，而是具體意義的真實，頗有胡塞爾所說的本質不是抽象物（Abstrakta），而是具體物（Konkreta）的意味。胡氏是在顯現的脈絡下說本質的，懷氏說存在，亦頗有這種傾向。西方哲學一直都視實體為恆常不變，屬性則是附在實體上，可以變化。懷德海說機體而不說實在，正表示他要突破這種流傳已久的二元性的機械化的思維方式，以建立一個富有生機、生命感的宇宙。生機與生命感必須預認歷程，或創化不已的發展軌跡。他要把宇宙說成是活的，不是死的。說到創化或創造，懷氏不依一般神學以上帝的創造世界為基礎說，而是從人的主體的活動一面說。他的《歷程與實在》的主題即聚焦在主體在時空的世界中的創生活動。這種創生的主體，不是可與其他東西分離開來的獨立存在的實體，而單個主體也不能獨自負起創造的任務，而是多數的作為機體的主體共同合作、協調，積聚成一種巨大的社群力動，以抗衡、改變現成的不合理的境況。在這種活動中，我們可以看到機體主義和機械主義（mechanism）有本質上的不同。機械主義視自然、世界為一沒有價值意義與目的歷程的物質性的系統，沒有生機、生命可言。機體主義則認為自然世界是一個有生機的、有生命的結合體，其中的種種存在有其自身的價值與目的。而在這多樣性的價值與目的之中，種種存在之間又有一種相互涵容、相互影響的有機關係。主體即在其中表現其創生的、進化的力量，這亦即是一種心靈的力量，由個體向外向上開拓，以成就一個與唯物論的機械主義迥異的生命世界。*6*

　　機體與價值是分不開的。懷德海在他的《科學與現代世界》中曾明言，機械主義不能建立價值觀念，只有機體才能產生價值。在懷氏看來，科學本身也能發揮出機體創造的性能。他索性提出，科學是對機體研究的

---

6 法國哲學家柏格森便曾嚴批人們把宇宙的存在空間化（spatialize），漠視它們彼此涵有的動感與流動的生機，割裂自然，以靜止的範疇去分析、理解存在世界。因此存在世界的機體性格便無從說起。

學問。例如，生物學是處理較大的機體的，例如人的身體；物理學則是處理較小的機體的。機體是不斷持續著它的存在性的實有，甚至原子（atom）也可視為一種機體，是物理學、化學研究的對象。[7]

　　一般的知識論很強調主體與客體或對象之間的關係。但在機體主義來說，主客關係不是最重要的關係，全體與部分的關係才是最重要的。一切對象或客體，都是自然世界的部分。自然世界自身是一個全體，在其中，有部分與部分之間的關係，也有部分與全體之間的關係。一切部分彼此之間有相對相關的關係，某一部分與全體也有相對相關的關係。因此，在全體作為一個整一體之中，其中若某一部分發生變化，它的周遭部分也相應地發生變化，而全體本身也起著變化。部分也好，全體也好，都無所謂恆常不變的實體。

　　懷德海的機體主義哲學中的機體，是廣義的，而不是狹義的。機體不一定要是生機，或生命，只要是有一定的脈絡可尋的結構體，依循一定的律則運行的單位，都可以是機體。自然世界是一個大的機體，原子是一個小的機體。小的機體可以發展成大的機體，這裏有進化論在內。懷德海的這種生生不已、故故不留的進化的思維方式，在當時或前後時期並不孤起，達爾文（C. R. Darwin）和柏格森都有相類似的思維導向。亦唯有以這種思維作為背景，才能成就歷程哲學。歷程即是生化的歷程也。既然是生化的歷程，則傳統的物體、質體一類有實體意味、質實性（rigidity）意味的存有論的概念便需放棄，代之而起的，是事件、境遇一類具有動感意味的概念了。這事件、境遇一類概念，正是懷氏的機體主義哲學的重要內涵。

7　一般人總是就物質主義來看像原子這種粒子，以之為物體的最小的單位，不能再拆分為更小的粒子了。但隨著科學的繼續不斷的發展，科學家見到原子還是可拆分為中間的原子核，內含質子與中子，而在原子核的周圍，又有多粒電子在不斷環繞、旋轉。其實這些粒子不是物質性的不可分割的粒子，只是依計算測量出來的多種結構而已，它們不是物體，不是物質性格，我們根本不能以肉眼看到它們。我國近現代的哲學家張東蓀便指出過這點，他不以物體來說這些粒子，而視之為架構、構造（structure）。

　　在這裏，有一點需要分別清楚。所謂「進化」可以有不同的解讀方式。像達爾文的進化論所說的進化，倘若是建立於「物競天擇，適者生存」的模式之上的，則是純生物學的進化，仍是弱肉強食意義的機械論。懷德海所說的進化歷程，是存有論的，或宇宙論的，是在一種相互涵容、相對相關的脈絡下提出來的，其中所涉及的物項，都具有平等的發展的機會，其存在價值都是平等的，沒有優劣可分。這則是機體意義，而不是機械意義。《中庸》所說的「萬物並育而不相害，道並行而不相背」，便有這個意味。

　　到這裏為止，我們一直都著意於闡明懷德海的機體主義的形而上學中的存在相互串連、交相涉入，不以物體、質體為根本單位，卻是以事件、境遇為單位，此中並無由質實性、質體性（entitativeness）而來的滯礙性格。我們可進一步說，一切事件、境遇所在的場域，亦應是一個可以讓存在周流不息地遊戲於其中的自由的環境。[8]此中，筆者認為最重要之點是，懷氏放棄傳統一直以來都在強調的實體、質體、物體概念，把它們一一解構，而以事件（event）、結聚來說種種存在，這事件、結聚自身便有終極的意涵，所謂形而上的存在、真理，都可以在其中說。這裏並無本體與現象的分離問題，而唯是不斷在流程（passage）、歷程（process）之中向前發展、挺進的事件。這些事件便是機體。

六、事件的觀念

　　為了更周詳地闡述這種機體模式的形而上學，我在這裏特別再集中於「事件」一觀念來例示懷氏對實體的解構與對機體的建立。按「事件」（event）是懷氏的機體主義哲學中的一個過渡概念，意義非常重要。懷

8　這個環境應是一精神的空間，有華嚴宗的法界（dharmadhātu）的意味，一切法遊息於其中，自在無礙，而且相即相入。這也應有京都哲學家西田幾多郎所闡發的絕對無或絕對無的場所之意。限於篇幅，這裏不能作進一步的闡釋與發揮了。

氏最初談到宇宙根基的、終極的要素時，便提「事件」這一語詞。就常識的層面來說，事件是一件事故，是虛的，不是實的；它不是物質性的（material）東西、質體性的（entitative）東西，不是質實的物體、質體，這樣，便可化解一般人對「實體」概念的執著。事件到底是一種甚麼東西呢？懷氏在他的《歷程與實在》中有扼要的交代，表示這個名相可指實際的存在的結聚（nexus）。事件是一種事實、事情。但這樣說還不夠，太簡單。他在《自然的概念》（Concept of Nature）中有些補充。他說我們平常習慣把事件三分，分析為三方面的成素：時間、空間與物質。這三種中的任何一者都不可能在我們的感性覺察（sense-awareness）中以一種具體的獨立性被置定下來。我們對自然界的一個齊一的分子（factor）的知覺，是把它視為在此時此地存在著的。他強調，這一體性的分子在自然的流程（passage）中守持著自身，在自然中被識別為基本的具體分子。這基本的分子便是懷氏所說的事件（event）。懷氏在他的早期建構出來的存有論、宇宙論中，是以這樣的事件為中心概念的，以事件為存在界的根本元素。這是自然世界中在事實上發生出來的東西，它便是宇宙現象、事象中的一個單元、一個事項。不過，這種單元、事項不是一個物體，或物體被靜止地安放在那裏，而是有一種活動的、流逝的狀態。整個自然世界便只有事件，至於那些靜止的東西，說是物件也好，物體也好，質體也好，都概括在整件事件、事體之中，在其中找到它的關係性。懷氏的意思是，宇宙中根本沒有質實性的物體，而只有虛浮性的事件，要說這些所謂質實性的物體也可以，但它們只能在事件、事體中說。

　　這樣的事件，由於不是質實不動，而是有其發展狀態的，因而便有延展的問題。所謂延展（extension），是事件擴展開來，讓其影響力達於周圍的、附近的東西，以至進入東西之中，這樣便有所謂部分、全體、聚合等情況了。懷德海指出，倘若有事件 A，它擴展開來，以達於事件 B，以至蓋過了事件 B，則 B 成了 A 的一部分，而 A 便是全體了。懷氏進一步說，任何兩項事件 A 和 B 可以相互具有四種關係中的任何一種：一、A延展開來致蓋過了 B；二、B 延展開來致蓋過了 A；三、A 和 B 可以同時

延展開來，致蓋過了一項第三事件 C，但 A 與 B 並不相互延展開來致蓋過對方；四、A 與 B 完全分開，沒有連繫。這裏便有延續性的問題。延展是就空間說，延續則是就時間說。自然的延續性正是事件的延續性。[9]

　　懷德海在這裏其實是在討論自然世界以至人間世界的事物的遇合問題。這遇合應該是一種宇宙論意義的關係。只有持實體觀點才不必產生遇合問題。每一事物都可以獨立自足地存在，不必與其他事物發生任何關係。但宇宙的真實不是這個樣子。宇宙的真實表現於事物的相對相關、相互涉入的關係中。同時，事物倘若作為事件看，則亦不能說獨立分離的物體、質體、個體物。事件表示一種現象，一種事態，其中所關涉的分子會隨著時間的延展作空間上的移動。而事件與事件之間，亦可以透過相互推移而有接觸，有接觸便有重疊。

　　事件的思想也可解釋時空概念。事件的延展，可以充塞著某個時段、某個處所，由此便可分別推導出時間（time）概念、空間（space）概念。我們對某一事件的覺察，總會有一種「關係項」（relata）的感覺。這關係項可以被視為整件事件的核心，由這個核心的滯留及與其他東西的碰觸、遇合，我們可以分別抽象出時間、空間概念：時間相應於滯留，空間相應於遇合。這樣，時間與空間成為事件的滯留與跟其他東西的遇合的形式條件。這種時空觀，可通到康德所謂時空是直覺（Anschauung）形式的說法方面去。實際上，關於時空概念的形成，我們可以用比較單純的方式來說明：事件的流行與延伸，可以導出時間概念；事件的拓展與包容，可以導出空間概念。

　　「事件」概念是懷德海在較早期提出的，認為這可以表示最為真實而又具體的存在。在他看來，每一事件有其獨自性格（uniqueness），不能重複。即是說，宇宙間不可能有完全相同的事件。同時，事件是不停流逝的，流逝到另一事件之中，而為它所掩蓋。因此，我們通常不以「變化」

9　倘若說物體、質體，便很難說延續性，因這是已經決定了的，沒有歷程、發展的可能性。

這種字眼來說事件。因為變化需要有一個能一邊變動一邊又能持續的質體，我們才能在一段時間之中，分辨這質體的狀態，看看是否與原來的不同。但事件不能被視為能延續的質體，故不能說變化，只能說流逝。

七、機體主義的價值

以上是有關懷德海的形而上學的扼要的闡釋。以下要對這一套形而上學作一些評論。在懷氏的形而上學中，事件是一個重要的概念。這種理論的最明顯的特色和最大的貢獻，無疑是以關係或相對相關為思想的導向，替代傳統的以實體、物體或質體為思想導向，淡化或消融人們對形而上的實體或不可被分割的基本粒子如原子的執著，結果是自然或宇宙有更充實飽滿的動感與生機，同時也擴展時間與空間的範圍，甚至提升它們的性格，由物理的時空轉化為意識的時空。關係和質體的不同，在於質體是感官的對象，而關係則不是，它是意識的對象；因此涵容它們的場所，也相應地由物理的時空轉變為意識的時空。

讓我們先集中看事件的問題。事件的內涵不是實體、質體，而是關係。它的理論立場是非實體主義，而不是實體主義。非實體主義在理論上最大的優點，或最強的立足點，便是容許變化。這變化可以有很廣的概括性，可以及於一般自然現象、人的身體狀況、人事更替，以至於人的知識程度、人格質素或道德操守狀況。一切實體主義的思想形態到最後都不能對這些問題作出安頓，那是由於這些問題與實體的常住不變的涵義有正面抵觸的原故。特別是人類質素或道德操守的提升或轉化問題，其可能性非要基於非實體的立場不可。一立人格實體，道德上的轉化便無從說起。

再來一點是，事件理論由體走向事，由實體走向事象，展示一種我們對終極真理的體現的宏觀圖景：我們不由形而上的、遠離世間的、僵固不動的物體、質體以至實體來體驗終極真理，卻是從日常生活的行為、事務、事件中體驗終極真理。這樣可以把凡間、塵世、經驗世界與超越的真理的距離拉近，甚至讓雙方結合起來，讓人間即此即是天國，生死即此即

是涅槃。真理本來不遠離人間，只是人們自己本著淺狹的眼光來看真理世界，劃地為牢，自我封限而已。

尚有一點是，說到宇宙的真正實在方面，懷德海捨實體說而採機體說，的確能展示形而上學方面的智慧或洞見。實體說的確有很多理論困難，不能交代事物的交感的相互影響，也不能解釋變化之為可能。不過，懷氏是從事件本身說起，就我們日常生活中所碰到的平常的事件說起，而視之為實在（reality）的單位。但這些事件是以現象方式在我們面前出現的，它們都在時間與空間中發展、變化與流逝。對於這樣的現象，我們如何確定它們即此即是實在，即是終極真理的所在呢？或它們與終極真理渾然而為一體呢？我們雖然不必離開這些事件而在另處為它們尋找存在的根源，也需對它們的存在，如是如是地出現在我們的感官面前的存在，作一存有論的說明（ontological explication），我們不能只在現象的層面述說它們的發展、變化與流逝。即是說，我們不能只對它們作宇宙論的說明（cosmological explication），而不作存有論或本體論的說明。懷德海在這方面沒有措意，他只說自己的機體主義體系為一種宇宙論，而不說是存有論或本體論（ontology）。但光是講宇宙論是不夠的。你說你眼前所對的日出是事實，是實在，是真實，那我便問，你依於甚麼理據這樣說呢？日出是否只是一種幻覺，起於你的感官上的毛病呢？在這裏，必須講存有論的理據，才能對實在問題有周延的交代。

八、對柏拉圖與懷德海的評論

以上我們花了不少篇幅來探討柏拉圖與懷德海的形而上學思想。以下我要對這個探討作些總結和反思。首先，柏拉圖的是古典的形而上學，懷德海的則是近現代的形而上學。雖然有長遠的時間上的隔離，但雙方的形而上學的性格都是美學的，在這一點上，雙方很有對話的空間。柏拉圖的實在觀念是理型或形相，是在濃厚的理想主義下被設計的，在理型世界中的理型，都是精神性格、觀念性格的，沒有經驗的、物質的成分，因此是

最圓全的，這圓全應以圓美為主，雖然可說圓善，例如誠實的理型是圓善的，有道德的、倫理學的意義，但著重點不大充分，還是圓美的意思比較鮮明。美的理型存在於理型的精神世界，可供我們欣羨（aspire to），但不能以物理的身軀以達致之。另一點是，理型存在於本體性格的理型世界，與我們所生於斯、長於斯的現象世界有不可踰越的隔離，不管人們如何努力，都不能完全達致理型的圓美，這便出現現象世界與理型世界或本體世界的分離、斷裂。這便構成柏拉圖的形而上學的理論困難。人的不能達致理型的境界也成了工夫論上的困難，

其次，懷德海講形而上學，不講實體而講機體。他早期講事件觀念，後期則講實際的存在、實際的境遇（actual occasion）觀念。三者是相通的。懷德海不像柏拉圖那樣，建立理型作為一切存在的價值標準，因而也是終極的實在。懷德海則頗能就我們日常生活上所碰到的事物、事件開始，以虛的事件取代實的、質實的、個體的、立體的、具體的物體，來講實在。在他看來，宇宙包含無量數的事件，這些事件由於是虛靈的，而不是質實不相通的，因而事件與事件間可有相互溝通以至相互攝握（mutual prehension）的作用。A 事件可以進入 B 事件中，成為其中一部分，發揮出良性的影響，反之亦然，B 事件也可以對 A 事件進行同樣的事。某一事件在其流逝的歷程中，可以影響隔鄰的 B 事件，這樣一直推移，其影響力可以達於宇宙全體。這便展現事件的機體的意味：它們是活的、是有生機的，不是僵化的、死的。他們在構成這個有機的大宇宙中都扮演各自的角色，表現各自的特性與影響。每一事件都是一個小機體，而整個宇宙則是一個大機體。小機體之間可以相互磨盪，它們與宇宙的大機體也可以相互磨盪，由此可以成就整個宇宙的大生命的生機旺盛的美學世界。

第三，懷德海以虛的事件化解了我們對宇宙的基本單位的質體的、立體的、固體的實在的物質性的粒子，以扭轉我們以宇宙為由不可打破的粒子組成的僵化的看法，而以活的、有生機的事件的聚合和相磨盪來看宇

宙，似乎可以讓我們從俗諦的認識以進於從真諦的認識來看宇宙。[10]這似乎可以消融了現象與本體兩界的分離的困難。但在實踐上、工夫上我們要如何入路呢？懷氏未能提供一個切實而可行的途徑。在儒家，孔子以「克己復禮」教導生徒行仁的方法，這很便捷、很親切，生徒容易把握。但懷氏教人要從虛的事件看宇宙，不要從實的粒子看宇宙，接受虛的事件概念而放棄實的粒子看宇宙，則難有下手處。這是因為在義理上不易把握，因而在實行方面便感困難，有無從入手的情況。例如，說事件的相互攝握，事件之間如何相互攝握呢？每一事件都包含不同的內容，也不能沒有粒子在裏頭，攝握云云，從何說起呢？

九、熊十力的形而上學

上面我們講的柏拉圖與懷德海的形而上學，都是西方方面的，以下我們要看看東方的形而上學，並以熊十力的體用不二理論為焦點來進行研討。熊氏在有關這方面的著作，有《新唯識論》、《十力語要》、《乾坤衍》、《體用論》、《明心篇》、《原儒》等。他是當代新儒學的始發人物，地位非常崇高。他開拓出當代新儒學的形而上學，但這要由他對佛教的不滿意說起。按佛教的根本立場是性空（svabhāva-śūnyatā），他們認為事物是由因緣和合而成，沒有恆常不變的自性（svabhāva），因而是空（śūnya）。或者說，事物不具有自性、實體的本性，或本質，所以是空的，這是終極真理。熊氏常把「空」與「寂」連起來說，所謂「空寂」。另方面，佛教又強調菩薩要本著所體證得的真理，在世間起用，普渡眾生，這是佛教作為宗教的最高理想。但佛教的真理是空寂的，是沒有實體的，如何能產生有效的功用以普渡眾生呢？熊氏的基本理解是，有實體或體才有功用或用，沒有體便沒有用。佛教取無自性觀、無實體觀，或空

10　以物質性的粒子來看宇宙是俗諦，以事件來看宇宙是真諦。俗諦只涉現象，真諦則涉本體。

觀，而又要普渡眾生，是不通的。這個意思並不難理解。一個農夫必須要有強健的體魄，才能有氣力下田工作，才能實現生活的基本需求。倘若農夫的身體不好，或者有病，他便不能下田工作了。就這個事例關連到剛才提到的佛教的問題來說，農夫的強健的體魄喻體，下田耕作喻用，有體才有用，無體便無用。這樣，就有病的農夫而言，體用關係或兩者的結合便不能成立。熊氏在這裏所說的體，是精神實體，用則是精神作用。在他看來，精神實體產生精神作用，或體產生用，在佛教是說不得的。若立精神實體或體一觀念，佛教的事物的因緣和合或緣起（pratītya-samutpāda）因而是性空或自性是沒有的這一根本立場便要崩解了。因實體或體是自性的性格。

　　這是熊十力最不滿意佛教義理的地方。在他看來，萬物都是本體或實體的顯現；實體具有真實無妄的內涵，它具有功用，故能起用，而詐現現象世界，以至從事教化、轉化眾生的道德的、宗教的、救贖的工作。他認為儒家孔子所說的「天」、「天道」，或孔子所刪定的《大易》所說的「乾元性海」、「易體」是精神實在，它是生生不息，大用流行，變動不居的。它既是萬物的本體、本質，則萬物亦分享得它的實德而為真實的，不是如佛教所說是虛妄不實的。他便是在這種理解與思維下，由佛轉儒；他特別重視《大易》。他視儒學為他的安身立命的學問。

　　以下我們透過熊十力自己的說法來看他的有關思想。他在其《體用論》中說真源含藏萬有、無窮萬有。他肯定真理或實體的真實性，說它含藏無窮的內涵。這真實性排斥佛教所說諸法是如幻如化或諸法是性空的。他又就實體具有動感一點來批評佛教，他在《體用論》中表示，二宗（按指空宗與有宗）有一個根本信念，以萬法實體（法性）為沒有生生，沒有流動，沒有變化。按空、有二宗沒有說萬法實體，它們說萬法是性空，萬法是真如。實體與性空、真如的意涵剛好相反。熊氏卻以它們有說萬法實體，目的是方便發揮自己的實體觀，並就真理問題與空、有二宗作比較。即是說，空、有二宗的實體沒有生起萬法的大用，自己的實體則有生起萬法的大用。他在其《原儒》中又嚴批道頗淪虛，佛亦帶寂。淪於虛，滯於

寂，即有捨棄現實，脫離群眾之患。這裏連帶道家也批評了。「淪虛」與「滯寂」的意思很相近。所謂虛、寂是對於真實而又變動不居的種種現象、事物而言。現象與事物包括人民大眾在內，都是經驗世界中的東西，有時空性，受因果等範疇所決定，這是所謂「現實」。[11]

現在我們進一步從理論、概念方面來闡述熊十力對佛教的批判。他提出挑戰佛教的基本問題是，用是對事物起生化的幾微作用，這要憑著實體顯現出來，不能憑空起用。他在《新唯識論》更進一步強調，若實體是空寂，不能生化，則是死物，亦是閒物。在同書中，他嚴厲地評斥佛教「談體遺用」，或「遺用談體」。[12]在佛教空、有二宗之間，他評斥有宗尤其激烈。空宗的毛病，在他看來，是只說空寂的本體，亦即是靜止的、沒有內容的本體，而不能說本體是具有動感的，是運行著而有生化萬物的作用。有宗則一方面以真如為本體，它沒有動感，亦不變化。另方面又建立精神性的種子（bīja）作為現實事物的原因，這又是另外一種本體。因此有二重本體的過失。因為本體是終極義（ultimate），是絕對性格，只能是一，而這「一」亦是絕對的意思，不是數目。若是二重本體，即是本體有兩種，這便不能說絕對義、終極義。故這樣說的本體是假的，不是真的。

熊十力批評空宗的空性作為本體，不能起用，是對的。空性是表示事物不具有自性的真理狀態，不是能發用的實體。他批評有宗的真如缺乏動感，不能起生化作用，也是對的。至於二重本體的問題，有宗所說的種子其實不是本體，有宗亦未有視種子為本體，只視之為事物的潛存狀態而已。根據有宗的種子六義，或規限種子活動的六條規則，第一義剎那滅，表示種子在每一剎那都在生滅變化，第二義恆隨轉表示種子在剎那間滅去

---

11 這裏說「脫離群眾」的字眼，是共產主義者批評一些理想主義者常用的字眼，熊氏在其解放前的著作中，很少用到；在解放後，便有這些字眼出現，這在表面上是同情以至支持當時的政治形勢，我們不必在此斤斤計較。

12 熊氏在這裏的說法，有點問題，佛教其實沒有說體，更沒有說宇宙間有實體。反而說無體，說沒有實體或自性，才是真理、真如。

的同時，總是轉成另外的狀態，這仍是種子，只是與前一剎那的種子不同而已。因而種子是生滅法，是經驗性格。而在有宗眼中，本體是不生不滅的超越的真理。故熊氏以本體來說有宗的種子，並不符合有宗的本義。另外，平心靜氣、客觀地言之，有宗的真如也不是一種本體，它沒有體性可得。

撇開有宗的真如和本體，回返到體用問題，熊十力的意思很清楚：用是要依於體，要有體，才能顯現出用來；再由用的功能，成立現象世界。體或本體是形而上的，現象世界是形而下的，兩者需能融合起來，而成為一體。這樣，本體本著其動感而有其顯現，用或現象亦有本體作為其根基。熊十力認為真理應該是這樣的。[13]佛教不管是空宗抑是有宗，都由於其本體是空寂性格，缺乏動感，因而不能起用而成就現象世界。雙方不能有密切的關聯，不能有一貫性介於其中，卻是被打成為兩截。這便形成本體世界與現象世界的分裂、破裂狀態。熊氏自然是認為體與用或本體與現象應有一圓融互涉的關係。而孔子的儒家，特別是《大易》（他認為這是孔子所作的，起碼可展示孔子的思想）的思想，正是沿著這個方向發展的。

熊十力便由此引出體用為二與體用不二這兩種相互對反的形而上學思維。他自然是欣賞、支持後一種而拒斥前一種，亦即他認為佛教所屬的那一種。在《新唯識論》中，他說到大乘佛教雖說自在勝用，但不說真性流行。它不以流行來說真性。熊氏指出，如果說真性是會流行的，亦即是有動感性的，便表示自在勝用即是真性的發用、表現。這便是即用即體了。但大乘佛教說的真性，只是無為無作，沒有活動義。他認為大乘佛教持自在勝用是依真性而起，而不是真性呈露。這便只能說體用是二，而不是不二了。按熊氏在這裏所說的「真性」，是指本體、實體或體而言。但如上面所說，佛教是不立自性的，若以真性、本體、實體或體來說自性，以批

---

13 這可以被視為在意涵上解決了柏拉圖的本體（理型）與現象（理型的倣製品）的分離的理論困難。

評佛教所言的真性、本性等有問題，是不恰當的。熊十力顯然未有注意到
這點，他以為佛教亦說真性、本體等，但抨斥它不懂真性、本體流行的道
理，只說真性、本體是空寂的。若是空寂，則不能說流行，不能說作用，
只能是「無為」、「無作」。這樣便不能正確地、積極地交代現象世界的
存在，不能建立體與用、本體與現象世界的密切關係，不能說用或現象世
界是真性或本體的呈露，只能說用是「依真性而起」。既是用依真性或本
體而起，則二者還是分離的，不是「不二」，而是「二」了。用與體，只
有是不二，才能說「即用即體」，或「即體即用」。在熊十力看來，只有
儒家特別是《大易》是體用不二的思維模式，而體用不二才是圓融的、圓
滿的，才是最高的境界或價值的所在。因此他捨棄佛教而歸向《大易》。
他甚至以「天德流行」來說儒家的形而上學。這在他的《十力語要初續》
有提及。[14]他的解釋是，天德即是本體；他並說佛教只知本體是寂，不在
本體上說流行，儒家則能在真性的寂靜中見到本體的生生化化不息的健動
性。熊氏的意思也可以這樣概括：佛教只能知本體是寂的，不能生化萬
物；儒家則以本體是寂而又富有動感，故能生化萬物。如上面提及到，佛
教只說空的真性，但無能活動的本體觀念。

十、體用不二

　　以下我們要集中析論熊十力的體用不二的理論內涵。首先要交代熊氏
的「體用不二」中的「不二」的確切意思。經過多方面的探討，我們得出
所謂「不二」指不分離之意，這並沒有邏輯上不二即是同一的意味。熊十
力的意思是，本體與功用或實體與現象是相即不離的，不能分割開來而互
相存有論地獨立於對方的。這個意思可見於他的主要著作中。在《乾坤
衍》，他指出實體是萬物的內在根源，我們不可虛妄地計度實體是在萬物

14　唐君毅先生在其《生命存在與心靈境界》一書中判分世界的哲學與宗教，並以「天德
　　流行」來說儒家的性格，可以說是源於熊氏在這裏的說法。

以外，這便是體用不二。他在同書又說在萬物以外，沒有獨自存在的實體，這便成就了體用不二的觀點。又說體用不二即是實體不在萬物以外。《乾坤衍》又說體是實體的簡稱；用則是現象的別名。而不二則是實體是現象的實體，我們不可輕率地猜度實體是超越於現象之上而有其獨立存在性。在《原儒》中，他說真源與流行不可分為二段。在這裏，真源即是本體，流行即是功用、現象。他又在《乾坤衍》中說現象與實體不是兩重世界。即是說，現象與實體是同一世界中的兩種東西，雙方不能分開而為兩重或兩截、兩層。

熊十力的文字的意思非常清楚，都是說體與用在存有論上是不能分開說的。關於這體用不二的思想根源，熊氏謙稱並不是他率先提出的，而是承自孔子。他並表示由這種思想可以看到孔子很重視現實世界，以之為有實體作為基礎，不是從虛無中生起的。就作為最能代表孔子的思想的《論語》來說，內中並沒有體用不二的說法。熊氏把它歸於孔子，自然是由於《大易》的緣故。熊十力認為《大易》是孔子所作，而體用不二正是《大易》的中心思想。另一方面，熊氏又表示這體用不二思想是他自己通過親身體證而得。這也暗示這種思想不能通過概念的、理論的或邏輯的程序來理解，必須自己有親身的反省的工夫，才能理解。

以下我們扣緊有關文獻來理解熊十力言體與用的確義。在《新唯識論》中，他特別強調體必是用之體，體不是離於用而為一空洞的境界，卻是有實性的，這實性即是體自身的顯現。在同書之中，他提出一種非常值得注意之點：作為體的用，或作用，自身只是一種動勢，而不是具有實在性或固定性的東西。這種用或作用便逼近懷德海所說的事（event），或張東蓀所說的構造。懷氏與張氏都排拒作用的實質性、質體性，它不能成就一種堅固的、不可打碎的物體或粒子，宇宙中沒有這種東西，有的只是一種虛通而不滯實的事件或情境（occasion）。這情境是形而上學的、存有論的對象，而不是科學的對象。

很明顯地，熊十力是在「不二」這種脈絡下來說體、用的關係的，即是：體是用的體，用是體的用。進一步可以說，沒有離開用的體，也沒有

離開體的用。再進一步說，用必須是體的顯現，倘若離開顯現為用來說體，則體勢必成為一種空洞無內涵的境界。最重要的是，用是一種動勢或態勢，這動勢或態勢的基礎在體。由於用只是動態、態勢，因此它所凝聚、所結合而成的現象或事物，不能具有實質性（rigidity）、立方體（cube），或固定不能轉變性（unchangeability）。它們可以隨著作為動勢或態勢的用的散開、消散而被拆解。這樣來說的體與用，自然是相對性格：體對用而為體，用對體而為用。它們是佛教的所謂「假名」（prajñapti）。

　　由體而成用，而建立分殊的現象。這現象指不同的事物，這是不難明白的。但體或本體是甚麼呢？或者說，它具有甚麼性格呢？熊十力以德來說體，這德相當於佛教的 guṇa，不純然是道德。熊氏表示，體具有多方面的德，他曾列舉其項目如下：真、常、虛無、誠、剛健、生化，等等。這些項目都是正面義、光明義，不同於佛教所說的作為萬物的原初狀態的無明（avidyā）的迷闇義、虛妄義、負面義。這顯示熊十力是一個理想主義者，他認為妄情妄執最後可以被克服、被超越。

　　現在我們回返到體用不二這一主題。熊氏確認實體與分殊的現象有很密切的不二的關係。他的意思是，體用不二不是邏輯的、語言的意義，而是宇宙論特別是存有論的意義。他在《乾坤衍》中強調實體是恆常地活動的、變動的，它必成為功用或現象，以功用或現象的方式而存在。他又在其《體用論》中表示恆轉必成為大用，沒有離用而獨自存在的體。這「恆轉」指本體而言，是熊氏用來加強本體或實體的動感義。即是，本體恆時在動轉、運作，沒有完全靜止不動的時候。此中頗含有這樣的意思：實體或本體是必須以功用或現象的方式而存在的，不能離開後者而獨自存在。這倒有點像海德格在其《形而上學引論》（*Einführung in die Metaphysik*）所說的存在以顯現、活動來證成它的本質的意味，但這並不表示二人都持實體主義的理論立場，讀者不要捉錯用神。熊氏的意思很明顯是：從存有論、存在論來說，本體必表現為功用、現象，亦即是顯現。本體不單不能停滯在一處，如死物那樣不起不動，甚至不能一方面生起功用、現象，一

方面又自己獨自地存在。本體是一個絕對的統一體、整一體，不能被分割成起用的部分和獨自存在的另一部分。

關連著本體不能離現象而單獨地存在這一點，熊十力在其《新唯識論》中很不客氣地批評，有些哲學家在「流行」（按這是指流行變動的現象）之外虛構一個至寂的境界，在萬物之外虛構一個至無的境界。他認為這是非常嚴重的謬誤。同時，他也附帶抨斥一些哲學家直接地以寡頭的流行現象為真實，而不知曉應在流行的現象之中，認取存在於其中的至寂的本體為真實。甚至有人認為現前出現在我們的感官之前的各樣東西自身便是真實，而不知道顯現各種東西的至無才是真實。[15]他又嚴斥唯物論者根本否認宇宙間有真理。在這裏，我們必須小心認清熊十力的確意：我們要在流行的現象內面而不是外面去認取真實或本體，但又不能以流行的現象自身便是真實。他強調流行的現象與真實是不同的，前者是後者的表現，或是後者的表現處、存在處。在流行的現象之外，無真實可得。

在這裏，我想對熊十力所說的以實體（即本體）作為基礎而表現出來的功用和現象的異同分際，澄清一下，以免讀者生起誤會。他在其《乾坤衍》中清晰地闡明，實體的變動，稱為「功用」。即著這功用，又稱為「萬物」或「現象」。實體是以它自身「完全地」變現成萬物或現象。此中的意思是，實體是具有動感的，能夠活動、運轉的。凡是活動，必定隨著有變化。實體活動，由於它具有實質性的內涵，因此會生發出力量，這力量便是功用。現象是在功用上說。不過，熊氏在這裏的解釋還是不夠精確，有所欠缺。他在其《新唯識論》中補足了這欠缺。他表示每一種功能都具有翕與闢兩極，這翕和闢是不同的動勢或運作方式，它們是互相融合在一起。按這裏的「功能」指實體的功用、作用。熊十力的意思是，實體的功用有兩個矢向、方式，一方面是翕，是凝聚之意，這有點類似筆者在《純粹力動現象學》中的純粹力動以抽象的狀態逐漸凝斂、凝聚，把力動

---

[15] 這裏提出至無能顯現各種東西，但熊氏未有標這至無便是本體、實體。這一點頗讓人感到疑惑。

集中起來之意。另方面是闢，是開發，向四面發散之意。凝聚的結果是物
的產生，開發的結果是心的產生。這樣，現象便有兩方面的動向：物質現
象與心靈現象。熊氏強調，這兩種現象總是融合在一起，不能絕對分開。
有些現象是物質的成分多一點，有些現象則是心靈的成分多一點。但不可
能有無心的物，也不可能有無物的心。這是心物融合論，也可以說是心物
二元論，但這心與物最後統屬於同一的實體，故無所謂唯心論，也無所謂
唯物論。這種觀點，若以佛教的詞彙來說，可謂中道。這種心物二元的說
法，在共產黨統治之下，極少人能提出來。

十一、本體宇宙論：攝體歸用

本著體用不二的根本的思維架構，熊十力便開始建立他的形而上學的
哲學體系了。這可以說是一種「本體宇宙論」：本身變化、發用而以其存
在性貫注於宇宙萬物中的本體與現象互相渾融、打成一片的形而上學。在
這種哲學中，本體或實體作為終極原理經過一種宇宙論的演化歷程而成就
宇宙萬物，這是所謂實體的「翕闢成變」。

在上一節我們說過，本體或實體變動而有功用，這功用有翕闢兩面，
這兩面功用如何表現、如何配合，如何使本體由抽象狀態以開拓出具體
的、立體的宇宙萬物呢？熊十力在其《新唯識論》中表示，體與用是不二
的、不分離的。就用方面來說，它的活動，只具有翕和闢的動勢，而這兩
種動勢，都無實物可得，只是在剎那剎那之間，生滅相續而起；這種相續
現象進行得極其迅速，而幻現一些跡象，好像旋火輪那樣。最後，熊氏強
調，我們所說的宇宙萬有，便是就這些跡象來說。按熊十力的意思是，體
與用是不離的。體表現為用，而用具有兩種運作方式：翕與闢，亦即是聚
斂與開發。這兩者都不是實際的立體的、具體的、固定的實物。不過，由
於兩種運作方式在每一剎那都不停地轉變，滅了又生起，生起又滅去；在
這種生滅滅生的歷程中，宛然令人覺得好像有不同的物體或現象，這便是
宇宙萬有。由於這宇宙萬有是本體的功用的表現的結果，有本體貫徹於其

中，因而這種強調本體與萬有具有融合關係的理論，便稱為本體宇宙論。由此看來，本體宇宙論成立於本體的翕與闢兩種作用相續的展現中。

　　熊十力進一步強調，本體的變動，有其一定的法則，這便是「相反相成」。這可能是受了老子的「反者道之動」思想的影響。熊十力的理據是變化不是「單純」的事，「單」是單獨而無對，「純」是純一而無矛盾；他便依此提出一翕一闢的不同的運作方式。這翕與闢是相對性格的，是有矛盾的。熊氏以為，本體的運動，是攝聚與開發這兩種相對反的運動方式相互激盪而成就。攝聚是翕，它有使本體凝聚而成為有質體性的東西的傾向。倘若這種作用不斷擴展、強化，最終會形成物質宇宙。因此，在翕的攝聚作用進行的同時，本體又有一種稱為闢的健動的、開展的運動方式在平衡它，甚至主宰它，不讓具有質體性為基礎的完全的物體出現，即是，不讓本體依翕的作用而完全物化。這一點也是熊氏在《新唯識論》中堅持的。一言以蔽之，熊十力認為，本體要具有翕的作用，才能凝聚而趨向一固定形式，由此開出物質世界。另方面，本體又具有闢的開發作用，才能阻止本體完全物化，成為完全沒有心靈、精神、生命的世界。他認為，宇宙是活的、有生機的，不是刻板的、呆滯的、機械性的構作；宇宙不是死物。這點可以通到懷德海的機體主義方面去。

　　但本體如何能從抽象的狀態變成具體的、立體的、個別的物體，始終是一個問題，難以徹底解決。這只能通過上面提及的幻現，或唯識學所常提及的似現、詐現（pratibhāsa）來說。似現、詐現都表示在感官面前擬似具體的、立體的、個別的物體而呈現。從終極的角度來說，這物體不是具有實在性、自性的東西。另外，本體的翕與闢的變化有分別趨附物與心的傾向，在這裏可說二元論；但這兩者最後皆回歸至本體，因此還是一元論。

　　下面，關聯著熊十力的本體宇宙論，我們要探討一下熊十力的思維方式或導向。在體與用之間，哲學家可以偏重體，而把用收納於其中，或使用附屬於體。這是重本體而輕現象。他們也可以偏重用，而把體收納於其中，或使體附屬於用。這是重現象而輕本體的想法。熊十力稱前一思維導

向為「攝用歸體」，後一思維導向為「攝體歸用」。熊氏很重視現實的現
象世界或經驗世界。他認為我們應該扣緊日常生活與活動來說本體，把雙
方緊密地連結起來。他在體用不二的基礎上，採取攝體歸用的導向，而貶
抑攝用歸體的導向。他在其《乾坤衍》中，提出自己不滿攝用歸體的思考
模式，以古代宗教都傾向於萬物自身以外尋求本源，虛妄執著宇宙中有超
脫萬物而獨存的天或多神，而作霧自迷。在他看來，在哲學上要建立本體
的，多數運用推論的方式，要在萬物自身以外，推求一種真實的東西，視
之為萬物的本體。而不會就萬物自身去體會其本有的根源。他的這種批
評，對西方的形而上學有很寬廣的適切性，如希臘的柏拉圖的理型說、希
伯來的基督教的有神觀。熊氏在這裏所說的，是抨斥了攝用歸體在思維上
的偏激的流弊：不在萬物或用中體證本體，卻遠離萬物以推論或構想（也
可以說是妄想）一個超離的（transcendent）本體。他所謂的「霧」，是
遮蔽了人的目光，讓他們看不見周圍的東西，結果是幻現一些超離的對
象。這種做法，其實已不是「攝用」，而是「離用」甚至「廢用」了。

在《乾坤衍》，熊十力盛讚攝體歸用的思維的殊勝之處，並以兩個根
本的原則來概括這種思維模式。第一個原則是，我們要肯定現象為真實，
萬物為真實，以萬物或現象為主。[16]第二個原則是，我們要肯定宇宙從過
去到現在，急速地追蹤未來，是一個不斷發展的整一體、全體。我們不能
割裂現象，由自己任意取捨。例如將生物未出現以前，劃出一個大的分
段，斷定其時是沒有生命、心靈的現象，我們不能任意作這種割裂活動。
在這裏，第一原則很重要。熊十力認為我們必須以正面的態度確立現象、
萬物的真實性，不能如佛教認為是虛幻不實的。而在現象與本體之間，應
以現象為主，本體為輔。這與西方哲學傳統一向重本體而輕現象的看法大
不相同。第二原則則表示熊氏要以進化論的思想來建立他的宇宙論，這可

---

16 在這裏，我們要善巧地理解熊氏所說以萬物、現象為真實的意思，並檢別這說法與羅
  素（B. Russell）他們所提的新實在論以現前的個體物有實在性的說法的不同。熊氏強
  調萬物、現象為真實是針對佛教以諸法如幻如化而非真實說的。

能是受到達爾文（C. R. Darwin）和柏格森（H. Bergson）的進化的思想的影響。另外，這也有歷程的意味；即是，宇宙的現象作為實在，是在不斷發展的狀態中，它們的真實性，是在其發展的歷程中見的。這讓人想到上面提到的懷德海的歷程哲學。懷氏提出機體主義的形而上學，以歷程發展為中心來為存在定位，強調任何東西、任何意義的存在都有歷程在其內部發展，包括本體在內。故本體不能是如傳統哲學所強調那樣一成不變，它恆常地是在活動、動感表現的狀態之中。

對於攝體歸用，熊十力有如下的概括性的總結：儒家的《大易》義，是統萬物為一元，而又歸藏於萬物自身。它不遠離萬物、在萬物之外建立一元論。這是他在《乾坤衍》中所說的關鍵性的觀點：強調一元本體對於萬物的內在性（Immanenz），亦即是萬物合起來以成就一元本體。這與柏拉圖的形而上學大為不同，後者以理型為萬物的模本，理型是完美的，萬物則總不能免於缺憾，不可能是完美。以熊氏的形而上學與柏氏的形而上學相比，柏氏重理型或本體而輕萬物，熊氏則兩者兼顧，但重點畢竟放在萬物方面。

攝體歸用是一形而上學的命題，也是一存有論意義的活動或事件。攝體與歸用應該是同時進行的，不是在時間上先攝體，然後歸用；而是這一邊攝體發生，那一邊歸用出現。而這一邊、那一邊也不是空間義、地域義。進一步從體用不二、即體即用的義理來說，攝體與歸用應是同一事件的不同面相的表現、活動。最徹底的說法是，攝體歸用是終極真理的一種整一的活動，不能被分割為攝體與歸用兩截，這是我們理解終極真理的最恰當的方式，它是超越時間的。*17*

---

17 關於這攝體歸用的說法，並不是熊十力最先提出的，比他早出三百多年的王船山在其《思問錄》與《周易外傳》中已有這個意思了。就這一點來比較熊十力與王船山的形而上學，應是極有意義的事。

十二、對熊十力的形而上學的總的評價

以下是我們對熊十力的體用不二的形而上學的概括性的評論。首先，我們對熊十力的整套思想體系的內容作一展示。這可分為三個面相。一是境論，這是他的本體宇宙論，其代表作是《新唯識論》、《體用論》、《明心篇》，他後期的重要著作《乾坤衍》中的一部分，也可包括在內。二是量論，這即是認識論或知識論。他時常提到要寫一部《量論》的專書來探討認識的問題，但此書至臨終仍未寫出。三是大易廣傳，這是他的人生哲學思想的展示，主要著作為《乾坤衍》、《原儒》，《讀經示要》、《十力語要》和《十力語要初續》三書的部分內容也是這方面的。

以下我們要就正面與負面來評述一下熊十力的哲學。就正面來說，熊十力的哲學可以說是體大思精，極富思維上的原創性；他巧妙地吸收了佛教唯識學的重要部分，作為主要的邏輯思維，[18]以發揮儒家特別是《大易》的本體的生生不息，大用流行觀點，以建構自己的本體宇宙論的形而上學。他的哲學體系，無論就內容上的深度、廣度與理論的嚴格性來說，都有很高的成就，可以與西方的大哲亞里斯多德（Aristotle）、萊布尼茲（G. W. von Leibniz）、[19]胡塞爾、海德格、懷德海、羅素等相提並論，在某些工夫論方面且遠遠超越他們。在中國方面，他的規模，直逼朱熹與王船山。

第二，他的哲學思想的最高價值與最大成就，是把本體與現象融合為一，以體用不二的「不二」的方式，解決了形而上學中的本體與現象的分離而成為兩重世界的棘手問題。這個問題一直困擾西方的哲學家。柏拉圖哲學的最大弱點，便在這裏。如上面探討柏氏的形而上學時提到，那便是作為本體的理型（Idea）與現象層的仿製品不能有實質上的連結。在康德

---

[18] 這裏「邏輯」取寬泛義、理性之意，理路、思路之意。

[19] 萊布尼茲的著作不多，而且缺乏系統，東說一些，西說一些，但他有極高的天分，提出很多有創造性的洞見。

（I. Kant）的哲學中，屬於本體界或睿智界的物自身（Ding an sich）與現象（Phänomen）的關係不能實質地被建立起來。物自身只被視為一種假設（Postulat），是限制性的概念，它限制我們的知識的有效範圍，不能有實質性的內涵。

第三，熊十力在哲學方面的理解，特別是對本體、本體與現象（精神現象與物質現象）的不二關係方面，有內在的修證、親身體證的基礎，不限於只是觀念與理論的建構。他時常強調《大易》所說的「遠觀於物，近體於身」這種存在性的體驗，來理解宇宙與人生的真相，所謂「唯是反求實證相應」。他的思想有相當強烈的道德實踐的性格。他在其《十力語要初續》一書中便表示自己的學問是從思辨開始，以體證為終結。他又強調做學問必須達致體證終極真理，不然便與後者隔絕開來。西方哲學談本體，說真理，常只重思辨一面，而輕於透過個人的實踐行為，在工夫的踐履中體證本體、真理。熊十力是兩者俱備，而且尤重體證。這是他的哲學優於西方的地方。

以下我們要從負面來評論熊十力的哲學思想。首先，熊十力的哲學體系與佛學有深厚的淵源，它的方法論可以說是佛教式的。熊氏對本體的體會，可以說是從佛教的空寂的本體轉化到《大易》的健動的本體或「易體」方面去。但他對佛教的理解，很是有限。他所說的佛教，主要指印度大乘有宗，其次是印度大乘空宗。大乘有宗有兩方面不同的發展，這即是奘傳（玄奘所傳）的唯識學，主要是護法（Dharmapāla）的唯識學。他熟識這種唯識學，但對於另外一支藏傳（傳入西藏）的唯識學，並無了解，這主要是安慧（Sthiramati）的唯識學。至於空宗，他基本上是通過般若文獻特別是龍樹（Nāgārjuna）的中觀學來理解的。但他以「破相顯性」來解讀空宗，這並不正確。空宗被天台宗智顗定位為「體法入空」；即是說，在保留現象（相、法）的情況下體證空的真理。破相顯性只能用來說小乘教的說一切有部。熊氏只是部分地理解印度佛學，至於中國佛學，他幾乎完全未有留意。後者如天台、華嚴與禪，都強調佛性問題。這佛性觀念有一定程度的動感性，熊十力未有注意及之，因此，他對大乘佛教的理

解有偏差，只見其空寂一面，而忽略了其動感意涵。

第二，他積極地要建構一種本體宇宙論，要超越前賢，但他在這方面有一個弱點：他說本體具有複雜性，由於這複雜性，它才有翕、闢這兩種不同的發展方向的作用，這是他在《乾坤衍》中說的。這兩種不同的作用分別開發出物質世界與心靈世界。但本體是終極義，它不能被還原為比它更根本的東西。說本體具有複雜性表示它內裏藏有複雜的成分，我們可以把這些成分分解出來，這樣，本體的終極義便不能說了。

第三，接著上面一點來說，熊十力以「體用不二」來說他的本體宇宙論。但這不二，並不表示本體與用或現象等同，而是雙方密切結合在一起，不會分開之意。於是有本體的地方便有現象，有現象的地方便有本體。宇宙不可能只存在著本體，也不可能只存在著現象。或者說，本體不能離現象而獨自存在，現象也不能離本體而獨自存在。說來說去，都是有本體處便有現象，有現象處便有本體。體用不二便是體與用不能分開。熊十力在他自己的著作中時常說「體用雖不二，而亦有分」，這分便表示本體與現象結合在一起，但仍各有其「分」，各有其特性，各有其在本體宇宙論所扮演的角色，不能相混。本體與現象不是完全地同一，從圓教的立場來看，本體與現象不是徹內徹外的圓融關係。因而體用不二也不能說是圓教。

第四，這一點是關連著上一點說的。熊先生以體用關係表示某種東西、某種本原（所謂體）與它的發用、效果、影響（所謂用）等方面的關係。這在常識世界、經驗世界、現象世界中作為本原與顯現來說，是無可厚非的。例如水力發電，我們要有水力發電機作為本原，然後開發出電力、電能，因而可以以電力來煮食，以電燈來照亮房間，又或以照相機來把景物拍攝下來，以電子計算機來計算，以代替大腦，等等，都可以說是體用關係。即是說，體用關係可以在世俗諦的層面方面說，但在勝義諦或終極世界、終極層面方面，是否也可以說體用關係呢？一般講形而上學方面的人，很多時也運用體用關係來詮解，如黑格爾以精神實體發出精神力量，以成就歷史、文化；熊十力講體用不二，由本體、實體發出功用，或

轉化為現象；牟宗三說有體則有力，無體則無力，因而有「體力」的語詞或概念。即是，一種精神力量，需要由精神實體發放出來。某種形而上的力量，我們要為它找尋一能發力的形而上的實體，這種力量才能現成。這表面似乎也可以講體用關係。但若進一步探討下去，我們可以說，在經驗的、現象的世界，的確有這樣的體用關係，由體來發用，為用來找尋體。這是確定的，它的關係是一種機械性的關係（mechanical relation）。但在終極真理的層面，在終極世界裏，不應是這樣看。一個超越的力動，它自身是一種超越的活動，其自身便是力量，我們沒有必要為它尋找一個體、一個發用的源頭。在這種情況，力量、力動本身便是體，當然也是用，它並不需要另外一個作為發用的體，便能作動、運作了。若要為它另外找一個體，則不啻是頭上安頭，實在無此需要，亦是有違道理。已經是用了，何必要找體呢？故在這個問題上，我們需要重新反思。我的意思是，倘若在終極的層面，用自身已是體的話，則用與體完全等同，這便不必建立體用關係，而「體」、「用」的名相、概念，也可以廢掉。這是我們對終極真理的理解的大問題，熊十力顯然沒有想到這點。實際上，我的純粹力動現象學，其中的「純粹力動」一觀念，便是在這種思維的背景下提出來的；它是一超越的力動，沒有經驗內容。它是體，也是用，體用雙忘，無體用關係可言。

第八章　知識論

　　在西方哲學界，說到哲學問題，一般都歸於以下三大主題，那便是形而上學、知識論和價值哲學，後者包含倫理學或道德哲學、人性論。唐君毅先生寫哲學概論，大體上也是作這樣的區分。我在這裏也不例外。因此，下面便要探討知識論的問題。在這裏，我們先提出一個問題：甚麼是知識呢？有人會回答：知識是我們進行認知或認識活動而得到的成果。這當然沒有錯，但太空泛，使人摸不著邊際。因為馬上會出現一個問題：甚麼是認知活動呢？因此，我們得向較寬廣處開拓和較深刻處鑽研。此中牽涉及認知的機能、認知的對象、認知的模式，時空與範疇的作用，等等。不同的認知機能認知不同的對象，其認知的模式也不相同。因此我們得逐點來闡述。

　　知識論（epistemology, Erkenntnislehre）是研究知識（knowledge, Erkenntnis）的哲學，有關這種學問，非常多元。在西方，通常分為兩個傳統，那便是理性主義（rationalism）和經驗主義（empiricism）。理性主義盛行於歐陸，代表人物有笛卡兒、斯賓諾薩和萊布尼茲。經驗主義則盛行於英國，代表人物則有洛克、巴克萊和休謨。其後康德把雙方融合起來，而開出德國觀念論與現象學兩個傳統。康德的哲學體大思精，幾乎觸及哲學上的所有問題。他的知識理論尤其完備。我在這裏講知識論的一般內容，都是依他的鉅著《純粹理性批判》（*Kritik der reinen Vernunft*）為據，有例外的，則會特別提醒。

一、形式知識與經驗知識

在康德之先，西方哲學的知識論所涉及的知識有兩種：形式知識與經驗知識。形式知識不涉及存在世界的內容，只是講求知識的形式方面，倘若符合我們的內在思維的規則，沒有矛盾，便可成立。數學與邏輯便是這方面的知識。經驗知識則涉及存在世界的實際內容，特別是關連到我們的感覺器官或機能的對象。同時，知識的性格是客觀的，一旦成立，便不容否定，與主觀的情緒或偏見無關。例如「2＋3＝5」、「白筆是白色的」，這是恆真的，就語句自身便可判斷其真偽，不必對存在世界的實況調查、研究。這都是形式的知識。至於經驗知識，則要看是否與客觀的存在世界的實際情況相符順。若相符順，便是真的知識，否則便是假的知識。例如說月球繞著太陽運轉，地球又繞著太陽運轉，世間有四足的動物，世間有雙足的動物，都與經驗的世界的實情相符順，故是真的。又如說在地球有具有雙翼的大象，這不符事實，故是假的。

展示形式知識的，是分析命題，或分析判斷；展示經驗知識的，則是綜合命題，或綜合判斷。所謂分析判斷，是指一個命題，它的謂詞的意味包含於其主詞中，例如「中國人是人」、「紅花是紅色的」，作為謂詞的人與紅色，其意思都可以由中國人與紅花這些主詞推斷出來。所謂綜合判斷，則指命題的謂詞的意味不必包含於主詞中，包含或不包含，要看實際的情況而定。例如說「馬英九體重有八十公斤」，這是綜合判斷，因為作為謂詞的八十公斤不必然是馬英九的體重，馬英九的體重是不是八十公斤，需要讓他過磅，才能決定。過磅後發現真是八十公斤，則「馬英九的體重有八十公斤」是一真的經驗的、綜合的判斷。當然，這種經驗命題需要設定時間、時段，因為人的體重會跟著不同時段而有所改變。

分析判斷是先驗的，綜合判斷則是經驗的。康德更進一步提出先驗綜合判斷（synthetische Urteile a priori），認為我們在分析知識與經驗的、綜合的知識之外，可以有更高一層次的知識，這即是先驗綜合的知識，這即是範疇（Kategorie）所表示的知識，如因果範疇、實體屬性範疇，它們

是分析知識與綜合知識的基礎，能先驗地展示存在世界的現象的一切普遍性相。[1]這可以說是康德在知識論上的大發現，它們是對存在世界有所指涉的。即是，它們不光是形式的性格，同時也是存有論的性格，能先驗地或超越地決定存在事物的性格。它們的意涵具有普遍性與必然性，一切現象都服從它們。這些現象接受了範疇的範鑄作用、整合作用，便成為對象（Objekt），由此可以對它建立客觀而有效的知識。

　　以下我們便可以關連著對象來說知識的、認知的機能。首先是感性或感性直覺（sensibility, Sinnlichkeit）。它是一種直覺（intuition, Anschauung），是接受性（receptivity），其職能是在時空的形式下吸收外界或存在世界的感覺與料（sense data），或所謂雜多（manifold, Mannigfaltige），如黃牛的印象。這黃牛的印象是未經整理即概念化的經驗材料，它是屬於客觀的、外在的世界的。知識既是關涉存在世界的狀況，則必須有有關存在世界的資料被我們所吸取，而吸取它的，正是感性或感性直覺。這些資料若未經整理，則它只有個別相，呈現在我們的感官面前，例如有關某一頭黃牛的印象。每一感覺與料自身都是一獨一無二的個別相。即使是同一東西，在不同時間與空間出現，其個別相都可以不同。

　　其次是知性（understanding, Verstand）。它不是接受性，不能從外界吸收感覺與料，卻是一種組織能力，能從多數類似的感覺與料中抽象出相同的印象，而成為概念（concept），例如「黃牛」，來概括我們從感性方面得來的多個黃牛的印象。當「黃牛」的概念與黃牛的印象的對應關係確定下來，我們的感性若與外界事物有接觸，感覺有黃牛的印象時，便會

1　英國經驗主義哲學家休謨對因果概念有異議，他認為我們心中有因果概念，只是由於心理上的習慣而已，說不上範疇，也無所謂普遍性與必然性。這是在哲學史上的大問題，至今仍有人爭論不已。

作出「這是黃牛」的判斷，因而成就我們對黃牛的知識。[2]

　　知性自身可提供一些思想模式，具有普遍性與必然性，能夠先驗地決定感覺與料方面的連結，如因與果的連結、實體與屬性的連結。這些連結一確定下來，我們便可視感覺與料為對象。這對象具有客觀性，不是對每一個人都不同的主觀資料。在康德看來，對象在知識的成立中具有關鍵性的作用，它是知性的對象，是從感覺與料被處理、被範鑄而得的，它是思想性格的概念，對於各人都是一樣的。它具有客觀性，對於一切人都具有同樣的適切性。這種客觀性的成立，正是在範疇之中。

　　上面說，我們以感性來領受外界的與料。但感性只有領受力，不具有整理的機能。知性則具有這種整理的能力，它靠範疇來進行這種作用。但感性自感性，知性自知性，此中需要一個中介機能，把感性與知性串聯起來。或者說，把感性從外界領受進來的與料，運送到知性方面來，讓它對它們加以整理。這個中介機能，依康德，便是想像或構想力（imagination, Einbildungskraft）。我們也可以說，感性和知性有一顯著的不同點：感性接受外界的種種印象，但這些印象都是個別的、零散的。知性則能歸類，把相似的印象以概念（如「黃牛」、「白馬」）來概括之。而作為溝通兩方的媒介，把零散的資料帶到知性方面，讓後者加以整理，以形成概念、知識，則是構想力。

　　說得明白一點，構想力介乎感性與知性之間，它沒有感性的吸取外界感覺與料的作用，也不能以概念來整理感覺與料，卻能連結感性與知性，使感性所吸收的感覺與料，例如黃牛的印象，能被運送到知性能力之下，接受整理，讓知性以概念來概括這些印象，如以「黃牛」的概念來概括不同的、個別的黃牛印象。

　　上面略提到範疇，未有特別提及時間與空間或時空。在康德來說，時

2 　如「黃牛」、「白馬」等概念是較底層次的概念，是感覺概念，或經驗概念。知性除了能形成這些概念之外，還能提出較高層次的概念，如有關規律的概念（如「因果」、「火燒水滾」）。但這些問題太複雜，不是這裏要闡述的。

空是感性直覺的形式；感性直覺即是在時空這些形式條件之中活動，領受外界的感覺與料的。時空不是源自感性直覺，而是生自構想力。至於範疇，作為思想的模式、規律，則為知性所自具。在主觀上知性具有範疇，在客觀上這些範疇又能作用於感性與料中，而規管後者。但何以知性所發出的範疇能作用於客觀的存在世界中的與料呢？這是一個非常深微問題，我們在這裏不擬多作討論。

在感性與知性的運作中，有兩點要注意。第一，感性能力有它的限制，它只能讓我們吸收外界零碎的、個別的感覺與料，或現象（phänomen），而不能知道現象彼此間有甚麼經常存在的關係或規律，如火燒水滾的因果關係。要知道事物之間的經常存在的關係或規律，便需要靠知性。第二，我們認識存在的世界，是依於我們所具有的感性與知性。特別是感性，它吸取外界的感覺與料。由於我們的感性（如視覺）是這樣的結構，因而能見到世間事物的情況（如顏色）。但這所謂「顏色」是我們在如是的視覺器官下所呈現出來的東西，客觀的世界可能沒有「顏色」。倘若我們沒有眼這種視覺器官，則顏色便不一定存在，我們所見到的事物便不是有顏色的那個樣子。一切事物的性質都是這樣。這些性質根本上是我們這種特殊的感性條件與外界之間的一種關係。離開我們這樣的感性條件，事物的性質便會不同了。

二、知識的特性

以下我們看知識的特性的問題。這問題密切關連著知識的定義，和我們在何種情況下能說「我知道……」的問題。

關於知識的特徵，有四點可說。第一是對當前的直接經驗（immediate experience）的超越性（transcendency）。感性是一種直覺，能透過當前的直接經驗以吸取來自外界的感覺與料。但光是外界的這種感覺與料不能成就知識。即是，只有對於一頭個別的黃牛的印象，不能構成知識。必須兼涵有這感覺與料之外的其他同類的與料，例如有很多個別的

黃牛的印象，然後把黃牛的共同的特性抽象而出，而成「黃牛」的概念，才有知識的可能。即是說，對於一事物的知識，必須牽涉同類的全體事物，才能構成知識。

例如見馬而說「這是一匹馬」。見馬是一直接經驗，關於馬的感覺與料被感性所吸收，經構想力送達到知性方面，由知性將此馬的印象關連到馬的全類，覺得此馬的印象可以用「馬」一類名來概括，因而說「這是一匹馬」，而構成對馬的印象或感覺與料的知識。對於其他一切馬的印象或感覺與料都能以「這是一匹馬」來說牠們，而構成知識。這種知識可通用到一切馬的印象或感覺與料方面去，它實包含對馬的全部分子的概括與超越。「馬」作為一類名，實可超越、概括一切馬的分子。

第二點特徵是具有主客二元的對峙局面（subject-object duality）。由感性與感覺與料的接觸，或直接經驗，不能有主體客體或能知所知的關係。例如我們的身體某個部位有痛癢的感覺，其初只是一個整一的感覺，並無能覺與所覺的分別，此時不能說知識。知識始於下面問題的產生與解答：

在何處有痛癢？

是何種類的痛癢？

此痛癢由何而起？

要解答這些問題，必須把痛癢作為對象來處理，作為被知者來處理，而自身則作為主體、能知的身分。這便有主體與對象、能知與所知的二元對峙局面出現。

第三點是可以言說來傳達（communicability through words）。感覺經驗或純粹的感覺，是不能傳達的。例如手腳為針所刺傷的痛的感覺，只有當事人自己知道，或感覺到，不能準確地傳達與他人。要傳達訊息，必須依靠共相（universal）或普遍概念（universal concept）。例如知道山中有煙，「山」、「煙」都是普遍概念，這可以用語言文字來表達。理由是，我們所知的某一個別的經驗事物，可透過普遍概念而通於其他同類的經驗事物。當我們把作為個體物的山與煙，關連到其他同類的個體物的山與

煙，而以「山」、「煙」稱之，這「山」與「煙」便是普遍概念。別人聽了，亦知我們所指的是甚麼東西。因為普遍概念的意義與某種感覺不同，或與個別經驗不同。它不是具體的，而是抽象而得的，它是從一類事物的所有分子中抽離其共同性格而形成的，抽象的意義是可以傳達的。如說「山中有煙」，雖然對於作為個別物的山與煙的感覺，人人不同，有人可能因爬山遇險，故對山懷怨恨；有人可能喜歡遊山玩水，故對山有好感。煙亦是一樣，人人感覺不同。但對「山」與「煙」這些普遍概念，總能知道其意義。這便表示這些普遍概念可以傳達。而人人亦會懂「山中有煙」一語句的意義或所指。

由此便可通至知識的第四個特性，這即是客觀性（objectivity）。這客觀性是指普遍概念的意義的客觀性，以至由普遍概念所構成的語句或命題的客觀性。這種客觀性一經公布開來，便對一切人都有適切性，我們不能以個人的主觀情感為理由而對它有任何的關照或破壞。即是說，知識具有客觀性，其意義對於任何人來說都不會改變。例如對於「人騎在馬上」一語句，其中的「人」、「騎」、「馬」都是普遍概念，它們的意義都是很清楚的，都具有客觀性。而「人騎在馬上」這一語句所表達的知識，也是很清楚的，也都具有客觀性。儘管有人對騎馬一事有不同觀感，有人可能因墮馬而受傷，因而對騎馬這種運動懷有恐懼；有人可能認為騎馬是對馬匹的一種虐待，因而不贊成騎馬。但騎馬的意義是客觀的，是確定不移的。[3]

由上面的討論可見，知識與感覺與料並普遍概念，有非常密切的關係。關於這關係，可以下列各點來說明。第一，由於知識是關涉存在世界的知識，故我們必須取得有關存在世界的資料，這即是外物的感覺與料（sense data）。這是通過感性的接受性而獲得的，不能倚靠其他機能。感性與外界的確有深而廣的關係。關於這點，非常明白易懂。我們若要得到外界的黃牛的知識，必須先取得外界的黃牛（或「黃」的顏色與「牛」

---

[3]　以上有關知識的特徵，我參考了唐君毅先生的《哲學概論》的有關部分。

的動物）的感覺與料或黃牛的印象。第二，這又與第一點相連起來。對於感覺與料的接觸，是一種直接經驗（immediate experience）。這經驗不能傳達，各人都有自己的直接經驗：對於某一個體物的直接經驗。但知識具有客觀性與普遍性，對於每一類的所有分子都有適切性，不能只限於某一個體物。例如，黃牛的知識應能應用到所有的黃牛方面，不能只適用於某一頭特定的黃牛。要達到這個目標，便得倚仗普遍概念。

　　第三，普遍概念是抽象的概念，它對於知識的成立，非常重要。它有以下幾個特點。一、普遍概念是我們的知性對於同一物類的不同分子抽取（abstract）其共同特性而得。如對不同的個別的牛隻，由感性接觸，知性即進行抽象作用，抽出牠們共同具有的牛的特性，或「牛性」，或「牛一般」（cow in general），存於思想之中。日後如遇到不同的牛隻，我們的思想會將這些牛隻放在「牛性」之下，而加以概括，並認同之為牛，作出「這是牛」的判斷，而形成知識。二、表面看來，普遍概念是從某類外物抽取其共有特性或共相而成，一經抽取，普遍概念即離開該類個別的東西，而作為思想的一部分，存在於思想之中，此中仍有普遍性可言，可關連到理性方面說。它與柏拉圖的理型不同。後者雖是概念，但也是實在（reality），它的對應物不存在於我們的思想之中，卻可離開思想，存在於理型世界。這理型的世界自然是客觀性格的。三、普遍概念必有普遍性，而普遍地為同類事物的個別分子所具有，如一切牛隻都具有牛的性格，或牛性。這普遍概念可通過思維而被認識，但不可能被感覺。可感覺的是事物的特殊性，而構成印象，思想性的東西不可被感覺，只能被思考。特殊性各有其不同之處，但普遍性則是一如的。我們對於同類事物可有不同的感覺，而形成不同的印象，但對該類事物的普遍性格的理解都是一樣的。這普遍的性格，即由普遍概念表示出來。四、普遍概念的意義可以傳達，感性所得到的印象或知覺內容則不能傳達。當我們說「人」，別人便可知道那是一兩足的動物。這是人的普遍概念，或更確當地說，這是有正常認知機能的人的普遍概念。即是說，我們對個別的人可有不同的印象或知覺，或更進一步有不同的感受：對於敵人會憎恨，對於仇人則憎

惡，但對人的普遍概念，則有同一的意義，這便是兩足的動物。五、普遍
概念是無所謂真假的，無錯誤可言。錯誤是由於對普遍概念的不適當的解
釋或運用而來。如在黑夜間以繩為蛇，是由於以「蛇」的普遍概念運用到
繩上去，這便構成錯誤。如以繩為繩，正確地運用普遍概念，便無錯誤
了。

第四，普遍概念其實是知識的焦點，我們甚至可以說，凡用來表示知
識的語言文字，都是普遍概念。如「屋內有人打劫」，在這一知識中，
「屋」是居住地方的普遍概念。「人」是兩足的動物的普遍概念。「打
劫」是以不法的手段而掠取財物的行為的普遍概念。「有」是存在，verb
to be 的普遍概念。「內」指在某種範圍內的普遍概念。[4]

三、法稱等論現量

以上分別討論了知識及知識論的相關的重要問題，包括知識的對象、
我們的認知機能、時空、範疇、知識的特性和知識與感覺與料並普遍概念
等問題。以下我們特別就知識論或知識哲學來述論一下一些有代表性的哲
學家在知識論方面的說法。我們選取印度佛教的法稱和我國現代的金岳
霖。前者是觀念主義的知識論者，後者則是實在主義的知識論者。

法稱（Dharmakīrti）是陳那（Dignāga）以後的最重要的印度佛教知
識論者。他在這方面的學問有承先啟後的貢獻，足以比配康德。

如所周知，在佛教邏輯中有兩種學問：西方意義的邏輯推理與認識
論。前者的認識手段或量（pramāṇa）是比量（anumāna），亦即是推
理；後者的認識手段或量是現量（pratyakṣa），亦即是直接知覺。現量與
比量之間有明確的區別，那是由於它們各有自身的功能的原故。現量認識
事物或對象的個別相（sva-lakṣaṇa），比量則認識對象的一般相或普遍相
（sāmānya-lakṣaṇa）。這和西方哲學的認識論有點不同。就康德的認識論

4　以上諸點，是參考一些著書並筆者的整理而得。

來說，我們有兩種認識機能：感性與知性。感性吸取外界的與料，由知性提供範疇整理這些與料，將它們建立為對象，成就對這些與料的知識。

法稱的現量思想，展示於他的《量評釋》（*Pramāṇavārttika*）和《正理一滴》（*Nyāyabindu*）中。以下我們看《正理一滴》的說法。法稱表示現量是沒有分別和沒有錯亂。在這裏，由於這兩部文獻言簡意精，故我們配合著法稱的信徒法上（Dharmottara）和調伏天（Vinītadeva）的疏釋來研究。兩人的疏釋，都作《正理一滴疏釋》（*Nyāyabinduṭīkā*）。在這兩本疏釋中，法上認為，沒有分別或遠離分別表示沒有分別的性質。分別有二元性，不是圓滿狀態。沒有錯亂即遠離錯亂，表示不違悖具有作用、效能的實在物的相狀，如形狀、屬性、顏色等。法上自己也提出一個問題：只說「遠離分別」能否成立現量呢？為了解決這個問題，他認為提出「沒有錯亂」是恰當的。有錯亂，便不能成就現量。不容許錯亂，可以排除種種異說，也排除比量。比量可以對在自身面前顯現的非實在的東西當作對象，而加以判斷，因而可生起錯亂。這種錯亂自然是需要排除的。在這裏，法上又強調作用、效能的重要性。他把「沒有錯亂」理解為對於具有作用、效能的實在物的形相沒有悖離。

調伏天則認為，說現量遠離分別，沒有錯亂，是總義。就分別義來說，遠離分別是拋離（tyakta）分別。沒有錯亂是對於現象不起顛倒見（aviparyasta）。他強調，遠離分別是為了使現量與比量簡別開來，因比量也是沒有錯亂的。

下面我們看法稱本人對分別的解釋。他的理解是這樣的：分別是對能結合言說表示出來的表象（pratibhāsa）的認知。按這是依梵文原典直譯出來，意思不能流暢地被表達出來。我們可以改說：表象能以言說展示出來，對於這種表象的認知，便是分別。在分別中，我們自然要處理展示表象的言說。按 pratibhāsa 這個字眼，很多時出現在早期的唯識學的論典中，通常譯作「詐現」、「似現」，譯成表象是比較少的，但日本學者渡邊照宏和木村俊彥都譯作「表象」，我在這裏姑從之。

　　法上則強調意義與表現的結合。[5]兩者合起來，便成表象。他又強調，在認識中，意義與表現雙方結合起來，才能產生言說。例如，通過約定俗成的方式，「瓶」這樣的對象的概念是伴隨著與「瓶」這一名稱結合起來的對象顯現的。[6]法上頗有實在論的傾向，他以為知覺對象能生起心識（感識），因而獲得確定的在顯現中的表象（按這表象即是形像、形相）。例如色能引生眼識，因而有確定的顯現性的表象生起。不過，他認為意識不同，意識不能從對象生起。法上又認為，要把前此知覺與後此知覺的兩個對象統合為一體的識，就此識本身言，不可能有對象現存，因為前此知覺的對象已不存在了。[7]沒有對象的識不能依附於對象中，而無所依附的東西，由於缺乏顯現性表象的確定的原因（按這應是指對象而言），因此只有不確定的顯現性表象。法上在這裏展示出來的詮釋，有相當濃厚的實在論的思想傾向。他說知覺對象能生起心識，這頗有知覺對象在存有論上較心識為根本的意味，這知覺對象自然是指涉外界實在的東西。而說沒有對象的識不能依附於對象中，則沒有對象的識是甚麼呢？它不能依存於對象中，它的存在性格又如何能站得住呢？

　　調伏天的詮釋與法上不同，他不具有那種濃厚的實在論的傾向。他強調要以言說結合（abhilāpa-saṃsarga）來說表象，這表示表象缺乏獨立性，需依附言說而顯現。認知即是證知（saṃvedana）、覺知（buddhi）之意。這種理解表象的方式讓人想起中觀學（Mādhyamika）所說的假名（prajñapti）。表象依附言說而成立，言說是假名，不指涉任何外界實在的東西。故表象亦不過是假名性格，是施設性的東西，在外界並沒有實在物與它相應。

5　意義指涉言說，表現則指涉形相。

6　即是說，瓶是一對象，「瓶」則是一概念，指瓶這一對象的名稱。名稱與實在物相應，於是作為對象的瓶這一實在物便顯現了。

7　這裏說得有點含糊，識根本不能統合前後二知覺的對象。知覺是旋生即滅的，前後二知覺不可能面對同一的顯現性的對象。我們頂多只能說，沒有前此知覺的對象現存，但仍有後此知覺的對象現存。

　　接著看法稱對錯亂的觀點。他在《正理一滴》中有簡明的說法，其意是，沒有了這分別，也沒有了依眼病、快速運動、航行和故障等錯亂而來的認識，便是現量。法上認為，沒有分別、沒有錯亂兩者是相互依存、相互補足的，由此形成現量的定義。眼病的原因是感官中有錯亂。若把燃燒著的木條快速地旋轉，會構成錯亂，讓人以為是一個火輪。船在航行，船中的人看岸上的樹，好像樹在運動、移動，這便是錯亂。故障則是風質、膽質、痰質等發生了問題。這些東西有故障，木柱便好像在燃燒，這便是錯亂。法上的意思是，倘若沒有了以上所舉的種種有問題的現象，便沒有錯亂；沒有錯亂，便能顯現現量。或者說，現量展現的條件，是沒有了上述的現象。這明顯地透過陳那所闡發的否定或離脫（apoha）的概念來說現量。例如說黃色，可透過否定紅色、綠色、白色、黑色、藍色、紫色、橙色等，餘下便只有黃色了。

　　調伏天的解釋，與法上相近。他把那些火把、船行現象稱為「生起錯亂的東西」（āhita-vibhrama）。例如，眼病會使人見到兩個月亮（dvicandra darśana）；迅速轉動的火把會使人視之為輪（cakra）；船航行會使人覺得岸邊的樹向後面移動；風質、膽質等惑亂會使人覺得事物在燃燒。調伏天的意思是，這些現象的消失是現量生起的條件。這裏應該有因果關係，但不是異時因果，而是同時因果。錯亂消失是因，現量生起是果。但不是因出現了，隔了一段時間，果才出現。而是，這邊錯亂消失，那邊現量即時現成；甚至連「這邊」、「那邊」的空間性也可以不立，這邊那邊、因與果是同體的。

　　確定了現量的遠離分別與錯亂的特性後，便處理現量的數目問題。法稱以為現量有四種：感官（indriyaja）現量、意（manas）現量、自證（sva-saṃvedana）現量與瑜伽認識（yogi-jñāna）。調伏天提出立這些現量的理由：有人以為感官（indriya）即是見者（draṣṭṛ），為了否定這種說法，因而提出感官現量，表示由感官所生的認識是現量，不是感官便是現量。有人以為意現量（manaḥ-pratyakṣa）是過失（doṣa），因而提出意現量來展示這種過失。有人不承認心（citta）、心所（caitta）的自證性，

因而提出自證現量。有人不承認瑜伽者的現量（yogināṃ pratyakṣam），為了否定這說法，因而提出瑜伽認識，這認識是一種現量。按調伏天強調的幾種理由，缺乏獨立而深刻的理據。他的論辯方式是：「有人不承認 A，因而提出 A」。對於 A 是否真能成立，則未有交代。

　　跟著法稱逐一處理這些現量。他是用「認識」（jñāna）來說，但即是「現量」（pratyakṣa）。在有些場合，他交互使用 pratyakṣa 與 jñāna。jñāna 通常是指智言，指識或心識的，則是 vijñāna。《正理一滴》先說感官認識（indriya jñāna）。法上的解釋是，這種認識是現量的認識，那是依存於感官中而發揮作用的認識。調伏天則提出，這感官或根是指眼等五根（cakṣurādīni pañcendriyāṇi），而不是指意根（mana indriya）。對於意現量或意認識，則另有解說。而依持眼等根或感官（cakṣurādīndriyāśrita）而生的認識，則是感官所生的現量。按這種感官認識的意思很清楚，法上與調伏天都沒有詳細解釋。

　　關於意識的知識或意識現量，法稱的意思是，自己跟與自己直接相續的對象共同活動，以感官認識為等無間緣（samanantara-pratyaya），由此而成就的知識，便是意識的知識（mano-vijñāna）。這也是意識現量的定義。依法上的詮釋，直接相續表示沒有間隙，沒有中斷而變為不同狀態。否定了這種間隙，便能成就下一剎那的同種的感官對象。這樣，感官對象在剎那間相續下去，便可成為一連續狀態。對於感官知識來說，這可被視為共同活動的原因。法上以為，這樣依於對象與識而成的共通果實，便是意識，或意識的知識。而以這種感官認識或感覺的知識作為心理的機緣，便成瑜伽現量或瑜伽知識。按感官對象在剎那間相續不斷的發展，便可成一連續狀態，這便是等無間緣。而所謂瞑想或觀行（vipaśyānam），如法上所說，是以感官知識為直接所緣的。這所緣可以說是心理的機緣，故這種觀行與瑜伽現量有密切關連。

　　調伏天的詮釋，則特別重視等無間緣。他提到「自身對象的無間」（svaviṣayānantara）這種說法。即是說，自身對象（svaviṣaya）與下一剎那所生的東西相似，這所生的相似東西即是「無間」。這便是「自身對象

的無間」。由於它是一種被對向的對象，因而稱為「自身對象的無間的對向對象」（svaviṣayānantaraviṣaya）。對於感官認識來說，有所謂同緣的作用（sahakāra），這是以自身對象的無間對象為同緣的感官認識，以感官認識為等無間緣，而由它生起的東西，由於只以意識（manas）作為所依（āśrita），因此稱為意識現量（manaḥ-pratyakṣa）。調伏天又補充說，這種意識現量，以感官認識的對象的無間的次一剎那生起的東西為其對象。關於意識現量這樣一種認識能力，從表面的字眼看，自然是矛盾的。現量是知覺，是直覺，是沒有分別性的。意識則是思想的機能，以抽象的、普遍的概念去分別現象事物，有很濃厚的分別意味。無分別性與分別性如何能結合在一起而成意識現量呢？不過，法稱在這裏所提的意識現量，其對象不是感官所認識的對象，而是以這種對象的無間的次一剎那生起的東西為其對象。這便有不同。感官認識的對象是現成的，它已經被置定在那裏，供感官去認識。但意識現量的對象則是尚未生起、尚未現成而又會在下一剎那馬上現起、出現的東西。這種對象與其說是一種一般意義的對象，毋寧應說為一種對象的意義，它還是抽象的，只有意義而沒有實物。下一剎那才成為實物。而由當前瞬間能牽引下一瞬間的對象生起，則是倚賴等無間緣的力量。在這裏，我想我們能夠抓緊這點便行：意識現量的對象不是現前擺在那裏的具體對象，而是這具體對象所能概括的下一剎那的作為抽象概念的對象。我們的著眼點應該是被置定於那仍然是在抽象階段的對象概念，不應被置定於那正呈現而為感官所認識的具體的對象。因此之故，調伏天以這種在抽象階段的對象概念是依於意識，不是依於感官。甚至認為由等無間緣生起的對象，亦是依於意識。

　　進一步看，法稱提出意識現量，更能逼近以動感、活動為基礎的存有論。通過感官、感識而表現的現量，有靜態的傾向，而它所認識的，通常都是被視為靜態的對象。它被擺放在那裏，讓現量一剎那一剎那地認識，但每一剎那所得到的對象的形象都不同，這些形象也沒有連貫性。但意識現量則不同，它除了能現見對象外，還能依於等無間緣順推下一剎那、再下一剎那……的對象，而有一連續性。同時，它也能向後逆推前此出現的

前一剎那、再前一剎那……的對象。於是，對象便不光是一個靜態的東西，而是具有動感的、不停地活動的流：對象流。這是依於意識具有推展與回憶的功能：推展以後剎那的對象，和回憶以前剎那的對象。這樣，對象便可由靜止不動的質體而動感化，化為一件事件，或一個現象，像西哲懷德海所開拓出來的事件（event）和實際的境遇（actual occasion）那樣。這樣，存有論的單位便不必以作為個體物的對象說，而是以活動說。我們甚至可以說，本來被視為處於靜態的實體（substance），轉化而為動感性的、具有生機的機體（organism）了。

　　第三種現量是自證現量。這是甚麼呢？依法稱本人的理解，這是指一切心（citta）、心所（caitta）的自證認識（ātma-saṃvedana）或自己認識。法上認為，心能把握對象，心所則能指涉、把握快樂之屬的特定情態。心能理解自己而有自證認識，這沒有問題。為甚麼心所也可以有自證認識呢？法上提出，心所或心理狀態對於快樂之類的感受，自身是可以清晰地覺知的，故能說自證。而所謂自證或自我認知，是「自己具有自身」被自己覺知，這也是自證知的現量，或自證現量。法上又就現證、現量一點對知覺對象與心所加以區別開來，強調兩者是不同的。他以為我們既可以對顏色對象有知覺，同時內心也可以感到快樂的事例來解說。他認為被把握到的青一類相狀不能作為快樂一類感受而被知覺。理由是快樂一類的感受不能被經驗，像青等顏色可以被經驗那樣。[8]關於現量與形象或相狀的關係，法上表示，對於某種相狀的現量的現證活動若能持續下去，而生判斷，則這相狀便可以說為在現量之中。他又強調，我們若能直接地覺知自我，不起分別，沒有錯亂，便是現量。[9]

8　我們可以說青色是對象，可以為我們所經驗，對於外在的東西，我們通常說經驗；但快樂一類內在的感受，不能如外在的東西、對象那樣被經驗。感受和經驗是不同的活動。我想法上是這個意思。

9　相狀、形象可以作法說，自我則是我。法上顯然認為，我與法都可以是認識活動特別是現量的認知對象。但這種對我、法的認知究竟是落於哪一層次，法上則沒有作進一步的探索。

　　調伏天的解釋則是，文本中的「一切」（sarva）可以包括錯亂的認識（bhrānti-jñānāni）。但是不是這樣呢？我們不能無疑。因為上面已說過現量是沒有錯亂的。對於「自證」，調伏天的理解是，對於自己質體（svarūpa）的明察，便是自證。即是，一切心、心所把認識作自性（svabhāva）看，因而生起對自己質體的證知（saṃ-vid-）。[10]調伏天舉燈火（dīpa）為例，以燈火具有照明（prakāśamāna）作用，能照明自己質體，不需其他燈火來照明。同樣，心、心所能知了自身，不需其他智力來觀照。因此，心、心所具有自己成立（svasiddhi）的性能，這便是自己（ātman）的現量。這自己的現量即是自證認識。

　　最後一種現量是瑜伽現量。法稱認為這是最高層次的認知方式，是瑜伽修行者的知識，這是由對真實不虛的對象（bhūtārtha）進行瞑想（bhāvanā）而獲致的絕高境界（prakarsa-paruanta）的認識。法上的詮釋表示，真實不虛即是真如，是在正確的認識中見到的事物的狀況。這種認識其實是一種瞑想，一種絕高境界的瞑想，在其中，修行人對於顯現的對象有明確的體證。對於由這瞑想境界生起的如如現前的對象有澄明觀照的，即是瑜伽現量。這種澄明照耀是無分別性格的。甚麼是無分別性格呢？要解答這些問題，需要從有分別或分別知的情狀說起。法上指出，分別知是在言說的約定俗成下對對象的認識，那是與言說結合起來的認識。在言說的約定俗成下的知覺，正是以在言說的約定俗成下的認識作為基礎對對象的覺識。法上進一步探索分別的問題，他強調，現在的事物不能作

10　按調伏天在這裏提出「自己質體」（svarūpa）和「把知識作自性看」中的「自性」（svabhāva），都不是很恰當的語詞，都會帶來誤解。關於「自己質體」，其中的「質體」的本來字眼是 rūpa，這即是色或相，相當於英語的 matter 或 form，有實質的、體性的意涵，意思相當確定。調伏天在這裏說「自己質體」，這「質體」的意涵不是那麼清晰、確定。它是物理呢？生理呢？心理呢？超越性格的主體性呢？都不確定。至於「自性」（svabhāva），在佛教的文獻中，通常是拿來指述那些緣起法所不具有的常住不變的本性。以自性來說知識，並不恰當。我想自性在這裏應該是性能、效能的意思。

為過去已消失了的認識對象看。在這種情況，我們只是把捉事物的非存在性而已。要把捉現時消失掉的對象，是不明確的；由於是不明確，因而是有分別性。[11]按不明確性是一種以遮詮的方式來說認識的狀態，而有分別則是以表詮的方式說。由不明確性到分別性，應該透過一種認識論的推演（epistemological deduction）才行，以交代何以不明確性會引致分別性。但法上沒有這樣做。

跟著看調伏天的詮釋。對於瑜伽修行者的這種認識，或瑜伽現量，調伏天有較詳細的疏釋。他首先指出，所謂「真實」（bhūta）即是沒有顛倒（aviparyasta）之意。調伏天以為，這是指原始佛教的四聖諦（catvāry ārya-satyāni）之意。這方面的修證工夫，可視為對真實對象的瞑想。這是絕高的境界。至於瑜伽者的認識，調伏天的解釋是，以深厚的瞑想工夫，澄明地、清澈地展示已有（bhūta）、現有（bhāvin）、當有（bhaviṣyat）的種種情況，因而生起無錯亂的行相（ākāra）。[12]即是說，對於過去的（atīta）、未來的（anāgata）、遙遠的（dūra）、被覆蓋的（vyavahita）和細微的（sūkṣma）種種存在，能夠明晰地展示出來。這便是瑜伽現量。調伏天作結謂，瑜伽現量是一種無上的（anadhika）、心境一如的智慧（cittaikāgrya）。瑜伽修行者或瑜伽自在主（yogīśvara）是這種智慧的體現者，他以已有、當有作為存在的對象而無錯亂地認識之，這種認識或量是正確的認識或量。調伏天這樣說瑜伽現量，把它看成是對過去的、未來的、遠的、不顯的和微弱的存在都能滲透進去而加以恰當的、正確的理解的智慧，明顯地有很濃厚的神秘主義的意味。說他把瑜伽現量視為一種東方式的睿智的直覺，殆不為過。

印度學者柏來薩特（J. Prasad）在他的《印度知識論史》（*History of*

---

11 對於現前已消失的事物，我們自然不能以感官去把捉，因感官不具有連續性，而事物也是剎剎不同。倘若一定要把捉，則只能交由意識來做，因意識具有記憶的功能，能夠把前剎那所把捉得的對象的形象記留下來。

12 這裏所謂「已有」、「現有」、「當有」，意指過去、現在、未來三種時段。

Indian Epistemology）一書中把法稱在上面所闡釋的四種現量都視為直接
認識：感覺認識（indriya-jñāna）、意識認識（mano-vijñāna）、自我認識
（ātma-saṃvedana）和神秘認識（yogi-jñāna）。他的解說頗有意思，我在
這裏姑略述如下。感覺認識是依附於或屬於感官的知識。意識認識由一種
即時的和同源的條件所引發，這條件是有一對象作依附的感覺認識的延
續；這裏所說的有對象作依附的感覺認識的延續，其實是指等無間緣，而
依附在對象之上的條件，正是意識的連續性。感官認識是沒有連續性的，
是一剎那一剎那地進行的。意識則可說連續性，這是就它的回憶與推想作
用而言的：回憶過往的印象，推想、推測未來的印象；或者說，回憶在前
一剎那中所已得到的對象的形象，和推想、推測在後一剎那中所會得到的
形象。由形象的連續性可以推定對象的連續存在性。但在這種情況，外界
實在還是不能說。所謂「具有意識認識的性格」、「感官作用停止後的現
量」中的「現量」不是純然的、與意識沒有關連的現量，而是自始至終都
有意識在伴隨著的現量，因此便可說這現量具有意識認識的性格或作用
了。跟著的自我認識是屬於心（citta）和心所（caitta）的認識。前者只把
握對象，後者則把握特殊的思維條件。在心所中，對於自己的認識總是現
量性的。至於最後的神秘認識則是在對真實性（reality）的性格的冥思中
出現。

四、現量的對象：自相（sva-lakṣaṇa）

上面是講現量的問題，以下講法稱對現量的對象的論述，其意是，現
量的對象（viṣaya）是自相或個別相（sva-lakṣaṇa）。法上提出，上面所
講的那四種現量的對象都是作為個別相而被知。所謂個別相是個體自身
的、獨自的相狀、屬性。一般的實在物，都有其獨自的性質和共通於他者
的性質。前者是由現量所把握。法上又提到，正確的認識對象有兩種，一
是被認識的東西在心識中以表象的方式生起；另外一種是由判斷而得到
的。這兩種對象是有區別的。現量所把握的是一剎那的東西，而由判斷而

得知的東西，則可以依據判斷而相續地不斷地存在下去，這判斷是由現量的力量而生發出來的。按在這裏，法上提出判斷是由現量的力量而生發出來，但如何生發呢？法上未有交代。另外一點是，被認識的東西在心識中以表象的方式生起，這是嚴守唯識的本來的立場，以心識生起表象，而不取有部（Sarvāsti-vāda）或經量部（Sautrāntika）的外界實在的觀點，以表象是由外界的對象生起的。

調伏天則強調，現量所認識的對象，只能是個別相或自相（sva-lakṣaṇa），而不能是普遍相或共相（sāmānya-lakṣaṇa）。為甚麼呢？調伏天的意思是，相對於非實在的物事（avastuka）來說，可以通過認識（upalabdhi）而得的，是實在的物事（vastu）的自性（svabhāva）。這裏說的自性，自然不是實體義，而是指自相。

法稱又強調對象距離我們有遠近的不同，因而便在外形上有差別。法上的詮釋是，對象依於與我們或遠或近的不同因而在知覺中有不同的顯現，這便是個別相。對象（artha）即是境或對境。這是知覺的對象。知覺依於對象與我們的距離不同而展示出它所把捉得的對象有明晰與不明晰的差別。這樣的東西，正是個別相，或自相。一切的實在物，遠則看得不清晰，近則看得清晰，這便是個別相。在這裏，法上以顯現來說梵文名相pratibhāsa，這是唯識學的一個關鍵性的概念。

調伏天的解釋，大體上相似。他提出我們應該如何對個別相作理解（pratipattavya）。他指出，擺在近前與在遠處的對象，其形象在認識中有明晰與不明晰（sphuṭatvāsphuṭatva）的分別。按 sphuṭatva 是明晰性，asphuṭatva 則是不明晰性。調伏天的意思是，若在近處，則生起具有明晰形象的認識；若在遠處，則生起具有不明晰形象的認識。就對象（artha）來說，它在認識中顯現不同的形象，這就是個別相。對於 pratibhāsa，調伏天以「影像」來說。照筆者看，顯現與影像之間，顯現的意思較有積極義。

跟著，法稱提出「勝義」（paramārtha）來說現量的對象。即是說，只有這種東西，亦即是現量的對象，是勝義的存在（paramārtha-sat）。法

上指出，勝義是非人為、非構想的性格。具有這種性格的東西，是勝義有。只有它是現量的對象。

調伏天的詮釋是，「勝義」（paramārtha）是沒有作為（akṛtrima）、沒有假設（anāropita）的意思。按這沒有作為、沒有假設應是在時空的脈絡中說的，而所謂個別相，亦應是在時空下存在的個別相。不過，這裏頗有一個矛盾：倘若所謂勝義是與世俗所說的勝義相對，則應該是超越時空的，只有世俗的東西才有時空性。這又牽連到現量的作用問題。現量是在時空中作用呢，抑是不受限於時空而作用呢？以康德的詞彙來說，現量是感性的直覺抑是睿智的直覺呢？這個問題，其實在陳那的知識論中已存在。一般的說法仍是：現量是感性的，不是睿智性的。這又關連到現量的對象是自相，這自相是否物自身的問題。日本學者戶崎宏正以這自相即是物自身，我認為有問題，後面會有交代。

跟著，法稱提到作用、效能的問題。他很重視效能的問題。他認為，實在物的特質，是具有作用的效能。法上的解釋是，我們欲求某些東西，是由於它們有用。在我們的生活中，有應捨棄的東西，有應保留的東西。由作用可以通到目的，在其上若加上人的作為，便有成就了。他認為實在物具有力用，這力用是它的特質。法上又強調，「實在物」與「勝義有」是同義語。[13]具有作用、效能的東西是勝義有，依於或遠或近而在知覺中有不同顯現的對象，具有作用、效能，故是勝義有。我們可以從現量的對象方面得到作用，但不能從分別的對象方面得到。法上並表示，在被知覺的東西中是有作用的，因此這種實在物是個別相，不是推理的對象。按分別的對象即是概念，不是實在物，故不能說作用。

調伏天的詮釋是，實在物是以具有作用的效能作為其特質的。調氏提出這是法稱在回應外人問何以只有個別相是勝義的存在而提出的。調氏指出，實在物具有作用（kriyā），他很重視實在物的作用效能（arthakriyā-

---

13　按這與我們一般的用法不同，一般的用法是，實在物指作為現象看的事物，勝義有則指具有超越性格、不受限於時空的東西。

sāmarthya），以之為實在物的本性、特質。按這作用效能應是在時空中表現出來的，這明顯地是調伏天承繼了法稱的實用主義的觀點。

這些具有作用效能的實在物到底是甚麼東西呢？日本學者桂紹隆在他的論文〈法稱的自己認識的理論〉（ダルマキールティにおける自己認識の理論）中表示，法稱認為「知識的對象是集合起來的多數的原子」這種經量部的說法是對的，這種說法是世親的《唯識二十論》與陳那的《觀所緣緣論》以來被否定的。桂氏認為，法稱的思想有經量部的傾向；在法稱看來，直接知覺即現量的對象（即獨自相）正是在外界積集起來的原子群。桂紹隆的這種看法，是假定法稱思想與經量部思想有交集甚至是密切的交集而提出的。雙方交集的程度，仍是一個有待探究的問題。由於經量部的資料很有限，這個問題不易解決。

在佛教之外的其他印度哲學學派，例如彌曼差派（Mīmāṃsā），有與法稱對於直接的現量與它的對象亦即自相的觀點相近似但又較為複雜的說法，這裏姑述說一下。此派的重要人物古摩里羅（Kumārila）在他的《頌評釋》（Śloka-vārtika）中，探討過直接知覺（pratyakṣa）的知識或直接知識，表示直接知識是由一個人所得，是感官正確地作用於其相應的對象而得。他以為直接知識可分兩種。其一是純然的把握（ālocana-jñānam），是非分別的（nirvikalpakam），由純然的對象引生出來（śuddhavastu-jam）。在這種作用中，只有作為特殊性（viśeṣa）與普遍性（sāmānya）的根底的個別的對象被認識。這兩種性格（特殊性與普遍性）隱藏於對象中，但認識者並未覺察到它們的特性。即是說，這對象並未被視為是特殊的（asādharaṇatvena），也未被視為是普遍的（sāmānyam iti nāpi）。另一種直接知識則是，在其中，對象的屬性，例如普遍性，被顯示出來。《頌評釋》強調，一切認識，只要是感官與對象接觸的結果，不管是分別的抑是非分別的，都被視為直接知識。倘若沒有感官的接觸，則不視為直接知識。古摩里羅在這裏所說的直接知識，毫無疑問地相應於法稱所說的現量對自相所成就的知識，雖然前者複雜得多。法稱的問題在於以勝義來說現量和自相，這便不尋常。通常佛教說到勝義，有「第一

義」的意思，這是與俗諦相對揚的真諦的所涵，相應於睿智的直覺，而不相應於感性直覺。現量應該是在這個脈絡中說的。與睿智的直覺相應的，應該是現量中的瑜伽現量或柏來薩特所提的法稱說的神秘認識。但一般說現量，是就感性直覺說，它所認識的對象，是現象義的自相，而不是物自身。這是我不贊同戶崎宏正說自相相當於物自身的理由。古摩里羅在說到直接知識時，總是強調關連到感官方面，這便比較清楚。法稱所講的現量，也應以感性、感官為主。

　　以上是法稱的知識論。由於他的文字極其簡要，故要參考其後學如法上與調伏天的疏釋，才能說得清楚。倘若就西方哲學來看，則感性相應於現量，知性則相應於比量。雙方的意思自然不是完全相同，其中有一重要之點是：在西方哲學的認識論，感性與知性總是聯合在一起，共同作用以成就知識；在佛教知識論，分別與感性、知性相應的現量與比量有明確的區分，特別是在認識不同的對象方面，如上面所說。結果，現量成就知識論，比量則成就邏輯推理。此中何以有如此分別，和分別的微細之點，不是這裏要處理的問題。一言以蔽之，佛教的知識論遠較西方的知識論為複雜，這就前者把現量一開為四，後者則只設感性直覺與睿智的直覺可見。就範疇論來說，西方的知識論所設定的範疇的數目，不管是亞里斯多德抑是康德，都只是十或十二而已，佛教的相應於範疇的，為分位假法，或心不相應行法（citta-viprayukta-dharma），這種法，《法蘊足論》說十六種；《俱舍論》說十四種；唯識學則說二十四種。都不是具有實質性的東西，而只有形式義，只是「假有」而已。「不相應」即是沒有客觀的實物與之相應，既不是心，更不是色，卻是依心、色等法的分位、分際而假名以立。

五、金岳霖論經驗與理性

　　以上我們探討了以法稱為代表的印度佛教的知識論的重要部分，那是觀念主義性格的。以下我們看我國的金岳霖的知識論的重點，這則是經驗

主義、實在主義性格的。我們要討論其中的認知活動、認知對象和認知主體的問題。在認知活動方面，先看經驗與理性的問題。經驗（Erfahrung, experience）與理性（Vernunft, reason）在知識論中代表兩種不同的認知模式。經驗著重感官對外物或對象的接觸與認識；理性則展示理性對在經驗中得到的對象方面的印象、意象的概念性的處理。前者強調對象的具體性、特殊性，後者則著重對象的抽象性、普遍性。在西方哲學特別是知識論中，有所謂經驗主義（empiricism）與理性主義（rationalism）兩種立場。持理性主義的有笛卡兒、萊布尼茲、斯賓諾薩。持經驗主義的則有洛克、休謨、柏克萊。到了康德，則有把兩種綜合起來的傾向，建立自己的超越哲學，或批判哲學。這都是哲學史上的常識了。金岳霖吸收了這些知識論的養分，又受到較近的羅素與摩爾的影響，而形成自己的知識論——即所謂「實在論」或「新實在論」的知識論。他有時表示自己是經驗與理性並重，有時則特別強調經驗，認知它是我們建立知識的基石。

　　金岳霖很謙虛地表示，他的《知識論》一書所說的是平凡的知識論，沒有甚麼奧妙、玄深、難解之處。他以實在主義的態度交代自己所確認的前提：我們是有知識的，有以知識為對象而求理解的知識論。在他來說，知識論不單純是經驗主義的，也不單純是理性主義的。他既不只是主張經驗主義，也不只是主張理性主義，而是經驗主義與理性主義並重。為甚麼是兩者並重呢？他有詳細的說明：所與或對象有種種色色，這表示我們注重經驗，我們作為官覺者得到意念的根據就是這些東西。另外，所與並無名稱。紅的所與或呈現只是如此如此而已，肯定它是紅的，是官覺者以「紅」意念去接受它，表示他經驗過那樣的所與，曾以「紅」來描述它。按金氏的這種說法，或他所運用的名相，我們可能不大習慣，但他的確說出一些知識論中的道理，其中涵有經驗與理性兩大要素。以較為流行的哲學語言來說，我們的感官如眼，接觸到一種顏色這樣的對象，這種顏色我們曾經以「紅」一名稱來說它，把它標識出來。這紅是無所謂的，它只是表示顏色的一種字眼，在佛教來說，它是一種假名（prajñapti），是施設性的、約定俗成的。當我們後來又以視覺官能接觸到同樣的顏色，於是便

用「紅」一假名來說它了。以「紅」來識別那種顏色，是一種概念的運用，而對顏色的接觸、感覺，則是經驗。經驗是感官的經驗，概念則來自理性；我們稱那種顏色是紅，便是對它有知識，這知識是經驗與理性共同作用的結果。金岳霖便是在這種意義下，說他的知識論是經驗與理性並重的。金氏跟著又強調，作更深入的說明：在官覺者接受所與後，所與對於官覺者有意念或概念上的秩序，正表示對理性的注重。我們把所與收納於意念結構之中，使前者對於官覺者有一種條理。

金岳霖明確標示出認識活動中我們同時著重經驗與理性的狀況。不過，他的說法仍不夠流暢，筆者在這裏試以較淺顯的而常用的字眼來闡釋一下。我們認識外物，倘若沒有過去的相關經驗的話，便沒有法子提出對外物的知識。此中的關鍵在沒有適當的概念去陳述有關外物的性質，這概念即是金氏所說的意念。倘若不是這樣，倘若我們先前已感覺到某一種外物，而且從不同的東西中感覺到這外物，例如從紅衣服、紅帽、紅花、紅汞水、紅欄桿等，感覺到它們所共同具有的「紅」這一顏色，因此便以「紅」這一意念或概念來概括這種共同的顏色，這樣，作為所與或外物的紅的東西便統率於「紅」的概念之中，這正是金氏所說的納所與於意念結構之中。這樣，這紅的東西便對於我們作為認識者得到條理化；我們也就以「紅」這一概念去接受這些紅的東西，它們便對我們有秩序性，如金氏所說。我們以感官或感覺機能去接觸外在東西，這是經驗，然後以恰當的概念或意念去標示這些東西的共同性質，這概念、意念是發自理性的，或知性的，這樣便能認識外在東西，對它們建立知識了。這種認識方式，便是金岳霖所說的經驗與理性並重。金氏特別表示，如果官覺者有經驗有意念去接受所與，所與就有官覺意念上的秩序。這即是，認知主體透過感覺經驗與理性、知性所提出的意念或概念來處理作為所與的對象，便能建立對對象的知識。這便是經驗與理性合一，也可以說是經驗主義的知識論與理性主義的知識論的綜合。

不過，我們留意到一點，不管金岳霖如何強調理性、知性，「紅」總是一個經驗概念，它能概括一切經驗性格的紅色的對象，但倘若對象不是

經驗性格，不是具體的，而是抽象的，例如關係，如因果關係之類，則不能以感官經驗來接觸、處理，而需以理性、知性為主，才能解決其認識問題。金岳霖好像在這方面措意較少，給人一個畢竟以經驗為主或重經驗輕理性的印象。他自己便自白對哲學發生興趣之時，或發生興趣最早之時，是從對覺的問題為始的。這覺是感覺、感性直覺的覺識，不是睿智義的覺識，前者有很濃厚的經驗義。因此，金氏強調自己在處理知識問題所採取的方式是經驗與理性並重，並不見得中肯。實際上，他很多時強調經驗過於強調理性。例如，他提及知識的直接與間接的分別時，便指出任何間接的知識都要靠直接的知識，間接的知識總是要根據直接的知識，後者是親切的。他把知識的大本營放在官覺經驗中說，而官覺經驗的大本營又是官覺內容。所謂直接知識、親切、官覺云云，都是就感覺經驗、感性經驗說，作為間接知識的主體的理性、知性，是要依於作為直接知識的主體的感性經驗的。他提到處理知識問題的兩派：經驗派與理性派時，顯然向經驗派傾斜。他強調自己的《知識論》一書所主張的知識論是採取經驗派的主張的，沒有經驗就沒有材料，沒有材料，官能者不會有可靠的或有內容的知識。

　　金氏最初還遊移於經驗與理性之間，後來才把重點放在經驗方面，理由是知識是有關這個現實世界的種種對象的知識，這是他所謂的所與或材料，這材料可說是相當於康德所說的雜多（Mannigfaltige），那是有關這個現實世界的材料，我們要了解世界，便得收受它的材料，這得依賴感官經驗來做，如何處理這些材料，是下一步的事，也涉及理性、知性。只有感官直覺或感性直覺能收受外界的材料、雜多，理性、知性沒有這種能力。在這個意義下，經驗或感官經驗自然被認為是最重要的了。

　　就金岳霖所宗的實在論或新實在論的立場來說，這點很容易理解。羅素、摩爾這些新實在論者，認為個體物和實體都具有實在性，但還是以個體物為主，為重要。要在知識論上看個體物，建立對它們的知識，便得依靠經驗、感覺經驗來吸收它們的材料。經驗主義自洛克開始，便有心靈如白紙之說，甚麼都沒有。要有，便得透過經驗的方式向外界收取。這和理

性主義的笛卡兒很不同，後者說心中有內在的觀念（innate ideas）作為知識的基礎，不必透過經驗向外界索取知識的材料。

　　金岳霖很看重實在感，這實在感只能在經驗中說，在經驗中的覺中說。他表示各種覺都有它們自身的實在感，即使在夢中，我們仍可有形形式式的所覺，它們亦有實在感可言。不過，實在感不能不與客觀性相連，我們醒時所覺到的事物有較強的實在感，在夢中所覺到的事物的實在感便較弱。雖然如此，在夢中出現的事物對在夢中的當事者來說，其實在感也可以很強。不管怎樣，實在感是在經驗活動中說的，它的知識論意義增強了經驗在建構知識的重要性。進一步言，金岳霖提出覺有以下幾種：官覺、夢覺、幻覺和妄覺。就覺之為覺說，各種覺是平等的，但就知識說，各種覺是不平等的。他強調知識的大本營在官覺，不是夢覺、幻覺、妄覺等其他的覺。金氏顯然認為官覺亦即感性經驗或感官經驗是知識的最重要的來源，他自然在知識論上向經驗主義傾斜了。

　　對於經驗在知識的建立上的殊勝性，特別是有過於理性之處，金岳霖也很能意識及。他把知識的理視為對象的思想結構或圖案，後者的「真」是切於知識的理這一對象的。就真這一要求說，我們不能不站在經驗的立場，站在經驗的立場，我們可把知識經驗和別的經驗調和融洽。我們在理論上求得到真正感也就是在對象上求得到經驗的實在感。

　　金岳霖說過，關聯著知識論有兩種感：真正感與實在感。真正感是通於真理的，但真理不能離開經驗現實而成立，因此便不能不強調與經驗現實的緊密連繫，這即是實在感。他甚至認為真正感隱藏於實在感之中。這可以說是金岳霖認為在知識論中實在感對於真正感的先在性與跨越性。在上面的文字中，金氏說得更清楚：經驗與經驗主義的立場是「真」或「真正」的基礎，理論的真正感預認對象的經驗認知的實在感。金氏顯然有這樣的根本理解：經驗是真或真理的起步點，凡有違於經驗的，都不能說是真理。而所謂經驗，無非是我們日常生活的見聞覺知的活動而已。依於此，他強調知識是有關我們日常生活所看到的事物或發生的事故的情況，是很平凡的，沒有甚麼神秘性與虛玄性。

在金岳霖來說，經驗之所以在知識論上為重要，是由於我們的知識總是離不開對個體物的認識，總是引用類似個體的意象到一官覺區的某某所與的對象上去。即是，我們對世界的認識，是從個體物開始的。我們以原先已得到個體物的印象（這即是休謨所說的印象）甚至意念、類概念運用到有關的個體物上去，讓個體物認同於這意念，因而有對個體物的認識。這裏所說的認知，是就經驗性或感性的認知而言，不是就形式的認知，如數學、邏輯之屬而言，後者則必關涉及理性或理論理性不可。

在這裏，筆者想作一小結。金岳霖表面上強調他的知識論是經驗與理性並重的，實質上則是偏於經驗主義一面，理性主義方面則有所未及。這點可作為我們理解他在思想上由具有黑格爾主義傾向的格林（T. H. Green）移行至休謨的懷疑論，最後歸宗於新實在論的羅素與摩爾。他最後批判羅素，是政治上的因素使然，不必是他的本意。他對經驗的總的理解是，經驗是官覺與認識的必須具足的條件。沒有收容與應付所與的工具，就沒有經驗。經驗就是收容與應付官能的所與。官能作用可以完全是生理的、自動的，或直接的作用；官覺則牽連到心，是心的作用。在這裏，金氏把官能與官覺分開，光是前者沒有認識功能，官覺才有認識作用。官能相當於感覺器官，只關連到生理的層面，未能說覺。覺是心的作用，是直覺；官覺是心透過感覺器官而表現出來的感性直覺、感性作用，如心在眼、耳、鼻、舌、身方面所表現的視、聽、嗅、味、觸的相應作用。認識是從官覺說的，不從官能說的。經驗是官覺的認識作用，它一方面有覺、直覺，能夠受容外面的雜多、材料或所與，同時也能初步處理它們，故它略有知覺（perception, Wahrnehmung）的作用，這便是金氏對經驗的理解：經驗是收容與應付官能的所與，是一種對於作為所與而直接相連於感官的雜多的處理活動。

在知識的問題上，特別是就它的種類言，一般分為兩種：形式知識（formal knowledge）與質料知識（material knowledge）。形式知識是就定義、推理方面說，不涉及實際的存在世界的內容，它的真是自明的，與存在無關，通常指數學與邏輯方面的知識。金岳霖自己是一個邏輯家，曾

寫有《邏輯》一書。對於這種學問，他是非常熟諳的。至於質料知識，則指涉到存在的、實際的世界，它的真與假，需就是否與存在世界的實在狀況相應而定。相應的是真，不相應的是假。金岳霖在知識論上重視經驗，表示他對客觀的存在世界的實況的關注。關於存在世界的內容，我們需要藉著感性直覺以吸收它的資料、與料，透過知性以其範疇來整理、梳理，以得出有關存在世界的知識。要獲致這種知識，與感性、感官有直接關聯是必不可少的。

六、理與事

　　金岳霖還把認知的問題，關聯到形而上學方面來說，那便是理與事的區分與關係。這又要先看意識與直覺的配合作用問題。金氏的意思是，知識的成立的一個重要的程序，是意念運用到或處理及所與或呈現（按金氏這裏用呈現字眼，有認知意義，也有存有論意義）這樣的作用。意念發自意識，所與則由直覺吸收。官能是不能成就經驗的，官覺才能成就經驗。官覺是知覺層面的能力，而知覺既不光是直覺，也不完全是意識，卻是介乎兩者之間的能力。京都哲學家西田幾多郎和現象學家胡塞爾都提到「意識直覺」的概念，這可把知覺概括在內。金氏所說的經驗，不是一般所瞭解的純感覺器官（官能）作用，而是有概念思考、意念作用在裏頭。因此他說「意念的運用是經驗的必要條件」。這個意思甚至可以通到胡塞爾的範疇直覺方面去。

　　回到具有形而上學意味的理與事方面，金氏以抽象問題作起點，而漸次引出理的問題來。在他來說，抽象是一種活動，也是一種工具，一種趨勢，只有抽象的結果才是抽象的。而抽象的結果，便是意念、概念。在這裏，他嚴格地把意念與像區分開來：意念既是抽象的，便不可能是像，他說是普遍的就不是像，是像就不是普遍的。這種說法很好。像，即使是意象，都是著於形跡的，一涉及形跡，便必是具體的，不是抽象的，也不是普遍的。由此便引出有理的意味的普遍世界與有事的意味的特殊世界。他

強調前者是各官覺類的共同的世界，後者是一官覺類的特別的世界。經驗是官覺者收容與應付所與，他以「事體」來確認它。普遍的世界是理，特殊的世界是事。就金岳霖而言，作為理的普遍的世界是各官覺類的共同的世界，這「共同」應該如何了解呢？金氏未有明說。倘若以官覺類是有情眾生的話，則他們所共同具有的應是情識。但情識是一種存在的、生命的要素，一時很難扯到理方面去。至於作為事的特殊的世界則是某一官覺類亦即某一種有情眾生。倘若是這樣，則理與事的關係變成全體與部分的關係；全體是各種有情眾生加起來的一個結集，部分則是一種有情眾生。這樣，理與事的分別不外是就量言，而不是就質言。這對於我們理解「理是超越的、普遍的，事是經驗的、特殊的」的質上的分別並無適切性。

　　我們通常對理與事和雙方的關係的理解，是以理為本質，事為現象，雙方的關係是理與事不能絕對分開，起碼就存有論而言是這樣。即是，理存在於事中，我們要在事中見理，離開了事，理便失去了載體，其存在性便不能說。金氏注意到這點，並且關聯到知識論問題方面去。他指出理不是空的，不是毫無寄託或憑藉的。理總是寓於事中。知識論的對象雖然是知識中的理，但所取材來進行研究還是知識的事。事總是特殊的。最後，他一再堅持我們要在事中去求理，求理是不能不在事中下工夫的。在這裏，金氏強調理的存在性，它不是虛無、一無所有，但需假借事而存在於其中。如何存在，則未有細論；例如，理只是寄寓於事中，與事仍然分開，如水與油的關係，抑是理化為事，詐現出事，自身即貫徹其存在性於事之中呢？金氏未有細論這類問題。不過，他說理「寓」於事中，大體上表示理與事仍然分開，只是需寄存於事中而已。關於理寄存於事中，我們可以這樣理解：理是超越的、抽象的，它超越時空，也不受我們的知性的範疇所限制。它不存在於時空、範疇之中，必有寄託、藏身的處所。即是，我們可以依分解的方式把理從事中抽離開來，在意義的層面去探討、描述它的性格。但這是純從研究的角度出發。我們處理理的問題，光是這樣從意義、文字上去作工夫，是不夠的。理不光是被我們所理解的，也應是我們所實證的，把它在自家的存在中體證出來。它不可能只作為一種思

想的對象、觀念而獨自存於這悠悠廣宇中。它不是具體的東西，不能直接以抽象的形態存在於渺無涯岸的空中。它不能以普遍的身分出現在我們的官覺、心靈面前，它無形無象，不能以具體的、立體的東西獨自存在。它必是存在於一些具體的、立體的事物或事中，這包括知識在內，而為我們所發現、確認。必須要這樣，我們才能說對它有理解，甚至證成、體證它。基於上述的論點，我們有理由設定理必是存在於作為現象的事中。我們要理解理，滲透到它的內容、本質方面去，必須在它的存身之所的事中去作工夫，把它發現出來，除此之外，別無他途了。即是，我們可以分解地把理作為一種普遍的、抽象的東西，遠離經驗世界，把它的性格善巧地加以論述，但要和它有面對面的、直接的邂逅，還得在事或經驗中作工夫。

以上是有關超越的、普遍的理的存在狀態與認知問題。重要的是，金氏認為，知識論所處理的東西，是知識中的理，而知識論所關聯的，則是知識中的事。這知識中的「事」頗不好解，它既是事，便不能免於經驗的、具體的、特殊的性格（金氏說「事總是特殊的」），這又需連繫到我們要認知的對象方面去，但認知的對象所直接關聯的，是知識，不是知識論。所以筆者說不好解，金氏在這裏說得不夠精確（precise）。另外一個可能性是「知識的事」指作為事的知識自身，這則指涉某種特定的、特殊的知識而言。但金氏語焉不詳，筆者在這個問題上便不多贅了。現在只集中看金氏說的知識論的對象是知識中的理一點。甚麼是知識的理呢？這理應該具有普遍性，它需要遍及於所有知識中而為客觀有效的。如上面所提及。這讓筆者想到範疇概念，又可通到知識成立的條件、基礎；這即是認知主體與認知對象的對待關係或二元關係。倘若是這樣，則金岳霖以理、事來說知識論，可以作如下的概要的理解：理是指知識成立的條件，事則指某種特定的知識、以這一成立的條件作為基礎而衍生出來的特殊的知識，如地理、物理、化學、歷史等等。

七、認知活動

以下我們看認知活動自身的問題，這包括認知的結構、認知活動的原理及進行的程序諸方面。先看認知的結構。關於這點，通常的說法是，認知活動的構成分子為認知主體、認知對象及認知活動或知識。金岳霖基本上也持這種看法。不過，他把認知活動概括在知識之中。他先提出一些前提、肯認，表示我們可以有知識；理解知識的學說，是知識論。知識論的對象是知識，其中有知者、被知者，這相當於上面提及的認知主體與認知對象。他並特別強調被知者是獨立存在的外物，而對於這獨立存在的外物，我們是可以建立共同的客觀的知識的。這共同的客觀的知識，自然只是對人而言，不必通於其他有情眾生。這是由於不同的有情眾生各自有其自身的認知系統或機制的緣故。讀者或許不知，人的糞便在人看是穢物，池塘裏的魚卻視之為食物。不管怎樣，金氏在思維上仍有其精細周到之處。他所說的獨立存在的外物，是把知識對象鎖定下來的方式，這是他的實在論的理論立場所致。不過這種外界實在性不必有康德的物自身那種終極的意味，同時物自身的內涵也不是正面的、積極的，它只是一個限制概念而已。這表示我們人類的知識只能及於現象（Phänomen）的範圍而已，過此以往的物自身或本體方面的東西，我們一般的認知機制便無能為力了，那只能歸於具有睿智的直覺的上帝。康德認為，我們人類不具有這種認知機制。

對於知識，金岳霖很著重知識論特別是知識給予我們的實在感和真正感。他在這裏論認知活動，也有這種傾向。按他的說法，在知識活動或知識經驗中，就心理上的原始性或根本性著想，「有外物」這一命題和「有官覺」都可以給我們真實感。他認為這兩點都是知識論所需要的。不承認有官覺，則知識論無從說起，不承認有外物，則經驗不能圓融。金氏的這種提法，是站在世俗諦的層面立論的。世俗諦（saṃvṛti-satya）比較接近經驗論或實在論，它要對經驗世界、現象世界建立客觀而有效的知識，這便得在一定程度上確認對象的實在性與穩定性；要這樣做，自然不能忽略

對對象予以確認的認知主體。這樣，對象與主體便構成一種相互對待的關係，誰也欺負不了誰，雙方的地位是對等的，這變成了主客分立的關係。而金岳霖所強調的真實感（實在感和真正感），著眼於「有外物」和「有官覺」，正式與經驗密切地聯繫著的。對於外物、官覺（感性直覺）、經驗的重視，正是金岳霖在知識論上要走的路。外物是客體方面，官覺或感性直覺和經驗則是主體方面。金氏強調，在知識上，客體與主體都是重要的。我們一方面要站在官覺的立場，但不能只站在這個立場。倘若只站在這個立場，亦即是官覺的立場，則得不到外物方面的資訊，不能產生獨立於認知者的事實，則真理沒有尊嚴與誘因或原動力。他認為我們要依賴樸素的經驗，同時承認外物與官覺，則我們可以既有外物，也有官覺，兩種並重，則認知活動的條件便可說是達到了。

金岳霖的這種說法，在世俗諦的角度看，自是無可厚非。只是他提出真理的尊嚴、原動力一點較為費解。倘若我們由他的實在論的立場說起，則實在論的方向是外射的，亦即射向對象、外物方面，從知識論的角度言，我們所注意的東西，是聚焦在外在世界方面，這方面自然有真理可說，即使不是終極真理。我們應該尊重真理的客觀面，亦即外在世界。借助黑格爾的精神哲學（精神現象學）來說，精神作為一個動感的實體，是有發展的，其矢向有三面：主觀精神、客觀精神、絕對精神。客觀精神的發展，其成就是建立科學的、客觀的知識與定立憲法、議會制度。建立科學的、客觀的知識，包括對知識——特別是客觀知識——的探討，這即是知識論，這與金岳霖在這裏所說的真理的客觀面有密切的關聯。這個問題相當複雜，筆者在這裏沒有篇幅細說。筆者只想指出，金氏強調要尊重真理的客觀面，重視客觀的外在世界，就世俗諦來說，這點是真理的尊嚴所在，對於這樣的真理的探索，是我們進行知識活動的原動力。這是金岳霖高調地提出真理的尊嚴及其原動力的理由。

對於這世俗諦的知識論，金岳霖稱為「正覺」。他特別提到這種說法直接牽扯到外物和官覺者，亦即認知對象和認知主體。在正覺的問題上，金氏提出以下幾點需要注意的：一是外物是本來有的，是正覺的與料，其

存在性同於官覺者。二是在官覺活動中所涉及的外物只是部分地為該活動中的官覺者所正覺（正覺作動詞解）得到的。三是在正覺中，我們只關心官覺類、官覺者和如何就正覺的所與而得到知識的問題，而且是站在人類或其中的自我的立場而進行認知活動的。四是我們在理論上提供任何官覺者以正覺的標準去校對官覺。五是正覺的存在性是基本的肯定、前提，也包括對於官覺者和外物的存在性的肯定。按在這種世俗諦的知識論中，金氏是以正覺為官覺，而正覺本身便是官能者和外物的關係的集合。在這裏，以正覺為單單是官覺，並不夠周延。正覺是成就世俗諦的知識的機能或活動，除了官覺亦即是感性直覺外，還應含有理論理性或知性，才能足夠。就康德的知識論來說，我們要建立對現象或一般說的外物的知識，除了需要感性直覺（sinnliche Anschauung）在時空的形式中吸收外界的雜多或與料外，還需知性（Verstand）提供範疇概念以整合這些雜多、與料，使之成為對象（嚴格意義的對象），知識才能說。因此，世俗諦義的知識的完成，有一個頗為複雜的歷程。像金岳霖以正覺限於官覺，並不妥當。實際上，他自己也說正覺是關係集合，是複雜事體。這樣的正覺的認知活動與睿智的直覺（intellektuelle Anschauung）的認知比較，其程序複雜得多。不過，前者所認知的是現象、經驗材料，後者則認知物自身、本體。但這睿智的直覺只有於上帝，不有於人，康德是這樣說。而人所有的認知方式，則是感性與知性的結合，這相應於金氏所說的官覺（官覺應包含知性，如上所說）。金岳霖大概也受過康德的一些影響，因此說正覺求得知識是站在人類或其中的自我的立場而立言的。另外一點是，金氏一方面說外物的獨立存在性，另方面說在官覺活動中所涉及的外物只有部分被正覺到。在這一點上，我們需作一些簡別。說外物有獨立存在性是站在外界實在的立場立說，佛教唯識學與胡塞爾現象學都不能贊成這種說法。即使是說我們可認識外物中的「外物」也只能就部分說，即就我們的知識能力所接觸到的外物說，不能概括所有外物、我們未有接觸到的外物。理由是它們對我們沒有明證性（Evidenz）。金氏在這裏對於外物作出限制，正符合胡塞爾現象學的方法的精神。

　　在金岳霖剛才提及的要注意的五點中，第一點強調外物是本來有的，第五點又有對外物存在性的肯定；說了五點之後，又提及外物的獨立存在性。這涉及非常嚴重的問題，那是存有論的問題。說外物本來就有，就有其存在性，而且是獨立的存在性，倘若這外物是呈現在我們的感官面前，則它的有或存在性只能說是對我們的感官具有適切性，對他人來說則不必是這樣。這樣的存在性是主觀的，不具有客觀性，獨立性則更不能說。在知識論方面，對於這樣脆弱的對象，我們很難說對它建立客觀而有效的知識。倘若這外物是我們現前憑感覺而接觸到的東西的靠山、支撐者，則它的存在性是對誰而說呢？對於具體的、立體的東西，或者外物，我們只能就呈現於我們的感官而說它的存在性，靠山、支撐者云云，我們只能憑意識去揣度、猜測，不能有可靠的明證性，則不管怎樣揣度、猜測，都無法鎖定外物，對它建立確定的知識。這種情況的確是知識論上的大難題，佛教經量部的外界實有的設定始終無法建立起來，已提供我們很好的資訊與參考了。金岳霖是非常聰明的人，頭腦這樣清晰，真不明白何以對外界實有的問題看不透，而且著迷成那個樣子。

　　以下我們看金岳霖的知識論的總綱。他強調所與是正覺的材料，所與是正覺的呈現，正覺是供給知識的材料的官能活動。任何知識，就材料說，直接或間接地根據於所與。就活動說，直接或間接地根據於正覺。以後的問題是如何收容所與，如何應付所與。從知識方面來說，主要運用、應付的工具是抽象和抽象的意念。主要的原則是以抽自所與的意念還治所與。這意念即概念。這裏所說的非常重要，它顯示金岳霖在知識的成立的活動程序，其中也有可商榷之處。知識是有關存在世界的知識，因此必須要有這方面的資料、材料，亦即金氏的「所與」，這是仿西方經驗主義的知識論的 given 字眼。這些所與，依金氏，是正覺的呈現。這樣說頗有問題。正覺呈現的東西，應是起自正覺，甚至生自正覺，這則不能說是所與、given。而金氏以正覺是供給知識材料的官能活動，這可引起兩點質疑。一是若以正覺能供給知識材料，不免讓人以為正覺能創造所與、提供所與，這不合於一般對覺或直覺的理解。一般的理解是，直覺是吸收來自

外界的與料的，與料本來便放置於外界了，直覺把它們吸收進來。至於與料如何便放置於、存在於外界，那是另外的問題，是存有論的問題，與知識論沒有密切的關聯，但也影響對象的成立問題。另一點是金氏以正覺是供給知識的材料的官能活動，亦有問題。官能是就感覺器官說，不必有心的活動在內，如何供給知識材料呢？正覺若只是官能，則不但不能供給材料，連吸收材料也成問題。不過，金岳霖跟著便提出正覺作用之後有關收容、應付所與的問題。這若從康德知識論來說，自然涉及知性的思考、連結所與或材料的作用。金氏在這裏提出透過對材料的抽象活動以取得概念或意念來回應收容、應付所與的問題。這應該是知性的工作，在佛教唯識學來說，則是意識（mano-vijñāna）的作用。知性或意識在所與、材料中抽取具有共同性質的要素，如方形，以概括一切方形的東西，而成就方形概念或意念（一般說是概念，相當於金氏所說的意念）。以後若遇到具有同樣性質的東西，即方形的東西，便以方形概念來說它，說這某某東西是方形的。這樣便建立對這某某東西的知識。這正是金岳霖的知識思想中所謂「知識就是以抽自所與的意念還治所與」的意思。即是，有很多方形的所與物，我們即從其中抽取它們的共同的方形性質，以成立「方形」概念或意念。日後遇到具有同樣方形性質的東西，便以「方形」概念來建立有關這些東西的知識。這便是「還治」。

「以抽自所與的意念還治所與」可以說是金岳霖知識論的根本要義，其中亦展示出金氏知識思想的經驗與理性並重的旨趣。把所與結集起來，是經驗直覺的作用；在所與中抽取出其共同性質，是理性的抽象作用，結果是普遍概念、意念的形成；復以概念、意念對所與進行認識，成立所與的知識，是對所與的治理、處理，此中亦有理性的作用在內。這樣很能展示出金岳霖的知識論首尾兼顧的圓整、圓融性格，也具有頗強的理論效力。

金岳霖對於自己提出的「以抽自所與的意念還治所與」的知識論原則，顯然很有自信，而且非常重視。對於這原則，他還進一步強調說：他的書的主旨可以說是以官能之所得還治官覺，或以經驗的所得還治經驗，

或去作更精確的經驗。有所得才能還治，無所得就無所謂還治。他的書主要是討論這有所得和還治的問題。這是金氏知識論的大關節處。金氏說以官能、經驗的所得還治官覺、經驗，並未超出以抽自所與的意念還治所與的說法的意思，官能、官覺、經驗基本上都是感覺、感性直覺的問題，外界的所與便透過這經驗進入認知活動的圈子。我們對由官能、官覺、經驗所得的與料加以整理，而有「所得」。金氏對「所得」是甚麼，沒有說明，但亦不難領會，這其實是指一種整理了官能、官覺、經驗所吸收進來的外界的所與而得的意念，金氏在這裏沒有提到意念，但以「以抽自所與的意念還治所與」的原則性的說法中則如畫龍點睛般提出意念。這意念是我們的主體，特別是理性、知性對於所與進行抽象活動而得。這抽象的意思見於「抽自所與」中的「抽」一字眼。就此點看，金氏在上面的說法似乎還未及「以抽自所與的意念還治所與」般周延。不過，它提出一重要的觀點：有所得才能還治，無所得不能還治。這是說，我們必須先對作為所與的外物吸收進來，進行抽象作用，抽取出概念或意念。這種工作是由理性、知性做的。必須建立起概念、意念，才能在日後碰到相同的外物之時，以已建立了的概念、意念對這外物加以確認，了解它是甚麼東西，才能對它構成知識。這種運用概念、意念進行認知活動，自是理性、知性的事，但要得到相同外物以供概念、意念來作確認，則要靠官能、官覺、經驗的吸收、領受作用。這樣，總持地說，還是經驗與理性並重的意思。而從有所得到還治，正是知識活動的整個輪廓的扼要說法，知識活動所從事的，正是這種程序。

　　雖然說經驗與理性並重，金岳霖對經驗一面還是守得很緊，非常強調它在知識論的重要性。他說如果我們順理性派的主張，我們即使是無所得也能應付所與，因為我們有先天的範疇。如果我們順純官能說，我們無所得仍能應付所與，因為我們有本能的反應。前一說法是把應付的事視為純理意念的控制所與，後一說法則是把應付的事視為隨自然而生存的應付。他指出純理意念不能應付所與，而隨順自然而生存下去也不是有意識地應付所與。金氏因此點出，我們必需要有經驗。倘若沒有經驗，我們不光是

沒有官覺，而純理意念也不能應付所與，以至於控制所與。金氏的論證方式是，倘若沒有經驗，則理性（或知性）不能建立知識，官能也不能建立知識。要有知識，非得要依靠經驗不可。金氏詳細解釋，倘若沒有經驗，則只有先天的範疇，或自然的本能。但只有範疇不能有知識，範疇只表示理性或知性的思考形式，沒有來自外在世界的所與、材料，不能有對於外在世界的知識。[14]在這裏，我們不妨作深一層的探討。倘若我們的認知機能，特別是知性或理論理性，沒有由經驗所帶來的有關外在世界的任何資訊、與料，我們仍可運用知性或理論理性來思考，但這思考沒有被思考的對象，只是順著自身原本有的範疇概念，如因果關係、實體與屬性關係，來進行一種空的思考，這便成了所謂智思，這頗有形式的性格，但不能成就知識。因為知識是有關存在世界的知識，我們必須要得到存在世界的材料、與料，知性或理論理性才能運用範疇概念去整理、爬梳這些材料、與料，把它們建立為有認知義、知識義的對象。光是有智思是不能夠成就知識的，特別是有關外在世界的真相的知識。這真相是作現象看，不是作物自身或本體看。即是說，倘若沒有經驗，主要是感覺經驗，我們便沒有任何實質性的內容，因而不能說知識。這是經驗和關聯著它的感官、感性直覺對於知識的成立的貢獻。

至於自然的本能，自然的本能不能有意識地應付所與，這是金氏的說法。其實若沒有經驗，則無法得到所與，光靠自然官能對外邊的刺激生起回應，知識也無從說起，只在心理學方面有點意義而已。在這個問題上，重要的是，經驗是連繫著感官、感性直覺說的，由此可以接觸到個體物，吸收其個別性（individuality），知識的成立，是以這個別性為根基，而經理性、知性加以抽象，得其普遍性（universality），而成知識。沒有經驗，便無個別性可言，因而不能有知識了。

---

14 其實單是範疇也可以表示理性、知性的一些先驗的連結形式。若只就知性自身的智思說，也可成立不涉經驗世界或存在世界的知識，這即是邏輯與數學。金氏未注意及這點。

　　順著個體物或個體性說下來，金岳霖就時間的因素提出他的看法。他指出認識個體總是以已往的所與與當前的所與為一個體在時間上的綿延。這會涉及這兩個所與是否相同的問題。相同與否，我們畢竟無法知道，我們只能把不同時候的所與是否相同的問題化為相同時間中意象與呈現是否一致的問題，即看意象與呈現是否符合一問題。所謂「認識就是感覺到這符合」。金氏強調這一點非常重要。他認為認識不是結論，不是從當前的呈現推論出來的結果，而是一種直接性質、性格的感覺。金岳霖的意思是，我們對於某一個體物的認識，總是就時間的綿延上，從以前的個體物與現今的個體物是否為同一的個體物來想。兩者是否同一呢？金氏認為我們無法知道。這當是就個體物是一具有終極實在義的角度來說的。在這一點上，我們沒有甚麼可以做的。我們可以做的，是把在不同時間出現的個體物是否是同一這一問題，轉成在相同時間中呈現的個體物與我們對它所有的意象是否一致、是否符合的問題。這種一致、符合說，已是羅素在知識論上提出的對知識真假的判定的老問題了。金氏認為，倘若是符合的話，應該有一種即時的感覺、一種符順的頓然的感覺，而我們也可說我們對於那個體物具有知識。不過，決定是否符合，需要預認我們對個體物的意象具有正確無誤的記憶。這記憶不能不有主觀的因素摻雜在其中，因而我們所說的知識，不能說是全然客觀的。個體物的意象是在過去成立的，而呈現的個體物是當前的、即時頓現的，此中有一時間上的間隔。時間無絕對性可言，因而我們依符合的設準而得出的有關個體物的知識也無絕對性可言。這是現象性格的知識，不是本體界的知識。金氏說「認識就是感覺這符合」，他的意思是，倘若我們感覺到當前的個體物符合我們心中所有的意象（關於個體物的意象），則可說我們認識那個體物，對它有知識。不過，如上所說，這符合說涉及記憶，而記憶是意識的作用，故認識不能離開意識。金氏說「認識就是感覺這符合」，倘若不考慮意識問題，便不夠周延。不過，金氏在另處提出認識是引用所得的意象與所與而得到的符合感。這樣說自然較為完整。不過，這裏提的意象倘若只限於是某一個體物的意象，則符合感只能對該個體物具有適切性，因而缺乏普遍性，

這意象不能普遍地適用於同類型的其他個體物上。完整的做法,是把具體的意象轉為抽象的意念或概念,例如類概念之屬。在這一點上,金氏著筆不多。

金岳霖非常重視他所提出的「以抽自所與的意念還治所與」的認知原則。對於這點,他苦口婆心地一提再提。在解說符合問題後,他又再一次申述這個原則:官覺者收容所與的所顯示的共相去應付所與所呈現的殊相。這就是以所得治所與,或以官覺之所得還治官能的所與,或以經驗之所得繼續地經驗。他認為認識總是要利用工具來區別所與的。關係與性質一方面固然是所與的分別的經緯或線索,另一方面也是區別所賴以成立的工具。金氏的意思,大體上與他的認知原則相應。不過,其中也有好些問題需要澄清一下。首先,金氏說官覺者收容所與所顯示的共相去應付所與所呈現的殊相,這句上一截不夠精確:所謂收容共相即是從種種個體物中抽象出其共同性質、面相,而構成類概念或意念,官覺者不能以官覺來做這種事情,這是理性或知性才能做的。類概念成立後,便可以用於概括在該類概念之下的特殊的個體物。第二,金氏以為上面所說的做法,是以官覺的所得還治官能的所與,或以經驗之所得繼續地經驗。此中亦有問題:以官覺之所得還治官能的所與,應該有意識的作用在內,除非說官覺中有意識作用在內,但一般並不如此看,官覺與意識是分得很清楚的。至於以經驗所得繼續經驗,意思亦太含糊,真實的意思應是,我們從經驗的事物中透過抽象作用提取其中的共相、概念,然後以概念用於概括在該概念(類概念)之下的個體物中,建立對它們的知識。第三,金氏說認識是利用區別工具去區別所與,這正是上面說過的意思,即是,要運用某一類概念為工具,在種種不同的個體物中,簡別出概括在該概念下的個體物,而認識它們。這所謂類概念可包含關係概念與性質概念。關係概念是虛的(empty)、形式的(formal),例如大與小、上與下、左與右,是施設性的。性質概念則是實的(substantial)、質料性的(material),如黃色、甜味,依附於某一質體(entity)或實體(substance)之中,其存在性依附於質體、實體。

八、外物、對象、對象性

　　以上我們花了三節探討金岳霖知識論中的認知活動問題。以下要看金氏知識論中的認知對象問題。我們通常說知識論或認識論，談到其架構時，往往分為知識活動、知識對象和知識主體；其中，知識活動是中介，把知識對象與知識主體連貫起來。關於知識對象，金氏曾以不同的字眼表示，例如外物、對象、想像、內容等等。對於這些字眼，我們通常都關聯著被認知的東西來說，未有作精確的區分。金岳霖思維細密，把它們分別得頗為清楚和有條理，但亦不無可質疑之處。他基本上是就著外界實在與呈現兩種形態的不同而這樣做的。關於認知活動，或其他的活動、遊戲，我們通常是先設定遊戲主體與遊戲對象，然後以遊戲主體作用於遊戲對象，產生遊戲活動。日本當代哲學家西田幾多郎則把這個次序顛倒過來，先設定遊戲活動或經驗，所謂「純粹經驗」，然後開出經驗主體與經驗對象。「純粹經驗」中的「純粹」，是指沒有任何經驗內容、感性內容的意思。西田以這種方式或關係來處理活動問題，是存有論的進路，一如原始佛教講十二因緣（dvādaśāṅgika-pratītya-samutpāda）中由識（vijñāna）轉出名色（nāma-rūpa）那樣，向分化、具體化的過程推進。金岳霖則不是這樣，他從知識論或知識論的途徑出發，先講主體、外物，然後講主體認識外物，形成認識活動。

　　現在先看外物問題。在這裏，金氏仍循外界實在或實在論的進路說。金岳霖首先就「外物」這字眼的意義的不一致性而提出三種不同的用法。首先是科學的外物，這是指透過科學的發達而發現事物的基本因素的原子、分子等的粒子，是肉眼看不到的。其次是本質的外物，這是把外物當作一種本質來看，這種看法認為外物可以單獨地存在，單獨地具有某種屬性。說外物單獨地存在表示它不靠環境而存在，單獨地有某種屬性表示它不靠背景而有某種屬性。第三是官覺的外物，這是指官覺所顯示的外物，指獨立於知識者或官覺者的外物，但它不能獨立於一個關係網。按科學的外物雖然作為粒子，非常微小，不為我們的肉眼所看到，但它可以透過精

密的儀器被看到、被確定下來。它有存在性，而且是事或材質，是經驗的、生滅性格的。在佛教來說是極微（aṇu），是緣起的。本質的外物則不是物理的（physical）、材質的（material），而是精神性格的。本質（Wesen）不是一個物理學的概念，而是一個形而上學的概念。說它近於物自身、本體，是可以的，但雙方還有一定的落差，不應將它們混成一體。至於說官覺的外物仍然獨立於知識者、官覺者，或主體，並不妥當。官覺是後者的官覺，它所對的外物怎能對主體具有獨立性呢？但金氏強調，他所說的外物是官覺外物，不是本質的外物，也不是科學外物。他並說官覺外物是與官覺類相對（應）的外物。這應是在主體與客體的相對待關係中的外物，金氏說它是獨立於知識者或官覺者的外物，頗令人感到困惑。倘若以這種外物作為知識對象，則我們應可認知事物的外界實在性。

對於這樣的外物，金岳霖關聯著三點來說，那便是綿延性、同一性與實在感。在綿延性方面，金氏表示，這綿延性能在不同時間中穿過這外物或個體物，使之成為所與。而對於綿延的內涵和呈現，讓個體物不斷延續下去的問題，金氏提出同一性。這同一性與胡塞爾所說的統一性、一致性（Einheit）在意義上有交集、重疊的意味。金氏的意思是，所與在不同時間中呈現同樣的統一性，正表示個體物的綿延性格。而表示這統一性的，則是性質上的相似性和關係上的一致性。金氏又強調，這樣的同一性和獨立存在的外物是連在一起的，雙方有一共同點：獨立存在的外物不能在唯主學說中建立起來，或推論出來；而個體自身的同一性也建立不起來，推論不出來。金氏的意思顯然是，外物及其同一性本來便有的，是一種客觀的東西，有實在性格，不能透過唯主方式而成立。唯主表示依賴主觀的、主體的構想、經營便能成就之意。這唯主有觀念論的影子，金氏是實在論，特別是新實在論的立場，他提出外在實有以反對想像、意識作用，並不為奇。也正是在這一點上，他與唯識學、胡塞爾的現象學便分途了。唯識學認為，一切事物都是生滅法，都是心識的詐現，都沒有其真正的、常住的自性、體性，都是才生即滅。胡塞爾也提出，意識（Bewuβtsein）憑著它的意向性（Intentionalität）的力量，構架出現象世界。在這兩種哲學

中，都不肯定事物的獨立存在性和同一性。金岳霖則以綿延性和同一性來
建立外物，確立它的獨立的存在性。

　　綿延性、同一性是如此。至於實在感，我們在上面有過不少的討論，
在這裏就不擬多贅，只簡單地作些提要。金岳霖指出，若我們要讓對於被
知者的實在感能維持下去，則最低限度我們要感覺到被知者的存在是獨立
的；被知者的性質是獨立的；被知者彼此都各有其自身的同一性。

　　按金岳霖在這裏所說的外物的三點性格，合起來很能讓外物有一種穩
定性，這在知識的成立方面相當重要。我們要了解外物，對它們建立知
識，便得先假定它們有一定的穩定性，不會變來變去，像幻象那樣，不然
知識便很難證成，即使證成了，它的適切性、客觀性也難以維持。這是金
氏在這個問題上能深思熟慮所致。這點也讓人想到佛教特別是唯識學所強
調的緣起說。他們認為一切法或事物都是依因待緣而生起，這些因素的聚
合需要依循一定的規則，這便是所謂「種子六義」。事物由一定的因素聚
合而成，雖然沒有常住不變的自性，但在某一程度上能夠維持外形與作用
等的穩定性，這個世界才不會亂起來。金氏在這裏所說的，與唯識說在有
關問題上有對話的空間。但金氏是實在論者，唯識學是觀念論背景，這點
便很不同。

　　順著上面所說外物的綿延性、同一性和實在感，我們看金岳霖的對象
觀。對於對象的理解，是金氏知識論的一個難題。就康德的知識論來說，
對象（Gegenstand）的意義是很清楚的。由外界被感性直覺吸收過來的感
覺與料（sense-data）是雜多或現象（Phänomen），這不算知識。這些雜
多經知性的範疇的範鑄作用，便成為對象，對象出現，知識便現成。可以
說，在這種情況，我們對雜多、現象具有知識，這知識以對象的形態而呈
現。金岳霖的情況很不同。他以「實在」、「硬性」來說對象，對象彼此
具有同一性。這些性格讓我們在看不見對象時，仍然可說它是存在的。我
們要承認對象（這種形態、模式的對象）的存在和它的性質是獨立於知識
者或認知主體的，它具有自身的同一性。上面說到的對象或外物的綿延
性，也是一關鍵性的概念。外物內容必須要能持續存在，刻刻都在綿延的

狀態中，我們才能在不同時刻中面對同一的對象，甚至可以確認「我」此刻在房中看見有桌子，到「我」外出後回來仍然看到桌子，則「我」不在房子中的那段時間，桌子還是存在於房子中。我們顯然設定了桌子的綿延性。實際上，金氏對對象的理解，相當複雜。如上面所說，他有視對象為客觀實在的傾向。但另方面，他又提「對象性」概念，又以「對象者」來表示成為對象的這個或那個東西。這樣，對象者有對象性，或對象質，或所以為對象的理由（按這是說對象所由構成的性格、要素），而這些東西不能獨立於官覺。這樣，對象有對象者，或對象同於對象者。對象也好、對象者也好，都是客觀實在，它的對象性、對象質則不是客觀實在。金氏明白地說，對象者的存在不是隨官覺而生滅的，它是獨立地存在的。它的存在是在官覺或官覺事實（官覺活動）之外的。很明顯，金氏把對象和所關聯者二分，一是對象或對象者，另一是對象的性質（對象性、對象質）。前者有客觀實在性，獨立於我們的覺識而存在，後者則沒有客觀實在性，不能獨立於我們的覺識而存在。金氏又說對象性是相對的、有待的，它相對於官覺，有待於官覺；但又說不被官覺（作動詞解）的不是官覺的對象，這又似乎設定有另一種對象，它不被官覺、不受官覺的作用，它的對象性卻可被官覺。

　　在這裏，金岳霖對對象性的理解，與我們一般的理解不同。一般的理解是，對象或個體物是會變化的，是變數，對象性、對象質則是不變的，它是使對象或為對象的那個性格、本質，是不會變化的，是常數。

　　金岳霖的這種有關對象問題的說法，相當迂迴曲折，讓人易生迷亂之感。大體上，他的觀點是，對象具有客觀獨立實在性，可以離開我們的官覺或覺識而存在，其基礎是外界實在。至於它的性質，說對象性也好，對象質也好，都是環繞著對象而為我們的覺識所感知的，它不能離開我們的覺識而有其獨立存在性。所謂「對象者」，是對象的異名，是特別就作為個體、個體性而說的對象。這樣的存有論的思維方式，是流行於西方哲學的解析法，在實體與屬性兩者之間，劃出一道分水嶺，把兩者分開。實體是個體物本身，屬性（attribute）則是它在覺識面前的呈現。實體屬本體

界、實在界，不過不可說為是物自身層面的東西。性質或屬性則是現象層面的東西。以唯識學的詞彙來說，實體相當於種子，屬性則相當於種子現行，在外面有所呈顯的表象識（vijñapti）。但這種類比（analogy）不是很好，主要理由是金岳霖是取實在論的立場，唯識學則是觀念論、心識論的立場，要比較雙方的重要概念，得澄清很多有關問題，筆者在這裏沒有很多篇幅，因此也就點到即止，不加闡釋與發揮。

　　按實體與屬性在西方哲學來說，是知識論的範疇。康德在其知識論鉅著《純粹理性批判》中有十二範疇說，其中一個重要範疇便是「實體與屬性」，它把實體與屬性兩者綜合起來，作為知識論的一個挺重要的概念，把存在物的這兩個面相拉在一起，讓我們在有關方面建立客觀的、有效的、同時具有知識論義與存有論義的知識。這自然很好，但這只能行於世俗諦或現象世界的層面。對於勝義諦或第一義諦或終極真理來說，這種實體與屬性在知識論上的區別狀態及在存有論上的分離狀態是要被克服、被化解的，化解成一種圓融狀態。在這種狀態中，實體與屬性並不分開，而是圓融地交結在一起，兩者完全是同一的。既是同一，則亦不必在概念上立這兩個概念、名相。在這種處理中，實體與屬性是甚麼東西呢？這正是存在、真理的呈顯，我們可以引用海德格的具有洞見的名言「存在的本質是呈顯」（Sein west als Erscheinen），或是存在在呈現中實現、證成它的本質。在這種情況，實體與屬性已合而為一，一切只是呈顯（Erscheinung, Erscheinen）而已。這在筆者所提出的純粹力動現象學來說，實體與屬性都同是純粹力動在詐現這個現實世間的表現。一切除了力動外，並無他物，無所謂客觀實有。由實體與屬性一範疇易使人想起體與用範疇。在純粹力動現象學的思維中，沒有體用關係，體與用完全是同一回事；實體與屬性也是一樣，兩者沒有關係，實體與屬性完全是同一回事，一切都處於圓融、圓極狀態中。

　　關於對象與官覺、覺識的關係，金岳霖有進一步的說法。他認為對象也是獨立存在的。對象不只是對象之所以為對象而已，如果它只是對象之所以為對象，它當然不能獨立於官覺。他指出，在這裏所談的對象是被官

覺的，它的對象性雖不能獨立於官覺，但它的存在獨立於官覺。對象的存在是一件事，而官覺覺得它存在又是一件事。對象的存在當然不必獨立於官覺者的別的活動，但是就官覺說，對象的存在是獨立的。這也意味我們一般所接觸的對象是實在的。金岳霖在這裏明確地指出對象的獨立存在性，獨立於官覺而存在。他還說對象存在與我們以官覺來感受它存在不是一回事，這明顯表示對象存在與官覺無關。他又區分對象與對象之所以為對象的相異。對象是對象自身，它有獨立存在性；對象之所以為對象，則是對象在官覺面前所被覺識到的性質、狀況。這與上面說對象性不同於對象，後者是對象者，前者則為對象性、對象質，與對象性質是相應的。對象能獨立於官覺而存在，對象性則為官覺或覺識所知，其存在性不能離開官覺或覺識。這段文字明確表示出金岳霖的外界實在的立場：對象是外界的，有獨立實在性；對象性則對官覺、覺識而言，其存在性依賴於後者。

　　金岳霖在這裏，有被人質疑的空間。他提出對象有兩層涵義：被官覺的對象和對象之所以為對象的條件或內容。後者不能獨立於官覺，它沒有獨立的存在性；前者則具有獨立於官覺的存在性。這和一般的看法剛好相反：對象是個體物，其存在性是相關於官覺或我們的認識機能，由於這種相關性，對象只能在相應於認識機能的脈絡下說，離開這種脈絡，對象的存在性便無從說起，更不要說獨立於官覺或認識機能的「獨立性」了。而對象之所以為對象，則是它能作為對象、被視為對象的條件，亦即是對象性。它不是個體物，不是關聯著官覺或認識機能的脈絡說，而是作為具有一客觀的條件或性格的東西來說。這種客觀的條件或對象性應該具有普遍性，而且是獨立存在的普遍性，不必依賴、關聯到官覺或認識機能。柏拉圖的理型和康德的範疇都是在這種脈絡、涵義下說的。因此，理型和範疇的性格，對於個別的事物或對象來說，具有規範的作用，是客觀的，是有其獨立存在性的。這便成就了康德的觀念論的哲學形態。柏拉圖的理型說是實在論，但他強調理型可為我們的思想所把握，則離不開觀念論。這是在認識論的次元（dimension）或導向（orientation）上說。

　　對象既是獨立於官覺，則它的存在是本有的，它本來便在那裏，不由

官覺、覺識所創造、生起；因此，對象不是作品。這是金岳霖的實在主義的知識論的歸宿。

以上我們分別闡述了法稱和金岳霖的知識論，他們對知識特別是知識的對象的看法很是不同。在法稱來說，對象作為我們要認知、認識的東西，不是在外邊，不是客觀而獨立的，卻是由心識變現、詐現而來的，沒有了心識，對象完全不能說。因此，我們心識認識對象，不是認知外界的、在現象之外的東西，而是認識自己，因此而有知識的自己認識（sva-saṃvedana）的說法。金岳霖的知識論的立場則完全不同。他認為外物作為我們認識的對象，有其實在性與外在性，它具有自己存在的條件，不需由心識變現出來。他是承認外界實在的，認為我們日常所接觸的東西，都有實在性。在這裏，我們可以抉擇出經驗主義的知識論與觀念主義的知識論的分歧。

第九章　道德哲學（倫理學）

　　以上我們花了不少篇幅探討形而上學與知識論方面的問題。以下把研究的重點移到價值哲學方面來。就內容的多元性來說，價值哲學較諸前二者要繁複得多，這涉及我們在意願上、意識上的取捨、揀擇問題，這包括倫理學、人性論與宗教哲學諸方面的問題，與藝術哲學、文化哲學、歷史哲學等也有一定的關連。以下先看倫理學部分。

一、甚麼是道德

　　關於倫理學（ethics），有人亦稱為道德哲學（moral　philosophy）。此中最重要的問題，自然是「甚麼是道德」。在這裏，我們先不直接討論這個問題，而先看哲學上對道德行為或價值的不同說法。在這方面，我們依次作出一些闡述。第一，有人以為道德價值關連到興趣與興趣的接觸，其間有一種調和的關係，讓兩種或多種興趣都能實現。這種說法以為，就一種興趣而言，不論它是否得到滿足，都難以說道德價值。但若一種興趣與另外一種興趣接觸，則會引致道德問題。例如當前有一塊熱狗，這不是我自己的所有，而為他人所有。若我未得他人的允許，取熱狗來吃，則我的行為便是不道德了。因為這只實現我自己的興趣，未實現他人的興趣。但若給予他人十大元，而得到他的允許，取熱狗來吃，則我的行為便是道德的。這是由於兩方面的興趣都能實現。很明顯，前者的做法，是忽視一方的興趣，而只著眼於滿足另外一方的興趣。這即是損人利己，是不道德的。後者的做法，則同時兼顧與滿足兩種興趣，這是利人利己，是道德的。前一種做法只滿足一種興趣，後一種做法則滿足兩種興趣，故前者不

及後者有道德價值。這種說法以為，行為若能滿足一種興趣，可以說好；滿足兩種興趣的更好；滿足多種興趣的為最好。所謂好是就道德來說的。

第二，另一種說法是以快樂來說道德價值，這便是所謂快樂論（hedonism）。這種說法承認興趣的滿足可產生道德價值，但它所謂興趣，其實等同於快樂。根據這種說法，行為若能產生快樂，或快樂多於痛苦的，便是善，便有道德價值。行為若引致痛苦，或痛苦多於快樂，便是惡，便是不道德。這種說法有一弊端：快樂是很主觀的，因而道德也是很主觀的，缺乏客觀性。例如打欖球，有人非常喜歡，有人則非常討厭。就這種說法來看，這其實是實用主義（pragmatism）的道德觀，以快樂來界定和決定道德。進一步說，快樂是有用的，有用便是道德。由於金錢、財富至為實用，因而金錢、財富也變成具有道德的性格了。

第三，另有一說法，以善的意志來說道德。這說法否定以快樂來說道德，他們認為，快樂說與興趣說不外是以結果來說道德而已，這不是道德的本性。他們認為，行為之是否有道德價值，不在於它的結果，不在於它能否產生快樂，而在於它的動機，在於我們的意志。意志若是善的，則由意志所發出的行為便是善的，便有道德價值。意志若是惡的，則由意志所引發的行為便是惡的，便是不道德。這說法牽涉到良心問題。人的行善，不是在求快樂的效果，亦不是求興趣的滿足，而純是服從良心的方向來行事，或奉行道德律的命令來做事。他們重視義務（duty）觀念，提倡我們應當為義務而盡義務，為道德而盡道德，不應在義務與道德之外，求取另外的目的。即是說，他們認為，義務與道德本身便是目的。

第四，另一說法強調自我實現，認為自我向完全、完美方面發展，便是道德。他們認為，人有道德的欲求，這便是要求得自我的完全實現（perfect realization of self）。人有一種意識，要追求自我的完美性，發揮自己的潛能，因而促發我們向各方面發展，務求各方面都達致真、善、美的境界。所謂道德便是存在於自我對這些完美的境界的追求中。但為了追求這個目標，致影響或損害他人的利益，這又涉及另一層次的道德問題。例如甲、乙、丙三位運動員在田徑賽跳高項目中都入三甲。若甲拿金

牌，則乙和丙便不能得金牌，只能爭銀牌了。

第五，另外一種說法以理性（reason）、理智（intelligence）來說道德。他們認為理性、理智是人的本性，人依這本性來生活，便是道德。即是，事事做得有條理，按部就班去做，便是道德。所謂道德行為即是理性的行為，這即是有理序、有清楚確定方向的生活。所謂理性是在與情感與欲望相對抗之下提出來的。人的生活，如依理性而行，一切有節制，適可而止，沒有過分，也沒有不足，便是道德。如依情欲而行，做得過分，泛濫而無歸，便是不道德。理性與情欲常有爭鬥，理性爭勝，便是道德，便是善；情欲爭勝，便是不道德，便是惡。

以上的說法，以第三種以善的意志來說道德最為完整、合理，也較多人接受。第一種以興趣來說，興趣缺乏客觀性，和個人的性好有緊密的關連。第二種以快樂來說，則太寬泛，不同的人有不同的快樂模式，有人以攀山為樂，有人以游水為樂。這兩種活動，何者與道德有更密切關連，很難說。第四種重視自我實現，但這自我實現有難有易，這難、易與道德扯不上關係。第五種強調理性、理智，這偏於概念思維，是知識活動，不宜與道德混淆起來。第三種涉及良知、羞惡問題，與道德行為不能截然分開，故較有說服力。以下即探討關連著良知、羞惡的善的意志的問題。

二、善的意志

關於以善的意志說道德的問題，以康德的說法最周延和具有代表性。這主要見於他的倫理學的著作特別是《實踐理性批判》（*Kritik der praktischen Vernunft*）中。康德以為，道德的基礎在於意志對於格律（maxim）的遵從，而這格律具有約束性和普遍性。約束性或道德的約束性（moral mandate）是指每一個人都應遵守，普遍性（universality）是指這格律適用於每一個人，不管他的種族、國籍、出身、教育水平、宗教信仰等個別條件為何。

康德認為，這道德格律的本質是一種「應該」（Sollen）的意識，以

定言律令（categorical imperative）表示出來。例如「人不應該說謊」、「人應該說真話」。而且，遵循著道德格律而行本身便是目的，便具有崇高的價值。人說真話，不說假話，並不是因為這樣做會帶給人很多好處，達到某種牟利的目的。而是因為這樣做是應該的，是一種責任，它本身便是目的。[1]

　　道德格律與法律同時具有制約的作用。法律的制約作用通過懲罰來維持，如說假話判罰一千元。道德格律的制約作用則通過教育、教化來維持，要人發揚本有的道德意識、道德自覺，自覺到說假話是一種不正確的、不合理的行為，特別是透過編造謊言來取得暴利，會受到良心的責備，因而不說假話，而說真話。這種制約具有普遍性，它不單要求別人應該說真話，不說假話，同時也要求自己應該說真話，不說假話。

　　跟著轉到善的問題。道德與善有密切的關連。康德認為，真正的善是道德的善，這是由服從道德的格律、表現道德的行為而帶來的善。而道德的意涵，處處見於格律的普遍性，格律必須被尊重與被服從。儘管人有其自身的主觀願欲、興趣與利害考慮，但在道德格律面前，必須放棄這一切，而遵從道德格律來行事，這便是道德。而真正的善，也只能從這一面說。如某商人要求批發商說真話，他也必須對顧客說真話，即使說真話使他無利可圖，或只得小利，他也必須這樣做。如相機成本 1000 元，他可賣 2000 元，賺 1000 元。若他說假話，謂相機成本 2000 元，他便可賣 3000 元，賺 2000 元。但道德的良知催促他必須直說成本 1000 元，他賣 2000 元，只賺得 1000 元。就他遵守說真話的道德格律來說，他便是一個道德的商人。因他尊重「人應該說真話」這一道德格律，他要求別人遵從這格律，而自身也遵從這格律，這表示他認可格律的普遍性：道德格律不

1　有人捐錢辦學，不附有任何條件，只是感到捐錢辦學是一種應該做的事，本身便是目的。這樣捐錢是道德的行為。香港中文大學有一所逸夫書院，由富豪邵逸夫資助大筆款項而得成立。倘若捐助有附帶條件：以自己的名字作為書院的名字，則這行為不能算是道德的行為，則捐錢不是目的，只是為了「好名」而已。但若大學當局認為要以捐助者的名字作為該學院的名字，以表揚捐助者的行善，這則是另外的問題了。

只制約別人，也制約自己。他自己也接受這種制約。

　　上面說真正的善是道德的善，而道德是成立於對普遍的格律的尊重中。故真正的善其實是指那普遍的格律的善而言。格律自身是善，因而依格律而行的行為也是善。這裏便面對一個重要的問題：甚麼是道德的行為呢？我們可以這樣回應：一種行為，倘若它是依從道德的格律而發，則它是道德的行為。更確切地說，是道德地善的（morally good）行為。這與善的意志（good will）有密切的關連。以下即探討善的意志。

　　這裏我們還是要從道德的善開始說起。道德的善是客觀的，它的約束力對每一個人都應是有效的。每一具有理性的人只要能依從道德格律而行事，便能具有道德的善。但道德的善也有主觀的基礎，康德稱之為善的意志。意志之所以是善，不是由於它會帶來任何有利的結果，卻是由於它自身的意願：意願遵從格律來行事。它的矢向獨立於感官情欲與個人利益，而有其獨立的價值。人如能把持得住這善的意志，不隨順感官情欲的腳跟起舞，也不受制於個人利益，即能表現道德行為。這善的意志表現在意識上，即是善的意識。

三、善的意識的內在性

　　有人可能會問：這善的意志或善的意識是行善的根源，但是不是每一個都具有的呢？抑是只有那些天資高、頭腦清明的人才有的呢？這是善的意識的內在性（immanence）問題。東西方很多哲學家都認為，每一個人本來都具有道德的善的意志，或道德的善的意識，這便是道德的善的意識的內在性。他們認為這種道德意識是超越性格的，不含有任何後天的、經驗的、實然的成分。只是它時常為我們的感官欲望所障蔽，致不能實現、顯發出來。我們倘若能夠覺悟它的存在性、內在性，而實踐修行，盡量把一切後天的感性的因素掃除，回復原來所具有的善的意識的明覺，所謂「捨妄歸真」，捨棄這些後天的虛妄不真實的因素，便能顯現本來便有的意識。

　　有關道德的善的意識的內在性，我們引康德與孟子的說法來印證。先說康德。康德以道德的義務的知識來說道德的善的意志，表示人人都具有這種知識。他表示，要展示平常人的理性為何，知道怎樣分別甚麼是善，甚麼是惡，和甚麼是與道德的義務相符順，甚麼是不與道德的義務相符順，並不困難。他並強調那些有關每一個人都有責任去做，因而也去知的知識，都是內在於每一個人的生命中，最平凡的人都沒有例外。我們可以看到，康德在談論知善知惡，盡義務與不盡義務的意識，其實即是善的意志的表現。康德以為，人人本來都能知善知惡，知道怎樣去盡自己的道德義務。即使是最平凡的、庸碌的人，都有這種意識。故這種意識是內在的。

　　康德甚至認為，人在與現實的經驗世界接觸之先，已具有這種意識了。他強調，這種我們稱為「道德的」的卓越的善，早已具在於順著這法則的說法而行的人的生命存在中，我們不必先由效果方面去尋找這種善。很明顯，康德認為道德的善，是內在於人之中，人本來便有這種善的意識。這種意識與行為的效果或實際效益並無必然的關係。即是說，人本來便有行善或實踐道德行為的意志、意願，人本來便會行善或實踐道德行為，並不是因為有實際效果才這樣做的。例如某甲看到某乙殺人，被邀出庭指證某乙。某乙則允諾若他說假話，不說真話，不說某乙殺人，便給他10 萬元酬金。但最終某甲仍說真話，指證某乙殺人，結果得不到 10 萬元酬金。某甲這樣做，是道德的善的意識的表現，不受得到 10 萬元酬金的實際效益的影響。他可說是一個有道德的人。起碼在康德的想法中是如此。

　　道德的意識或行善的意識既是內在的，故康德以為，我們所關心的，不是教人培養這種行善的意識，因為它已經存在了，我們要做的，是幫助他們把它顯露出來，付諸實行，但這種顯露是否可能呢？康德的答案是肯定的，他認為人人都能實踐行善的意識或知識，他強調，當道德的法則命令我們要成為一個較好的人時，我們定然地是可以成為一個較好的人的。康德的意思是，我們本來便有善的意識，也能實現這種善的意識。他顯然

認為，實踐道德的善，是意志問題，意願問題，只要有意願，沒有做不到的。這不是能力或技術問題。人不實踐道德，「是不為也，非不能也」。[2]

　　至於孟子對於善的意志的內在性的說法，他提出惻隱之心的內在性的問題。孟子的「惻隱之心」相應於康德的「善的意志」。孟子以為人本來便具有惻隱之心或不忍人之心。人若見到別人處身於危難之中，便有惻隱的情懷，不忍心他人受苦，因而會激發起具體的行動，以改變當前的處境，使當事人從危難之中解放開來。孟子又特別強調這惻隱之心便是人的本性，他以心言性。特別是，這本性是超越地生而有之，「天之所予」，不必依待後天的學習才能得到的。孟子以為，倘若沒有其他感官利益所引誘，或邪惡的因素所障蔽，人會自然地、自動自發地表現這惻隱之心，去幫助他人，使他們從苦痛煩惱中脫卻開來。即使人為後天的負面因素所滋擾，因而表現壞的行為，亦可透過教育特別是道德教育所轉化，而恢復原來的明覺的心性。

　　但本性歸本性，現實歸現實，在現實生活中，人常會為利益熏心，忘卻這種本性，而向邪惡方面傾斜，做出種種見利忘義、損人利己的事，與惻隱之心的原來方式相對反。因此後天的教育還是非常重要。我們不能憑藉這天生的善性，以為一切會安然無事，卻要在後天的教育方面下重手。而一切教育的基礎在道德教育，目的是要使人確認這惻隱之心，判定這是人的本性。人之所以異於禽獸者幾希，只在這惻隱之心的本性而已。我們絕不能讓這本性受到一切外在的感官對象所熏蔽、誘惑，卻是要在現實的生活行為中展現這惻隱的本性，讓它的明覺主導我們的一切活動。

2　康德認為是否實踐道德行為，完全是意願的事，不是能力的事。我們不進行道德實踐，說不能做到，能力有所不逮，是推託之詞。這相應於孔子在《論語》中所說「為仁由己，而由人乎哉」，「我欲仁，斯仁至矣」。孔子的意思是，行仁是一種道德實踐的行為，完全是由意志、意願所決定，要做，便一定做得來；不想做，說沒有能力，是假的，是假借之詞。王陽明的「四句教」中說「知善知惡是良知，為善去惡是格物」，也有這個意思。我們的良知本來便知道甚麼是善，甚麼是惡，而且在行為上表現出來：為善而去惡。此中沒有能、不能的問題，而是願不願意做的問題。

　　至於道德問題，孟子以為，惻隱之心便是道德心、道德主體。一個人若能撇除個人的一切利害考慮，順著惻隱之心的方向、指向來行事，便是道德。道德發自應然、應該的意識，它是無條件的，我們不能為了某些條件或目的而表現道德行為。道德行為和意涵本身便是目的，是我們的終極關心（ultimate concern）的所在。至於善，孟子以為，道德本身便是善。進一步說，道德是善的根本。世間一切的善，都需以道德來解釋，都歸向於道德。道德有如大海水，它能吸納百川之水，能容受一切河水。若以價值來說善，則世間很多東西都有價值，都是善的性格，如知識、財富、權力、地位、名譽。但孟子以為，只有道德才是真正的善。或者說道德是一切善、一切價值的總根源。一切善、一切價值都可在道德的總持的框架中找到其適當的位置。

四、人性問題

　　倫理學中有一個重要的部分，這便是對人性的探討。人性即是人的本質，那是對比著其他動物的性向而言的。一般來說，西方人看人性，強調認識與思考方面，他們以人是會思考的動物，亞里斯多德說人是理性的動物，並以此來界定人。中國人看人性，則重視其道德性方面，強調人的自覺，特別是道德的自覺、道德的意識。有人或者會說，康德不也是說人的惡性特別是根本惡麼？按康德的人性觀，說法是多元的，他有時說及人的惡性，有時又肯定人的正面性，甚至以人性等同於耶穌之性，與後者沒有本質上的不同。這是比較少有的說法。

　　對於人性問題，中國人由於重視生活上的實踐，不太講究理論思辨的面相，他們對人性的觀察、探討和反思，是比較複雜的，其廣面與深度也相當強。說法很多元，但可以荀子和孟子的說法為代表。荀子提出性惡論，孟子則提出性善論。兩者的說法，表面上是矛盾的、相對反的。實際上並非如此。荀子是從人的非理性亦即是動物性一面說，是經驗主義的人性論；孟子則是從人的理性特別是道德理性一面說，是理想主義的人性

論。他們是從不同的層面說人性，故沒有矛盾。孟子不必否定荀子所說的
人的動物性一面，甚至提出人與動物、禽獸只有少許差別，他也會接受荀
子所提出的對禮樂文制的開拓。荀子也不會全盤否定孟子所說的人的善
性，起碼對於他所提倡的粲然明備的禮制，人是需要有一種善心來學習
的。

　　先說荀子。荀氏是一經驗論者，他肯定人是一感官經驗的存在，本來
並沒有一種超越感官經驗的道德的、實踐理性的心靈，一切都是從感官經
驗的現實情況來考量。因此超越的思考與價值判斷便無從說起。關於人性
方面，荀子以自然的（natural）、生物學的（biological）角度來看人性，
視之為一自然的生物本能，所謂「生而有」。這表現在生活上，是「饑而
欲食，寒而欲暖，勞而欲息，好利而惡害」。這是一種自然的性向
（natural disposition），一切生物（動物）都是如此。這些都與道德的方
向不相符順。道德的方向是，盡量排除一己的現實的利益考慮，只順著應
然的、應該的意識而行。例如隨順人不應該說謊話的道德理法而行，即使
說了謊話會帶來當事人切身的好處，也不這樣做。

　　這樣荀子便提出「天生為性」的見解。人出生的性向、傾向，即是他
的性；這與其他動物沒有本質上的分別。故荀子的性、人性與動物性
（animality）是屬同一層次。若順生之謂性而行，則由於人有貪念，[3]而
自然和社會的供應、供給有限，不能滿足人的願欲，最後常會引致性向的
過分運用，而流於泛濫，出現你爭我奪的情況，最後會訴諸爭鬥，使用暴
力來解決，因而不免造成死傷的景象，這便是「性惡」。《荀子》書中
〈性惡篇〉說：

　　　今人之性，生而有好利焉。順是，故爭奪生而辭讓亡焉。……從人
　　　之性，順人之情，必出於爭奪，合於犯分亂理，而歸於暴。……人

3　佛教說貪、嗔、癡，儒家亦說。只是佛教說得比較嚴重，謂人生有三大煩惱：貪、
　　嗔、癡。

> 之性惡明矣，其善者偽也。

這個說明很清楚，能展示人的性惡的來由。即是：若順著生物本能的性而行事，「饑而欲食，寒而欲暖」，這是中性的，動物也有這種性向，不必是惡。但人有不足之心，也有不服之念。若順性而行，以至泛濫起來，超過底線，只顧滿足自己的貪念，而不理會他人的福利，也不顧全公義，致生起紛爭與暴亂，這便是惡。例如甲、乙二人放工吃午餐，每人叫了一碟牛肉炒河，甲吃完了，覺得還未滿足，也不過癮，便搶著乙的那一份來吃，乙不服氣，便與甲爭持起來，最後竟大打出手，以武力來解決，最後導致餐店暴亂起來。如有這種事情發生，便是惡。「性惡」便是在這樣的場合中說；它並未有人本來便是性惡的意味，而是，人之性，本來是中性的，無所謂善惡的。只是人有貪念，以非法的方式取得利益，而引來受害人的反抗，雙方以打鬥的方式來解決問題，同時也引來同朋參與，致爭鬥的人數不斷提高，引來社會暴亂，才有所謂「性惡」。

由性惡而引致社會起紛爭、暴亂，是需要對治的，這要依靠人為的努力，所謂「偽」。荀子認為要「化性起偽」：轉化人與人之間的爭鬥和平息社會的暴力事件，這得依靠人為的努力。故性與偽常被對舉。《荀子》書中〈性惡篇〉說：

> 不可學，不可事，而在人者，謂之性。可學而能，可事而成之在人者，謂之偽。

這便是性與偽的分別意味。偽不是虛偽一類不好的東西，而是人為的努力。

現在的問題是，化性起偽是不是可能呢？荀子認為可以，其動力來自聖人，也即是聖人的教育。性是「可化」的，可改變的。聖人能制作禮義法度，使人民學習，以禮義法度來規範、約制人的行為。但又有一問題：人能否學習禮義法度，有否認識與接受禮義法度的能力呢？荀子以為能，

他說人有虛一而靜的認識心學習禮義法度。虛是空靈，一是專一，靜是寂靜。這些都是成就認識活動的良好條件。荀子並且認為，人學習禮義法度，最終可以成為君子、聖人。這些都是荀子的理想人格，也是他的人生理想。如何能夠有效地達致這一境地呢？荀子提出「師法」，表示應該追隨賢明的老師學習。學習的對象，以禮為主，所謂「隆禮」。荀子認為師法可以讓我們有效地、正確地認識禮，而隆禮則可以讓我們的行為得到改善，而上軌度。

扼要言之，荀子就動物性層面來看人性，視之為中性的東西，無所謂善惡。但若這作為人性的動物性的表現泛濫起來，超越底線，便會造成種種衝突，在社會上生起暴亂，便有惡的結果。荀子即在這脈絡下提出性惡。他要人師法、隆禮，學習聖人提出的禮義法度。但這些禮義法度是外在的，是要學習而得的，不是人生命中本來便有的。但這禮義法度的外在性格使荀子的理論陷入困難。因禮義法度由聖人所創制，而聖人本來也是凡人，也有性惡的傾向或可能性，他也要師法與隆禮，即要依靠另一聖人來制定禮義法度，俾他能夠學習。而這聖人本來也是性惡的，他也要依靠更早的一代聖人去制定禮義法度。這樣勢必追溯至無窮。這無窮追溯讓荀子的理論陷入困境。

以下看孟子。孟子以善說人的本性，以這善性是內在於人的道德心中，不必外求，因而不會有無窮追溯的理論困難。進深地說，孟子超越了荀子所著重的自然生命的本能的層面論人性，而是從先驗的、超越的道德理性層面來說人性，以之為人的道德意識、應然意識或道德自覺的表現。這是人不同於一般動物的，為一般動物所無的生命素質。他說「人之異於禽獸者幾希」，表示人與禽獸不同的地方，其實很少，只有在道德自覺這一點上，人與動物不同。人有這種道德自覺，動物則沒有。[4]孟子稱這種道德自覺為「惻隱之心」、「不忍人之心」。他認為，人總有一種不想見

---

4 關於這點，就現代科學的角度來看，是否真確無誤，我想是可以商榷或作進一步研究的。

到他人處身於危難、不忍心他人墮落而袖手旁觀的心理。人總會奮發起來，表現一些具體的行動，要改變這種狀況。即使自己有所犧牲，亦在所不計。孟子認為這種心理是人人都具有的，這便是道德意識、道德自覺。孟子把這種心理視為人本有的道德意義的善性，視之為人的本質。

關於人人都有不忍人之心或惻隱之心，或道德自覺，孟子提了出來，而且有論證。他在其書〈公孫丑章〉說：

> 人皆有不忍人之心。……今人乍見孺子將入於井，皆有怵惕惻隱之心。非所以內交於孺子之父母也，非所以要譽於鄉黨朋友也，非惡其聲而然也。

按這段文字欠完整，它的整全的意思應該是：

> 人人都具有不忍心見到他人有危難而袖手不顧的心理。例如有人突然見到一個嬰兒爬向井方，將要接近井口而掉下去了。他必會感到驚諤而不忍，猛地撲過去，將嬰兒拉回來，不讓他跌落井中而喪命。他這樣做，並不是要與嬰兒的父母打關係，希望得到好處。他也不是要在鄉里朋友方面建立好的、慈善的名譽。也不是害怕若不拯救嬰兒會讓自己蒙上殘忍的、見死不救的壞印象。他這樣做，是內心的不容已，他只是有一顆善心而已。

孟子表示，這樣的事故有其普遍性，每一個碰上這樣的經驗的人，都會這樣做，沒有其他目的，只是不忍心見死不救而已。他把這不忍心、不會見死不救的心念稱為「不忍人之心」、「惻隱之心」。他強調這便表示人人都有這種作為道德自覺的善心、善性。

孟子認為，人的具有這性善或善性，是一種超越感覺經驗的心靈上的

事實。[5]這善性是任何感覺經驗都不能解釋的，人本來便具有這種善性。因此我們所關心的，不是向外接受種種教育與訓練，去培養、成就這種善性，而是如何深入地認識自己，滲透到自己本質裏面去，把這種善性確認出來。這是一種生命存在的自覺的反思工作。但人能否這樣做呢？能否確認這種善性，把它在日常生活中實現出來，而成為一個有道德的人呢？孟子的答案是肯定的，他認為人本來便具有實現善性的能力，「是不為也，非不能也」。

這便牽涉到生活實踐的問題。善性固是人人所共有的，但只作為一種潛能（potential），存在於人的心中，我們必須把它實現（actualize）出來，讓它強化，開拓出種種德性成果，以至整個生活世界（Lebenswelt）。如何才能這樣做呢？孟子提出他的實踐方法。實踐的第一步，是把善性或道德自覺從一般的感官欲望、情欲、貪欲、貪念等動物性的心理欲求確認出來，視之為真正的自己、真我。但如何能確認真我呢？一般人做事，總是環繞著個人的私利、自己的切身利益來考量。但人有時也會反躬自省，對於自己過往只顧個人利益而做事感到不安，認為也應該照顧一下他人的福祉。這種應該、應然的想法，正是一念良知的表現，按孟子的說法，這正是人的善性的流露。這便是人的真我所在。我們必須提高覺醒、警惕，及時把捉著這一念良知，好好把它確認出來，加以攝握，不要讓它走失。

體認到一念良知，要有一段存養工夫，使這一念良知能夠堅持下去，延續下來，讓它在我們的日常生活中發揮影響力，使自己有一個道德性格的人生。孟子說「盡心知性知天」，又說「存心養性事天」，存心養性，或存養，是對於善性或良知的工夫內容。這種工夫需要表現得自然、恰當，無過無不及，所謂「勿忘，勿助長」。這種工夫有兩面可做：消極一面是節制欲念，所謂「寡欲」。欲是耳目官能的作用，它可以不斷膨脹，

5　日本京都哲學家西田幾多郎也談心靈的事實的問題，但他是在講宗教，不是講道德。他的宗教觀與孟子的道德觀很有對話的空間。

障蔽人的心靈的明覺，使人的良知的靈明如曇花一現，不能持久。故我們對於這欲念，需要節制、監管，不使它泛濫起來。積極的一面是「擴充」。這是把善性在深度和廣度方面開拓，增強它的影響力，由自己的生活擴展開去，以及於社會各階層，「幼吾幼以及人之幼，老吾老以及人之老」。[6]

五、關於幸福：亞里斯多德說

以上我們花了不少篇幅探討善的意志與人性論等問題。以下要闡述一下一個很關要同時也不是很清晰的倫理學的問題，那便是幸福（happiness）。「幸福」概念的所指，自然是正面的、肯定的生活素質，但這樣說，仍有很大的意義上的模糊性（ambiguity）。即使再說幸福是我們人人所要追求的生活方式，還是不清楚。不同地域的人追求不同的生活方式，當然這也得與地域的環境、天氣、氣溫方面配合起來。這樣，問

---

[6] 孟子以至儒家傳統強調性善，對於中國文化傳統中的政治活動，始終存有遺憾的問題。德國社會學家與哲學家韋伯（M. Weber）注意到這點。他把儒家與基督教作對比，說儒家太強調諧和性格，這與它的性善觀有一定的關連。他認為儒家倫理與基督新教倫理在精神取向上甚為不同。基督新教倫理表現一種發自內心的力量，要控制自己，控制世界，要主宰世界。因此在人與世界之間有一種巨大的緊張性。儒家則傾向於鬆化這種緊張性。在這種對比之下，基督新教教徒視自己的本性為惡的、有罪的，對這本性要加以控制。儒家則強調人的善的本性，因而感到樂觀，不能正視人的負面性格，例如惡性、罪性，也不求控制它，反而產生聖王的思想，只盼望聖君賢相的政治理想。韋伯與一些自由主義者將儒家的人性論與基督教的人性論作一比較，認為儒家過於樂觀，以為人始終是性善，可以放心地把國家事務委諸聖王，相信他不會出錯，因而不對他的權力加以限制，結果開不出民主政體。基督教則自始至終都以人有罪性，是不可靠的，故要對這罪性警覺，不讓當政者濫用權力，為非作歹，因此重視人民對當政者的選舉與監察的權利。這樣便逐漸建立起民主政體。這種看法大體上是不錯的，但未有充足地留意儒家亦對人的性惡有所警覺，而且強調要通過道德教化來轉化這種性惡狀況。按這些點，我在拙著《當代新儒學的深層反思與對話詮釋》（臺北：臺灣學生書局，2009）中有較詳細的闡述。

題便變得更為複雜。即使暫時拋開這些問題不談，我們還是會問：幸福與我們時常掛在嘴邊的快樂（pleasure）是否同一意思呢？或各指不同的東西呢？它與道德（morality）又有甚麼關係呢？道德的行為是否必定可以引致幸福呢？幸福是否可分開為感性或身體上的幸福，與行為上的心靈的幸福呢？兩者有無不同呢？有些人寧願殺身成仁，捨生取義，也不接納高官厚祿、榮華富貴，到底為的是甚麼呢？這些都是很惱人心思的問題。在這裏，我們先不要想得太多，先看一下西方一些著名的哲學家對幸福的看法；他們是亞里斯多德、聖多瑪斯和康德。

亞里斯多德著有《尼可馬致安倫理學》（*The Nicomachean Ethics*）一書，泛論倫理學上的眾多問題，幸福是其中的一個重點。他就兩個途徑來說幸福。首先，他就形式方面指出，幸福是最後的、自足的和行為的目的。實際上，就涵義來說，這三個概念：「最後的」、「自足的」、「目的」，是相互包涵的。亞氏解釋，某些東西自身時常可願欲的，不是為了另外目標而被追尋的，這些便是最後的東西。他又把自足的界定為單單其自身便能使生活成為可願欲的和不缺少任何東西。至於目的，它是最後的，不是另外的東西或理想的手段。

以上是外延地說幸福。另一途徑是內容地說幸福。亞氏替幸福下了一個定義，即是，幸福是靈魂依從完全的優越性（virtue）而表現的活動。要注意的是，他把幸福作為一種活動（activity）或活動性來看，與我們通常說幸福是一種感受不同。他又特別把幸福從娛樂區分開來；他說幸福是一種善的活動，而不是一種娛樂，後者使人鬆弛下來，它是具有鬆弛的目的的。第二，他強調作為活動的幸福與優越性的關聯。他解釋說，我們通常並不說一頭牛、馬或任何其他動物是幸福的，因為牠們都不能關涉依從優越性而表現的活動。同樣，我們也不說一個小孩是幸福的，因為由於年齡的關係，他們未能表現優越的行為。對於亞里斯多德來說，優越的行為或其反面是決定是否幸福的重要因素。要注意的是，這裏說的優越或優越性並不必然是道德意義的，而是多面意義的。它可以是道德的，可以是理智的，也可以是技巧的。其中還是以理智、思考一面為主。因為這些理

智、思考是西方文化的長處。

　　快樂又如何呢？它是否便是幸福呢？關於這點，亞氏的答案不是很明確。他把快樂與痛苦（pain）對比起來，視後者為惡，[7]因此視快樂為善。他認為快樂是當下充實的，它不需過渡：由不完滿漸進地變為完滿，卻是每一瞬間都是完滿。在幸福與快樂之間，亞氏似乎視幸福為精神性的，而把快樂關連到肉體的、物理的方面。

　　快樂沒有等級，當下完滿。幸福則不同。亞里斯多德以為，就人來說，幸福有不同程度；而完全的幸福，則是冥思的生活（contemplative life）。這種生活愈是豐富的人，其幸福愈是真切。總之，幸福必須是某種冥思（contemplation）的方式。很明顯，亞里斯多德把幸福與冥思等同起來，或以冥思來說幸福。故上面他說「幸福是靈魂依從完全的優越性而表現的活動」的優越的活動，應指冥思活動而言。在他來說，冥思是最具有價值的活動。

　　冥思活動有多種，哪一種最為亞氏所看重呢？這便是哲學的冥思。這種活動不像東方的宗教與哲學所說的冥思般具有濃厚的實踐的意味，卻是富有概念性或思辯性，也非常抽象。[8]亞氏以為，在哲學的冥思與實踐活動之間，前者能給人更多的幸福，因為實踐活動常需要與他人連繫起來，以他人作為其對象，冥思則可獨自進行，不必理會周圍的人與環境。冥思甚麼呢？亞氏提出要冥思真理。按他在這裏所說的冥思，以能夠獨自進行為殊勝，這便有佛教的小乘（Hīnayāna）的傾向，後者強調自求覺悟、解脫，或化渡自己，不強調普渡眾生。

　　亞氏的冥思可以說是一種特立獨行的活動，完全沒有倚賴性，它與亞氏的如上面所提的「自足」概念非常相應，與其他兩個概念：「最後

7　按痛苦並不必然是惡，特別是將惡關聯著罪來說。一個孩子生來便沒有雙手，要用腳　　來應付手要做的事情，非常艱苦，但孩子不必關連到道德上的惡、罪惡來說，沒有雙　　手不是他的過失所致。

8　相對於負有概念性與思辯性，東方的冥思要人遠離概念與思辯，而多用直覺或直觀。

的」、「目的」，也很相通。他甚至把冥思牽連到上帝方面去，賦與它一種神聖的意涵，這則與神秘主義相連了。

這樣的幸福觀明顯地展示出亞里斯多德的理智主義或理性主義的立場。在他看來，理性是人的最為崇高的機能，而哲學的冥思則是理性的最崇高的活動，因而會導致最幸福的生活。對於理性，他推崇備至；他認為福利之事（well-being），只能是與我們生命的優越性相符順的活動，而這優越性即是理性。

跟著的問題是實踐性格的，即是，我們如何能獲致幸福？對於這個問題，亞里斯多德除了堅持幸福基本上建立在冥思的生活之上外，未有作出直接的、明確的回應。一方面，他說冥思的生活對於人來說，實在太高遠了，遙不可及，故人是不易獲致幸福的。此中的主要理由是，這種冥思的生活是神聖的，它遠在我們的有限的能力之上。[9]另一方面，他似乎客氣一些，承認憑我們的優越性，通過一些學習或訓練程序，可以獲致幸福。他似乎採取一種寬泛的態度來看這個問題：幸福是由神聖的理性方面來的，而這神聖的理性亦非遠離我們，而是內在於我們的生命存在中。因此，他鼓勵人們盡一切心力以發展理性，表現理性的能力，俾能獲致幸福，使生命具有不朽的意義。關於使生命具有不朽的意義一點，他的論點是，理性是神聖的，因而符順理性的生活或生命也是神聖的，既然是神聖的，即是不朽的。

最後，我們看道德與幸福的關係問題。按道德能否引生幸福，或道德能否保證幸福，是倫理學的一個重大課題。關於這點，我們可以一個平實的問題顯示出來：道德行為能否帶來或保證幸福的生活呢？這個問題自然關涉到所謂幸福的涵義。亞里斯多德以冥思的立場來看幸福，而冥思的基礎在理性，特別是偏於理智方面的理性，也就是相應於康德所說的純粹理性（reine Vernunft），而不是實踐理性（praktische Vernunft），因此，他

---

[9]　在這裏，亞里斯多德強調人的有限性，與儒學強調人可培養出一種無限心以向無限的宇宙開拓不同。

對道德能否引致幸福一問題的回應不完全是正面的。下面即討論這個問題。

如上面所說，亞里斯多德以幸福是靈魂依從完全的優越性而表現的活動。他認為優越性有兩種，即道德的優越性（moral virtue）與理智的優越性（intellectual virtue）。故他基本上是肯定道德能夠帶來幸福的。但道德到底如何運作，才能使人幸福呢？對於這個問題，他未有作出直接的回應。卡普斯頓（Frederick Copleston）也指出過，對於道德活動與人的幸福的最高形態：哲學的冥思的確切的關係問題，亞氏的態度是曖昧的。就關連到幸福方面來說，在道德的優越性與理智的優越性之間，他顯然較強調後者；即是說，他以為理智的優越性與幸福有較密切的關係。理由是，他最重視哲學的冥思與幸福的關係，而哲學的冥思是在理性或理智的脈絡下說的，而不是在道德的脈絡下說的。理性或理智正是他的根本立場所在。我們在上面提到，亞氏認為優越的行為或其反面是決定是否幸福的最重要的因素，這優越的行為，實是指向理智的優越性。他不斷地指出，真正是善的和明智的人時常會善於運用他周圍環境的東西，如同一個好的將領能夠把他的軍隊作最好的軍事用途那樣。所謂善於運用周圍環境的東西，顯然是就理智和能力言，而不是就道德意志而言。即使有道德意向的意味，也不如理智和能力般吃重。

六、關於幸福：聖多瑪斯說

以下我們看聖多瑪斯論幸福。就甚麼是幸福一問題來說，聖多瑪斯的回應起碼有三點是與亞里斯多德相若的。第一，聖多瑪斯堅持幸福是人這一種類的目的。他與亞里斯多德都強調幸福的目的性格。第二，他重申理智對幸福的重要性，這理智正是亞里斯多德的根本立場。他強調幸福是理智性格的本然的善；幸福原則地和本質地成立於一個理智的行為上，而不在一個意志的行為上。因此，他認為，幸福的本性是理智方面的，它屬於理智，而不屬於意志。第三，就人來說，他的終極的幸福成立於對真理的

冥思中。在這方面，聖多瑪斯顯然是受了亞里斯多德深刻的影響，後者以為幸福必須就冥思的活動說，特別是就哲學的冥思說。

聖多瑪斯又進一步討論真理的問題，他的問題並不是很突顯，但非常重要。即是，冥思關連到甚麼樣的真理，或被冥思的真理是甚麼真理的問題。他強調人的終極的幸福必須與上帝有一定的關連才能說，他的冥思的對象，應該是上帝；因上帝是終極幸福的根源。他進一步強調我們要先具有一種特別的知識，才能冥思上帝。這種知識是一種觀照（vision, contemplation），就上帝的在其自己而作的觀照，這是對於神聖的本質的觀照。這不是把上帝作為對象看的認識，而觀照也不是感性性格的，應該有睿智性格的。這相應於康德所說的睿智的直覺（intellektuelle Anschauung）。

跟著的問題是實踐性格的，即是，我們如何能獲致幸福呢？對於這問題，聖多瑪斯提出較亞里斯多德更為確定的回應。他認許理智能夠見到那神聖的實體，即見到上帝。他也說幸福是人人都可以獲致的普及的善。不過，就幸福的獲致一問題，他提出兩點限制。第一，幸福只能在我們的來生獲致，不能在現生獲致。理由是，理智必須完全從肉身的感官中解放開來，才能得到或見到神聖的實體。我們的心靈越能提升到對精神性的東西作冥思的層面，便越能從感官的東西引離開來。另外，關於幸福只能在來生獲致一點，聖多瑪斯補充說，當一個人獲致幸福時，他會同時獲致穩定性和靜止性，這只能在死後進行。在現世中，我們找不到確定的穩定性。[10]

第二，人以其被創造的理智，不能就本質方面照見上帝。他需要神聖之光為助力，才能照見上帝的本質。這神聖之光應該是來自上帝的，因此，聖多瑪斯的意思是，人需要上帝的助力，才能照見上帝的本質。對於

---

[10] 聖多瑪斯所提的這種限制，以死後或身體的熄滅後才能獲致幸福，很像佛教的小乘的灰身滅智的說法。這種說法強調無餘依涅槃，認為現實的生命軀體對達致作為最高的精神理境的涅槃（nirvāṇa），有無可消解的障礙。故人需在死後，沒有了肉身作為依止處，才能真正獲致涅槃。

人需要上帝的助力以見上帝的本質一點，聖多瑪斯的論證是，那些高層次的東西，是不能由較低層次的東西獲致的，這東西必須透過它所從屬的較高層次的東西的動作，才能被獲致。要照見上帝的本質，是屬於神聖的本性的層次，這需要上帝自身把這種照見帶引出來；沒有理智的個體，能就神聖的本質照見上帝。這裏說的較高或較低的本性的層次，應是就精神一面言。人的精神層次較上帝的為低，故他要接觸或照見上帝，需要上帝的助力。人若能得到上帝的助力，去冥思上帝，與上帝照面，便能得到幸福。

現在要進一步探討一個問題：這種上帝的助力到底是甚麼東西呢？聖多瑪斯認為，這是超越於人的本性之上的上帝的助力；人需要透過上帝的幫助，對神格（Godhead）有所參予（participation）。這種對神格的參予，便是終極的幸福。但如何透過對神格的參予而臻於終極的幸福呢？聖多瑪斯認為，人需要從上帝方面接受一些額外的原則，依於這些原則，人才能被帶到那超自然的（supernatural）幸福方面去。這些原則稱為「神學的優越性」（theological virtues）。這即是信仰（faith）、希望（hope）與慈愛（charity）。之所以這樣稱呼它們，有三個理由。一是它們的對象是上帝，它們能正確導引我們進入上帝的懷抱。二是它們只由上帝灌注到我們的生命中去。三是它們只能透過神聖的啟示示現給我們。

聖多瑪斯很強調神學的優越性。關於優越性（virtue），他提過三種：理智的優越性（intellectual virtue）、道德的優越性（moral virtue）與神學的優越性。前二種與人的本性相符順，神學的優越性則超乎人的本性之上，與前二者很不同。這種不同亦可就對象說。神學的優越性的對象是上帝本身，而上帝是一切物事的最終目的，非人的理性所能認識。理智的優越性與道德的優越性的對象則可為人的理性所把得。至於有人見到上帝的問題，聖多瑪斯的看法是，這些人是透過一種想像的觀照（imaginary vision）見到上帝的。或者，他們從上帝的精神性的靈驗，聚合到一些有關上帝的睿智的（intellectual）知識，因而見到上帝。按這裏的說法，所謂「想像的觀照」和「睿智的知識」，應該不是人的有限的生命存在本來

具有的，而是來自上帝的助力，關連到神學的優越性。*11*

　　以上我們分別探討了亞里斯多德與聖多瑪斯的幸福觀。我們提到聖多瑪斯與亞里斯多德的說法的相似性。不過，就道德理論或倫理學的整體來說，這兩個大哲還是有顯著的不同。如卡普斯頓所指出那樣，這不同有兩方面。首先，聖多瑪斯認許不朽的靈魂的存在性，而引入來生的觀念。他認為我們現世不能真正獲致幸福，只能在來生獲致。第二，他提出對上帝的觀照作為最高的冥思。這些說法，未有出現在亞里斯多德的思想中。實際上，亞里斯多德所說的幸福，只相當於聖多瑪斯所說的不完全的幸福，或暫時性的幸福，或可以在現世中獲致的幸福。對於聖多瑪斯來說，完全的幸福只能在來生中獲致，它基本上成立於對上帝的觀照中。

　　深一層說，兩個哲學家在思想上不同，與其根本立場分不開。亞里斯多德是理智主義的立場，或理性主義的立場，他把完全的幸福歸到冥思特別是哲學的冥思方面去，以理智或理性為主，宗教的意味並不濃厚。聖多瑪斯的情況則較為複雜，他把理性與宗教牽連在一起，或竟以理性來說宗教。這在他對優越性的看法一點上，顯示得很清楚。亞里斯多德只說兩種優越性：道德的優越性與理智的優越性，而特崇後者。聖多瑪斯則在這兩種優越性之外，提出神學的優越性。他很重視這種優越性，把它關連到終極的幸福方面去，視之為來自上帝，這便明顯地展示出他的宗教的或神學的立場。

　　而在幸福的獲致這一實踐的問題來說，兩人也有差異。亞里斯多德雖不強調自力，但也未明顯否定這種方式。如上所說，他以為幸福是來自神聖的理性，這理性並不遠離我們，而是內在於我們的生命中。故他的自力主義較他力主義為明顯。聖多瑪斯則不同，他認為終極的幸福超出人所能

---

11 這裏的 intellectual，我們不譯作「理智的」，而譯作「睿智的」，因為這種睿智的知識（intellectual knowledge），作為一種優越性（virtue），應是在神學的優越性的脈絡下說的，後者是高於另外一種優越性即理智的優越性的。為免混淆起見，我把 intellectual 譯為睿智的，而不譯為理智的。

達致的範圍，人需要從上帝方面取得神學的優越性，作為助力，才能得到終極的幸福。他必需依靠這「榮耀之光」（light of glory），才能獲致幸福的理想。這顯然是他力主義。

最後看道德與幸福的關連。這裏只說聖多瑪斯。他予幸福一宗教的導向（religious orientation）。即是，他把幸福建立在對上帝的觀照上。在這種脈絡下，道德很難與幸福有密切的關係。不過，聖多瑪斯認為，道德的優越性能夠幫助人們從情慾（passion）所帶來的困惑中解放開來，而感到自由。完全的冥思是需要這種自由的。由於完全的冥思最後可發展到對上帝的冥思或觀照，因而獲致幸福，故道德對幸福的獲致來說，有工具價值。不過，道德的這種作用，比較起上面說的神學的優越性來說，是微不足道的。

我們或者可以這樣補充說，聖多瑪斯的立足點是思辯的理性（speculative reason），他有從這種理性來看道德的傾向。例如他曾說道德的優越性由理性的律則導引出它的善性，而這善性成立於對理性的律則的符順上。他也提到，藝術品之所以是善，表示它們符順藝術的律則。這裏所說的理性，顯然是思辯的，或理論的。道德基本上是實踐理性上的事，是在一種實踐的意志與義務下說的；因此，在聖多瑪斯的體系中，道德難以享有獨立的和重要的位置。它與幸福也只能有一種疏遠的關係；幸福在聖多瑪斯的眼中，畢竟是理智的性格，思想的或思辯的色彩非常濃厚。*12*

---

12 我所據以闡釋亞里斯多德與聖多瑪斯的思想的著書分別為：

Aristotle, *The Nicomachean Ethics*. Tr. by D. Ross. Oxford: Oxford University Press, 1980.

Anton C. Pegis, ed., *Introduction to Saint Thomas Aquinas*. New York: The Modern Library, 1945.

七、康德論幸福

上面我們闡釋過亞里斯多德與聖多瑪斯的幸福思想，接著看康德在這方面的看法。按前二人談到幸福的問題，分別就思辯的與宗教的層面或旨趣來立論。康德則不同，他視幸福為對於需求和性向的完全的滿足。這基本上是就感性一面來說。所謂性向（inclination）是指願欲的機能對感覺的依賴性，它時常指向一種需求。他明確地說所有附屬於幸福這一概念的因素，必須來自經驗。這便把幸福的精神意義減殺，把它還原到感性、經驗的領域。對於康德來說，幸福的原則包含決定意志的所有依據，這些依據都是經驗性格的。不過，重要的是，這幸福的原則並不包含道德律在內。他並說這些依據屬於願欲的低下的機能。

康德強調，由於幸福與很多經驗的成素或泉源連在一起，故「幸福」一概念是非常不確定的。雖然每一個人都希望得到幸福，但他們都不能確定地和一致地說出他們所真正希望的和意願的是甚麼東西。約實而言，幸福一觀念是一切福利的絕對的總和，它不能清晰地透過有限的存在被確定下來。在康德看來，幸福不是理性中的理想（ideal of reason），而是想像中的理想（ideal of imagination）。

由於幸福具有這樣的經驗的本質，它勢必與所有理性的存有相連結，只要這理性的存有是生長在世間的和有限的。這是由於，這理性的存有稟有一種本性：對感官對象的依賴。康德還進一步以最終目的來解釋這點。他說幸福是在世間的理性存有的主觀的最終目的。這「主觀的」（subjective）應當是就經驗主義說，這主體的目的，如我們最初說，是完全地滿足需求和性向。

現在的問題是，我們應如何成就幸福和如何對待幸福呢？按康德既視幸福為對需求和性向的完全的滿足，則幸福應該是一種只關乎我們的經驗的本性的事情。康德也說，幸福立足於我們的本性與我們的整個人生目的的諧和關係中，和我們的這本性與決定我們的意志的本質性的依據的諧和關係中。即是說，當我們的性向被馴服下來，在一個統體的情況下被置定

於諧和的關係中，便能成就幸福。這種諧和關係涉及或竟是意志的本質性的依據，與經驗的需求和性向的滿足可能有正面的不協調的情況。進一步說，幸福基本上是由我們對應於生命的性向所施行的適當的做法所致，這些性向和做法，可以成為一種強有力的障礙，足以抵消由義務而來或發自義務的律令。故幸福與發自道德理性的義務似有相互衝突或不相容的傾向。這是我們要謹慎留意之點。

不過，康德並不從兩極端的角度來看幸福與義務，把幸福放在一邊，把義務放在對反的一邊，使兩者沒有協調的餘地。他是以調和眼光來看這個問題。他以為，幸福是有助於義務的達致、完成的。而在某些情況，助人達成幸福，亦可視為義務。但對於這一點，我們必須審慎地看。一方面，順著幸福而來的東西，包括技術、健康和財富，可促進義務的實施、履行。但另一方面，由於缺乏幸福而帶來的結果，例如貧困，會誘使人悖離義務。在這個脈絡下，我們可以視幸福為促發人履行義務的一種手段。不過，康德提醒說，去拓展一個人的幸福絕對不能視為直接的義務，因為幸福所包含的那些經驗的因素可能破壞一切道德的價值。關於這點，我們可以這樣理解：幸福是對需求和性向的完全的滿足，由於這些需求和性向是個人的，因而為了滿足這些需求和性向而施設的種種行為和做法，都是個別的、特殊的，故不免有私心、私念在內，而義務是就道德責任（moral obligation）來說的，具有客觀必然性，需以公心作基礎。人們若把幸福放在首位，勢必會重私而忘公，破壞道德，一切都隨著個人的利害考慮的腳跟起舞，則道德會被拋棄在一邊，而私利則成為個人行為的共識的目標。

接著的問題，自然是道德與幸福的關係。在這裏，康德以相當複雜的手法來處理。一方面，他很鮮明地覺察到道德與幸福的對反性格，道德律因此而會變得貧弱而缺乏影響力。他強調道德律作為一種自由的法則透過種種動機作出命令，這些動機完全獨立於我們的本性之外，完全獨立於它們與我們的願欲機能的關係之外。他提到動機（motive）與念頭（incentive）；動機是客觀的、超越的，念頭則是個別的、經驗的。康德

自己也說動機是意志的客觀依據。他似有這樣的意思或想法：道德本質上是自由（freedom）的問題，而幸福則是關連到人的本性（nature）方面。自由與本性相對反，因而道德也與幸福相對反。自由是先驗的（a priori），是必然的要求；本性則是經驗的，不是必然的，而是偶然的。兩者在原則上完全不同。康德自己也說，使一個人向善與使一個人幸福是完全不同的。這裏說的善是道德意義的善。他又說道德律就其自身來說，並不能帶來幸福。

　　但在另一方面，康德又在很多處視道德為幸福的條件。他又強調道德與幸福合起來構成最高善（highest good）。他說在追求最高善當中，我們有必要把這兩者連結在一起。

　　這樣便出現兩個困難。首先，倘若道德與幸福在原則上是相互對反的話，則它們如何能夠連結在一起，而構成最高善呢？康德自己還說，即使德性的格律與人自身的幸福的格律附屬於某一最高善，它們會在同一事項上相互強烈地限制和檢視對方。這便難以把雙方合在一起成就最高善。第二，倘若道德不會帶來幸福，又倘若最高善由道德與幸福兩者構成，則我們永遠不能確定透過實踐道德可獲致幸福和最高善。這樣，我們為甚麼要表現道德行為呢？

　　康德把這些困難擱在一邊，注意宗教方面的問題，希望解決這些問題。他嘗試從上帝方面找尋出路，提出所謂「第一義的存有」（Supreme Being）亦即上帝的意旨，讓道德和幸福結合起來，達致諧和的關係。這便保證了道德會帶來幸福。這種說法不是很有說服力，它只是表示康德走向權威主義的道路，把幸福問題帶到宗教的神殿作終極的解決而已。*13*

---

13 上面有關康德的闡述，參考以下他的三部著書：

　　Religion Within the Limits of Reason Alone. Tr. by Theodore M. Greene and Hoyt H. Hudson. New York: Harper and Row, Publishers, 1960.

　　Critique of Practical Reason. Tr. by L. W. Beck. New York: The Bobbs-Merrill Company, Inc., 1956.

八、價值判斷與祈使語句

　　以上所探討的，都是倫理學或道德哲學的問題。這些問題都直接涉及實踐的行為。另外有一種倫理學，或稱為「後設倫理學」，這與實際的道德倫理沒有實質上的關連，而是探討作為道德哲學的倫理學中的一些辭彙，如「應該」、「義務」、「責任」等，在我們的日常的交談中表示甚麼意義。這是分析哲學中的一支派，專門對語言作解析，也被視為屬於倫理學的一種特殊的部門。這種學問不流行於歐陸，卻流行於英美，代表人物有摩爾和赫爾（R. M. Hare）。後者寫了一本頗受人注意的《道德之語言》（*The Language of Morals*）的書，深入探索價值判斷（value judgment）與祈使語句（imperative sentence）的意義與關連。按價值判斷與祈使語句同屬於規範的語句（prescriptive sentence）。這規範的語句是與直陳語句（indicative sentence）對說的，指涉到說者的意念，但不直接關連到實際行為方面；直陳語句則純粹是自然性質的、事實的陳述，如「太陽下山了」。

　　赫爾在他的書中對規範的語句作出如下區分：

附帶提一下祈使語句。一種是道德意義的，涉及客觀的道德律，如康德的定言律令（categorical imperative）即是。另一種則無道德義，只涉及主觀的願望，如「把門關起來」。

　　為了清楚明瞭價值判斷與祈使語句的意思，我們可以取其具體的例

Foundations of the Metaphysics of Morals. Tr. by L. W. Beck. New York: The Bobbs-Merrill Company, Inc., 1959.

子，就其同異方面加以比較。現在以「你不應該在這個車廂內吸煙」代表價值判斷，以「不准在這個車廂內吸煙」代表祈使語句，而加以比較。

就其同處來說：

一、兩者都涵蘊「不要吸煙」一事。

二、兩者都指涉到個別的東西。「你不應該在這個車廂內吸煙」指涉「你」與「這個車廂」。「不准在這個車廂內吸煙」指涉「永遠不要在這個車廂內吸煙」與「這個車廂」。

其不同處可這樣表示：

一、「你不應該在這個車廂內吸煙」指涉一個一般性原則。這原則可如「一個人永遠不應該在有幼孩的車廂內吸煙」。這可以說是真正的全稱語句。「不准在這個車廂內吸煙」則不訴諸一般性原則，它所要求的一般性只限於某個車廂內。這一般性並不足以使它成為一真正的全稱語句。

二、兩者的普遍性有區別。或只有道德判斷才有真正的普遍性。「你不應該在這個車廂內吸煙」適用於所有條件相似的車廂中，如「有幼孩」這一條件，故指涉到一個普遍的原則。「不准在這個車廂內吸煙」則不指涉任何普遍的原則，它只視眼前的需要而定，故可以改變。例如，在這個車廂內，可以取消「不准吸煙」的禁令，而將之移至另一車廂內。倘若世間的人都不吸煙，則這個禁令便變得無意義，可以根本取消。

三、「你不應該」和「不准」在感覺方面有很大的區別。「你不應該」展示一種道德判斷，這種判斷有它的普遍性與倫理上的必然性，我們不應以私人的理由去抗拒它，故它有一種壓力，命令我們要做某樁事情。祈使語句則只應某種需要而提出，這種需要是實然性的，只涉及某種情事，沒有必然性。故亦無需必然地遵守它。我們對祈使語句在感覺上是較為輕鬆的，不見得有必須依之而行的壓力。

明瞭了這兩種語句的意思，我們便可進而談論兩者的關係。赫爾在其

《道德之語言》一書中，表示該書的基本任務，在證立如下的假定：有些
價值判斷必然涵蘊祈使語句。具體地說，倘若我們以「應該」語句、包含
「應該」這種字眼的語句作為價值判斷的關鍵的表述，則這「應該」語句
當被估值地運用時，便必然涵蘊祈使語句，在某種情況下要求有關的人做
某種事情。

　　赫爾通過定義的方式來證立這點。即是，當我們估值地運用「應該」
語句時，是包含祈使意味的，有促發別人做某種事情的催促的意念。說得
清楚一點，在我們以價值意識而作出有估值意味的「應該」甚麼甚麼的語
句時，我們是預認了此中的估值成素涵有祈使的成分，因而引生具體行動
的。[14]因此赫爾作結謂，估值地運用「應該」語句而不涵蘊祈使語句，在
定義上或邏輯上是自身矛盾的。

　　由是可得，要試驗、考察一個人是否估值地說「我應該做 X 事」，
或把「我應該做 X 事」作為一價值判斷來運用，可問他是否意識到、認
識到倘若他同意那判斷，他也必須同意「讓我做 X 事」一祈使的命令。
由此可以通到王陽明的「知行合一」的格律是否受到真正的尊重一點。

　　關於這一點，赫爾又運用邏輯推理來探討。依赫爾，全部演繹推理，
包含語句的推理在內，其性格都是分析的。所謂分析，是把受詞的意思從
主詞中找出來；或者較學術性地說，分析語句是語句的主詞包含語句的謂
詞的語句。演繹推理的作用，是要使那些包含在前提中或前提的連結中的
東西在結論中顯現出來。這是一種分析的過程。赫爾表示，這個意思可以
通過下面兩個語言的規則來概括：

　　一、說及在一個有效的推理的前提中的東西，即說及最低限度是在結
　　　　論中所具有的東西。

---

[14]　我們要注意在這種情況，語言分析者只是在分析有「應該」字眼的語句涵有促發道德
　　行為的意味，只是有如是意味而已，分析者在他的日常生活的行為，並不必與應該的
　　道德行為有必然的關係。他只是依語言的性格來作分析，分析的結果與他的日常生活
　　的狀況並無必然的關連，他自亦不會感受到有任何壓力要怎樣去做。他只是在對某種
　　語句作邏輯的解析而已。這可以說是語言分析的弱點，或言行不一致。

二、若任何東西在結論中被說及，卻沒有在前提中被說及，則這推理是無效的。

我們可以由這個語言規則並依赫爾所用的字眼來表示，說估值地被運用的價值判斷涵蘊祈使語句，其實是依語句的推理的規則，把在前提中所具有的東西，分析地在結論中顯露出來。那個祈使語句的祈使意味，在我們估值地運用價值判斷時，已包含於這價值判斷中。這是依定義而得的。因此，我們可以說，說估值地被運用的價值判斷涵蘊祈使語句，是一種分析性格的描述。

不過，赫爾提到，有些人可能認為，以「應該」來表示的價值判斷，並不必然包含祈使意味。倘若不加上一個祈使的前提，它們也不會涵蘊祈使語句。此中恐怕有誤會之處。當我們說「我應該做 X 事」時，實有三種可能的意思：

一、等於說「為了應合一個人們一般接受的標準，X 事是要做的」。

二、等於說「我有一種我應該做 X 事的感覺」。

三、估值地視之為一價值判斷。

此中，只有第三種情況是真正的價值判斷。第一種情況是一個對於社會學的事實的述詞。第二種情況是一個對於心理學的事實的述詞。關於第二與第三種情況的區別，說「我有一種我應該做 X 事的感覺」，是在表示一種義務的感覺，這並不等於說他有一種義務。說前者只是作出一個有關心理學的事實的述詞，說後者才是作出一個價值判斷，認為有一種義務。[15]這些人以為估值的價值判斷並不必涵蘊祈使語句，顯然是把以上三者混同起來所致。

在赫爾看來，估值地被運用的價值判斷必然涵蘊祈使語句，是絕無置

---

[15] 按說「我有一種我應該做 X 事的感覺」，只表示一種心理學意義的主觀的感覺而已，只是有這種心理狀態，不表示一個客觀的判斷。在日常生活中，一個人時常有不同的感受，即使是在同一天的不同時段，也可能有不同的感受。這些感受沒有客觀性與必然性。一個人可能感覺到環保的重要性，但仍會到處亂丟東西，不顧環保。這是現實的、經驗的問題，沒有倫理學或道德上的必然意味。

疑的餘地的。前者指涉到某種我們要歸向的目標，後者則指涉具體的行動、行為。這個意思可以這樣表示出來：真正的價值判斷必然提供某一個人生指標，使人在行為上有所依循。*16*

　　這個意思擴展開來，我們也可以說，凡是規範意義（prescriptive meaning）的語句、觀念，都能引發行動，指導人如何去做人、做事。這點牽涉到哲學上一些極重要的問題。依據赫爾的看法，亞里斯多德即根據這點來反對柏拉圖的「善」一理念，而以「目的」代之。因為「善」是存在的、事實的陳述，而不是價值的、規範的意義，故不能在實踐方面引發行為，指導人生；而「目的」則是價值義、規範義，由實際的行動來完成。*17*

　　這點亦可使人想起上面提過的王陽明的「知行合一」一原理。雖然赫爾是經驗論者，不立道德理性，在這方面與王陽明大異其趣。但他提出的「價值判斷必涵蘊祈使語句，由此而引生行為」的意趣，與知行合一在模式方面，極為相似。知行合一的知，是道德理性的價值自覺，它的意義不是認知的、直述的性格，卻是價值的、規範的。這表示意志的取向，自然能夠決定行為，引發行為。故我們可以確定知行合一是一分析命題。這與「價值判斷必涵蘊祈使語句，由此而引生行為」之為分析性格的，極相吻合。

---

16 真正的價值判斷必然是估值性格的，不管這價值是正價值抑是負價值。

17 赫爾這樣理解柏拉圖的「善」一理念，視之為經驗性格的意義，而無理想的、價值的意義，不見得完全正確。這個問題相當深微，我不打算在這裏闡述，希俟諸異日。

第十章　美學（藝術哲學）

　　下面我們講美學（asthetics, Ästhetik）。那是專門探討美（beauty, Schönheit）的問題。甚麼東西是美呢？甚麼東西不是美呢？這個問題好像很單純、很主觀，實際上是非常複雜，比哲學的其他部門都要複雜、難處理。我們可先姑且這樣說，美是一種質素，它能使觀者或感受者內心感到和諧、舒服。但甚麼是和諧、舒服呢？比如說我坐在這張梳化椅上，感到很舒服，美是不是這樣呢？當然不是。坐在梳化椅上感到舒服，是物理性格的（physical），而美則讓人在精神上（spiritual）感到舒服。這又涉及物理與精神的問題。要理解美學中的美，非常不容易。或許用另外的字眼：美的學問在哲學中稱為「藝術哲學」，即是以哲學的進路、從哲學的角度、方法來說藝術，而藝術即是美。但藝術（art, Kunst）是甚麼呢？通常的說法是：藝術即是美，或藝術是能產生美感的東西。這又返回到美的問題，陷於循環詮釋。[1]

　　我們或者要列出美的事物，或者藝術形式，才能對「美」一觀念的意義有些概括性的了解，但此中的事例很多，各有不同的表現形式。能夠說得上美或藝術的，包括繪畫、書法、音樂、舞蹈、建築、庭院、歌劇、戲劇、詩詞、文章、雕刻、小說、駢文、鐘鼎彝器的形態與花紋圖案，等等，這些都是經過人為努力而製作出來的。有些則是原來如此的，亦即是自然的，這包括高山流水、落日晚霞、茫茫大海，等等。這都是莊子所說的「天地的大美」。更有人提出一些人為但也是某種宗教的修行活動，例

---

[1]　關於美的問題，涉及很多支問題，如移情、物我雙忘、不隔之屬，關於這些概念，下
　　面會一一處理、解釋。

如禪修，而說禪之美。另外，動物包括我們人在內，也有美的，例如猛男、美女、開屏孔雀、雄獅、雄雞、飛鷹之類。而且，在上面所舉的製作出來的東西中，不同的文化，有不同的表現，這起碼可分為中國、西洋和印度方面。即使是其中一項，也有不同的形式。如中國畫有工筆和意筆，兩者又各自有山水、花鳥和人物三方面；書法也分楷書、草書、行書、隸書、篆書等多種。這一切的東西，都可說有其美，或美感。美表現於這許多方面的東西之中，則美應有其共通的質素。這質素是甚麼呢？以下我們會對美或藝術的相關問題，一一做出回應。上面所說的，只是有關問題的提出而已。**2**

一、美的價值

　　中國的古代文獻，未出現有「美學」這一語詞，「藝」則有之，但「藝術」則少見到。這些語詞是由西方和日本的文獻引入的，例如「美學」、「美育」、「藝術哲學」。即使是「哲學」，也是由日本方面引入。還有很多有關語詞，都是如此：「悲劇」、「喜劇」、「壯美」、「柔美」、「優美」、「崇高」，以至「審美無實用、利益可言」、「情感要孤立」等。這些有關美或藝術的字眼，慢慢醞釀出中國的美學或藝術哲學的學問，而開出一種精神表現活動。

　　我國古代並未有對於美學的強烈的自覺。到了近代，王國維提出「境界」的字眼，特別強調「有我」、「無我」的觀點，而推出在藝術上、美學上的超越的意涵。再後有宗白華、朱光潛出，以美學家的身分，提出意境、情調、移情、韻律等意義較為確定的名相，把世間性與出世間性的二元結構克服過來，讓美學的內涵實現於、顯示於我們的現實生活中，溝通了形而上的超越領域與形而下的經驗領域，讓雙方連合、融和起來，由此

2　大體上，美與藝術這兩個字眼雖然可以交互替用，但仍有些分別。美的範圍最大，藝術則偏指人為的製作品。我們常說黃山很美，但很少說黃山是藝術品。

便可以說美學的人生、藝術的人生。

　　這幾位美學家都受到西方的觀念論特別是德國觀念論如康德、黑格爾等在美學理論上的影響，但又避免後者的概念的、形式的、遠離生活現實的傾向。特別是宗白華與朱光潛，他們積極地在中國傳統的審美思想中吸取有用的、實踐性格的養分，來滋養自己的美學思想。特別是把美學從形而上學領域中抽離出來，擺脫西方那種把美學依附於形而上學的框架，而建立具有濃烈的生活意味的美學思維。他們所關心的重點，是把美學獨立化，並與現實結合起來，給予美學一種安頓人的精神生活、情感生活的既深且重的使命與任務。這樣，人不必依賴形而上的東西來尋求生命的歸宿，卻可以直下從美學生活、藝術活動中舒緩從現實的政治上的、倫理上的和社會性的壓力或張力所帶來的困頓、不安的精神狀態。朱光潛自身便曾清晰明白地透露，在生活上，他不需要由形而上學而來的慰藉來安頓自己，只要有美感、藝術方面的涵養便夠了。他是安適地、愉快地生活於美感的、藝術的世界中。他在他的《全集》中表示，自己喜歡冷靜、沉著、穩重與剛毅，以出世的精神去做入世的事業，尊崇理性和意志，但不會把情感和想像丟在一邊，不理不睬。他不需要另外找玄學或形而上學作為生活的依靠、基礎。

　　朱光潛的這種懷抱、看法，其實顯示出美學在人的日常生活中的意義、作用，總的來說是價值，特別是在生活的實踐這一脈絡下是如此。古典的中國美學或藝術，以現代的術語如生命情調、主體境界、美感欣趣，以至生活的美學化、藝術化來說，都有調解、舒緩一直被以科學與技術所制宰的現代社會的冰冷的、刻板的、缺乏生命的僵硬的氣氛，讓人在充滿機械節奏的生活中站起來，呼吸一下自然的、自由的、原始的新鮮空氣，對未來還能懷著充實飽滿的希望與信心而努力生活，打拚下去。人的內心有很多矛盾：與外在世界的矛盾、與他人的矛盾、與社會的矛盾，都有賴具有韻律性的審美精神、藝術涵養來舒解，不然的話，人的生命會被現代科技文明所帶來的種種弊端所燃燒、所肢解，人生會隨著失落、苦難、毀滅的途徑滾下去，生命的升揚、理想的實現便無從說起。

　　美學的生命價值與作用，單就繪畫、書法與詩這幾項性格相近的美感經驗、審美活動便可以理解到。宗白華在他的〈論中西畫法的淵源與基礎〉和〈看了羅丹雕刻以後〉便有以下的說法：

> 中國畫的主題「氣韻生動」就是「生命的節奏」或「有節奏的生命」，畫幅中每一叢林，一堆石，皆成一意匠的結構，神韻意趣超妙，如音樂的一節，氣韻生動由此產生。書法與詩對于中國畫的關係也由此建立。……自然萬象無不在「活動」中，即是無不在「精神」中，無不在「生命」中。

　　在這裏，宗白華非常重視生命、精神。他強調美學會反映人的情趣生命和世界生命在動感狀態中以展示周流不息的生命精神。世界生命也會隨著生命精神的動感而開顯出來。在這展示、開顯之中，動感有關鍵性、樞紐性的作用；沒有了它，精神與生命也就無從說起。這是動感的表現，是藝術所經營的終極目的。宗氏的意思是，藝術的真實性的實質存在於流動不息的對象的生命精神的運動的本質性的表現中。[3]

　　因此，美學牽涉到精神與生命的問題，而這精神與生命不是純粹從超越世界方面說的，它們毋寧是與我們的現實生活息息相關的。在這一點上，藝術並不遠離世間。與宗教比較，藝術是以另類的形式，對生活世界（Lebenswelt）展示它的積極性，讓人在不斷受到來自俗情世界的苦難的折磨之餘，能夠擁抱藝術，在其中找到暫時的甚至永久的棲身之所，而感

---

[3] 在這裏，以及其他處，我把精神與生命交替地用，有時把兩者合起來說。這兩個語詞或意思不是相同的，但是可相通的。精神有理性的意味，可以說是屬於理的範疇。生命則重點在感性或氣質、才氣方面，屬於氣的範疇。兩者分開來說是這樣。若合起來說，精神生命表示精神具有生命的性格，它是動感的，不是死板的不動性。它也是具有生機的，是活的，不是死物。至於生命精神，指的是生命中的精神或理性的成素。有了這種成素，生命才不會是完全感性的，不會讓經驗或氣的內含漫無限制地泛濫開去，因而令人迷失了方向。

到寧靜、安息。中國的道家，特別是莊子，在這方面，是具有適切性的（relevant）。莊子不是要遠離現實，不是不食人間煙火，而跑到僻靜的地方去修養，作自了漢，與天地精神往來，居於逍遙之境，對於充滿著苦痛煩惱的眾生，掉頭不顧；而是有深厚的人文關懷。他具有佛教淨土宗所說的超越的往相和經驗的還相。可惜的是，他在一般的認識與思考中，是被視為偏向前者，而不積極地面對後者，作出貢獻。他的目的，其實是要建立藝術的人生。[4]

　　徐氏順著註 4 所說，進一步提到宗教，認為人對宗教的要求，其中有要彌補現實中許多無可彌補的缺憾，更要超越自己有限的生命，以得到生命的永恆性。在宗教與藝術上，德國的存在主義哲學家雅斯培斯（K. Jaspers）便說過，哲學主於理性，宗教主於信仰。哲學在發展的初期，對宗教有懷疑與排斥。藝術則有較緩和的態度，它認同宗教，扮演相同於宗教的角色，是附屬於宗教的。其後西方思想傾向於自由、解放，藝術漸漸取得自主性，慢慢地取代了宗教的位置，由作為宗教的著重點的天上、天國，移挪到人的自身。因此，我們可以說，藝術是立足於人世間的；它對人的貢獻大於立足於天國的宗教。雅氏也提到藝術與哲學的問題，表示哲學只能局部地滿足人的訴求，藝術則對人提供重要而廣闊的滿足，並且以滿足人的欲求作為它的本質（Wesen）。他認為在精神上、境界上，藝術都能滿足人的渴求，也與宇宙有一種感通關係，人可認證這種感通關係。因為人可以創造藝術，同時也能回應宇宙的呼聲，他可作為藝術與宇宙相遇合、相聯繫的媒介。

4　徐復觀在他的《中國藝術精神》一書中的〈中國藝術精神主體之呈現〉一章中，指出莊子的人生目標，不是某種美學的境界，而是要追求人生的解放、精神上的自由。他的精神是藝術性的，他的人生應是含有某種具有解放義、自由義的美感。徐氏以「純素」或「樸素」一類語詞來概括，但未有說及這種美感的人生的、社會的關連。我想應該補上一點，便是這純素或樸素的美感，能夠滋潤人生，讓人活得更積極、更自在，不但尋求個人的解放，也尋求眾人的解放。這應含有大乘佛教的不捨眾生的懷抱。

二、康德的第三批判的意義與內容

在西方的美學發展史上，康德的觀點有特殊的意義，我們不能不注意康德的美感哲學或藝術哲學。簡單地說，康德寫了《純粹理性批判》（*Kritik der reinen Vernunft*）來處理人的知識、認識的問題，其對象是形而下的世界，亦即經驗的世界；他又寫《實踐理性批判》（*Kritik der praktischen Vernunft*）來處理形而上的或超越的道德問題。這兩本鉅著分別處理知識與道德的問題，雙方的性格是對反的，一邊是經驗的、形而下的；另一邊則是形而上的，亦即是超越的。這兩個世界或領域各自有其關心的問題，互不相通。在這種情況下，康德再寫《判斷力批判》（*Kritik der Urteilskraft*），討論美感或藝術的問題。康德認為，美感或藝術一方面與知識相連，另方面也與道德相連，因此可以作為一種媒介，把經驗世界與超越世界連結起來，而《判斷力批判》也可以作為《純粹理性批判》與《實踐理性批判》兩著書的中介著作了。我們也可以說，《純粹理性批判》和《實踐理性批判》分別構成知識與道德，因此是建構性格的，而《判斷力批判》則是關連性格的，是講藝術的，因此是協調性格或調節性格的。

以上所說是康德的三大批判書的綱領。以下我們要進一步做些補充。純粹理性所面對的是自然的、實然的世界，實踐理性所面對的則是應然的世界，或意志自由的世界。人的道德理想、自由意志必須在自然世界中實現，而知識則把自然世界的性格提供予人的道德理性，或實踐理性。審美活動或藝術活動一方面關涉及所欣賞的對象，這即是自然世界。另方面，審美活動或藝術活動的意義與價值，要由道德意志、道德主體來認可、證成。在這個脈絡下，審美的、藝術的判斷力便居於純粹理性與實踐理性的中間，而起兩者的溝通的、媒介的作用。

在康德看來，《判斷力批判》中的判斷力，不是認知判斷，也不是道德判斷，而是關乎趣味方面的判斷，它沒有任何實用上的目的，而純是一種無關心的理趣的、遊戲的能力、活動。它只講美感、理趣、意趣，不講

目的、實用性。它的原動力不是知解的理性，不是實踐的理性，而是構想力，或想像（imagination, Einbildungskraft）。所謂「美」，是某一對象的合目的性的形式，當對象被知覺時，當事人只是專注於欣賞它的姿態，所謂合目的性，這合目的性沒有具體的事物與它相應，只是一種情趣上的滿足、歡愉。在美的專注活動中，當事人並沒有有關對象的結構、用處、經濟價值等等意識或想法，他只是對對象生起純粹的觀照（contemplation），整個生命存在都被對象的優美的形相吸引住了，內心感到異常的舒適、自在，整個心靈都敞開了。

　　進一步看目的的問題，康德就主觀與客觀兩方面來說：事物或對象的樣貌、模式符順我們的認識能力，特別是想像，讓我們專注於這樣貌、模式作靜態的觀照，內心感到無比的快慰、順適、輕鬆，覺得自己從一切現實的束縛、壓力解放開來，主觀的目的便在這裏說。另方面，我們所面對的外在世界的種種事物各有其本質，倘若這本質與各各事物的結構模式是相互呼應的，讓我們生起一種協調感、諧和感，則這些事物便是美的、完善的，這則是客觀的目的。[5]嚴格來說，完全的、絕對的客觀的目的在美學來說是很難成立的。因為審美機能是想像，這是介於感性（sensibility, Sinnlichkeit）與知性（understanding, Verstand）之間的機能，主要是觀照作用、欣趣作用，這不能沒有個人的主觀上的嗜好、品味、欣賞在內，只要這些活動存在於主體，則主體對於對象的觀照、想像便不能免於主觀性。

　　朱光潛在他的《西方美學史》中表示，康德對藝術方面有兩種分析：美的分析與崇高（sublime, Erhabene）的分析。崇高和美是有差異的。一方面，美只涉及對象的形式，崇高則涉及對象的「無形式」。形式是有限制性的，崇高則是其特點在於「無限制」或「無限大」。康德在涉及崇高的討論中，表示自然引生崇高的觀念，主要由於它的混茫，它的最無規則

5　這客觀的目的的問題有些複雜，我們在這裏沒有篇幅進行周詳的解說。希望在其他的場合對這問題再作交代。

的雜亂和荒涼。康德認為，美和崇高的最重要的分別在於美是在對象中，而崇高則只能在主體的心靈。崇高並不在於對象，而在於心靈。比起美來，它更是主觀的。這很明顯地展示康德的觀念論的立場。照我看，崇高不能離開想像，我們觀照一棟大樓，一座高山，覺得它們挺高高在上的，而且展現一種氣勢，我們專注這氣勢，內心便有回應。這內心從感性開始，然後便有想像。感性不能超出對象的範圍，想像則比較靈活，和很多事物都有關連，包括空間在內。我們仰望高山，是往上面看的。這除了運用感性之外，主要還是想像，把不在現前的東西都想出來，與高山的崇高氣勢作一比較，不能不對高山有一種尊重、欣羨之情，內心感到鼓舞、暢快，或者還有一分心理，希望自己也能像高山那樣，性情變得高揚，能俯視一切。這會使人變得開朗，暫時忘記一切的憂傷、煩惱的事情，這便能讓心靈升華起來，信心也強化了。這正是大自然的、美感的教育所致。

三、崇高與優美

以下我們要看看美的兩種形態：崇高與優美。這兩個語詞，暫時是這樣設定，不同的美學家或藝術家對於美的兩種品質，有不同的稱法。大體上，這兩種美，一是陽剛美，一是陰柔美，或柔美。我們在這裏以崇高與優美來分別說這兩種美的品質。朱光潛在他的《全集》中以「氣勢」與「神韻」來說。他闡釋這種分法即是指動與靜兩種美感。康德說雄偉與秀美；尼采（F. W. Nietzsche）說狄俄倪索斯藝術與阿波羅藝術；我國的姚鼐則說陽剛與陰柔。朱氏指出從科學的觀點說，這種分別起於我們的三種生理變化。生理變化愈顯著、愈多、愈速，我們愈覺得緊張、亢奮、激昂；生理變化愈不顯著、愈少、愈慢，我們愈覺得鬆懈、靜穆、閑適。前者易生「氣勢」感覺，後者易生「神韻」感覺。

宗白華在他的〈中國美學史中重要問題的初步探索〉一文中，全面地、明確地提出了「錯采鏤金」和「芙蓉出水」兩種美感類型的差異的分析。前者是由華麗、絢爛而生的審美感受，給人以奪目的光輝。後者則以

「初發芙蓉，自然可愛」來加以概括，認為它由清幽、自然秀麗而生，人們從它所得到的是如烟如雨、清真可愛的感受。按這可分別概括為壯美與柔美兩種性格。就宗白華的想法來說，他是較推崇芙蓉出水的那種美的情調的。他以「平淡」來說芙蓉出水；但這平淡不是平平無奇、沒有特別感覺的意味，卻是具有豐富內涵的美感，它是如碧玉那樣的雅淡，耐人生起無窮韻味的感受，它不是沒有光澤，沒有風采，只是較低調、不顯眼、不炫耀而已。

　　上面提到的桐城派文學家姚鼐在〈復魯絜非書〉中，從宇宙論的角度來說美感，把它分成兩種形態：陽剛之美與陰柔之美。文字如下：

　　　鼐聞天地之道，陰陽剛柔而已。文者天地之精英，而陰陽剛柔之發也。惟聖人之言，統二氣之會而弗偏。然而《易》、《詩》、《書》、《論語》所載，亦間有可以剛柔分矣。其得於陽與剛之美者，則其文如電，如長風之出谷，如崇山峻崖，如決大川，如奔騏驥。其光也如杲日，如戰火，如金鏐鐵。其於人也，如憑高視遠，如君而朝萬眾，如鼓萬士而戰之。其得于陰與柔之美者，則其文如升初日，如清風，如雲，如霞，如烟，如幽林曲澗，如淪，如漾，如珠玉之輝，如鴻鵠之鳴而入寥廓。其于人也，漻乎其如歎，邈乎其如有思，暖乎其如喜，愀乎其如悲。

姚鼐的這段文字，寫得非常優美，是上乘之作。不過，這不是我們目下所關心的。我們注意到這篇文字透過宇宙萬象及其狀貌來讚歎文學作品的種種模樣，這其實可以用之於美學作品、藝術作品，文學本來就是一種藝術創作，美即存乎其中。作者以陰陽剛柔來說美學，將之分為兩個脈絡或導向，這即是陽剛之美與陰柔之美。這相當於上面說的崇高與優美、氣勢與神韻、動與靜、雄偉與秀美和錯采鏤金與芙蓉出水。不同的是，上面所舉都是就兩種美感的姿態與風采自身而言，姚鼐則除了做這方面的闡釋外，更為這兩種美感找到宇宙論以至形而上學的理據。即是說，形而上的真理

或道作為萬事萬物的存有論的根源，透過氣的方式來進行生化之事，這便成立了陰陽二氣。二氣再分化下去，因而產生萬事萬物的不同樣貌、狀況。姚鼐即把握著這一點，以建立陰與陽或陰柔與陽剛這兩種美感。在我們現實生活中，說到可欣賞的美感的東西，也的確有陰柔與陽剛這兩類。不過，說起陰柔之美與陽剛之美，我們一般總是比較留意陽剛之美，而少措意於陰柔之美。*6*

以下我們集中看崇高與優美的問題，特別是崇高問題。在西方美學，與崇高相應的是英語的 sublime，或德語的 Erhabene。對於這個觀念或語詞，有人譯為雄偉，有人譯為雄渾，有人譯為陽剛。這幾種譯法，都能表示 sublime 或 Erhabene 一部分意思，而忽略了另外一些意思。案 sublime 除了具有剛強、雄壯、宏偉等意涵外，還有道德的、理想主義的意味；這即是所謂升華、提升，有非常正面的意思。陽剛能展示氣勢、剛勁的意味，但失之硬朗、向上求進的意味。我們可以說張飛、李逵、魯智深是陽剛的漢子，但少了 sublime 的升華的意味。雄偉則是一般性的語詞，少了內心的修養的意味。我們可以說萬里長城、黃河很雄偉，但這兩者不見得有提升的精神意味。雄偉本來不錯，但「渾」字不大好，讓人聯想到渾淪一語詞，這有不是很清晰、分得不清楚的意味。宋代朱熹提到程明道，說他渾淪、境界高。這其實是貶詞。朱熹的思路與程明道不同，是分析性格，程明道則是圓融的，朱熹意識到與程明道的殊異，但因後者是先輩，在儒家中有很高的聲譽，朱熹不想貶抑他，因而說他境界高，表示尊敬之意，但他的真正意思，是渾淪，缺乏分析性。崇高有壯美、雄壯的意思外，也可以表達在修養上具有充足的風采、內涵，而為人所崇敬。同時，

6　宗白華在他的《藝事雜錄》一書中也提到美感的陰陽或晝夜這兩面。他指出中國畫趨向水墨的無聲音樂，而擺脫色相。其意不在五色，亦不在形體，而是在於「氣韻生動」的節奏。這是一陰一陽，一開一闔，晝夜的道理。

高有超越的意思，符合 sublime 的意涵。故我用之。[7]

在德國觀念論，例如康德與黑格爾，sublime 被視為遠離物理的（physical）、形軀的（bodily）表面意涵，而往深處鑽，以達於絕對的、無限的層次，並且聚焦於靈魂方面，向道德和宗教方面奔赴。鄧尼士（J. Dennis）更以基督教的立場，以人對上帝的敬畏心情來說這 sublime，使它蒙上濃厚的宗教色彩。「崇高」一語詞不是沒有宗教的意涵，只是比較淡薄，它的倫理的、道德的義蘊倒是較明顯的。它的方向是要由形而下的經驗世界向形而上的超越世間奔赴，超越現實世界的一切束縛，以求取絕對的自由性格。

以上是對於 sublime 的意義的補充。再有一點是：美感特別是 sublime 主要是存在於客觀世界中呢，或是存在於我們的主觀精神中呢？我們看康德的看法。在他的早期著作《對於優美和崇高的感受的看法》（*Observations on the Feeling of the Beautiful and Sublime*）中，他強調主觀的快感即是美的實質、內涵（substance），這種快感能激發起兩種感受，這即是崇高的感受與優美的感受。前者是雄健的、壯大的，像自然界的山嶺或巨風那樣；而後者則像花朵與小溪那樣。後來他拋開了這種方法，不從有客觀性的實體方面尋覓美感，卻是從主體的美感判斷、趣味批判中去找尋美感，又提出想像這樣的介於感性與知性和實踐理性之間的機能。想像以自身的觀照、觀賞的作用去面對對象，而產生美感。這種活動是沒有實用的目的的，只在求取自身的快慰與歡愉。但沒有實用目的帶來了另外的、另類的目的，這無以名之，只能說為是無目的的「目的」。這「目的」的根源，正是在於我們生命的主體性。

以上是特別就康德對崇高與優美的美感性格而作的補充。以下要對我國王國維的美感觀作些描述。王國維是一個天才人物，在以下幾方面都有

7　朱光潛在其《文藝心理學》中，指出 sublime 在中文中沒有恰當的譯名，通常用的譯名如「雄渾」、「勁健」、「偉大」、「崇高」、「莊嚴」諸語詞都能展示它的意義，但只是部分而已。我在這裏用的「崇高」，應是比較理想的翻譯。

獨到的貢獻：考古學、古代經典研究、對詩詞的評鑑、對康德、叔本華（A. Schopenhauer）、尼采等哲學家有關哲學特別是美學方面都有研究，可說是我國近現代美學探討的先驅人物。他在〈古雅之在美學上之位置〉一文中提出：美學上的美的區分，大體上分兩種，這即是優美與宏壯。關於優美，王氏認為，所觀的對象的形式與我們的利害考慮無關，因而使人忘卻利害的意念，以全部精神沉沒於這對象的形式中，而表現為美學上或藝術的優美。關於宏壯，王氏則認為這種對象具有宏大的氣魄，讓人在一切利害之外來觀照它的形式，如大自然中的高山、大川、烈風、雷雨等，而感到宏壯，肅然起敬，甚至畏懼。這宏壯實相應於康德所謂的 sublime。

至於優美，一般人認識得比較多。它是指對象的優遊閑逸，是柔性的，不是剛性的。我們在日常中所看到的，例如小橋流水、池塘青草、黃昏晚霞、美麗花朵等等事物或現象，都讓人內心感到舒適、平和。此中的情調是優美的。到過日本箱根的蘆之湖的人，大體上應能感受到周圍環境的寧靜與甜美。湖水清澈，幾乎可以見底，間中有雁群飛過，在空中搖曳生姿。面對這樣的湖光山色（包括富士山在內），內心感到無比的暢快與開朗，我想最好是以「優美」或「秀美」來形容。

四、移情作用

以下要討論的，是美學或藝術哲學的最重要的內容，那便是移情作用（empathy, Einführung）。這是由西方美學家立普斯（Th. Lipps）和倭爾卡爾特（J. Volkelt）所倡導的。立普斯寫有《美學》（*Ästhetik*）、《關於移情作用》（*Zur Einführung*）二書，倭爾卡爾特則寫有《美學系統》（*System der Ästhetik*）一書。我國美學家朱光潛和宗白華都很重視美學的這種作用，認為是美感之所以可能的根本原理，他們並運用這原理來解讀中國的藝術創作，特別是在詩和山水畫方面的創作。以下我們先看一下移情的意思，再進一步看看朱光潛和宗白華在有關方面的闡釋。所謂移情，是我們主體把自身的情感移注到對象方面，同時也吸收對象的形相，於是

構成一種往返流動的循環、旋轉，主體和對象便藉著這種往返互流而連結在一起。[8]這種往返互流的現象再進一步發展，會導致主體和對象或物與心的密切連結而成為一體，建立物我雙忘的關係。當然在這種活動中，主體需具有豐富的情感，而對象方面要具有可以觀賞的形相。美感即發生於主客相互融和的關係中。

朱光潛在他的《全集》中表示，在移情作用中，人情與物理打成一片：對象的形相是人的情趣的返照，對象的意蘊的深淺，與人的性分深淺成正比。他甚至強調，如果沒有移情作用，世界便像頑石那樣，人也只是一套死了的機器，人生便無所謂情趣，不單不能創造出藝術，連宗教與其他文化活動亦無由成立。因為詩人、藝術家和宗教信徒大半都是憑著移情作用替宇宙打拚出一個靈魂，把人和自然的隔閡打破，也把人和神的距離縮小。進一步，朱光潛提出移情作用是一種外射作用（projection）。所謂外射作用是我們的知覺或情感外射到對象方面去，使這知覺或情感不僅存在於我們的生命中，同時也存在於對象中。詩人和藝術家看世界，常把在己身中的東西外射而成為對象的東西，結果是死物的生命化，無情事物的有情化。移情作用的英文 empathy，其原本的意思是「感受到裏面去」，把自己的情感移注到對象中，讓它們能分享我們的生命。

上面提到移情作用的倡導者立普斯與倭爾卡爾特。另外，費蕭爾（R. Vischer）、蒂慶納（E. B. Titchener）、黑格爾、洛慈（R. H. Lotze）也講移情作用，朱光潛吸收了他們的學說，而加以消化、綜合，作出自己的觀點。在他的《全集》中，他表示移情作用是一種最普遍的現象，在這種作用下，大地山河與風雲星斗原來都是死板的東西，我們覺得它們有情感，有生命，有動作，這都是移情作用的結果。在筆者看來，這移情作用可以

---

8 人把情感移注到對象方面去，會使對象生命化、機體化，而被轉化為具有情感，這是對象的情感化。辛棄疾的詞：「我看青山多嫵媚，料青山看我應如是」，便是具體的例子。我看青山之時，同時也把嫵媚移入青山之中，青山亦有回應，也以我為嫵媚，這正是情感的交流。這不是科學的命題，而是藝術的命題。

看成是我們的主體對自然現象、自然事物的一種點化的作用，這點化是一種精神性格的活動。人的精神可以向深處、廣處拓展，它所碰到的東西，都會受到它的加持、鼓舞，而活現起來，展示生機的動態。這不是耍魔術，而是精神的感化、感應的力量。這點非常重要，在這裏沒有篇幅闡釋下去，我會在另處作詳細的交代。

　　一般人比較注意移情作用的順向作用，亦即是把情感、意趣移注到對象去，對於移情作用的逆向作用，亦即是對象的形相向人方面回流，注意不足。即便是康德，也有這方面的傾向，強調美學或移情作用的重點在心靈，不在對象。他把 sublime 的來源放在主體方面，不在對象方面作左右上下的盤旋搜索。朱光潛吸收了康德的理性的思維與體驗，並在對象方面盤旋搜索上作出了進一步的探索，補康德的不足。他在《文藝心理學》中提出，在面對雄偉的事物時，從感覺上說，我們先有驚，而後有喜。驚是意識上的，喜則是一種幻覺，都是感到自己的偉大超凡的性格。驚給我們痛的感覺，喜則給我們欣的感覺。這個道理，在我們看高山與大海時，可以體驗到。在第一眼看時，我們感到震驚；但往後繼續看，會感到自己的心靈完全為高山與大海所吸攝，彷彿覺得自己也有一種巍峨、浩蕩的氣魄、性格。我想巍峨是就高山說，浩蕩則是就大海說。不管怎樣，朱氏的意思是，我們的心影響對象，特別是形相方面，對象的形相也攝入於我們的心中，這便是移情作用的逆向作用。一言以蔽之，順向的移情的方向是由心到對象，逆向的移情則是由對象到心。不過，一般美學家喜歡把移情作用放在順向方面，而把逆向作用稱為內模仿作用（innerimitation）。

　　宗白華方面，他早年用「同情」字眼，視之為藝術能夠發揮社會作用的根本原因。後來他對這種觀點加以修正，肯定美的客觀性格，並且用「移情」概念代替「同情」概念。這可能是因為同情傾向靜態方面，移情則充滿動感意涵，這由「移」可以看到。解放後，他在其著作《美學的散步》中的〈美從何處尋〉一文裏，明顯地提出美的客觀意義，認為我們要從美的存在的客觀性起步，認識在審美過程中美感主體與美感客體之間的辯證關係。這可能是受到馬列主義的辯證法唯物論的影響。他強調移情作

用是現實中的體驗和改造的基礎，不大提主觀的感受和情趣了。在他看來，「移情」就是「移易情感，改造精神」的過程，是主體與客體、主觀與客觀相互交流的一系列活動的過程。所謂「移易」、「改造」這些意思，都有社會實踐的意味，不純是主觀的學術性的意味。

進一步，關於移情作用，洛慈強調外射作用，即是把生命和情感投射向、移注入沒有生命的事物中去，使後者也有生命和情感。費蕭爾則重視物我相互交融、滲透，以導引出審美活動。立普斯則強調我們在上面講的順向的移情作用，即是把我們的情感、意趣、心境等自身所具有的東西或自身的生活體驗移置到外物或對象方面去。宗白華不大認同這些美學家的說法，特別是立普斯的說法。他指出立氏的移情論只是一種「情感移入說」而已，只說明美感活動中主體的情感向客體方面投射、移注而已，在自我方面並不引起變化、轉化，即是沒有「移我情」的社會實踐意味。他強調移我情是中國藝術所重視的潛移默化的作用，提出在美感活動中主體的精神、情感要有自我改造，自我轉化的功效，並強調這種功效對於美感的產生的積極意義。這很顯然地有移情作用的實踐的轉向、道德的轉向的意涵，接近蔡元培所提倡的教育的意義。蔡氏提倡德、智、體、群、美五育，其中的美育便是美的教育，與移我情的意義非常相襯。這移我情可以說是宗白華對美學中的移情作用的創造性的詮釋。

五、主客統一與美感經驗

由移情作用便可說在美感經驗中的主客統一或主客合一關係。朱光潛在〈對於美感經驗問題〉一文中提出一些問題：我們是否有一種特別的感覺稱為「美感」呢？如果有的話，它的特別的性格是甚麼呢？它與一般的快感有甚麼分別呢？這些都是美學中的重要的問題。自康德以來，很多哲學家和心理學家已有了共同的答案，即是：美感經驗中的心理活動是直覺，直覺的對象則是一個完整的孤立的絕緣的意象。亦即是說，美感是有的，它存在於美感經驗的活動中。它的特性是主客雙方結合在一起，主客雙

亡。它不是情欲上的快感，而是精神上的一種境界、具有價值義的境界。

　　就上面提出的問題來說，美感的特性最為重要。朱光潛強調，美感經驗的特性是物我兩亡，或主客雙亡。他在其《全集》中表示，所謂物我兩亡即是亡物與亡我，沒有物我或主客雙亡。具體地說，如果我們心中只有一個意象，我們便不覺得我是我，物是物，兩者分得很清楚。卻是我們把整個心靈寄託在一個孤立的、絕緣的意象上，於是我和物便打成一片，雙方統合起來。就情感上來說，朱光潛表示，我的生命和物的存在往復交流，我以我的性格灌輸到物方面去，同時也把物的姿態吸收過來。在美感經驗中，我和物的界限完全消失，我沒入大自然中，大自然也沒入於我中，雙方融合無間。因此，世界上並不存在著一種獨立的稱為美感的東西，美感不是光在於審美經驗而存在的質體（entity）、實體化的對象，卻是於審美經驗或美感經驗中生成和展現。

　　上面剛說美感關聯於經驗活動，但美感是超越於時間的。在美感經驗中，人忘記時間性，無所謂先後長短，瞬間即是永恆。這種超越時間性的美感經驗，在朱光潛和對他有重要影響的西方美學家克羅齊（B. Croce）來說，美感經驗的內容是「形相的直覺」。朱氏在他的〈文學批評與美學〉一文中表示，美感即是直覺，美感經驗即是形相的直覺。當我們感覺到一些東西是美的話，都能引生那些東西的意象（image），我們會專注地、全力地去欣賞它們，這種欣賞即是美感、美感經驗。我們以心在直覺中接觸物，物的形相也呈現於心中，這便是美感。朱光潛強調，在美感經驗中，物與我之間不能滲入任何知識性、實用性、目的性。其中只能有精神上的舒適、暢快的感受。

　　就整個美感經驗來說，朱光潛很明顯地是從心物關係、意象、情趣或欣趣諸項來說美感，或更精確地說美感的本質。他在其〈詩的意象與情趣〉一文中，談到詩作為藝術表現的最高形式，最能展示審美活動的本質。在他看來，詩是心感於物的結果。意象是有見於物，情趣是有感於心。詩的境界是情景交融的，這交融不是偶然的事，不是自然而有的事，而是思想和心靈共同用力的成果。

　　一切學問都需有反映作用，而反映的形式又不盡相同。朱光潛在他的《全集》中表示，美感的或藝術的反映形式與知識或科學的反映形式是不同的，藝術地掌握世界與科學地掌握世界是不同的。此中有一個本質上的分野：在科學反映世界方面，主觀條件不起重要的作用，它基本上是客觀的；但在美感反映世界方面，主觀條件扮演非常重要的角色，它是主觀與客觀的統一，自然與社會的統一。倘若任何一邊出了問題，效果也就相應地出現不同的狀態。

　　以上是朱光潛的觀點。以下我們看宗白華的相關說法。相較於朱光潛，宗白華是稍微傾向於客觀方面的。在美感問題的理解上，宗白華有一個根本的看法，他並不是不照顧人自身的主觀的感覺，不過，他在一定的程度上是強調客觀事物的重要性的。他提出美感發生的現實前提，是美的客觀的存在性，自然也有審美主體的心理感受與活動，再加上生命情感的活躍性。跟朱光潛比較，他的美感思想比較多元，也比較複雜。他在其〈美從何處尋〉一文中表示，美感活動或審美活動是主觀與客觀的因素相互融合、流通、統一的結果。在大處來說，他和朱光潛沒有兩樣，都強調美感是發生於主觀與客觀的統一性、一體無間性。只是朱氏較關心心方面的動向，而宗氏則強調心與物在互動中的平衡。

　　宗白華在他的〈中國藝術意境之誕生〉一文中，發揮意境在藝術方面的重要性。他強調我們必須把藝術意境與功利的、倫理的、政治的、學術的和宗教的境界區別開來，在意境作為情與景的創造性的統一中，展示主觀的生命情調與客觀的自然景象的互動以至滲透的關係。在情調與意境之間，他是比較重視意境方面，不過，這並不障礙雙方的交融互滲的關係。他勸人要發掘最深的情，透入最深的景。在更深的情與晶瑩的景的互相滲透中，務求達到景中全是情，情具象而成景。意境的建立，需要化實景而為虛景，創形相以為象徵，使人的心靈具體化、內身化，這樣，意境便出來了。

　　最後是有關觀點的問題，這與透視、洞見、視覺能力的觀念有密切的關連，這些觀念都通於筆者所提出的點化的意味。德國哲學家哈特曼（N.

Hartmann）提出藝術創作品的兩層說：前景層和後景層。這兩層有密切的連繫。前景層傾向於物質性格的、感性的狀態；後景層則傾向於物理之上的精神的形態。他提出新的知覺概念，認為知覺不單在前景層的物理的領域中活動，同時也通於和活動於後景層的精神文化領域。這知覺先由可見到的範域，漸漸趨向、移挪到不可見的精神的內涵，而使雙方連結以至融和起來。他提出透視（Hindurchsehen）一觀念，這觀念作為一個行動的主體，先把握對象方面可以知覺的部分，進而指向不可以知覺的部分，這便是透視。這也可說為是洞見（Einsicht），也有筆者提出的點化的意味。[9]

　　至於視覺能力，這視覺不是純粹的以眼去看，也包含以心去領會的意味。藝術家特別是詩人迴環於自然界的雄奇巧妙的景物之中，能夠保持自身的認同身分，而不會忘失於其中。這是由於他具有特殊的視覺：它一方面能引領、引導詩人置身於崇高的景物之中，同時也能維持自身的獨立的個體性，不會讓它為富有吸引力的景物所迷惑。他的殊勝的過人之處是能遊走於雄奇的景物之間而融合於其中，同時又能保有自己原來的主體認同。

六、有我與無我：隔與不隔

　　上面我們曾在美學的角度下提到境界、意境的問題。特別是意境，它綜合了主體的意和客體的境，這表示藝術上的意境是要透主體與客體的內涵的相互交融而成立的。在這裏，我們要專門留意這個問題。一般地說，在美學或藝術上，主體與客體之間有兩種關係：主體與客體分開，作者表

---

[9]　對於哈特曼，知道的人比較少。他的思想傾向於新康德學派，特別是馬堡（Marburg）學派，其後不滿這學派，而受到胡塞爾的現象學的影響，其後又從胡氏的觀念論脫離開來，而轉到存有論、實在論方面去。他的思想歷程非常曲折，特別是在知識論方面。

現出自我意識，這便是有我。主體與客體交融為一，沒有分別，沒有自我意識，這是無我。所謂「意境」，是在無我的脈絡下說的，有我的情況不能成就意境。而有我即是「隔」，無我即是「不隔」。在美學的價值上，不隔是高於隔或有隔的。以下我們要進一步探討這方面的有關問題。

有我與無我、隔與不隔是王國維提出的，以下我們先看他在《人間詞話》中怎麼說：

> 問「隔」與「不隔」之別，曰：陶謝之詩不隔，延年則稍隔矣。東坡之詩不隔，山谷則稍隔矣。「池塘生春草」、「空梁落燕泥」等二句，妙處唯在不隔。詞亦如是。即以一人一詞論，如歐陽公〈少年游〉咏春草上半闋云：「闌干十二獨憑春，晴碧遠連雲。千里萬里，二月三月，行色苦愁人。」語語都在目前，便是不隔。至云：「謝家池上，江淹浦畔。」則隔矣。
>
> 白石寫景之作，如「二十四橋仍在，波心蕩，冷月無聲。」「數峰清苦，商略黃昏雨。」「高樹晚蟬，說西風消息。」雖格韻高絕，然如霧裏看花，終隔一層。

以上是論隔與不隔。王氏並不對隔與不隔的意涵正面說清楚，即使有說，也只是提一下而已。如說「語語都在目前，便是不隔」。即是，直述個中境界，將之直接擺在目前，便是不隔。他總只是舉一些隔與不隔的實例，讓讀者自行體會，自行評估。大體上，隔是缺乏藝術境界、意境，不隔就是境界、意境鮮明，如在目前。如何評估，除了所舉實例外，也要看讀者自己的涵養，這包括知識、美學眼光、藝術觀照的工夫諸種項目。

至於有我與無我，《人間詞話》說：

> 有有我之境，有無我之境。「淚眼問花花不語，亂紅飛過秋千去。」「可堪孤館閉春寒，杜鵑聲裏斜陽暮。」有我之境也。「採菊東籬下，悠然見南山。」「寒波澹澹起，白鳥悠悠下。」無我之

境也。有我之境，以我觀物，故物皆著我之色彩。無我之境，以物
觀物，故不知何者為我，何者為物。

在這裏，王氏講有我與無我兩種美學境界（嚴格來說，只有無我之境是境
界）。以我觀物，此時物跟我分開，物歸物，我歸我，自我意識鮮明，故
為有我。以物我融合無間，此時，物即我，我即物，對於我來說，物物都
是如此，沒有分別，而物跟我由於已融合在一起，故無處可得我，無處可
得物。這便是無我，無我故，也無物。實際上，哪些詩詞句子是有我，哪
些是無我，很多時很難分得清楚。在這裏，得講境界，講意境，但這方面
雖然講洞見，講深度，也不能不涉及情感。不同的人對同一景物，很可能
有不同的感受，因而有不同的評估。這裏無客觀性可言。科學講客觀性、
普遍性，但在文學、藝術，則不能這樣，畢竟它們是不同性質的文化表
現。譬如說，以「採菊東籬下，悠然見南山」一句看，為甚麼是無我呢，
我與南山是兩個不同的、分離的實體，我不是南山，南山不是我，我是
我，南山是南山，何以視之為無我的境界呢？首先，我們得區分清楚，文
學、藝術與科學是不同的學問，其心靈運作各自不同。科學求真，文學、
藝術求美。求真講認知對象，求美講審美的境界、意境。學問性質不同，
是非標準便有區別。科學研究以觀察、推算為主，文學、藝術則以欣趣、
美感為主。我們有了這種分別意識，便能解決很多似是而非的問題。

　　詩詞很重視境界，王國維便說「詞以境界為最上。有境界則自成高
格，自有名句。」（《人間詞話》）對某種對象，構成一種境界，需要有
人的加工、創造在裏面。加工得如何，創造甚麼樣貌，美與不美，有人的
主體的涵養、性情、欣趣和審美的智慧或洞見在其中。對於同一對象，不
同的藝術人品，可以對它生起不同的境界、意境或形象。此中沒有絕對
性、客觀性可言。科學則不同，對於同一對象，不同的科學家，需要依循
某些客觀的定則去研究，所得到的結果，雖然仍會有不同之處，但肯定是
大同小異。文學、藝術則不是這樣，所得的結果，必含有當事人的主體、
主觀因素在裏頭。只要有這些因素在裏面，相同的結果便無從說起。

　　以下我們嘗試用王國維有關有我無我、隔與不隔的審美思想來看一些詩句，看看有何效用。唐代賈島的〈題李凝幽居〉一詩如下：

　　　　閑居少隣並，草徑入荒園；鳥宿池邊樹，僧推（敲）月下門。過橋分野色，移石動雲根；暫去還來此，幽期不負言。

賈島寫此詩時，對於「鳥宿池邊樹，僧推（敲）月下門」這兩句，應用「推」字或「敲」字較好呢？苦思不能決，後來遇到韓愈，後者說用「敲」字意境較好，方才定稿。在我看來，韓愈的判斷並不適合。因為在這種環境中，一切（包括鳥）都沉寂下來，頗有一種靜中之美的意境。靜是可以說美的。此時連雀鳥都睡熟了，如僧人推門，便無聲，若敲門，則不能不有聲音，這聲音會破壞了本來的寂靜氣氛，雀鳥會驚醒，發出吱吱的響叫，寂寥性更不能維持下去了，境界或意境便無從說起。故推字可保留原來的意境。[10]寂寥或寂靜沒分別意識，是無我，或不隔。若詩句是「鳥鳴池邊樹」，則用敲字便無妨。因鳥既在鳴，則敲門發聲，都沒有影響。

　　關於隔、不隔與有我、無我，上面說及美學的境界、意境是在不隔、無我的脈絡下說。說意境又比境界為殊勝。境界偏重於客觀意味，主觀意味不顯。意境則可拆分為意與境，意是主觀的欣趣、激賞；境則是美感對象的形相。意與境合在一起，而成意境，正可表示心物交融、無我無物的精神的、絕對的境界。唐代張璪論畫，提出「外師造化，中得心源」的說法，是非常富有智慧的美感的說法。造化是自然，是美感客體；心源則是美感主體。造化與心源合而為一，正成就藝術上的物我兩忘的境界。但相忘的關係並不是完全是靜態的、寂靜的，卻是展示出一種富有生機動感的藝術生命。王國維在其《人間詞話乙稿敍》中說：

---

10 進一步，若是敲門，是誰敲門呢？這會引出一他者，他者與我相對應，這又會有他者意識與自我意識了。他、我相翻，便有隔。

> 文學之事，其內足以 己，而外足以感人者，意與境二者而已。上
> 焉者意與境渾，其次或以境勝，或以意勝，苟缺其一，不足以言文
> 學。

在這裏，王氏也強調意與境兼備而同時融合的意味，這是不隔，是無我。
其次是意與境亦兼備，但發展得不平衡，不是一方較勝，便是他方較勝，
亦是不錯。若二者只得其一，則不是主觀，便是客觀，只得單腳站立，便
成不了意境。這不能成就文學，亦不能成就藝術。

　　對於意境、隔與不隔、有我與無我的問題，宗白華也有自己的看法，
大體上與王國維相近。上面提到他提出「錯采鏤金」和「芙蓉出水」兩種
藝術形態。錯采鏤金近於外部形式上的安排雕琢，芙蓉出水則近於內在的
情意，這兩者要能善巧地結合在一起。不過，他似乎較重芙蓉出水，認為
這點不僅指藝術家的心境，同時也透露他的人格與風尚，這便有傾斜向道
德的旨趣了。不過，宗氏在這方面點到即止，沒有過分闡發下去。對於王
國維所提的隔與不隔，他認為這代表美感方面的兩種類型，不過，不隔在
美感的直前感受上，總是較隔高一層次。葉朗在他的《中國美學史大綱》
一書中的一些說法可以助解。他表示王國維把藝術作品的境界特別是意境
的誕生，與藝術語言能否直接明朗地在審美主體的內心引生生動的形象
感，是有關聯的。因此，強調隔與不隔作為藝術語言的處理效果，可以決
定意境的存在或不存在；即是，隔不能產生意境，不隔才能產生意境。藝
術感的有無、高低，便是這樣決定下來。*11*

　　進一步看，宗白華對於意的重視，是沒有問題的。不過，他還是有濃
厚的美感的生活世界的想法。他在其〈中國藝術意境之誕生〉（增訂稿）
一文中，說到藝術意境的問題，自然強調我們的生命精神的重要性，但也
不忘提出這生命精神需要與客觀的自然景象交相融合、滲透，才能成就圓
滿的藝術意境，單是在生命精神方面努力是不行的。在他看來，意境是情

---

11 葉朗的意思，我在文字上作了一些改動。

與境的結晶品，境中全是情，情具象而為境，因而湧現出一個獨特的宇宙，嶄新的意象。成就一個鳶飛魚躍、活潑玲瓏、淵然而深的靈境；這靈境是構成藝術之所以為藝術的意境。

七、美的忘言性

由美感的不隔性、忘我性、直悟性，便可以說美感的超越性、忘主客性、忘分別性，便可說美感的忘言性。言或言說、概念，是相對性格的，它有約定俗成的性格，因此是經驗性的。《老子》說「道可道，非常道」，其理便與此有關。道是絕對的、超越的，相對的言說不能表述原來的道、真道、常道。以言說來表述的道，並不是真道、常道。藝術上的美感也是一樣，一種美感經驗，只有當事人才能體會得到，若以言說把感受表示出來，讓他人分享，則他人分享得的道，已是經過言說的、人為的包裝，不是它的原樣了。在這方面，陶淵明體會得很深刻。他有詩云：

> 結廬在人境，而無車馬喧。問君何能爾，心遠地自偏。採菊東籬下，悠然見南山。山氣日夕佳，飛鳥相與還。此中有真意，欲辯已忘言。

這裏的「採菊東籬下，悠然見南山」，一般人已有共識，是無我或忘我的境界。人與南山結成一體，是不隔的關係。人的情意流注到南山方面去，而南山的崇高巍峨的美的形相，亦迎著當事人而來。雙方之間，有一種意境往復回還。這便是真意，真意即是美感，是不能以言說宣示的，故說「欲辯已忘言」。這很明顯展示言說不能原樣地表達真正的美感。在這詩中，「悠然」兩字用得真好，它有不經意、自然的意思，沒有主客對峙的張力，能表示人與物的一體無間，故為不隔。

《莊子》〈天地篇〉有一段話很有意思，茲錄之於下：

> 黃帝遊乎赤水之北，登乎崑崙之丘而南望，還歸遺其玄珠。使知索
> 之而不得，使離朱索之而不得，使喫詬索之而不得也。乃使象罔得
> 之。黃帝曰：異哉！象罔乃可以得之乎？

玄珠即是道，即是終極真理。黃帝失去道，失去終極真理，以不同的方式
去尋找，都不成功。這些方式指知識（知）、視覺（離朱）和辯論（喫
詬），都尋不到；最後以遠離一切形相（象罔）的方式，便找到了。這當
然是譬喻：知識、視覺、辯論都是分別心的作用，終極真理不是分別心可
以接觸到的。只有遠離一切形相、有分別的方式，亦即是直覺的特別是睿
智的直覺才能接觸到。形相、有分別表示言說，言說有相對性，不能接觸
終極真理。要能接觸終極真理，便得超越一切言說。這便是終極真理的忘
言性，也是美的忘言性。

　　這種象罔的譬喻，透過否定的方式（否定一切相對性、名言、經驗）
來展示超越性格方面的消息，是道家所慣用的方式。亦即是佛教的「以言
遣言」，或佛教的「觀離」（apoha）的說法。觀離是以否定（離）來作
曲折的表達真理的方式。京都學派稱這種方式為「大否定即是大肯定」；
大否定即是對一切背反（Antinomie）的徹底否定，大死一番，才能證
道、悟入終極真理，才能復甦。這當中自然有辯證的意味。

　　說到忘我、心境俱忘的境界，我們很易會想到禪宗廓庵禪師的〈十牛
圖頌〉中的第八圖頌的「人牛俱亡」的境界。在這裏，人表示自己的主體
性，牛表示識心。主體性是清淨無染的，識心則充塞著種種迷執。因此人
時常處身於主體性與識心的相互爭持中。人要本於其原有的清淨的主體
性，去安撫、平息甚至克服識心的野性、虛妄執著性。前七圖頌便是敘述
這個意思或歷程。到了第八圖頌，人終於把識心或心牛克服過來，使後者
隨順於、冥合於主體性，而成就水乳融合的境界，這便是「人牛俱亡」。
這是藝術的最高峰，是不隔的無我之境。過此以往，便是宗教的工夫，因
而有第九、第十的「返本還原」與「入鄽垂手」的階段。

　　對於言說的有限性，特別是對於展示終極真理或如何達致終極真理，

總是隔了一層霧幕，因此我們便需借助另外的東西。言說不可以表達這個意思，因此劉勰的《文心雕龍》便有「夫隱之為體，義生文外，秘響傍通，伏采潛發」的說法，鍾嶸的《詩品》也提到「文已盡而意有餘，興也」，都同時展示語言文字的有限性，要善巧地表達一些深奧的消息，特別是有關終極真理的訊息，便得在語言文字之外，尋找另類的方式來解決這個問題，這些另類的方式，自身也有某一程度的美感。這種情況，常見於禪宗的公案或流傳的文字中。例如禪宗五祖弘忍的東山法門中有很多臥虎藏龍。一日五祖著弟子各自作偈，以顯示自家的覺悟境界。其中首座弟子神秀寫出「身是菩提樹，心如明鏡台，時時勤拂拭，勿使惹塵埃」。當時待在寺中有八個月的惠能亦託人寫「菩提本無樹，明鏡亦非台，本來無一物，何處惹塵埃」。五祖看到，知神秀仍未見性，惠能則已見性，便以杖擊惠能三下而去。惠能會意，於是在當晚三更時分，往五祖方丈，五祖為說《金剛經》，至「應無所住而生其心」，惠能即於言下大悟。（以上所述，以宗寶本的《壇經》為據。）這是借偈頌來表達內心所得，這雖亦是文字語言，但與一般的已是不同。至於兩偈有何不同，何以神秀不見性，惠能見性，我在這裏不想說破，留待高明的讀者自行推敲好了。

　　另外一則更有趣的公案，稱為「南泉斬貓」。一日，南泉普願將要上堂說法，兩邊弟子肅整衣冠，準備聆聽教益。只見南泉禪師一手拿刀，一手揪一隻貓兒，說：「快說快說，不說我便把這貓兒砍死。」兩邊弟子嚇了一跳，愣在一邊，呆若木雞，都無反應，沒有人出來說話。按禪門的規矩，在這種情況要說話，是要表達如何達致終極真理的意思。南泉果然手起刀落，一下把貓兒砍死。過不多時，南泉的首座弟子趙州從諗雲遊歸來，有一個小僧告訴他祖師斬貓的事，趙州一言不發，把鞋脫了下來，戴在頭上，頭也不回，便走了。這個僧徒把趙州的這種做法告訴南泉，南泉頓足說：「倘若趙州那時在現場，這隻貓兒便不會枉死了。」小僧徒還是大惑不解。此中的意思是，在禪的實踐中，要體證終極真理而覺悟，需要經過一種辯證的歷程，要反，要否定才行。所謂「大死一番，歿後復甦」，先死而後生，這便是反。鞋子是穿在腳上的，趙州把它戴在頭上，

這不是違背日常生活經驗嗎？這便是反。趙州當時如果在場，便會脫鞋戴在頭上，正確地回應了南泉的提問，南泉便不會把貓兒砍死了。這是活生生的比喻，較諸以文字言說來表示，生動得多了，僧徒對之必會有很鮮明而深刻的體會。

八、美與無限

在藝術的領域裏，人所製作的作品有其限制性，這些製作品都是有限的東西，但它們所反映的，或藝術家所要求它們所表現的東西，是無空間與時間的界域，它要表現無限性。這從中國的山水畫和西方的古典音樂中可以找到很明顯的例子。就山水畫而言，早期的唐五代以至宋代的山水畫，特別是宋代，此中一流的傑作很多，如關仝的〈秋山晚翠〉、〈關山行旅〉、董源的〈溪岸圖〉，巨然的〈蕭翼賺蘭亭〉、〈層岩叢樹圖〉、范寬的〈谿山行旅圖〉、〈臨流獨坐圖〉、許道寧的〈漁父圖〉、郭熙的〈早春圖〉、荊浩的〈匡廬圖〉、李唐的〈萬壑松風圖〉等等，都是國寶級的偉大製作。人置身於崇山峻嶺之中，真有宇宙無盡無窮之感，而且氣勢磅礡，我們面對著這些偉大的製作，內心亦不免肅然起敬起來，感到宇宙無窮，那種無限的意識，油然而生。即使是當代的山水畫大師，如傅抱石、李可染、黃秋園等的作品，也同樣具有震撼力，使人生起無限感、無窮感。

至於西方的古典音樂，感人至深的偉大音樂或樂章，喜歡的人大體上都可以感受到其中的攝人的力量。如海頓的〈創世紀〉、巴哈的〈布蘭登堡協奏曲〉、〈無伴奏大提琴組曲〉、貝多芬的〈命運交響曲〉、〈歡樂頌〉、李察史特勞斯、馬勒和布魯克納的多首交響樂，以至華格納的〈尼布龍根的指環〉等，都是上乘的傑作。使人對超越世界嚮往，對無限宇宙欣賞，和感到上帝的莊嚴與慈愛。*12*

---

12 西方音樂之父巴哈便說過，他的音樂，便是要展示上帝對世人的愛。他的〈Jesu

　　上述如許的作品，都展示出作者的無限的感受，要突破形而下的經驗世界的圍限與束縛，向原始的宇宙洪荒奔赴，或投入無限的上帝的懷抱中。這讓我們想起古希臘的一位文學與藝術批評家隆傑納斯（Longinus）的一段話：

　　　　大自然並沒有決定人類為一低賤的動物。故當它給予我們生命，把我們引進這廣大的宇宙時，大自然好像在邀請我們參加一偉大節目一樣，要求我們對它創造的一切充當熱切的讚嘆者。從開始，大自然就將對所有比我們更崇高和神聖的事物的熾熱愛慕情操注入我們的心靈。故此，整個宇宙都不足以使人類在他試圖和努力的範圍內的沈思而感到滿足。我們的意念時常超越了包圍著我們的界限。而若我們從各方環觀生命，觀察在與我們有關的每件事物中，那非凡、偉大和美麗怎樣扮演主要角式，我們會很快領悟到，我們的生命創造的真正目的。這就是為什麼我們本能地不去愛慕小溪——不論它怎樣清澈和有用處——而會敬慕尼羅河、多瑙河或者萊茵河，及至海洋。我們自己所點亮的小火焰——不論它怎樣清明安定——絕不會像天火一樣能激發我們的敬畏之心，雖然它們常被包裹在黑暗中。我們也不能想像及甚麼會比埃特納火山口更為偉大的奇觀，因為它爆發時，會從深處噴射出岩石甚至整個山嶺，和從地下純火激射為河流。在所有這些景象下，我認為，人們將有用處和必須的事物看得很平凡和沒有價值，卻把欽羨之情保留給使人驚駭的非凡事物。*13*

---

bleibet meine Freude〉（耶穌是我們的歡樂），雖只是寥寥的幾句，但所舒放出來的上帝的無限的愛，便能使我們一生感到舒服與平安。

13 這段文字轉引自王建元著《現象詮釋學與中西雄渾觀》（臺北：東大圖書公司，1992），頁 132-133。

這段文字一方面歎息人的生命存在有它的局限性、不足性，但他方面又有他自家的終極的盼望（ultimate hope），要盡一切能力突破這種局限性與片面性，以這種盼望為出發點，成就崇高的、雄大的美感。在這裏我們可以造就一種無限者的美學（aesthetics of the infinite）。由此也可以為康德在他的《判斷力批判》中亟亟要證成的崇高（sublime）的美學範疇予以支援。這種崇高的本質在大自然中展現出無比壯美與磅礴的態勢。它能感動人心，讓它在美感方面不斷向高處攀爬，以提升自身的精神境界。

關於美的無限性，我們亦可於中國的山水畫與西方的古典音樂說之。先看古典音樂。上面曾舉出若干樂曲，都可以證成美感的崇高性與溫柔性，宗教音樂更是如此。莫札特只活了三十五歲，但留下大量的美妙的樂曲，都能熱切地感動人生，激發人對世界的熱愛與對周圍的親人、朋友的關懷。特別是宗教音樂。他的聖樂，灌錄了十三首鐳射 CD，都能觸動人的情感與靈魂，包括他最後寫的〈安魂曲〉在內。我也曾留意其他的宗教音樂，特別是法國的夏邦泰（Marc-Antoine Charpentier）所譜的經文歌《早禱曲》（*Te Deum*）中的一小節，短短的只有三分鐘，但是有極強的感染力，我受到強烈的震撼，霎時間淚流不止，感受到上帝的慈愛。不過這上帝不是基督教或天主教的上帝，而是在我自己所倡導的純粹力動現象學的脈絡下說的。這種慈愛是無限的。

中國的山水畫如宋郭熙的〈早春圖〉，也表現出無限的意蘊。在圖中，山與水相互依傍，山靜水流，動靜相興，整個畫幅的風格是混成與滋潤。近現代山水畫家黃賓虹大概是從這方面吸取郭氏的風格，而成就他的「渾厚華滋」的個人的獨特畫質。山得水而活，山石向上層層升進，最後山石成一頂峰，其發展直向天際，令人生起無限崇高的意趣。

徐復觀在他的《中國藝術精神》中也指出，浪漫主義者以「無限」作為藝術的真正主題，而且是唯一的主題。西勒格爾則認為無限即是他自己的宗教。徐氏強調，由於是無限的，自然也是超越的。藝術上的無限，需要擺脫理論與實踐的框架，以展現一種無目的性。筆者的理解是，無目的性便是無限。但這無限不能遠離有限的世界。德國觀念論者謝林說得好：

美是在有限中看出無限。

九、美感與創造

　　以下我們看一個重要的問題：美感不是自然而有，而是經過人為的創造。我們看一幀攝影與山水畫會有不同的感覺。即使兩者都涉及相同的景色，感覺還是大不相同。攝影主要靠一部機器，和一些攝影技術，便成了。但畫一幅山水畫，你需要以人力把景物描畫出來，而且要表現氣氛與情感，這則不是攝影所能做到的，這便要靠創造力、想像力。西方一位美學家[14]強調，美的觀照的著力點，是要創造出新的對象。在我們觀照一對象時，這是所與的（given）對象，這只能說是第一步，美的觀點還不能說。要成就美感，便需要靠想像力的作用，建立另一第二步的對象，這其實是形象，有主體的心血、創造力在裏頭。這第二步所成就的對象的形象，便是一種新的、呈現另外異於對象的形象。

　　在美感的創造的問題上，朱光潛在他的《全集》中提出，第一，欣賞中要富有創造性。他解釋說，即景生情是欣賞，因情生景是創造。美景的成立，是要人把自己的性格和情趣挪移到它裏面去，才是可能的。第二，我們對藝術品的欣賞與創造，都需要運用直覺，都是直接地覺到有一種意象浮現在眼前，這也有想像的功能在裏面。朱氏強調，在直覺或想像中所見到的意象是形相，也就是「因情生景」的「景」。這景不是如一般對象那樣沒有變動的，它是由情所發動出來的。這情正反映出欣賞者自己的性格和情趣。

　　朱光潛在美學上的一個最重要的主張，是美感是主觀與客觀統一的結果。美是一種境界，這種境界是情趣意象化和意象情趣化恰到好處的契合，非常適當的契合。而在這主客或心物的交合中，我的情趣與物的姿態往復回流。這又回到「移情」方面來了。關於美感的主、客觀性，朱光潛

---

[14] 名字我記不起來了。

在其《文藝心理學》中表示，美不僅在物，亦不僅在心，它在心與物的關係上面。它是借物的形象來表現情趣。他特別強調，凡是美都要經過心靈的創造。如何理解心靈的創造性呢？朱氏說明，在美感經驗中，我們需要「見」到一個意象或形象，朱氏認為，這種見就是直覺或創造；所見到的意象需要恰好傳達出一種特殊的情趣，這種「傳達」正是表現或象徵，見出意象恰好表現情趣，就是審美或欣賞。在這裏，朱光潛說出重話：創造是表現情趣於意象，可以說是情趣的意象化。欣賞是因為意象而見情趣，可以說是意象的情趣化。美就是情趣意象化或意象情趣化時心中所覺到的恰好的快感。[15]

　　美感的創造性格，一時難以說得清楚。朱光潛在其〈詩的境界〉中以一個實例來說，那便是「見」的活動。他表示，在藝術活動中都有「見」，而凡見都帶有創造性，特別是在直覺的情況來說。當我們凝神觀照某一美感對象，心中應只有一個完整的、孤立的意象；此中沒有比較，沒有分析，沒有旁涉，最後物我兩忘而同一起來。我的情趣與物的意態往復交流，人情與物理相互滲透。例如注視一座高山，我們彷彿覺得它從平地聳立起來，挺著一個雄偉峭拔的身軀，在那裏鎮靜地、莊嚴地俯視一切。我們在這種形象之前，也不知不覺地肅然起敬起來，豎起頭腦，挺起腰桿，彷彿在模仿山的雄偉峭拔的神氣。朱氏說到這裏便沒有發揮下去，我想可以這樣補充下去：在這種情況下，觀者的注意力，聚焦在那雄壯的高山之上，儼然忘記了自己的存在，在精神上與高山吻合為一。此中沒有物我、主客的關係，只有高山的奇美的風采。

　　至於宗白華，他的觀點與朱光潛相通，但不是完全相同。他在其〈看了羅丹雕刻以後〉一文中，強調藝術創造是借物質以表現精神，以藝術品的構造來反映對象的生命精神及其活躍運動本質，同時又表現出藝術家的意志活動。他曾明確地提出「藝術貴乎創造」的觀點，藝術家借助藝術作品，展示出對自然生命、對象精神的認識和感受，表達對生命精神的創造

---

[15] 這裏說的快感應是精神性的，不是感覺性的。美感如同宗教、道德，是精神的活動。

性，揭示生命的內在的深邃的本質。他在〈美學與藝術略談〉一文中特別強調一般人的模仿自然，並不是藝術。藝術家自身便是一段自然的實現工夫。藝術家創造藝術品的過程，就是一段自然創造的過程。特別佳善的藝術品，最能展示最優秀、最完滿的自然創造的歷程。藝術家通過藝術的創造，把自己的精神生命向外面開拓，貫注到自然世界中，使自然世界轉化為具有精神、理想的人文性的東西。

　　再進一步，宗白華從藝術的意境來講創造。他在其〈中國藝術意境之誕生（增訂稿）〉一文中，曾借用葉夢得的〈石林詩畫〉一作品中評估杜甫詩境的話，把藝術意境的層次三分：涵蓋乾坤是大，隨波逐浪是深，截斷眾流是高。[16]他把這意境：高、大、深作進一步的開拓，把這高、大、深的性格轉成三個層次不同的意境：情勝之境、氣勝之境和格勝之境。他把格勝之境視為最後的、最有藝術創造的境界，視之為高尚人格的象徵。他並以禪境來說這境界，說這是藝術上的禪境。為甚麼他從藝術關係到禪方面來呢？禪是宗教，與藝術不必連繫起來。此中需要作充足的解說，我在這裏沒有足夠篇幅了。不過，上面提到禪之美感，正表示著這種意味。

　　有一點我們可以注意一下。宗白華時常把藝術意境與藝術的創造性連在一起說。他在甚麼脈絡下把兩者聯繫在一起呢？他提出「化景物為情思」。景物是客觀的，我們要運用自身的主體的力量，對景物加以轉變、點化，讓它具有情思，甚至把它轉化為我們的情思。在這種情況下，原來的客觀的景物不再是客觀的了，而是經過我們的主體的經營，成為一種美學的、藝術的載體。創造性正是在這種經營中說的。我們也可以說，創造即是把客觀的真實性化為主觀的表現。這中間當然有辯證的做法在裏頭。

16　按這三個名相在佛教特別是禪宗展示僧眾在修行上的三種階段。第一階段涵蓋乾坤表示心量之廣大，足以概括乾坤宇宙的一切東西。第二階段截斷眾流是對宇宙分成經驗與超越二界，修行人要把這兩界分得很清楚，專心修習超越的上回向或往相的事，把經驗的因素割截開來。第三階段隨波逐浪是從超越的往相下來，從事下回向的救贖的、普渡眾生的工夫，眾生在妄、在迷妄，修行者也方便地、權宜地處於妄、迷妄的狀態，伺機教化眾生，使捨妄歸淨。

　　上面我們提及想像或想像力，即是說，我們要運用創造力與想像力，把景物描畫出來，讓它具有氣勢與情感。在宗白華看來，藝術創造不能沒有想像。在他的《美學》講稿中，他論及藝術創造的資具一點時，便特別強調想像的重要性。他認為，我們講起藝術創造，與感覺的能力、記憶、觀察的興趣和審美的鑒賞力四者不能分開，但想像比這四者更為重要。他宣稱，要成為一個大藝術家，非得靠想像不可。「空想作用」（phantasy）可以引生出創造的想像（creative phantasy）。宗氏甚至認為，中國藝術特別重視藝術創造中的想像。他以「氣韻生動」來說中國藝術的最高成就，這氣韻生動之達致，便是依靠想像或想像力而可能的。想像與創造有非常緊密的關係，只有想像、構想，藝術家才能由心靈內裏創造出理想的「神境」，由此才能完成一個完美的藝術作品。

　　最後宗白華就創造理想的差異來比較、衡量中國與西方在藝術方面的特色。他在其〈論中西畫法的淵源與基礎〉一文中表示，西方藝術重形似，中國藝術則重神似。西方藝術提供了一個寫實的世界，中國藝術誕生出一個氣韻生動的世界。按所謂形似是一種實在主義的觀點，以寫生的方式為創作藝術品的骨幹，在這種畫法的藝術活動中，比較難說創造與想像，因為藝術品的一個重要之點是要描畫外在的、客觀的物體、人物，受到的客觀限制比較大。中國畫或中國藝術的最大目的是要創造一個氣韻生動的多元的世界，這有濃厚的主觀的創造意味。這則不是單純寫生、摹繪所能做到的，必須要借助想像力。而創造正是想像所擅長的。

十、自由與美感

　　以下討論一下美感的思想性、義理方面的問題。在上面我們提到美或美感是「形相的直覺」和「移情」。即是，在美感欣趣中，當事人的主觀的情意流向對象方面去，而對象的形相則向當事人移過來，而成就一種往復循環的流。這是美感現象。以下我們要就本質方面、根源方面來說美感，看它的基礎在哪裏。

筆者認為，美感的基礎在自由，自由可以是現象性的，也可以是本質性的。唐朝詩人王維有〈使至塞上〉「大漠孤煙直，長河落日圓」的詩句，意境高妙，有很深邃的美感。這美感見於大漠與長河，雙方都提出一個廣漠遠闊的背景。在杳無人跡的沙漠中，有一縷煙火向上冉冉升起；在另一面，在大河的那方，太陽徐徐下降。大漠與長河是背景，都是廣大寥曠的，孤煙與落日分別在這背景中，一升一降，讓人感到這兩者在自然界中有節拍地在活動，無任何限制，這限制原來是物質性的，反映在觀者的心中，便成為非物質性的，而是精神性的。這是物質的精神轉向，自由即在這種脈絡中說。面對這種圖景，人不期然地有一種精神上的自由自在的感覺。這是從空間說自由，或者以空間作為背景說。[17]唐代另一位詩人陳子昂有〈登幽州台歌〉「前不見古人，後不見來者，念天地之悠悠，獨愴然而涕下」，則是就時間說自由。一個人置身於某處，想到前無古人，後無來者，前後都是一片虛無，自己孤身存在著，悠悠天地，漠漠無依，不免有孤獨之感。便是因為孤獨，才特別感到自由。這自由是時間性的、精神上的自由，是美學上的自由，不是道德上的自由。

以上兩個例子表示，藝術上的美感，需要有一個大背景來襯托。這背景可以是天空，可以是大地，可以是長河，可以是大海，這是從空間說。也可以從時間說。在某一意義言，空間是無盡的，沒有邊際；時間是無窮的，沒有開始，也沒有終結。有沒有一些作品，可以同時就時間與空間說的呢？有的，如李賀的〈古悠悠行〉：「白景歸西山，碧華上迢迢。今古何處盡，千歲隨風飄」。西山、迢迢都是空間上的大背景；今古、千歲都是時間上的大背景。[18]

17　唐代杜甫有「飄飄何所似，天地一沙鷗」（〈旅夜書懷〉）的名句，天地自然是一大背景，沙鷗到處飄飛，居無定所，雖然悽楚一些，但也流露出一種流浪的美感：自由自在。

18　在這裏，我們可以理解到何以中國的山水畫家總是畫出具有磅礡氣勢的崇山峻嶺，然後描出一兩個高人及其書僮，遊息於溪谷之間。這種崇山峻嶺作為大背景，有足夠的空間讓畫中人物藏身於山水之間，自由無礙地彈琴、看書、對弈、觀賞瀑布、與友人

　　有一點頗為有趣：作為大背景而出現的東西，有時自身背後還會有大背景。王之渙〈登鸛鵲樓〉詩句「白日依山盡，黃河入海流」，黃河或長河可以作為大背景，如上面說過的；但它流入大海，自己便不是大背景了。很多河流可以流入同一的大海，這大海便成為大背景。另外，「天地」是一寬宏的大背景，也常以大背景出現於詩作、文章之中。但有時天地也會為另一大背景所涵蓋，如白居易的〈長恨歌〉的「天長地久有時盡，此恨綿綿無絕期」，表示天地雖大，亦有時而窮，人的哀怨的情懷，卻是無盡的。天地畢竟是經驗性格，有窮盡可言，人的哀怨倘若精神化的話，便有無限的意涵。

　　也有一些詩作是把主人翁抹去，只留下大背景的。如柳宗元的〈江雪〉：「千山鳥飛絕，萬徑人蹤滅。孤舟簑笠翁，獨釣寒江雪」。這詩有廣大的空間、景色，千山、萬徑都是大背景，雖然有點誇張。無鳥無人作為主體，更顯得背景的愁寂與孤絕。只有簑笠翁的孤獨，在寒江與白雪之間，甚為顯眼。倘若我們可以把美感二分：分為歡愉之美感與淒清之美感的話，則這一作品展示的，自然是後者。美感不一定要表現於正面的、肯定的場景之中，淒然雅淡的情調也可以表現美感。因此，詩中雖然出現「絕」、「滅」一類負面的字眼，也不會減損它的美感。這當然不是壯美，而是秀美。

　　自由作為美感的基礎，一方面可以大背景來烘托出人的渺小，也展示他的自由自在的感受。這種感受最能在中國的山水畫中見到。一個人遊息於大山大水之間，其自由的感受不言而喻。關於這點，上面已略有提及。現代的中國的山水畫家，繼承了這種方法與構圖。如林風眠的畫作，常出現一些細小的飛鳥，在空中或水上直線地飛翔，其自由的感受呼之欲出。李可染喜畫大山大水，其中有微細的輕舟穿梭其間，亦展示出自由無礙的感受。這在他晚期的作品中尤為顯著。傅抱石更自創抱石皴，其山水畫氣

閒聊，完全融化於大自然的懷抱之中。例如五代的巨然、宋代的范寬、明代的唐寅，都是此中的高手。

勢逼人。他很多時畫橫風斜雨，充滿自由與動感，展示大自然的原始的磅礴的態勢，非常有吸引力。另外一種不以空間來展示自由的感受的，便是用潑墨與潑彩。如張大千晚年變法，以潑墨特別是潑彩作畫，以彩墨潑在宣紙上，利用宣紙見水的發散或化開的作用，大刀闊斧地創作，發揮出墨韻、彩韻，以表示自己內心的蘊趣。在這種畫法中，我們看不到山石的肌理，沒有皴法（如積墨皴、披麻皴、斧劈皴），彩墨所到之處便是皴。這種彩墨的鬆開、發散的現象，予人以極大的聯想空間，氣韻生動的力量便出來了。此中的妙處在潑，潑最能表達生命力量，是物理的力量，更是精神的力量。潑到哪裏，生命便鬆化、鬆發到那裏。這種畫法，也不止限於山水畫，畫荷葉也可以。謝稚柳便繼承了張大千的潑墨潑彩法。*19*

西方藝術的崇高或 sublime 的理想，頗有一種把美感經驗不斷提升，以至於超越的形而上的層面的傾向，柏拉圖以理型為至美是一個明顯的例子。這是超越於自然世界而向永恆世界邁進的導向。中國的藝術家，包括文學家、畫家和詩人則不是這樣，他們都略有實在主義的傾向，要擁抱自然世界，與它成就一體的關係。他們不會遠離自然大地，卻要即此建立一個渾化的美麗圖景，讓自己的生命有所依託。即是，他們要與自然世界渾化而為一，由此建立生活世界。這種做法，與德國思想家穆勒（A. H. Müller）的想法相符順，後者認為我們要調和、化解一切矛盾，由此成立的世界，才是最高的美感。黑格爾在這方面有相似的看法。他指出人的存在是有限制性的，他被安放於一種匱乏、苦痛、不安的狀態中，因而生命中有種種矛盾。美感能讓人超越壓迫、危機，而變得健康，更有生命力。筆者則認為，藝術根於我們對自由的體證，它可讓人從一切憂悲苦惱的狀態中解放開來。這與宗教具有相近的作用。海德格曾說過，人的心境愈是自由，便愈感到生命的美，愈有充實飽滿的內涵。

---

19 若以畫種言，意筆自然較易表現生命的自由與動感。工筆為勾勒所限，畫人要依一定的輪廓，不能脫離現實。雖然可說線條美，但這種美是呆滯的，甚至機械化的。意筆則自由奔放，更可有氣韻生動的效果，梁楷的潑墨仙人便是明顯的例子。

　　說到海德格，我們不妨多提一下。海氏很重視人與萬物的呈現（Erscheinung），只有呈現，才能證成人與萬物的本質（Wesen）。同時，他也時常說到蒙蔽性（Verborgenheit）。呈現與蒙蔽性可以視為一個背反，雙方不能分開，但涵義是相對反的。人有蒙蔽性，才能說呈現；呈現正是建立在蒙蔽性之上的。但呈現並不是永恆的，到了某一階段，它又會回復蒙蔽的狀態。呈現與蒙蔽性相互依附，雙方在存有論上，沒有一方對他方具有先在性與優越性。所謂自由，便是在這一個背反的突破中說。這裏的意涵非常深微，我們沒有篇幅作更多的解說，不過，我們可以再注意海氏的存有論的另一個觀念：安然任之或置若閑（Gelassenheit）。這觀念是物各付物，不強於干預的意思，也有讓之自由自在地發展之意，此中也有自由的意味。海氏也在這個脈絡中談及美感，即是，當事物的蒙蔽性被超越而敞開，此中留有一個空隙，讓真理得以呈露。這真理的呈露便是美感。我們也可以換一個方式說，只有在主體能作自由的觀照的情況下，美感才是可能的。這無異說自由（Freiheit）是美的觀照或美感的基礎。

　　在美的觀照的活動中，必須要表現動感。當然光靠動感是不行的、不足夠的。但若藝術品而不能表現動感，則難說生命力的升揚，也難以交代自由這一基礎。自由不是一個概念，而是一種精神，一種任運流注的生活方式。自由不單是就身體的活動言，而且也涉及意志、意念上的活動方向；既然有活動，則非要有動感不可。《莊子》書的首章〈逍遙遊〉中的文字「藐姑射之山，有神人居焉。肌膚若冰雪，綽約若處子。不食五穀，吸風飲露。乘雲氣，御飛龍，而遊乎四海之外」，這展現一種道家的人格，一種美學的人格，他不是靜止不動，只顧打坐修行的，而是到處遊走的。這是柔軟而優美的自由自在的活動。這是柔美，不是剛美。

　　在這裏，我想引述美學家馬利坦（J. Maritain）的話，以展示自由的美感經驗的弔詭性。

　　　東方藝術家運用他那令人敬慕的無關心（disinterestedness）的工

夫，在努力揭露事物的純然客體存在的背後，他的個別靈魂、他的
個人情操與特殊品質，甚至主體的奧秘，都不期然地向我們呈現。
事實上，一個東方藝術家愈能成功地將自己遺忘而溶入事物的存在
中，就愈會使他的個人風格體貌在作品中顯現。**20**

這種說法頗有辯證的意味：人越是表現無關心性，越是低調地活動，便越
能展示他的個人風格。實際上，這種無關心性，正是讀者最關心的。這種
性格的基礎在於自由的動感，或動感的自由性。讀者的眼睛是雪亮的，你
愈要表現自己，愈要使人注意到自己的存在性、殊勝性，便愈不能吸引讀
者。只有自由的動感才能發出亮麗的風采，才能讓讀者留意到。

十一、遊與遊戲

在自由的脈絡下，有兩個觀念頗為重要，也與美感有密切的關係，這
即是「遊」與「遊戲」。先說遊。這個觀念是由《莊子》書中導引出來
的。莊子作為道家的扛鼎人物，他的思想對於我國的文化，特別是在美學
或藝術哲學方面，有極重要的影響。遊的思想便是其中一個明顯的例子。
而這觀念也多處地出現在《莊子》一書中。這裏先羅列一下：

> 予方將與造物者為人，厭，則又乘夫莽眇之鳥，以出六極之外，而
> 遊無何有之鄉，以處壙埌之野。（〈應帝王〉）

> 乘雲氣，騎日月，而遊乎四海之外，死生無變于己。（〈齊物
> 論〉）

> 挈汝適復之撓撓，以遊無端。（〈在宥〉）

---

20 轉引自王建元著《現象詮釋學與中西雄渾觀》，頁41。

出入六合，遊乎九州，獨往獨來，是謂獨有。（〈在宥〉）

今夫百昌皆生于土而反于土，故余將去汝，入無窮之門，以遊無極
之野。吾與日月參光，吾與天地為常。（〈在宥〉）

一上一下，以和為量，浮遊乎萬物之祖。（〈山木〉）

乘雲氣，御飛龍，而遊乎四海之外。（〈逍遙遊〉）

彼其充實不可以已，上與造物者遊，而下與外死生無終始者為友。
（〈天下〉）

彼方且與造物者為人，而遊乎天地之一氣。（〈大宗師〉）

汝遊心于淡，合氣于漠，順物自然而無容私焉。（〈應帝王〉）

遊心于物之初。（〈田子方〉）

自其異者視之，肝膽楚越也；自其同者視之，萬物皆一也。夫若然
者，且不知耳目之所宜，而遊心乎德之和。（〈德充符〉）

這些例子所表示的遊的所在，不外乎大自然的境域，遠離人煙的地方，充
滿寂寥氣氛的處所。例如「無何有之鄉」、「四海之外」、「九州」、
「無極之野」、「天地之一氣」等等，可以說這都是象徵道本身。亦有些
遊的所在是直指道的，如「萬物之祖」、「造物者」、「德之和」。所謂
遊，即是遊於道中，遊於天地精神之中。以分享天地精神的德性，與天地
精神合而為一。而天地精神或天地具有美的性格，莊子自己便說「天地有
大美而不言」，能分享這天地的大美，自然也擁有大美、美感。

　　天地或天地精神是終極之理、終極原理，萬物遊息於其間，相互無礙
自在，自由之義，無過於此。這與日本京都哲學的絕對無或場所的觀點，
有很大的比較與對話的空間。只是莊子比較強調天地或天地精神，對於這
終極真實與萬物的關係，特別地說是天地如何創生萬物，著筆不多。他以
「造」（「造物者」）來說，但如何造呢？這或許要涉及氣的問題。但氣
是經驗性格的，它與超越的天地精神如何接軌呢？「天地之一氣」中，我
們應如何理解天地與氣的關係呢？莊子在這裏留下一個有待填補的空間。
京都學派特別是西田幾多郎則在有關方面，提出「限定」的概念，這有自
我分化、自我限制、自我否定的意味。即是，絕對無作為一抽象的終極原
理，會進行自我分化、限制、否定以開拓出現象世界。種種不同的個別事
物便在這現象世界中說。*21*

　　莊子的遊，是精神的遨遊，展示出自由自在的感受，也有精神上的超
升的意味。精神不斷升揚自己，擺脫一切知識知解與感性欲求，以達於無
己忘己，最後與道相合。徐復觀則以「昇華」的字眼來解釋，他在其《中
國藝術精神》一書第二章〈中國藝術精神主體之呈現〉中說：

> 莊子雖有取于「遊」，所指的並不是具體的遊戲，而是有取於具體
> 遊戲中所呈現出的自由活動，因而把它昇華上去以作為精神狀態得
> 到自由解放的象徵。

藝術本來就是一種精神活動，人在這種活動中，不斷察識與欣賞大自然的
崇高與壯美，把生命精神融入於其中，讓自己的精神狀態得以提高，自是
很自然的事。*22*

　　另外，我們也要注意莊子所謂的遊，主要是就心而言。上面所列舉的

---

21 西田說限定，其實有三重意思：絕對無的自我限定、絕對無對事物的限定、事物之間
　　的交互限定。由於這點與現下的主題沒有密切的關聯，故不作進一步的闡釋。

22 人的另外兩種精神活動是道德與宗教。藝術求美，道德求善，宗教求神聖、解脫。

例子中，都有遊這一字眼。按遊是一種精神的自由自在的活動，而精神是由心所發出來；在道方面也以精神作為它的根本性格。倘若我們能將內在的心靈活動的精神發散開去，與客觀的道的精神聚合、湊泊在一起，這便成了主客合一的精神境界，我們便可說與天地精神相往來，與造物者遊了。

遊與莊子所重視的逍遙境界合在一起，便成了「逍遙遊」這一複合概念，表示人生活在與道為一的精神自由的境界中。就莊子的整個逍遙思想來看，在追求這種精神自由的終極理想中，人的努力可以就兩個方向發展開來：其一是向代表精神世界最高價值的道作一種根源性的探索，以至於最後在精神上與道完全合而為一。另一就是對當前的現實環境持一種批判的眼光，要在生活上超越、克服它的種種限制，不管這些限制是自然的、社會的抑是自我的。這兩個方向的努力，都足以使人最後獲致無礙自在的精神自由。這些人都是形如槁木，心若死灰，喜怒哀樂都不入於胸次，如莊子妻死卻鼓盆而歌。他們都忘掉了自己，包括心理的自己與形器的自己，在精神上與道通而為一。在修行上，他們都經歷了坐忘、心齋的工夫，臻於無己、喪我的境地，而立腳於自己的靈台明覺的心，向四方照射開去，突破九州六合的現象世界，直衝向無時空的原始的洪荒宇宙而奔赴。

回返到美感的主題。具有如上修行的人，他的內心是美的，具有充實飽滿的美感。莊子借老子的話表示：

> 夫得是，至美至樂也。得至美而遊乎至樂，謂之至人。（〈田子方〉）

這種感受是至美至樂的感受，擁有無比崇高與壯美的藝術價值。這種感受與生理欲望以至一切世俗的目的無關，而已昇華至道的境界，故完全是精神性的。這是至人的感受，天地的大美。至人或聖人是「原天地之美而達萬物之理」者。（〈知北遊〉）

以上是說「遊」。以下說「遊戲」。這裏說遊戲（Spiel），傾向於葛達瑪（H.-G. Gadamer）在其大著《真理與方法》（*Wahrheit und Methode*）的說法。不過，在這裏我想先說，我們通常說遊戲，有不受種種經驗活動的範圍所限制的意味，而在遊戲中所感受到或體會到的快感，有某種美學欣趣的內涵，這是藝術性的，與我們一般所關心的利害考慮或目的能否實現沒有關連。這便接近康德所強調的「無關心」的態度。在康德看來，人本原就有理解與想像的能力，它們可以進行自由性格的觀照和嬉戲。他甚至認為，人的一切藝術活動，都不能全然脫離無關心性的嬉戲。這個意思為葛達瑪吸收過來，後者又強化遊戲主體在嬉戲中融入客體方面去。這種融入不是佛教所講的黏著或執著的意思，它毋寧具有相反的或正面的意涵，在這融入活動中，主體拋開一切自我意識和由此帶來的妄執，讓自己能夠盡情遊息於嬉戲的場所中。[23]

以下我們闡釋葛達瑪的遊戲觀。他先表示維根斯坦（L. Wittgenstein）在其晚期的哲學中，以遊戲概念來展示語言的根本性質。他強調語言自身便是一種遊戲，由此闡述語言的敞開性和實用性；特別是實用性，它使語言成為我們人的生活中的一個成分。葛氏以辯證的思考發展出自己的遊戲思想：遊戲的真正的主體，不是遊戲者，而是遊戲活動自身。遊戲一方面讓遊戲者能夠表現自己，另方面又使觀賞者參涉入遊戲活動中。遊戲活動自身是由遊戲者和觀賞者組合而成的統合體。[24]《真理與方法》一書的構造，是從藝術遊戲到語言遊戲。

葛達瑪又強調遊戲的莊嚴性。他說遊戲是獨特的、認真的。遊戲者要全神貫注到遊戲中去，才能實現遊戲活動的本質。遊戲的存在方式不能容許遊戲者視之為一個對象，遊戲活動不是一個對象，而是展現一種秩序

---

[23] 這裏說場所不是西田哲學中的場所。西田的場所有很濃厚的本體論和實踐論的意味。這裏所說的場所是美感的、歡愉的，有某種程度的想像的和感性的意思。進一步說，西田的場所論所涉及的本體，不是西方意義的實體，他是非實體主義的立場，這與有欣趣義的遊戲很不同。

[24] 這種說法欠精密，參看下文。

（Ordnung），在這種秩序中，遊戲活動的往返重複好像出自自己那樣展現出來。這種活動沒有目的或任何企圖，同時是緩慢和溫婉的。

　　有一點我們要特別注意：對於遊戲，我們一般的想法是，有一個參予遊戲活動的主體，他的活動使遊戲得以進行。但葛達瑪不是這樣看，他強調遊戲的獨特的本質，它獨立於一切從事遊戲活動的人的意識。即是說，遊戲的活動對於遊戲者在意識上具有先在性。並不是先有遊戲者，由他來進行遊戲活動。毋寧是，先有遊戲活動，然後有遊戲者。這是把遊戲活動放在主位，由它來決定遊戲者。這種思考，非常類似西田幾多郎的純粹經驗；在後者來說，不是先有經驗者和經驗對象，兩者合作而成就經驗活動，卻是先有經驗活動，才決定經驗者和經驗對象。葛氏的這種看法有其用意，只有在這種先有遊戲活動然後有遊戲者的情況，才能讓遊戲者或遊戲主體融入作為遊戲活動的客體的領域中。這整個活動展示出人的無關心的玩耍活動的本能。

十二、美感與詮釋學

　　上面我們探討遊與遊戲的問題，涉及到現代詮釋學。在這裏，我們要接著詮釋學說下來，看詮釋學與美感的關係。關於詮釋學，我們在這裏以海德格、葛達瑪、利科（P. Ricoeur）和梅洛龐蒂（M. Merleau-Ponty）等為主。我們先看詮釋循環這一觀念。按這觀念是海德格將它放在人的在世界中的存有的中心構造中，而加以提升其藝術的層次。這是以存有論為主的主觀與客觀皆隸屬於其中的想法。在某一詮釋活動中，由於個人的主體性的滲入，在理解文本和理解自我之間會出現一種相互之間的交合性（reciprocity）的情況，這與科學方法的純客觀性是很不同的。葛氏在這有關方面，提出一個新的視野，以自我向您或傳統不斷地開放、敞開，這自我不會自慢地將自己提升，以至於真理（Wahrheit）的頂點，而傲視天下，以超越時空的階位來參與世間的事情，卻是以對話的方式，聆聽人們向自己提出的訴求。這裏有很重要的一點：社會、文化、傳統一方面向我

們說話、傾訴，我們也應該謹記，自身也隸屬於傳統的一部分，也有責任去推動包括藝術在內的傳統的向前發展，而不是代表傳統。

　　理解嚴格來說也有兩個導向。其一是傾向概念上的、理論上的理解。另外一種則是依著實踐來理解。現代詮釋學提及「實踐的智慧」（practical wisdom），正是就這另一種理解而言。這實踐的智慧，在古希臘哲學的亞里斯多德的哲學中有提到，其說法是就我們的知識言，應該是理論與實踐並重，不能分割開來。葛達瑪注意到這點，把實踐的智慧一觀念吸收過來，開拓他的歷史意義的詮釋活動。他特別說了重話：一切理解自身已經是我們的實際生活的應用。具體地說，實踐的智慧是「把原則性的反省思維與知覺的個別性融合，都放在某種具體情況中」。葛氏認為理解與經驗二分，而真正的經驗本身亦必定具有詮釋的元素。他在《真理與方法》中，又提出經驗本身就是徹底理解人的生命存在的有限性，這即是在受苦的情境中領略人的限制性、消極性、被動性。但在這些因素之下，人仍然可以開拓包括藝術在內的多元的文化活動。

　　在海德格的意義理論中，詮釋總是處於一個「預設構造」中。讀者需要依從預知、預立的指引來理解文本。在理解文本時，意義也要依靠前此藏身於這構造的預設問題、預設心理來拓展自己。葛達瑪則進一步發揮，指出任何詮釋活動都需要就具體的、時間的平面或角度開始。他不滿意狄爾泰（W. Dilthey）運用訓詁的方式來重新安排已經過去了的虛幻不實的想法。這有兩個理由可說。其一是這想法擯棄了讀者本來便具有的一切設定構造或平面；其二是這想法自己自身是一個不實際的、虛妄的歷史觀。他強調一切閱讀都需要從內容、好奇、表面慧識等預設構造開始。特別重要的是，在理解、解讀之中，特別是藝術作品，讀者自己的主觀條件都會對他的詮釋行動有所影響；這些條件是多元的，包括意識、回憶、想像、語言把握、內心感受、價值觀等等。葛達瑪的這個先在的識別所直接指涉的是以心理推演作為準繩的詮釋觀的難題。因此，葛氏認為，個人的預設判斷不只是他本人的判斷，也是此人之能在世間存在的歷史現實。

　　現在我們回返到「詮釋循環」（hermeneutischer Kreis）一問題。我

們先看司空圖的一首詩作：

> 大用外腓，真體內充。返虛入渾，積健為雄。
> 具備萬物，橫絕太空。荒荒油雲，寥寥長風。
> 超以象外，得其環中。持之非強，來之無窮。[25]

這內裏有「超以象外，得其環中」，是關鍵字眼。據王建元在其書《現象詮釋學與中西雄渾觀》的理解，所謂「超以象外，得其環中」，傳統的解釋是美學上、藝術上的雄渾的境界能同時表現於文字跡象之外，卻又由於返虛入渾而保留文字之間的虛隙處而得以保留其妙義。「象外」表示深邃的意涵是超乎形跡以至文字所能表達的；「環中」則指義理圓足，混成無缺。特別是「環中」一語詞，正觸及西方的現象詮釋學的核心說法，這即是詮釋循環。

　　詮釋循環最先是由舒萊爾馬赫（F. E. D. Schleiermacher）與狄爾泰提出來的。按照他們的意思，我們在閱讀和理解中，個別部分與整體有一種相互交涉性。我們在開始時，必定有一些預先存在著的全體概念，而其中的某些部分又與這全體概念相牽連。例如在一首詩中，詩的全體意思是由其中的單句結集而成的，而每一單句之能夠成立，又必須以全首作品的宗旨為依據的。依於此，意義的成立，必定有全體由部分組成，部分又要依全體而存在的迴環交接。必須經歷這迴環交接的程序，我們才能得到整首詩作的意思。依詮釋循環，「超以象外，得其環中」的意思是我們一方面能夠處理那些超越形相之外的東西，但又能維持著作品的中心要旨。很多文哲學家都用過這兩句字眼，或其中代表字眼，包括莊子、陸機和劉勰，現代則有宗白華。

　　單從上面的敘述，一時恐未能點出詮釋學與美感的密切關連。以下試以中國山水畫一顯例以看其詮釋循環的風格。我們取傳為宋李成畫的〈寒

---

[25]　轉引自王建元著《現象詮釋學與中西雄渾觀》，頁 35-36。

林圖〉來看看。首先要說明的是，此畫題為「寒林圖」，但其表現出樹木
茂密的風采，顯然不是木葉脫落、寒林蕭條的味道，應是屬於松石畫格
（唐王維有詩句「明月松間照，清泉石上流」，以之入畫，表現為樹林密
茂，生氣蓬勃的意境，故應屬松石畫格，不大有冬季寒林的淡然姿態，故
恐不是李成所畫）。我無意在這裏鑽研推敲，只是以松石畫格看它。整幅
圖畫以近景為主，特別是有三株大樹矗立，氣勢磅礡。左下有三疊溪水流
出，激起強勢浪花。這展示出畫幅的陽剛性格，這是總體的印象、作風。
而就畫幅的內涵言，樹木、流水、山石及遠景，都在壯美的導向下，各有
不同而可觀的姿彩。但畫幅中間又有層層雲霧把樹木隔開，給與觀者一種
輕安、淡然的柔美感覺，故也不是全然陽剛風格。而是剛中帶柔、硬中有
軟也。詮釋循環的特色，可在畫幅中看到。整體言，風格是奇勁雄渾，但
由各部分開來看，有水有雲有遠景，都足以平衡那種一味是剛勁的風格，
而成為一幀雄勁秀茂的上乘作品。

十三、美感與現象學

　　中國藝術家一直對如何在視覺上展示深邃、奧秘的境界有很高的興
趣，同時也身體力行。這不能不牽涉繪畫、書法、舞蹈等方面的技術、技
巧上的問題。郭熙的收於《山水畫論》中的〈林泉高致〉便這樣說：「山
欲高，盡出之則不高。煙霞鎖其腰則高矣。水欲遠，盡出之則不遠；掩映
斷其脈則遠矣。」這是說，要理想地描述繪畫的對象，便得在繪畫的對象
上作些工夫。這與梅洛龐蒂在其《知覺的優越性》（*The Primacy of
Perception*）中所說的一個事物要能真正存在，需在它自身方面作些改變
有關連。這在上面所舉的傳為李成作的〈寒林圖〉的例子中已顯示出來，
其工夫的焦點正是在於圖的中間位置的那些雲霧。倘若沒有那些雲霧，便
不能啟發觀者的想像力，也顯不出畫作的隱逸奇秀的美感。**26**

---

26 這亦可見於筆者在前一陣到日本箱根遊覽與觀看富士山的感受。富士山的形貌，與圍繞

梅洛龐蒂在他的另一著書《知覺現象學》（*Phenomenology of Perception*）中提出世界透過開放、開啟的方式來呈顯自己，帶引我們到它的「確定的顯現」（determinate manifestation）之外，並承諾往後有一些其他的事物出現。按既然是開放的，便不能說確定，因為開放會讓很多東西不斷呈現在眼前。不過，這裏說開放、呈現，往後可能看到其他事物，這種說法有可觀之處，即是說，這可讓那些在遮蔽狀態的東西呈現出來，這也是海德格所重視的一點。

現象學與中國的山水畫可以有對話的空間。現象學特別是梅洛龐蒂那一套以知覺作為起點，它有一種樸素性，是它自己原始地吸收存在於理性之前的實在世界。中國山水畫也是一樣，它無需借助觀念便能成就一種原始的美態。在其中，一開始我們的視覺器官與外界事物便能夠溝通，而且相互滲透、相互融入，這正是知覺最初成立的作為一種關係的一個背景。梅氏與中國山水畫似乎都確認，在知覺的背後我們可以發現宇宙間藏有大量的觀看或者欣賞、體會的美景。這美景可能與物自身概念相通，但這裏需要廣泛和深入地作進一步的研究，這不是我在這裏要討論的問題。

我們在這裏只著眼於一點，那便是要探討我們在運用概念思考之前已存在著的具有生機的原始世界。梅氏是要看我們要接觸、溝通我們的知識還未建立的世界。他提出我們先要把對世界事物的既有的成見拋離開來，對它們的接觸、理解才能說。這正是現象學的本意。但梅氏強調，我們要做的並不是回復上面說到的概念思維，我們不能把世界抽離開來，而以意識的單一性作為理解這世界的基礎。卻是本著往後不斷讓開、退讓的消極態度來觀照世界的種種現象。[27]在這種情況，我們的主體性又做甚麼呢？在梅氏看來，這主體性會邁向這個世界。但這主體性與世界之間，有一個距離、一個空間，這空間十分重要，它能在我們的思想與世界由遮蔽性中走出來，自我示現，在這種情況，世界的存有依於這個空間以保護自己，

在山腰與出現在基部的雲霧有極大的關係，這些雲霧也為富士山帶來一種神秘的美感。

[27] 這在表面上，頗有《老子》書中的無為思想和海德格的泰然處之或置若罔的觀念。

不讓自己受到概念思維加以對象化，而失掉原先具有的真正面目。即是，世界可以避開概念思維的實體化、對象化，受到扭曲與執取。這樣，現象學一方可以研究本質，另方面又可將本質納入存在之中，不脫離存在而成為一種概念思維的對象。這個空間可視為一個「觀念的場所」，在其中，人能夠體會及事物的自己呈顯而感到驚訝。[28]在這個觀念的場所中，人可以完全擺脫種種足以迷惑人的覺悟的繫縛，也能看到外界的一切感官對象的引誘，而加以擯棄。他不但能自我彰顯，同時也能讓那些長年在蒙蔽、隱蔽狀態的事物朗現開來。在我們的價值的眼光看來，世界種種事物都依於各人的考慮和需求而有其不同的、落差很大的價值，但在現象學的空間、西田哲學的場所看來，一切事物無論大與小、一與多、虛與實、貴與賤、貧與富，都是平等的，都有其不能被取代、被捨棄的價值。進一步說，在這種空間、場所來說，萬物遊息於其中，都是「自得」的，沒有大小、貴賤的差異，郭象即以這點來解讀莊子的逍遙境界。

---

28 這裏說觀念的場所，讓人想到西田哲學的場所觀念，那是意識的空間，有終極真理的意味。人遊息於其中，所體證到的，正是終極的、真實的真理。

第十一章　宗教哲學

　　在我們日常的生活中，總會有些信仰，對一些事物具有信心，相信它們。例如在咖啡店點了一杯咖啡和一塊三文治。咖啡和三文治來了，便喝便吃。我們不會有咖啡或三文治可能有毒，喝了、吃了便會死亡的想法。這表示我們對這家咖啡店有信心，相信老闆和伙計不會加害於自己的想法。這信心或相信，便有些信仰的寬鬆的意義。宗教當然包括信仰，但不是對咖啡店的信仰，而是對一些抽象的東西如上帝、神祇或祖先的信仰。有時也涉及對一些具有獨特性格、能力或德行的人的尊敬、膜拜，如耶穌、佛祖、觀音菩薩、關帝或孔子等。他們可以是歷史人物，也可以不是。

一、終極關懷

　　信仰是宗教的開始。宗教信仰雖然有上述諸點的意思，但它的內容要深廣得多。我們一說到宗教，總會想到神聖方面的（sacred）東西，認為宗教是關連著神聖的事物的精神的活動，有時也有情感在裏頭。有人認為宗教是與神聖者相遇合（encounter, Begegnung），得到後者的加持、照顧，而影響到個人的行為、際遇。或人與某種神聖而不可測度的力量，使人在精神上得到昇華，超越現實困境的力量的關係。又有人以為宗教能給予人安全感，是人對絕對的、超越的、神聖的對象的依賴感，或對於具有大能的靈性的或屬靈的存在的信仰。更有人認為宗教不是哲學，不是神學，不是世界觀（Weltanschauung），而是在與神聖者的交往中的這些東西的總合體。

　　就較低的層次說，一提到「宗教」，一般人會很快想到寺廟、僧侶、道士、傳教士、教堂、清真寺、祈禱、禮拜、禪坐、唱誦等東西，或者某一特殊的、個別的宗教的建築物裏面的物件或擺設，如佛像、十字架、聖母像、天堂與地獄的圖像、鐘、鼓等各種法器，以至咒語、符水之類。或者一些宗教活動，如告解、懺悔、寫經（抄經）、拜祖先、禮佛、超渡亡魂、放生，甚至在教堂中舉行婚禮。這些活動多是在嚴肅的氣氛與莊重的儀式中進行的。至於剃度、洗禮之類，更不用說了。

　　就深刻的精神的層次來說，或從義理方面來說，宗教是一種甚麼樣的東西呢？日本當代大哲西田幾多郎以「心靈的事實」或「心靈的真實」來說宗教。這便較有哲學的意味，以心靈、精神方面來鎖定宗教的源頭和目標，而且有一種使宗教內在化、實存化的意義。即是，宗教是一種關乎個人的主體性的提升、開顯的活動，是理性的、自覺的，不是迷信的、盲從的，不是被人牽著鼻子走的。主體性、理性、自覺都是就心來說，不會向外物或外在對象傾斜，哪怕是對於外在而超越的機械化的對象的膜拜。

　　西田說宗教是心靈上的真實，主要是點出宗教是一種作為終極主體性的心靈的活動，不能外在化、對象化。這是真正的自覺：自己對自己的自我同一、自我認同。在這裏，一切外在的、對象性的東西都湊泊不上。關於這點，我舉禪宗中流行的「達摩安心」或「慧可斷臂」的公案便會很清楚。或說當年由印度而來的菩提達摩（Bodhidharma，禪宗第一代祖師）正在嵩山少林寺旁的岩洞中面壁禪坐，慧可（禪宗第二代祖師）立於洞口，等待達摩大師啟導。達摩一直不理不睬。到了隆冬，洞外下起大雪，慧可仍然在洞口站立，積雪到了半身，大師仍然無動於衷。慧可為了表明決心，竟拔出刀來，霍然斬斷臂膊，血流如注。這終於動觸到大師的慈悲之情，便請慧可進洞，問他有甚麼疑難，慧可告以內心總是未能安穩下來。大師便說：「你把心拿出來，待我替你安穩它。」慧可答不出話來，被逼退到牆角。最後他斧底抽薪，爆出一句話來：「我到處去找心，但找不到呀！」（覓心了不可得）然後恍然大悟。大師再補一句：「我已替你把心安穩下來了。」此中的密意是，慧可一向把自己的作為最高主體性的

心從生命的內裏向外推出去，使它成為自己在知識論上的對象。這是心的外在化、對象化，因而也變了質，變成相對的性格。到達摩叫他去「覓心」，此心已被推向於外了，成為對象了，故「覓」不到。但正在這覓不到的當下，他猛然醒覺到心的超越的、絕對的性格是不能外在化、對象化的。達摩最後說已替他把心安穩下來（我為汝安心竟），是印證他的覺悟。這種印證（certification），只有佛或祖師才能做，其他人都不行。我們可以由這一公案理解西田所說的「心靈上的真實」。

倘若讀者認為這樣還不能讓人清晰地確認自己的絕對的真心，我們也可以引述德國神學家田立克的說法來助解。田氏以「終極關懷」（ultimate concern）來說宗教的本質。即是，宗教是有關終極的關懷的事，表示我們對終極問題如罪惡、苦痛、死亡的現象的關切，這些現象都是有終極性格的。「終極」是最後的、無可替代的、不能進一步還原、化約的。

在我們的日常生活中，有很多事情是要關心的、關懷的、要處理的，其中以宗教信仰的事務為關懷的焦點，它是終極性的（ultimate），比任何其他關懷具有價值上的（axiological）先在性。我們要把宗教信仰的事物放在首位。當這種事務與其他事務在時間與空間上有衝突、矛盾時，魚與熊掌不能兼得時，便應把其他事務暫時擱置，先處理宗教的事務。這種取向，與我國傳統儒家的看法顯然不同。儒家認為我們最重要的事務，是道德的實踐；在這種實踐中，我們要開顯自家所本具的道德的主體或道德理性，並且把它拓展開去，由主體以及於客體，更擴張到天地宇宙的形而上的界域。孟子講「盡心知性知天」，陸九淵講「吾心即是宇宙」，便是展示這種意涵的。日本的京都學派便不是這樣看。他們認為宗教與道德相比，更有其先在性。宗教與道德相比，宗教是絕對的，道德則仍有善惡的相對性。道德必須被解構，真正的宗教的建立才能說。

另外，說終極關懷，表示關懷有兩種：終極關懷與非終極關懷。非終極關懷所關心的問題或對象是權宜性格的、有變化的、經驗的、受時空限制的。例如參加一個宴會，要穿甚麼樣的衣服呢？朋友生日，請他吃飯慶

祝，要到哪家飯館呢？等等，不一而足。終極關懷所關心的問題或對象具有終極性格，不是主觀的、情緒的，對時空有超越性。例如問宇宙的來源、生的來源與死的歸宿、信仰的對象、道德的基礎之類，以至對在現實人生總是存在著的苦痛煩惱與由死亡而來的畏懼的超克（徹底的、絕對的、永恆的超克）。再說得完整一些，宗教的終極關懷是要追求和實現一種絕對完滿的事物或境界。現實的事物都存在於時空之中，因此都是相對的、有限的，這便不完滿。終極關懷的對象則是絕對的、無限的，例如永生、極樂淨土、最高善、全知、全能、天國、涅槃之類。

倘若認為終極關懷還是過於抽象，一時難以把握，則我們可以作些補充。終極關懷涉及一些極為寶貴、有價值的東西，是我們可以生死相許的東西，如個人的人格尊嚴、對國家民族的忠誠、權力、名譽、地位、親情、愛情、承諾的實現，以至宗教上的覺悟、解脫的目標。所謂「問世間，情是何物，直教生死相許」中的「情」。這情可以是愛情、親情、友情、情義、天地宇宙之情。莊子說的與天地精神相往來的懷抱，也可以是終極關懷的對象。

二、宗教的內容

談起宗教，它的內容是不能免的。通常是就教義與儀式兩方面來說。但這並不足夠，應該包括教主或創教者、所宗奉的聖典、教徒，再加上誡律與教會組織，才算周延。這是就公認的世界三大宗教即基督教、回教（伊斯蘭教）與佛教而言。當然還有很多影響力較小，又未有完全包括上列諸項內容的宗教，如猶太教、印度教、道教、淨土真宗（在日本發展開來）、密教（在印度、西藏與日本都有發展）、神道教、耆那教、錫克教、蘇非教與薩滿教等等。另外，有些思想派別，並不完全地包括上列諸項內容，但具深邃的教義或義理與廣遠的影響，例如中國的儒家與道家。又有從基督教分化出來的德國神秘主義。

對於教義與儀式，通常是以兩方面來說它們：以宗教的本質來說教

義，以宗教的現象來說儀式，後者也可包括一般所謂的宗教運動。在教義方面，我們通常強調基本概念或終極觀念，這是某一宗教的理念，一切義理，都是在這一理念的脈絡下開展出來。例如基督教的理念是愛、天堂。神造萬物，包括人在內。它是以愛來宣示神的恩典，它的內容便是愛。即使世人犯了罪，甚至原罪，神亦以道成肉身的方式，化身為耶穌，來到世間，犧牲寶血甚至生命，為世人贖罪。這種愛有很多種表示方式，較明顯的，便是藝術與音樂。德國巴羅克時期的巴哈（J. S. Bach）便曾表示，他是以音樂來顯示神的愛的福音。佛教的理念則是空、涅槃。它是以緣起來說空，以還滅來說涅槃。所謂緣起是以一切事物都是依因待緣而生起，因而不具有常住不變的自性。我們明白了這個道理、真理，便不會生起執著，這樣便能免除種種顛倒的見解，不會生起種種顛倒的行為。這是一種對作為終極真理的空的理解與實踐，最後便得著覺悟，成就解脫，而達致無生無滅的、永恆的涅槃境界。儒家的理念是道德意義的仁，這仁有主體的面相，也有客體的面相，最後遍及於天地、宇宙。唐君毅先生以天德流行來說儒家的境界，是恰當的。在實踐方面如何能體證仁呢？這有很多途徑，依修行者自身的主觀條件來決定。孔子便說「克己復禮為仁」、「剛毅木訥近仁」。仁是德性意義的公心，公的精神。人若能隨順這公心的仁來生活，最後便能成就聖賢的人格。道家的理念是道、無、天地精神、自然。這些觀念的意涵很接近，都有終極真理的意思。人如何體證這終極真理呢？老子教人「致虛極，守靜篤」，即是致虛守靜，一切本於虛心而低調行事。莊子則教人「坐忘」、「心齋」的工夫，要淘洗自身的虛妄的人心、成心、識知心，以求同於大通、大道。能這樣做，最後便能實現聖人、真人、神人的人格。印度教則以大梵實體作為其理型，這實體落在我們的個別的生命存在中，則成為我。大梵和我本來都是清淨無染的，但自我在周圍的染污環境中，不斷受到負面的經驗的熏陶而變得虛妄不真了。這種宗教要人進行種種瑜伽的工夫，對自己不斷加以淨化（purification），回復與大梵相通的清淨的本質，最後回歸到大梵方面去，而認同於大梵，成就「汝即梵」（tat tvam asi）的終極理想。

　　若就理論立場一面來看宗教的本質，則一切宗教離不開實體主義（substantialism）與非實體主義（non-substantialism）兩種形態。實體主義肯定天地宇宙的終極原理是一個超越的實體，它常自不變，但是動感性格，具有真實的、充實飽滿的內容。它是一切存在事物的形而上的根源，創生萬物而又導引萬物運行不息。世界上很多偉大的宗教，自古及今，自東至西，都是實體主義的形態。西方猶太教的雅克維、基督教的耶和華和中東的伊斯蘭教的安拉，都是大實體，而且是人格神。東方的印度教的梵、儒家的仁、天道、天理，以至良知，和道家特別是老子的道、無，都是實體性格。日本的神道教的天照大御神，也應是實體形態。

　　另外一種非實體主義則確立一負面的或否定性格的理境為終極原理。它是虛的，不是實的，因此很難說形而上的體性，但不是一無所有。倘若以精神空間或意識空間來說，則庶幾近之。與實體比較，非實體有明顯的靈通無礙性，在這裏也可以講動感。這動感是就形而上的體性的淘空而展現為一種包容性或無所不包性而說的。佛教華嚴宗所說的在法界緣起中諸種事物的相互攝入的關係，也可以說是非實體主義的導向（dimension）。這樣的非實體主義形態的宗教，在西方比較少見，較明顯的是從基督教中開拓出來的德國神秘主義，其代表人物是艾卡特和伯美。他們不視上帝為有（Sein），而視之為無（Nichts），這無與我們人自身是同質的。這便打破了西方的正統的基督教所確定的人神異質的框架、架式，把上帝從上面拉下來，與人齊頭並觀，因而被正統的教會視為異端邪說。至於東方的宗教，如佛教所講的空與禪所講的無（無念、無相、無住、無一物），則是非實體主義的精神方向。道家的莊子和魏晉玄學的道或天地精神也屬這種思想走向。日本哲學中的虛無的思想，特別是京都學派所講的絕對無、場所的觀念或理念，都是這樣的哲學形態。西方的哲學一直都是走實體主義的路向，只是到了近現代，才有非實體主義的想法出現，例如尼采（F. W. Nietzsche）、海德格和懷德海。特別是懷德海，他講機體主義（organism），而不講實體主義。

三、宗教的契機

　　一個人信仰一種宗教，可以有幾種原因，例如不自覺地隨著先輩的做法，也可以為摯友所推動，也可以在一種突如其來的意外事故而致，而使然。這些情況都具有深沉的主觀性在內。就較客觀的角度來說，亦即是從自覺的、理性的面相來說，人信奉一種宗教，或進入宗教之門，時常依於一些機緣或契機，這也可以說宗教的時刻（religious moment）；不過，這時刻（moment）不是就時間（time）說，而是就具有導火線以至媒介的意味的機緣說。這樣的機緣，我們在這裏說為是契機。這契機並不一定是很切近、很具體的，也可以是有一種久遠的、遙遠的緣由或憑依。基於這種緣由或憑依，人進入宗教的殿堂。

　　我們還是就較具體的動機說起。在我們的日常生活中，會做很多事，這些事時常是由一些動機出發的。例如我們入大學，動機是要拿到好的學歷（學位），讓將來有好的出路，日子過得好些。也有另外的動機，如要有豐富的知識，或能在他人面前炫耀自己，或乾脆是隨順父母或長輩的願望。我們結婚，動機或目的是要生兒育女，讓生命的血脈能延續下去，或者要過一種比較完整的人生。

　　倘若我們就終極關懷來說宗教的契機的話，則這種宗教的契機不可能是一些零碎的現象性的東西，而是與人在心靈深處所要成就的目標或要解決甚至是徹底地解決人生的一些重要問題，特別是負面的問題。這些負面的問題是多元的，讓人在生活中感到厭煩、不爽，例如青年朋友的失戀、找不到工作，或染上種種疾病，或在人際關係中到處碰壁，好像總是找不到一個讓自己自由地、適意地容身的處所。要為這些多元的負面的問題找尋到出路，的確很不容易。我們在這裏也只能就根本深厚的、影響廣遠的負面的問題著手來探討。我認為這些問題可以大體地概括在罪、苦與死這三個項目或範疇中。

　　我先說罪的問題。現實的人，不是聖人，而是凡夫，生命中有很多染污的成分，這會常常使人犯罪，特別是人不察覺的時候。到後來才知做了

有罪的事，受到良知的責罰，在法律上也會受到懲處。輕則被判坐牢，重則會被判死刑，連性命也保不住了。罪的意識或良知會讓你感到痛苦，這痛苦不單是身體的，也是精神的。這良知相當於西方精神分析專家弗洛伊德（S. Freud）所說的超我（Über-Ich）。不過，良知是超越的、德性的；超我則是經驗的、心理學的。就表面來說，不管懲罰是來自良知或超我，都會讓人痛苦。犯罪輕的結果不是那麼痛苦，犯罪重的結果則是非常痛苦，讓人難以抵受。在很多情況，當事人會求助於宗教，信仰某種宗教，讓宗教信仰舒緩痛苦，甚至給予贖罪的機會，使自己重獲新生，而得救贖。

罪作為一種嚴重的苦惱的人生問題，基督教說得最多。它說人有原罪（Original Sin），由於自身的力量有限，要徹底解決這種不斷纏繞人的生命、生活的問題，需要依賴上帝的恩典。上帝由於與人相隔得太遠，不能直接與人溝通，便差遣祂的獨子耶穌以道成肉身的方式，來到人間，受盡種種苦痛與折磨，以祂所流出的寶血，淨洗世人的罪業，最後被釘在十字架上，死狀甚慘。亦是由於這種刑罰的慘烈性，很多人的內心受到強烈的震撼，對耶穌展示出無條件的同情、敬愛與信仰，而皈依了基督教。耶穌在死後三天復活，回返到上帝的身邊，完成祂下凡為世人贖罪的神聖的宗教任務。《聖經》中這樣記述耶穌的淒厲的感人情節，以吸引眾多的教徒，是無可厚非的，它所宣示的上帝對人的愛的深切，也是毋庸置疑的。這使得基督教成為全世界具有最多信徒的宗教，不是偶然的事。我在這裏只想提出一點：人的原罪始於他們的祖先阿當（Adam）與夏娃（Eva）在伊甸園偷食禁果而來，惹來原罪的問題，這種負面性格的東西便成為人的生命存在的天生的、遺傳性格的成素。一切由遺傳而來的東西都是經驗的性格，原罪亦不例外。它沒有超越性、必然性，其普遍性也是有條件的，即是在材質與氣上為普遍，不是在絕對的、超越的在理上為普遍。即是說，這種結果不是由道德自覺、價值自覺的失落而致，故人不必為此而負上責任。既然是如此，則以人一出生便不能免於原罪，這對人來說，便不公平。不過，對於宗教信仰的問題，我們不能以理性的、邏輯的路數來解

決，宗教自身便有一種非理性的情感在裏面。我們不能尋根究底問個清楚，並要求一種理性的答案。宗教信仰與哲學的不同，便在這裏。

基督教的宗教信仰由原罪開始，我們便得聚焦在這裏作工夫，看應如何解決。從純哲學、純邏輯的理路來考量，並不現實、不相宜，也不會有結果。原罪在人來說，既然是一出生便是事實，是具體的生命存在本身的問題，便需要歸於人的個別的主體性來解決。這是人的內在的問題，上帝或耶穌畢竟是外在性格，他們施予給人的恩典和幫助，在原則上看，便不見得是必然有效。上帝歸上帝，凱撒歸凱撒，人自己的事，畢竟需緊貼人自身來處理。即便是人的罪業深刻無比，有上帝和耶穌的幫忙，人自己總不能不理，袖手旁觀，一切交託予上帝和耶穌來做，自己坐享其成。

實話實說，對於原罪或一般的罪，人自身可以藉著懺悔的心懷，對於自己的錯失作完全的反思，承認甚至全體坦承自己的過錯，而矢志悔改，可以在自己的生命內裏作出反彈、巨大的反彈力。這種反彈可以承擔很大的任務，爆發出超乎自己的想像的強勁無倫的力量，來徹底改變自己，和自己周遭的環境。這便是日本京都學派田邊元所提出的懺悔道哲學。人在深沉的懺悔中，會覺得自己無法面對現實，不能彌補自己所犯下的重大的過失，致連生存下去的資格都沒有了。在這種情況，人便應該自殺，自我毀滅。但也不必這樣。人越是覺得沒有生存下去的資格，便愈要掙扎下去，要做一些正面的對他人、社會方面有益的事情，讓環境變易而有改轉的機會，讓自己變得有生存下去的資格。這種反彈的力量可以是無比巨大的，可以驚天地、泣鬼神的。這是人的生命存在的弔詭，看來沒有可能，但事實上是存在的，而且有不少現實的例子。韓信胯下受辱，連洗衣服的漂母也看不起他，但他最後成功了，幫助劉邦打敗了驕橫的項羽，建立漢家皇朝。這種結果，是誰也難以想像的，但事實便是這樣。這種做法，是置諸死地而後生，是人生的極為矛盾、弔詭的現象。

說到底，道德的懺悔雖然可以開展出驚人的巨大力量，但這種情況畢竟不多見。一般人還是需要宗教信仰來幫助解決人生的問題。

跟著我們看苦。基督教喜說罪的意識，佛教則多說苦的意識。罪與苦

都是人生的負面現象。在佛教，四苦是生、老、病、死；八苦則是這四苦加上愛別離苦、怨憎會苦、求不得苦和五盛陰苦。在這種種苦中，我們可以注意愛別離苦與怨憎會苦。前者指在日常生活之中，我們所至愛的人，往往不能相聚在一起，而是長年分隔，讓我們孤單。後者指我們所憎惡的、怨恨的人，卻總是和自己牽纏在一起，讓我們厭煩。這兩種事情顯現出人生的無奈，所謂「造物弄人」。就表面看，苦是苦痛煩惱的感受，自然是不受歡迎的，人總是希望能離苦得樂的。但苦與樂之間，並不是對等的，卻是苦是常數，樂是變數。這個意思應如何理解呢？我們可以這樣看，人生的活動、現象，其基調是苦的，樂只是人的活動到了某個程度、某種適當的限度中的正面的感受，過了這個限度，或不足這個限度，都是苦的感受。舉例來說，在打籃球這種遊戲中，你打了一個鐘頭，雖然不錯，但還覺得不過癮，不舒服、痛快。再多打一個鐘頭，你會覺得非常痛快、滿足。再繼續打下去，三個鐘頭、四個鐘頭，你便感到疲累，覺得體力撐不下去了，便是苦。再勉強打下去，你便越打越疲累，越辛苦，最後可能體力不支而昏倒在地上。因此，打籃球對於你來說，只在打兩個鐘頭上下的程度，你會覺得樂；不足兩個鐘頭，或超過兩個鐘頭，你便不是樂，而是苦了。這便是過猶不及。游泳這種活動更為明顯，你游一個鐘頭，覺得很好，很舒服，這是樂。只游半個小時，覺得不夠，不夠暢快；若游兩個小時，或以上，你便會疲累，或竟支持不住，而淹死。這不但不能說樂，而且連性命也賠上了。

苦大體上有兩種：身體上的痛苦與精神上的痛苦。這兩者很多時不能截然分開。身體上的痛苦是肉身性格，劇烈而短暫。精神上的痛苦則是心靈上的，特別是受良知的譴責而來，有很長的歷程。另外，我們也說心理上的痛苦，這則難以確定是肉體上的，抑是精神上的。一個人心情不好，感到不安，其原因可有多種，其結果則影響精神，讓它不能集中起來思考，所謂「心亂如麻」。在精神醫學（不是神經醫學）中，身體上的痛苦，特別是劇烈的、激烈的痛苦，會影響腦部細胞的運作，導致思維上的失衡（mental disorder），而產生憂鬱症狀。牟宗三先生在他的《時代與

感受》中，提到知識分子在殘暴的政權下受到兩種難以忍受的逼害：被殺與被辱。被殺導致肉體上的痛苦，被辱則導致精神上的痛苦。後者較前者更為悽慘。

佛教講四法印：諸行無常，諸法無我，涅槃寂靜和一切皆苦。這一切皆苦正回應上面提及的苦是常數，樂是變數的說法。筆者在漫長的生命歷程中，體會到並接受了人生本來便是苦這樣的事實；但人生的意義在於在種種痛苦或苦痛中，承受苦痛並在其中自我淬鍊，以提升自己的精神境界和擴充自己的包容限度，以至於把罪、苦、死包容過來。其中的實行的原則是：在哪裏跌倒，便在那裏掙扎站起來，吸收失敗的教訓，繼續向前行。倘若人生只是捱苦的話，則不如儘快自殺，把自己毀滅掉算了。心性的淬鍊是極其重要的，若能堅定心意，則關關難過關關過。過不了也無所謂，無愧於天地良心。《孟子》書中也說，上天要把偉大事業交託給某人，會先在心志、筋骨、肌肉等方面讓他受到折磨，自我淬鍊。承受苦痛而自我淬鍊是非常重要而需要的。人要不斷在苦難中掙扎才能成就其人格，才能苦盡甘來。達摩禪的「體怨進道」，要宣示的也是這個意思。《孟子》書中所說的天，有人格神的意味，與「盡心知性知天」的天不同，後者是道德理性由主觀經客觀而通向絕對的精神真理，而為一形而上的終極原理。

以上是對於苦痛或苦的樂觀的描述。但我們人畢竟大多數是凡夫，有很多迷執在裏頭，限制性很大，只有極少數有聖賢的資具，因此，要解決苦的問題，而得著救贖、解脫，除了自己努力外，很多時要求助於他人、他者。即是說，我們不能憑自力而成功，而需要依賴他力。這依賴也不見得是不好，自力加上他力，有甚麼不可以呢？倘若他力是真實的、誠摯的，接受它又何妨呢？正是在這種情境中，人需要宗教信仰，需要一個外在的他力大能來幫助自己克服苦的問題。這他力大能可以是上帝、佛、菩薩，或是其他的神靈。

讀者也許覺得自力信仰才是強者的宗教，他力信仰則是弱者的宗教。其實不必這樣看，也不應這樣看。人能靠自力來解決苦的問題，能脫苦

海，自然很好。如果不能，依仗一他力大能的慈悲協助，亦應是可以的，但亦不易做到。你得完全放棄自己的主體性，把自己的整個生命存在及其未來，都毫無保留地、整全地交託給外在的他力大能，說來容易，做起來卻也有困難。佛教說自我中心意識，說我執，要把我癡、我見、我慢、我愛四種嚴重的煩惱驅除，進行自我解構、自我捨棄，非要有極為強大的勇氣，不能為之。這即是原始佛教所說的無我（anātman），是一種艱難的工夫實踐，不是有很多人能真正做得到。即便做到了，也不表示能夠離苦得樂，證得涅槃。如淨土宗所說，你即使能獲得阿彌陀佛的慈悲願力，祂也只能把你接引到西方極樂淨土而已，並不表示證得涅槃。你仍得自己在淨土這種殊勝的環境中，努力不懈，才有成功可言。可見他力信仰不是那麼簡單，那麼容易。

　　最後說死。死表示形軀在世，大限之期已屆，要離開世間了。這是說身體、肉身的死亡。自古以來，人生在世，過個六、七十年，最後必是形壽已盡，精氣消失殆完，便要離去。一般來說，人在少年、青年，以至中年，由於血氣旺盛，所以不停地打拼，為完成理想而不斷努力，很少想到死亡的事。但隨著歲月日增，身體日漸羸弱，便會想到在世時日無多，不知是哪一天，身體這個臭皮囊便會化滅，自己要離開世界了，因而死亡的意識變得明顯、強旺起來。到了六十，這種意識不斷增長，人便會有更具體的想法，想到將來難免一死。但死後便如何呢？自己會到一個甚麼樣的地方呢？或者自我會隨著肉身腐朽，而逐漸消失，最後變得一無所有？在這種狀態，人會想到死後的世界，覺得是漆黑一片，進入一個深不可測的完全陌生的世界，所有世間的親人和美好的、有價值的事物都消失淨盡，自己受到種種殘酷的刑罰，內心不免畏懼起來。說實的，死的世界會是甚麼樣子，根本無法說清楚。自己不知，別人也不可能告訴你他對死亡的經驗與感受。人在死亡之前，由於尚未死，因此不能說死是甚麼狀況。在死亡之中，他已變得迷迷糊糊，心智不清，不能把感受說個清楚。死亡之後，人已沒有意識，不能說話，即便對死亡有所知，也不能告訴你。總之，死亡由始至終，都是一個謎。

死的世界和死的經驗不可知，不可確認。但有一點是可以確認的，這即是生與死的同一性。有生必有死，生與死是同一物的不同面相，二者同是生命現象，不能分離。我們既然享受生的樂趣，也必須接受死的結果。這種生死現象，是「生死一如」。莊子便說生與死是同一的東西（一條），以材質義的氣來說：氣聚為生，氣散為死。生與死是一體的，我們不能把生與死分開，而選取生，拋棄死。因此，道教所強調的長生不死，而為神仙，是不可能的。我們或許通過服食某些東西，或透過吐納運氣的動作，讓身體平衡、平穩下來，而延年益壽，達到長壽的目的。即使是這樣，我們亦只能多活幾十年而已，最後還是會死，與草木同腐。歷史上從來便沒有神仙出現過。

從工夫修行的角度來看生死，又是另一種境界：在精神上不死。京都學派認為，生和死成一個背反、矛盾（Antinomie）。我們不能以生來克服死，因而讓生成為勝者一方，可以繼續生下去。此中的關鍵點是，生對於死，不具有存有論的先在性（ontological priority）。要處理、克服死的問題，不是選生而棄死，而是要在生死這一個背反的內裏，突破開來，超越上來，讓自己的精神境界臻於絕對，而無生無死。即是，我們不是處於相對的生或相對的死的狀態，而是處於無生無死的絕對的狀態。若人在精神和意志上能夠達致這樣的處境，則肉身的消失或死亡，便變得不重要了，不值得畏懼了。這種處境正是宗教所能提供的。這是人接受宗教的一個重要的契機。

關於突破生死的背反，我們可以就禪的修行多說一些。在禪中，有所謂「大死」、「大死一番，歿後復甦」的說法。依據禪宗的很多公案，修行者到了最後一個關卡，便是為生死這個背反所困惑。即是，在要突破這個背反之中，修行者心中總是存在著一個疑難，或稱「大疑」；在其中，他面對生與死，不知道應選取哪一邊，這正是生也不是，死也不行，不能選取其中一端，讓自己陷於空前的、致命的困惑。這個空前的困惑便是一大疑團。若是能衝破這個疑團，便能得著覺悟，成就解脫，這是真正的生。倘若不能衝破，他的心靈便會自動撕裂、崩潰而死亡，這是真正的

死，是「喪身失命」。在這個緊急關頭，祖師或師父會起很大的作用。他會作出一些奇奇怪怪的動作，刺激修行者，作為導火線，讓他的靈光、智慧爆發開來，這即是同時克服相對的生與死，而突破生與死的背反，達致「無生」的精神狀態。一面是無生，另一面是無死。無生無死，便成就大覺。「在生死關頭得大自在」。

在西方的宗教與哲學中也有同樣層次的體會。海德格曾引述一個中世紀的神父的說法：

> 一個在死亡之前曾經死亡過的人，在他死亡時，他不會死亡。

其中，第一個死亡表示肉身的死亡；第二個死亡是對背反的突破，大疑團得以崩解；第三個死亡是肉身的死亡；第四個（不會）死亡是爆破大疑團，得著覺悟、永生。

在罪、苦、死這三方面的宗教契機之中，似乎人對死的畏懼、憂慮是最流行的、普遍的契機。因為罪與苦作為人生的負面現象，終究可以通過宗教的方法來處理、解決，這樣，罪與苦便不必視為人生的必然的命運、歸宿。唯有死是不能避免的。上面提出對死亡或生死的背反加以突破、克服，讓人在精神上得到解放、解脫，但在肉身上人最後還是要死的，無人能避免的。因此，我們可以說死，具體地說是對死的恐懼，是宗教的最寬廣的契機。基督教的信仰可以使人成為真正的基督徒，死後可以還生於天國。但這是精神上的生，肉體上的死還是免不了的。我們中國流行的敬拜祖先，雖然有傳宗接代的作用與意義，讓生命的世世代代都可以傳留下來。但這不是當事人自己的事，而是子子孫孫的事了。當事人的肉身的死同樣是免不了的。

綜合這三者而作一種存有論的反思，我認為苦是最根本的，罪與死則是苦的導出物、包融物。我們可以說罪是痛苦的，死也是痛苦的，但不能說痛苦是罪，不能說痛苦是死。譬如說，一個人天生便缺乏兩隻手，一切活動都只能靠兩隻腳來做，這自然很不方便，痛苦自然不用說了。但這不

是他的過失、罪過而使然的，父母生他下來便是這樣的，父母也不想會是這樣，他們也同樣痛苦，這怪誰呢？所以不能說苦是罪。另外，說痛苦是死，便縮小了苦所涉及的空間；痛苦包括死，這當然沒錯，但也包含很多其他現象、事情。我們毋寧應說，死亡是痛苦的極限，事實上也有很多人是抵受不住痛苦帶來的災難而自殺，而死亡的。

四、柏格森論神秘主義

以下我們探討一下近現代學者或哲學家對宗教所作出的哲學研究，這即是一般所謂宗教哲學。我們在這裏所注意的，是柏格森和京都學派的宗教觀。先看柏格森。柏氏創建生命哲學，強調生命的原動力（élan vital, vital impetus），這是合形而上學與生物進化論為一的很具創見、啟發性的哲學體系。[1]這哲學落於道德特別是宗教的問題上，便成就了他的宗教理論。這理論主要見於他的名著《道德與宗教的兩個來源》（*The Two Sources of Morality and Religion*）中。柏氏的哲學的特色，是強調那同時具有形而上學與不斷向前推進的意志或力動（dynamism）。他論道德與宗教問題，都是以「動進」一觀念為依據。動進或動態（dynamic state）是對著靜態（static state）說的。在動進的哲學下，世界充滿生命、生機，人也朝著一個靈動不息的目標邁步向前，展示一種積極的、入世的世界觀與人生觀。[2]進一步，柏氏看宗教，強調宗教的本質，而這又關連到

1　élan vital 是法文，英譯作 vital impetus，是生命的衝創之意。「衝創」（élan, impetus）一字眼易令人想到心理上、情緒上的衝動方面去，這不是柏格森的原意。他的原意很有形而上學的意味，我在這裏作原動力看。élan vital 或 vital impetus 譯作生命的原動力。這裏的「原」即顯出一形而上學的意味。

2　倘若拿藝術與宗教來比較，則我們可以說，藝術的任務是要建立無人我、主客的分隔的物我一體的超越的境界，因而比較強調獨自作工夫的導向（orientation）。宗教則不同，它強調自己要作工夫、作修行，超越以至克服一切的苦痛煩惱。同時也要關注他人，讓他們也像自己一樣，從苦痛煩惱中解放出來，讓自己來作生命的主人。這也可以參考佛教所說的「普渡眾生」來說。宋代廓庵禪師提出〈十牛圖頌〉，他的第八圖

神秘主義（mysticism）方面，他是以神秘主義為真正的宗教；有關宗教的本質或目標，都要從神秘主義方面說起。

甚麼是神秘主義呢？柏氏的解讀是，神秘主義有其終極目標，這便是要實現一種顯現於生命中的創造性的奮力（creative effort）。這種奮力來自上帝，或竟是上帝自身；它要由一些偉大的神秘主義者展現出來，超越由物質的性格加到物種方面去的限制，而能抗拒外在的、經驗性格的因素對物種的負面的影響。柏格森在這裏確認一種具有宇宙論意味的宗教性格的力動。所謂神秘主義，指那種宗教模式，藉著它，人們能夠達致這奮力的表現，使生命具有神聖的意涵。這種神聖的意涵正是神秘主義的目標。但這種意涵不光是客體的意味，也包含主體的意志在內。柏氏表示，人的意志與神的意志若能結合起來，而成為一體，則人便能分享神聖的意涵。

那些獻身於這目標的實現的人，自然是神秘主義的創始者了。他們胸懷大志，不執著於世間的東西，如錢財、快樂，反而要遠離這些東西，希望能自由自在地生活，致解決生活的問題，得到解脫。

現在有一問題：我們如何確認與實現人與神雙方的意志的合一呢？柏格森表示我們可以透過愛，來認取與實現這種同一性。這種愛是雙向的，一邊是人對上帝的愛，另一邊是上帝對人的愛。上帝是超越的，人則是世俗的。則這種愛是一種關懷：世俗對超越的關懷和超越對世俗的關懷。世俗與超越便可依此而拉近距離。同時，這種愛並不基於感情與理性，卻是兩者的基礎。因此，柏氏強調，就本質方面來說，這種愛有道德的意涵，更有形而上的意涵，且後者更為濃厚。另外，這種愛的目標是要完滿地證成人類的創發性的理想。為了實現這個目標，我們必須正面地、肯定地參予世間事務，全力支持世間的改革活動，展現濃烈的動進精神。

頌是人牛俱亡，這是藝術境界，人能從一切相對性的困境中得到自我解放，而自由自在。宗教則要更上一層樓，認為還要再進，要「返本還原」、「入廛垂手」，在塵俗的世間教導眾生，讓他們也能自我解放而過自由自在的生活。宗教之不同於藝術，便在這裏。

還有一點，提起神秘主義，一般人總會想到或關連到冥思（meditation）方面去，這是一種靜態的活動。柏格森並不這樣看冥思，他毋寧強調行動方面。他認為神秘主義的重點不在冥思，而在動進性格。他因此稱神秘主義為動進性的宗教（dynamic religion）。這實是對神秘主義的創造性的詮釋。依世俗之見，神秘主義強調以一種平和的、寧靜的修行，例如冥思，去與那形而上的終極實在相照面，所謂「神秘」正是說那種隱藏於現象的背後的終極實在的面貌，不管是終極原理抑是人格神。柏格森打破了這種流行的成見或觀點，使神秘主義遠離像德國神秘主義者如艾卡特、伯美或蘇非神秘主義（sufism）的那一套冥契的修行方式，把神秘主義的大門敞開，讓它擔當積極的任務，讓世間變為活潑和美好。

在這裏要說明，柏格森心目中的神秘主義是有兩種的：不完全的神秘主義（incomplete mysticism）與完全的神秘主義（complete mysticism）。他以為東方的宗教是不完全的神秘主義，這包括印度教（Hinduism）、佛教（Buddhism）和耆那教（Jainism）。西方的基督教（Christianity）則是完全的神秘主義。如何分別完全與不完全呢？區分的標準是甚麼呢？柏格森未有作出明確的解釋，只強調完全的神秘主義必須包括行動、創造性和愛。他認為佛教有一個與那創生性的原動力（creative impetus）冥合為一的目標，解脫即是在這種冥合的脈絡下說，這當然要有實踐來支持。因此佛教可算是神秘主義。不過，由於它停駐於虛空的狀態中，一方面棄置世俗的生活，另一方面又未能獲致神聖的生命，可謂兩頭不到岸，故它的神秘主義並不是完全的。接著柏氏強調神秘主義是行動、創造性和愛方面的事。他顯然很重視行動，認為我們要在世間引生種種行動，以影響甚至改造世間。[3]他又重視我們對於生命的堅持不捨，不滿意印度人要逃離生命以求解脫的做法，這則不光是說印度教，同時也指佛教（小乘佛教）和耆那教，但不能包含大乘佛教，因為後者強調要留惑潤生，普渡眾生。在柏

---

3 在重視行動，要影響與改變世間一點上，柏氏與馬克斯（K. Marx）頗為同調，後者強調哲學不但要說明世界，而且要改變它。

氏看來，行動與對生命的熱愛是完全的神秘主義所不能或缺的。全部印度的宗教都有捨離生命的傾向，因此都不能算是完全的神秘主義。在這裏，他說全部印度的宗教顯然包括佛教，而佛教有大、小乘之分，它們對世間的態度並不相同，柏氏未有注意到這點。

以寫哲學史而聞名於世的卡普斯頓指出，柏格森不單不認可那種從這個世界逃離出來的消極態度，也不贊成對所有事物的統一體作理智上的把捉的方法。這裏提到的對所有事物的統一體，應是終極真理的意思。這是很明顯的。柏格森的哲學，與直覺有很密切的關連，他特別重視直覺（intuition, Anschauung）的能力，而拒斥理智（intelligence, Intelligenz）的能力。他認為理智不能把握世界的整體，同時也會把生命割裂，以至於支離破碎。唯有直覺才能真正地、完整地把握生命與世界。完全的神秘主義的基礎在直覺，不在理智。按這裏所說的直覺，不可能是感性的（sinnlich）而應是睿智的（intellektuel）。感性的直覺只能接觸世界的一部分，睿智的直覺則能接觸以至把握整個世界。

柏格森在宗教哲學方面的根本立場是，動進的宗教是唯一的真正的宗教。作為動進的宗教的神秘主義，是一種開放的宗教。在這種宗教中，有一種開放的要素，或開放性。這開放性可從神秘主義所強調的愛中見到。這愛不單是人對上帝的愛，也是上帝對人的愛，它是沒有分限的。故這種愛應是一種普遍的愛（universal love）。現在的問題是，這普遍的愛的基礎是甚麼？在回應這個問題上，柏格森訴諸那形而上的和生物進化的生命的原動力，亦即是 élan vital。他認為這原動力是普遍的愛的來源。實際上，這原動力便是生命，是創造的動能，是上帝。柏氏提出這原動力透過生命的創造的進化歷程展示出自己的性格；它由三個階段構成：植物生命（plant life）、本能生命（instinctive life）和理智的生命（intelligent life），或理性的生命（rational life）。他還強調，這進化歷程到人的階段，達致發展的高峰。這種進化式的發展，頗有黑格爾（G. W. F. Hegel）的精神現象學的精神（Geist）有其發展的行程，愈到後來便愈發

展得成熟的意味。[4]這種進化的看法，牽涉一些宇宙生成的意味。故馬利坦（J. Maritain）在他的《柏格森哲學與多瑪斯主義》（*Bergsonian Philosophy and Thomism*）一書中表示，柏格森的宗教理論是宇宙論性格的，這種宗教的焦點在存有方面，視人的宗教生活為宇宙進化的一個特殊情況；他也提到柏氏承認宗教不能離開形而上學和自然哲學或宇宙論而成立。平心而論，柏格森本人實在有一種意向，要從形而上學和生物學方面來詮釋宗教的問題；他的上帝觀念是在進化或演化的理論脈絡下引伸出來的，這觀念指向一種內在的、宇宙論意義的生命的原動力。就這一意思來說，他的哲學與宗教觀實有泛神論的傾向。

再有一個問題是，我們在最初提到柏格森的神秘主義的焦點在人與神在意志上的同一性，這同一性可透過愛來認取。在實踐上便可有如下的問題：這種同一性是如何達致的，或者說，神秘主義是如何實現的呢？在柏格森的眼中，神的意志是那生命的原動力的根源；因此我們可以說，與神的意志同一，即是與生命的原動力同一。因此我們可以把問題以另外的方式來表達：生命的原動力是如何顯現的？

柏格森以英雄主義（heroism）來回應這個問題。他強調生命的原動力是要透過某些人物作為媒介來顯現出來的。他指出，在人群中，有些精英分子脫穎而出，冒了起來，成為偉大的神秘主義者。他們深深地覺察到那神聖的生命的原動力的內在性，同時也對人類有一種如巨浪般澎湃的熱愛。他們每一個人都是那愛在原始的模式的表現，這愛正是那創造性的奮力的本質。為了實現這種神聖的生命的原動力，他們投入艱苦的實踐歷程中，樹立起人格的楷模，推動群眾，使他們生起根本的轉化。這轉化應該是由靜態的或自然的宗教轉而為動進的宗教或神秘主義。當所有的人都轉化過來，那生命的原動力的進化歷程便達到高峰。

4　但有一個問題，是黑格爾和柏格森所難於回應的：精神發展到最成熟的日耳曼民族，特別是黑格爾自己；生命的創化的歷程發展到人的階段，又如何呢？如何發展下去呢？

五、柏格森的宗教理論的特色與困難

　　以下我們要對柏格森的宗教理論作一評估與檢討。這有三點可說，亦可看作是這套宗教理論的優點。第一，柏格森視生命的原動力為宗教的終極的依據。這原動力是形而上的和生物進化的實體，它的動進的歷程，充滿動感，顯示出宇宙或世界的不息的、不滯礙的生命力。另外，它有超越的和無限的意涵與內容。這超越性與無限性正是宗教要提供予人的終極歸宿所必須具有的性格。人體證了這終極的歸宿，其生命的意義即能臻於永恆性，超越一般的生死輪轉的周流不止的苦痛歷程。

　　第二，柏格森以神秘主義為真正的宗教，他也覺察到某種神秘的質素，潛藏於我們的生命存在中。這由他所說的「在我們的生命中有一種神秘的要素在等待著機會覺醒」可以看到，這顯然指向一種內在的潛能，一種使我們最後成為神秘主義者的能力。於是，宗教上的超越而內在的問題便得以解決。同時，由於生命的原動力與上帝的緊密關連，這使得我們在某一意義下與上帝相通，而避開人神的隔離的困境。即是說，這種內在的潛能使我們展示那根源於上帝的生命的原動力，因而使我們可參與神聖的活動，而通於上帝。在這個脈絡下，我們可以說人的生命可獲致神聖的意涵，即使不能說人可成為上帝，也可以把上帝與人的距離拉近，使上帝的德性在某一程度下落實下來。這點在宗教上非常重要，因為它顯示上帝從一個超越的、第一義的位置拉拖下來，下降到一個經驗的、謙卑的位置，與現實的人生連繫起來，這樣，神與人之間的落差與對峙的局面消融下來，作為「形而上的真實」的神格（Godhead）不再是遙不可及的目標，它是可接近的，即使不是可獲致的。

　　第三，柏格森批評印度的宗教，說它們是不完全的神秘主義，因為它們宣揚要遠離以至放棄現實的生活。生活不能離開現實，即使現實是穢土，我們還是要以雙腳踏著大地的泥土來生活。人生是從這經驗的、凡俗的土地開始的，人不能一出生便是聖人，便是上帝。因而宣揚要遠離放棄現實生活，便有捨離世間而淪於消極之嫌。柏格森則不是這樣看世界，他

認為經驗的與超越的或世間的與出世間的面相都應涵具於完全的神秘主義或真正的宗教中。這裏我們無意討論柏格森對印度宗教的理解與批評是否正確一類問題；我們要指出的是，這種同時涵具世間的與超越的面相的性格，在宗教哲學來說，有極其重要的意義。通常來說，宗教總是把重點放在超越的或超現實的理想方面，視之為人生的終極歸宿，人要從現實環境的種種限制脫卻開來，向那個超越的理想趨附，生命才能臻於完滿。但這只是片面的看法。一個宗教是要由平地建立的，它不是空中樓閣，它必須立根於現實層面，不能與實際生活脫節，便得正視和重視現實的、世間的問題，不能只把重點放在超越的、天上的方面去。我們不能想像在我們生於斯、長於斯的大地之外的一個遙遠的地方，有一個甚麼天堂或淨土的世界，等著我們去參予。再有，一個宗教的修行者，倘若只關心他自己的精神上的轉化，只向超越的境界趨附，則即使他能從現世的憂悲苦惱中脫卻開來，而超凡入聖，仍會感到寂寞的，抑更會感到遺憾，因為他掉頭不顧，他所獲致的境界高處不勝寒。這不是圓滿的境界。他只孤獨地在杳無人跡的境界孤芳自賞，不能與他人分享這份精神食糧，對苦難的世界與眾生沒有普遍的關懷，這便不完足。柏格森思考宗教的問題，能看到這個問題，而強調神秘主義同時要涵具或照顧世間的與超越的面相，是他的高明之處。因此他推崇基督教，因為它要以世間為本，在此本中建立天國。這是完全的神秘主義。

　　柏格森透過生命的原動力這一形而上和生物進化的實體來詮釋生命、世界與安頓人的宗教願欲，上通於神明，下貫於眾生的現實生活，顯然光輝奪目，很有魅力與說服力。不過，這種宗教觀是否完美無瑕，沒有問題呢？我們認為不是。主要的問題是在宗教的基礎的有效性方面。

　　一般來說，宗教所關心的，或它的任務，主要是克服與超越人的現實生命的限制，從而提升其精神上的涵養，最後獲致解脫。要確認人的現實的限制是甚麼，並不容易，也不一致。各家各派有自己的一套看法。我們只能就一些較有分量和影響力的派別來說一下。基督教提出原罪，佛教則提出無始無明。康德和佛教分別提出道德理性與般若智慧。前者以道德責

任（moral obligation）來統率我們的行為；後者則以般若智慧（prajñā）來照見萬物的空性（śūnyatā），見到它們只是緣起，沒有自性、實體（svabhāva），因而不對之起執著。[5]這種對治罪與無明，都可算是在某一程度內有其效用。在這方面，即在對治人的現實上的限制方面，柏格森顯得有點含糊。他未有明顯地交代人的現實的限制是甚麼，只在討論靜態的宗教時，提到死亡。這不是甚麼特別善巧或深刻的看法。不過，他提出那形而上與生物進化的生命的原動力，視之為人的宗教的終極歸宿；這原動力的內涵，便是愛。這裏便有一個非常重要的問題：愛或生命的原動力是否足以對治人在現實上的限制，例如罪、無明或死呢？對於這點，我們不能不持保留的態度。第一個困難是，人的現實的限制導致種種憂悲苦惱，這些都是經驗的、現實的東西，是我們在目下承受著而使我們困惑的，而愛或生命的原動力則是形而上性格的，遠離我們現實生活的，它如何能落實下來，對我們的經驗生活產生影響力，而使我們得免於困厄呢？雖說愛或生命的原動力具有內在性，但需要依靠一些英傑之士來喚醒，但這些人畢竟不是我們自己，而是外在的，因而是偶然性的、經驗性的，故沒有必然性。人的被喚醒與否，沒有必然的保證。故在這形而上的愛並生命的原動力與經驗的世間之間需要一個中介物，把雙方連結起來，把形而上的愛或生命的原動力帶引到現實的層面。對於這點，柏格森訴諸英雄主義。這點在上面已略有提及，這裏我們要作更深層次的處理。

即是說，關於英雄主義，柏格森的意思是，有少數優秀分子冒升上來，帶動群眾，以愛來展現生命的原動力。這裏便引生一個問題：人人都平等地具有一種內在的潛能，使我們實現那生命的原動力，如上面所說。但只有少數優秀分子能冒升上來，顯示生命的原動力，其他大多數的人都

5　康德的提法，用另外措詞來說，是以善來克服惡，讓我們的行為歸於正軌。京都學派便不認許這種說法，他們認為善與惡在存有論上的地位是對等的，不存有以一方來克服另一方的可能性。關於這點，我們這裏並無意細論。不過，京都學派的說法，有一定的理論效力。

不能這樣做，卻需要別人來帶動，來熏習，這是甚麼緣故呢？為甚麼會有這樣的分別呢？另外一個問題是，生命的原動力的顯現，實際上是怎樣發動的呢？由未發動到發動，其關鍵在哪裏呢？以佛教唯識學的字眼來說，眾生的覺悟，需要轉識成智。這在柏格森的宗教觀中，即便是那些少數的優秀分子，他們怎樣做呢？怎樣能在芸芸眾生之中脫穎而出？以展示愛和生命的原動力呢？是教育使然，抑是來自上天的啟示呢？這些問題在宗教實踐上是極其重要的。一言以蔽之，在柏格森的宗教思想中，在英雄主義的脈絡下，我們作為一個凡夫，如何入路呢？這一關通不過，其他的都很難說。東方的宗教與哲學基本上是從心方面作工夫，心能活動，能起用，它是最高的主體性，在儒家是本心，是良知；在佛教是佛性，是如來藏自性清淨心；在道家則是道心、靈臺明覺心。一切覺悟經驗或形而上的終極目標的實現，都要從心或主體性的建立來說。柏格森未觸及這點，因而他的宗教理論出現問題，是不足為奇的。

　　第二個困難是，愛的力量未必能充分地解決人的問題。柏格森基本上視愛為一種熱情（passion），或一種情緒（emotion）。倘若愛是這樣的東西，我們很難想像憑它自身便能導致一種精神上的轉化，引導人臻於神聖的境地，使他從生命的種種苦痛煩惱中脫卻開來，獲致自由自在的解脫。我們認為，一個人要能覺悟，得解脫，首要的條件是智慧，而不是熱情。當然熱情也很重要，它能使人維持持久的力量，本著堅強的意志，始終如一地追求他的宗教理想。但要確認目標，認清真理和生命的本質，透過有效的實踐修行的工夫，去追尋理想，完成自己的任務，則非要有智慧不可，這智慧是經驗的智慧、知識，更是超越的智慧。大乘佛教是一個明顯的例子。它講六波羅蜜多（pāramitā）：布施、持戒、精進、忍辱、禪定和智慧。前五者是慈悲，相當於柏格森所講的熱情，它能讓當事人在認準自己的終極目標之餘，能夠堅定不捨，持續努力，向著既定的目標挺進。但要認清目標，恰當地運用種種方法或方便法門，則非要有明覺的智慧不可。故在六波羅蜜多中，除了前五者外，還要有智慧波羅蜜多，悲智雙運，才能完成任務，證成終極的宗教理想。柏格森只注意慈悲或熱情，

而不重視智慧，是不行的。解脫的基礎畢竟在智慧，輔之以行動，熱情是
起不了主導作用的。

六、解讀道德

　　說到宗教，很難不提道德。很多哲學家都強調這兩者的密切關係，最
明顯的例子，莫如康德。他的整部《只在理性的限度下的宗教》
（*Religion Within the Limits of Reason Alone*），都在闡明道德理性是真正
的宗教的基礎。柏格森的信徒馬利坦也強調上帝的問題是不能與道德的問
題區分開來的，這是他在其書《柏格森哲學與多瑪斯主義》中說的。柏格
森自己也不例外；他把宗教區分為靜態的宗教和動進的宗教，並強調在道
德方面也應有相應的區分，這即是靜態的道德（static morality）與動進的
道德（dynamic morality）。前者相應於靜態的宗教，後者則相應於動進
的宗教。要較全面而深刻地了解柏氏的宗教觀，便不能忽視他對道德的看
法。故我們這裏要對他的道德觀討論一下。

　　柏格森把靜態的道德關連到壓力（pressure）方面，把動進的道德關
連到渴望（aspiration）方面。他說明靜態的道德作為一種事象，存在於某
一時間與某一社會中。它在習俗、觀念與制度中有深厚的基礎。它有一種
強制性格，訴諸壓逼力。這強制性格可追溯到自然性向對我們的生活的共
通的需求，因此很難說文明、開明。至於動進的道德則貫通到原動力方面
去，與我們一般的生活有一定的關連，並不盲從自然，卻展示對自然的創
發的回應，並依此制訂出社會性和多元性的需求。柏氏又指出靜態的道德
的目標是要維持社會的原來狀態，不求改變，一切以原封不動為主，不強
調創新、改進，性格傾向於消極。動進的道德則強調上揚的、積極的、進
取的態度，其感情或意識是向前的。不管怎麼樣，兩種道德都具有一定的
強制意涵，對人有所要求；但在動機或意念上卻是不同。柏氏指出，靜態
的道德的強制性對人來說是一種壓力，令人有被逼的感覺。同時，這種壓
力是社會中的不同的因素相互施向對方，此中構成某種程度的緊張狀態，

或到處都出現不同的張力。種種情況，有一個共同的目的：維持社會的原來狀態，不求改易，以穩定為原則。動進的道德的強制性則是向上渴求的性格，要求以原動力來開拓出多元的力量和成果。其目的是要社會日漸變得文明、開放，解釋、說明甚至改進社會的秩序。柏格森本人也很重視和強調這兩種不同層次的道德的明顯區分，而且是清晰而沒有含糊之處的分野。他說靜態的道德是社會性的道德，強調共識，不求個人的特顯的表現。動進的道德則是人文性格的，重視多元性，鼓勵人各自發展其特出之處；但在多元性與特出性之中又能保持一貫性、一致性而沒有相互排斥、爭鬥的狀態出現。就柏格森個人來說，他自然是認許動進的道德，強調這兩種道德的差異是質的性格，不是程度上的不同。

進一步看，這兩種道德的區別，最好通過一對概念來理解，這即是「封閉」（closed）與「開放」（open）。柏格森本來是用這對概念來說兩種不同的社會的，這即是「封閉的社會」（closed society）與「開放的社會」（open society）。他說在封閉的社會中，各個分子都緊密地聯結在一起，只關心社會中的各個分子的福利，而排斥社會外的社團，特別是開放的社會。開放的社會則在原則上關心一切人的福利，不設界線，即使對於封閉的社會的分子也來者不拒，如大海納百川之水那樣。由於道德不能只是空口說說而已，它必須落實於社會各階層中。即是說，道德不能離社會而存在。相應於這兩種社會，分別有封閉的道德（closed morality）與開放的道德（open morality）。柏氏對於這兩種道德未有作出明顯而詳細的闡述。不過，我們可以就這兩種社會的不同，來理解和區別這兩種道德。封閉的道德由一些道德教條所構成，這些教條是為了維繫某一社會的穩定性而提出來的。社會的各分子對於這些教條必須信服，而且依之來行事。由於這些教條是基於對於社會各分子的福利而制訂的，因而缺乏普遍性。開放的道德則建基於普遍的道德原則，同時敞開其門戶，歡迎其他分子加入。我們也可進一步說，開放的道德所涵蘊的普遍性，與完全的神秘主義所關心的面相非常相應，這些面相展示出人的渴望之情，而不感到壓力。同時，這些面相與現世的與超越的性格，都具有一定的適切性。普遍

的道德律或道德原則可同時應用於現世的與超越的層面。*6*

　　動進的宗教與靜態的宗教的對反，與開放的道德與封閉的道德的對反相似，與開放的社會與封閉的社會的對反也相似。這顯現出在社會上常有兩種不同的方向或態度（orientation or attitude）在對峙，其一是動進的、開放的和多元的，另一則是保守的、封閉的和獨斷的。後者常阻礙前者的發展與前進。不過，柏格森以為，在宗教與道德的天地裏，總有一些特立獨行的人從群體或聚會體中冒升上來，不受制於既成的社會性的習俗與制度，探索宗教的和道德的新的理想。哲學史家卡普斯頓也表示在道德的世界中，柏格森常覺察到有些事情展示出行為的規矩與特殊社會的關連性。同時，他也覺察到在倫理的觀念與信念的發展中那些人所扮演的角色。他們能從他們的社會的標準中超拔上來。同樣地，在宗教的範圍，柏格森覺察到宗教在社會學方面的背景，和宗教在歷史中的社會功能。他同時也覺察到人在宗教意識方面的較深刻的層面的內蘊。很明顯，卡氏所說的「行為的規矩與特殊社會的關連性」、「宗教在社會學方面的背景和宗教在歷史的社會功能」是關連著封閉的道德與靜態的宗教來說的；「他們能從他們的社會的標準中超拔上來」、「人在宗教意識方面的較深刻的層面的內蘊」則指向一種進取的、改革的精神和態度，是關連著開放的道德與動進的宗教而說的。這樣說柏格森的宗教觀與道德觀，大體上是不錯的。不過，柏格森與卡普斯頓都未有對社會中何以出現這兩種在人生特別是文化的旨趣上的兩極化的現象作出解釋與交代。他們只在現實或現象的層面提出有這兩種不同的取向，這些取向的生起背景與處理之道是如何，委實值得重視宗教與道德的人去研究與反思的。柏格森所提出的英雄主義，祈望有少數精英分子能冒起，以救世主（Messiah）的姿態來領導民眾，改革社會問題特別是宗教與道德問題，是完全無濟於事的。救世主的出現或不

6　我們也可以這樣看，在西方的宗教中，基督教與猶太教是同源的。在性格方面，基督教是開放的，猶太教則是封閉的。後者特別強調所謂神選說。由猶太教發展到基督教，展現出人類的宗教文明的邁步的轉化。

出現，是經驗性格的事情，對改革事業沒有必然的保證，只回到儒學對聖君賢相的企盼的主觀要求而已。精英分子或聖君賢相是不世出的。他們出現，便很好，便天下太平，不出現，社會便陷於動亂之中，不但不能講改革，能否維持舊有的管治機制，也很難說。精英主義與聖君賢相的出現，只是主觀的浪漫的想法而已。

七、宗教與道德的關係

宗教與道德同是與我們的現實生活有密切的關連。人在日常生活中所感到的種種畏懼、孤獨、屈悶以至對死亡的畏懼與顫抖，時常需要在宗教或道德方面尋求舒緩與解放。上面提到的罪與苦，對人在生活上特別在思考與感受上令人焦慮不安，他們常常要依賴宗教與道德去應付這種種心靈上的問題。在這一點上，宗教與道德之間的關係為如何、如何使雙方融合起來，在生活上有所貢獻，便成了哲學家或宗教家所非常關心的課題。大體上，哲學家與宗教家對這個課題有三種看法。一是認為道德是基源的、先行的，宗教是第二義的。二是認為宗教是基源的、先行的，道德是第二義的。第三種看法認為宗教與道德是並行的，它們各有其自身的性格與作用，很難區分何者較重要何者較不重要。持第一種看法的有儒家與康德；持第二種看法的有京都學派和佛教；持第三種看法的則有柏格森。以下我們一一予以解說。

儒家分三期：先秦、宋明與當代。三期基本上都強調道德的基源性，而且是越後越強調這點。孔子強調克己復禮，明顯地是道德的取向。己是一己的私欲私念，禮則是客觀的道德規範、文制。孔子認為我們要克制、克服自己的個人的、主觀的念頭，歸向客觀的道德規範。孟子說盡心知性知天，由主體的心向外開拓，以達於普遍的、無限的終極真理。其中，心是道德主體，性與天則有濃厚的客體義，也可以包含宗教的、形而上的天的意味。但孟子從心說起，主體性的根基穩固了，然後往外推展，以及於性與天。陸九淵則強調對道德的本心修行，以此為易簡工夫，但這種工夫

能令人的生命能悠久、博大。能把得基源的道德主體，即使一字不識，也可以堂堂正正地做人。道德之外的尋章摘句，增廣知識，只是支離而無系統的事情而已。當代新儒學的馬一浮，明確地提出「文化自心性中流出」一命題。此中的心性應是道德的主體性、道德理性，文化則是種種多元的文化活動，他特別以六藝來說文化，而作為六藝之首的禮樂，都有濃厚的道德意涵。而六藝也可有宗教禮儀與樂曲在其中。故他的道德立場是很明顯的。另外一位新儒家唐君毅先生在宗教與道德的關係問題上顯示更為堅定的立場，他早年寫有《文化意識與道德理性》，表示我們人類一切的文化活動都由文化意識發展出來，而文化意識的基礎在道德理性，此中的文化意識自然包含宗教意識在內。因此，道德對於宗教的先在性，非常明顯。他在晚年寫《生命存在與心靈境界》一書，判釋世界的哲學與宗教，最後歸於基督教、佛教和儒家。在這幾種大學問上，他以基督教的歸向一神境配天之高明，以佛教的我法二空境配地之博厚，[7]而以儒家的天德流行境來說天德在人類世界中的始終一貫的關連。又進一步把這三教放在三才的架構上說，以基督教歸於天，佛教歸於地，儒家歸於人。這樣來詮釋天、地、人三才，把儒家的人文性明顯地標示與認同。他的立場很明顯地以道德為本的。

　　至於康德，他的立場也是很明顯的。在這方面，我們可以就他的四本著作來說：《只在理性的限度下的宗教》、《道德形上學的基礎》、《實踐理性批判》和《諸種學問的衝突》（ *The Conflict of the Faculties* ）。他基本上是就道德來看宗教的，他認為真正的宗教應該建基於道德理性，而道德理性是自足的，它完全不需要宗教，即使沒有上帝的概念，德性的教理本著自身也能夠成立。至於宗教，他認為真正的宗教是奠基於道德上的，他還稱這種真正的宗教為「道德的宗教」（moral religion）。在道德

7　唐先生以我法二空說佛教，只適用於印度佛教而已，未必能概括中國佛教。後者從緣起觀與性空觀發展出如來藏或佛性思想，強調空與不空的雙向導向，而且非常重視功用、力用、作用在普渡眾生中所扮演的積極角色，這都不是我法二空所能涵蓋的。

與上帝之間，康德以道德來說明上帝，透過道德責任或道德義務來確認上帝的意義，強調上帝服從人的道德理想。他還在這方面說了重話：不是上帝決定和認可道德，而是道德決定和認可上帝。西方學者塞伯爾（John R. Silber）也提到在決定道德的義務的問題上，康德並不向宗教方面尋求上帝的嚮導，卻轉向道德律方面尋求依據，俾能決定我們的義務，為上帝的存在提供唯一的有力的論據。這是塞伯爾在《只在理性的限度下的宗教》中的前言部分說的。

　　下面我們看以宗教對於道德具有先在性、基源性的說法。先看京都學派。京都學派是近一世紀在日本成立的以哲學為骨幹的國際性的學派，它的理論立場是大乘佛教的空與禪佛教的無，再進一步推進，建立絕對無或場所觀念。這種立場把宗教放在首位，超越道德的立場。西田幾多郎以心靈上的真實、實在來說宗教，把宗教配置到絕對無的場所的意識空間或精神空間方面。他講善，並不僅限於道德意義上的善，而是把宗教學、倫理學以至形而上學都放進去，而成為一個具有濃厚的精神意義的哲學體系。這種哲學體系也是日本哲學能在世界特別是歐美哲學方面佔有重要位置的具有原創性的體系，對日本的現代哲學有既深且廣的影響。這在他的成名作《善の研究》一書中已展示得很清楚。其後他的弟子與再傳弟子西谷啟治與阿部正雄對絕對無作進一步的開拓。在論到宗教與道德的關係時，強調我們的心靈上的分化、背反（Antinomie），不能以背反的一端克服背反的另一端，不能以善克服惡，以生克服死，以有克服無，以理性克服非理性，以存在克服非存在，等等。因為背反的兩端，如有與無、善與惡、生與死，在存有論的地位上是對等的，我們不能以善來克服惡，而保留善而捨棄惡，不能以生來克服死，以保留生而捨棄死，因而達致長生不死、做神仙，如道教徒那樣。王陽明四句教所說的為善去惡也不行。卻是要從相對的背反的內裏突破出來，超越上來，以達於無善無惡、不生不死的絕對的精神境界。故善惡的基礎是無善無惡，生死的基礎是不生不死。善或惡、生或死這些道德的性向是第二義的，第一義的宗教的性向是無善無惡、無生無死。他們的結論是：道德必須先崩潰，被克服，宗教才可能。

故宗教是先在的（a priori），道德是次位的。至於京都學派所宗的佛教與禪對宗教與道德的關係都是同調，以宗教先在於道德。《阿含經》（Āgama）說如來離於二邊，說於中道。二邊即是背反的相對的兩端，應包含善惡在內，而中道（madhyamā pratipad）則是背反被突破後所達致的宗教理境。這理境本來是先在的，其後人因執著於相對的兩端而被忘失。在《壇經》中，慧能亦說「不思善，不思惡」，要人遠離善與惡的相對性，而回歸向無善無惡的宗教義的覺悟的起點。

以上我們探討了宗教與道德的關係的兩種看法。一種是認為道德對於宗教具有先在性、基源性。另外一種則認為宗教對道德具有先在性、基源性。以下我們要看第三種看法，這看法並不著眼於宗教與道德何者為重、為基源的問題，卻是把宗教與道德結合起來，以一種新的思維來看宗教與道德的聯繫，這便是柏格森的看法。他強調我們人內具有兩種因素，其一是下墮的、不求進步的、不想改革的、要維持本來的狀態的。社會上若由這類人來統率，則成為一個封閉的社會。人在這種社會中生活，會感到有壓力、強制性，處處充滿人際之間、人和自然之間的張力（tension）。人在種種習俗、觀念與制度方面，都感到一種服從自然、保持原來狀態的態勢。另外一種因素則是上揚的、活潑的、求進取的，要從種種教條中解放出來。它懷著渴望、盼望的心情，積極地認為社會將來會變好；它也不盲從自然、既有的制度，而是服從理性，向普遍性的態勢挺進。這兩種不同的因素在道德上表現為停滯不前的道德或靜態的道德，不能表現生命的原動力；和表現為勇往向前的道德或動進的道德，表現充實飽滿的生命的原動力。在宗教方面，這兩種因素分別發展為靜態的宗教與動進的宗教，也分別成為不完全的神秘主義與完全的神秘主義。

很明顯，柏格森處理宗教與道德的問題，不是把兩者區分開來，使各自孤立，由之而定優劣、定先後。而是指示出在雙方的內涵中，有滯礙不前的、保守的、不求進取、改革的成素，也有動力旺盛的、開放的、在不斷進取、向前發展的成素。因此，在宗教、道德以至社會方面，都有相互應合的內容。即是說，柏氏以解析的方式，把人的生命成素加以分解，而

得正面與負面兩個面相，這正面與負面的面相在宗教、道德與社會方面各自相應地連繫起來，總持之為兩種形態：開放形態與封閉形態，或動進性向與靜態性向。在這兩端之間，人應如何取捨，便彰彰在目了。宗教、道德或再加上社會，不必相互排斥、分離，而是可以有一貫的連繫。這樣處理本來很好，但在論到實際行事方面，如何能獲致這一貫的連繫，柏氏則訴諸英雄主義，期待一些精英分子揭竿而起。這便有問題。精英分子不世出，出或不出，沒有保證，只能訴諸經驗的因素。倘若是出來，便能幫助芸芸眾生證成生命的動進性與開放性；倘若不出來，則眾生只能等待，因此無必然性。這很明顯是柏氏的宗教哲學的弱點。

實話實說，宗教與道德可以並存，以至互補。雙方有共同的目標，都是要解決生命的負面的問題。實在不必分高下，爭論哪是先行，是基源。儒家、道教、京都學派以至筆者的純粹力動現象學，都有宗教的功能。

最後，我們要在這裏對柏格森的宗教哲學並倫理學作一總的觀察與反思。柏氏在這有關方面的思想，可以視為一種寬鬆意義的人性論。即是，在我們的生命存在中，存在著兩種要素：正面要素與負面要素，這些要素可以以相對的語詞表示出來。正面的語詞是動進性、開放性、普遍性、渴望、多元、理性、民主、改革、進步、充滿生命力，等等。負面的語詞則相應地是靜態、封閉性、個人性、壓力、一元、專制、獨斷、沿舊習、落後、缺乏生命力，等等。這正面與負面的兩種要素，構成了人的實際的內涵。籠統地可以善與惡兩個概念來概括，這便可以成為一種人性論：寬泛意義的善性與惡性的人性論。它們可以在宗教、道德、社會等不同活動中表現出來。人的文化的發展，便也相應地以對善性的宏揚、開拓與對惡性的抑制、疏導的方法表現出來。此中所涉及的問題，不單是人方面的，也是上帝方面的，這便突顯出這種人性論的宗教意涵。柏氏也強調，人的意志與上帝的意志是可以結合起來，只要通過愛便行。這愛又突顯出這種人性論的人文性與倫理性，而且展示出人文性與倫理性的重要性。在實踐方面，要把人與上帝拉在一起，在意志方面結合起來，得透過對作為終極真理的愛的把握、體證才行。如何能這樣做呢？柏格森在這裏不講理智，而

講直覺。這便成就了柏格森的直覺主義的宗教思想與倫理思想。這種直覺，不應是感性的直覺（sensible intuition, sinnliche Anschauung）而應是睿智的直覺（intellectual intuition, intellektuelle Anschauung）；而柏格森所強調的神秘主義，自然是由這睿智的直覺帶引出來的。人具有這樣的潛能；依於這種潛能，人最後是可以成為神秘主義者，起碼在理論上可以這樣說。但這樣也導致柏格森的宗教哲學的弱點：他訴諸英雄主義，以為要藉著一些現成的英傑的神秘主義者的助力，才能把這種潛能實現出來，以證成宗教的目標。但如上面所說，作為英雄的神秘主義者是不世出的，因而人在能實現與證成其潛能一點上，缺乏普遍性與必然性。柏氏的英雄主義或精英主義的說法，也確是不夠開放的但卻是浪漫的，也缺乏理論上的效力。他的確很有想像力。

又柏格森提出他的三階段的進化觀點，以為最初由植物生命進化到本能生命，再由這本能生命進化到理智生命，這後者是就人而言。既然是進化，則在人之後，應該還有進化的空間，我們通常會想到上帝，柏格森是否會這樣想呢？上帝之後又是甚麼呢？柏氏未有作出清楚的、明確的交代。關於這點，上面註4也約略提及。

八、西谷啟治的宗教觀：
信仰、理性、主體性（人間性）

以上探討了柏格森的宗教哲學。以下轉到東方方面來，看京都哲學的西谷啟治的相應的說法。特別要指出的是，宗教哲學是西谷啟治的學問中的強項。他曾寫過《宗教とは何か》一書，很受到西方宗教界的重視。在這裏，我是通過西谷的以下三本書來理解他在有關方面的思想的：《根源的主體性の哲學・正》、《根源的主體性の哲學・續》、《宗教とは何か》。另外還有他與其高弟阿部正雄的對談記錄〈宗教における魔、惡魔の問題〉，再加上其他三書：京都學派哲學會編《溪聲西谷啟治》下・思想篇、上田閑照編《情意における空》及 Ryōsuke Ohashi, hg. *Die*

Philosophie der Kyoto-Schule. 最後一本是京都學派的重要成員的文字選輯。

　　讓我們從信仰、理性、主體性這幾個具有濃厚的普泛性的觀念說起。信仰基本上是指宗教方面的信仰，這包括東西方的各宗教在內。理性則不限於是道德理性，也可以是知識理性，甚至工具理性。後二者倘若處理得宜，則仍可讓我們在價值生活方面，有一定的裨益。道德理性當然是挺重要的，它是一切道德行為的理性依據。至於主體性則主要是就我們人類的主體而言，一切價值上的抉擇，必須是由主體本身發出的。所謂人間性，是對主體性的進一步的闡釋，以所謂人文性為主。

　　西谷認為，信仰是對神聖的愛的承受。就一般的用法來說，信仰是自我所作出的行為，它是內在於自我之中，由自我內部發出來的。它也指向一個對象。這是一種不超越意識～自我意識的場所的相信。但在宗教的信仰來說，場所會被跨踏，而「自我」的網絡亦會被突破，讓罪性在自我的內部被作為一種實在體現出來。

　　西谷繼而指出，作為一種實在的信仰的概念，可在基督教與佛教中找到。在基督教，信仰被視為恩典，由神聖的愛中流出。佛教則提出「機法」兩種信仰。[8]由如來的本願流向眾生的信仰是法的信仰，這信仰與人對罪性的自覺相遇，便成人的信仰，這是機。西谷進一步就有代表性的宗教來發揮，指出基督教的信仰是作為上帝的愛的聖靈的作用，把人與上帝相連起來。佛教則以如來的大悲的實現與眾生的信證相合為一這種關係來說信仰。

　　西谷最後說，在信仰中，一切自我都成了真實的和真正的獨自的自我，而信仰自身亦置換成一種實在（Realität, Wirklichkeit）。

　　在這裏，我想提出一點，西谷沒有論及。覺悟有自力與他力之分。自力的覺悟與救贖的力量來自當事人自己，只要當事人存在，覺悟與救贖便自然地能維持下來。他力的情況則不同。人憑他力大能的力量而覺悟、得救贖，這表示這些宗教的目標是否可能，能否延續下來，要看當事人與他

8　機是牽涉及質素方面的眾生、佛教追隨者；法是教法、佛教的義理。

力大能之間的關係而言。而這種關係的必然性，固然要看當事人的表現，而他力大能的回應，也很重要。上帝對人類的恩典與阿彌陀佛對眾生的悲願，是否完全可由當事人的表現來決定呢？上帝與阿彌陀佛是否完全是被動的呢？這是一個很值得深思的問題。

跟著看理性方面的問題。這也要關聯著信仰來說。關於這點，需由惡與罪兩個次元或導向（dimension）說起。西谷認為，人犯惡與犯罪，不必是同時而起，由犯惡到犯罪，是人的宗教的自覺所開展的結果。由倫理上的惡進而至宗教上的罪與魔的圖式是很清楚的，這即是由理性的立場趨向信仰的立場。歐洲方面的啟蒙時代，理性得以高揚，這是人在根本自覺上的一次具決定性的轉化；對於這種轉化（理性的轉化），要以信仰來克服它，並不容易。基督教神學的興起，表示由包含哲學與道德的理性的立場轉到信仰的道路上去，西谷認為，這是有障礙的。要放棄理性，才能開出信仰之途。

有關信仰與理性或宗教與道德的關係這一問題，西谷很明顯地是堅持著京都學派的立場，即是，信仰與理性、宗教與道德是不相容的，道德必須先崩潰、先瓦解，才能發展出真正的宗教。關於這點，我個人認為信仰與理性、宗教與道德不必相互拒斥，卻是可相容的，我認為甚至可以說，宗教可以補道德力量不足這一點，而道德亦可為宗教提供多一些理性基礎。我想田立克的觀點是對的：道德或理性可提供方向給宗教或信仰，而宗教或信仰可提供動力給道德或理性，讓後者的理想能實現。我還想補充一句：信仰與理性是不同性格的東西，但其不同，遠遠未到相互排斥的程度。實際上，在處理人的生命的負面問題上，信仰可發揮很大的力量，那是理性不能做到的。不過，理性可調節信仰，讓它保持著一種適度的冷靜狀態，不會流於或泛濫成狂熱的程度。

跟著看主體性或人間性的問題。在這裏值得先提醒的是，西谷在對這個題裁的討論方面，提出「絕對他者」和「絕對無」兩個觀念。西谷以人間的世界的側面為理性的立場，絕對他者的世界的側面則是信仰的立場。他便是在這兩個立場的脈絡下論信仰或信仰主義的。他認為，所謂信仰主

義是把我們的界限面由此方的側面即人間面翻轉到彼方的側面即絕對他者
面而成立的。這樣，彼方便成了新的此方。在這種轉換中，便沒有了彼岸
與此岸的區別。這種側面上的轉換，正發生於理性的立場與信仰的立場的
「中間」界限之處。重要的是，這界限本身既不是理性的立場，也不是信
仰的立場，卻包含兩方的可能性。他認為絕對無的立場作為理性的立場與
信仰的立場的辯證的統一，是人間之中的「結合點」，這是無記的界限。
絕對無的主體性通過這無記的人間的主體性，無礙地出入於這界限的兩側
的世界之中。

　　西谷進一步剖析人間性觀念的涵義。他指出，人間存在是一種具有真
實使命的存在。這種人間性的理念與神性的理念不能沒有關聯，亦不能不
在這關聯中被理解。人間性只有在與神性的聯繫之中，才能堅持其根本的
使命的性格。同樣地，神性亦只能通過與這道德理念的關聯而得到體認。
西谷提醒，我們對於這兩者（人間性與神性），必須在往還兩迴向的關聯
中來理解。在這裏存在著一種把一切高級的宗教從純然的迷信中區別開來
的根本精神。在基督教來說，由神之愛（神即是愛）出發，為了全人類的
贖罪與救濟而出現的基督所救贖的基督徒，一方面以基督為中心而結合起
來；另方面，他們繼承其生命（即是使命）而受苦與展開救贖，「神之
國」便在此土中成立，擴充起來了。在佛教淨土門，眾生乘著如來的弘誓
的本願力而能早臻涅槃，然後還相迴向，與眾生分享解脫的樂果。雙方其
實是從同一的根本精神出發的。

　　在這裏我們看到：西谷顯然運用了辯證的思考，來發揮信仰的深層意
義。在他看來，信仰成立於人間或人與絕對他者或他力大能的具有動感性
的接觸：本來人與他力大能各有其自身的位置、空間，人自己移開，翻轉
到他力大能那一邊，而依附他力大能。這樣，本來在主位的此方空卻了，
儼然為彼方的他力大能所填補了。這樣，如西谷所說，彼方便成了新的此
方。人既依附於他力大能，此岸依於彼岸，彼岸儼然據有了此岸，甚至成
為此岸。這樣，居於主位的人為他力大能所替代，而人又依於他力大能，
此岸與彼岸的分隔儼然消失了。這樣的關係，即人與他力大能的關係，自

然是信仰的關係了。西谷提到這種牽涉此岸、彼岸的翻轉，到最後消除雙方的分隔，是發生於理性與信仰的中間。其實這種翻轉是傾向於信仰的立場方面的。過了這個中間位置，便全是信仰的意味了。可見在他眼中，宗教特別是信仰方面是挺重要的。

西谷很強調人的真實使命不能離開宗教。人是物理的、知識的、道德的存在，更是宗教的存在。最後一點，可從人的使命需涉及宗教意義的終極關懷（借用田立克的概念）才能成立。另方面，神性亦需在人文的道德理性的活動中才能被體證。這是說，人、道德理性是神性的載體，神性的高尚情操，必須要在人的存在狀態與道德的生活方式中，才能充分地被證成。這個意思非常好。耶穌對世人的慈愛與救贖，他在世間受苦受難（包括被釘死於十字架上）所展示的沛然莫之能禦的道德勇氣，正能展示這點。

西谷所提的人間性與神性的往還兩迴向的關係，在宗教學上更有特殊的意義。往向是人矢志求道、求覺悟，一心一意向著神性這個目標挺進，義無反顧。還向則是得道、覺悟後由神性的層面回返地面，與尚在罪、苦中受煎熬的眾生分享覺悟的果實，而不是掉頭不顧，作自了漢。這正是基督教與大乘佛教的根本精神所在。西谷特別提醒，一切高級宗教（筆者按：亦即具有理性的宗教）與一般的民間迷信的分水嶺便是這一點。不過，西谷在大乘佛教方面獨提淨土宗，予人有遺憾的感覺。在迴向世間、普渡眾生方面，禪與天台學表現得最為明顯。禪宗的《十牛圖頌》中第十圖頌「入鄽垂手」與天台宗人所倡議的以種種功用利益眾生，並強烈地批評華嚴宗人的「緣理斷九」，掉頭不顧，是很鮮明的例子。在西谷眼中，神之國不應在天上建立，而應在地上建立；淨土亦不應建立於西方極樂世界，而應在眾生的心中實現。

九、宗教、道德、根本惡、原罪

承接著上一節所討論的信仰、理性、主體性等較具一般義的題裁，我

要在這裏探討與這幾項題裁相關連但卻是較具體的問題：宗教、道德、根本惡與原罪。我們可以說，宗教相應於信仰，道德相應於理性，根本惡與原罪，則是人的負面要素的根基。關於宗教本身，我在上面已說了很多。在這裏，我想先較廣泛地討論宗教與常常與它一同被提起的道德的關係。這自然是環繞著西谷的觀點而展開的。

宗教與道德有非常密切的關係，這點幾乎不需要解釋了。我們要注意的是這兩者的關係如何密切，同時在這種密切關係中又要怎樣把宗教與道德區別開來。西谷首先就宗教與道德的互補、相互支持一點立說，他強調道德（Sittlichkeit, Moralität）要有宗教性（religiöse Natur, religiöses Wesen）的支援、證實，才是真正的道德。倘若沒有了這些支援、證實，道德勢必陷於自我迷執的狀態而變質。另方面，宗教倘若不包含道德性，便與迷信（Aberglaube）無異，不是真正的宗教了。關於宗教與道德的關係，西谷又以「接軌」字眼來說。他認為，在道德的根柢中，有宗教在接軌。西谷並強調，在這裏頭，有一實踐的理念：對於一切東西，有作為同一生物的大生命在貫注。這種貫注，可以說是對那統一過去、現在、未來一切事物的真實的人間進行同一化的大力動、大實踐。

西谷甚至有認為宗教與道德是同一的傾向。不過，他沒有直接說兩者是同一，卻以兩者的事例來表示這個意思。他認為愛與正義必須是不二的。正義即此即是愛，愛即此即是正義。按愛是宗教的核心觀念，而正義顯然是道德意味的。兩者相即不二，便有宗教與道德為同一的意思。西谷復進一步說，在愛與正義的不二關係中，我們可以看到絕對善是超越與惡的對立性的。

在內容上，宗教與道德亦有相通之處。西谷表示，在道德之中，可存在自我在睿智的世界中所具有的東西，甚至是上帝。就一般情況言，西谷提到睿智的世界，是有濃厚的宗教意味的。西谷特別強調，人在其道德實踐中，總是會以某種方式涉及宗教性的問題的。

雖然如此，西谷還是提醒我們在理解到宗教與道德的相通處和密切關係的同時，仍要留意它們的區別。他是在談到道德或倫理學的惡與罪時提

出這種區別的。他表示，惡與罪的問題基本上是在倫理學中在主體性的脈絡下被提出來的。在倫理學中，惡與罪被關聯到每一個人的主體性方面而涉及個別的責任問題。他認為，只有在倫理學中，「人格的」存在形式對每一個別主體敞開了。不過，西谷強調，在倫理學，人對於自我本身的惡與罪仍未能體認到。不管倫理學如何重要，它仍只是在「自己」的場域中處理惡與罪，以「自我干犯」的方式來看它們。這樣做仍有限制，惡與罪未能就它們的真正的實在性表現出來。要讓自己真切地體認惡與罪，只有在宗教中才是可能的。康德在他的道德哲學中，視惡為內在於人的那種「自愛」（自戀 Selbstliebe）的傾向。但在談到宗教哲學時，便不能不提出「根本惡」的概念了。在這裏，我們可以看到宗教與倫理的不同，亦即是宗教與道德的不同。

關於宗教與道德的區別，西谷集中在對惡與罪一問題的探討上。他認為，在道德的層面來處理惡與罪，只能涉及主體性的責任問題，只能就自我犯惡、犯罪這種個別的行為來說，未能深層地涉及惡與罪的真正的實在性、存在性。但若在宗教的層面來處理，則我們可對惡與罪作為一種人的普遍的生命的負面要素來看，例如根本惡與原罪，而解決的廣度與深度，可以更為徹底。西谷大抵是這個意思，他提康德的自愛（Selbstliebe）與根本惡（radikales Böse）兩個概念時，特別強調後者，認為只能在宗教哲學中才能處理，便與這個意思有關。西谷這樣說，我覺得有他的道理。對於道德，我們通常的確是偏重它的主體性的責任、義務一面，很少離開這個範圍。充其量只說社會道德、社會倫理。像當代新儒家把道德上提到形而上學的層面，認為不單主觀的心靈有道德性，甚至客觀的天命、天道也有道德性，因而要建立一套道德形上學，這是很新的提法。而且道德問題，是否一定要指涉到天命、天道方面，而成所謂「無限心」，才能徹底處理呢？這是可諍議的。對於這點，我不擬在這裏多作討論。不過，像根本惡、原罪這些問題，的確不是個人的、個別主體的問題；根本惡、原罪不限於個人才有，它們有普遍性，這便成為一個客觀的問題，而去除根本惡、原罪，也成了客觀的終極關心的事了。這樣便非要涉及上帝、普遍的

懺悔不可，宗教便要提出來了。對於根本惡、原罪、死亡一類嚴肅的、深沉的人生問題，以道德來處理，很可能是理性（道德理性）有餘，力動不足。在這種情況下，可能只有宗教的熱情（passion）、激情才管用。

十、道德的宗教轉向

上面我在說道德與宗教或宗教與道德的關係時，提到一些含有濃厚的道德價值意義的目標的達致，需要宗教意味的熱情、激情來助成，甚至需要有宗教的奉獻、獻身的精神，才能竟其功。大致是這個意思。在這裏，我想就這個問題上，作深一層的考察與反省。即是，道德發展到某一階段，便需要有突破，躍向宗教的導向上去，以求得更豐盛的精神意義的成果。這便是這裏要討論的道德的宗教轉向（religious turn of morality）。這種轉向的論據，在上面曾指涉過。在這裏，我要把它說得更清晰、更全面。道德所處理的，是善惡、無罪有罪一類與責任、義務有密切關連的人生問題。宗教所處理的，是生死、苦痛煩惱一類與解脫、得救贖或快樂有密切關連的人生問題。就人生的正面來說，我們可說無罪是快樂，但不好倒過來說快樂是無罪，因快樂可能關連到逃避責任、義務方面。就人生的負面來說，我們可說有罪是苦，但不能說苦是有罪。關於這點，上面已解釋過了。即是，我們可以通過快樂、苦來說無罪、有罪，但不能通過無罪、有罪來說快樂、苦。依於這點，在邏輯上，我們可說快樂、苦這些概念較無罪、有罪這些概念有較廣的概括性，或較大的外延。這在邏輯上意味快樂、苦一類問題較無罪、有罪一類問題更為根本。快樂、苦一類問題是宗教所處理的（快樂指解脫、得救贖），而無罪、有罪一類問題是道德（有時加上法律）所處理的。因此，宗教比道德更為根本。道德能處理一般的問題，但較為根本、較為嚴重的問題，如死亡、苦痛，則需要轉向宗教方面，以求妥善的、徹底的處理。這便是道德的宗教轉向。

京都哲學家如西田幾多郎、田邊元、久松真一、西谷啟治、阿部正雄等在這方面都作過探究，有一定的成績。他們大體上沿著道德先崩解然後

轉出宗教這樣的思維方式來探討，這便有道德、宗教不能並存的看法的傾向。我個人並不這樣看。道德成立於我們主體的同情共感，以這同情共感為基礎，各人互助互愛，便成就道德。倘若互助互愛的道德力量太單薄，不足以解決生命的罪、苦、死亡的問題，便可本於這種互助互愛之情，透過對一個超越的他力大能的虔信與奉獻，把力量凝聚起來，以解決罪、苦、死亡的問題。亦可本於這同情共感向內聚斂，以睿智的明覺證知罪、苦、死亡都是詐現性格，無實在可得，又證知各人都有一共同要克服罪、苦、死亡的願望，因而讓各人在精神上凝聚起來，形成一種共同的、團結的力量，一種共主體性，以解決罪、苦、死亡的問題，超越它們。前一種解決方式是他力解決，後一種解決方式是自力解決。他力也好，自力也好，都是由道德的同情共感向宗教方面轉進。轉向宗教，道德仍可保留。不過，這個問題非常複雜，會有很多爭議，我在這裏不能多作探討。

　　由道德轉向宗教，當務之急，自然是對治惡特別是根本惡。一般人總會這樣想，惡特別是根本惡與我們或我們的良知是對立的，或者是絕對地對立的。西谷並未這樣悲觀，他認為這種對立性並不是必然的。我們只有在完全虛無的狀態中，才與根本惡絕對地對立起來。以睿智的世界的理念作為實質的道德的自我，並不是絕對地與根本惡對立的。毋寧是，當我們不斷加強自己對根本惡的覺識，我們可以逐漸把根本惡的絕對性化解，讓它的相對性展現開來。即是，在我們的道德性的內裏，產生自我的分裂，這會顯示出根本惡的相對性；分裂是相對性格的，自己本來是一個整全體，由於這分裂，會從上帝方面分離開來，轉成完全無力與虛脫的狀態，也對這狀態有自覺。這自覺會徹底地反抗根本惡，也強烈地否定含有根本惡的自我。在其中，我們看到有一種向超越道德立場而運作的迴向，而生起由根本惡方面著手作工夫的救贖要求。這種救贖要求是全面地從自己生命的底層被上提上來。而在這當兒，自己及根本惡被否定過來，這根本惡是作為與自己相依的「世界」存在的本質看的。這世界存在以新的本質被肯定，被要求肯定，而這要求所包含的全體的虛脫性亦作為最後的主體性成就了本質轉向（筆者按：指宗教的轉向）的契機。

在這裏，西谷正式提出宗教的轉向問題，這是一種本質的轉向。西谷並不堅持我們與根本惡之間的絕對的對立性，是為根本惡的被轉化鋪路。倘若我們與根本惡絕對地對立，則對治根本惡便難以說起；既然是絕對對立，則我們通往根本惡的路或與根本惡溝通便無從說起。西谷認為，我們與根本惡的絕對對立，只有在我們處於完全的虛無狀態下才可能。但我們的道德的主體具有睿智世界的質素，這不會讓我們永遠處於完全虛無的狀態。因此，我們不必過分強調與根本惡絕對對立起來的顧慮。只要我們對根本惡有強烈的覺識，在我們的道德自我分裂之時，根本惡便會慢慢解體，由絕對性轉為相對性。這道德自我的分裂，是自我進行精神性的提升，由道德的導向轉往宗教的導向，所必須進行的。我們要讓道德自我分裂，必須先自覺到主體性（道德的主體性）的完全無力與虛脫的狀態。這種自覺，其實可以引致生命內部的力量的反彈。越能自覺道德主體性的無力與虛脫，便越能引起這種生命力量的反彈，越能引發更大的力量，以抵抗和對治根本惡。結果是道德主體性的引退和根本惡的減殺，以至於道德的立場被超越。宗教的轉向便產生於道德的立場被超越的這種被超越的活動之中。這裏我們看到西谷對宗教與道德之間的關係的觀點：道德被超越、被克服，宗教才能突顯出來。道德與宗教不是並存的。這是京都哲學的思想的本色。西谷強調，對道德的超越建基於對道德的橫斷的否定之中。否定是經過對自身的完全無力與虛脫的強烈的自覺。這一邊是對自身的否定，相應地，另一邊是從生命的最底層提出救贖的要求。這是同一事體的不同面相，不可視為不同的事體。在對自己的否定中，根本惡也被否定過來，而達致宗教的轉向的目標。

西谷最後提到宗教意義的悔咎問題，表示悔咎可以作為一種特別的契機，促使人在最無力、最無助的極其惡劣的境況中，矢志向上，讓生命反彈，發出堅強無比的強大力量。這亦可以說是隱藏在生命深處的潛勢（dynamis）的迸發，如西谷上面所說。這是一種斧底抽薪、先死而後生的具有濃烈辯證性格的經驗。西谷的這種洞見，顯然是受到他的前輩田邊元的懺悔道哲學思想的影響，後者宣揚人在失敗中作出真誠的、徹底的懺

悔，覺得自己的過失已到了無可救藥的地步，甚至自覺到自己不值得存在了；卻在這極其關鍵的時刻，巨大無倫的力量突然從生命深處湧現出來，如山洪暴發般，為自己闖出一條生路來。這看來是奇蹟，但的確是千真萬確的生命歷練。

第十二章　歷史哲學

　　通常我們說起歷史，常與文化關連在一起說。文化（culture）有很多方面的發展，通常人們會列舉道德、宗教、藝術、科學、語言、歷史諸項。就哲學的觀點與方法來說明這幾方面的學問，則有道德哲學或倫理學、宗教哲學或神學、藝術哲學或美學、知識論、語言哲學和歷史哲學諸面。其中，歷史與文化有很密切的關連：文化發展到哪裏，歷史也說到那裏。就哲學來看，則分別成了歷史哲學與文化哲學。由於兩方有相當寬廣的重疊空間，但著重點不全相同，我們還是分開來說。就內容言，歷史哲學比較零碎，文化哲學比較集中。倘若未有特別說明，則歷史可涵有文化的意思，歷史哲學也有文化哲學的意味。

　　從理論一面說歷史哲學，並不大好說，因歷史指涉現實事件的發展，這可就現象一面說，亦可就精神一面說。現象一面傾向於物質、生產技術的變化與發展說；精神一面則重視本質、模式方面的變化與發展說。這兩面，特別是後一面，都難免有抽象之嫌，索解不易。因此，還是扣緊事實方面來說為宜。而在事實方面，也可以就兩個角度來說：一是就世界上不同民族各自發展其歷史與文化而成就不同的個別系統來說，如中華民族的歷史文化系統和日耳曼的歷史文化系統。二是就世界上一切民族所共同發展出來的一個總的歷史文化系統說。於是便有民族的歷史與世界的歷史，或世界史。不管是哪一面，都涉及一些有代表性的現有的說法，例如黑格爾的精神史觀、馬克斯的唯物史觀、史賓格勒的歷史形態學或文化形態史觀，和京都學派的絕對無的史觀。以下我們會一一述論這些不同的史觀，每一種史觀都構成一種歷史哲學。

一、黑格爾的精神發展史觀
和當代新儒學的反思

　　在歷史哲學方面，黑格爾（G. W. F. Hegel）的辯證性質的精神發展史觀是最受注目的史觀之一，這種說法很多人都熟諳，我在這裏只略為說一下。倒是當代新儒學特別是牟宗三先生與唐君毅先生比較認同這種說法，也有一些反思與批評。在這點方面我會作多一點的論述。

　　黑格爾寫有《歷史哲學》（*Vorlesungen über die Philosophie der Geschichte*）論述精神（der Geist）的行程，構成世界的歷史與文化。他認為精神最初由東方出發，而向西移，經希臘、羅馬，最後成熟於日耳曼。在這裏，他以東方涵蓋中國、印度（包括印度佛教）、波斯、巴比侖和埃及。如同太陽先從東方中國升起，世界史亦隨之開始，然後向西移，而止於日耳曼。因此，亞洲特別是中國是精神行程的起點，是嬰兒期，亦即是世界史以亞洲為起點，以歐洲為終點。從自由（Freiheit）的發展來說，他認為東方從過去到現在，只知道一人亦即是大皇帝是自由的，希臘與羅馬則知道一部分人是自由的，日耳曼則知道一切人是自由的。特別就中國來說，黑氏認為中國只有合理的自由（rational freedom），而缺乏主體的自由（subjective freedom）。這合理的自由是合理的普遍者，是歷史的兒童期的表現。

　　在論到在政治上印度的階級分野與中國的一切臣民皆為平等、皆統屬於君王方面，牟先生注意到黑氏的一些看法。黑氏認為，在中國的大帝國之內的一切個體，都是平等的。政府內各級不同的人士，都依附於帝王，因此，他們不能有其獨立性與主體的自由。這種自由是分離性格的，是中國人所缺乏的。這在印度，稍微得到改善。即是，獨立的分子從專制的力量中分裂開來。但這些分子受到傳統的階級性所束縛，未能展現內部的靈魂。因此，印度人在個體方面，缺乏主體的自由和內在的道德性。他們的差異、不同，只在地位上、作業上有其依據。而階級身分來自傳統，都停滯於實體性的原始階段中，這實體性可關連到大梵（Brahman）來說。黑

氏特別強調，印度的階級的分野，是依從「自然」而來，人民不能基於自身的才能而選擇其身分。在中國，沒有階級的分野，人民需依賴法律及帝王的道德判決。亦即是依於一個人的意志。在印度，則以階級為主。每一階級有其自身的特殊的權利與義務，這些東西只關連到某一特殊的階級。黑氏舉例說：我們說「勇敢是一種美德」，印度人則會說「勇敢是剎帝利（kṣatriya）的美德」。印度人不能彰顯其人性、人類的普遍義務、情感等。他們只能有被委派到某種階級上的義務。人的道德性和人的尊嚴都無從說起。印度人的寄託，只能是夢境與寂滅虛無的狀態。

　　關於東方特別是印度這一點，牟先生提出，印度的階級的分野，是先天注定的，個體何類所屬，生下來便決定了，終生不能改變、踰越。本來階級的分野源於物質的生活習慣的結果，但印度人卻依於種種神話，產生徜恍迷離的虛影，使它先天化，成為規律上的不移性，而為命運所注定。它的背後的依據是「自然」，一切差異、分離，依自然而定，完全不能展現精神的自由自在性。印度人的形而下的物質界限已依自然而被決定下來，與主體的精神分割開來。在這種情況，精神活動沒有自由的空間，而變得遠離漂蕩，成為夢境，以虛無寂滅的夢境作為其精神寄存之所，實在可哀可歎。至於中國，牟先生表示，中國始終沒有固定的、不可移易的階級，治權有民主性格，帝王以下，一律是平等的。但黑格爾仍認為它的「統一」中的「一」，已僵硬化，停滯於實體性的原始階段中，其中的個體無獨立性可言，因此沒有主體的自由。

　　在自由與自覺意識方面，牟先生注意到，在東方升起了外部的、物理的太陽，而在西方，太陽落下了，但升起了「自我意識」的太陽，散發出高貴的光輝。世界的歷史是一種不受控制的「自然意志」，但自我意識使這「自然意志」服從一個普遍的原則，並使它具有「主體的自由」。因此，黑氏便宣布上面提過的名言：東方自古迄今只知道「一個人」是自由的；希臘、羅馬則知道「一部分人」是自由的；日耳曼世界則知道「一切人」（全體）是自由的。依於此，在歷史的政治發展方面，第一步是專制主義；第二步是民主制與貴族制；第三步則是君主共和制。對這種區分與

發展的了解，在於「國家」。國家是一個普遍的精神生命，個體生下來便對它有一種信託，在其中有他們的生存及實在性。此中有一個關要的問題：我們要的是，在國家中，各個個體的現實生活是一種無反省的生活、習慣或慣習的生活，在這統一體或帝王、梵之下結合起來，抑是要各個個體都是反省的而且是人格的存在，在其中，都有一恰當的「主體的及獨立的存在」呢？黑氏強調，實體的或客觀的自由必須與主體的自由區分開來。「實體的自由」是含藏在意志中的那抽象的、未曾發展的自由，它是要在國家中發展、實現其自己。但在「理性」之中，仍然不具有個人的意志、洞見，不具有主體的自由。黑氏特別指出，主體的自由只能在個體中存在，它在個體自身良知中發出反省的作用。倘若只有「實體的自由」，則一切律法、規定都是固定的、抽象的，一切個體，亦即是一切人，都對它們絕對地服從；它們不會理會個體的主觀願望，個體只能服從，像人順從他們的父母那樣。但是，當主體的自由一旦冒起來，人們會從對於「外在的實在」的神秘默想深沉地落入他們自己的靈魂中，透過內在的反省，而有否定那外在的實在的想法，他們會從現實的世界回轉到自身。在其中，人們會生起外在的絕對的有或神性與內在的主體的對反意識。

　　黑格爾把這種對反形態，視為東方式的。我們只有對反意識，而沒有反省意識。主體的意志為這種缺乏反省意識帶導到信仰方面去，只有服從既成的規條。這是歷史的兒童時期。個體環繞一個中心，環繞一個帝王，後者總是高高在上。他要盡力實施那些道德的及實體性的東西，要維持那行之已久的政制。在日耳曼方面是「主體自由」的東西，在東方則委諸國家方面來處理。在東方，一切都屬於那「實體的存在」（Substantial Being）或帝王，沒有其他個體能獨立於這實體的存在，能從他分離開來。這是一主宰的存在，主體自由被吞沒於這個大主宰之中。黑氏在這裏特別點名提出中國，指出國家是以家族關係為基礎的，一切唯家長的命令是從。即使說「個體性原則」，仍是不自覺的，它只是「自然的普遍性」而已，與人格、靈魂沾不上關係。

　　對於黑格爾以東方特別是中國為世界史的起點，其終點是歐洲，牟先

生不同意這種說法，他提出世界史的起點在中國，其終點亦是在中國。理據如下：一、各民族各自發展其文化，不應以空間上的從東到西的次序以代替時間的次序。西方並不是繼承東方文化而發展其文化。而從東方過渡到西方，並不是時間上的過渡，雖然波斯與埃及消失了，但印度與中國仍然存在。中國雖在過去二千年間只是重複而無進步，但它仍是存在到今日，既然有今日的存在，便有未來可說。各民族的精神表現，在開始時，是齊頭並列，各自發展，雖然遲速不同，方式各異，但不能說某一文化只盡起點之責，過此以往，便無其自身的意義與前途。黑氏講世界史，以在空間上各種形態安排為一系，而忽視各民族文化的異向發展，並不應理。二、倘若說世界史是可能的，則雖在開始時齊頭並列，亦應在精神表現的方式上、生活的原理上，有一共同綱領，由此開出和諧關係，不應是單線地由東方向西方依空間而轉移。三、在發展途程中，某民族只進到何種程度，表現何種原理，是不能視為終局與定局的。四、在哲學上，我們可將精神表現的方式、共同綱領，全幅予以披露；但在實際表現上，則各民族各有自身的特殊氣質，即使各原理都能表現，卻未必能全部原理都表現而得一和諧氣氛。五、我們只能說，在某一時代，某一原理取得領導地位，如今日的歐美，昔日的馬列主義。但雖然是領導，未必是合理的，亦不能是終局與定局。由此以引導歷史向前發展，誘發被動的民族表現其再進一步的原理。這樣地起伏隱顯，激盪會合，才能有精神和諧的未來可言。各各存在的民族都有對於世界歷史的發展的責任與使命。牟先生的結論是，東方是起點，黑氏的東向西的圓圈的發展，最後必因東方的自覺與發展而回返到原來的起點。這種說法，自亦有其理性上的緣由。黑氏的東西圓圈的空間次序的發展，是機械化的說法。[1]

　　回返到國家的問題。上面提到國家是一個普遍的精神生命，個體生下

1　以上是參考牟宗三的《歷史哲學》再加上筆者的析述而成。牟先生的總的看法是：精神的表現是有理路的，在理路中表現，就是逐步客觀化它自己。而觀念形態也就在精神的逐步客觀化中豐富它自己，完成它自己。

來便對它有一種信託，在其中有他們的生存及實在性。牟先生在他的《歷史哲學》的附錄中提到依黑格爾，精神的圓滿體現是止於國家。牟先生認為黑氏是為現實所限，對國家沒有恰當的詮釋。牟先生指出，國家以上應有「大同」一層次。黑氏所謂「精神之圓滿體現所預言之形態是國家」，當然是就精神的客觀實踐而言。若就主觀實踐言，則道德、宗教、藝術，都是精神的圓滿體現。不但是圓滿，而且是「絕對」，因此有所謂「絕對精神」。而在國家之處，則精神展現為客觀性格或面相，所謂客觀精神。就圓滿的目標來說，在國家方面，是客觀精神的圓滿，其為絕對是有限的絕對，客觀精神的絕對。

　　在相近處，牟先生指出，黑格爾的《歷史哲學》講世界史，以各民族在空間上的並存排列而為時間秩序，如東方、希臘、羅馬、日耳曼。這所謂世界史是不通的。它一方既沒有主體，一方又強調所謂「非歷史的歷史」，是有問題的。牟氏的意思是，當世界史在神聖理念的整全的實現上成立時，世界史不是一虛位字的「命運法庭」，而是一有「存在的主體」的實位字的「法律法庭」。國家若是最高形態，則國與國間在自然狀態中，每一國家對外而言，都是一暴露的偶然，它們的行動、命運，只有訴諸「世界史」的裁判。黑氏名世界史為世界的「裁判法庭」，世界史表現為一「普遍的心靈」，不是民族的心靈，它也有它的權限，是一切中最高的權限，運行於各有限的民族的心靈中。

　　在牟先生的《歷史哲學》附錄中，唐君毅先生對於黑格爾的歷史哲學，也表示出類似的看法。他指出黑氏以人類歷史的行程，如日之出於東而沒於西。中國為歷史的起點，而德意志或日耳曼則是終點。這是以空間的觀念，混淆於在時間中發展的歷史；又視人類一切不同民族的歷史，只在一直線上發生，這種看法不合於史實，在哲學上也缺乏充足的、站得穩的根據。

二、馬克斯的唯物史觀

上面講的精神史觀或精神發展史觀在哲學上來說，可以說為是一種唯心論或觀念論。以下要探討的是與此正相對反的唯物史觀，這是一種唯物論。一般人喜歡說唯心、唯物，好像把心與物視為相對反的範疇，沒有溝通的空間。前者以心靈的作用來詮釋人類的歷史與文化的發展，後者則以物質的轉變來詮釋歷史與文化的發展，嚴格來說，這其實不是很恰當。因為「心」與「物」兩概念的意義不是那麼清晰，兩者在形而上學特別是東亞與南亞特別是佛教學來說，不能截然分開，也不是完全沒有交集。這是一個比較複雜的問題，我們在這裏不打算作討論。倘若以觀念論來說唯心論，以實在論來說唯物論，會比較恰當。不過，我們在這裏並不堅持這點，故在下面很多時還是跟從一般說法，說唯心論和唯物論，在一些關要的地方，才會提到觀念論與實在論的分野，或者把兩者對揚。

唯物史觀（materialist conception of history）的一般意思是強調社會結構及其歷史的發展取決於「生活的物質條件」，或「存在的物質性的生產模式」。我們這樣說，當然不很清楚，這在下面會漸漸變得清晰易明。在哲學史上，自古已有類似看法，倡導者認為物質的存在較諸心靈、意識的存在更具基源性。即物質決定心靈，而不是心靈決定物質。這是兩種強烈地相對反的哲學立場。只是到了近代，唯物史觀的基盤唯物主義變得受到大多數人的注意和在政治上、哲學上、經濟學上和社會上產生巨大影響的，是馬克斯（K. Marx）和恩格思（F. Engels）所系統地建構的唯物論或唯物主義。這有時又叫作「辯證法唯物論」（dialectical materialism）。[2]這種思想後來為俄羅斯的列寧（N. Lenin）和史達林（J.

---

2 嚴格來說，只有心靈、意識或精神具有辯證的性格，物質是很難說辯證性格的。因為這種性格是發生於人的思想中、認識中，透過一種思想上的否定，以達於更高、更深層次的認識，此中具有濃厚的動感。物質是凝滯的、死體的，無所謂思想，無動感可言。

V. Stalin）所繼承，最後成了馬列主義（Marxism-Leninism）。列寧與史達林都認為不是人的意識決定他們的存在，相反地，人的社會的存在、社會性決定他們的意識。不過，馬氏本人並未視唯物論為一種自然主義，而視之為意識形態，這些意識形態生起於一些特定的社會性的環境中。[3] 總的來說，唯物史觀或歷史唯物論是對於歷史事件的自然的、經驗的和科學的交代和說明，這些歷史事件的基礎在於生產和經驗的因素，後二者與物質有極其密切的關連。

以下我們要詳細地對唯物史觀的綱要作些說明。唯物史觀展現一種社會性的分析，這種分析適用於幾乎是一切社群之中，只有那些最原始的人類社會是例外。馬克斯以這種社會性的分析為基礎，作出如下預言：資本主義會崩潰，由共產的社會來取代。在這種社會中，沒有薪酬、錢財、階級的分野，也沒有國家。這與恩格思所說的有關最原始的社會非常相應，若合符節，這種社會沒有私有財產或政治的法律、制度。對於較為發達的社會，馬克斯確認出如下要素：

> 一是生產力。它包含器具、手段和技術。人即以這些東西取得生活上的所需。
> 二是生產關係。在其中，生產者在生產中相互連結起來，成為「社會的經濟結構」。
> 三是在社會中的政治上的和法制上的規條。
> 四是理念、思想、習慣、理想和被確認為合法的系統。

馬克斯非常重視生產力和生產關係，稱它們為「生活的物質條件」，並視之為法制的與政治的上層結構得以形成的真正基礎，它們又相應於社會意識的確定形式。馬氏強調，原始的社會活動是生產，它常指涉及人的種種

3　馬克斯把「唯物的」（materialist）對比著超自然的、形而上的或思辨的來說。他認為人類社會的普泛的科學只要從經驗一面來描述和說明便行了。

關係；這在工作本身和生產品的分配，都是如此。政治的和法制的上層結構，以至意識形態的上層結構，都是在這些關係中形成的。因此，順著唯物史觀說下來，要了解一個社會的宗教、道德、藝術或哲學，以至於這社會的政治和法律，便得先確認社會的生產力的性格和經濟結構。

　　馬克斯和恩格思很強調資產的問題，他們將它分成四種模式，在他們的社會的與歷史的理論中，這四種扮演非常重要的角式：

　　　　一是族群資產。在勞作的類別中它是屬於低層次的。
　　　　二是國家資產。像道路、公共建築物和在古代的專制政治中的穀物的倉庫。
　　　　三是封建資產。這包括土地和由武裝的地主所管控的僱傭，這些地主的日常的需求是由勞工提供的。
　　　　四是資本。它落足於生產和貿易中，也因此而招來僱員。這些僱員為了工資而工作，他們所生產出來的貨品，在寬廣的市場中售賣，一切所得都落於資本家的私囊中。

馬氏的分析的下一部，是強調社會為那些擁有資產的人所決定和控制。在族群社會的模式中，資產是他們共同擁有的，因此權力是分散地融於社會各階層中，沒有誰管控誰、誰來駕馭誰的問題，沒有某一階級的地位是殊勝的，與別不同的。但在其他三種社會模式中則有控制資產的階級和沒有資產的階級的明顯分別。在社會中，資產階級的權力具有絕對的優勢，他們為了自身的利益，會不惜犧牲人民的福祉。在封建社會，封建地主是統治的階級，他們能夠從替他們工作的農奴身上取得所需要的東西。他們甚至掠奪有錢的商人的東西，後者只能隨順地主的利益而行事。農奴、商人和地主的利益是不同的，他們在某些問題上存在著不可避免的衝突。由於生產力和資產的模式都是封建的形式，因而地主可以在他們自己的利益的前提下，解決這些衝突、紛爭。在一個封建社會中，一切政治運動都可同樣反映出在這些階級之中的衝突和利益。而在不同的哲學派別之間，一切

改革運動、宗教信仰上的整頓、道德上的革新，甚至藝術形式的變化，成了作為人的實際生活模式的生產與貿易的影子。這很明顯是指生產與貿易決定一切。

由此我們可以說到唯物史觀的所謂「社會動力學」（social dynamics），它說明了歷史的變化和發展。即是說，在一個社會構造中，生活的物質條件是最根本的，它的重要的變化遲早會帶來律法的與政治的以至意識形態的上層結構的重要改變。唯物史觀的核心觀點是，光是政治、律法和意識形態本身不能對於社會發展有根本的影響。一切重要的社會轉變，最終只能源於生產活動和有關組織而生起。就馬克斯的觀點來看，唯物史觀有其歷史的軌跡，原始的共產主義為奴隸制社會的古老模式所取代，然後又為封建主義所取代，封建主義又為資本主義所取代。原始的共產主義的轉為奴隸制社會的古老模式，是由私有財產引進來的。這私有財產是如何被引進來呢？這源於勞力的分化。馬克斯與恩格思強調，古希臘的藝術與科學，和古羅馬的城市系統、商業和官僚政治，是由奴隸的勞力系統使然的。奴隸系統其後為封建系統所解構與取代。封建系統的基礎，是封建地主對於土地的擁有，這些地主又依賴那些賤民為他們作出種種不同的服務。

封建系統基本是一種農耕的社會。但在城市中，有些人透過貿易和對貨物的生產的整合變得富有起來；他們僱用很多人來為他們服務，這些人也藉著工作而得到工資。這些中產階級便是資本系統的前身。他們吸引農村的人為他們工作，生產貨品，把這些貨品拿到不斷擴充的市場去售賣。他們的做法和封建階級不同，他們把那些僕役限制於各自的出生地的範圍。他們發覺自身受到封建的律法所妨礙。他們努力去改變這些律法，因而招來與貴族階級之間的政治鬥爭。他們訴諸一種新的意識形態，來確認他們的做法是對的。在新的生產方法和新的生活模式的擴展中，一個新的社會秩序便逐漸誕生了。人們採用新的生產和貿易的模式。但這需要取消或廢除妨礙他們的利益的律法和習俗才行。當中產階級或資產階級變得強大時，他們會採取政治的行動來達成這個目的，透過革命獲得政治權力。

一七八九年的法國大革命便是其高峰的表現。他們由前進階級變為統治階級，亦即是資產階級。他們的地主亦即是敵人便由統治階級沒落而為反動的、保守的階級。這些反動的、保守的階級不能回返到前此的社會亦即是舊社會方面去，因為新的生產力量遠較舊的為優越。

這種由封建主義演變為資本主義的說明，展示出馬克斯主義對於政治革命的理解。馬克斯與恩格思把這種革命看成是一新的進步階級帶來生產關係的轉變。這進步階級控制了一些新近出現的生產力量，而生產關係的轉變則讓新的生產力量變得更有實際的效果。封建的法規特別是資產的律法本來是可以障礙資本主義的生產模式的發展的。中產以至資產階級透過取得政治力量，使資本主義的能夠持續地發展下去。

但唯物史觀論者提出兩個預言：第一，資本主義系統會由於內部的矛盾而崩解。第二，經過一段時期的無產階級專政，共產主義的社會會出現、成立。關於資本主義的崩解，馬克斯與恩格思分析過資本主義的秩序，也考慮及資本主義的未來。他們認為在他們那個階段，資本主義的經濟發展已經有失控的跡象，更有陷於危機的徵兆。他們又認為資本家為了出售自己的貨品，會相互競爭，以至於劇烈階段。最後，資本主義者會不可避免地減低他們的僱員的工資，以至於其底線。而大規模的貨品的促銷，使強勁的資本家把比他們較弱的競爭者淘汰下來，而成為無產階級者。結果，一小部分的資本主義者變得富有起來，而勞工大眾則越來越貧困。同時，由於科學知識不斷增長，使大資本家改良他們的科技，以人力來控制自然。同時，勞工開始分化，大批人會組織起來，而合作無間，向社會化推進。在資本家的野心、利益與社會生產之間會出現衝突。結果，資本家會被淘汰。生活的條件、素質的改變，會促使工人在資本家的生產中團結起來，合作起來，向他們的僱主挑戰、鬥爭。而資本家的專有權益的模式會因計劃生產的大步發展而受到阻礙。馬克斯在他的《資本論》（*Das Kapital*）中也表示：生產手段的中央集中制和勞力的社會性的分配達到某一程度，它們和資本主義的外殼是不相容的。在這種情況下，資本

主義會自動瓦解以至於衰亡。[4]但實際情況如何，大家都會看得很清楚。

　　馬克斯又表示，像資產階級為了摧毀封建系統，必須先取得國家的統治權力那樣，無產階級為了埋葬資本主義，必須先由資本主義者手中奪得國家的統治權力。當無產階級批判資產階級之際，他們形成進步階級；又當他們擊敗了資產階級，他們搖身一變而為統治階層。而當資產階級被驅除掉，再沒有其他階級可與無產階級抗衡了。無產階級會成為唯一的階級，社會便再沒有階級的分野了。因而也再沒有階級鬥爭；這樣，政治與國家便成為多餘的、無用的東西。而新的社會秩序會生起，在這種情況，生產會依著設計模式來施行，再沒有階級壓逼的現象了。又在這種情況，宗教的意識形態會由實質的社會關係來處理，而後者則需訴諸科學技術來說明。

　　最後，我們看看唯物史觀的理論效力問題。有人認為唯物史觀是認識、研究歷史的事實的一種方式，認識、研究具有廣大普遍性的既成的歷史的假說，它演化自唯物論，或更精確地說，演化自辯證法唯物論。馬克斯則認為它除了是一種方法外，也是改造世界的一種學問、思想。事實上，馬氏自己便說過，哲學除了說明世界外，還要改造世界。唯物史觀是一種歷史哲學，當亦有改造的意義。馬克斯本人並未提過唯物史觀是由辯證法唯物論而來。辯證法唯物論的說法可能含藏於馬氏的說法中，但不是很明顯。當馬氏寫到有關唯物論時，他常常以之指有關事物的科學的、現前的世界的觀點。在馬列主義的傳統，有如下的論辯：倘若辯證法唯物論是真的話，則唯物史觀也是真的。在史達林的《聯共黨史》（*History of the Communist of the Soviet Union*）中，他表示倘若自然、存在、物質的世界是基源的話，則心靈、思想是第二義的、導出的。倘若物質世界表示客觀實在性，能獨立於人的心靈而存在，而心靈是對於這客觀實在性的反照，那麼社會的物質的生命、它的存在，也是基源的；它（按即指物質世

4　馬克斯的這種預言與其說是準確，毋寧應說為失準。蘇聯解體，越南要改變路向，中國大陸也提出要建設有中國特色的社會主義，這都是與馬氏的預言不一致的。

界）的精神生命是第二義的、導出的。另外，社會的物質生命具有客觀實
在性，它能獨立於人的意願而存在，而社會的精神生命是這客觀實在性的
反照，是存在的反照。[5]

在結束對唯物史觀的述析之前，我想講幾句有關終極問題的話。毋庸
置疑，唯物史觀是以唯物論或唯物主義作為基本立場對歷史的發展的一種
詮釋、說明。不講唯物思想而單講社會演化、階級鬥爭，最後達致廢除國
家機制的共產主義社會，是不行的。唯物史觀的有效性（validity）當然
關連到唯物論，即是以物質為終極要素，然後開展出對物質的開發，生產
出生活的所需，因而有生產工具、生產關係的探討。由此開出僱傭與地
主、無產階級與資產階級之間的矛盾與鬥爭，最後資產階級內部有相互競
爭的現象而落於衰亡。[6]無產階級透過流血革命而取得統治權力，得到最
後的勝利。現在我們不講政治、經濟，只就唯物論作為一種哲學思想來討
論。從表面言，唯物論近乎常識，比較容易了解，在觀念論與實在論之
間，它自然是近於實在論。但有一點是非常不同的。實在論特別是新實在
論除了確認我們眼前所見到的東西或現象有實在性之外，也強調在現象背
後而作為現象的憑依的本體、實體也是有實在性的，例如柏拉圖所說的理
型和亞里斯多德所說的基底。這都是形而上的實體。唯物論徹底反對一切
形而上的東西有實在性。它講實在性是從純然的物質開始的，由物質而講
生產、生產工具、生產關係一切文化活動都是在這之後才發展開來的。這
微有管仲所說的「衣食足然後知榮辱」的觀點，但還是不同，我們在這裏
不擬討論這個問題。我們所關心的焦點是，唯物論者強調物質的存在是基
源層次的，經生產工具、生產關係之類以達於精神、心靈的種種文化活
動，因此精神、心靈是導出的，是上層結構。但世間上有不少人為了某種

5　以上有關唯物史觀的理解，我參考了愛德瓦德斯（P. Edwards）所主編的《哲學百科全
　　書》（*The Encyclopedia of Philososphy*）的有關部分。

6　這種無產階級與資產階級的鬥爭、矛盾，不是人民內部的矛盾，而是人民外部的矛
　　盾，是敵我矛盾，解決的方法只能訴諸武裝革命，最後要殺人，要砍頭的。

精神上、心靈上的理想，例如名節、承諾、良知，以至對民族、對國家的忠誠而不惜犧牲個人的身體、生命，這又如何說呢？身體、生命是物質性的，名節、承諾、良知和忠誠則是精神性的、心靈性的，就唯物論看，人應該盡量保持自己的身體，以維護基源的物質才是，但歷史上的確有不少人寧願殺身成仁、捨生取義，為了精神意義與心靈意義的上層結構的、「導出性」的東西，而置物質的身體於不顧，這正顯示出精神的、心靈的上層結構的基源性，物質的導出性、次要性。唯物論者對於這種現象又作何解釋呢？實際上，當唯物論者提出物質是第一義的，精神、心靈活動是第二義的，這很明顯地表示唯物論者的意識形態，而意識形態正是精神的、心靈的活動的結果。故唯心主義或觀念論的基源性是很難否定的、擊倒的。

三、史賓格勒的歷史形態學

黑格爾與當代新儒家以精神的發展來說明歷史的前進或向前推進。馬克斯與恩格思則以唯物的哲學立場來說歷史，而成就其「唯物史觀」。這精神史觀與唯物史觀成了一個強烈的對比，雙方難有對話的空間。德國的史賓格勒（O. Spengler）提出另外一種說法，不以歷史的焦點在精神或物質，而以一種有機體來說歷史，成就他的「歷史形態學」（Morphologie der Weltgeschichte）或文化形態史觀。這種說法好像介於精神史觀與唯物史觀之間，可為兩者搭結溝通的橋樑（bridge of communication）。史氏頗以自己提出的注意、強化生機、命運的歷史形態學自豪，這是由純粹的因果、機遇的因素解放開來搭建而成的。他的最重要著作《西方的沒落》（*Der Untergang des Abendlandes, The Decline of the West*）標示著對歷史的看法的分水嶺：全人類的歷史是不可能的，不存在的，我們只有各個文化體系的歷史。要研究、理解世界的歷史，只能從各個文化體系的歷史著手。即是說，我們只有中國的歷史、印度的歷史、埃及的歷史、西方的歷史，而沒有涵蓋世界中各民族的共通的「世界史」。他更鄭重地說出了重

話：世界上每一個民族的歷史，都具有其生、長、老、死四個階段。他在
其書中提出歷史形態學，或文化形態學，強調每一文化體系都是一種有生
命的機體（organism），經歷生、長、老、死的歷程，最後消亡於世界文
化之中。每一個文化體系各自有它的願望、情感和觀念諸方面，彼此之間
是互不理解的。因此，歷史形態學或文化形態學成了研究各文化體系的歷
史、文化的方法。而且，他認為，表徵各文化體系是不具有物質基礎的，
這些表徵是先驗性格的，我們不能憑知性去理解與說明，而只能以直覺和
本能來理解與說明。[7]

　　在這裏，讓我們探討一下歷史的有機性格，即是生、長、老、死的歷
程。很明顯，史賓格勒不採用一般的自然科學的方法來看待歷史。自然科
學的方法是處理作為物質的、無機的事物用的，歷史不是這種性格的東
西，因而應運用其他方法來處理，特別是它的有機體的性格，具有生命的
周期性的轉變。在這個意義下，我們又可說各個文化是可以比較的，它們
之間含藏有對話的空間。即是說，儘管各種文化在各自的發展下表現出如
何獨特的事件、現象，它們都離不開、都要遵循一種循環的軌道、歷程；
各自都有其生長與盛衰的狀況，最後落入死亡，在地球上消失。事實上，
歷史特別是世界史的內容極其龐雜，民族與民族、文化與文化之間具有千
絲萬縷的串連，如何把它們放在一起，而加以整理、聯繫，最後結集一個
真相來，是非常困難的事。因此，實在有將世界史的內容加以排比（排列
與比較），料理出幾個有機性格的中心，看這些中心如何生，如何長，如
何老，如何死。唯有這樣做，我們才能對世界史（泛說的世界史，能否說
精確的世界史，還是個問題）有比較顯明、確實的印象。[8]

7　在這裏，史氏的說法有矛盾。他說各個歷史系統、文化系統是互不理解的，他自己作
　　為歐洲人，其歷史、文化背景是歐洲的歷史、文化，他如何能理解歐洲之外的別的歷
　　史系統、文化系統的歷史與文化呢？

8　這裏自然有一個問題，就是把歷史現象比喻為有機體的生命的成長、進展的合理性問
　　題。劉述先在他的早年著作《文化哲學的試探》中便指出，史賓格勒相信歷史的過程
　　像生命個體的生命，必須歸於死亡，否則他的歷史形態學的觀念便難自圓其說了。但

　　史氏提到，不單是歷史或文化會經歷生、長、老、死的階段，即便是某一具體的文化項目，例如藝術，也會經歷這種有次序的有機的歷程。在文化的春天時期，最早出現的是建築，跟著有繪畫、雕刻和音樂，經過一段時期的璀璨發展，最後都歸向寂靜，然後消失。不僅是這樣，在某一藝術項目中，也不可避免地要經歷生、長、老、死的變化歷程或階段。在這裏，史氏提出「觀念」問題。歷史的發展，要由觀念來帶導。當觀念變得衰落，而步向崩解，歷史也一樣，失去了活力，而衰亡。[9]因此，觀念可以說是歷史的核心內容，在這觀念成立之前，是沒有歷史的。而觀念的發展也如歷史那樣，會經歷生、長、老、死的階段。觀念覆滅，歷史也隨之覆滅。在另一個場所、空間，有另外的觀念興起，它的歷史也跟著興起。不過，這不是原來的民族的歷史，而是另一民族的歷史。

　　史賓格勒對地球上多個系統的歷史文化作過研究，提出八個具有足夠的分量的體系，這即是埃及、巴比侖、印度、中國、阿拉伯、墨西哥和古典希臘，再加上歐洲。其中前七者已下落而歸於寂，只有歐洲仍然處於文明的階段，還未有下沉消失。有學者依著他的歷史形態學來推斷，認為歐洲文化將來消亡後，俄羅斯的歷史與文化會冒起。另外，英國的歷史學家湯因比（A. J. Toynbee，又作陶恩培）寫出《歷史研究》（*A Study of History*），繼承史賓格勒的歷史形態學，表面上不支持流行於西方的西歐中心論的說法，表示各種文明、文化在價值上是相等的，不能分高下、優劣，因為它們各自有其殊勝之處，也有其不足一面。他也強調過去的文明、文化都已衰亡，只有基督教文化仍然具有活力，會繼續發展下去。

　　史賓格勒的歷史形態學與馬克斯的唯物史觀的最大不同處，在於觀念的出現及其堅強的影響力。他認為歷史之能夠生起和持續發展，在於觀念

硬要將人類歷史的生命與個人生命的特色作類比，是一種理論上的「類型的錯亂」（confusion of types）。他不接受一切歷史的「中興」的可能性，認為文化既老便必命定滅亡，無法繼續延續下去。

9　這觀念倘若就哲學而言，如儒家的「仁」，佛教的「涅槃」、「空」，對於歷史、文化的發展，都有導引、提供方向的作用。

的成立。歷史是沿著觀念的走向而發展下去的，它是隨著後者的腳跟轉。觀念的發展，有呈現、興旺與衰亡，歷史也是一樣。

史賓格勒的歷史形態學與湯因比的史觀有一個相同點，就是不大講文化價值的孰優孰劣的問題。但史氏特別強調西方文化表現出一種獨特的「浮士德精神」（Faustian Spirit）。這種精神源於歌德（J. W. von Göthe）的著作《浮士德》（Faust）而來。西方人喜歡講浮士德精神；歌德的浮士德是一個在生命深處有著一種動盪不安的靈魂，它要在對宇宙萬物作出無限的追求中才能感到滿足，才能完成自己的使命。他熱切地追求真理，探索宇宙的意義、真相，同時熱愛人生。但史賓格勒有不同的解讀，他認為西方文明、文化的浮士德精神是純粹性和無限性的象徵；他也把西方國家向外的殖民運動以擴展屬地的侵略行為與浮士德精神混同起來。

由於史賓格勒提出歷史形態學，以人的歷史與文化的發展，像有機體那樣，經歷生、長、老階段，最後會衰亡，這對歷史與文化的體系來說，由開始到終結，都背負一種生存的歷程，最後都不免敗亡。這儼如一條宿命的軌則，限制了歷史與文化的發展，因而引出宿命的問題。我們更可以依此軌則，來判斷、推想某一正在處於興旺成長的狀態的歷史文化體系，預言它的這種狀況不會永久存在，最後終會敗亡而消失，永不再起，不能超越生、長、老、死的宿命。

宿命的對反方面是造命。造命是民族本身具有一種創造命運的能力，歷史文化始終都能旺盛地、充實飽滿地發展，生生不已，只要它的創造性還在，便可超越衰亡的命運，而悠久無限制地永續下去，不會消亡。這便是「造命」。造命是能夠克服宿命的限制的。史賓格勒的歷史形態學是宿命性格的，另外有些人是強調歷史文化可以走造命之路的，能夠悠久無疆地發展下去。著名的哲學家、音樂家、神學家以至醫生史懷哲（A. Schweitzer）是講造命的，他看到歷史文化的永續存在與發展的一面，是理想主義者。

史賓格勒是歷史文化的宿命主義的有代表性的哲學家，他宣稱自己的

歷史哲學是一種「宿命的哲學」。他強調自己的《西方的沒落》具有預斷歷史文化發展的作用。在他看來，其他的歷史文化體系都已死了，不存在了，唯有西歐、美洲的歷史文化到近現在還是繼續存在著，繼續發展著。他強調所有歷史文化都會經歷三個大的、長久的階段，這即是前文化階段、文化階段和文明階段，這樣周而復始，最後會回歸到原始的起點。**10**他強調我們在上面提到的世界的七大歷史文化系已經死了，即使不是死了，也只是一種沒有歷史、沒有生機的存在，唯有以歐洲為代表的西方歷史文化一息尚存，而處於文明的第一個階段，這即是戰國期間。這期間過後，會出現大一統的「帝國時期」，這會隨著戰國時期的列國對峙的結束而來。他預期日耳曼會是這種大一統時期的主角。

四、戰國策派論力與中國文化獨具二週

德國的史賓格勒和英國的湯因比都講歷史形態學。在中國，這種說法產生了迴響，這便是戰國策派，後者更強調中國文化已經過了第一週與第二週，也因此極有可能開出第三週。這個學派因《戰國策》雜誌而得名。按在一九四〇年四月至一九四一年七月，雲南大學與西南聯合大學教授林同濟、雷海宗和陳銓在昆明主辦《戰國策》半月刊，之後又於一九四一年十二月至一九四二年七月在重慶《大公報》上開闢〈戰國副刊〉。撰稿者還有一些教授，主要是一些自由主義的知識分子，包括賀麟、何永佶、郭岱西、沈從文、陶雲逵、梁宗岱等。他們主要是對中國的歷史與文化作反思，但觀點並不完全一致。特別是林同濟、雷海宗和陳銓，運用史賓格勒所提的歷史形態學來解釋、說明中國歷史文化的發展，並對往後的發展、開拓寄與厚望。雖然刊物出版的時間不長，但意義深遠。這可說是一個在史學革命嘗試與文化重建構想中極富理論性的學派。它的理論個性是要突

---

10 這倒有點像《老子》第二十五章對道的說法：吾不知其名，字之曰「道」。強之為名，曰大，大曰逝，逝曰遠，遠曰反。

出體現對五四運動以來各種新文化理想的超越。

　　在戰國策派的三個基本成員中，雷海宗富於歷史意識，對中國的歷史與文化的發展有深邃的認識。陳銓偏重於感性方面，很有文藝理論的學養。林同濟則比較接近哲學特別是形而上學方面，擅長以深廣的角度看歷史文化的問題。總的來說，在這三個人中，林同濟的腦筋比較靈巧，思路清晰。在歷史與文化方面，他比較用心於三種境界，這即是國的境界、力的境界和宇宙的境界。在他的思想模式中，或在他的觀點中，人性與宇宙特別是自然宇宙的本性應該是相通的，他很重視人的生命的創造力，在這種創造力中，我們可以看到人與大自然的一體性。他試圖將民族主義所需要的儒家的入世精神、尼采的生命的強力意志和道家的開放精神透過整合而表現同一個人格中。特別是尼采，他的思想成了戰國策派最重要的西方思想的淵源。

　　戰國策派以林同濟和雷海宗為最重要的支柱。雷海宗擅長歷史，偏於史事例證的發凡，林同濟則偏於統相的攝繹，亦即是從大處、整槃的看問題。他在《戰國策》中所提出來的析論，歸結到最後，可以是集焦於一個核心問題意識，即是，在當前的盛行以力為中心的戰國時代，要重建民族、國家，究竟需要一種甚麼樣的人格呢？關於這點，在下面的英雄崇拜的闡釋中會有交代。實際上，林同濟不是一個學者，他不是認真的要在學術的層面上提出一種新的研究範式，卻是要為民族主義的新的意識形態建立合法而有效的論證。他不想做一個專業的學者，而是要以公共的知識分子的身分作救亡的工作。

　　以下我們看一下戰國策派對歷史形態學或文化形態史觀的看法。林同濟首先提出「統相」概念，表示文化形態史觀是一種運用「文化統相法」來觀察人類的歷史文化發展而得到的一種看法。所謂「統相」即是從全體的眼光看。具體地說，林同濟表示，歷史形態學或統相學是運用一種綜合的比較方法來認識各個文化體系的「模式」或「形態」的學問。各個文化體系的模式，有其異，亦有其同。我們的研究，應於異中求同，同中求異，不刻意求同而去異。他提到雷海宗，稱許他善於運用歷史形態學，和

他所寫的《中國文化與中國的兵》的殊勝處。

　　林同濟剛剛提到雷海宗。在這裏，我們即闡述一下雷氏的研究的重點。他表示由於現世交通大開，讓考古學能夠有空前豐富的收穫，使一些學者完全放棄持之已久的文化一元論，而認為文化是多元的，是在不同的時間與不同的地域各自生起與自由發展的。他說及考古學的迅速發展，使人們知道有很多被後人遺忘的偉大文化；交通的便利也使我們知道遠方有很多前所未聞的異樣民族。這如許的在時間與空間上都不相同的歷史單位，經過多人與多方的探討，雖然沒有人否認它們各自有其特殊之處，但歷史進展的大步驟的共同點，已逐漸成為學者所公認的現象。這共同點就是歷史的形態。這形態便是生、長、老、死的有機律則。對於這種有機的律則，前臺灣大學哲學系教授黃振華特別強調說，人類的歷史文化的發展，不是依著一條直線進行的，即不是永遠地前進的，而是按照拋物線進行的，這即是由興盛到衰亡。

　　進一步，戰國策派又從歷史形態的有機的生、長、老、死的歷程轉到政治社會模式的轉變來說歷史文化的發展，這種模式有時又被稱為「文化模式」。這即是，凡是成體系的文化，都會經三個大的歷史階段：封建階段、列國階段和大一統的帝國階段，而二十世紀的中國正處於列國或戰國階段。關於這一點，林同濟作進一步的闡釋。他強調封建階段是「原始人群」與「文化人群」的分野。許多人群永遠停滯於「原始」狀態，創造不出封建的局面。但只要開創出封建的局面，這人群便大步踏入「文化大途」。封建階段的中心形態與作用是拋棄了原始氏族的「單純渾一」的組織（homogeneity），而大腳步地邁向一個極其複雜而「差別」的結構（hierachy）。在其中，社會上的人群被橫截為統治層級與被統治層級。封建階級就是居於統治位置的貴族或貴士中心階級，所謂「貴士傳統」（aristocratic tradition）的群體，它有一種引導社會向上、向高處發展的作用。但這層級的結構並不穩定，它內部會生起腐化的現象，最終會經歷一番「社會大革命或大騷動」而崩解下來。逐漸代之而興起的，是列國階級。這便出現森嚴對峙的政治壁壘，亦即是國家。其中最顯明的現象是人

的個性的煥發，而最具哲學的現象的是百家爭鳴，各人都提出自己的治國、致富強的主張。中國歷史上的列國階段就是所謂「春秋戰國」時代。國與國之間不斷進行全體戰、殲滅，結果是一強吞下諸國，最後是一個大一統的帝國的出現。林同濟指出，一個文化體系走到大一統階段，最逼切的欲望就是「太平」。封建階段是「持於尊（honor）」，列國階段是「爭於力（power）」，大一統階段則是「止於安（security）」。在開始的一百年左右，文績武力通常都能展現出某種程度的繁榮昌盛，但過此以往，便會出現與時俱增的老年疲態。在宗教方面，上流的士夫透過個性潮流中的理智運動，難以保持宗教式的「原始信心」。下流的大眾則輾轉呻吟於統治者的淫威災患裏；到最後要設法尋找慰藉的對象，終於製造出種種雜教邪宗，而自然哲學或宇宙論則蒸提而為虛無主義、民間雜信，以至崩潰而引來流寇暴動，而帝國的政治生命也往往在「群夷入寇」之下而消亡。

　　黃振華也注意到這種現象，他深刻地反思其中的因由，提出在每一階段所表現的歷史形態中，有一個價值的中心觀念在支配著這一有關階段的整個形態各方面相。例如，在封建時代，分權制度適合這一時代人的「上下之別」的價值中心觀念：由天以至於上帝。在列國階段，有一個共同的價值中心觀念，這就是「國家至上」。到大一統時代，這一時代的價值的中心觀念是「養生」。這個時代的人，一切價值觀念都消失掉，剩下的只有一個七尺之軀，故要修養它，讓它能長久些。他總結謂，歷史形態的發展過程，從深一層看，其實是人類的價值中心觀念的發展歷程：從宗教價值中心觀念發展而為「國家」價值中心觀念，最後墮落為反價值或非價值的「養生」觀念。「養生」觀念之後，便是歷史文化的敗亡。

　　按林同濟、雷海宗他們吸收了史賓格勒的用以理解各民族的歷史文化的歷史形態學的思想或觀點，復以這觀點來看中國的歷史文化，具體地以封建型、列國型（春秋及戰國）、大一統型（大一統及衰亡）來說歷史文化的生、長、老、死的有機現象。若依這具體原則來了解中國史和世界史（專指歐美方面），則目下的中國，正發展到大一統的末期，而歐美則發

展到列國階段的後期，亦即是戰國期。[11]若把中國納入世界史中看，則正在大一統期而接近衰亡的中國，和歐美各強國正處於列國對峙的局面中。[12]依據歷史形態的原則，列國型尤其後期在政治、軍事上的特點，是相互攻伐，以順應大一統的來臨。換句話說，中國必須在列國相互攻伐的形勢下，掙扎圖存，否則即遭別國吞滅。在這個脈絡下，中華民族確已面臨一危機。特別是，外國民族都是年青的民族，生命力旺盛，而中華民族則已由老大而走向僵化，生命力頹萎。以生命力的僵化對旺盛，中華民族的存亡危機的確是一個現實的問題。

　　說到中華民族的存亡的危機問題，不能擺開歷史文化不管，因兩者有極其密切的關連。黃振華強調，一個民族的存在和它的文化是不可分的，文化存在，民族便存在；文化不存在，民族便會滅亡。他說到過去我們中國人曾經兩次遭到異族入侵，而仍能保持自己的存在，這是因為我們的文化優於入侵民族的文化的緣故。[13]但如果一個民族遭受外來的侵略，而這侵略的民族具有文化的話，情形便大不同了。埃及是個古文化國家，在西元前一千六百年左右建立了大一統帝國，有如中國的秦漢時代一樣。但此後文化逐漸衰微，便多次被野蠻民族入侵，但它們終被埃及所同化，正如中國自晉以後至清代屢受外族入侵而又同化外族一樣。可是埃及後來在西元前五百二十五年受到已經開化的波斯人入侵，情形便大不同了。埃及文化受到威脅、挑戰。再過二百年，埃及又被具有高度文化的希臘人所征服，埃及文化很快被消滅掉。到西元七世紀初，埃及被阿拉伯人所征服，便又很快地阿拉伯化。今日的埃及人可能在血統上仍保有古代埃及人的血統，但在文化上只是阿拉伯回教文化的一部分。今日在尼羅河畔的金字塔和石像等，與今天的埃及人已無關係了。[14]黃氏又說到巴比侖，波斯人入

---

[11] 這「目下的」中國，對林、雷二氏來說，是指上世紀亦即二十世紀的三、四十年代。

[12] 這個階段的中國，是清末民初以後的中國，前有對外的喪權辱國，有被列強瓜分之虞，後又在第二次世界戰爭的中期，正與日本拼個你死我活的生死戰中。

[13] 按這裏說入侵我們的其他民族，當是就蒙古族和滿州族而言。

[14] 黃氏的這種看法，是參考雷海宗的《中國文化與中國的兵》第四章而來。

侵便成波斯化，再被阿拉伯人入侵又成阿拉伯化。古希臘、羅馬的情形也是如此。今日的希臘人、意大利人也不是古代的希臘人、羅馬人了。羅馬帝國盛後不久便告衰亡，等到日耳曼人入侵，只是摧枯拉朽的一個形式上的動作而已。

這裏涉及一個非常重要、嚴重的問題。歷史文化之能持續發展，需要有力量才行。這種力是甚麼樣的東西呢？它可以是軍事上的力，更可以是文化的力，以至於形而上的力。[15]而力也關乎意志，因而有所謂「意志力」。以下我們即仔細地探討戰國策派的力的思想，並看一下他們是如何看待意志的。

在力的問題上，林同濟的用心最多。我們說力，可以涉及三層意涵。第一層是一般的經驗性格的力，是物理的，可作為一種能量看。農夫種田，需要具有健康的身體，才能有力鋤泥，這是身體的力。水力發電而有力，電本身是一種力，這是機械的力。第二層是精神的力，這精神通常被視為一種實體，所謂精神力或精神力量。經驗性格的力受限於時空，是有限的。人的體力用到某種程度，人便會感到疲累，需要休息。精神力量超越時空，是無限的，是一種道德勇氣。文天祥是一個書生，但其精神力量能夠抗拒強大的蒙古人的鐵蹄，也不為蒙古人所允許的榮華富貴所誘惑。他的〈正氣歌〉所頌揚的正氣，其根柢是一種理的力量，理即是正也。第三層是筆者十多年前即已提出的純粹力動，這力動是超越的活動，既然是活動，力即在其中，不必以任何意義的體或實體來提供。它自身既是體，也是用，故不受限於體與用的範疇中，因而沒有體用的關係。

林同濟所說的力，應是屬於第二層的精神力。在這裏，我要引述他的一些有關文字，然後作詮釋與分析：

　　力者非他，乃一切生命的表徵，一切生命的本體。力即是生，生即
　　是力。天地間沒有「無力」之生；無力便是死。……中國「動」字

---

15 日本京都學派的西田幾多郎便很強調形而上的綜合的力量。

> 從力，是大有意思的。一切的「生」都要「動」；一切的「動」都
> 由於「力」。在原始的生活狀態裏，自然的環境正在初步的克服之
> 中，最不可缺的條件就是「動」字。初期的文化民族是不斷地在
> 「動」中，也就是不斷地在「力的運用」、「力的表現」中。動是
> 力的運用，就好像力是生的本體一樣。生、力、動三字可說是三位
> 一體的宇宙神秘連環。*16*

在這裏，林氏把力與生合起來說，甚至等同起來。生不單是說一般經驗上
的生，像母生子、雞生蛋那樣，毋寧是，它的主脈是在宇宙論的創生的意
味上。生是需要力的，有力才能生，無力便不能生，與死無異。因此，在
林同濟的力的觀點中，宇宙論的生成變化肯定是其基調，又以力是生的本
體。然後他又說動，動是力的動，故林氏說「一切的動都由於力」。人的
生活節奏需要動來維持，自然宇宙的種種現象如風雨雷電的交替現象的出
現，都是在動，也是力的不斷運用、作用而行。這在原始的生活狀態中時
常遇到。這樣，林同濟說力，從本體、宇宙的生成變化說到現實的生活。
這三者幾乎概括了天地宇宙的變化歷程。他提出生、力、動是三位一體的
宇宙神秘連環，是恰當的，有其深邃義蘊。

特別要強調的是，林同濟提出一種對宇宙萬物的新的看法，這便是力
的宇宙觀。他說：

> 無窮的空間，充滿了無窮的力的單位，在力的相對關係下，不斷地
> 動，不斷地變。……柯伯尼宇宙觀原來就是歐洲人的人生觀的基
> 礎，原來就是歐洲人的人生觀。*17*

---

16 許紀霖、李瓊編：《天地之間：林同濟文集》（上海：復旦大學出版社，2004），頁
114-115。

17 《天地之間：林同濟文集》，頁129。

林氏在這裏所說的力的單位，是以數說。力是虛的，不是實體物，不是物體，卻是真理，具有終極義。這讓人聯想到懷德海所說的實際的存在（actual entity）、實際的境遇（actual occasion）和事件（event）；這些東西是宇宙的根源，是就構造、結構來說的，每一項都是終極的實在。所謂粒子，如原子、質子、中子、電子等，都是數學計算出來的粒子，不是實體性的不能分割的東西。林同濟不僅把力作為宇宙萬種現象的本源，而且將它看作泛生命存在的根本，賦予它本體性的意義，從而提出一種力本體的思想。

進一步，林同濟強調力的中性說，在它最原始的階段，只是一種力量、動感，沒有道德、宗教、藝術的標籤。進一步可以說，力就是真理的表現。他說：

> 力的本身無所謂道德不道德：就譬如「生命」一般、「光」、「熱」一般。生命、光、熱的存在，與道德或不道德問題風馬牛不相及。無奈傳統腐儒的偏見，只苦抱著「德感主義的宇宙觀」，對「力」字的用法，一向「霸道派頭」，不問究竟，破口便罵。……力者無他，即俗話「力量」之謂。宇宙間萬有，無論大小，都有力量。在無機物則叫作「精力」或「能力」（energy），在生物則叫作「活力」（vitality），在人事界中叫作「權力」。……自然界、人事界，一切的一切都是力的表現、力的關係。因為一切都是力的表現，所以有一個存在便有它的力，無力便無存在。[18]

這裏所說的觀點，非常重要，可以歸納為兩點。第一，力是中性的，它超越善惡、生死、有無的相對性。也沒有道德、宗教、藝術等的分野。如筆者所提純粹力動一樣，後者作為一切的存有的根源，只是一種動感，發而為力量。這力量可以開拓出種種文化活動，如道德、宗教、藝術。第二，

---

[18] 同上書，頁130-131。

它是宇宙萬有的存有論的根源，「宇宙間萬有，無論大小，都有力量」，「一切都是力的表現」。故這力是具有存有論、宇宙論的意涵的終極原理；它不是物體，而是某種構造、某種關係，在這構造、關係上，一切都無質體性，不是實體，而是虛的。虛的狀態才有活力、活動可言，實的狀態則是凝滯的、僵化的、死寂的。

上面提到林同濟的生、力、動的三位一體說，這裏對力與動作一些補充，以展示出他對力與動的密切的聯繫的觀點，這可說是一種力、動環境論。他表示，我們的力是動感性的，是變的。重要的是它的動與變與它的周圍環境有相對相關的聯繫。即是，你是力，人家也是力，你不變動，而人家變動，則你不變動亦會變動了。林氏強調，我們如何在這種不斷變動的相對關係中，維持你的作用，以至擴大加強你的作用，是一絕對艱難的事。他又說：

> 我們這個大宇宙原來不是一個寂寂的悶葫蘆，它有如春日流霞，萬千其態。它原來是一個無窮的大可能。……力的單位與力的單位，在力的相對關係下，不斷地動，不斷地變。大戰國時代的特徵乃在這種力的較量。比任何時代都要絕對地以「國」為單位，不容局限於個人與階級，而也不容輕易擴大而多言天下一體。*19*

這段文字展示出林同濟的力動的宇宙論，所謂「春日流霞，萬千其態」，真有佛教華嚴宗所倡導的法界圓融的真空妙有的景像。而「力的單位與力的單位，在力的相對關係下，不斷地動，不斷地變」，也構成華嚴宗所講的「相即相攝相入」的具有終極義的萬法的重重無盡的相關相連的狀態，更極接近懷德海所嚮往的實際的境遇的相互攝入的宇宙論的理趣。這是大戰國時期的國與國的多元的政治單位的相融無間的理想主義的關係。

要言之，林同濟以力為根本的主張、思想，實是以某種程度的宇宙論

---

19 同上書，頁 132-133。

為依據，加上尼采的意志思想而得成就。在他看來，力有宇宙的本體的意涵，這是在理論上說。在實踐方面，則是戰國時期的一種社會準則，它亦有在本質上規定人之所以為人的意義，人應該在現實的環境中作出奮鬥，以達致力的境界的目標。另外，林氏也表明他的歷史形態觀點是與馬列主義的唯物史觀對反的、不相容的。這是使他在解放後的大陸不能找到容身之所的原因，特別是在文化大革命期間，他長時間受到政治性的逼害。

在戰國策學派中，除了林同濟申張力的作用外，也有人強調意志的重要意義的，這主要是受到尼采的權力意志的概念的影響。陳銓便是其中的代表者。他表面上排拒唯物說與唯心說，暗地裏卻傾向意志的論調，這其實是唯心論的範疇。他談到人類歷史的演變，提出兩種推動的力量：「物」與「人」。主張物或物質是歷史的動力，以為歷史上時代的轉變，主要要看物質條件的轉變。在石器時代、銅器時代和鐵器時代各有其特點。在遊牧時代、農業時代和工業時代，也各自不同。所以各有特點、各有不同，原因在於物質條件發生了劇烈的變化。另一方面，陳氏又說，有些史學家主張人是一切歷史的成因，認為物質條件只是歷史的外表而已，人才是歷史的內心，物質要靠人來運用。人是主，物質是奴；人是本體，物質是現象。人可以支配、戰勝、創造物質，物質則沒有力量來對付人，予人的歷史有積極的影響。

陳銓指出，這兩方面的理論，都各有缺點。他強調，在相當條件下，人類的行動，會受到物質的限制。但人之所以為人，除了求生存的所需之外，還有強烈的「意志」。這是與生俱來的、不可磨滅的意志，正是人的精神活動的基礎、發源地，它能統領人的一切感覺本能。人的一切動作、思想、反應之能夠向著一個目標奔赴，都少不了這種意義。最後，陳氏作結，提出人的意志，是歷史演化的中心。凡是想藉著物質條件來說明一切的人，凡是相信人力可以戰勝一切的人，都只看到一方面的現象，而沒有抓住全體的真實。

現在我們看中國文化獨具二週及可能發展出第三週的問題。依據史賓格勒的歷史形態學，所有的歷史文化體系，都依循生、長、老、死的模式

發展下去，由生長到老死，便消亡了，沒有再興起的可能。世界上所有的文化體系都是如此，都只有一週。但戰國策派的雷海宗以歷史形態學來檢視中國文化過去的發展及當前的處境，發現現在的西歐文化是在歷史上唯一未走完文化發展的各個階段的，這個文化現在發展到戰國階段，並向著大一統階段挺進，按理在這階段之後便會衰亡。而中國文化則是例外，它已走完兩週了。第一週是從殷商西周至五胡亂華，第二週則自南北朝經隋唐以下，以至於清末。目下（按指當時的第二次世界大戰的中間階段）是一個衰敗的大一統文化遭遇到一個戰國文化（按指歐美文化）的適應性的難產時候。當時的世界大戰正在分為兩個陣營，交戰國家都以聯盟的方式而存在，尚未到美、蘇兩個超級強國的對壘局面。戰後是冷戰時期，兩大強國對壘得緊，形勢嚴峻。

雷海宗提出，中國文化的第二週的發展固然是人類歷史上的一個奇蹟，而在抗戰期間已處於末期了，中國文化的前景是結束舊的局面，讓第二週慢慢過去，成為歷史，而創發新的前途，實現第三週的文化。雷氏指出，我們並不知道過去的文化為甚麼一定會消亡，中國的文化能夠獨自存在。我們只知其然，而不知其所以然。不過，我們可以勉強作一個比喻：文化像花那樣，其他的文化都是草本，花一度開放，便告凋謝；中國似是木本花，今年開放了，凋謝了，但明年可再開。若善於自我調理、自我培植，則可以無限地生長，無限地延長生命。雷氏很有信心地說，中國文化作為第二週出現，在人類的文化史上顯然是奇蹟，但既有第二週，也就可進而發展出第三週來。這對中國人來說，固然是驚喜，但亦是警訊：若不善加努力，自我不斷強化，第二週過去後，第三週可以不來。在這裏，我們應該超越、克服宿命，讓主體性振作，立於不敗之地。

我們或許可以這樣看：歷史文化的生起、存在、延續下去，需要一個精神意義的觀念來帶動。第一週的中國文化，有儒家的「仁」的道德理念來帶動；第二週的中國文化，則有佛教的「涅槃」的宗教理念和宋明儒學的「心」、「理」的形而上學的理念來帶動。第三週倘若要出現的話，則仍需藉著一個文化理念來帶動。這是甚麼理念呢？我們可以以此自勉，共

同努力。

　　雷海宗在他的《中國文化與中國的兵》一書的重要內容，或許可以對關心中國的歷史文化發展的人一些啟示。在這本篇幅不多但見解尖銳的著作中，他指出中國二千年來大一統專制皇權與官僚傳統下所養成的最大毒害，便是「國家」意識的喪失，尚武精神的衰退。國家作為價值的中心觀念，其表現在於尚武精神。國家意識與尚武精神是相互應合的，國家意識若處於弱勢，不受重視，則尚武精神必然衰退。兵士是尚武精神的表徵，中國的傳統一向都以謙和、太平為目標，兵士不受重視，雷海宗因此便說中國二千年來的文化是「無兵的文化」。這樣一個缺乏尚武精神的中華民族，不管在道德倫理上如何發達，一旦強敵入侵，如何抵禦呢？這實是中國的歷史文化的現實的危機，是值得我們深刻地反思的。

五、京都學派的絕對無史觀

　　上面我們講史觀，包括黑格爾的精神史觀、馬克斯的唯物史觀和史賓格勒的歷史形態學，都是西方式的，而且都是德國方面的。戰國策派則承襲了史賓格勒的歷史形態學來講歷史，特別牽涉到中國有二週期的歷史文化的看法。有第一、第二週期的歷史文化，那就有第三週期的歷史文化的可能發展。以下我要講一下東方日本的京都學派的史觀，那便是久松真一所提出的絕對無史觀。這種史觀比較少人注意，可能是由於它是較近出現的，而且在京都學派的哲學中，明顯地出來的，只有久松真一一人，但這不會影響它的意義。

　　久松真一與西谷啟治同是京都學派的第二代的人物，而且都是創派者西田幾多郎的門人，也都下開該學派的第三代與第四代，因此都有承先啟後的意義。久松真一的宗教理想是所謂的「FAS」。F 指 Formless Self，A 指 All Mankind，S 則指 Supra-historical。合起來是要覺悟到我們都涵具的無相的自我（Formless Self），站在全人類（All Mankind）的立場，超越歷史地創造歷史（Supra-historical）。這無相的自我是沒有具體相狀的

超越的主體性，是我們的真我；久松提出要以這無相的自我作為基礎，以
建構全人類的世界，超越地、無限地創生歷史。這其實是一種宗教運動。
他在其《久松真一著作集》中二卷《絕對主體道》中的一篇〈平常心〉的
論文中，談到絕對無史觀。以上我們探討過的三種史觀，都以一種發展的
觀點來看歷史，故顯現相當強的動感。久松真一也有他自己對歷史的看
法，那是基於他對佛教特別是禪的無的觀念的體會而發展出來的。他更承
受了西田的絕對無的觀念，以「東洋的無」稱之，把它看成是歷史的根
基，它超越歷史，不受歷史的限制，而又能創造出歷史，翻新歷史。他的
說法不是很有系統性，也不夠詳盡，有些地方更艱澀不易解，但含義深
遠，意思還是在那裏。我們在這裏所要做的，便是要根據這篇文字，把久
松的獨特的史觀展示出來。這可以說是絕對無史觀。這點弄清楚了，他的
FAS 的宗教理想中的超越歷史而又復創造歷史的意義才能明白。

　　久松首先區別兩種主體或主體性，其一是根本的主體，另一是歷史的
主體。說到主體（subject）及主體性（subjectivity），有點不同。通常說
主體，可以就經驗義說，也可以就超越義說；主體性則多為超越義。在這
裏，我是交互地用，不作區分。久松本人也是有時說主體，有時說主體
性，但以說主體為多。根本的主體是絕對性格的主體，沒有矛盾的主體；
歷史的主體則不是絕對性格，而且有矛盾性。也可以說，根本的主體是沒
有限制性的，是完全實現的、顯露的；歷史的主體則有限制性，不是完全
實現的。

　　久松參考柏拉圖的學說，提出形相，以形相的發展來說歷史。不過，
柏氏的形相是理型（Idea），是絕對的、抽象的實體，久松說的形相則是
非實體主義的性格，具有普遍性，是一而不是多。兩者不單不同，而且有
很大的落差。依柏拉圖的說法，形相本來是被視為超離世界的東西，但由
於現實的東西都分享它的形貌，是它的仿製品，因此形相可以說是體現於
現實的東西之中。久松把這種形相看成是歷史的內涵：形相落實在具體的
事物中，不斷發展，便成歷史。他更進一步把形相說為是歷史的主體，也
強調它不是根本的主體。理由是，形相體現於現實的東西之中，但這種體

現始終有限制，它永遠無法得到完全的體現或是實現，因現實的東西總是有物質性，這物質性與抽象而完滿的形相有抵觸。現實的東西可使形相落實於其中，同時也限制了形相。這裏的限制與西田幾多郎所說的絕對無的自我限定或個體物相互限定的限定略為不同，後者較有宇宙論的推演作用在裏頭。這個問題太複雜，這裏沒有篇幅討論下去了。

　　形相是歷史的主體的另一理由是，它有一矛盾的性格。久松以為，無限的形相體現於現實的東西之中，或形相現實化，需要作自我限制，這便變為有限。只有在自我限制之中，形相才能被經驗到，它的本質才能被表述出來。也只有在這種情況下，歷史才可能。但當形相限制它自身而變成有限時，它同時超越現實化，以它本來無限的性格截斷一切限制。這便是形相的矛盾性。我們可以這樣理解，形相現實化，表示它要與現實的、有限的質料結合。便是形相與質料結合而變成有限性格時，憑它自身的超越性與無限制性超越現實，阻截一切限制的情境中，它成為歷史的主體。

　　說到形相，不能不提絕對無。這是京都學派的核心概念，一切思想，都要在絕對無一觀念的脈絡中說。久松的歷史觀也不例外。他以形相的發展來說歷史，他實際上是在歷史哲學方面，把形相等同於絕對無。這種等同關係，是形相通過它的自我限制而實現它自己，這種限制建立起現實的東西，同時，這種限制作用又是現實化的東西的否定；在那些限制了的東西或現實化的東西的無限否定中，成就了形相的絕對的否定的性格，或者是形相的絕對無的性格，這絕對無的性格即是歷史的原理。這中間的意思表面上不易理解。其中提到形相的自我限制是現實化的東西的否定，為甚麼是這樣呢？久松未有解釋，我們亦不強求解釋。我們要提出的是，絕對無應是絕對的否定，它不是與相對肯定對比著說的相對否定。而絕對無的性格也是通過絕對的否定顯示出來。我們可以說，形相通過它的自我限制而使現實化的東西被建立、被確定下來。但這種建立與確定是在歷史中進行，是不能停滯的，否則歷史即不可能。即是說，現實化的東西被建立、被確定了，同時也必須被否定，而作為絕對無的形相即在這種否定中顯示出來。這種否定是一種絕對的否定，是沒有保留的否定。

　　我們也可以這樣看，存有或相對的有是由絕對無自我限制而來，對於絕對無來說，有即是無，無即是有，這相對的有與無不斷交替置換，而留下種種痕跡，這痕跡即是歷史。但歷史不是源於相對的有無，而是源於絕對無。絕對無位於歷史中的現實的東西的底層，這構成歷史的內在主體。它有兩面性格：就絕對無恆常地創造歷史的現實的東西來說，它是絕對有，和是內在的性格；但就它恆常地否定它的由自我限制而成的現實的東西來說，它是絕對無，是外在的和超越的性格。歷史之能恆常地創造，是由於絕對無是歷史的根本的主體之故。

　　在這裏，涉及歷史的矛盾問題。久松認為歷史和平常事物一樣，在構造上綜合矛盾的兩端。平常事物是常同時是不常，是存在同時是非存在。平常事物變幻無常，故是不常；但這些事物有相當的持續性，能持續某一狀態至一定程度，故是常。這常與不常是相對性格的。歷史也是一樣，具有相互對反的性格。這樣看歷史，有辯證意味。它與平常事物有密切的關係，受它的或有或無的狀態所影響。倘若平常事物只是有，則歷史的前進便不可能，因有傾向於常，常則不變，而前進則是變化的表現。另外，平常事物如只是無，則歷史的現前性並無法呈現，現前性畢竟是一種有的表現。

　　歷史的要素，是形相與質料。這是在歷史哲學的眼光下看的。久松在這裏顯然是把歷史類比到一般事物的發展方面去。事物的發展，依於形相與質料，兩者必須相互配合才行。歷史也是如此。就歷史事實來說，形相與質料不是完全相同，但也不能相互分離。兩者必須結合起來，才可能有現實的東西。兩者的關係是，形相超越質料，質料隨順形相。這裏，久松以柏拉圖的實物與形相的關係來立說，以為現實的東西可以說是無止境地在逼近純粹形相的過程中。不過，他揚棄柏拉圖的形相是靜態的說法，而認為在歷史哲學來說，形相是動感性格的，是動態的；歷史即由於這動感而得以前進、發展。

　　形相與質料這兩種歷史的要素實在有既是矛盾又不是矛盾的關係。就歷史的範圍來說，個別的現實的東西會排斥別的個別的現實的東西。即是

說，在歷史的內部，歷史自己否定自己。這是歷史的矛盾。歷史便是由於有這些內部的自我拒斥而得以發展、前進，而表現一種積極的、肯定的姿態。故在歷史中，其內部的否定因素正蘊涵著它的肯定因素。就歷史來說，否定會引致肯定，矛盾會引致統一。擴大來說，無即是有，變異即是恆常，紛亂即是寧靜。久松以為這種正反相互回歸，相互等同，是歷史的基本性格。這其實也是辯證的性格。

但歷史中的矛盾會引致或即是統一，畢竟是歷程性格的，它畢竟有一終極的矛盾。這是從矛盾與統一的相互衝突的事實中顯示出來的。這終極的矛盾是歷史的一種契機，透過這契機，歷史自己被否定下來，而轉向其他文化領域，或者是道德，或者是宗教。久松以為，這就歷史自身來說，可以被視為一個終極的危機、終極的不穩、終極的兩難和終極的悲哀。在這裏，存在著對歷史的終極的批判。這是對於歷史的完全的、根源地主體性的批判。久松在這裏顯然是從另一導向來說歷史，這即是覺性的、反省的導向，可能是宗教的導向。因此他強調歷史的這種終極的矛盾是不能從「歷史的辯證」中得到解決的，它必須依靠「宗教的辯證」，才能消解。久松以為，宗教的辯證能夠超過歷史的深淵，克服歷史的終極的矛盾，而不為後者所困擾。以下我們即討論這個問題。

在久松看來，宗教的辯證能帶來宗教意義的解脫或解放。這種解放不單是移去歷史的一些個別的矛盾，更是一種「脫落」的成就。久松未明言這脫落是哪方面的脫落；日本的道元禪有身心脫落的實踐，久松大抵也是指這種實踐，那是肉體與精神上的大解脫，泯除兩者的二元對立與束縛。久松以為，這脫落是終極的解決、主體性的解決。結果是作為深淵與終極矛盾的歷史熔化掉，大死掉，[20]以一種根本的主體性的方式完全脫落掉。這是終極的克服，也是終極的統一。突破了生命的大疑團，便得大覺悟。大覺悟必須是對生命問題的完全的、根本地主體性的解決，是根本地主體

---

[20] 在禪來說，克服以至摧破生命中的大疑團，而得新生，重新體會生命的意義，稱為「大死」。

性的知識、存在的知識。

很明顯地看到，久松是以禪的大疑團、大困惑來說歷史或歷史的主體的終極的矛盾。要獲得新生，展開新的生命活動，便得衝破大疑團；這是超越歷史的一種工作，因而不是在歷史的範圍中所能成就的。不能依賴歷史的運作，即不能依賴歷史的辯證。它只能在歷史的立根處成就。但歷史立根於哪裏呢？久松以為，歷史的立根處是先在於歷史的，那便是宗教。他提出「歷史的脫落與自我熔化」，其意即在歷史要從它自身脫落過來，回歸到它未生前的根源方面去，這便是超越歷史。回歸到它的根源方面去，才能使歷史歸於正位，而妙動萬有，在現象世界展示殊勝的運作，這是創造歷史。這意味著伴隨著歷史的發展而又作為歷史發展的依據的主體性，這是無障礙的、自由自在的根本的主體性。這也是真正的佛。而那根本的主體性所在的歷史的世界，正是佛土。根本主體可說是遊戲三昧於歷史的世界中。

在這裏，絕對無的史觀呼之欲出，那個作為歷史未生前的根源，為歷史的回歸處的根源，正是絕對無。要超越歷史，必須在這絕對無的脈絡下說。而使歷史歸於正位，在萬有中妙動的根本的主體，也正是絕對無。它使歷史在萬有中妙動，其實是它自己在萬有中妙動；它的遊戲三昧的軌跡，正成就了歷史，這也是創造歷史。故超越歷史而又創造歷史的，都是這作為歷史的根本的主體性的絕對無。這便是久松的絕對無的史觀。

第十三章 文化哲學

一、文化哲學與歷史哲學、文化與文明

在這一章中,我們要探討文化哲學的問題。如上面已提及,關於文化哲學(philosophy of culture),很多時也被稱為歷史哲學(philosophy of history);因為文化與歷史,實在有很多重複之處,但也有明顯不同的地方。兩者的關係千絲萬縷,一時很難說得清楚。在這裏姑總持地說,文化哲學是以哲學的角度來看文化,強調文化的基礎與表現;歷史哲學則是以哲學來看、處理歷史的問題,看歷史的發展是否有一普遍的軌則可從。這樣說,自然是寬泛得很。但在初始階段,只能這樣說。

以下是進一步的辨識。我們先看「文化」與「歷史」的意義和它們的關連。歷史(history)是以時間的序列來安排種種事件。不同的事件在不同的時間中出現、發生。我們以時間來作串聯,依出現的先後把這些事件羅列、敘述,便是歷史。在這裏,現象的意味很濃厚。文化(culture)則比較多傾向於本質方面。種種事件的出現,而成為現象,其間有沒有具本質義的普遍要素呢?其中的精神、理性的價值意涵如何表現出來呢?我們姑以價值的活動來說文化,以別於一切自然的活動。文化作為一種價值的、自覺的活動,必須在時空交錯的歷史中出現;而歷史是人的歷史,它也展現出人的種種價值的、自覺的活動和觀點。我們可以說,文化是以歷史為載體而具現出來的,而歷史的主要內容,正是不同的文化表現、文化活動;倘若歷史不包含文化,則只是一種純然是自然世界中素樸的自然串聯,沒有任何的理想的、現象學的意涵,成就不了生活世界。如老虎在上

午抓著一個人，把他吃了；下午這人的同伴找到老虎，把牠宰了，等等。

歷史哲學有時也叫「歷史形態學」，其焦點在歷史事件，重在時間上不同階段的串聯，如季節上有春、夏、秋、冬那樣，有一個由生而長，而老而死的過程。這是把歷史比喻為有生機的、生命的事物的生死歷程。德國哲學家史賓格勒寫有《西方的沒落》，便是這樣來看、來處理某一民族的歷史的變化歷程，它有一個周期，像春、夏、秋、冬那樣；春是生長，夏、秋是發展，冬則是衰老，最後凋零、謝殁。該民族的歷史便完結了。這個周期性的發展過程，完結便真的完結了，不會有復興，不會有第二以至第三周期的發展。[1]

文化哲學有時也叫「文化形態史觀」，其焦點在文化的發展方面，是不同的文化體系的發展，強調人的精神在各個文化體系的進展情況。其著力點是作為文化的本質的理性如何在特殊的時間與空間中的表現。德國哲學家黑格爾寫有《精神現象學》和《歷史哲學》。特別在後者中，他以精神的發展來講歷史、世界史：沿著歷史與地理亦即是時間與空間來講精神由啟蒙階段到成熟階段的發展。如開始之部講中國文化，這是太陽最初升起於東方，是文化表現的初階，然後向西挪移，經印度而至希臘、羅馬，最後成熟於西歐的日耳曼，亦即是德國而大盛，達致成熟階段。但以後如何發展呢？是否還有比日耳曼更成熟的文化發展出來呢？黑格爾則說不出來。這是他的歷史哲學思想的漏洞。

探討中國文化的著作通常可以分為兩種：中國文化史與中國文化要義。中國文化史以歷史發展為主軸，依時間的次序講述中國歷史各個階段在文化方面的表現。中國文化要義則就內容的性格敘述並評論中國文化各方面的發展，如哲學、宗教、文學、政治、經濟、教育諸項。較受注意的

1　如上一章所提及，近現代的中國學者所謂戰國策學派的林同濟、雷海宗等，便參照史賓格勒的歷史生態觀來理解中國歷史，但認為中國民族、中國文化並不是如其他民族、文化一樣，只有一個周期，而是有第二周期，以至第三周期。他們認為中國民族、中國文化的第一個周期的核心是春秋、戰國時代；第二個周期的核心是隋唐時代；第三個周期的核心則是當代、現代。

這方面的著作有梁漱溟的《中國文化要義》和勞思光的《中國文化要義》。梁漱溟的書也涉及社會發展方面的問題。唐君毅的《中國文化的精神價值》也是屬於中國文化要義類的著作，不過，它的焦點在精神的層次，最能展現這方面的成就的是哲學、宗教、藝術、文學、音樂、繪畫等方面。

　　以上討論了文化哲學與歷史哲學。以下看文化與文明的問題。約實而言，文化與文明兩個概念在意義上有很多重疊之處，雙方都有從自然的狀態發展到具有理性的軌則、以理為主導而不是以氣為主導的意味。不過，兩者的重點仍有細微的不同。我們通常說文化精神，而少說文明精神。這文化精神的著力點在精神方面，而最能突顯精神性格的，莫如哲學。例如我們說西方的哲學精神是重智（知）的，中國的哲學精神是重德的。知主要是從知識方面說，以及於典章制度和行為軌則。德則是從道德、德性方面說，主要表現在我們的日常的行為方面。一般所謂的道德實踐、德性教化，都是就具體的行為、行動而言的。我們也可以籠統地說，知是傾向理論的建構，德則是傾向實踐的表現。康德以純粹理性來講知或知識，以實踐理性來處理、安頓道德的問題，並及於上帝、不朽靈魂與自由意志等形而上性格的東西。就意識的問題而言，我們通常講文化意識，不大講文明意識。文化意識有頗重的精神意味。另外，我們時常提及人文，這是強調人性、理性、秩序的意味，與自然、非理性、野蠻、混亂的意味相對舉。唐君毅寫《人文精神之重建》、《中國人文精神之發展》等書，都有強調文化精神的意味。

　　相對於文化對於內在的精神方面的偏向，文明則似偏於外在的表現。但這只是就比較的角度來說，當然不是絕對的。我們有四大文明的說法，即世界上有過四個古文明的民族、國家，即埃及、巴比侖、印度和中國。在這裏，文明與文化並沒有很大的差別；只是文明比較多涉及上古文化遺留下來的具體痕跡，如埃及的金字塔、獅身人像，巴比侖的神廟（在東柏林的博物館中看到，現在東西柏林已統合起來了），印度的恆河的送葬儀式，和中國的龜背甲骨文、青銅器。臺灣的文化部長龍應台也曾向大陸放

話：「請用文明來說服我。」此中的文明，除了精神意味之外，也夾雜一些政治意義的民主、人權等的訊息，特別是政治上的透明度。對於精神來說，這是比較外在的。大陸多個地方都貼有「講文明」的標語，這則聚焦在一般的生活節目上，如不隨地吐痰、不抽煙、不亂丟垃圾、在公車中要讓座給年長者之類。一言以蔽之，講禮貌，克己復禮也。

有學者杭亭頓（Samuel P. Huntington）寫過《文明衝突與世界秩序的重建》（*The Clash of Civilizations and the Remaking of World Order*）。此中的文明，著重政治、經濟、軍事方面。又有學者不同意文明的衝突的結局，卻強調文明是可以調和的。這在精神方面來說，尤為正確。米勒（H. Müller）的《文明的共存》（*Das Zusimmenledender Kulturen*），便是要說明這點。

德哲史懷哲（A. Schweitzer）曾提及文明是以倫理上的對世界和人生的肯定態度為基礎的。又進一步說文明是一切活動領域中精神和物質的進步，以及個人和人類的倫理發展。這是在他的《自傳》中說的。他的著力點在於文明的倫理性，這便趨近精神一面。

以下要集中探討文化的問題。甚麼是文化呢？這個問題難倒很多人，我們在這裏姑這樣說：文化是人類應付自然環境之餘所開拓出來的價值的、自覺的活動。我們人有價值的、自覺的心靈，這心靈可開展出種種文化活動；概括言之，是科學、道德、藝術和宗教。科學求真，道德求善，藝術求美，宗教則求神聖。

在科學活動中，我們有認知的心靈，以主體認知客體或對象，主體與對象是對等的，雙方都有一定的獨立性，而成一橫列的關係。就康德的知識論來說，認知主體有感性與知性，兩者分別在時空與範疇的形式概念下合作理解作為現象的對象，建立對對象的客觀而有效的知識，這樣便夠了，其他的問題，便交由心靈的另外的、其他的功能去處理便行。[2]要注

2　康德所說的感性，相當於佛教唯識學的現量（pratyakṣa），知性則相當於唯識學的比量（anumāna）。

意的是，科學所能達致的真，是有限制性的，它只能是現象層面的真，不能是物自身層面的真。

　　科學知識的真沒有終極義，因此要有轉化。在康德來說是窮智見德；在唯識學來說是轉依或轉識成智；在當代新儒學來說是良知先自我坎陷而成知性，以認識對象，最後又由知性回復至原來的良知的明覺。窮智見德可成就道德，但道德活動的結果不是成就知識，而是成就道德行為，通過道德行為可以薰習、改變現實環境以至世界，在其中便可以講理想、生活世界。[3]此中的關鍵點是，道德的出發點是一種應然意識，這種意識對行事的人有一種祈使以至命令的作用，促使他順著應該怎樣怎樣的想法去實現道德的理想。[4]基於此，我們可以說，道德不是拿來講的，而是拿來實踐的。這正是王陽明講的知行合一的意味。道德自身便是目的，有獨立的價值，它不是達致在它之外的目的的手段，我們在這裏可以講福德一致。即是，展現道德行為、履行道德教條便是幸福。是否能夠達致預期的理想，而得幸福，那是另外的問題。

　　在藝術或美學活動中，美感主體與美感對象一體無間。美感對象的形相為美感主體所吸收，美感主體的情意也流注到美感對象方面去，因此兩邊有一種美學之流往復迴旋，而達致一種無分別的、無人我或對象與主體的相對的、對立的關係。這是無我的境界、情境交融的境界，是所謂移情（empathy）作用。我們也可概略地、寬鬆地說，美感或藝術境界成立於理性展現、滲透於感性中。有理性而無感性，是枯寂的智思；有感性而無理性，則會淪於純粹欲望。

　　至於宗教活動，人要在現實的環境中，從罪、老、苦一類負面的狀況中，脫卻開來，超越上來，以達致一種精神性的解脫境界。即是說，從經

3　馬克斯所提的唯物論有很多漏洞，哲學基礎很弱。不過，他就哲學的作用講過一句話倒是很正確的，挺有意思的。他說哲學不單是解釋、說明世界，而且要改變世界。

4　英國哲學家如赫爾（R. M. Hare）之類喜歡分析道德的語言（language of morals），表示這種語言有祈使、促發的意味。但只是限於分析而已，當事者是否一定會在行為上表現道德的情操，沒有必然性。

驗到超越，從相對到絕對，從有限到無限，從惡到善，從罪到福。這是他們的終極關懷。一切的宗教的活動，如靜坐、冥思、祈禱、念佛、懺悔等實踐，都是要達致這種理想的、終極的目標、境界。人生的矢向，是向著這個目標、境界邁進的。現實世界有多種不同的宗教，其教義、禮拜儀式都不盡相同，但目標只有一個：超越時間而臻於永恆，由變化趨向不變，由死亡邁向永生。

以上四種文化活動，是筆者在《純粹力動現象學》及其《續編》所闡述的價值的、自覺的活動，是作為終極真理的純粹力動在文化方面開拓出來的領域，是解決人的終極關懷問題的途徑。這些文化活動不是相互獨立的、各自發展的，而是相互牽纏、互助互補的，都是屬於同一心靈的向上求超升的活動。康德便以美學或藝術作為科學與道德的中介，以其藝術上的美感的基礎亦即是想像或是構想力來溝通作為知識基礎的純粹理性與作為道德基礎的實踐理性。而宗教也可以說是科學、道德、藝術等諸種活動的統合體。它是集合人類諸種精神活動如真、善、美的價值於一身的超越的、終極的活動，是神聖性格的。過此以往，便再無更具終極義的精神活動了。

二、史懷哲的文化哲學觀

對於文化哲學，亦即是從哲學來說明文化的形成與發展，許多學者曾提出自己的看法。我們在這裏先集焦在上面提到的德哲史懷哲的說法方面。史氏是一個學問淵博的人，他在哲學、神學、宗教以至音樂和醫學，都有特出的成就，一個人擁有四個博士學位：哲學、神學、音樂和醫學。每方面的成果，都由自己努力打拼出來。作為一個醫生，他在下半生的半個世紀中，在非洲渡過，醫療、處理文化落後的非洲土人的病苦問題，是一個充滿人道主義的大學問家，最後獲得諾貝爾和平獎。

史氏很有自己的一套文化觀，對於近、現代的西方文化精神的衰退，有極其嚴刻而敏銳的批判，並提出自己的獨特的文化思想，這即是尊重、敬畏生命的文化倫理觀點，同時也強調積極的、樂觀的世界觀對文化成立

的重要性。5

　　他首先提出甚麼是文化一問題，並扼要地指出，文化是個人和人類在所有領域和任何角度中的所有進步的總和，它需是有助於在進步中的個人精神的完善的進步。甚麼是進步呢？史氏表示文化的進步是個人及集體在物質上和精神上的提升。

　　進一步，史氏提出文化的本質問題。他從實現方面強調文化有雙重意義。即是，文化實現於理性對自然力量的控制中，也實現於理性對人類信念的控制中，並強調後者較具本質性。原因是，我們通過理性對自然力量而贏得控制權，但這並不意味一種純粹的進步，而是利弊兼而有之的進步，其中的弊端會產生非文化的效應。人們會利用機器中的自然力量，威脅到人的經濟生活。而理性對人類信念的控制，可深刻地使人們和各個民族不能協調地合作，以利用這種自然力量，卻是為了對這種力量的控制，進行非常可怕的生存的鬥爭。這種生存的鬥爭可使我們生活在文化和非文化的危險的混雜之中，不能分辨出應走的路向，致作為文化的最終目的的個人在精神上和道德上的完善無從說起。

　　從實現觀點躍進上去，史氏提出著名的敬畏生命來說文化的本質，這當然有倫理的意義。即是，我們的生命意志努力敬畏生命，敬畏生命日益得到個人和人類整體的承認。因此，文化不是表面上的世界進化的現象，而是深邃地指涉我們內心對生命意志的體驗。上述的進步，可以關連到生命意志來說。即是，這進步使世界中的生活意志激發起來，他們在自身的

5　史懷哲寫有《文化哲學》（*Kulturphilosophie*）一書，說明他在文化方面的觀點。全書原來分四個部分，或四卷，依序是〈文化的衰落與重建〉、〈文化和倫理〉、〈敬畏生命的世界觀〉和〈文化國家〉。第一、二卷在他在生時（1923 年）出版，定名為《文化哲學》，第三卷只留下手稿，於 1999、2000 年作為遺著出版，第四卷則沒有寫出來。特別是在第三卷中，他表明，要交代過去有關世界觀的論爭的結論，並深入地闡發世紀觀問題的意涵。我們在這裏對史氏的文化哲學思想的闡釋，以《文化哲學》一書為依據，也參考他的《史懷哲自傳：我的生活和思想》（*Out of My Life and Thought*）。

活動範圍內敬畏一切生命，並在敬畏生命的精神中證成完善性。史氏強調，真正的文化要到敬畏生命才能說。

由敬畏生命，史氏提出世界觀問題，這是一切系統哲學所必須涉及的課題。史氏強調，文化以世界觀為基礎，因此有所謂文化世界觀的說法。史氏強調，世界觀要由許多個人的精神覺醒和倫理意志而成，不是表面上對世界的看法那麼簡單。如果倫理的精神確實是實現文化的現實領域的充分基礎，那麼只要把這一領域重新導向文化世界觀，以及由此產生的文化信念，我們就能夠回復到原來的文化。這樣，倫理精神被視為實現文化的基礎，便有所謂倫理的世界觀。

這種世界觀是肯定世界和生命的，也是樂觀主義性格的。這種世界觀能夠鼓舞、激發人從事以文化為目標的行為。同樣，只有倫理的世界觀才具有使人在行為中抑制以至放棄利己主義的利益的力量，同時促使人把實現人的精神和道德完善作為文化的根本目標。

史氏又提出，對於文化理念和文化信念復元的進程的分析順利的話，我們會看到樂觀主義的世界觀，或倫理的世界觀，或者兩者合起來，會在更大的程度上贏得人們的確信，也取得相應的成效。而在文化衰落時，相同的因果性就會以否定的形式起著作用，即若不能得到人們的信任，文化便會衰落。史氏更強調，所有可以思想的文化理念和文化信念都來自樂觀主義和倫理。文化便是由樂觀主義的世界觀和倫理的世界觀創造出來的。樂觀主義使人確信，世界進程具有一個有意義的精神目標。倫理的世界觀則能改善世界和社會的關係，促發起人的道德的完善性。

現在的問題是：文化理想為甚麼衰竭呢？它如何衰竭呢？史懷哲指出，我們不能基於自然生命的種種類比來回應。他往樂觀主義的世界觀和倫理的世界觀追溯上去，認為文化理想不能夠充分地、堅定地證成這兩種世界觀，所以衰竭了，下滑了。如果我們能夠重新提出一種令人具有充分信心的倫理性格的肯定世界和生命的世界觀，我們便能抑制不斷在加劇發展的文化的衰落現象，而重新達致一種真正的和富有活力的文化。文化革新是來自世界觀的革新的，這是文化的真理。當這種真理成為信念，而且

是普遍的信念，又當人們真誠地渴求新的世界觀，我們的文化才能走向正軌。史氏強調，哲學史中最為本質的、關鍵的東西是探尋令人可以接受的世界觀的歷史。

史氏又把文化衰落關連到哲學方面來。他抱怨人們不再反思文化問題，不關心精神生活問題。哲學方面應就它的不稱職而負上責任。他指出哲學家如康德、費希特、黑格爾等只以思辨的方式，通過對存在和後者展開而成就世界的「邏輯和認識論的思考」，論證或證成一種樂觀主義性格和倫理性格的總體的世界觀。但他們的思辨哲學敵不過強力的科學，因此被打壓下去了。結果是作為文化基礎的倫理的理性理想四處飄散。哲學失去真理的意義，而要向科學讓路，後者被視為真理。史氏認為，哲學本來是普遍的文化信念的創造者，但在十九世紀中葉崩潰了，漸漸遠離現實。它淪於自然科學和歷史科學的成果的整理者。它也日益專注於研究自己的過去，哲學逐漸成為哲學史，沒有了創造的精神。

在這種情況下，我們應該怎樣做呢？史懷哲認為，我們要營構一種樂觀主義的和倫理的世界觀，以奠定文化的理念與信念。特別是樂觀主義的世界觀，史氏認為，這是一種肯定世界和生命具有自身的價值的世界觀。我們要在能力範圍之內，實現存在的最高價值。[6]同時，要振起行動，以改善個人、社會、各民族和人類的生存關係。也要重視和創造外在的文化成就、精神對自然力的控制和成熟的社會組織。[7]

在這裏，史氏作了一個小結。他說明在文化和世界觀之間存在著一種密切的關係。文化是樂觀主義的和倫理的世界觀的結果。只有肯定世界和生命，同時又在倫理的世界觀有力量時，文化理想才會受到重視，並且在人和社會的信念中發揮作用。

進一步，史懷哲更以「災難」的字眼來說十九世紀中葉以後西方世界

6　這是甚麼性格的價值呢？史氏沒有明說，但肯定與倫理有關連。

7　史氏在這裏的說法有點空泛：甚麼樣的生存關係？外在的文化成就是甚麼？都沒有進一步的闡釋。

的文化狀況。他一針見血地指出，西方文化的災難在於物質發展大大超過
了精神發展。科學上的發明和發現使人們以不同於平常的方式控制了自然
力量，也改變了個人、社會團體和國家的生存狀況。我們的耳目被文化的
物質成就所遮蔽，不再關心看不見的精神文化的重要性。史氏作了一個譬
喻：只在物質方面，而不同時以相應的速度在精神方面發展的文化，就像
一艘加速航行而舵機受損的輪船，失去了控制而駛向災難那樣。

史氏又強調，物質成就不能算是文化，只有在文化理念、信念上使它
在個人和總體完善的意義上發揮有效的作用時，才有文化可言。可惜的
是，由於人們被知識和能力的進步所迷惑，對於輕視精神文化所可能帶來
的危險沒有警覺，只讓自己天真地、直覺地滿足於巨大的物質成就，不理
解文化特別是精神文化的重要性。他們只看到由科技所促發而成的事實上
的、事件上的進步，不思考發自理性的理想，只生活在空洞的現實意識的
迷惑之中。

進一步說，物質上的成就給文化帶來的最普遍的危險：由於生活條件
的改變，人們從自由狀態進入不自由狀態。過去耕作自己的工地的農民成
為工人，在大企業中操作機器；手工業者和獨立的商人成了大公司的職
員。這些人的生存條件不是自然的、自由的，而是受支配的。此中便生起
一種不自由的心理狀態。人們在緊迫的生存鬥爭中，沒有文化理想可言。

在文化的滑落、崩潰下，倫理也失去了存在之所，它不能對社會有甚
麼有力的影響，反而受到現實社會的管束。正常的情況是，倫理是從事思
想的人的事業，個人可以在社會中持守自己的倫理的人格。在這種情況，
社會可以從純粹自然的單位轉化為倫理的單位。我們在生活上的原則、信
念和理想，都基於絕對倫理而建立起來的，這絕對倫理即是對生命的敬
畏。文化的崩壞，讓這條道路堵塞了。

文化災難所帶來的一個效應，便是一切都制度化、機械化起來。史懷
哲曾引述過《莊子》一書所提到的一個園丁的一段說法：「如果一個人使
用機械的東西，則他便自然地以機械的方式處理各種事務。誰以機械的方
式來處理事務，他的心便成為一種機械性的心，而不再是一真誠的、自然

的赤子之心。」史懷哲指出，這個園丁在公元前五世紀時所感到的危險事情，正出現在當今的社會之中。我們周邊的許多人的命運正是從事機械化的勞作；他們要離開自己的家園，生活在受外在條件所決定的狀況中，沒有自由可言。大家都生存於死板的、緊張的規條和過分的勞作中，疲於奔命，受盡折磨。文化麼，倫理麼，都沒有閒暇去想了。

就史懷哲而言，文化的本質不在物質成就、科技發達，而是個人自由的思考和完善理想的抉擇。只有具有精神力量的個人才能為社會提供理想，進行文化路向的構思與建立，才能解決人類當今所面對的問題。史氏指出，決定文化的方向與命運的是主體的理念、信念，並促發它們對現實環境的影響。一艘船隻的航行的出路不是取決於它前進的或快或慢的速度，它的動力是風帆或蒸氣機；而是取決於它是否選擇了正確的航行的方向，以及能否操控船上所有的配備。

史懷哲又把文化與人性緊密地連合起來。他指出，文化的基礎包含著人性的踐履、展現；必須要能保持著人性，不讓它被踐踏或扭曲，才能說是文化的人。他很重視思考，特別是倫理性格的、道德性格的反思，強調我們要牢固地守著這個反思，才能讓自己不受外在的、表面的物質發展所干預，維持文化的獨立與尊嚴。現代人要有成為真正的人的渴求，才能從徬徨於其中的、為知識的不斷膨脹而自傲的失誤中回過頭來，恢復原來的自然心態，以抗拒威脅他的人性的生活上的壓力。最後他強調，只有敬畏生命及對世界和生命的深切的肯定，做一個倫理的人，才是真正的人性。

在文化的發展方面，史懷哲也有他自己個人的看法。他認為個人的思考應該追求整體進步的理念，並盡量在現實的環境中把這理念實現開來。在他看來，理念基於理性理想，我們要讓它以一種最恰當的方式來影響現實世間，包括種種現實的關係。人作為文化的承擔主體，有能力理解文化，為文化而展開種種活動；但他必須表現為一個思考的和自由的人。這是由於他要讓理念、理性理想向眾生發放開去。他不能為了自身的現前利益，甚至自己的生存而鬥爭，若是這樣做，在他的理性理想中，為改善自己的生存條件的傾向會變得越來越強烈，最後有遺忘了自己原有的文化理

想之虞。

由文化發展可以說文化的興旺。史懷哲認為，這不必與所謂群眾運動扯在一起。後者始終只是對外在事物與其歷程的反應而已。文化的形成、興旺是不受當前的統治性的總體信念所影響的，毋寧是，在自由狀態的個人與統治性的總體信念往往是相對立、相對反的。進一步說，個人的新的信念會逐漸影響總體信念，甚至決定總體信念。在這裏，史懷哲又重提倫理的重要性。他指出，只有倫理的運動才能引導我們走出非文化的野蠻與激情狀態，而倫理只有在個人之中才可能形成。最終決定社會的未來的，不是組織的或多或少的完善，而是其個人的或多或少的作用。組織是以量算的，個人則是以質算的。[8]

史懷哲在這裏也提出頗有英雄主義或浪漫主義的說法；不過他是著眼於精神本身，而不強調個人的傑出表現。他指出，在民族文化作為偶像而受到崇拜，文化人類的概念成為破碎凋零的狀態，精神應該負有一種獨特的使命，使人們振作起來，確認文化是各個民族參與的人和人類的偉大事業。[9]在一個民族剝奪了別的民族對人類、理想主義、正義、理性和真誠的信仰的地方，在每個民族都有非文化的強權統治現象的地方，精神應擔負一個使命，使我們在文化人類的理想的旗幟下統合起來，引導我們積極關注文化的問題。依史氏所言，在精神為經濟要求與條件所壓迫，導致日益嚴重的道德敗壞現象，精神應該讓我們保持信心，相信向上的進步的機會是不會喪失的。

最後，對於上面提到的文化形態史觀，認為歷史、文化是有生機的，會經過生、長、老的歷程，最後會瓦解、消亡的看法，史懷哲並不同意。

---

[8] 史懷哲在這方面的觀點，與法國哲學家柏格森（H. Bergson）的說法有點相似。後者提出一個社會是開放形態抑是封閉形態，有賴一些先知性格的傑出的人的帶導；這些傑出的人是英雄式的人物，但他們出現抑不出現，難有定準。這裏頗有浪漫主義的意味。

[9] 在這裏，史懷哲頗有把精神擬人化的意味，精神是普遍性格的，個人則是特殊性格的，這種類比不是很有依據，也缺乏說服力。

他表示，說文化也具有自然性質，它在特定民族的特定階段會繁盛起來，然後必定走向衰亡、凋謝，以至於必定有新的文化民族產生，取代消逝的文化民族，這種觀點不能接受。文化民族可憑藉倫理的理性理想，讓個人和社會贏得它們撐持下去的力量。他認為只有倫理的文化概念才有其常住性，才有權利繼續撐持下去，而不會消亡。

社會主義特別是共產主義所提的階級鬥爭的歷史觀或文化觀又如何呢？史懷哲也不認同。他表示有些人把拯救的希望寄託於社會主義和共產主義的社會組織。他們認為我們生於斯長於斯的無文化狀態甚至反文化狀態來自制度的失靈；他們期待一種從新的社會組織產生出來的文化。史氏表示，這些人相信新的社會制度會帶來新的精神。史氏斥責這些唯物主義的信徒顛倒了精神和現實的關係，認為精神價值能夠以事實的產物而生起。他們甚至希望戰爭特別是階級鬥爭能使我們的精神產生和煥發起來。

三、史懷哲的文化哲學的總綱：敬畏生命

以上概括地闡述了史懷哲的文化哲學思想。以下我們要對這種思想的一些重要觀念或觀點較周延地述說一下。首先是敬畏生命。按敬畏生命（Ehrfurcht vor dem Leben）或尊重生命是史懷哲的整套學問，包括哲學、神學、音樂和醫療的核心觀念，他的整個人生觀也是從這裏開始的。他如何構思和發現這個觀念呢？以下是在他的《自傳》中選取的一段話語：

> 船費力地在砂丘中間的河道穿行，緩慢地逆流而上～這時正逢旱季。我茫然坐在駁船的甲板上，心中想著在任何哲學中都找不到的根本的普遍的倫理性概念。……在第三天日落的時候，船正從一群河馬中間走過，我心中突然閃現「尊重生命」這幾個字，那是我從未預感到也未預期到的。～鐵門終於打開了，叢林中的道路變得清晰可見了！現在我終於找到一條道路可通往對世界的肯定以及倫理

都包含在內的理念！現在我終於明白，倫理性的對世界和人生的肯定態度與文明理念都是具有思想基礎的。……笛卡兒以「我思故我在」的命題做為思考的出發點。他選擇這樣一個開端後，便發現自己無可救藥地走到抽象的路上去。從這個空洞的、造作的思考法，關於人對自己以及對宇宙的關係，當然無法產生任何結果。但事實上意識的最直接的活動是具有內容的。思考意謂著思考某種事物。人類意識的最直接的事實是：我是為有『生存意志』的生命所環繞的有『生存意志』的生命。」[10]

他表示自己終於明白怎樣論證倫理並把它與肯定世界和生命結合起來。他表示敬畏生命是無限的、根本的、前進意志的主動存在。一切存在的根源都在這種意志之中。這種意志使我們超越對事物的所有認識。一切富有活力的虔敬都出於對生命的敬畏，和對理念的需求。按這裏史懷哲給予敬畏生命一種存有論的意涵，但他沒有提供論證，因此說服力不是很大。另外，他說意志讓我們超越對事物的所有認識，有倫理學或道德的涵義，這有類於康德講純粹理性之後復講實踐理性。認識是純粹理性或知性的事，超越它便碰觸及實踐理性，那是處理一切倫理或道德問題的。

在內容方面，史懷哲強調敬畏生命產生於有思想內容的生命意志，它內在地包含肯定世界和生命與倫理。它自始至終都是對一切倫理文化理想的思考和意願，[11]也能夠把這種理想付諸實踐，在行動上表現出來。

在對世界的態度方面，就敬畏生命來說，人們過退隱的生活，追求自我的完美性，雖然有其深邃性，但這不是一種完整的文化理想。敬畏生命不允許個人放棄對世界的關懷，對於世間的種種苦難掉頭不顧。敬畏生命

---

[10] 史懷哲著，梁祥美譯《史懷哲自傳：我的生活和思想》（臺北：志文出版社，1998），頁 178-179。

[11] 思考倫理文化理想可以是認識論的，意願倫理文化理想則應是道德性格的，由實踐理性來推動。

促發個人與其周圍的生命盡量保持頻密的交往，並感受到對它們負有責任。與大小乘佛教作一對比，退隱山林，追求個人的覺悟境界是小乘佛教所優為的；堅持對世界的關懷，與眾生多作聯繫，以至普渡眾生，則是大乘佛教徒堅持要做的。

就主體應該履行他的責任來說，史懷哲提出，人的生命本身便藏有意義；這意義是他使他的生命意志中的最高理念～敬畏生命的理念～富有活力，能夠不斷活轉。依於此，人賦予自己的生命和周遭所有的生命意志以價值，並促使自己行動起來，創造價值。這是根源之處，倫理與肯定世界和生命都從這裏來。在史懷哲看來，倫理正是敬畏生命。敬畏生命把道德的基本原則賦予人。一切善惡都從這裏說起；即是，保存、促發和提升生命，便是善；而惡則是毀滅、妨害、阻礙生命的前進。而上面提到的所謂創造價值的具體做法是如何呢？史氏認為，世界的意義不是對它言說一番，卻是以內在的、內心的道德的必然性的行為去做，在世界之中和對世界堅持倫理的原則。他甚至上訴到宗教方面去，強調要使自己的生命活在上帝之中，活在神秘的上帝人格之中。

在這裏，史懷哲又提世界觀的問題，並強調對它的革新。他表示，我們在世界觀的革新方面只能出於一種徹底地真實和堅定地勇敢的想法，而且是弔詭性格的。如同理性一樣，如果它思考到底的話，就必定會轉變為非理性。[12]譬如說肯定世界和生命與倫理是非理性的。[13]這些東西不能在關於世界本質的相應認識中被論證，而只能是信念。[14]即是說，像世界、

---

12 這裏讓人想到康德以理性（純粹理性）或知性來理解現象的、經驗的現象，這是可能的。但若過了現象界的範圍，而達於物自身、本體的世界，如上帝存在、不滅靈魂和自由意志，則必會陷於弔詭、矛盾（paradox）之中。在這種情況，便得借助於實踐理性了。

13 這表示世界、生命、倫理一類東西不是純粹理性所能處理的，它們只有求助於非理性。非理性在這裏不是壞東西，不是不講理那種。

14 史懷哲在這裏用「世界本質」，措詞不好，應說為「世界現象」。純粹理性處理世界現象，實踐理性則處理世界本質。

生命和倫理這樣的非對象性的東西，不能在純粹理性之下被認知、被證成。它們是信念，只能交由實踐理性來處理。史氏的意思是，這些非理性的背反或悖論支配著我們的精神生活。因此他指出所有具有價值義的信念都是非理性的。由於這些信念不可能出於對世界的認識（按指知性層面的認識），而只能出於對生命意志的思想體驗的昇華中，因此具有熱情的特性。在這種體驗中，我們超越了所有的世界認識。史懷哲繼續表示，經由理性的思想，真正的神秘主義之路達到了對世界和我們的生命的深刻體驗。[15]最後，史氏作結謂：在認識中，我們必須把認識提升為對世界的真正的體驗。在這種情況下，思想最後會成為宗教。

　　上面提到敬畏生命含容著肯定世界和生命。這意味著保存我們自己的生命和保存所有我們對它們能夠影響的存在，實現其最高價值。在史懷哲看來，深邃的肯定世界和生命涉及我們要思考個人、社會和人類的物質和精神完善的一切理想，並透過這種理想使我們獻身於永恆的行動和希望之中。這種深邃的肯定世界和生命不容許遁世的行為，卻是促使我們積極地、盡可能地在行動上關注我們周遭的一切事物。按這裏強調行動和希望，與基督教和儒學的態度頗為相應。

　　史懷哲強調，敬畏生命的信念具有濃厚的宗教性，因此能夠推動教會實現宗教共同體的理想。在一切表述於歷史中的信仰之中，敬畏生命有促使宗教神秘主義成為虔誠的基礎和本質的作用。這宗教神秘主義是與無限意志合一的。在我們的心靈中，無限意志作為愛的意志有自覺的作用，作自我體驗。另外，敬畏生命的信念所關注的是最有活力和最為普遍的東西，因此能促使不同的宗教共同體擺脫其過去歷史的偏隘性，開拓出它們之間的相互理解和統合的路向。

　　理性主義與神秘主義有密切的關係。我們可以這樣說，在敬畏生命之中，始終保留著一定程度的理性性。在其中，我把最高的價值賦予自己的存在，並把我的存在奉獻給世界。史氏強調，神秘主義的動力來自敬畏生

---

15 這裏所說的理性的思想中的理性，不是純粹理性，而是實踐理性。

命，前者創造和保存了一切價值，並服務於人和人的完善性，構築整體的文化。這種說法與柏格森的神秘主義有很寬廣的對話空間，後者便很重視神秘主義的動力作用，視之為宗教的形成與活動的基礎。

敬畏生命的一種重要活動是肯定生命。但這肯定生命與它的對反面亦即是否定生命之間，需存在著一種有效的平衡關係。這不容易做得到，雙方總是處於一種張力之中。史懷哲很重視這點。在他看來，倘若這張力扯得很緊，便不能鬆弛下來。若果鬆弛了，倫理就會崩潰。倫理本身是一種無限的熱情，這熱情是倫理的中流砥柱。這倫理與思想有些淵源，但與邏輯無關連。倫理有其情方面的內容，不能被邏輯化。但這情或熱情性必須處於中和程度，如果過於泛濫，則會使人迷失了理性，倫理便易情緒化，生起激情，使文化停滯不前。

上面說過，史懷哲以對生命的態度來說倫理，特別是善惡的問題。他提出善是保存生命，促發生命，使可發展的生命實現它的最高價值。惡則是毀滅生命，傷害生命，壓制生命的發展。在史氏看來，生命自身便神秘地有我在思想和行為中應該敬畏的價值，這價值是獨立的，不能被取代。故以對生命的迎拒來說倫理上的善惡，是有其依據的。這頗令人想到魏晉時期的道家如王弼和郭象的自然思想。對於自然，王弼提出要隨順它，讓開一條它要發展的通道：不禁其性，不塞其原。郭象則提出萬物雖然有種種不同大、小和樣態，但在自然之下，它們都是平等的、處於逍遙的狀態，不能被取代：「逍遙一也」。

順著上面以對生命的或迎或拒來說善惡，我們回返到倫理方面。在史懷哲看來，倫理的核心意義是對於生命有一種必然的道德的、同情共感的體驗：對自己的生命意志採取敬畏生命的態度，對一切其他的生命意志也採取同樣的敬畏生命的態度。在這裏便可以確立道德思想的必然性的基本原則。善是保存和促發生命，惡是毀滅和阻礙生命，像上面所說那樣。史氏表示，實話實說，在對人際行為的倫理的評價中，對人類生命的物質和精神的保存或促發，對實現人類生命的最高價值的追求，便是善。反之，對人類生命的物質的或精神的毀滅或阻礙，對實現人類生命最高價值的追

求的疏忽，或袖手旁觀，毫不關心，就是惡。很明顯，史懷哲是以生命的發揚來說倫理學與善惡：能發展的是善，不能發展甚至阻塞的是惡。但所謂生命的最高價值究竟是甚麼，史懷哲則未有明說。

敬畏生命自然有尊重生命的意涵，這裏也涉及世界觀的問題。特別是就尊敬生命來說，史懷哲提出尊重生命包含「覺悟與超脫」、「對世界和人生的肯定」和「倫理性」。他認為這是世界觀中有相互關連的三種根本要素，是真正的思想所能夠產生出來的成果。從過去到現在，曾經出現過求道與求超脫的世界觀，有過肯定世界和人生的世界觀，也有過追求符合倫理的世界觀，但從來未出現過能將這三者結合在一起的世界觀。只有認為這三者是「尊重生命」的普遍信念的產物，並承認三者都包含在「尊重生命」的概念中，才能把它們結合起來，而成一個總合的世界觀。史氏指出，「覺悟與超脫」及「對世界和人生的肯定」都不能獨立地存在於「倫理性」之外。按史氏的這種說法，無異是所謂三位一體。

在人生的存在的意義上，史懷哲強調，人能夠讓自己的生命存在具有意義的唯一方法是，把自己與世界的關係由自然性格上提到精神性格。怎樣做呢？史氏指出，首先，與世界的關係處於被動境況的人，必須藉「覺悟與超脫」而與世界成立一種精神的關係。他強調，真正的覺悟與超脫是指人一方面感到自己受外界現象的支配，但另方面又能向內在的獨立自由挺進，以擺脫被外在的環境決定的命運。甚麼是內在的獨立自由呢？就是人有能力克服命運中的一切安排，包括困苦在內，他便可以成為更有深度、更有內涵的人，可以自我淨化而保持內心的平靜。因此，覺悟與超脫正是在精神上和倫理上肯定自己的生命存在。最後他指出，只有通過覺悟與超脫而被淨化的人，才具有肯定世界的資格和能力。

在以上的有關問題上，史懷哲對歐洲哲學進行過反思。他認為歐洲哲學的優點在它有願望要得到樂觀主義～倫理的世界觀；它的弱點或不足在於，它未能對這種世界觀作出論證。因此，他提出，我們這一代人所要注意的是，以深邃的思想追求真實不虛妄的、富有意義與價值的世界觀。他並表示唯一富有意義與價值的世界觀是樂觀主義～倫理的世界觀，我們有

責任革新與推展這種世界觀。

在這裏作一小結。史懷哲在文化哲學方面，有很明顯的貢獻。他提出以敬畏生命為總綱或主軸的倫理學的文化觀，以此為基礎建立一種具有普遍意義與價值的世界觀，突破基督教的以人格神為中心的宗教哲學，開拓出更寬廣的意義與價值的世界。在這個方向上，他拉近西方宗教與東方宗教的距離。西方宗教一向都是以人格神為中心信仰的，東方宗教則不大有這種情況。以下我們即探討史氏的世界觀的思想。

四、世界觀問題

首先看史懷哲對世界觀的理解。他先提出世界觀是思想的總和。這種思想促發社會群體和個人思考世界的本質和目的，思考人類和個人在世界中的地位和使命。例如思考我們生於斯長於斯的社會有甚麼意義，我們自身在世界中有甚麼意義，我們在世界中有甚麼要求，我們向世界有甚麼盼望。按這樣對世界提出問題，並不是把世界作為一個純然是客觀的、獨立的領域來看，而是在與自身的切身關係的脈絡中來探討世界。這樣，世界觀具有理想的意涵、現象學的意涵。

史氏提出，世界觀與生命觀有密切的關係；在世界觀中，有兩種東西交織在一起，這便是關於世界的觀念和生命的觀念或生命觀。這兩種東西是相互諧和、協調和相互補充的。史氏批評有人天真地認為世界觀是基源的，我們可以在世界中開拓出生命觀。這似乎是特別針對歷史形態學或文化形態史觀而言，後者認為歷史或世界具有生機，有生、長、老、死的歷程。史氏認為我們應該放棄一切廣泛地、有機地包括生命觀在內的世界觀概念。

史氏指出，說到思想的歷史，人們總是把它只看成是闡述哲學體系的歷史，而不把它看為是探尋世界觀的歷史。歷史或文化與世界觀有密切的關聯，我們講文化，是不能把世界觀問題拋棄在一旁的。他強調我們應把哲學思想視為對世界觀的努力探索。思想的本質在於對世界觀的努力探尋，其形式為何，則不是那麼重要。

　　再進一步，史懷哲強調世界觀的特別的重要性。他從思想與精神說起，指出思想構成文化的本質，精神則也涵具文化的本質的意義，同時具有豐富的價值內涵。在這裏，史氏提出兩個問題：一、理性主義者所提出的文化理想的動力來自甚麼地方呢？二、對於能夠實現這種文化理想的信念、信心又來自何處呢？史氏的答案是來自人的世界觀。他進一步強調，理性主義的世界觀是樂觀主義和倫理性格的。他們的樂觀主義在於，他們設定了一種普遍的、在世界中起作用的、指向完善的合目的性，個人和人類對物質和精神進步的追求在其中獲得了意義、重要性和成功的保證。這種世界觀之所以是倫理性格的，是由於它把倫理視為某種合乎理性的事實，並且以此要求人放棄利己主義的利益而獻身於一切可能實現的理想，也是由於它把倫理視為決定一切的尺度。

　　因此，史懷哲提出要重建世界觀，並且強調這種重建的工作是非常逼切的，幾乎沒有其他的工作比它更逼切了。他特別提到「文化世界觀」，這是一個純正的思想的大廈，人可以在其中安身立命，吸引到一種生活和行動的理念，形成一種具有「宏偉方向的理念」的社會。對於這種理念，我們不能讓它掛在空中，卻應把它實現出來。他很有信心地說，我們一定能夠從新的理念創造出新的歷史與文化。**16**

　　史氏繼續強調，如果思想家為一個時代創立了有價值意義的世界觀，這時代便能在理念上提升其境界與使命，這便是所謂歷史文化的進步。如果不能這樣做，其結局是歷史文化的落後。他舉例說，羅馬帝國雖然有很多傑出的政治家和統治者，但最後還逃不了崩潰的命運。原因很簡單：古代哲學沒有產生一種有理想而且能實行並維護帝國的思想性格的世界觀。**17**

　　上面提到文化世界觀，史懷哲作出深邃的檢討，特別是從實踐方面著

---

16 這種新的理念，儒家稱為仁，道家稱為自然，佛教稱為空，基督教則稱為愛。

17 按羅馬帝國雖然拘捕了耶穌，經過嚴酷的審判，最後定他叛國和要顛覆羅馬政權之罪，判他上十字架的死刑。但耶穌鼓吹的基督教最後卻征服了羅馬帝國，成為西方最具影響力的宗教。

眼。他的問題是：怎樣才能使世界觀成為可能呢？在現實的、具體的生活中出現呢？他歸結為這樣的問題：世界觀應該滿足哪些條件呢？或者說，怎樣的性格才能與世界觀相互連繫起來呢？他先強調世界觀必須是思想性格的。思想的重要性，在史氏看來，只有產生於思想並求助於思想的東西，才能夠成為一種精神力量，以支配整個人類社會。在許多人的思想中，那些被選擇出來重新思考的，作為真理而被把握的東西，才具有直接的和持續的使人確信的力量，才具有說服力。

就一般人的看法來說，世界觀的成立，需要通過形而上學。史懷哲不同意這種說法。他認為謹慎的學術的「形而上學」，還是自負的、幻想的「形而上學」，前者是嚴守學理的、義理的「形而上學」，後者則是浪漫的、主觀的「形而上學」，都與世界觀沒有直接關連，不能真正地為我們提供世界觀。

上面講的兩種形而上學，都不能對世界觀有所貢獻，這是實踐的問題。從實踐的角度來說世界觀，史懷哲強調有兩點是要注意的。一是有關世界觀的性質對於探尋世界觀的特別意義。即是，在關於世界和生命這兩個基本問題的構思方面，對於我們有價值的、提升我們的生命意義的活動，必須肯定世界觀和生命與倫理的重要關係。我們應圍繞著這兩個基本問題去探索，方向就會很正確。另外，我們要明白，西方思想必須論證一種肯定世界和生命的倫理的世界觀，才能在認識論、形而上學和思考的策略中，在某種程度上透過肯定世界和生命與倫理來解讀世界。最後，史懷哲遺憾地說，當啟蒙運動、理性主義和十九世紀初期的偉大哲學上的理想主義世界觀變得軟弱，而失去影響力量時，就出現世界大戰。在那個時候，人們所具有的理念和信念已經不能合理地解決各民族之間所存在的問題了。按史氏似有這個意思，傳統哲學的理念與信念能夠促成世界觀，近、現代發展出來的科學與技術（科技）則會摧毀世界觀。

以上是史懷哲的有關世界觀的思想。由於世界觀所牽涉的事物非常多元，他只強調世界觀是思想的總和，是不夠的、太寬泛。思想所涉及的範圍非常寬廣，不同思想之間有時有衝突的情況出現，如何能夠把它們拉在

一起，而成就世界觀呢？這總和是量性格抑是質性格呢？沒有說清楚。

　　另外，世界觀中的世界，不是經驗性格的客體，因此不可視為是知識的對象，它應有主體性的成分滲入其中，例如一些洞見、智慧或睿見之類。我們要成就一種世界觀、正確的和有內涵的世界觀，是需要在現實生活中有多元的體驗；這些體驗不純是知識性的，毋寧是，它展現一種明覺性、一種在實踐方面才能達致的精神境界。故世界觀是一個存有論的概念、觀念，也是工夫論的觀念。

　　進一步從內容方面說，我們看世界，可以從不同的角度看；可以從科學、道德方面看，也可以從藝術、宗教方面看，因而分別開拓出科學的世界觀、道德的世界觀、藝術的世界觀和宗教的世界觀。這些不同的世界觀也不應是相互獨立的、沒有溝通的空間，而應是交互影響、參涉，互補不足，最後成就一種具有價值義、理想義、現象學義的世界圖像，像佛教華嚴宗所強調的法界（dharmadhātu）。史懷哲雖然提到文化世界觀，但未有作進一步闡述文化的內容，更不要說論證了。實際上，上面提及的科學、道德、藝術和宗教，都可以被視為是文化開拓的多元表現、成果。

　　在世界觀之外，史懷哲也提出生命觀，後者是一個非常重要的觀念。史懷哲認為，這兩者之中，生命觀比世界觀更具多元性。我們可以從生命觀開展出世界觀，反之則不然。即是，世界觀不能開出生命觀。其中重要的一點是，世界觀傾向於客體方面，生命觀傾向主體方面。史懷哲承接德國觀念論，因而比較重視觀念方面、主體性方面。但世界觀與生命觀的關係如何建立，又如何讓生命觀主導世界觀，史氏都略而不談，這不免讓人感到可惜。

　　另外也有一要注意之點。史懷哲不是一個純然的、典型的哲學家，他的著作不是純粹的哲學著作。他有很深厚的人文關懷，知識也非常豐富。要把他的哲學思想特別是文化哲學思想料理出來，不是那麼容易，需要具備多元的知識才行，例如神學、音樂和醫療等方面。在這些方面，他的成就也是挺高的。他不是一個分析性的、專業性的哲學家，而是一個綜合性的哲學家。要把他的哲學思想周延地講出來，作者需要具備多方面的知識，特別是上面提到的幾種。

五、關於生命意志

上面說到史懷哲的文化哲學的總綱是敬畏生命。這敬畏生命是從世界觀來說的。進一步，從敬畏生命我們可以直接關連到生命意志的建立與強化問題。要達致這種目的，不能靠外在因素的支持、維護，毋寧是，生命意志必須直接地、堅決地自我肯定。這自我肯定的生命意志首先要在意識上敬畏在生活中顯現的生命。史氏強調，通過敬畏生命，人們才能把價值賦予給他們的存在。但在這裏史氏突然表示宿命論的觀點，說人的存在是命運，它由命運決定，並在命運中實現自己。這也不限於只是自己，有思想的生命意志把敬畏生命擴展開來，以及於他周圍的所有生命意志。這便有道德或倫理的意味。倫理不僅是對人而言，而是及於對一切生命的關注，這是一種內在的道德的必然性。

在這裏，史懷哲把闡釋的重點集中在生命意志或生存意志方面來，並提出一種有神秘意味的認識論和存有論，強調「存在的一切都是生命意志」，由此更引入到工夫論方面去，強調「尊重生命」、「敬畏生命」這種觀念自身正是對「人與世界的關係」作進一步的建立與肯定，即是：所有的事物都跟人自己一樣，都是「生存意志」的表現。從「表現」這一語詞看，工夫論、實踐論的意味便不言而喻，呼之欲出了。

史懷哲很重視生命意志的自足性、獨立性。他強調，生命意志立足於自身，它的使命是擺脫世間的種種束縛，達致自由自在的境界。它努力實現自己的生命和所有在它影響下的一切生命的最高價值。它使自己止於至善，也使其他生命止於至善。

關連著生命意志的自足性，史氏說到生命意志的本質是充分發展自己，它內心有著這樣的衝動：在最大可能程度的完善性中實現自己。[18]生命意志自身本來是完善的、完美的，它到處都在努力不斷地要追求和實現

18　這點與海德格（M. Heidegger）的一句名言非常相應：存在在實現、發展中證成其本質（Sein west als Erscheinen）。

自身的自然的完善性、完美性。[19]它有很強的理想性、創造性。在生命意志所肯定的一切事物之中，都有由理想規定的現實創造力量引發出來。它要實現理想，這種實現不限於自己，並及於在它影響下的其他的存在，這理想是物質的和精神的價值。

史懷哲又提出「無限的生命意志」的觀念。強調自己的生命可以通過任何方式服務於、奉獻給其他生命的地方，自己的有限的生命意志能夠在「無限的生命意志」之下與一切生命結合起來。[20]

在這裏，史懷哲由生命意志轉到生命觀方面來。所謂生命觀即是這樣的觀念：我們在其中可塑造自己的存在和活動並賦予它以意義。史氏特別強調，生命觀不能夠從關於世界的觀念中推導出來。世界觀來自生命觀，不是生命觀來自世界觀。這清晰地展示出生命觀對世界觀在存有論方面的先在性（priority）與優越性（superiority）。進一步，他又就倫理學與認識論方面來說：在我們的生命意志中的意志超越我們對世界的認識。決定我們的生命觀的，不是我們對世界的認識，而是存在於我們的生命意志中的意志。這又展示出倫理學或道德哲學在意志方面的先在性與優越性。

史氏又向那些重視世界觀的人放話，表示我們的生命觀亦即是我們由此塑造我們的存在和活動的觀念，不能從世界觀中推導而得。企圖從認識觀和對世界知識的把握中證成我們的生命觀，是不會成功的。在他看來，要和世界發生關係，不能通過對世界的認識，而是要通過對世界的體驗。我們最後要把知識轉為體驗。在這裏，史氏說得不錯，能表現一種洞見。對世界的認識近於康德所說的以純粹理性或理論理性靜態地認識現象界。對世界的體驗則近於康德所說的以實踐理性來動感地證成世界，處理形而上的概念或問題，其中也有理性的創發意味。結果是，對世界的認識成了對世界的體驗。[21]史懷哲指出，成為體驗的認識使人不再固執於作為純粹

---

19 這讓人聯想起儒家孟子所強調的性善的人性論。

20 這頗有當代新儒學特別是牟宗三所倡導的「無限心」的意味。

21 牟宗三與勞思光以「窮智見德」來說康德由知識轉向道德，由純粹理性轉向實踐理

的認識主體而與世界對立起來，卻是導致人與世界建立內在的關係。它要求人敬畏存在於萬事萬物之中的充滿神秘的生命意志。史氏的這種說法，頗有泛生命意志論的傾向。

這樣，史懷哲便提出兩種知識的說法：對於世界的知識是外在的和不完滿的知識；出於生命意志的知識則是直接的，並且歸結於生命的本來狀態的神秘衝動。按這種出於生命意志的知識正是東方哲學所常說的生命的學問。不過，用「神秘衝動」來說生命的學問有點不諦當。在史氏看來，生命意志有其獨立性，不需依賴對世界的知識；它可以運用存在於自身之中的生命力量便能撐得住。就知識或認識來說，來自生命意志的認識是豐盛的，得自於對世界的觀察的認識的內容則顯得貧乏。此中的要旨是，在生命意志之中，存在著對於世界和生命的行為的價值和衝動是內在的、具體的、親切的，我們不能以關於外在的、抽象的、陌生的世界和存在的思想來證成這種價值和衝動。史氏又堅持，存在於生命意志中的理念，可以其作為更高的決定性的認識使我們的日常的認識可能。[22]

這明顯表示生命意志中的理念對於我們的日常的認識在存有論方面的先在性與優越性。因此史氏進一步確認，當人們在世界觀之中獲得生命觀時，實際上是在按照生命觀來形成世界觀。[23]人們發表很多文字來表示他們對世界的認識，只是植根於他們的生命觀來對世界作種種解釋罷了。他並表示，由於歐洲思想的生命觀是樂觀主義～倫理觀，人們便不能對事實看得準，認為世界觀也是樂觀主義～倫理性格的。在這種情況下，哲學界便輕易地以意志來強制認識，壓倒認識。

實際上，在我們的生命的內裏，認識和意志並不是有很強勢的張力。

性。以知識安立認知主體，以道德安立德性主體。這是大方向的問題，我不想在這裏說得太多。

[22] 史氏的意思大體上是：生命內部有一種向上求進步的力量，這力量是我們進行對世間事物的認知的基礎。但如何論證這一點，史氏則沒有進一步的交代。

[23] 這可類比到人按照自己的形像來繪畫上帝，當人向上看梵諦岡的聖彼得大教堂的頂部，便會看到米開蘭基羅畫的上帝創造亞當的畫幅，上帝是取人的形像的。

史懷哲認為，這兩者毋寧是神秘地結合在一起的，這種結合的媒介是理性。通過理性，兩者試圖相互理解。史氏進一步說，我們要追求的，表面上看是有關存在方面的知識，內裏卻是有關生命的知識。[24]我們的認識是從外部觀察生命，我們的意志則是從內部觀察生命。由於生命是知識的最後的和最具終極性的對象，因此，最後的知識必然是對生命進行思想的體驗。在這裏，史懷哲說得很好，提出一種深具洞見的觀點：生命不是一外在的對象，不能以一般的科學的探究的方式來理解、體證；生命毋寧是一內在的對象，我們不能對它進行科學性的觀察、研究，而是要回轉過來，向內部省思、證成。不過，他說最後的知識（按這是指生命的學問）是要以思想來體驗，這裏用「思想」字眼，不是很諦當。思想傾向於知解、智思的意味，可以對形式性的東西建立知識，例如邏輯與數學。思想不具有直覺，不能理解具體的、活動的東西。生命是具體的、活動的，或具有動感的東西，要以直覺來接觸。而且這不是感性的直覺（sinnliche Anschauung），卻是睿智的直覺（intellektuelle Anschauung）。實際上，史懷哲對睿智的、活動的、動感的這類語詞並不陌生。他曾指出，在與世界的關係中又具有主動行為的人，只能由下面的途徑與世界建立精神關係，亦即是感悟自己這一生並不只是為自己而活，而是與自己所接觸的一切生命成為一體。這裏提及的「主動行為」、「精神關係」和「感悟」，都跟睿智的直覺有密切的關聯；而「與自己所接觸的一切生命成為一體」，正類似中國儒家與道家的懷抱了。

六、倫理與神秘主義

最後，我們看史懷哲的文化哲學思想中的倫理與神秘主義問題。史氏在他的文化哲學的構思中，非常重視倫理或道德的問題，在文化開拓的幾個領域～科學、道德、藝術、宗教～中，史氏把倫理放在首位。他強調，

---

[24] 這生命的知識實是上面提到的生命的學問。

在文化的發展中，倫理的進步是本質性格的，也是確定性格的，特別是就與物質的進步的比較為然。

　　有一點是非常重要的，史氏屢次重提倫理不單是涉及自己個人的進德修業，同時也要把關心由個人推展到一切生命方面去。他在其《文化哲學》中說：

> 像內在地擺脫了世界的人所體驗到，並且試圖實現那樣，全力以赴地擴展為無限的，對於出現於其範圍之內的所有生命的主觀責任，這就是倫理。[25]

即是，倫理不只是關乎個人的福祉，同時也關乎一切生命存在的福祉。在這個基本認知下，倫理立足於肯定世界和肯定生命，是樂觀主義性格，也是進步性格，出於敬畏生命和對生命的奉獻。

　　這裏涉及倫理的絕對的基本原則，即是：一個人要對自己和其他一切具有「生存意志」的生命給予同等的尊重。他要在自己的生命中體驗其他的生命。[26]善、惡都在這個脈絡中說：善是維護生命、促進生命，將可能發展的生命提升到最高價值；惡則是否定生命、損害生命、壓抑可能發展的生命。史氏強烈地抨擊有些倫理學的說法只把人對人的關係當作唯一的關心對象，完全忽視了人對世界以及對所有的生命的關懷。在他看來，一切有生命的東西～無論是動、植物或人類，都是神聖的。要建立具有普遍性的倫理，必須照顧及所有的生命，對它們懷有無限的責任感。[27]在這

25　阿爾貝特・施韋澤著，陳澤環譯：《文化哲學》（上海：上海人民出版社，2008），頁304。

26　這正是道德上的所謂「同情共感」，以自己的心念比況他人的心念。

27　對於科學特別是醫學上的需要，要傷害動物以進行實驗手術，讓牠們服用實驗藥物，或使牠們染上某種疾病，俾能獲致成功，對人的治療有積極的幫助，史氏警告對於這種殘酷的行為，人們絕對不可以由於它會帶來有用的結果，而心安理得。在任何情況下，人們都必須慎重考慮是否真的有必要為了人類的福祉而犧牲這些動物。即使這種

裏，他又重提敬畏生命的問題，強調敬畏生命的原理使各種倫理觀念成為一個整體，要證成自己的真誠。他認為我們一方面要有內心的修養，同時也需要有外表的行動或作用，才能真正履行倫理的責任。這可以說是倫理的行動或作用轉向（functional turn of ethics）。實際上，史懷哲為了要證成自己的倫理的行動轉向，以人道的精神，從零開始學醫，在非洲行醫當義工超過半個世紀，展示出環境倫理學、生命倫理學的典範精神。[28]

上面我們說明了史懷哲的倫理的觀點是立根於對普世的人與具有生命的存在的東西的關懷與救贖方面。當然若要能關懷別人或自身以外的有生命的東西，自己得能先站得住，得先得救贖。倘若以佛教的小乘與大乘的救贖或救渡來說，史氏是近於大乘而不近於小乘，前者是要普渡眾生；後者則著重於個人的渡化。以下我們要正面處理倫理的意義問題，甚至可以說是定義問題。這自然也離不開對普世的人與具有生命的一切存在的關係。

史懷哲很顯明地、直接地對倫理作出定義：倫理是人的致力於其個性的內在完善的行動。他對倫理的解讀是斬釘截鐵地堅定的，倫理不光是觀念，而且是行動，尤其以後者為主。而這行動正是對普世的生命的關懷，並在具體的行動中對它們施以援手。[29]他強調錯誤和迷途的倫理思想必須回歸到正途，關懷一切其他的生命。他提出有三個方面是要注意的：倫理

做法不能避免，人們也必須盡力減少動物所受的痛苦。

[28] 史懷哲在自己的《自傳》中表示，他認識到這個世界是神秘不可理解的，也是充滿著痛苦的。他又察覺到現代是人類精神的頹廢時期。但他並不失望，也不灰心，卻體悟到「尊重生命」的「對世界和人生採取倫理性的肯定態度」，讓自己的生活方向穩定下來。他的生活原則是：倫理讓他肯定世界和生命，不允許他逃避到否定世界方面去。

[29] 史氏因此批評印度婆羅門教和叔本華的思想，認為他們持悲觀主義的世界觀，其倫理沒有對於世界的目標。這種倫理只要求個人的自我完善，只要求個人擺脫世界和世界精神而獲得內在自由。但當倫理出現於肯定世界和生命的世界觀之中時，就相應地拓寬了自身，其倫理的目標不僅在個人的內在完善，而且也包含對他人和世界的自我完善。

思想不對世界作倫理的解釋。**30**對於一切在倫理中起作用的奉獻，倫理思想認為它們是對世界的內在的、精神關係的體現。倫理思想不應沉溺於抽象的思維中，而是要在行動方面獻身於所有其他的生命。**31**這裏提到倫理的奉獻，或奉獻倫理，史氏更進一步表示；奉獻倫理涵蘊這樣的意思：人對人的行為只是人對存在和世界本身的關係的一種表現而已。在這種帶有宇宙化的表現之後，奉獻倫理就能夠與宇宙化的「自我完善」倫理相遇，與後者結合而成一體。按這觀點頗有道家特別是莊子的天地與我並生，萬物與我為一的懷抱，也與儒家《中庸》的萬物並育而不相害的意涵相通。

　　在西方的倫理學中，康德的倫理思想有一定的地位，史懷哲也注意到這點。他認為康德把對自己的真誠放置於倫理的中心，並讚賞他在倫理感受的深邃性。他指出純粹基於內在～精神的和義務性的道德概念是一把可以伸展開來的梯子，康德把它打開了，他是要踏著這把梯子進入存在的領域。在他經由倫理學，遠離所有經驗事實和經驗目的而向上升進時，並沒有感到有甚麼問題或困難。史氏提出，到這裏有一個問題：非感性的存在自身的世界是感性的現象的世界的基礎，這是一個理論的假設，它怎樣成為對世界的重要的意義呢？史懷哲的答案是，這一非感性世界的世界秩序事實正處於我們心中所體驗到的絕對義務概念之中。依於此，康德認為，非感性的世界的領域對於樂觀主義～倫理的世界觀是十分重要的，此中的可能性，亦即是上帝、倫理的自由意志和靈魂不朽的理念，只有經由倫理的道路而確定下來。康德是要為樂觀主義～倫理的世界觀的樹軸房屋建立

30　這表示倫理是行動性格的，不是光講而不做的。

31　這表示倫理具有救贖的和宇宙論的性格。這宇宙論性格概括一切自身以外的生命。史氏自己也說明，從一開始，自我完善的倫理是宇宙化的，在其中，人與存在有一種真實的關係。這存在既在人之中，也在人之外。自我完善的基礎在於人與存在的自然的、外在的一體性。人要對存在做出精神的、內在的奉獻，並要讓這奉獻來決定他對萬事萬物的被動和主動的行為。這頗有一種宇宙論的推演、歷程的意涵，像儒家所說的親親而仁民，仁民而愛物那樣；當然儒家在這裏並無宇宙論的意味，而是著眼於道德上的開拓。

倫理的基礎。他認為，上帝等三個理念作為倫理意識的必然的公設，是可以證成的。

史氏一方面惋惜康德未有把對倫理的本質的探究推進到敬畏生命的程度，因而不能把握到自己的真誠和行動倫理的緊密關聯。按這即是指康德還未能形成敬畏生命的意識。但另一方面，史氏又讚許康德的貢獻，說他能看到道德律和自然世界秩序沒有絲毫關係，它的根源完全是超越的世界。在《實踐理性批判》中，他強調倫理是發自這樣一種意志，它讓我們超越自己的私我性，從感性世界的自然秩序解放開來，以證成一種具有崇高價值義的世界秩序。史氏認為這是一種具有洞見的認識。

史氏進一步指出，康德是理性主義的樂觀主義〜倫理世界觀的帶頭人，把樂觀主義〜倫理世界觀放在從任何角度來看都是可靠的基礎上。在他看來，這需要具有一種超越對世界觀的感性的論證，建立更深刻和更成熟的觀點。康德認為，倫理無可懷疑地在人的自我完善的活動中有其最終的依據。他的總的理解是，道德自身便是目的，絕對不是相應於目的的手段。我們必須要有這樣的意識、認識，才能保證道德的獨立性與尊嚴性。只有當倫理行為在我們心中必然地產生於純粹的內在的必要性時，道德才可以被證明為普遍有利和合目的性。依於此，功利主義倫理學面對直接地、絕對地要求義務的倫理，必須讓路。

最後我們看神秘主義的問題。史懷哲論神秘主義是關連著倫理的思想脈絡下說的。我們可以從定義方面來展開對神秘主義的討論。在史氏看來，神秘主義就其本質而言，是一種基本性格的思想，它所關心的，是個人與世界建立精神上的關係，這關係是可能的。這關係不是立足於邏輯思考方面，而是回歸到直覺上；因為在直覺上可以有靈活的想像力，由此可以通到人與世界特別是終極者的聯繫上。這裏有一種思想的要求，和對這要求的滿足。史氏認為，所有要滿足思想的要求的世界觀和生命觀，都是神秘主義。這種世界觀和生命觀會把一種信念提供給人的存在，使人不以透過自然的方式被置定於無限的存在中而感到安逸，卻是要通過自覺的行動內在地和精神地成為宇宙存在的一部分。在這個問題上，必會指涉及倫

理的問題。史懷哲指出，自我完善的倫理與神秘主義有很密切的關係，它們成為一個整一體而存在。神秘主義只有在倫理的基礎上，才可能具有富有價值的世界觀和生命觀。

更具體地說，神秘主義是以史懷哲所說的敬畏生命的信念來對待世界的多元的生命意志的現象，這多元的生命意志共同構成了世界。依於此，對於上述的神秘主義的本質，我們可以補充說，神秘主義是通過對自我和世界的想像、思考，從人自身在世界中的天然的和天真的存在狀態中展現對神秘的、無限的出現在大宇宙中的意志的神秘的奉獻。

敬畏生命的信念含有尊重生命的意向。以自身為基礎的人生觀可以從這尊重生命的意向推導出來，不必從對客觀世界的認識而得。只要這樣做，便能穩固地證成倫理的世界觀；世界觀不是純然地客觀的，與人的存在完全沒有交集的。史懷哲甚至認為，當我們思考、反省自身和周遭的生命時，便可以感受到這種人生觀正在我們的生命存在中甦醒。我們不是麻木無感覺的。史氏進一步指出我們與世界的關連，並非通過客觀的認識，而是通過主觀亦即是主體的體驗。這便是倫理性格的神秘主義。倘若我們能穿透到思想的深邃處，便能證成倫理的神秘主義。更有甚者，理性的東西會消融於非理性的東西之中。[32]史懷哲作結謂，理性主義發展到極致的程度，便會弔詭地產生尊重生命的倫理的神秘主義。

七、馬一浮論文化自心性中流出

史懷哲以敬畏生命作為他的倫理學的以至文化哲學的基礎，這敬畏生命不是一客觀的對生命的態度，而是要由主體去實行的、體證的。此中涵有一種觀念論的意涵。關聯著這種在觀念上、在精神上對於文化哲學的開

---

[32] 這是一種弔詭性格的思考。這裏所說的非理性，不是邏輯上的理性的負面，而是把理性融化掉的一種結果，它是對理性與非理性的背反的突破而致的。非理性不是邏輯的，而是辯證的。

拓，當代新儒學的宗師馬一浮有相類似的思想，這便是他的名言「文化自心性中流出」。他所謂的文化，主要概括於古代儒學的六藝之中，這即是《易》、《詩》、《書》、《禮》、《樂》和《春秋》，而不是我們一般所理解的禮、樂、射、御、書、數。他強調這六藝是我們人人本來便具足的理法，這理法的根源的文化主體，正是我們自家的心性，特別是道德的心性。

我們理解馬一浮的思想，主要是《馬一浮集》，篇幅不多，其中收入他的〈復性書院講錄〉、〈泰和會語〉、〈宜山會語〉、〈爾雅台答問〉、〈爾雅台答問續篇〉、〈爾雅台答問補篇〉。在當代新儒學中，學者基本上集中注意熊十力、梁漱溟和牟宗三等的思想，研究和理解馬一浮的不多，而他的著作也比較少，但這並不表示他的學說可以忽視。他早年留學日本與歐美，熟習多種語文，對西方思潮也很有理解。只是為人低調，不在國立的大學中講課，卻是仿效宋明儒者，在私立的書院中講學。復性書院便是他自己創辦的。他在哲學上有多方面的學養，理解最精淳的，則是儒、佛、道三家，特別是儒學。而在儒學中，他最讓人矚目的是儒學的文化哲學：六藝一心論。唐君毅先生在他的《哲學概論》中也認為馬氏的六藝一心論是一種文化哲學，說他以六藝的文化與精神是通天人的大學問。

馬一浮的人品與學問，可概略地見於他的門人烏以風的〈馬一浮先生學贊〉中，在其中，馬氏是以六藝為宗旨的。

> 先生平時用心行事，莫不合乎六藝之教。先生動心起念，惻怛仁慈，接物待人，忠誠敦厚，發之於語言文字，行之於君師朋友，皆合乎詩教。先生博通經史，明辨古今。歷代興衰治亂之迹，風物禮俗之變，皆能知其源流，別其同異。疏通知遠，臨事不惑。發之於言，見之於行，皆合於書教。先生篤敬嚴肅，以禮自守。進退辭受，莫不有節，出處去取，莫不中矩。發之於言，行之於事，皆合乎禮教。先生胸襟寬宏，平易近人，雖窮居陋巷，不改其樂。與人

言，從無疾聲厲色。談笑風生，語緩意長，發之於外，存之於內，
皆合乎樂教。先生洞徹心源，通達常變，明天人之故，窮生死之
理，剖微究玄，盡性知命。不為異說所惑，不為戲論所宥，而能以
常應變，終其身無悔咎，皆合乎易教。至於嚴義利之辨，謹善惡之
別，纖惡必除，微善必彰。尊王業，賤霸術，重禮樂，非兵刑，正
名定分，存真去偽，垂誡後世，昭示國人，則又合乎春秋之教。

這是以六藝的準繩來說馬一浮的為人與為學，近乎聖人了。

對於道與德，馬一浮有其獨特的看法，將之緊密地與心連結起來。在
他看來，道與德是一體的，德內具於心中，道則是德的外部表現。德是內
在的實理，道是吾人的人倫日用行為。他以人人本有的良知亦即是本心來
說德，以人人所共同遵循說道。所謂「證之於心為德」，「行出來便是
道」。六藝的文化活動都是道與德特別是德所開出來的。德也即是性，所
謂心性；故說概括於六藝之中的文化是由心性中流出來的。

說到文化，我們通常是就物質與精神這兩個面相說。馬一浮說文化，
最重視精神一面。對於文化的外部的物質亦即是殊相來說，馬氏認為，文
化內部的心性的一致性更為重要。心性的一致性是理，是一；物質的表現
是殊，是多元的表現。馬氏在這裏提出一個統類的概念，這即是「理一分
殊」。當代新儒學第三代劉述先以「理一分殊」來展示儒學的文化的普遍
性與特殊性的結合，可以說是馬一浮在相關問題上的進一步的闡釋與開
拓。

八、六藝出於一心

由文化是由心性中流出，而概括一切文化活動的，正是六藝，自然可
以得出六藝出於一心的觀點。六藝是散殊的，它表現出人類文化的多個面
相中，但這散殊的六藝就理論言，就邏輯言，必要逼出一個源頭，一個能
綜合、概括這散殊的六藝的根基，這即是一心，亦即是我們的心性。故馬

一浮在表面上闡釋六藝，開發其多元的內容，其根本用意，或要建立的核心觀念，正是一心。因此，他的哲學立場，正是上面提到的觀念論，這不是像柏拉圖的客觀的觀念論，而是主觀的或主體性意的觀念論。

　　中國的哲學典籍，浩如煙海，馬一浮如何在這些典籍的煙海或森林中，揀擇出六藝以作為儒家的根本內容與規矩義的尺度呢？他需要調理出一個在理論上和事實上有一致的價值的內涵，這便是六藝。他提出「六藝之道，條理粲然」、「聖人之知行在是，天下之事理盡是，萬物之聚散，一心之體用，悉具於是」[33]的說法作為文獻學與義理的依據。而以六藝作為文化活動的重要內容，也有他自己的看法。他認為 Kultur（德文）和 culture（英文）在中文中的相應語詞，是「藝」；這藝的本來意思是種植，也可引申出培植以至教化、教育的意味，這正是儒家的六經亦即是《易》、《詩》、《書》、《禮》、《樂》、《春秋》的綜合的意涵。至於以「六藝」來指謂「六經」，是依據《史記》〈孔子世家〉中所說的孔子以詩書禮樂為教化的主要內容，有三千弟子，其中通六藝者有七十二人。此中所說的「六藝」，一般都以禮、樂、射、御、書、數來說，馬一浮則獨排眾議，認為六藝即是指六經。他本來有打算繼鄭康成寫《六藝論》而親撰自家的《六藝論》，但終因種種因素而不能寫出，或沒有寫出。不過，他在其〈泰和會語〉中的幾篇文字中展示了其想法的輪廓。這幾篇文字包括〈論六藝該攝一切學術〉、〈論六藝統攝於一心〉、〈論西來學術亦統於六藝〉和〈舉六藝明統類是始條理之事〉等。我們可以說，心性論是馬一浮在文化哲學上的義理依據，而六藝論則是他的文化哲學的具體內容的闡釋。[34]他雖然沒有寫出專著《六藝論》，但其六藝的大體上的內涵還是可以根據其已有的著作料理出來的。

　　馬一浮的心性論不單具有文化哲學的重要意涵，同時也有存有論方面

33　《馬一浮集》上（杭州：浙江古籍出版社、浙江教育出版社，1996），頁57。

34　勞思光先生在其少作《哲學淺說》中提出心性論是東方特有的哲學思想，是西方哲學所無的。馬一浮的文化哲學便展示了心性論的內涵。

的旨趣。他說：

> 更無心外法能與心為緣，是故一切法皆心也。是心能出一切法，是
> 心能攝一切法，是心即一切法。……仁以表體，用即是智。全體在
> 用，故名「藏」；全用是體，故名「顯」。此之謂「心要」，此之
> 謂「六藝之原」。[35]

這心即是本體宇宙論的心性。它涵蓋一切法或存在，它不為一切存在所
造，毋寧是，它是一切存在的存有論的根源，是一切存在的所從出，其存
有論之義，甚為明顯。進一步，它又是六藝的根源，是文化哲學的核心觀
念。

在馬一浮看來，作為文化價值的展示者的六藝，實是我們自心所本來
具備的功德，是一切的價值的發源地。我們的心量本來是廣大無界域的，
作為性德的六藝本來是心性具足的。六藝之道不是外在的，而是內在的，
是我們的心靈或心性自然流出的東西。心靈是價值的源頭，六藝的價值意
涵，也是毋庸置疑的。在心靈、心性之外，文化價值是無從建立的。

賀麟在他的《五十年來的中國哲學》中也指出馬一浮平時便涵養在、
沉潤在中國文化的寶藏之中。他的努力的焦點，是哲學思想的系統性格，
特別是在文化哲學的領域方面。他的文化哲學的要旨是，一切文化都自心
性中流出。擴而充之，可由道德推展到存在世界，可以說天地的萬事萬物
都是從心性中流出。只要人心不死，心靈繼續發展其作用，文化是長存
的，不會滅絕的。

大陸學者鄧新文也在其《馬一浮六藝一心論研究》一書中表示，馬一
浮是以其心性論作為一切教法的定位的基礎，由此開拓出文化的深層結構
的理論維度。他指出六藝統攝於一心，是人人心中本具之理，是一心之全
體大用。只要天地一日不毀，人心一日不滅，六藝之道便炳然長存，從根

---

[35] 《馬一浮集》上，頁488。

本上以心性價值的同一性涵攝文化價值的差異性，從而使文化與文明的衝突在心性層面上獲得化解和溝通，在現代的文明理論中可謂獨樹一幟。按天地不毀是在存有論上說的，人心不滅是在價值論上說的。文化具有這兩方面的保證、依賴，它的發展、開拓是可以肯定的、毋庸置疑的。

　　六藝在馬一浮看來，即是六經。後者的《易》、《詩》、《書》、《禮》、《樂》和《春秋》六方面的文獻，賅攝一切學術。這六經不單賅攝中國的學術，也賅攝西方的學術。如此，馬氏實是將六藝確立為傳統文化的綱維和中西文化統攝的前提。如何見得是如此呢？馬一浮將六藝的內容，一一解說陳示如下：

> 《詩》以道志而主言，在心為志，發言為詩。凡以達哀樂之感，類萬物之情，而出以至誠惻怛，不為膚泛偽飾之辭，皆《詩》之事也。《書》以道事，經綸一國之政，推之天下。凡施於有政，本諸身，加諸庶民者，皆《書》之事也。《禮》以道行。凡人倫日用之間，履之不失其序，不違其節者，皆《禮》之事也。《樂》以道和。凡聲音相感，心志相通，足以盡歡欣鼓舞之用而不流於過者，皆《樂》之事也。《易》以道陰陽。凡萬象森羅，觀其消息盈虛變化流行之迹，皆《易》之事也。《春秋》以道名分。凡人群之倫紀，大經大法，至於一名一器，皆有分際，無相陵越，無相紊亂，各就其列，各言其序，各止其所，各得其正，皆《春秋》之事也。[36]

就馬氏以上的說法，我們可以說六藝統攝諸子、四部，以至西方的學術。具體而言，《詩》大體上相應於文學；《書》大體上相應於政治、歷史；《禮》大體上相應於典章制度、倫理學；《樂》大體上相應於音樂、藝術；《易》大體上相應於天文學、物理學；《春秋》則大體上相應於管理學。這樣看來，馬氏的類比，似乎太籠統、太空泛，欠缺精準性

---

36 同上書，頁116-117。

（imprecision）。而且有很多遺漏，例如哲學、宗教學、心理學、生物學、化學和社會學等現今流行的學問，如何安置於六藝之中呢？[37]西方學術所強調的真、善、美等性格、內涵，又如何與六藝相配搭呢？上面提到的鄧新文在他的《馬一浮六藝一心論研究》中便為馬氏辯護，認為馬氏所謂的「統攝」，指的是性理上的統攝，而不是事相上的統攝。在事相上，物與物不同，差別萬殊，統攝自然無從說起，根本不可能以一物來統攝另外餘物；但在性理上，統攝是可能的。鄧氏強調，馬一浮說六藝統攝一切學術、學問是就六藝所含的性理而言，六藝所涵攝的、所彰顯的，是所有的人所共同具有的性德。按這裏所說的性德，是指甚麼呢？鄧氏舉馬一浮的「楷定」來說，這楷定即是法式，亦即是哲學上的範疇、領域。這說法仍不徹底、明確。或許應說為是本質，甚至真理、終極真理。

九、唐君毅論一切文化活動皆植根於道德理性

在當代新儒學中，較重視文化問題而進一步追溯文化活動的源泉的，當推馬一浮與唐君毅。上面我們交代了馬一浮的文化自心性中流出，而文化基本上展現於六藝的活動中。唐君毅則進一步將馬氏的這種文化哲學思想加以深化、確定化，而且是在當代思潮的脈絡下展開的。他一方面將馬氏的心性一觀念確認為道德理性，又進一步把文化的內容開拓為多元的範域，包括家庭、經濟、政治、國家、哲學、科學、藝術、文學、美學、宗教、道德、體育、軍事、法律及教育等諸項。他的根本的說法是，人的文化發始於種種的文化意識，而這種種的文化意識都立基於道德理性。關於這種文化哲學思想，主要展示於他的《文化意識與道德理性》和《道德自我之建立》二書中。同時也展現於他的其他著作如《人文精神之重建》、《中國人文精神之發展》、《中國文化之精神價值》、《中華人文與當今

37　武漢大學的郭齊勇便批評馬一浮的六藝亦即以六經來統攝、涵蓋一切傳統的和西方的學術，不免有牽強迂闊之處。

世界》和《生命存在與心靈境界》等等之中。在這裏，我們闡述他的文化哲學思想，以《文化意識與道德理性》和《道德自我之建立》二書為主。

　　唐氏非常強調理性和文化的緊密關連，所謂理性是指表現為道德自覺的理想的，這道德自覺始於主體性自身的自覺活動。就性格方面言，這理性是形而上的、超越的和精神的。順成這理性而活動，能成就精神活動。所謂「意識」，或「精神意識」，是指這精神活動的內在的體驗而言。唐氏指出，每一種文化活動都立根於文化意識，這文化意識是依我們的理性而生起的，而從我們的自我散發出來。自我自身可以說價值，而且是道德價值，故每一文化活動都表現出一種價值，特別是道德價值。

　　如上面提到，我們人類有多元的文化活動，這些文化活動不是散開而各自獨立、互為外在的，毋寧是，它們都統屬於一道德自我或精神自我。對於這種自我來說，一切文化活動都是這種自我的分殊的表現。就存有論來說，我們可以把一切文化活動的存在性，歸到同一的道德或精神自我。這自我是撐起這種種文化活動的，後者各有其道德價值。道德自我是一，涵攝一切文化理想；文化活動則是多，是末。由一以繫多，現實的文化便依此一而得以聚合起來。

　　進一步看理性的意義，唐氏強調，這意義以超越性和主宰性為主。這兩者分別引發出理性的普遍性與理性的必然性。依唐氏，凡意念不自限於一特殊事物或一個體自我的本能欲望心理的，即具有普遍性的理想。他是在這種脈絡下說普遍性的。而理性的發用，若是表現於對「私性或自限於一特殊之性」的超越的，由此可主宰我們的自然活動，則能表現主宰性。總括而言，唐氏是以超越性與主宰性來說理性的，由這兩種性格分別開拓出普遍性與必然性。再者，唐氏也把理性關連到中國哲學方面來，他指出理性即是儒學所謂「性理」，這即是我們的道德自我、精神自我，或超越自我之所以是道德自我、精神自我的本質。這性理指示出我們日常活動的正道，我們若能順之而行事，即在心情上有一種內在的充實飽滿感，覺得成就了一種人格上的道德價值。

　　與理性直接關連的，便是理想，理想本質上是超越性格的。我們自覺

地肯定或任持一理想，要實現理想的價值，便得在精神方面努力。理想與精神是相即不離的。唐氏強調，凡有精神價值在內的活動，必定有一理想先行。此理想如尚未實現，則與現實成一相互對待的關係，對於現實來說，理想是超越性格的，它超臨於現實之上。人若自覺到理想尚未實現，則理想與現實便有一段距離，超越性便是在這種脈絡中說。我們的意識或自我若能肯定一理想，則會證成一超越意識或超越自我。唐氏強調，凡有理想的人，便自然有超越意識或超越自我，超臨於它所接觸的現實之上。他要做的，便是化超越為現實，將兩者結合起來，以成就價值。

依康德的說法，我們的理性有兩個維度（dimension）：純粹理性（reine Vernunft）與實踐理性（praktische Vernunft）。實踐理性特別是道德理性與我們的日常生活有較密切的關連。唐氏指出，我們的道德理性表現為實踐理想的自覺，或自覺的實踐理性的活動，它最初表現於我們的日常生活的情感、意志行為中，也表現於我們自覺地求得一非實踐性的理想，例如求一種美感的活動中。只有在這個脈絡上，我們才能說道德理性為一切求一文化理想的實踐性的文化活動的必然的基礎，它能支持人類的文化世界的永久性存在。在這裏，唐氏肯定道德理性的普遍性，認為道德理性遍在於人文世界。他下了重語：道德理性倘若不顯示於人文世界的成就與創造中，則不能在人生與宇宙中真正顯示超越性、主宰性、普遍性與必然性。

至此，唐氏遂正面陳述他寫《文化意識與道德理性》一書的目的，一方面是推擴道德自我、精神自我的意涵，以說明人文世界的得以證成；另方面則統攝整個人文世界於道德自我、精神自我的主宰之下。他並表示中國文化過往的發展的不足，未把人文世界的分殊性格撐開；西方文化則恰好相反，盡量撐開人文世界的分殊性格，致精神淪於分裂之虞。他寫這本書，正是要貫通道德自我、精神自我與各種文化活動，使雙方相即不離。他要為中西文化理想的會通，建立一個理論基礎，為未來的中西文化精神的發展作實質上的融和。唐氏自覺自己在這種文化理想的開拓上，有一使命感。他指出人類若不能如實地了達各種文化活動在本質上不是散列的，

而是凝聚的，都統屬於道德自我，將會忘本而逐末，泥多而廢一，則文明、文化的現實會變得千差萬別，相互外在，不見其大統。

對於文化的精神性格、超越物質性格，唐氏作進一步的解析。他認為文化不是自然現象，也不是單純的心理現象或社會現象。就心理現象言，它是主觀的、個人的，文化現象則是超個人的、客觀的。就社會現象言，它雖然有超個人性、客觀性，但其中存在著鬥爭、合作、分工和相互模倣，不必有文化的意涵，難以說理想，特別是道德理想。他舉一些動物如蜜蜂、螞蟻、牛、羊等為例，牠們群居似乎可以說社會性活動，而形成一社會關係。但我們並不認可牠們的社會是具有文化內涵的社會。唐氏強調我們所謂文化現象在根本上是精神現象，文化是人的精神活動的表現，其中充滿創造性、理想性。他特別重視文化的自覺性格，提出精神活動是由一種自覺的理想或目的所帶導的，因而是自覺地求實現理想或目的的活動。進一步，當我們有一自覺的理想或目的要實現，我們必定是以這理想或目的的實現為具有價值的。故實現理想或目的即等同於實現價值。一切精神活動的本性，是使主觀的理想或目的實現出來，而現實化、客觀化。

以上是就精神活動的正面的、積極面說。負面方面又如何呢？唐氏一一予以一正面的、肯定的評價。他提出現實世界的物質、身體之屬的精神化，視之為精神活動的表現。他強調一般所謂現實生活之本的飲食男女、求名譽、地位、權力等，都可視為同一的精神實在的表現的體段，以至於一切生活節目，都可以含有精神的、神聖的意義。*38*

至於苦痛、罪惡等具有強烈負面義的東西又如何呢？唐氏也將它們看作是精神實在的一種表現。他強調一切道德心理與非道德心理出於同一根源～念：一念陷溺即通於一切惡，一念不陷溺即通於一切善。精神實在的

---

38 按道德理性一類東西是抽象性格的，它必須透過具體的東西展現出來。光說道德理性，不能成就價值。價值需要在實現（realization, actualization）中說。唐氏似有這樣的意思：物質、身體、飲食男女等具體的東西可作為道德理性的實現的憑依、場所，它們在這個脈絡下，可以說是有價值的。

最高表現，是使社會成為真善美的社會。

　　最後，唐氏由精神實在回返到我們生於斯長於斯的現實世界，表示要將我們的主觀的精神理想表現於客觀的現實的、存在的世界，是極為艱難的。在這裏，人要以主觀的精神向客觀的自然世界開拓，透過自己的身體自身的活動，以影響客觀的自然世界，這關涉及理想的形成的客觀性、主宰性的問題。他表示人創作藝術品或從事生產技術時，必須以手對自然物有所接觸，然後影響、改變它們。倘若沒有生命或身體的動作，則我們個人的精神或文化活動便不能真正地客觀化、社會化。我們可相信一切社會文化的形成，最初開始於一個人或少數人有某一文化活動，而逐漸社會化，以相互模倣、暗示、同情，也相互批評、增補、充實、淘汰、剪裁、組合而形成的。但我們必須依賴生命或身體的動作，否則，個人的精神便無由真有客觀的表現而社會化。他同時也指出，關於我們的生命或身體自身的動作，與身體順向物質的自然的動作，何以能客觀地表現我們的文化活動，而使之社會化，是一個非常深奧的問題。這問題即是物質性的物體、身體和物質的形相世界，何以能表現我們的精神的問題。倘若直接就我們的精神之為超形相，而物質身體的世界或環境中的物體為有形相來看，則兩者無溝通的渠道，也沒有需求於對方。我們唯一可以說明兩者需要相互依靠與溝通的途徑，只有把我們的精神表現於物體、身體的形相世界，看成是由物體、身體的形相本身，可以透露出一理想的精神意義。我們可先不理會自然世界的身體、物體自身，而只注意物體、身體的形相關係。這形相關係是一種理的關係。在這種情況，我們對這種理的關係可以觀照或直覺，而引發出一種形態方面的精神。唐氏舉例謂，我們看到山峰的挺拔之姿，我們的精神也會跟著它挺拔而上升。這種現象，不能歸於山峰的物質的材料，只能歸於山峰的物質的形相表現出一種離開地面的形相而冉冉向上提升。在這種情況，我們的精神一方面注意著地面，另方面順著山峰的挺拔上升的姿態，而感到精神性的挺拔。我們不能以為物質性的地面或山峰能夠助成我們轉向挺拔的感覺；而只能說，當我們最初凝住於地面的意念順著山峰的挺拔姿勢而跟著也上升而挺拔，對山頭的凝著於地

面加以超越，而我們的精神也儼然隨著向上超拔。

十、道德理性的自由性、超越性、決定性與內在性

　　人類的文化發自文化意識，文化意識又立根於道德理性。這便引出一個問題：唐君毅說道德理性的本質或性格是如何呢？在這方面，我們可以歸納為四種本質的性格：自由性、超越性、決定性與內在性。以下要一一加以說明。

　　對於道德理性，唐氏有不同的稱法，但大體上不離以下四者：精神自我、超越自我、意志力和內在理性。首先看道德理性的自由性格。唐氏強調，我們的精神活動或文化活動，有一不容否認的自動自發的自由。他表示，我們並不否認現實環境能夠規限我們的精神或文化活動的形態、方式。但對同一的現實環境，我們可以以合理或不合理兩種不同的態度來回應。即是說，我們可以判斷對現實環境所表現的精神活動或文化活動為適當或不適當。這兩種態度都出自我們的當下的精神自我自身的決定，因而應該由我們的當下的精神自我來負責。這便表示我們的當下的精神自我有一絕對的自由的意味。進一步，唐氏表示，任何意志上的堅持與行為上的引發，都必須肯定或預設我們確有如是如是去堅持、去引發某種行為的自由。這亦表示我們具有能夠改造未有此行為時的現實自我的自由，或提醒我們一時的懈怠的自我，讓它堅持原初所決定下來的意志的自由。即是說，此中仍有一絕對的自由，讓我們主宰現實自我的活動。

　　唐氏進一步從一個較寬廣的角度來看這種自由。他表示，我們可以一念回頭反省一下自己的這個既成的現實的自我是一個怎樣的自我，便可親證對這現實的自我表示判斷或態度的超越的自我冒起來，湧現生發出一個理想，對這已成為現實的自我加以概括，而進一步主宰它。我們會依於這點而確認一種意志活動，它具有自由的性格，能夠生發出理想，而提出一意願。這種自由性格正是人人所固有的具有主宰自己、改造自己的道德的

自由。他認為我們必須肯定這一自由；不然的話，人們必會把他們的一切
行為都視為受到因果律所決定，因而對一切善惡行為都不需負有任何道德
責任；同時對其自身的前途、未來，亦不能有任何真正的希望。

　　跟著看道德理性的超越性格。唐氏指出，我們的道德心理、道德行為
有一種共同的性格，這即是對現實自我的限制的超越。這有道德價值表現
於「對現實自我的限制的超越」的意涵。現實自我即指陷溺於現實的時空
中的現實環境的自我，它為某一特定的時間與空間的事物所限制，所困
圍。這可以說是一種形而下的自我。所謂道德心理、道德行為的共同性
格，是能促使自我由這種限制、困圍解放開來，不再有陷溺。而道德價值
即表現於這種解放活動之中。

　　現在有一問題是，現實的環境對我們要實現理想，有一定的障礙性，
這障礙性可以到達哪種程度呢？唐氏表示，現實環境對我們的精神活動或
文化活動，只能規限，而不能決定。決定我們的精神活動或文化活動的，
是我們的精神自我或超越自我。就佛教的詞彙說，凡是精神自我、超越自
我以外的東西，對於精神活動、文化活動而言，都只能是外緣，或外在因
素，而不是真因，或決定的條件。或者可以這樣說，一切現實環境，頂多
只能是我們的精神活動、文化活動的必需條件，而不是充足條件或實現條
件。唐氏認為，這充足條件、實現條件只能是我們的精神自我或超越自
我。倘若我們以精神自我、超越自我為體，則一切精神活動、文化活動便
是用，這用的體，不能求之於現實環境，它存在於我們的生命中。

　　以下看道德理性的決定性格。上面已提及「決定」字眼，這裏用「決
定」，是比較精確的，它有支配的意涵。孔子在《論語》中說唯仁者能好
人能惡人。唐君毅表示，自我的能愛好合理的東西，憎惡不合理的東西，
已說明當事人知道應該保存甚麼，捨棄甚麼，他能作一明確的決定。這決
定完全是在自覺的、自由的狀態作出的，是自己對自己的決定，而不是現
實環境對自己的決定。在他看來，所謂道德的生活，是自覺地自己決定或
支配自己的生活，是絕對地自律的，不是他律的。但他也指出人真要能自
覺地自己支配自己，是極為困難的。要做到這點，必須將外馳的支配態度

收回來，以用之於自身。即把支配自己的主力，從外在的因素歸向自身的因素。他並表示支配自己比支配別人、世界更艱難，也更偉大。因為支配他人、世界，只要讓我們的意志力能破除外界的一切障礙便行，而支配自己則要能主宰這用以破除外界一切障礙的意志力。

唐氏進一步強調，人類文化是精神的表現，而精神在初步階段，是屬於個人的。個人對於他人表現其精神，便形成社會文化。個人的精神又依於個人的心靈的理想而生。我們要了解人的文化活動，必須透入人的精神以至人的理想的層級，把這精神、理想視為決定人的文化活動的第一因，而不能把現實環境視為決定人的文化活動的第一因。一切現實環境都不能真正決定我們的理想的形成，決定我們的精神活動。唯有我們的理想與精神活動自己生發與形成，可以逐漸決定這一切現實而表現為文化。

最後看道德理性的內在性格。唐君毅表示，道德的問題總是不離人格的內部問題；道德的生活亦總是內在的生活；道德的命令也不離自己對自己所下的命令。我們必須自己求支配自己，變化自己，改造自己。真正的道德意識的自覺與體驗，只能在自我支配、自我變化、自我改造中說。這全都表示道德理性是內在於我們的生命存在中的。他又進一步從反省亦即是道德的反省方面說：我們自己肯定或否定已成的自我的態度，而判斷它是應當或是不應當，再而反省、追溯這判斷的根源、所依，亦必是我們內在地本有的超越的自我。我們心靈所發出的一切理想，都是根於自己的理性的，而這理性正是超越的道德理性。再進一步，即使這理想最初不是自覺而為超自覺的，我們仍可透過反省而將之轉成自覺的。而它由超自覺轉而成為自覺的，更可證實它不是由外面而來，而是純然發自內心的。

十一、道德理性與文化生活的開拓

以下我們看道德理性與文化生活或理想的開拓。唐君毅提出人的理性特別是道德理性直接開展出多元的文化生活或文化理想，我們可就其能包含的價值、目的觀念而分為家庭、經濟、政治、國家、哲學、科學、藝

術、文學、美學、宗教、道德、體育、軍事、法律、教育等多個面相，這在上面也稍微提過。唐氏以為，這多種生活或理想可以概括盡人類的文化生活、文化理想。[39]我們可以一一論其都是依於人類的理性特別是道德理性自身而被生起、被創化出來。他自己便有如下的分法：這些文化項目可以分為三組。前四者即科學、藝術文學、宗教、道德是人類的理性最純淨的表現。而中四者即生產技術、社會經濟、政治、家庭倫理是人類的理性規範、條理人的欲望的產物。至於體育、軍事、法律、教育四者可以被視為維護人類的文化的存在與發展的生活、活動方式。唐氏點明，在這十二種文化生活、文化理想中，道德理想雖然只是其中的一種，但這是指具有自覺性格的道德生活、道德理想而言。實際上，一切文化生活、文化理想都可說為是依於我們的心靈深處的要實現道德目標而生起的。每一種文化活動，在表面上看，雖然只實現某一種特定的文化價值，例如真、美、善之屬，它們都同時實現或表現一道德價值，這即是使我們的超越自我、精神自我更能充量發展自身，以窮盡各自所包涵的理性的價值。我們的理性是生起、創發文化理想的機能，也就是生起、創發道德理想的道德理性。因此一切文化活動，都可視為道德活動的多元性活動。[40]

　　唐氏很強調自覺性、自覺活動在道德生活的重要性。他表示道德生活的本質，即自覺的自己支配自己的生活。在他看來，人本來便是能自覺的。我們對自己、世界可以有不同的自覺的態度，如了解的態度、表現欣賞的態度、祈禱的態度和支配或實踐的態度；這些不同的態度便開拓出我

---

[39] 這些項目能否盡數包含人類的一切文化生活、文化理想，自然是可以商榷的。例如，其中未有提及音樂、舞蹈，這或許可以納入藝術方面去。到底包含哪些項目，並不是最重要的。最重要的是道德理性可以概括人類的文化生活、文化理想，或可以作為這些生活、理想的基礎。唐氏是以道德立場來處理這個問題。是不是一定要就道德一方面來概括這些東西一問題，也是可以討論的。京都學派便認為宗教比道德更具基源性，他們強調道德必須先崩壞，才能說宗教的現成。在這裏，我們不擬作深廣的探討。

[40] 在這裏，唐氏未有嚴格論證一切文化活動都展現超越自我、精神自我。

們的多元的文化生活。具體地說，由了解的態度，可生起科學、哲學的生活；由表現欣賞的態度，可生起文學、藝術的生活；由祈禱的態度，可帶來宗教的生活；由支配、實踐的態度，可帶來道德、政治、經濟的生活。[41]他繼續表示，道德、政治、經濟的生活，都要依賴行為上、實踐上的工夫，去求有所支配。其中，經濟生活要支配的是物，政治生活要支配的是自己以外的他人，而道德生活想支配的，則是自我本身。但自己支配自己的生活，必須要是自覺性格的，才能證成道德生活。我們所過的，不只是一生物的生活，而必須加上人的生活之所以為人的生活的共同性質，這即是人的自覺性。因此，我們界說道德生活為自覺的自己支配自己的生活，這便是道德自覺。

現在的問題是：道德理性如何開拓出種種文化成果呢？唐氏在他的《文化意識與道德理性》一書中有極為詳盡的解說。這裏我們只就政治方面作些闡釋。在唐氏看來，人的權力欲或權力意志不能作為政治文化的基礎。倘若沒有客觀價值的意識，則政治上的人與人之間的支配與服從便不可能。人的權力意志有一種自我摧毀的性質或可能性，它必須被轉化為求榮譽而尊重客觀價值的意識。依於此，人與人之間的權位關係，必須轉為能位、德位或勢位的關係。由此便有人的權力意志的自我超越而隸屬於一種道德意志的問題。其次論到人的社會團體的形成的理性基礎與國家的產生的必然性，以及於國家的要素，如人民、土地、主權的意義。唐氏曾對過去種種有關國家的學說作過評論，指出其缺點，和提出這些學說與唐氏自己的國家起源的論點的相通處。進而從道德理性的立場討論各種政治制度的意識，並定其優劣、高下。再下便是有關國家的實在性的問題，指出國家在某一意義下可被視為一種精神實體的理據，和檢討黑格爾和唐氏自己的國家思想的異同。在唐氏看來，黑格爾對於個人超越自我涵蓋國家的認識仍是不足的，他也不能肯定超國家的天下或世界的觀念。唐氏也闡明

---

[41] 唐君毅說起人的文化生活、文化理想，可見於他的《道德自我之建立》、《文化意識與道德理性》二書中，兩者的說法大體上是一致的，但不是完全相同。

我們要在尊敬自己的國家之外，兼尊敬其他國家的道德理性的基礎。最後論述國際和平與天下一家的理想的可能性，和在不廢除國家這一大前提下，實現這一理想的途徑。

十二、唐君毅在文化哲學上的承傳關係

唐氏的文化哲學系統，無論在內容上的深度與廣度，及在理論上的嚴格性，都有一定的成就。這固然可歸於他個人的用思與睿見，但也不能忽略他有所承傳。他寫《文化意識與道德理性》一書，就他的自白來說，一方面是為中國及西方在文化理想的融通上建立一理論基礎，另方面是要提出一文化哲學的系統，再一方面是對西方的自然主義、功利主義的文化觀點，予以一徹底的否定，以保衛人文世界，使之能長久流行而不下墜。在此書的另處，他又表示自己對中西文化哲學的思想，都有所承繼，亦有自己的創新意見。我們這裏只特別注意此書的承繼方面。唐氏首先提出他的著書所承傳的，在根本觀點上是中國儒學的思想。儒家思想始孔子；他追懷孔子的功績，一方面是承繼中國的六藝文化，[42]同時以一切文化都本於人心的仁。以後中國儒家論文化的一貫精神，即以一切文化都本於人的心性，本於人的人格。之後他提到孟子，以較多的篇幅說。他強調自己的書主要在擴充孟子的人性善論，這是成就文化的本原的。他繼續說自然力量對於人的精神的規定關係，仍不離精神自身，所以人總是可以保持自己的自動性、自主性。精神的至善本性，文化的至善本原，都有一種自己決定其未來方面的自由。

對於罪惡問題，唐氏表示樂觀的態度。他說我們對於一切罪惡，都能

---

[42] 依唐氏，原始的六藝之中，包含禮、樂、射、御、書、數六種學問或技藝。禮是道德、法律；樂是藝術、文學；射、御即軍事、教育；書是文字；數則是科學。後來又有人提詩、書、禮、樂、易、春秋來說六藝。詩屬文學、藝術；禮屬道德理性、社會風俗、制度；書屬政治、法律、經濟；易屬哲學、宗教；春秋即孔子依其文化理想來裁判當世、垂教當世的教育法律。他未有提到樂。

夠超越與克服。因為我們能夠警覺自己的陷溺狀態。在他來說，一念陷溺，會通於一切的惡；而自覺有陷溺，便能一念不陷溺，這便可通於一切的善。[43]他很自信地表示，只要我們對於自己的活動，都能加以自覺，而求不陷溺，則任何活動都可以是向精神實在升揚上去的活動。他強調能超越現實世界的活動，亦即是超越現實自我的限制的道德活動。唐氏甚至表示，精神的表現本來是善的，惡只是精神的一種變態的狀況。惡是善的反面，但善可以返過來反其反面，而回歸於善。故惡只是一種善的對反面的存在，而不是真正的精神的表現。由此便可歸於性善的終極觀點。

在儒家傳統，孔子之後，有孟子與荀子先後繼起。孟子講性善，荀子講性惡。在唐君毅看來，荀子擅長講心的主宰性、超越性，以對治自然之性，由此顯出人文世界的莊嚴性。但荀子不知人心的本性，是理性或性理之性，而非他所謂的自然之性。唐氏在這裏說明他的書是論析人文的基礎不在自然之性，這是通於荀子的；但他論人文的基礎在於能超越、主宰自然之性的心的性理或理性，這則是孟子的路數。

至於道家，唐氏指出，道家崇尚自然，是由於見到人文的弊害。儒家不主張因噎廢食，因它知道一切人文的弊害都是由於人文走錯了方向，與其本來所有的人的德性或道德理性相悖離，而墜於繁文縟節，人的道德自我、精神自我已不能主宰文化的正常方向了。唐氏表示他理解到這點，同情道家的狀況，故仍尊重原始的老莊道家。

在西方哲學方面，唐氏很尊敬康德和黑格爾，對他們也有所承襲。他指出康德與黑格爾都以人類文化為人的理性實現於客觀世界，或精神的客觀表現。康德論文化的最大功績，在於以批判方法分清科學知識、道德、宗教、藝術、政治、法律等的不同的文化範域，但都能適切地展現人的理性於其中。黑格爾論文化，表現出殊勝的智慧。他依其辯證法指出人的不同的文化領域，正是同一精神自我的不同的客觀展現。而人類的歷史亦是同一的絕對精神或宇宙精神顯現其自身於地上的連續的歷程。他這樣論精

---

[43] 這頗有孟子所說的「反身而誠，樂莫大焉」的意味。

神自我的表現為不同領域的文化，以哲學為最高，宗教為次，藝術又再次，國家、法律、社會道德又在後面追隨，繼之又有家庭。從現實來說，宇宙精神、絕對精神依序在歷史中出現，由中國、印度、埃及、波斯、希臘、羅馬，到日耳曼世界，展現出次第升進的形態。日耳曼世界中的普魯士國家的政制，為絕對精神自覺地實現其自身於地面的終極模式。但唐氏對黑格爾的說法也有批評，這即是黑格爾的層層次第上升的歷史觀、文化觀，是一直線方向的歷史文化觀，不是他所能接受的。[44]他最後回返至康德的精神，不先在原則上決定各種文化領域的高下，卻是同時肯定各種文化活動，視之為同一的精神自我的分殊表現。最後唐氏歸結人的一切文化生活，在一意義下都可視為道德生活的內容，於是道德生活即內在於人的一切文化生活中。但這意義是甚麼，他則沒有明說。

　　唐氏作結，表示他的文化哲學觀點特別是中心觀點，全出自中國儒家的哲人，但在論列方式上，則是採取西方式的，特別是通於西方哲學的理想主義傳統。他說西方哲人論文化，與中國哲人論文化，有明顯的不同。中國哲人說起文化，開始便講價值上的是非善惡，並總是先提出德性的本原，以統攝文化的大用，所謂明體以達用，立本以持末。西方哲人論文化，傾向於先肯定社會文化為一客觀存在或對象，進而反溯它所以形成的理據。《文化意識與道德理性》便是這樣做的。

　　依唐氏，西方的希臘哲學自蘇格拉底經柏拉圖至亞里斯多德，都重視文化問題。但蘇格拉底最重視講明道德問題。他論道德的方式，不像孔子直指人心的仁、孝，來說明道德的根本。他是就當時社會所流行的道德習慣、風俗或道德判斷，加以反省，追溯道德知識的內心根據。柏拉圖則由道德與知識，與其他文化如政治、教育的內心根據，進而追尋其形而上的基礎。這是一種由末返本，由用識體的思考方式。至亞里斯多德，則開始

---

[44] 我們或許可以說，黑格爾的歷史文化觀，展示精神在時間上次第升進的歷程，在空間方面則是從東方的中國向西挪移，最後止於日耳曼文化，有機械性的（mechanical）傾向。而且精神的發展，到了最後的日耳曼便停頓下來，難以繼續說下去。

分門別類，注意文藝、倫理、政治、經濟等不同的文化活動，而尋求它們的理性根據，也重視人及其文化與自然世界或神的關係問題。亞里斯多德實有把人類文化推開去，視之為一種客觀的對象的想法。他的哲學開拓出後世各種自然科學和文化科學。至基督教興起，便以宗教來統領道德哲學。至康德出來，在知識論方面限制知識世界的範圍；在純粹理性之外，確立實踐理性，以處理道德問題，展示道德的重要性。再由道德推進，建立宗教、法律、政治，並由理性之顯現於自然，由超越利害心的興趣的出現，以論美與藝術。至費希特、謝林、叔本華、黑格爾等，都從精神的表現來說文化的成立。黑格爾更遍論人類文化的各個方面，把家庭、社會道德、國家、法律、藝術、宗教、哲學都視為客觀精神或絕對精神的表現。再進而論人類各時代的文化在歷史中所展現的自身價值。由黑格爾所開啟出來的對人類的文化歷史的研究，促進近代的社會科學、文化科學、歷史科學之繼近代初期的自然科學、生物科學而分門別類地發展。

在唐氏看來，各種社會科學家、文化科學家、歷史科學家的論文化問題，在客觀的分析工夫上，都較哲學家為精密。但在直透本原的涵蓋貫通的智慧的表現上，則不如哲學家。他們大體上都從原始社會的考察、不同民族文化的比較、社會文化現狀的調查統計，或史料的搜集、整理與分析，來研究人類的歷史文化現象。或更參考一般的社會心理學、自然心理學或特殊社會心理中現有的知識或原理，以說明人類的文化現象。在黑格爾以後的論歷史文化的學者、哲學家，如湯因比他們所運用的方法，仍是一種歸納的比較文化學的方法，哲學的意味嫌不足。至於一般人比較多留意的史賓格勒，唐氏認為他對人類文化的態度，能同情地體驗一民族文化精神的生長、興盛與衰亡的歷史發展軌跡，這不免有類比的意味，把歷史的發展比對著自然生命的推進的歷程，其結論是悲觀的。這與黑格爾視人類文化、歷史的發展為一種精神向上升進的樂觀的導向很不相同。

最後唐氏作結表示，他的《文化意識與道德理性》一書是橫面地泛論各種文化活動的道德理性的基礎；他論文化的態度是與西方的康德、黑格爾的理想主義的傳統相應的。

十三、杭亭頓的文明觀

　　以上所述釋的史懷哲、馬一浮和唐君毅的文化哲學的觀點，都有理想主義的維度，而且有很強的倫理或道德性格。以下要闡述一下另一維度的文化哲學，那便是美國的杭亭頓（Samuel P. Huntington）的文明衝突論，這不是純哲學性格的，他無寧是現實的經驗傾向，重視文化的政治、經濟、軍事和社會等方面，這見於他的《文明衝突與世界秩序的重建》（*The Clash of Civilizations and the Remaking of World Order*）。[45]杭氏是美國哈佛大學的講座教授，又與政界有密切的往來。在他的書中，他以全球的視野來論述後冷戰時代的世界各文明的現實狀況和今後可能的發展；此書所述的，有兩個主題，即是「文明衝突」與「世界秩序的重建」。

　　就表面看，文明（civilization）與文化（culture）的意涵相當接近。仔細看，文明比較傾向有形象的現象，而文化則較接近精神方面的現象，比文明有較強的恆久性。我們在歷史哲學一章中，粗略地提及這兩個詞彙；在這裏，我們要較詳細地討論一下。杭亭頓曾參考波塞曼（Adda B. Bozeman）的說法，表示文明和文化都指人類整體的生活方式，文明是文化的擴大的範圍，兩者都涉及價值觀、規範、制度和思考方式。他又引述布勞岱（F. Braudel）的說法，提出文明是「某種空間」，「某種文化領域」，「集合了文化的特徵和現象」。他又引述瓦倫斯坦（I. Wallerstein）對文明的界定，其中也涉及文化。這界定認為，文明是一種連串特定的世界觀、習俗、架構和文化（包括物質文化和高等文化）形成某種完整的歷史。但高等文化指的是甚麼東西，則沒有清楚說明。杭氏又提到道森（C. Dawson）的觀點，認定文明是某些人在某種文化創造原始過程中的產物。杭氏又介紹涂爾幹（E. Durkheim）和莫斯（M. Mauss）

的說法，認為文明是一種道德環境，其中包含某些國家，而每個國家的文化只是這整體的某一特定形式。這是從外延來說文明與文化，文明有較大的外延。至於史賓格勒的歷史形態學，杭氏則表示史氏視文明為文化的必然的命運，是某一支系已進化的人類靠外力和人工所能締造出的國家；這是一種結論，可使正在轉變的事象成為現實。

以上是諸人就文明與文化二者同時的闡釋。單就文明方面來說，杭氏表示隨著文明的延續發展，它們自身也會不斷變化、進化，並且充滿動力，有起有落，分分合合。文明進化的階段可以以不同的方式展示、記載下來。他又引述奎格利（C. Quigley）的說法，後者認為文明經過七個不同的階段，這即是融合、醞釀、擴張、衝突、帝國、式微和入侵。湯因比則認為文明的興起，是對挑戰的回應，經過一段成長期，其中涉及加強對於由少數人所創立的環境的控制；跟著是變亂的階段，世界各國出現，最後是整合。最後杭氏提出，這種種說法雖然有一定程度的參差，但基本上都認為，文明經過一段變動或衝突時代的演進，達致世界國家的形成，最後是式微和整合。

德哲史賓格勒提出歷史形態學，認為文明最後會滅亡。杭亭頓提出異議，表示文明會滅亡，但也可以長期延續下去。他強調文明會不斷變化和調整，這是人類所能組合的事物或現象中最持久的。他提出人類活動中的「最獨特的精髓」，是長久延續的歷史，文明是最源遠悠長的歷史事實。帝國有興有衰，政府會改朝換代，但文明得以獨自留存；它經歷政治、社會、經濟甚至不同的意識形態的變動，仍能生生不息，久遠存在。

杭亭頓認為文明是最廣義的實體。不同的村莊、地區、種族、民族和宗教團體，都能在不同層次的文化異質上表現出鮮明的文化。中國、印度和西方並不屬於任何廣義的文化實體的一部分，它們自身各各構成文明。在他看來，文明是最高層次的文化組合，也是最廣泛的文化定位。按杭氏在這裏是通過文化來說明文明，表示文化較諸文明有更大的外延。這不同於剛才涂爾幹的說法。

上面我們曾說文明傾向於形象，而文化則傾向於精神。這形象是就物

質一面言的。杭亭頓進一步說，文明牽涉到機械、科技、物質因素和文化，而又涵蓋價值觀、理想，及一個社會中比較高層的知性藝術和道德品質。他又說有些人類學家較重視文明在社會中的複雜性、發展性、都市性、生機勃勃性，而文化則具有原始性、不變性、非都市社會性。

　　從歷史方面說，杭亭頓認為文明的概念濫觴於十八世紀，法國哲學家為了和「野蠻」的概念對比而發展出來的。文明社會與原始社會的不同，在於前者是穩定的、都市化的、開明的和有教養的。文明是值得肯定的，不文明是不好的。文明的概念提供一個評斷社會的尺度。他更強調人類的歷史是一部文明史。綜觀人類的歷史，文明提供人民最廣義的認同感。因此，一切文明的生起、出現、起落、互動、成就和衰退，都經傑出的歷史學家、社會學家和人類學家作深入的研究。

　　杭氏又進一步從文化層面看威脅性來說明文明。他表示在後冷戰階段，國家越來越以文明的條件來區分、界定其利益，它們傾向於和具有類似性或共同文化性的國家結盟，也比較多和不同文化的國家發生衝突。衝突的另一面是威脅。杭氏指出，某一國家以其他國家的意向來確定其威脅性，而這些意向與評估它們的方式，則由文化的考量為主軸。一般來說，群眾和政治人物不是那麼能夠看透那些來自他們自以為可以理解和信任的國家的威脅，因為他們具有共同的語言、宗教、價值觀、制度和一般的文化活動。他們比較容易感受到來自不同文化的國家的威脅，因為他們比較難於理解和難以信任這種異質的文化。就後冷戰的局勢來說，在美國方面，政府認為蘇聯的瓦解成俄羅斯不會再構成對自己國家的威脅，它自然也不會對共產世界構成反威脅，但這兩個國家倒是越來越感到另一不同國家的威脅。*46*

---

46 這個另一國家顯然是指和平崛起的中國。

十四、不同文明間的衝突

這是杭亭頓的書要闡發的主題。他聲言文明是人類至高無上的部落，文明的衝突則是一場全球層次的部落衝突。不同文明團體之間的關係，幾乎永遠不可能是親密的、和平的。相反地，這種關係多半很冷淡，甚至相互間充滿著敵意。過去不同文明單位之間的關係，像冷戰時期的軍事結盟，已逐漸減弱或消失了。杭氏強調，在文明世界中，不同文明實體的關係，可以用冷戰、冷和、貿易戰、準戰爭狀態、頑強的敵對、軍備競賽等語詞來形容。文明之間的信任和友誼，越來越無從說起。杭氏以兩種形式來說跨文明的衝突：一是「斷層線衝突」（fault line conflicts），這可發生於不同文明的鄰國之間，或同一國家的不同的文明團體之間。另外，這種衝突常發生於回教徒和非回教徒之間。另外是「核心國家衝突」（core state conflicts），這常發生於不同文明的主要國家之間，例如美國和伊朗。

說到美國，杭亭頓指出，冷戰結束後，美國和亞洲之間有日趨頻繁的互動，而美國的權力也相對地弱化下來，使它和日本及其他亞洲國家之間的文化衝突變得多元，後者有很多時是與美國對著幹的。特別是中國的崛起，對美國造成一種難以化解的挑戰。這兩個國家在經濟、人權、西藏、臺灣、南海諸島、武器擴散等多個面相，都時有爭端，難有共識。這些衝突主要立根於兩個國家的不同的文化背景。中國不願意接受美國稱霸全球，美國也不想見到中國稱霸亞洲。

現在有一個關鍵性的問題：為甚麼相同或接近的文化會使不同的人聯合、團結在一起，而相互差異的文化會使人民之間加深分裂，致引發嚴重的衝突呢？以下是杭亭頓的答案：

一、在文化上，一個人可以和他／她的族群、種族、國籍、宗教和文明認同。杭氏作譬說，在文化掛帥的世界，步兵排相當於族群和種族，兵團則相當於國家，軍隊就是文明。人沿著文化斷層線劃分的程度越高，會使不同的文化團體間的衝突越為嚴重。文明是最廣泛的文化實體，不同文

明團體間的衝突會成為全世界的政治的主軸。

　　二、文化認同越是突顯，越為生活的所需，越能展示個人層次的社會經濟的現代化。因為失序和疏離、孤立會使人尋求更有意義的定位。至於在社會層次上，非西方社會能力和權勢的擴張會刺激本土的認同感和文化復興的意欲。

　　三、同一個文明下不同國家或其他實體的歷史關係，和不同文明間的國家或實體的關係不同。舉例說，一個基督教國家在和另外一個基督教國家跟土耳其等其他「異教」國家打交道時，有不同的規範。回教徒對回教徒和非回教徒的行為也是不同。中國人會以不同的方式對待中國籍的外國人和非中國籍的外國人。在今天的世界，科學昌明，交通和通訊大幅改善，使不同文明間的人有更頻密的互動、集結，文明的認同也顯得越來越重要。

　　四、不同文明的國家和團體間的衝突，其中一者可對他者施加壓力。在人民、土地、財富和資源方面會出現控制現象，也會把一方的價值觀、文化和制度施加於對方。文化團體間的衝突也會涉及文化問題。馬列主義和自由主義、民主主義在世俗的意識形態方面的差異，倘若無法解決，可以公開辯論。[47]重大利益的差異可以討論，透過妥協來解決。文化問題則不是這樣。杭氏舉例謂，印度教徒和回教徒是否應在印度教教主的誕生地同時建造一座寺廟和一座清真寺，或兩者都不建造，或蓋一棟兼具兩種宗教的特徵的建築物，這個問題是不可能解決的。這兩個宗教儼然有一種誓不兩立的對抗關係。同樣，猶太人和阿拉伯人對有關聖城耶路撒冷的爭議都不易達成協議、共識。因為對雙方的人民來說，每個地方都有深厚的歷史、文化和情感淵源。

　　五、這也是最後一點，衝突無所不在。人有一種仇恨的心理，為了自身的利益，人需要有競爭的對手，才會改變現狀而求得進步。這在商場

47　意識形態上的差異，即使透過辯論，也不見得容易解決，獲得共識。杭氏在這裏顯得過分樂觀，不符合一般的事實。

上、政治上和軍事上，都是如此。對於那些他們不信任、懷疑會損害己方的人，會視之為一種安全上的威脅。一場衝突化解了，一個敵人消失了，可能會產生新的衝突和敵人。杭氏強調並發出警告，冷戰結束並不表示不會再有衝突，而毋寧會生起根源於文化的新定位，並在不同的文化團體間出現新的衝突。

杭亭頓指出，世界很多時是處於無政府狀態，充滿著部落和民族的紛爭，最可能危及穩定的衝突存在於不同文明的國家和群體之間。第二次世界大戰的結束，帶來了籠罩全球的冷戰局面。冷戰結束後的和平幻覺，也由於無數的種族衝突而煙消雲散，法律與秩序蕩然無存，國家之間有新的結盟形成，而產生新的衝突，新共產主義和新法西斯主義運動抬頭，急進的非理性的宗教層出不窮。地球上的一些角落竟出現了「滅族大屠殺」（genocide），和平的遠景似乎粉碎了。在杭氏看來，世界上最普遍、最重要而危險的衝突，不是社會階級、懸殊的貧富或經濟團體之間的衝突，而是隸屬於不同文化實體的族群間的衝突。族群戰爭和種族衝突隨時會在不同的文明中爆發出來。

國家方面又如何呢？杭亭頓指出，國家是國際關係中的最基本的、也是唯一的重要演員；國與國之間的關係時常混亂失序，為了自己的安全和生存，國家難免要大幅度擴張其權勢。此中有一骨牌效應：一個國家看到另一個鄰國擴權，變成對自身的潛在的威脅，它時常會採取有效辦法來加強軍事上的實力，同時和其他國家結盟，以保障自己的安全。另外亦可能有其他國家仿效，結果是使有關的區域陷於戰爭的氛圍中。**48**

就不同地區的發展來說，杭亭頓指出，西方國家迄今的發展，一直都是沿著原來的傳統文明的模式，要扮演世界警察的角色，領導世界，其中尤以美國為然。但回教的復興和亞洲各國的經濟的快速發展已證明，其他的文明仍然很活躍，起碼有潛力成為西方的威脅。一場西方和其他文明的核心國家對打的戰爭並非不可避免，但也有可能發生。在其中，宗教起了

---

48 印度發展核武，宿敵巴基斯坦也即時採取類似行動，便是最明顯的例子。

重大的影響。很多時，宗教信仰的分歧，會帶來嚴重的衝突，尤其是回教徒視他們的宗教是一種超越的和把宗教與政治結合起來的生活方式，而西方的基督教則認為上帝和凱撒各有其領域而互不相屬。[49]但這兩種宗教相似之處，仍會成為衝突的導火線。兩大宗教都說一神論，不像多神教那樣容易和其他神祇融合。兩者也都持普世論，都自稱是全人類（以至整個宇宙）都應信奉的宗教。兩種宗教都有一定的侵略性（aggresiveness），有很強的戰鬥性。回教藉著東征西討來擴展影響力，基督教也不時攻城掠地。「聖戰」和「十字軍東征」這兩個並行的、平排的觀念，不單相類似，還使這兩大宗教有別於世界上其他重要的宗教。[50]

　　杭亭頓所說的文明的衝突與戰爭，就誰是引發這種衝突與戰爭來說，他是心裏有數的。他指出，不同文明族群間的斷層線戰爭若升級，便會引發世界各大文明的核心國家的戰爭。誰是引發者呢？他心目中有兩個對象：回教徒與中國。當回教徒對上非回教徒，跨文明的戰爭便不可避免。另外一個文明戰爭則來自中國。他把中國視為在興起、崛起中的「人類有史以來最大的玩家」，是全球危險的火頭。這自然是與中國威脅論的心理有關。不過，我想大部分的中國人不會接受這種說法。從歷史的發展來說，中國的漢人從來沒有侵略其他國家，沒有對外攻城掠地，倒是中國時常受外族入侵，以至失去統治權，但最後入侵的外族，如匈奴、蒙古、滿州，還是為漢族的文化所同化。

　　美國一直是西方的強權。在亞洲方面，則有中國大陸崛起，也有四小龍（南韓、臺灣、香港、新加坡）在經濟上的快速發展。美國的宗教背景是基督教，亞洲這邊則以儒家為精神價值。雙方會不會起衝突呢？杭亭頓很注意到這點。他指出，由冷戰期到後冷戰期，國際環境改變了，人們最先意識到亞洲和美國文明的根本的文化差異。亞洲特別是東亞，從傳統以

---

[49] 這是政教合一與政教分離的不同形態。

[50] 倘若拿印度教和佛教來作比較，則這兩種宗教都是強調和平性格的，兩者都不倡導以武力來逼使人信奉，它們是講理的，不是講力的。

來，一直都受到儒家的價值觀的影響。儒家強調威權與階層系統，重視共
識，把它置於個人權利與利益之上。亞洲人傾向融合，避免對立，以國家
高於社會，社會又高於個人。美國人則重視自由、平等、民主和個人主
義。亞洲人和美國人在價值觀上有一定程度的差異。特別是，美國人較不
信任政府，反對威權，提倡制衡，鼓勵競爭，強調現實利益，鎖定最眼前
的目標。他們對亞洲會否生起衝突呢？若依杭亭頓的觀點，衝突源於社會
和文化上的最根本的差異，雙方若不退讓，便可能發生衝突，以至戰爭。

在杭亭頓眼中，西方特別是美國的潛在的大敵人，是回教和東亞。只
要回教人口和東亞的經濟持續發展、成長，西方對這兩方面的文明的挑戰
以至衝突、戰爭便難以避免。回教國家的政府可能持續與西方對著幹，回
教團體和西方社會，因而引來雙方的低強度以至高強度的衝突。美國和中
國、東亞其他國家以至南亞國家也有衝突的可能性。如果美國向中國躍居
亞洲霸權不時挑釁，則可能發生一場大規模的戰爭。結果是，儒家和回教
之間的關係會變得密切，甚至加深回教和中國社會在反對西方的武器擴
散、人權和其他議題上的合作關係。此中的核心繫在巴基斯坦、伊朗和中
國的關係上，這三個國家之間在政治、軍事和政府官員互訪這些活動上，
會變得越來越密切。這三個國家會否變成一個包括其他回教和亞洲國家在
內的較大集團的核心呢？杭亭頓引述富勒（G. Fuller）的說法如下：儒家
～回教聯盟之所以實現，並非因為穆罕默德和孔子反西方，而是因為這些
文化提供一伸冤的工具，冤屈之起，西方難辭其咎：在這個許多國家覺得
不必再忍那口氣的世界裏，西方的政治、軍事、經濟與文化支配，越來越
使人不快。*51*

一言以蔽之，杭亭頓作了如下的觀察與評論：在後冷戰時代，非西方
大力推動本土化，要建立本土的主體性，因而漸漸與西方特別是美國疏
離，不會那麼容易聽後者的話了。回教復甦和「再回教化」是回教社會、
回教國家的施政導向。在印度，也要回歸傳統，生起一種拒斥西方的形式

51　參考《文明衝突與世界秩序的重建》中譯本，頁321。

和價值的潮流，推行政治和社會的「印度教化」。在東亞，各重要國家的政府大力提倡儒家思想。[52]

　　日本又如何呢？它本來居於世界第二大經濟體系，僅次於美國，近年已被中國超越。它雖然是亞洲最繁榮的國家，但今日已時移世易，其政治、經濟的影響力大減。杭亭頓指出，不管日本和其他東亞國家的貿易及投資關係有多強烈，它們之間的文化差異，使日本無法帶頭創造一個足以和北美自由貿易區及歐盟媲美的區域性的經濟集團。再來就是，日本和西方的文化差異，使日本和歐美的經濟關係無法深化，反而生起種種誤解甚至敵意。如果經濟整合有賴文化上的同質性，則日本作為一個文化獨立的國家，其未來的經濟發展也會陷於孤立。[53]

十五、文明內的有限度的可融和性

　　上面我們花了很多篇幅闡述杭亭頓的不同的文明間的衝突，但杭氏沒有把這個意思說死，而是留下餘地，俾能解釋文明中仍然有融和的成素。不過，這個問題頗不好說，但我們會盡量把問題說得善巧一些。我們先從地球迄今為止出現過的文明說起。杭亭頓引述一個西方學者的說法，表示在「合理的共識」的基礎或脈絡下，世上至少有十二系大文明，其中七系已然消失，包括美索不達米亞、埃及、克里特、希臘羅馬古文明、拜占庭、中美洲及安地斯文明；另外有五系文明今日仍然存在，它們是中國、

---

52 中國政治行一黨專政，由共產黨控制，另方面又推動市場經濟。近年國家主席鼓吹中國夢，實踐亞投行和一帶一路的經濟路向，吸引了多個國家參與。中央政府和地方政府也積極宣揚中國傳統文化的優越性。未來中國何去何從，我們大可拭目以待。

53 在文化方面，日本本來跟中國有相當密切的關係。它一向都師事中國，學習漢族的文化。只是自明治維新以來，改為學習西方。其中有一段時間，是要復古，把原先的神道教文化重新提出，強調大和魂和大和精神。故日本文化應如何定位，是一個懸而未決的問題。有些西方學者認為日本文化有其嶄新的一面，不能視為漢語文化中的一支。在這裏，我們不擬討論這個問題。

日本、印度、回教和西方文明。這幾系古老文明既然仍然可以存在於同一個地球上，表示文明之間並未因相互衝突而消失，最後只剩下一系文明，則文明之間最低限度可以在某種情況下共存，這共存建立於文明間的融和性。

這融和性可以就多方面說。意識形態是一面，文化背景是另一面。杭亭頓指出，在後冷戰的世界，文明同時擁有分裂和聚合的力量。因意識形態不同，而分道揚鑣的人民，卻可因文化要素而凝聚在一起。兩德和兩韓是最現成的例子。他又推測，兩岸三地的中國人也將踵武這種模式。這裏我想有些問題要清理一下。兩德的分家，源於意識形態的不同，一為唯物論，一為唯心論，亦即是觀念論。東、西德具有同一的文化背景，但意識形態不同，結果文化背景戰勝了意識形態，使兩個德國復合在一起。但意識形態與文化之間有千絲萬縷的關聯，後者的影響力是否一定勝於前者，則很難說。至於兩岸三地的中國人，最後是否能夠復合在一起，採取甚麼方式復合，便頗為難說。

杭亭頓又舉美國前助理國防部長奈伊（J. Nye）的說法，後者提出「硬性權力」（hard power）和「軟性權力」（soft power）兩個概念。硬性權力指以經濟和軍事實力支配的力量，軟性權力則指一個國家透過文化和意識形態的訴求，可使其他國家順從它所提出的要求。奈伊又表示，如果一個國家的文化和意識形態很吸引人，其他國家就比較願意追隨其領導，因此軟性的說服權力和硬性的指揮權力同樣重要。按這種說法有著一些難以釐清的灰色地帶：要讓文化和意識形態到了甚麼程度，才能吸引人呢？使後者追隨呢？這種分別顯然很難成為一個普遍原則。不過，說文化與意識形態不一定要衝突，卻是可以融合，是可通的。

順著上面意識形態可以讓步，而讓文化作主一點說下來，杭亭頓倒提出一個很有意義的文化或文明融合的例子。他表示思想和技術從一個文明轉到另一個文明，通常需要好幾個世紀才能成就，有時也不一定要依靠武力征服，最明顯的是把印度的佛教引入中國。這對中國文化來說，深具影響，有深遠的意義。按就意識形態言，或就基本的立場言，佛教是非實體

主義（non-substantialism），否定一切事物具有恆常不變的實體。中國文化若以儒家為代表言，則是實體主義（substantialism），認為天道、天理是實體，能創生萬事萬物。在古代，這兩種涇渭分明的思想，竟能融合無間地結合。在吸收的過程中，並未有嚴重的衝突。當然，中國文化具有寬廣的包容性，是佛教能成功傳入而且開花結果的主要原因。

在文化或文明的融合方面，杭亭頓提出兩個助因：地域相近和共同的價值觀。他表示區域性是不同國家間的合作基礎，但只有在地理和文化合而為一時才能發揮效力。若少了文化，地緣的鄰近性便不會產生共通性。軍事結盟和經濟合作需要成員之間的合作，而合作是依仗互信的，共同的價值觀和文化最容易產生互信。

杭氏很重視文化或文明的共通性，特別是價值觀方面。由價值觀可以通到勢力平衡方面，這是由於後者是一個文明的成立基礎，有強而現實的價值觀，便掌握了在多元文化路向的發展空間。杭亭頓指出，核心國家的戰爭可能源於不同的文明國家的均勢、平衡的改變。他引述公元前第五世紀的希臘歷史學家修弗地底斯（Thueydides）的說法：在希臘文明內，由於雅典的權勢日漸增強，導致雅典和斯巴達發生伯羅奔尼撒戰爭。類似的因素造成不同的文明在日漸壯大和日漸沒落的核心國家之間的衝突。而這衝突的程度要看這些文明要求其國家修正對新興強權時所側重勢力均衡或靠攏結盟而言。亞洲文明比較具有靠攏結盟的傾向。中國權勢的崛起，對其他文明國家如美國、印度和俄羅斯無形中發揮均勢的作用。在西方歷史中未曾發生的霸權戰爭，出現於大英帝國和美國之間，由英國統治下的和平轉型為美國統治下的和平，可能肇因於兩大社會的文化淵源而得成就。[54]而西方和中國之間的勢力均勢的轉移，是由於缺乏這種淵源，雙方雖然未有造成真正的武裝衝突，但這可能性大為提高了。中國的崛起可能是核心國家之間的一場跨文明大規模戰爭的導火線。[55]至於回教，杭氏表示回教

---

[54] 這是表示英、美兩國的文化背景及內容相近，因此雙方容易發展出和平的關係。

[55] 這表示中國與西方特別是美國戰爭的可能性來自雙方有不同的文化背景。

的動力是很多仍在進行中的較小型斷層線戰爭的根源。

　　杭亭頓的有關文明衝突與重建世界秩序的書對亞洲方面著墨很多。他指出亞洲是文明的熔爐，先從東亞來說，便有六大文明：日本、中國、正教、佛教、回教和西方文明，南亞則還有印度文明。世界四大文明的核心國家日本、中國、俄羅斯和美國都是東亞的重要角色，南亞還有印度，而印尼則是正在邁步向前發展的回教國家。國際關係模式非常多元，而且錯綜複雜，充滿多極文明下的動盪不安的狀況。和西歐相比，東亞各國衝突的火種很多，兩個韓國和中國、臺灣是兩大公認為危險的地域。不過，在杭氏看來，南北韓不大會進行真正的衝突與戰爭，而中國與臺灣戰爭的可能性較高，特別是在臺灣人捨棄中國定位，正式建立獨立的臺灣共和國的情況下。不過，杭氏仍然傾向中國不會與臺灣進行真正的戰爭，那是由於在文化上的共通性所使然。杭氏顯然很看重文化上的共通性，認為它是和平的基礎。

十六、西方文明：核心價值、影響與隱憂

　　上面討論了在杭亭頓眼中的文明的有限的融和性。以下要集中看西方世界的文明，包括核心價值、影響和隱憂。討論的次序大體是順著這個序列來進行，但不會有嚴格的限制。就杭亭頓來說，西方包括歐洲、北美，加上由歐洲移民所建立的國家如澳洲和紐西蘭。他又補說，「西方」這個名相，泛指原來的西方基督教的國家，因此西方只是指南針所標示出來的唯一文明，而不是指由某個特定的民族、宗教或地理的位置。這種定位把這個文明提升到歷史、地理和文化關係的層次。在歷史上，西方文明即是歐洲文明。到了現代，西方文明指歐美或北大西洋文明。

　　大體上，如杭氏所說，西方在二十一世紀最初幾十年仍會是最強勢的文明，之後仍會在科學人才、研發能力、科技創新上大幅度領先其他國家。但其他權力資源的控制，則會越來越分散到非西方文明的核心國家和其他重要國家方面去。由於前蘇聯的解體，除去了對西方唯一嚴重的挑

戰，世界仍會由西方的主要國家的目標、優先要務和利益所塑造，其間也許還有日本為西方助勢。西方是唯一在每個其他文明或區域中都有重大利益的文明，也有足夠能力帶動和影響其他文明或區域的政治、經濟和維安活動，而尤以美國為主。就歷史來說，美國的國家認同，在文化上一向都是由西方文明的傳統所界定的。在政治上則由大部分美國人所認可的信念所主導，包括自由、民主、個人主義、法律平等、憲政體制和私有財產等信念。

　　如上面提到的史賓格勒的說法表示，所有文明都會經過產生、生長、興起、衰敗和沒落的類似歷程。在杭亭頓看來，西方有其有別於其他文明的面相，這不在發展的方式，而在其價值和制度的獨特風格。其中最受注意的包括基督教、多元化、個人主義和法治，這些方面也使西方能夠創造現代化的思維形態，而推廣開去，而為其他國家所羨慕和學習。這是西方最成功的地方。

　　綜觀這八、九十年的發展，由於俄羅斯革命，在民族國家的衝突之外，又有意識形態的衝突。最先出現的是法西斯主義、共產主義和自由民主制度的衝突，其後共產主義與自由民主制度的衝突加劇。在冷戰時期，這些意識形態以美國和蘇聯兩大超級強權方面為代表，很多事情都由其意識形態背景來定位。依據傳統歐洲的定義，這兩大超級強權都不算是民族國家。馬克斯主義先流行於俄羅斯，後及於中國、越南、北韓和古巴。這種意識形態本是歐洲文明的產物，但在歐洲並不流行，未有生根，只在東歐一些前蘇聯的附庸國有些影響。相反地，現代化精英和革命精英將它引入非西方國家，列寧、毛澤東、胡志明按照各人的建國背景與目的加以修正，並以之與西方自由民主政治對立起來。

　　杭亭頓指出，西方以為蘇聯共產政權垮台後，自身便永遠贏得了世界；而且回教徒、中國人和印度人和其他民族都會歡迎西方的自由主義與民主信念。他們歡喜得太快。冷戰雖然結束了人類的界線，但人類在種族、宗教和文明在某一意義來說，有更根本的隔閡，其中存在著新的衝突的可能性。杭氏推測，在未來有限的時間中，例如一至十五年，西方仍會

是較強勢的文明，其他如儒家和回教社會則會試圖擴大、充實其經濟和軍事力量，與西方抗衡。中國的快速崛起，提供一個不可輕視的線索與前景。

　　杭氏在寫他的這本《文明衝突與世界秩序的重建》一書時，曾經預測，西方到了 1990 年代中期，會如奎格利（C. Quigley）所說的，出現一個成熟而臨於腐化的文化徵象。在經濟上，西方遠比其他任何文明富裕，但它的經濟成長率、儲蓄率和投資率都偏低，尤其與東亞各國相較，更為明顯。個人和集體消費優先於對未來經濟和軍事力量的考量。自然的人口成長率很低，和回教國家相比，尤其是如此。不過，可喜的是，西方仍然執有科學研究和技術創新的牛耳。杭氏自己也指出，每個文明都自視為世界的核心。在 1918 年，史賓格勒批判西方的歷史觀只能看近處，而缺乏遠見，因為西方的歷史觀只以自身為準繩，將歷史分割為古代、中世紀和現代三個階段。幾十年後，湯恩比出來了，他痛批西方在「自我中心的幻覺」中表現了「偏狹的傲慢」，因為西方以為世界是繞著自己而旋轉的。

　　西方要擴張其文明與影響，要讓非西方國家現代化和西化，這種意圖並不是完全順利達成。杭亭頓指出，非西方社會的政治和知識界的領袖，對於西方的文明的傳入，有三種回應方式。一是拒斥。就日本而言，它從 1542 年第一次和西方接觸，到十九世紀中葉，都是排斥西方的進入的。到 1854 年，培里艦隊司令強行以武力打開日本門戶，在 1868 年明治維新，日本人全力向西方學習、取經。在中國方面，有幾個世紀是大幅度抗拒西方的。不過，中國與日本不同，它本著古老王國的形象，篤信中國文化較其他民族文化的優越性，因此不接受西方世界。到了十九世紀，西方強權硬闖，中國便守不住了。第二種反應是如湯恩比所說的希律王主義（Herodianism），即是同時接受、擁抱現代化和西化。這種反應是基於現代化是可行的，而且是必要的，本土文化和現代化不相容，一山難藏二虎，因此必須揚棄本土原有的東西，完全現代化、西化。第三種反應是改革運動，認為拒斥西方是從正在縮小的現代化世界中被孤立，是不可能的。非西方社會的做法是試圖融合現代化，但保留社會原有的本土文化中

最核心的價值觀、措施和制度。在非西方世界的知識階層中，這種選擇是很受歡迎的。中國清朝末年提出「中學為體，西學為用」的口號，日本人則標榜「日本精神，西洋技術」的方案。

　　杭亭頓作結謂：西方在今天仍能主導世界，[56]但不同文明間的均勢，不斷在慢慢地改變狀態，在西方後面緊貼著追上來。其中尤其以亞洲文明的力量增幅最大，特別是中國正大步向前邁進，成為全球中最有能力向西方挑戰的文明。這些文明紛紛向前推進，帶動非西方社會在文化上自我肯定，並越來越確定自身的主體性，排斥西方文化。

十七、亞洲價值

　　上一節我們講西方文明，這一節則講亞洲文明，並以價值為主題。杭亭頓指出，1970 年代末期，共產主義未能促成經濟發展，未能增加人類特別是亞洲人的文化自覺，加上日本資本主義路線的成功，其他亞洲社會在後面急起直追，使中共領導層開始偏離蘇聯模式。十年後蘇維埃政府垮台，進一步突顯從蘇聯來的文化進口的失敗，中國大陸因此產生是否要西進或轉向內部發展的問題。結果，中國領導層選擇前此提過的「中學為體，西學為用」的模式：一方面倡導資本主義及投身入世界的經濟活動，一方面要強化政治威權和對中國傳統文化特別是儒家思想的重新肯定，提倡所謂「具有中國特色的社會主義制度」。中共政權開始以經濟高度成長帶來的績效的正當性，來鞏固由中國特色的文化所產生的民族意識的正當性，來取代馬列主義的革命的正當性。

　　杭氏繼續指出，二十世紀初年，中國知識分子和德國社會學者和哲學家韋伯（M. Weber）不約而同地提出儒家思想是造成中國落後的主要原因。但到二十世紀末，中國的政治領袖和西方社會學家則同時強調儒家思

---

56 這種情況也不會長久保持下去，中國和印度的科技人員正在不斷追趕，再加上日本的現行的成就，西方不會佔太大的優勢。

想是中國進步的活水源頭。在 1980 年代，中國政府不遺餘力地宣揚儒家思想的優點，他們更宣稱這是中國文化的主流。李光耀更大力提倡儒家思想，認為這是使新加坡成功的主要原因，他一度成為向世界宣揚儒家價值觀的政治人物以至使者。到 1990 年代，臺灣政府自稱「承襲了儒家思想」。中共領導人也在共同的中國文化中探尋正當性，把外來的西方概念放在一邊了。民族主義使中共政府在反對基督教、基督教組織和皈依基督教時有足夠的理據，不讓基督教成為一個信仰選擇來填補馬克斯列寧主義和毛澤東思想瓦解後所留下的真空。

在東亞人民的心中，東亞各國的成功實拜東亞文化重視團體而非個人所賜。李光耀更倡言日本、韓國、香港、臺灣和新加坡等東亞國家或地區比較具有群體主義的價值觀和做法，在向西方急起直追的過程中，已經證明是人類一大資產。東亞各國文化所標榜的價值觀，包括團體利益第一，個人利益其次，和加速發展所需的全面團體計劃。自李光耀以來，新加坡的領導人積極鼓吹亞洲在和西方各國的關係上佔優勢，強調亞洲文化有很多優點，如秩序、紀律、家庭關係、努力工作、群策群力、生活簡樸，等等美德，它們都是讓新加坡成功建國的要素；他們並把西方文化的種種缺點如放縱、懶散、個人主義、犯罪、低教育水平、不尊重權威和思想僵化等缺點作鮮明的對比。

杭亭頓又強調，東亞的經濟成長是一項鉅大的成就，堪為二十世紀下半葉世界最大的發展之一。整個過程開始自 1950 年的日本。有一段頗長的時期，日本一枝獨秀，成為世界第二大經濟體系（僅次於美國）。從這個事例可以看到，在經濟方面的優越表現，西方國家能做到，日本也能做到。日本的成功，持續地為東亞的南韓、臺灣、香港、新加坡承襲過來，而成為亞洲經濟的四小龍。這種成功又影響中國大陸、馬來西亞、泰國和印尼。印度也在後面急起直追。

杭氏又提到，本土化和宗教的興盛的風氣遍及全世界，其中尤其以亞洲和回教部分國家表現得最為積極、活躍。它們堅強地自我肯定，嚴重挑戰西方國家；它們也是二十世紀最後 25 年中具有最充實飽滿的文明國

家。回教的挑戰表現於回教世界的文化、社會和政治復興之中，它對西方的價值觀和制度作多方面的排斥。[57]至於亞洲的非回教的國家，則主要是上面剛提到的那些；它們自覺地理解到與西方文化的差異性，在它們之間也存在著文化的同質性，特別是在儒家思想方面為然。

毋庸置疑，亞洲價值，特別是核心價值，以典範的方式展現於新加坡的發展中。杭亭頓也很注意和重視這點，他引述 1990 年代新加坡總統黃金輝的說法謂，亞洲傳統的道德、責任和社會觀念過去曾經是新加坡的支柱，但近年新加坡卻傾向於西方，特別是在個人和自我中心的人生觀。黃氏認為有必要確認新加坡的不同種族和宗教社會共同具有的核心價值觀。他提出有四大傳統的價值觀念，這即是把社會放在個人之上，使家庭成為社會的基礎，經由共識而不是爭論以解決重大問題和強調種族和宗教的包容性和和諧性。兩年後，一份白皮書宣示了新加坡政府的立場。這白皮書首肯了黃金輝所提出的四大價值觀，再加上一項：支持個人。這是由於政府可能意識到有必要在儒家封建和家庭倫理中，優先強調個人在新加坡社會的價值。白皮書界定了新加坡人的「共同價值觀」為：一、國家在（族裔）社區之上，社會又在個人之上；二、家庭是社會的基本單位；三、尊重和由社會來支持個人；四、強調共識而非爭論；五、強調種族和宗教和諧。這五項價值觀是新加坡的文化定位。

十八、中國文化及其影響力

以上我們討論亞洲價值，這當然包括中國價值在內，而且這顯得越來越重要，無論是在文化上、經濟上（中國已成為世界第二大經濟體系）、軍事上和政治上，中國元素都不應被忽視。首先從儒家思想說起。杭亭頓指出，儒家也許是中國文明的一大要素。[58]他表示，中國文化絕不止於儒

---

57 在亞洲的重要的回教國家或地區，除了中東方面外，還有印尼和巴基斯坦。

58 這不必是「也許」，而且是確實的、合乎歷史與文化事實的。

家文明，同時也超越中國這個政治實體。毋寧是東亞及東南亞很多國家是長時期受到儒家思想影響和薰陶的。很多學者所稱的中國文明，實是恰當地形容中國及東亞、東南亞等中國以外的地方的華人社區的共同文化，乃至於越南和韓國的相關文化。日本能不能被納入於其中，學者的說法，見仁見智。不過，日本文化在很多方面都受到中國文化的影響，這倒是事實。日本人講脫亞入歐，便是要減低中國的影響。

近現代有不少學者把儒家和回教放在一起，認為雙方可組成一反西方聯盟。但中共對於這種聯盟，反應並不強烈。1995 年中共國家主席江澤民宣布，中國不會與任何國家結盟。依杭亭頓的看法，這種立場在某個程度下反映了中國自古以來自視為核心強權的心態，中國不需要正式的盟國，其他國家則看到和中國合作符合它們的利益。不過，中國和西方的衝突意味著它會重視和其他反西方國家之間的合作關係，其中以回教國家最多，也最有影響力。

上面隱約提到中國政府視中國大陸為中國文明的核心國家，所有其他華人社會都應為其命是從。中共當局長久以來已經放棄通過共產主義來推展海外利益，轉而尋求「自我定位為世界華人的代表」。中國是以民族定位，中國人是那些有共同種族、血統和文化的民族。中國人在海外的後裔，即「華人」，則在「中國」人之外，有以「文化中國」的概念來代表他們的共識。中國人的認同在二十世紀飽受西方攻擊，至今正以中國文化為貫通一切的元素在重塑著。東亞的經濟越來越以中國為核心，也越來越由華人來控制。來自香港、臺灣和新加坡的華人提供資金，促使中國大陸的經濟在 1990 年代成長、發展。而在東南亞其他地方的海外華人也主導他們各自所附屬的國家的經濟活動。

杭氏又指出，就歷史來說，中共在中國內外事務上沒有明顯的畛域、界限。他們的世界秩序的意象只是中國內部秩序的延伸而已，這也可說是中國文明認同的擴大的投射。中國人認為其文明投射可以製造出越來越強大的同心圓，來建構成正確的宇宙秩序。杭氏引社會學家青法格（R. Mac-Farguhar）所說的：傳統中國的世界觀反映出儒家社會等級分明、上

下有序的視野，認為外面各國政府必須向中國朝覲納貢，以中國為宗主國。

　　由「宗主」這個概念，我們可提出一個問題：中國政府的開放是不是可能的呢？杭亭頓表示，政治開放的先決條件一般來說是改革派在威權體制內當權。在中共政府中，元老鄧小平去世後第一排的接班人如江澤民之流也許沒有這種條件，以後的接班人也許就能具有，臺灣、香港和新加坡的華人社會或可能會發揮影響力，提升中共的政治環境。按這種說法未免過於樂觀，這是美國政府方面所樂於見到的，實際的情況如何，我們還是等著瞧。

　　語言方面又如何呢？杭亭頓表示，任何文化或文明的核心成分是語言和宗教。如果有世界文明出現，則必會出現世界語言和世界宗教。他並謂在歷史上曾經出現過所謂共同的語言，例如古希臘羅馬時代和中世紀的拉丁語，西方幾個世紀的法語，非洲很多地方都通行的史瓦希里語和在二十世紀下半葉通行於世界的英（美）語。世界語言是應付語言與文化差異的一種方式，它是溝通的工具，而不是用來消除文化差異的。在中文方面，杭氏指出，近年中國經濟的發展也使中文流行起來。最低限度，在香港，中文正在迅速地取代英文，成為香港最常用的語言。[59]由於海外華人在東南亞所扮演的重要角色，有關地區在國際商業上多半是以中文來交易。倘若中國在未來取代西方而成為主導世界的文明，則中文會取代英語而成為世界語。

---

[59] 香港作為英國的殖民地，它的官方語文一直都是英語。到了二十世紀的六十年代，中文被提升為另外一種官方語言。1997 年香港回歸中國，表面上中文和普通話（國語）流行起來，但在很多重要的場合，英語還是最重要的。連在大學講課，英語原則上仍是講課的語言，那是因為要使香港國際化的緣故。杭亭頓的說法，並不是太準確。

十九、宗教的價值與影響

　　以下看宗教的問題。毫無疑問，宗教是人類的一種重要的文化活動；杭亭頓更表示宗教是界定文明的最重要的特性。他引述學者道森（C. Dawson）的說法：宗教是建立偉大文明的基石。在韋伯的五大宗教中，基督教、回教、印度教和儒教這四大宗教和世界的主要文明有密切的關係，只有第五大宗教亦即是佛教是例外。*60*

　　在宗教界，有所謂「宗教復仇」的說法。這得從近百年說起。杭亭頓指出，在二十世紀前半葉，知識界流行這樣的說法或理解：經濟和社會的現代化對宗教的發展構成巨大的壓力，使宗教不能作為人類在生存上重要的一環節而存在。世俗主義者、實用主義者崇奉科學，認為理性主義和務實主義不斷地對於迷信、神話、非理性和種種僵化的宗教儀式逐漸淘汰。但在另外一面，保守派人士警告宗教信仰和宗教制度消失的慘痛後果，強調宗教可提供個人和人類的集體行為的道德指南，宗教的沒落會引來無政府主義、腐敗生活及文明理想的破壞。到了二十世紀下半葉，全球的宗教已經復興。杭氏引用學者凱波爾（G. Kepel）的說法：「上帝復仇」現象已經醞釀和深入到所有的大陸的文明和國家。1970 年代中葉，世俗化包容宗教的趨勢逆轉過來，新的宗教不斷出現，以至於宗教不再汲汲適應世俗的價值觀，而是要回復社會組織的神聖基礎，甚至到了改造社會的地步。宗教的這種新的傾向以多元的方式表現出來，將現代主義的挫敗與無路發展下去歸因於人們背離了上帝。

---

60 杭亭頓的理解是，佛教在早期分為兩派。在公元一世紀，大乘佛教傳到中國，再到韓國、日本和越南。在這些國家中，佛教經過不同的修改而和當地文化結合起來。譬如在中國，佛教和儒教及道教合流，而減低其純淨性，淡化起來。這些國家或社會並未構成佛教文明，也不自我定位為佛教文明。杭氏認為，大體上，佛教在其原生國印度已幾乎消失，它經過修正後融入中國及日本文化中，這表示佛教雖然是一個大宗教，但不是文明的基礎。按杭氏的說法是否正確，要看文明是甚麼，它的基礎又是甚麼。佛教與印度教都具有出世的導向，我們很難同時說印度教有其文明，佛教則沒有。

這樣，全球各地便興發宗教復甦的現象，那是對世俗主義、道德相對論和自我放任的反動，同時也產生對於秩序、紀律、工作、互助和人類團結的價值的肯定。杭亭頓強調，秩序和文明社會的解構所留下來的精神真空，便由宗教來填補，而且有一大部分是激進的宗教團體。倘若在傳統上佔優勢的宗教未能滿足那些熱烈的群眾的需求，其他宗教團體便會湧進來，發揮其效力，同時也藉機大量吸收新的教徒，並宣揚在社會和政治活動中的宗教的重要性。

杭氏進一步指出，全球宗教復興的最明顯和有力的因素，正是導致宗教衰落以至死亡的成因，亦即是二十世紀後半葉橫掃全世界的現代化的急遽進程。結果是長久以來個體定位和威權制度的來源中斷了。人民由農村移向都市，一時一切都沒有依傍，沒有根。他們需要新的自我定位、新的能提供穩定狀況的社區，以至一切道德規條、戒律，讓他們覺得生命有意義，而有信心地生活下去。宗教正是滿足這些需求的活動。

杭亭頓引述李光耀對東亞所作的理解、評論，後者表示那些正在急激成長的國家地區如南韓、泰國、香港和新加坡，都展示一種令人鼓舞的現象，這即是宗教的復興。李氏指出，古老的習慣和宗教信仰、舊時代的崇拜以及黃教的巫術之類的活動已不能滿足失去信心的群眾的需求，他們希望深入地和廣面地理解人類生存的目的，他們為甚麼生長在這裏而不是在那裏。他們要求一種高層次的詮釋。杭氏表示，這正是新的定位的問題，是給予「我是誰」、「我的何所屬」的全新的答案的問題。

杭氏強調這是徹底的心靈生命的導向問題。在十九世紀，非西方的知識分子吸取了西方崇尚的自由、民主的價值觀，但不接受西方自由化的民族主義的形式。在二十世紀初，蘇維埃、亞洲、阿拉伯、非洲和拉丁美洲的精英分子吸取社會主義和馬克斯主義思想，和民族意識結合起來，以抗衡西方資本主義和西方帝國主義。其後蘇聯共產主義瓦解，經中國大幅度修正，社會主義經濟亦未能如期達致接續不斷的成長，這種種都造成意識形態方面的真空狀態。人民認為共產主義只是最後一個失敗的世俗信仰，在缺乏具有號召力的新的世俗信仰的情況下，他們無可選擇，便轉而皈依

真正的宗教。結果宗教接管了意識形態，而宗教的民族主義也取代了世俗的民族意識。

關於宗教復興的情況，杭亭頓強調，世俗儒家文化復甦，表示對亞洲價值的肯定，這不是在義理上的重視，而是以具體的形式，在生活上實現儒家的理想，由個人推向家庭，由家庭推向社會。至於共產主義的國家，宗教有深廣的影響力，幾乎無所不在。為了填補意識形態解構後遺留下來的真空，宗教運動橫掃多個國家與地區，由阿爾巴尼亞向東進發，以至於越南。在俄羅斯，東正教大行其道，流布廣遠，及於斯拉夫各共和國。回教也在中亞捲土重來。這種宗教復興涉及政治運動，並且得到沙地阿拉伯、伊朗和巴基斯坦政府的助力，最後達於印尼。日本、泰國等地則有佛教流行，那是傳統以來便流布的。

最後，杭亭頓筆鋒一轉，提出宗教融合的可能性。他強調不管世界主要的宗教，如基督教、正教、印度教、佛教、儒教、回教、道教和猶太教，區隔人類社會的程度，它們還是有一些共同的重要的價值觀。[61]如果人類要發展出一個世界性的文明，便得探索和實踐這些價值觀，俾能在一個多元文明的世界維持和平的局面，人們可過安樂的生活、日子。

二十、文明與世界秩序

以上講的是文明衝突問題。下面接續講文明與世界秩序的重建問題，特別是後者。按文明之間如有衝突，則不外兩種方式：觀念性的衝突與現象性的衝突。觀念性的衝突是本質性格的，很難解決；如哲學上實體主義與非實體主義的衝突，像佛教與印度六派哲學的衝突。除非我們能在思維上提，上提到這兩種主義之上，建立一層次絕高的、終極義的觀念，能同時概括實體與非實體，這非常困難，不是我們在這裏要討論的。[62]至於現

---

61 此中最明顯的，自然是宗教的予人為善的心態，以開展出幸福的生活世界。

62 在筆者所造的純粹力動現象學中，「純粹力動」便是這樣一種終極義的觀念。

象義的文明之間的衝突，解決之道，是求取兩種文明的共通性，譬如基督教講愛，佛教講慈悲，這便可以討論，淡化、消除雙方矛盾之處，以建立一種新的維度（dimension），以此維度作基礎，提出文明意義的新的秩序。杭亭頓講世界秩序的重建，應該是這一層次的問題；正如他在其大著中所說，探討文化和文化定位後在後冷戰世界正在塑造分合和衝突的不同形態，在這裏，文化定位就是文明定位。不過，對於這一點，他未有說得很清楚，至少在概念上來說是如此。他主要的想法是以文明為基礎來建立新的世界秩序，並說這種秩序的建立正在形成（in the making）之中。

杭亭頓指出，冷戰結束後，世界各國發展新的敵友關係，煽起老舊的敵我意識。他們要找尋、建立歸類活動，和同質文化和文明的國家結盟，擴展更大的文化、文明社會。關連著這點，杭氏強調文明的衝突是世界和平的大的威脅，而根據文明建立的國際秩序，則是對抗世界戰爭最強有力的方式。他引述學者皮爾森（L. Pearson）在 1950 年代所提出的警告，說人類正在邁進不同的文明必須學習如何能和平共存的互動關係的階段，這是一個彼此相互學習的時代，他們要理解彼此的歷史、理想和藝術文化，相互充實彼此的生活。在這個過於擁擠的微小的世界中，很容易形成、出現誤解、緊張、衝突的災難。杭氏依此表示和平和文明的未來發展，要看世界上主要文明團體在政治上、精神上的發展，看知識界的菁英分子能夠相互理解和合作。他提出「文明」和「野蠻」的對抗性，表示全球最大和真正的衝突，起於這兩個路向的正面對決。他宣稱文明的衝突是對世界和平的最大威脅。而根據文明而建立起來的國際秩序，則是對抗戰爭最有效的力量。

在全球充滿緊張、敵對的氛圍中，是否要回歸到西化或現代化之前的狀態，才能帶來世界秩序呢？杭亭頓認為，過去那些文明的世界國家是帝國，但到了近現代，由於民主已成為西方文明的政治模式，世界國已經逐一消失，而變為聯邦、聯盟和國際政權及組織的綜合體。政治思想也已是多元化，包括自由主義、社會主義、無政府主義、社團主義、馬克斯主義、保守主義、民族主義、法西斯主義和基督教民主主義。這種政治上的多元性，容易帶來衝突，但如果能妥善處理，則衝突會轉成融合。在杭氏

眼中，現代化並不等於西化。西化會帶來衝突，現代化則趨向於融合。現代化並不意味著西化。他進一步補充，現代化成功後，不必要放棄他們自身本來有的文化以全盤採取西方的價值觀、制度和種種設施。現代化可以加強非西化國家、社會的文化力量。不過，對於西化，我們比較容易理解，但現代化則比較模糊，甚麼是現代呢？是以理性、民主、自由、科學為主麼？

杭亭頓很重視文化認同的問題。他指出，在現代化的刺激下，全球的政治、國家、社區沿著文化斷層線作重新的組合。文化相近的人民和國家聚攏在一起；不同文化的人民和國家則分道揚鑣。在冷戰時期由意識形態和超強關係所決定的組合，被文化和文明所決定的關係取代。政治版圖重劃，這與種族、宗教及文明的文化版圖若合符節。冷戰時期的冷戰集團逐漸為文化社會所取代；另方面，不同文明間的斷層線，也成為全世界政治衝突的關鍵之點。在新世界中，文化認同是決定一個國家對別的國家的敵友關係的重要要素。杭亭頓顯然很重視世界秩序的文化或文明的相類似性。他頗強調某一文明的核心國家可以發揮出有力的功能，來維持秩序，那是基於核心國家與周邊國家的深厚的文化淵源的緣故。他把文明喻為一個大家庭，核心國家扮演家中長輩的角色，可以給它們的親屬予後盾，並維持紀律。倘若不具有那種關係，一個強勢的國家將難以緩和區域間的衝突。他舉例，巴基斯坦、孟加拉以至斯里蘭卡不會接受印度出面維持南亞的秩序，同樣地，東亞大概也沒有一個國家會接受日本扮演這個角色。

杭亭頓指出，在後冷戰階段，西方、正教和中國三大文明明顯地逐漸產生相關的文明的核心國家。在這些形勢下，文明集團由核心國家、成員國和鄰國中在文化上近似的族裔構成。這些文明集團的國家，一般都圍繞著一個或多個核心國家而成同心圓分布開來，這反映出它們認同核心國家的文明，而核心國家對它們也有一種整合、聚攏的作用。[63]另外，這些國

---

63 西方文明的核心國家是美國，正教文明的核心國家是俄羅斯，中國文明的核心國家是中國。全球的政治、經濟和軍事都由它們來主導。

家大體上也和文明相近似的國家有來往，和制衡和它們不大具有文化淵源的國家，其中尤以核心國家為然。基於穩定、安定的理由，核心國家可能嘗試吸納或主導其他文明的族裔，像中國之對於西藏人和維吾爾人，俄羅斯之對於韃靼人、車臣人和中亞的回教徒。某些國家權衡及歷史關係和權力均衡，而盡量排拒相關的核心國家的影響，越南與中國便有這種情況。時間久了，文化的共通性所發展出來的比較廣泛的文明意識，可以使這些國家凝聚起來，西歐國家正是如此。在現今的多元的、複雜的和異質的世界中，影響秩序的因素可散見於各文明體系的內部和各文明之間。

杭亭頓特別指出，我們的世界將基於各相關的文明系統而產生秩序，各文明的核心國家是各文明內秩序的來源，並且通過與其他核心國家的談判、協商，而建立不同文明之間的秩序。他特別強調，由核心國家扮演主導或統率角色的世界，是一個講求勢力範圍的世界。核心國家雖然有決定的權力，但仍在某一程度受到同一文明內其他成員國家的共同的文化上的節制，這不同於在冷戰中一切都由兩個超級強權亦即是美國與蘇聯來決定。不過，透過文化的共通性，核心國家的主導、領導地位及它維持秩序的角色得到正當性，或正當的（雖然不是官方地 officially）認可。同一文明的成員國與文明外的強權和機構一般來說都承認與尊重這正當性。

在杭亭頓看來，西方經過歐洲長達數世紀的第一階段發展期，又經歷二十世紀的美國階段。倘若北美和歐洲能夠維持它們的自由民主的本質，順著道德的維度而前進，以共同的文化為基礎以建設未來的目標，發展密切的經濟和政治的整合模式，以補足它們在北約的安全合作，它們便能夠締造第三階段的經濟繁榮和政治、軍事影響力。杭氏把這一階段稱為「歐美共通期」。

下來看杭亭頓如何說亞洲，主要是東亞各國。儘管亞洲各國有其不同的社會和文明上的差異，東亞各國仍很重視它們的共通性格，這即是儒家傳統。東亞各國有其共識，這便是「儒家思想的價值體系不但得到歷史的肯定，也為區內大部分國家共同擁護和分享」，尤其是對於簡樸作風、家庭和諧、工作紀律諸方面的重視。這些國家都不以個人主義為然，卻普遍

地推行有限民主的「軟式的」威權主義。它們認為亞洲社會在捍衛上提的簡樸等的鮮明的價值觀和發展自身的經濟方面，有共同的利益。在這一點上，它們頗能團結一致，以對抗西方文明的個人主義。按這是建立世界秩序的一個重要前提。

杭氏進一步表示，亞洲人認為要發展新方式的亞洲內部合作計劃，像東南亞國家協會的向外開拓性的發展，還有東亞經濟論壇的創立。毋庸置疑，東亞各國的最直接的經濟利益是開拓西方市場；但東亞也需要加強亞洲自身內部的貿易和投資。特別是，日本作為亞洲的經濟發展的龍頭，必須放棄其歷史性的貶抑亞洲，重視西方的政策，不再提倡脫亞入歐的投機謀略，而改行再亞洲化的道路。新加坡便是這樣做的，它提供一個典範。按這亦是有關秩序方面的建立路向。

杭氏警告說，東亞各國的共同認同英語系民族發展的模式，過去四十年被發展中國家推崇備至，視為經濟現代化和建立最具現代意義的、實踐義的政治制度，但這種看法已過時了。這種模式已為東亞模式所取代了。從墨西哥到智利、伊朗、土耳其和前蘇聯各共和國，都不約而同地參照這東亞模式而發展其經濟。過去有無數世代的祖先都嘗試向西方的成功模式學習，但現代時移世易，亞洲特別是東亞的社會制度不斷地為較落後的國家借鏡。杭氏認為，日本和其他亞洲國家應提倡所謂「太平洋全球性干涉政策」，把亞洲價值觀開拓出去，以建造新世界的秩序。

杭亭頓也注意到印度，印度也算是一個中國之外的強權。他表示，倘若未來印度取代東亞，成為世界經濟發展極迅速的地區，這是世界關注的問題。它們注意及印度文化的優越性、種性制度對經濟的發展起積極的作用，將來不乏探討印度的貢獻與影響的專業報導與論述，或許更進一步論析印度如何藉著回歸尋根，發掘它原有的傳統的深入與廣遠的文化背景，克服英國帝國主義留存下來的西方遺毒，最後在最高層次的文明中佔一席位。

至於回教方面，杭亭頓指出在亞洲各國積極發展經濟，肯定自我本來的價值之外，大量的回教徒也會轉回自己的宗教的文化傳統方面，而尋求

重新定位。這包括穩定、正當性、多元的發展、權力、希望等多個面相。他們會本著自身原來具有的文明，重新調整與西方的關係。特別是在解決現代的問題上，在他們看來，與其求助於西方，不如本著自己的傳統，進行革新，以成就所謂「回教復興」（Islamic Resurgence）。杭氏指出，這將是世界上的一大事件，可以與法國革命、美國革命、宗教改革相比配。

以上，在本節中，我們花了很多篇幅講述杭亭頓的世界秩序的重建思想。就文化或文明而言，它的發展可有兩個矢向：衝突與融和或共存。杭亭頓所持的觀點是文明的衝突。就這兩個矢向來說，文明的衝突是比較容易說的。不同的文明體系時常在一些關鍵點上不相協調，各走不同的方向。例如在價值觀、對民主、自由、人權有不同看法，相互碰撞，便會起衝突。杭氏基本上是就這個導向（orientation）說下來，而提出文明衝突論。既然文明有衝突，其結局自然是混亂，沒有秩序可言。杭氏便在這個脈絡下，講世界秩序的重建。但他在這一點上，提出的論點比較弱，缺乏說服力。秩序是要講理性的，文明的基礎在理性：對理性的尊重與服從。衝突是非理性的，沒有理性，不講理想主義，秩序的重建便無從說起。

二十一、對杭亭頓的說法的反思

以上我們花了很多文字來講杭氏的文明觀點。此中的問題是：由於文明的衝突，因而不易維持以理性為基礎的世界秩序，但需要努力。這裏我們對這些有關方面作總的反思。由於這一章相當冗長，這裏的反思只能從簡。我們的反思有如下數點。

一、杭亭頓先總結地說，文明衝突是和平的最大威脅，而依文明而建立的世界秩序，則是對抗戰爭最有效的力量。這種論調確是擲地有聲，有千鈞力量。杭氏的想法自然是要想辦法克服文明衝突，建立有倫有序的世界秩序，讓世界各國政府都能存異求同，向同一的和平目標進發。

二、要想避免文明衝突，展現秩序，自然是從文明的共通性著手，這即是上面說的存異求同中的同。杭氏提出文明的共通性可以就民主、自

由、人權、開放的制度幾方面說。這些都具有普世的價值。以共通的文明為基礎來建立新的世界秩序，自是理所當然。但世界的文明各自不同，如何能找到交集點而建立世界秩序呢？杭氏在處理這一點上語焉不詳，難以令人信服。

三、杭亭頓講文化關係，往往過分強調現實利益一面，如政治、經濟、社會、軍事等項，他不能正視道德、理想主義的重要性與根源性，在物質與精神之間，他把注目的焦點放在物質方面。物質是各自獨立，難以講共通性，精神才是共通的，具有普遍性與必然性。

四、杭氏書中提到世界自古迄今出現過很多不同的文明體系，有些消失了，有些還存留下來。這些文明體系的本質的內涵是甚麼呢？何以有些能存留下來，有些則灰飛煙滅呢？杭氏沒有清楚的交代。

五、他引述皮爾森的說法：不同文明必須互相學習如何和平共存。先要理解彼此的歷史、地理、藝術文化。這本來不錯，但我們要進一步理解「和平共存」中的「和平」指的是甚麼層次的意思。是雙方以敵我的關係相互對峙，呈對抗狀態，沒有對話，抑是在精神上具有一致性，相互溝通，各自捨短留長，而進行自我轉化呢？

六、杭亭頓具有廣遠的全球視野，對世界上不同的文明都有兼顧及之，此中包含西方、回教、東亞、中東諸個區域。但他對這些不同區域的理解度，深淺不同。例如，他過於偏重東亞方面的中國、新加坡、香港、臺灣、越南、韓國與日本在文化淵源上的儒家性。這並不完全符合當前的政治、文化的現實。儒家不見得在東亞有這樣廣泛的流行，也不如他在想像中所展示的真實性。這些國家或地區有傳統的儒家思想流行，但不見得都具有值得注意的影響力。儒家有內聖外王兩面，我們不大能看到這些地區在這兩方面的顯著而明確的展現。只有新加坡在外王方面的努力。

七、杭氏在其書中提到在共同反對西方文明方面，儒家與回教結盟，同時也傾向把儒家和中共認同起來，這都是一廂情願的想法。儒家與回教在教義與旨趣方面有很大的落差，儒家強調自覺義的道德理性，回教則崇尚外在威權，如何能拉在一起呢？另外，中共所崇奉的是馬列主義的教

條，屬唯物論的取向，儒家則強調道德自覺，是觀念論的取向。雙方的理論立場有鮮明的對抗性，何來認同？中共近年提倡要實行中國夢，回歸到傳統文化方面，不是出自內心意識，只是作為策略來運用而已。

　　八、杭亭頓認為中國人喜以天朝身分自居，期待四方鄰國的臣服，是過了時的看法，今日大部分中國人已不這樣想了。杭氏的理解，仍然滯留在往昔階段，不能與時俱進。臺灣學者殷海光在其《中國文化的展望》中便說到中國人的天朝模型的世界觀。現代多數中國人都不這樣看了。

　　九、關於現代化與西化，杭氏認為兩者並不相同，反而有很明顯的差異。西化會帶來衝突、災難，現代化則會帶來融合、和平。西化是只管學習、模倣西方，視之為工具，但只及於表面，未觸及內部的精神，失去自己的主體性。現代化則是回歸於理性，強調自由與民主、秩序。關於秩序問題，杭氏提出一種有效的實踐方式：某一文明系統的核心國家可以發出有力的影響，來維持文明內其他國家的秩序。但若文明與文明之間有衝突、矛盾，應如何解決，杭氏則未能注意，只表示可透過協商來處理，但這不見得有實效。倘若文明之間涉及價值觀的爭論，協商也未必有效。

第十四章　現象學

　　上面我們討論了一般哲學概論所包含的問題：語言、邏輯、方法論、形而上學、知識論、倫理學、美學或藝術哲學、宗教哲學、歷史哲學、文化哲學等等。下面要探討一下當代流行的哲學：現象學、詮釋學和筆者近年提出的純粹力動現象學。這裏所說的現象學，以胡塞爾（E. Husserl）的現象學為主，所依據的著作，也是他的有代表性的著書。之所以要這樣做，是由於現象學自胡塞爾倡導以來，在德國有一個傳承譜系，在法國也有。德國的有海德格（M. Heidegger）、謝勒（M. Scheler）等，法國方面則有利科（P. Ricoeur）、沙特（J. P. Sartre）、梅露龐蒂（M. Merleau-Ponty）等，他們的現象學思想，各自不同。我無力兼顧，所以只講胡塞爾，他畢竟是這派哲學的最重要的人物。而對於他的現象學，我也只能集中在方法論方面。

一、現象的意義

　　粗略地說，我們可以說現象學是一種觀念論、意識哲學，或形而上學，它是要探尋現象的真實性格與本源，統合現象與物自身，建構一套具有理想義、勝義諦義（真理義）的哲學體系，以解決宇宙與人生的種種問題。要建構這樣一套龐大的、深厚的哲學體系，必須要有正確的、有效的方法，才能竟其功。故方法論或方法學（Methodik, Methodenlehre, methodology）是必須要認真講求的。方法是工具，有好的方法、完善的方法理論，才能把事情做好。胡塞爾的現象學自然不能例外，他有自己的一套獨特的方法，這便是現象學方法。

　　顧名思義，現象學是處理現象的問題的。胡塞爾對現象的理解與一般的很是不同。我們首先要對現象學的這個重要的概念審慎地檢視一下，看看它是何所指。

　　令人驚訝的是，胡塞爾稱自己的哲學體系為「現象學」（Phänomenologie），而且為了建立這一體系，寫了大量著作。但他對這體系的重要內涵「現象」（Phänomen），卻很少界定清楚。更有甚者，他畢生不停地寫有關現象學的書，也不停地修改有關這個概念的意義。故他的哲學的挺難明白的一點，便是「現象」一詞的何所指。故我們在這裏探討現象的意義，是就他的重要著作對這個概念所施放的訊息，作一總體性的概括。對於其中很多的說法，也不能一一交代出處了。

　　儘管胡塞爾未對「現象」作過清晰而確定的界定，關於它的意思，有兩點是不能忽略的。第一是它的本質的性格，或非經驗的性格；或者說，它具有終極的意涵。第二是它與意識或意向性的關連。特別是後一點，現象是必須關連到意識或意向性的問題，才能較清楚地、確定地被理解。以下我們會先後就這兩點來作闡釋。

　　首先看第一點。在哲學上，現象（Phänomen）與表象（Vorstellung, Erscheinung）常常是互通地運用的。不過，現象在認識論的意義方面較顯著。康德（I. Kant）便把現象與物自身（Ding an sich）對說，表示現象是我們的知識可到達的，物自身則是我們的知識所不能到達的。表象則較具存有論意味，通常與實在（Realität）相對說，表示事物顯現的那一面，實在則指它的實際的內涵，是不顯現的。康德曾在其鉅著《純粹理性批判》（*Kritik der reinen Vernunft*）中解釋表象說：

　　　一個經驗的直覺中的未決定的對象，稱為「表象」。

故表象是經驗性格的（empirisch）。又甚麼是經驗性格呢？康德的著名說法是：

透過感覺而關連於對象的直覺是經驗的。

故經驗性格即是感官性的。非經驗性格即是超越感官性的。胡塞爾視非經驗性格的東西為具有本質（Wesen）的東西。因而現象具有本質。至於本質，我們留待下一節才作詳細的解釋。我們這裏可以先把本質關連到柏拉圖（Plato）的理型（Ideas）來看，它不是以抽象、概括的方式來整理個別的東西而得，卻是依靠直覺（Anschauung）對事物進行細察而得的。甚麼機能能這樣做呢？胡塞爾提出意識（Bewuβtsein），以為意識可以透過直覺來把握本質，他索性把這種直覺稱為本質直覺（Wesensschau）。

　　上面說到現象具有本質。這個意思倘若要進一步解說，則可以說，現象所表示的，不是一個個一件件的經驗的物事，而是這些物事所展現的本質。這本質不是個別經驗，毋寧是，它是經驗一般（experience in general）。這樣的本質有真實義。一般的現象是沒有真實義可言的，但胡塞爾意義下的現象，由於內涵本質，與本質不分離的關係，因而可說具有實質義，是勝義諦的所涵。這種情況，令人想起《般若心經》（*Prajñāpāramitā-sūtra*）所說的色空相即的關係。該經謂：

rūpaṃ śūnyatā śūnyataiva rūpam.

其意是：色便是空，空便是色。色（rūpa）指現象，空（śūnyatā）指真理，無自性這種真理。這有真理內藏於現象中之意。以這種觀點來看現象，則現象便不純然是經驗的、自然的，而是具真實性的，胡塞爾所說的現象，便近乎這種意思。這種現象，可以與華嚴宗的事事無礙法界中的事相比較，也可與西谷啟治的空的存有論中的事物的自體相比較。這幾方面都有相通處，都有事象帶著真理而呈現的意思。但問題複雜，這裏只點一下，不作細論。

　　關於現象的第二點意思，我們可以說，現象是存在於意識之中，但它又不純然是主觀的，卻是關涉著外在的事物甚至是指向事物本身的。不

過，現象的重點，還是在它的擺脫既定的理論和概念的制約而直接在意識中呈現，在心中呈現。這樣，我們便可以說，現象不是材質義、經驗義的事物（Sachen），而是密切關連到意識和心方面的觀念性的質體。[1]

　　一般對現象的了解，通常分主觀與客觀兩方面。在主觀方面，現象是種種心理經驗，所謂心理現象。在客觀方面，現象是外界事物的表象，呈顯於我們的感官面前的表象。胡塞爾的現象，都不是這兩者。它是隸屬於意識的一種存在，是本質的意味。它不是一個個具體的心理經驗，而毋寧是這些心理經驗的共通性格、共通的本質。胡塞爾的口號「回到事物自身去」（Zurück zu den Sachen Selbst）應該是指涉事物的這種本質，而不是指涉感性義、經驗義的事物。他是要人穿越理論與概念的迷霧，直接面對和把握事物。他這樣說的現象，是真實義的、勝義諦義的，是無執的，不是有執的。一般所說的現象可以說是對象（Objekt）的前身，要被置於主客對立的關係網絡之下，是有執的。現象學的現象的這種真實性、勝義性、無執性，表示它是一個理想的、價值的世界，是我們從事哲學思考的體驗的努力的目標。

　　這樣說，有把現象與實在或本質結合起來的傾向，更有把現象說成是本質，以表示兩者有相即不離的關係。這樣說本質，仍有物自身的意味，不過那是積極意味的物自身，不是康德的消極意義的、限制意義的（限制知識的範圍）物自身。康德曾說物自身是一限制概念（Grenzbegriff），便是這個意思。

1　這樣理解現象，與一般的理解很是不同。後者總是視現象為經驗性的，因而有材質的意義；它決不是超越的，因而不關乎本質，因本質通常是被理解為超越的。但胡塞爾的理解，完全是另一思路。他以現象為經驗現象的本質。故他的現象，較一般所理解的現象要高一層次。而他的現象所屬的本質，不能從個別的東西如經驗材料中抽象出來，不是對經驗材料概念化而得，而是通過對直覺的洞察（Einsicht）對具體事物加以細緻把玩而得。這種洞察，實有點像護法唯識學論轉識成智而提到的妙觀察智（pratyavekṣanika-jñāna）。後者是能觀取事物的特殊性的一種睿智的直覺（intellektuelle Anschauung）。胡塞爾的直覺的洞察，應是一種睿智的直覺，而不應是感性直覺（sinnliche Anschauung）。它是具有明證性（Evidenz）的。

在這裏，我們要進一步細看現象學中的「現象」的所指。我們不能忘記現象的意識的性格，或與意識的密切連繫。若從作為認識模式的直覺來說，現象學的直覺是本質直覺，而描述性的自然科學的直覺是感性直覺。後者觀察經驗的對象，現象學探究的是純粹的、沒有經驗內容的意識的對象。更精確地說，現象學研究的是內在的意識現象，有本質在其中的現象。現象是意識的現象，它是不斷流變的，意識有現象於其中，因而可稱為意識之流。現象學特別要留意的，是把研究的範圍集中在內在於意識之流中的事物，能在意識之流中直接地、自明地顯現出來的事物，這即是現象。[2]

我們亦可以說，現象學研究的對象，是存在性是明證而不可疑的意識之流，特別是對象以怎樣的方式在意識之流中被構架而呈現出來，這便是所謂現象，或意識現象。在這種情況下，所有外在於意識之流的事物，由於其存在性不能確認，故被懸擱起來，被摒棄開來。若與唯識學比較，現象學研究的範圍相應於唯識的範圍。在這種類比下，[3]現象即是一般作為識所變現的表象（vijñapti）。這「表象」可直通 vijñaptimātra（唯識）中的 vijñapti 一詞，後者即是識的表象。唯識（vijñaptimātra）其實是唯「識的表象」，這樣，唯識學與現象學可有更密切的關係，說「唯識現象學」正可表示這學說強調唯「識的表象」的原意。上面說現象學研究對象以怎樣的方式在意識之流中被構架而呈現出來，這正是現象學可以與唯識學作比較的基礎。[4]

---

2 這又令人想到唯識學。若以現象學的語言來說唯識，則可以說是「唯意識之流」。但唯識學的「唯意識之流」，是就存有論一面說一切表象生起的根源。胡塞爾說「唯意識之流」，是就認識論一面探究在意識之流中直接地自明地呈現出來的現象。而這意識之流的中核即是認識主體。

3 我們特別強調這樣的類比。離開這種類比的脈絡，現象學的現象與唯識學的表象（vijñatpi）是很不同的。前者是無執的，有勝義諦義；後者則是心識的變現，常被虛妄地執取為具有自性。

4 關於現象，現象學中的現象是通於勝義諦義與世俗諦義的，這要看構架現象的意向性背後的意識是絕對意識抑經驗意識而定。就現象本身言，胡塞爾並未作出很細密的觀

二、本質的意義

本質（Wesen）是胡塞爾現象學中另外一個重要觀念，意思也很深奧，不易了解。胡塞爾曾對前此的各種哲學加以批判，都不認同為最理想的哲學，他認為自己的現象學才是唯一正確的哲學方向。在這種說法中，他特別提到本質觀念，認為現象學便是立根於純粹直覺（reine Anschauung）中的一種研究本質問題的哲學。可見他對本質的重視。

在這裏，筆者擬先就閱讀了胡塞爾的重要著作和參考了現代學者對他的現象學的研究所得，概括地闡述一下他的本質觀念的意義，再引證他自己的說法，作進一步的探討。這本質有點像西方傳統哲學的共相（universal），是一種具有普遍性的存在。但它不同於英國經驗論（British empiricism）所說的那種同類事物的通性，後者是以抽象（abstraction）的方式，把這同類事物的通性建立為一個抽象概念。胡塞爾的本質，傾向於指事物在結構上的原理（principle）；它是先驗的（a priori），是經驗事物可能的條件。它有規範（norm）、典範的意味，甚至有柏拉圖的理型（Idea）的意味。這是事物得以構成的形式條件。最重要的是本質是超越的，事物是經驗的，兩者屬於不同的範域。在這點上，本質類似康德義的範疇（Kategorie）。但要了解事物的本質，還是要經由事物本身。因為本質是存在於事物之中，而不是存在於事物之外。這便與柏拉圖的理型不同，後者不存在於具體的感覺世界中，而存在於抽象的理型世界。要了解事物的本質，需以還原（Reduktion）的方式，把研究的範圍限制在意識之流所可到的事物中，再以自由想像方式，透過直覺，爬梳事物的多種變動狀況，把握得事物的不變的、自我同一的特質，這便是

察與分析。唯識學則不同，它基本上視作為現象的所緣緣（ālambana-pratyaya）為虛妄的，有執的，因而是世俗諦義的。但它的分析非常細微。它分所緣緣為親所緣緣與疏所緣緣。視親所緣緣為相分，即外境。另外，又以帶己相說所緣緣。帶己相中又分變帶相與挾帶相，而變帶相中又有仗質相與不仗質相之分。說法非常繁複細密。這是胡塞爾論現象所缺乏的。

本質。要注意的是，我們所研究的範圍，必須限於意識所可能及的處所，意識之外的範域的可能性，胡塞爾是不管的、不過問的。[5]

　　上面說到以還原的方式，透過直覺來理解本質。這稱為本質還原（Wesensreduktion），或本質直覺（Wesensanschauung）。胡塞爾認為，本質屬於現象，存在於現象中，可以被直覺到，它不是躲藏在現象背後或內裏而不出現的。他並認為本質具有自在性、客觀性，能提供一種必然的準則（Normen）來規定事物，使之成為事物。倘若事物從本質脫離開來，它便離開了由準則而來的規定性，便不能維持該事物的狀況了。這又使人想到康德義的範疇了。故本質與事物在意義上可以分開，但在存在上，是不能分開的，一分開了，事物便解體。[6]

　　本質的這種具有準則義的規定性，很值得注意，它是撐持著事物本身，使它成為一個存在。胡塞爾這樣說：

> 倘若我們留意現象學還原為我們定出來的準則，倘若我們如它們
> （準則）所要求般恰好排拒了一切超離的存在，又倘若我們因此而
> 純粹地依據那些體驗（Erlebnisse）本來有的本質來處理那些體
> 驗，則……一個本質的認知場域便開放給我們了。[7]

這裏說的「超離的存在」應是指那些意識或意向性所不能及的東西、應該被懸擱、不強加討論與說明的東西。而「本質的認知場域」（Feld

---

5　在唯識學中，實在不易找到與這種本質相應的東西。「唯識性」（vijñaptimātratā）、
　　「依他起性」（paratantra-svabhāva）有些關連，但它們所概括的範圍又嫌太闊。分位
　　假法可能與本質有相通處。

6　這種本質維持、成就事物的關係，頗類似康德以範疇來整合事物的雜多，決定之為對
　　象的意味。雜多若離開了範疇，只能是散列的東西，不能成為具有規則性、決定性的
　　對象。胡塞爾在這一點上，可能受了康德的影響或啟發。

7　E. Husserl, *Ideen zu einer reinen Phänomenologie und phänomenologischen Philosophie.*
　　Erstes Buch: *Allgemeine Einführung in die reine Phänomenologie.* Neu herausgegeben von
　　Karl Schuhmann, Den Haag: Martinus Nijhoff, 1976, S. 135. 此書以下省作 *Ideen I*。

eidetischer Erkenntnisse）應是指真理的、勝義諦境界的範域，是物自身層面的東西。胡塞爾的意思應是，在現象學還原中，如果我們能依本質的準則把意識或意向性所管不到的超離的東西擱開，不讓它們混淆我們的認知，一切依本質的準則的規定來處理我們的體驗，我們便會面對著一個真實的、有本質內涵的境界。這便是現象學所要建立的真理世界。

這本質的準則義，倘若進一步來說，則可以說，它是具有同一的內涵的，是不變的，是具有普遍性的。它有存有論的理型義，同時也有認識論的純粹概念即範疇義。關於這點，胡塞爾在其《經驗與判斷》（*Erfahrung und Urteil*）一書中，有很詳盡的描劃：

> 一個物作這種自由變更時，必定有一個不變項（Invariante）作為必然的普遍形式仍在維持著，沒有它，一個原始形象，如這個事物，作為它這一類型的範例將是根本不可設想的。這種形式在進行任意變更時，當各個變體的差異點對我們來說無關緊要時，就把自己呈現為一個絕對同一的內涵，一個不可變更的、所有的變體都與之相吻合的「甚麼」：一個普遍的本質。我們可以把目光投向它，投向這個必然性的不變項，這個不變項為所有以「隨意」的模態進行的，並且無論如何都在繼續進行的變更預先規定了其界限。它表明自己是這樣一種東西，沒有它，這一類型的對象就不能被設想，……不能直觀地被作為這樣一類對象來想像。這個普遍本質就是艾多斯（Eidos），是柏拉圖意義上的理念。[8]

這是說明本質是一種不變的普遍形式，它作為一切事物的可能基礎，為一切變動不居的東西提供界限，也可以說，為一般所謂的現象提供界限。過了這個界限，現象便不成其為現象了。即是說，本質是限制了現象的界限

---

[8] 胡塞爾著，鄧曉芒、張廷國譯：《經驗與判斷》（*Erfahrung und Urteil*）（北京：生活‧讀書‧新知三聯書店，1999），頁395。

的，過了這個界限，便是康德所謂的物自身（Ding an sich）。本質的這個意思，有很濃厚的康德義的範疇的意味，只是它是偏於存有論方面的意味，不如範疇的偏於認識論的意味。

上面我們提過現象中有本質，有本質存在於現象中之意。但胡塞爾說現象，並不是指一般的物理性的現象，而是特別指純粹意識（reines Bewuβtsein）現象。所謂純粹意識現象，並不指涉其意識現象所代表的東西在客觀實在的世界中有否相應的存在，而只是把意識現象當作意識現象來處理和考察。[9]胡塞爾認為，在純粹的意識現象中有本質存在，我們亦可以通過直覺把握和認識這本質。他並認為，通過現象學還原，我們可以直達純粹意識的範域。很自然地，現象學還原的方法可以使我們滲透到本質的世界。[10]

三、現象學的方法：還原

處理了「現象」、「本質」這兩個挺重要的觀念，我們可以正式探討胡塞爾的現象學的方法了，這即是「還原」（Reduktion）。在這一點上，我們要從我們平常的認識方式說起。在我們日常的認識中，面對著外面世界的種種事象或存在，我們總是認為它們是存在的，而且存在於時間與空間中。胡塞爾自己也提過，我們與周圍的鄰居朋友在相互溝通、相互理解時，總是假定外面存在著一個客觀的時空性的現實世界，它們的存在是一個事實，而我們自己的生命存在，也是其中一個分子。[11]對於這種看

9　這個意思與唯識學很相近。唯識學只關心在識的作用的範圍內的東西，在識之外的東西，或是否有其他東西，它是不管的。它並不認可外界實在的說法。

10　本質具有普遍性。普遍的本質又稱為艾多斯（Eidos），那是特別指透過觀念化作用（Ideation）而把握到的普遍的本質。而這作用是在直覺中成立的。這兩種作用並不矛盾，它們都指向對本質的把握。唯識學後期提出的意識現量（mano-vijñāna-pratyakṣa），亦有把握對象的本質的功能。

11　*Ideen I*, S. 60.

法或態度，胡塞爾稱之為自然的態度。這種態度有一種傾向，要把我們的
主體或自我和它的體驗外在化、現實化以至物化。由於這種態度把主體、
自我和它們的體驗看成是外在世界中事物的一部分，因而主體或自我的重
要性便凸顯不起來，它的問題得不到應有的和足夠的重視，更不要談它的
超越方面的性格了。

　　這種態度明顯地表現在自然科學之中。胡塞爾以為，自然科學的最大
的問題，是預設了外在世界有其實在性，又認為人是具有認識這外在世界
的能力的。這其實是一種認知上的傲慢，以為人的知性（Verstand）無所
不能。這種態度是需要糾正的，其方法便是還原（Reduktion）。在佛教
也有同類事例。經量部（Sautrāntika）持外界實在說，說一切有部
（Sarvāstivādin）則提出「三世實有，法體恆存」的口號，走實在論
（realism）的思路，肯定外在世界存在的真理性。唯識學則提出唯識的思
想來糾正它，把外界存在的根源植根於心識，亦對人認識外界的能力持保
留態度，還認為這種認識有著很濃厚的執著成分。

　　在這種脈絡下，胡塞爾提出著名的「現象學還原」
（phänomenologische Reduktion）的方法。關於這種方法，胡塞爾在他的
早期著作《現象學的觀念》中說：

> 現象學還原即是：必須對所有超離的東西予以無效的標示。即是
> 說，它們的存在和有效性不能視為存在和有效性自身，充其量只能
> 作為有效性現象而已。我所能操控的一切科學，……都只能作為現
> 象，而不能視為有效應的，對我來說是一種出發點運用的真理體
> 系。……使認識變成明證的自身被給予性，直覺到認識的效能的本
> 質。*12*

---

12 E., Husserl, *Die Idee der Phänomenologie.* Den Haag: Martinus Nijhoff, 1973. S. 6. 此書以
　　下省作 Idee。

胡塞爾的意思是,一切超離的東西(Transzendente)沒有明證性,不在真理體系或範圍中;它們不是自身被給予,沒有認識的功效的本質。這種東西完全與現實脫節,不能指涉與真理有密切關連的現象。我們可以說,通常我們視為實在的外間的東西,都沒有明證性,都是超離性格的。我們要把它們標記出來,不將之視為有本質內藏於其中的現象。進一步,我們要把它們轉化,使之能在具有明證性的超越的現象世界及超越主體面前展現開來,這便是還原(Reduktion),或現象學還原(phänomenologische Reduktion)。還原的最終點,是到達一個終極功能中心的絕對的自我。

初步看來,現象學還原可以被視為一種認識層次的提升,甚至是認識質素的提升,由自然的、機械式的臆測進於反省的、要求明證性的確認,去理解事物。海德格在他的《現象學的根本問題》(*Die Grundprobleme der Phänomenologie*)一書中便提到,胡塞爾的現象學還原有這樣的用意,將人本來有的所謂「自然做法」(natürliche Einstellung),或物理性、物質性的傾向轉至一種有思想性的「超越的意識生活」(transzendentale Bewuβtseinsleben)。[13]這超越的意識生活,用胡塞爾自己的詞彙來說,便是涉及或以它為基礎的「純粹意識」(reines Bewuβtsein)或「超越意識」(transzendentales Bewuβtsein)的活動。而達致這種意識狀態的方法,則是「超越懸置」(transzendentale Epoché),這在方法上,可區分為「排除」(Ausschaltung)和「加括號」(Einklammerung)。[14]不過,這些問題比較專門,我們在這裏暫不作進一步的闡釋。[15]

---

13 M. Heidegger, *Die Grundprobleme der Phänomenologie*. Frankfurt am Main: Gesamtausgabe, Bd. 24, 1989, S. 29.

14 *Ideen I*, S. 69.

15 史皮格伯(Herbert Spiegelberg)在他的巨著《現象學運動》(*The Phenomenological Movement*)中,提出現象學方法的七個步驟,依次是(1)探究特殊的現象,(2)探究一般的本質,(3)探討本質間的本質關係,(4)觀察顯現的方式,(5)觀察在意識中現象的構成,(6)擱置有關現象存在的想法,(7)解釋現象的意義。(H. Spiegelberg, *The*

　　現在我們還是環繞著還原問題來討論。李幼蒸提出胡塞爾的現象學還原法分幾個步驟。第一步是現象還原，即把各種具體的經驗還原為現象學的「現象」，而這現象就是在意識中直接顯現的。第二步是本質還原，把對象從常識經驗層面提至本質層面。這是透過直覺或洞察來進行的。他強調，我們把握本質，不是經歸納而進行抽象，而是通過一種直覺性的洞察。[16]第三步是超越還原。按李幼蒸以為，早在本質還原階段，胡塞爾已提出了加括號法，又提出意向性觀念。加括號的用意，是要把外界存在的問題放在括號中凍結起來，存而不論。意向性的提出，是要以人心的一種主動的機能使外界對象的不同外觀可以合成一個整體，也使客體觀念及有聯繫的內外因素納入一個相關結構之中。而超越還原則探索決定和指導一切心理經驗的自我。[17]故現象學還原表示一個完整的認識歷程，要人從對外物的常識的、自然的認識進而認識它們的根源在意識的意向性，最後一歸於超越的意識或超越的自我。

　　在這裏，我們可以對現象學還原的意義和作用，作一個初步的總結。胡塞爾認為，我們慣常地對外部世界的存在不斷地執著，以為它們具有實在性，這是一種意識作用，也可說是非純粹的意識現象。我們應把這些執著去除掉，捨棄非純粹的意識現象，而轉向純粹的意識現象，把一切存在都納入意識的意向性之中。這便是現象學還原的意義與目的。就對比著唯

Phenomenological Movement. The Hague, Boston, London: Martinus Nijhoff Publishers, 1982, p.682.）我們在這裏說的排除和加括號，相應於這七個步驟中的第六步驟，亦即擱置有關現象存在的想法。若就唯識學來說，這第六步驟擱置有關現象存在的想法符合唯識學反對外境實有的思想，但與唯識學的唯識無境的立場最相應的，是第五步驟的觀察在意識中現象的構成。這是說現象的根源在意識，非常類似唯識學的識轉變（護法系）的思想：心識通過轉變（pariṇāma）以建構現象世界。

[16] 按在胡塞爾的現象學中，現象與本質常是放在一起來說的，兩者的內容實有相重疊之處。兩者都有超經驗的性格。故現象還原與本質還原頗有西田哲學中要人從二元對立的經驗立場回歸到純粹經驗的前二元的境界方面去的意向。

[17] 李幼蒸：《結構與意義：現代西方哲學論集》（臺北：聯經出版事業公司，1994），頁 26-28。

識學來說，唯識學的意識現象可以說是純粹的，「唯識」這一表述式，已表示沒有對外界事物的執定，沒有以它們為實在，它們都是原於心識的。由此我們可以了解唯識學後期所流行的知識的自己認識（sva-saṃvedana）的觀點。故唯識學不必接受現象學還原。但這是就明白了唯識的真理而言的，是就轉依後所得的智或淨識來說。在轉依前妄識起用，則會到處生起執著，以外界事物為實在，為實有自性，則它的意識現象是非純粹的，這樣便要接受現象學還原了。

現象學還原的導向，很明顯地是要攝存在歸於意識，最後逼顯一超越的主體性。而現象學又是挺重視所謂明證性的。因此胡塞爾提出一個問題：現象學還原能否使超越的主體性的存在成為確然的明證性呢？他自己回答說，只有當我自己經驗著我的超越主體性（transzendentale Subjektivität）是確切的時候，這種經驗才能成為確切判斷的依據。[18]這其實是超越自我，自己明證自己。從架構的角度來說，這相應於護法唯識學說的證自證分對自證分的覺識。這種覺識可以作為自證分對「見分對相分的認識」的見證的基礎。這種脈絡當然是在轉識成智之後說的。

超越自我的這種明證，應該是通過直覺進行的，而且是純粹的直覺。胡塞爾自己便說，這純粹直覺是一種確切的明示方式，排除各種形而上學的冒進（metaphysisches Abenteuer）和玄思的溢動（spekulative Überschwenglichkeiten）。[19]這顯示現象學方法是純粹直覺的、具體的，不是辯解的、抽象的。這種純粹直覺，應該是一種睿智的直覺（intellektuelle Anschauung），而不是感性直覺（sinnliche Anschauung）。

最後，胡塞爾表示，現象學的方法（按應是指還原）是完全在反省行

---

18 E. Husserl, *Cartesianische Meditationen und Pariser Vorträge.* Den Haag: Martinus Nijhoff, 1973, S. 61. 此書以下省作 *Meditationen*。

19 Ibid., S. 166.

為內起作用的。[20]按這種反省可以是理性的反思、理論的反思，也可以是道德的反思、宗教的反思，以至生命境界的反思。倘若是最後的生命境界的反思，則現象學便接近東方哲學了。胡塞爾在稍後說反思就是體驗（Erlebnis）。這表示他不無後者的意味。利科在他的《純粹現象通論》法譯本註 312 中更說這反思是直覺的，[21]反思而又是直覺的，則體驗的意味便更濃厚了。

四、關於懸置（*Epoché*）

現在我們集中探討現象學還原方法的主要操作，這即是超越懸置（transzendentale Epoché）或懸置（Epoché）。這在方法上可分為排除（Ausschaltung）和加括號（Einklammerung）。這幾個名相的所指，其實是差不多的內容，都是指對有關世界或外界存在的設定或假定抱保留的、懷疑的態度，暫時不對它們作出任何判斷，不肯定，也不否定外在世界的存在。即是說，對於超離意識範圍外的東西，不作任何有關其存在的判斷。這種做法，有助於我們從自然的、非反省的思想態度過渡到反省的現象學的思想態度。一般人喜歡或傾向於以自然的態度設定外部世界的存在，懸置則是中止作出這樣的判斷，不作任何預先的假設。

實際上，對於懸置這種做法，胡塞爾便提過多種不同的稱法，如「懸置」（Epoché）、「判斷的中止」（Urteilsenthaltung）、「失去作用」（auβer Aktion gesetzt）、「被加括號的題法」（eingeklammerte Thesis）和「被加括號的判斷」（eingeklammerte Urteil），等等。意思大體上都是一樣，都展示出對明證真理的堅強的、不可動搖的信念。胡塞爾強調，我們所需要的東西，或現象學的目標，是在另外一個方位上，它不是在自然態度中被決定的，而是在完全擺脫了理論後顯現出來的，舊有的在外界

---

[20] *Ideen I*, S. 162.

[21] 胡塞爾著、李幼蒸譯：《純粹現象學通論》中所附法譯本注釋，頁 641。

實在的設定下的世界，對我們來說是無效了，因此要將它放入括號之中。

　　關於放入括號一事，其實可以不必說得太過概念化、哲學化，才能顯出其意義。我們可以從日常的生活與經驗說，在平實中顯出它的不平實的現象學的意義。以下便是胡塞爾在這方面提出的一段富有日常生活與經驗氣息的文字：

> 我們簡樸地生活於知覺和經驗活動之中，生活在那些安設好的行為之中，在裏面，事物的統一狀態顯示在我們面前。……在牽涉到自然科學時，我們經驗地和邏輯地有規律地思想，當中，那些被視為是給予的現實的東西變成在思想上被規定下來的，又，在其中，依據那些直接被經驗的和被規限的超離的東西（Transzendenzen）又指涉到新的東西。在現象學的取向中，我們根據原則的一般性，我們中止了所有這些知解上的議題，即是，我們將實行而得的研究「放入括號中」，對於我們的新的研究，我們「不涉入這些議題中」。我們並不在它們之內生活，不實踐它們，卻是要實踐指向它們的反省的行動。*22*

這段文字很平實易懂，在胡塞爾的艱澀難懂的著作中是很少見的。它的意思是，我們是生活在眼前現見的環境中的，在那裏知覺一切和經驗一切，我們感到現前的事物有一種統一性。對於自然科學的問題，我們是實際地和有規律地思想與研究。對於那些超離經驗的東西，和它們所涉及的更遠的東西，我們依據現象學所強調的明證性的立場，不去理會它們，不對它們作出知解上的判斷，將它們放入括號中，存而不論。我們不把生活與它們關連起來，卻是要對它們作反思。最後提到的「反省的行動」（Akte der Reflexion），是指現象學的反思，它的原則是，一切要由具有自明性或明證性的意識之流開始。缺乏這種特徵的，便要實行「懸置」。

22　*Ideen I*, S. 107.

懸置表示對外在世界的存在性的懷疑，這很自然地使人想到笛卡兒（R. Descartes）這一著名的懷疑論者。由於懷疑，才能引發起方法上的批判；同時，又可通過除去一切仍然有疑惑的東西，以求得事物的絕對明顯的確實性。胡塞爾特別注意到，憑感覺經驗而來的確實性，世界依於它才能在自然的生活中被給予、被置定的確實性，終究是靠不住的，抵禦不住由懷疑而來的批判。基於此，胡塞爾認為，關於世界存在這一斷定，一開始便是不可接受的。我們亦可在這裏窺探到胡塞爾提出懸置或判斷的中止的理由。

懸置或判斷的中止的範圍有多大呢？胡塞爾在其《純粹現象學通論》第二編〈現象學的根本的考察〉（Die phänomenologische Fundamentalbetrachtung）的第四章〈現象學還原〉中，用了很多篇幅討論懸置、判斷中止或排除的問題。他認為除了超越的純粹意識（transzendental reines Bewußtsein）外，一切都要排除。這包括自然世界（心理世界和物理世界）、一切自然科學和文化科學以及它們的全部知識、純粹的自我（reines Ich）、超離的上帝（die Transzendenz Gottes）和作為普遍科學的純粹邏輯（reine Logik）。他強調現象學是一門純描述性科學，是通過純粹直覺對超越的純粹意識場域（Feld des transzendental reinen Bewußtsein）進行研究的學問。這種排除是有原則的。他提出的原則是：

> 倘若我們假定，現象學對純粹的意識的研究（reine Bewußtseinsforschung），只對自身和只應對自身提供那些可以在純粹直覺中解決的描述性分析的問題，則不論是數學學問的種種理論形式或任何派生的理法，都是對現象學沒有用處的。[23]

胡塞爾這番話語，非常重要和扼要。他顯然認為，現象學是對純粹意識的

23　*Ideen I*, S. 127.

研究，而這純粹意識，是偏就絕對意識或超越意識而言，憑它的意向性（Intentionalität），可以開出一套無執的存有論。這種意識具有充分的明證性。在這絕對意識的大前提下，一切能助成它的實現和解決以它為主體的純粹直覺中的現象學描述性問題的要素，都是可取的，都不能排除。在這個目標之外或與此無關連的理法，都缺乏明證性，都要排除。對於這明證性，他守得很緊。只有超越主體性或純粹意識具有充分的明證性。他認為，即使是世界的實存、存在（Existenz einer Welt），都不能提供確然不可疑的明證性。對於世界，我們是有種種經驗或關係的，但這些經驗的明證性並不比作為絕對的初始的明證性（der absolut ersten Evidenz）更具優越性。[24]他對超越主體性或純粹意識的信心是挺堅強的。他繼續表示，我們所面對的、正在我們面前呈現的、可觀察的統一的世界圖像，也不能說真正的明證性，它可能只是源於我們的錯覺而已，也可能只是一個連貫起來的、編織起來的夢。

　　對於懸置，胡塞爾甚至有以它為基礎而發展出一套唯我主義思想的傾向。他認為懸置可以是一種徹底的和普遍的方法，以它為依據，我們能夠純粹地把自己理解為具有純粹意識生活的自我，而整個客觀世界，在我們的意識活動中，只為我們而存在而已，只是為了成就這種活動而出現在我們的面前。世界中的任何東西，時空中的任何存在，都可說是為了我們而存在的。我們與它們有種種連繫：經驗它們，知覺它們，回憶它們，思考它們，判斷和評估它們，以至對它們有盼望，有渴望。對於我們來說，世界不是別的甚麼東西，而只是在像笛卡兒的我思活動（cogito）的那種以意識為中心的我思活動中為了我們而存在，為我們所經驗與接受。而只有在這樣的活動中，世界才得到它的整全的、普遍的和特殊的意義，才被接受為是存在的。[25]這是從存有論的角度來說世界依於自我，為自我而存在。說「為自我而存在」更有目的論的意味。這種我實在很像笛卡兒的我

---

[24] *Meditationen,* S. 57.

[25] Ibid., S. 60.

思了。這種世界與我們的關係，有點像唯識學的境與識特別是阿賴耶識的
關係。在唯識學來說，其要點是，世界和境都沒獨立的實在性，它們是識
心變現的，它們的存在性，要在自我、識心或阿賴耶識的脈絡下才能成
立。這是一種徹底的唯心論。

　　現在有一個問題可以提出來。懸置是中止對世界存在的肯認，有不承
認世界存在這種意味，起碼有這種傾向。這是否一種否定主義或虛無主義
（Nihilismus）呢？胡塞爾認為懸置並不是消極的虛無主義，不是要否定
一切。在這個問題上，他說：

> 我們使屬於自然態度的本質（Wesen der natürlichen Einstellung）的
> 一般的設定失去作用，我們將該設定所包含的在存在方面的一切東
> 西放入括號中：因此將整個自然世界（ganze natürliche Welt）放入
> 括號中，這自然世界持續地「在那裏」，「在身旁」。……我不是
> 像一個詭辯論者那樣否定這個「世界」，不是像一個懷疑論者那樣
> 懷疑它的事實的存在；但我在展開「現象學的」懸置，這懸置使我
> 完全地隔絕於任何有關時空性的事實性存在的判斷。因此我排除掉
> 所有關乎這個自然世界的科學。……我不接納它的任何命題，沒有
> 任何命題給我一個基礎（Grundlage）——要展示的是，倘若它像
> 在這些科學中的其中一項被理解作有關這個世界的現實性的真理的
> 話，只有在我為它加上括號以後，我才會接受這樣的命題。[26]

這表示胡塞爾對於自然世界存在這一類命題的真確性持保留的態度。他不
會接納這一類命題的真確性，他是要把它們放入括號之中，表示對它們的
存疑。在甚麼情況之下他會接受這類命題呢？他提出要有一個基礎
（Grundlage）。這是甚麼基礎呢？他沒有明說，這基礎很可能是指現象
學的明證性，具體地說，是對意識有效的明證性。故對於世界，胡塞爾只

---

[26] *Ideen I*, S. 65-66.

是存疑其存在，並不是否定其存在，在這方面，他不是一個虛無主義者。故他說：

> 這種對接受的普遍的棄止（universale Außergeltungsetzen），這種對事先被給予的客觀世界的所有見解及其首先是有關存在的見解的「抑制」或「使其失去作用」，或者說，這種對客觀世界的「現象學的懸置」（phänomenologiche Epoché）和「括號化」（Einklammern），並沒有使我們陷於虛無（Nichts）。[27]

這種現象學的懸置對我們的日常生活有沒有影響呢？我們的日常生活會否受到它的哲學的導向所左右呢？胡塞爾表示，懸置對我們的日常生活沒有甚麼影響，即是說，我們不執著外界實在，或不理會外界實在，仍然可以正常地過日子。他表示，我們自由地對經驗世界的存在懸擱起來，只留意或把握在我們意識面前呈顯的東西，我們仍可保有本來的實存狀態（Seinsgeltung），我們自己與我們自己的生活仍然不會被波動。外界實在是存有論的問題，我們的生活則是倫理問題、社會問題。我們即使不關心世界存在還是非存在，也不探究自己對它的存在和非存在的看法，我們自己的實存狀態是可以不受影響的。決定自己的實存狀態的，不是存有論的東西，而是自己的道德與良知，這是心靈的事、意志的事，不是意識的事。

　　不過，胡塞爾也並不以為懸置在我們日常生活中完全不起作用。他認為它能提升我們的知解層面，使我們對自我或我思的體會，達到睿智的或本體的境界，不會永遠停留在經驗的感知狀態。即是說，在我們日常生活的「自然的反省」（natürliche Reflexion）中，我們可以本著世界是存在著的立場來進行，如同說「我看見一座房子在這裏」，或「我記得聽過這段旋律」。但若我們具有超越的現象學的反省，則可以透過懸置，而越過

---

[27] *Meditationen*, S. 60.

經驗性格的自我，而達於超越地還原的自我或我思，對自己有較深一層的體會與認識。[28]這類問題比較深微與抽象，正是下一節要討論的。

五、現象學的剩餘物

透過現象學還原或懸置的作用，我們排除了那種視外界為實在或以世界為存在著的自然態度，剩下的還有甚麼呢？在胡塞爾看來，剩下的便是那絕對的、超越的純粹意識，它作為一個剩餘物（Residuum）留存下來。那是具足明證性的、沒有懷疑餘地的超越的主體。這是胡塞爾現象學的核心概念，一切存有論、價值論、知識論，以至一般的人生哲學，都由這個核心概念開展出來。到了這裏，胡塞爾現象學的整個圖像便顯得清楚了，它作為一種觀念論，便確然地建立起來。

在這裏，胡塞爾很強調意識固有的存在與本質。這是絕對無可疑的，它不會受到現象學排除的影響，它自身可構成一種本質上獨特的存在區域（Seinsregion）。對於這個區域，或以這個區域為基礎，我們可以成立一門新型的科學：現象學（Phänomenologie）。這無疑是將意識上提至與睿智領域、本體領域密切相連的存有論層次。它當然是一種絕對意識，而不是經驗意識。胡塞爾本人也強調，對於這種存在區域的理解，需要通過洞見（Einsicht）。他並表示，現象學懸置正是由於這種洞見才配有這個名稱，而這種懸置的充分自覺地實行使純粹意識與整個現象學區域可被理解。這樣，我們也可以對意識的整個圖像或歷程作一種分析性的描述：在現象學懸置之前，意識表現為經驗意識；在現象學懸置之後，意識表現為超越意識、絕對意識或純粹意識。若與唯識學比對著來說，現象學懸置即是轉依（āśraya-parāvṛtti）或轉識成智。懸置前的意識，是有執的識心；懸置後的意識，則是無執的智心。

有一點要注意的是，在現象學懸置之前，我們以自然的理論態度

---

[28] Ibid., S. 72.

（natürlich theoretische Einstellung）來看世界，而設定外界是實在的。而這「外界」是以相對意義說的。然後我們進行懸置，以一種新的態度排除了整個自然世界，包括心理的、物理的世界。所留下來的，是以絕對意識為基礎的整個領域。這絕對意識的「絕對性」，並不是與懸置前的相對的外界「相對」起來而成為絕對的，它本身便是絕對，這「絕對性」是直接來自絕對意識的。自此以往，由絕對意識的構成性（Konstitution）或構架作用（Konstruktion）而開出的存在世界，當然仍是相對性格的，但絕對意識的「絕對性」，亦不與它所開出的相對的存在世界的「相對性」相對起來，而成為絕對。故它的絕對，應該是真正的絕對，是「無對」的。胡塞爾的超越主體性應該是在這種義理基礎上確立起來的。我們對作為現象學的剩餘物的絕對意識，亦應該這樣來理解。跟著我們便在這樣的理解脈絡下探討超越主體性的問題。

六、超越主體性

現象學還原或懸置最後歸於絕對意識的呈顯，最後必逼出存有論義的超越主體性（transzendentale Subjektivität），或更恰當地說，活動義的超越主體性。使人提升至這種超越主體性的層面，正是胡塞爾現象學的目標。關於這種主體性的性格與獲致，胡塞爾說：

> 這個問題（按即超越主體性）並不意味著一種辯解式的營構（fabrications）的產物。超越主體性，連同它的超越的生活經驗、機能和成就，是直接經驗的絕對自動的領域。……超越的經驗，在一種理論的和首先是描述的範限中，只有通過徹底轉化那種自然的、世俗的經驗所採取的態度才能成為可能的。這種態度的轉化，作為引向超越現象學領域的方法，稱為「現象學還原」。[29]

---

[29] *Ideen I* 的〈後記〉；E. Husserl, *Ideas Pertaining to a Pure Phenomenology and to a*

這是說，超越的經驗或超越主體性是要通過在主客對立關係中進行的對外物的自然的執著和在時空中表現出來的對世界的經驗的徹底轉化，才能獲致。這便是現象學還原。現象學還原的結果，是從自然的、經驗的範域不斷引退，從沒有明證性的領域引退到具有明證性的領域，最後退無可退，終於逼顯出這超越主體性。這引退、逼顯，其積極的說法便是獲得、證得、體得那超越主體性。最要緊的一點是，這超越主體性不是一靜態的存在（Sein），而是一充滿動感的活動（Akt, Aktivität），它代表那直接經驗的絕對自動的領域（absolutely autonomous domain of direct experience）。這直接經驗，是拋離一切二元對立性的一種現前的、直下呈顯的活動，有類西田幾多郎的純粹經驗。而所謂現象學還原，亦可類比到西田的由感性經驗不斷被剝落經驗內容，最後回歸至前主客對立的絕對的純粹經驗。

　　這種超越主體性觀念，在當代歐洲哲學來說，是一個新的提法，一種新的發展，因此也引來不少批評。胡塞爾本人也意識到這點，他覺察到他的現象學體系與同期其他體系有鮮明相異之處，但他自己充滿信心，對異論者的批評，不予理會，甚至加以拒斥。特別是對於他的唯智主義（intellectualism）的批評，他們認為現象學的方法程序有偏差，且流於抽象，在一般原則上未有指涉到具體的、實踐的、動感的層域，它的主體缺乏原初性，疏離存在的問題，但也不能深入到形而上學方面的探討。胡塞爾的回應是，這些批評不了解他的現象學還原的新的哲學導向，是要突破經驗的、自然的所謂「世俗性主體」（mundane subjectivity），上提到「超越性主體」（transcendental subjectivity）方面去。後者是普遍性格的、超越性格的。平心而論，胡塞爾現象學的概念性與理論性都很強，抽象討論的傾向是難免的。他的現象學還原或懸置，應很有實踐意味，可視

Phenomenological Philosophy. Second Book: *Studies in the Phenomenology of Constitution.* Tr. Richard Rojcewicz and André Schuwer, Dordrecht, Boston, London: Kluwer Academic Publishers, 1989, p.408.

為相應於唯識學的轉識成智或轉依的實踐。但唯識學提出具體的實踐修行程序，所謂「五位修行，入住唯識」：資糧位、加行位、通達位、修習位、究竟位。每個階位要做甚麼，都說得清清楚楚。胡塞爾在這方面的實踐性是很弱的，他甚至連康德也不如。康德提出純粹理性（reine Vernunft）之外，又提出實踐理性（praktische Vernunft），強調道德意志在現實生活中實現的重要性。*30*

胡塞爾特別指出，通過懸置作用而實施的現象學還原，中止一切有關世界存在的判斷，而轉向超越主體性，是一個追隨著笛卡兒而來的巨大的轉向（große Umwendung）。轉向自我的我思活動（ego cogito），那是判斷的最後的和確切地貞定的基礎。在這個基礎上，我們可以建立任何徹底的哲學。*31*這種做法，也是挺自然的。我們既然不能確定外界的實在性，則只能轉向內界，一直逼向過來，而止於超越主體性，以之作為哲學的確然的明證性的起點，由這裏起步來重建哲學體系。若以超越主體性來說意識，則胡塞爾認為，外在的自然世界的存在性不可能作為意識界的存在性的條件，因為自然世界本身最終只能是意識的相關東西（Bewußtseinkorrelat），它只是作為在規律性的意識聯結體中所構成的東西而存在。在唯識學來說，情形也很相似。外界的存在性、實在性是不能獨立地確定下來的，它只能依識而存在，因它只是識的變現物。故它也只能作為識所關連著的東西而存在。

上面剛提到的自我的我思活動。這自我是超越主體性所轉向而來的，或竟是超越主體性自身。它是一個純粹的自我（reines Ich），沒有任何經

---

30 只就胡塞爾的三本《觀念》（*Ideen*）書來看，這種情況便很明顯。有人以為他在後期著作《歐洲科學危機和超越現象學》（*Die Krisis der Europäischen Wissenschaften und die Transzendentale Phänomenologie*）中特別提出「生活世界」（Lebenswelt）一概念，以談實際的生命與生活問題，是要補他的現象學的實踐意義的不足的。有人更以為他這樣做，是受了他的學生海德格的《存有與時間》（*Sein und Zeit*）論現實存在的影響而致的。

31 *Meditationen,* S. 58.

驗內容。它只有一些確然的原則為內涵，這些原則是本質義，具有普遍性
和必然性，對一切人都有效，必然地、普遍地內在於所有的人中。胡塞爾
認為，這些原則有媒介作用，使特定的事情和它的理性依據聯繫起來。胡
的意思顯然是，這些原則所在的純粹自我，實是我們日常的實然生活、很
多特定的事情與行為的理性依據。這種自我實表示出胡塞爾的最高主體的
觀點。這樣的主體，在唯識學是沒有的，起碼在心識那一層面是沒有的，
不管它是意識、末那識抑是阿賴耶識。這樣的主體只能在轉依後所獲致的
智（jñāna）中說。

七、本質直覺

　　我們現在討論現象學方法中的一個核心方法，也是挺難明瞭的方法，
這便是本質直覺。這當然也牽涉到這種直覺的對象，亦即是物自身，或事
物自己。這個概念，在意義上與所指方面，也有不少不夠清晰的地方。

　　在第二節中，我們提到本質還原或本質直覺。這是認識事物的本質的
機能，與感性直覺（sinnliche Anschauung）應為不同，這點是沒有問題
的。但胡塞爾說本質直覺，意思並不是那樣清晰，不能馬上確定它是哪一
種的直覺。我們初步的理解是，這本質直覺應該是近於康德所說的睿智的
直覺（intellektuelle Anschauung）。但它又與後者不是完全相同，甚至有
很不協調的地方，這便使問題變得非常複雜。而這種直覺又是胡塞爾的現
象學方法中非常重要的一項，故非得要認真地、仔細地研究不可。

　　首先在稱呼方面，本質直覺通常是對應於 Wesensanschauung 而言。
不過，胡塞爾曾用過多種字眼來指謂這種直覺。他有時說
Wesensintuition，有時說 reine Intuition（純粹直覺），有時又說 lebendige
Anschauung（活現直覺）。

　　大體來說，胡塞爾的本質直覺與康德說的睿智的直覺在意義上是相近
的。在這裏，我們不妨先對康德義的睿智的直覺的涵義總結一下，把它歸
為下面幾點：

1. 睿智的直覺是超越的認知機能，沒有經驗內容，也不認知經驗現象或對象，而是認知事物的在其自己，或物自身，也即是一般說的本質。
2. 它的認知作用不受時間、空間、有無、動靜、因果律等概念或範疇的限制。這種認知也不是在主客對立的關係網絡中進行，故不受關係網絡的限制，因而能在一時一處認識多種事物的本質。
3. 它不是純直覺，也不是純智思。在它裏面，直覺與智思合而為一。
4. 它不如感性直覺那樣只接受對象的存在性，而是能賦予事物以存在性。它與事物的關係不是橫列的、平行的關係，而是直貫的、隸屬的關係。事物是隸屬於它的。在這一點上，睿智的直覺具有創造的性能。
5. 只有上帝具有睿智的直覺，人不可能有之。

胡塞爾的本質直覺有很多點是與康德的睿智的直覺有出入的，相通之處固然也很明顯。首先，睿智的直覺認識的對象是物自身。胡塞爾的事物本身應是通於物自身的。他說事物是自身的和極度超離的（selbst und schlechthin transzendent）。[32]這「超離的」（transzendent）自是對現象而言。他也提到在直接直覺中，我們直覺到一個「物自己」（Selbst），而在這種直覺的攝握（Auffassungen）中，再沒有更高層次的攝握了，因此我們並未意識到被直覺的東西可能起到它的「記憶」（Zeichen）或「形象」（Bild）的作用。而且正是由於這樣，它被視為作為「它自身」（selbst）而被直接直覺的。[33]這種說法，似乎透露出在那種直接的直覺中，直覺的層次是最高的，它所直覺的東西不能是記憶或形象，後二者是現象性的。故所直覺到的，應是物自身的層次，它不能以現象的身分被加上記號或作為形象而表現。而其中所涉的直覺形式，亦應是本質直覺，不是感性直覺。若能這樣理解，則睿智的直覺與物自身的關係在胡塞爾的現

---

[32] *Ideen I*, S. 87.

[33] Ibid., S. 90.

象學中似具足建立起來的基礎。

　　實際上，胡塞爾也提過不滿康德以睿智的直覺只歸於上帝而以為人不
能擁有的說法。他說：

> 　　有一種基本的看法以為，知覺未能達致物自身（Ding selbst）。物
> 自身未有在其本身中和在其自在中被給予我們。……上帝，作為具
> 有完全的知識因而也有一切可能的充足的知覺的主體，自然具有對
> 那物自身（Dinge an sich selbst）的知覺，這是我們這些有限存在
> 者所沒有的。但這種看法是歪謬的。[34]

　　這裏胡塞爾不用直覺的字眼，卻用「知覺」（Wahrnehmung），分別並不
大。他顯然是反對康德的說法，只是心存忠厚，不指名道姓而已。

　　康德的睿智的直覺有一個重要的內涵，那是與一般的感性直覺不同
的。即是，感性直覺不能給予對象以存在性，故它不是原創的
（ursprünglich），[35]而睿智的直覺則能給予對象以存在性，它能創造對象
的存在性。[36]在這一點上，胡塞爾繼承過來，認為本質直覺擁有自身的經
驗，擁有被自己所看見的事情。[37]這雖未明說對象的存在性與本質直覺的
隸屬關係，但當有本質直覺具有對象的存在性的意味。

　　較重要的一點是，一般的看法，是以直覺是一種現前的接觸，不涉及
思想，也不會產生概念，因而與意識是分開的，思想與概念都是意識的產
物。胡塞爾則提出一種頗新的說法，認為本質直覺是對某一事物、某一對
象的意識，而這本質直覺的所與物又是一種純粹本質（reine Wesen）。[38]

---

[34]　Ibid., S. 89.

[35]　I. Kant, *Kritik der reinen Vernunft,* Frankfurt am Main: Suhrkamp, 1977, S. 95.

[36]　Ibid., S. 93.

[37]　胡塞爾著，鄧曉芒、張廷國譯：《經驗與判斷》（北京：生活・讀書・新知三聯書
　　　店，1999），頁 403。

[38]　*Ideen I,* S. 14.

他在《現象學的觀念》（*Idee*）中，在感性之上提出另外一些直覺，認為它們能邏輯地運作、比較、分別，也能在概念下作推理活動。[39]按邏輯運作、比較、分別和推理等都應是知性或意識方面的活動，卻能在這些直覺中進行，可見這些直覺不能是感性的，而應該是意識的，或睿智的。這些直覺很可能是以本質直覺為主，而上面又提到本質直覺的所與物是純粹本質。如上所說，本質主要是準則義，是抽象的法理，「純粹」（rein）正表示它是沒有具體的經驗內容的。這樣看來，胡塞爾似以為本質直覺具有意識的作用，能思考和建立概念。

　　現在我們要就本質直覺這一認識能力作更深入的探究。這牽涉到普遍性問題。胡塞爾說普遍性有兩種：經驗的普遍性與純粹的普遍性。經驗的普遍性表示於經驗性概念中，例如房屋、動物。純粹的普遍性則表示於純粹概念中，那是指一些必然的結構、規律和共相（Eidos）。這種普遍性由本質直覺所把握，那是經現象學還原將所有現實存在於放入括號中存而不論而在自由想像中直覺到的。對於純粹概念如結構、規律和共相，胡塞爾說：

> 這些純粹概念的構成不依賴於事實上被給予的開端項的偶然性及這個開端項的經驗視域，這些概念並非彷彿只在事後才囊括進一個開放的範圍，而恰好是在事先：即先天地。這種事前的囊括意味著，這些概念必定能夠預先對所有的經驗性個別事物制定規則。[40]

純粹概念的這種先天地便能制定規則以規限經驗性事物，很像康德知識論中論範疇（Kategorie）超越地便能範疇那些雜多，對它們具有超越的有效性，使它們成為對象而為知性所把握。胡塞爾這樣說純粹概念，很可能是受到康德的範疇理論的影響。事實上，康德有時便稱這些範疇為概念，或

---

39 *Idee*, S. 8.

40 胡塞爾著：《經驗與判斷》，頁394。

純粹概念，因為它們只表示現象的超越普遍性相，不具有任何經驗內容。

　　我們對於這種把握結構、規律和共相一類純粹普遍性的本質直覺應特別加以注意。胡塞爾似有在感性直覺和睿智的直覺之外另立一種所謂本質直覺的意向，後者基本上是邏輯性格、形式性格的，在其中，只有抽象的東西被給予、被把握，如概念、規則一類。感性直覺由於是經驗的，只能及於事物的現象層面，與本質無關，我們暫不理它。我們在這裏特別要注意的是康德義的睿智的直覺和胡塞爾特別提出的本質直覺，後者與準則有密切的關連，它是把握作為準則的本質的。當胡塞爾說到一種直覺，在其中，對象在充分直覺中被視為原初性自身的東西（originäres Selbst），這原初性使它成為洞見的（einsichtig），更進一步說，對象的原初意義是完整的和充實的，因而使這種直覺成為絕對洞見的（absolut einsichtig）。這種直覺很可能是睿智的直覺。但胡塞爾又提到另外一種直覺，它是超離的，它的對象不是充分地被提供出來，被展示出來，這是由於它的超離性格所致。但關於對象的「認識的本質」（erkenntnismäßiges Wesen）方面，和具有無限義的「先天的規則」（apriorische Regel），則能被給予，被提供。這樣的直覺，則很可能是他的所謂本質直覺。*41*

　　由上面的討論，我們似可看到，胡塞爾心目中的高一層次（高於感性）的直覺，便是本質直覺，它是邏輯性、形式性，以準則、規律為對象；它也具有意識的作用，如推理、分別、比較之類。這種直覺有直覺的特性，也有智思的作用，可視為一種理智的直覺。*42*

　　以佛學特別是唯識學的角度來看，特別是就唯識學發展至後期而出現的知識論或量論的理論來看，睿智的直覺可以說是相當於轉識成智後獲致

---

41 *Ideen I,* S. 332.

42 這種具有意識思想作用的直覺，令人想到笛卡兒的「我思」觀念。兩者都是關連著思想、推理作用的。但正如康德所指出，笛卡兒的我思就對我來說，只有對我的思想、智思，卻沒有對我的直覺，故他認為從我思開始，只能一直說「我思」，我思……，不能說我在，我在是預設對自我的直覺的，故我們不能像笛卡兒那樣說我思故我在。關於這點，參閱 I. Kant, *Kritik der reinen Vernunft*, S. 152。

的智（jñāna），特別是大圓鏡智（ādarśa-jñāna）。它對於現象是「不忘
不愚」的。「不忘」是恆常地現起種種現象，「不愚」是對現象不會有迷
闇，前者略有給予諸法存在性的意味。[43]而本質直覺則較似平等性智
（samatā-jñāna），這是觀取現象的普遍的空性、無自性性。空性作為一
種普遍性，亦略有準則的意味。至於所謂理智的直覺，理智相當於比量
（anumāna），具有意識的比較、分析、推理的機能。而直覺則相當於現
量（pratyakṣa），後者指對事物的現前的接觸。我們也可以說，理智或比
量能攝取事物的共相，或共同具有的性格。直覺或現量則捕取事物的殊
相，這是各個事物所自有的相狀，不與其他事物分享的。理智與直覺合起
來，而成理智的直覺，則可以說相當於唯識學在後期發展出來的意識現
量。理智與直覺或比量與現量如何能綜合起來，發揮認識作用，而又不相
衝突、矛盾，是一個非常深微的問題，需要留待以後有機會作專題的討
論。

　　剛才說到睿智的直覺與洞見（Einsicht）的關連。本質直覺有沒有洞
見可言呢？胡塞爾認為是有的，他認為從本質直覺中可汲取洞見，而表現
洞見。他說：

> 從本質直覺中汲取洞見的過程是現象學的，它要求具有哲學的涵義
> 這種（說法），只能透過這樣的背景來證實為合理：每一個真正的
> 直覺在構造的聯結中都具有它的位置。[44]

這裏隱涵兩個意思：(1)現象學性格是建基於從本質直覺中汲取洞見。這
本質直覺應是關乎準則方面的直覺。(2)現象學性格是合理的，每一本質
直覺在整個聯結歷程中都對應於準則，具有自身的意義與位置。因而現象
學的導向（orientation）是價值義、理想義。以佛學語言來說，這是勝義

---

[43]　參看拙著《佛教的概念與方法》（臺北：臺灣商務印書館，1988），頁 116-117。
[44]　*Meditationen*, S. 165.

諦的層次。

由上面第一點看，本質洞見應是現象學方法中的一個環節。下面我們即討論本質洞見。

八、本質洞見

胡塞爾論本質洞見的地方不多，但其意思還是很清楚的，它是表現於本質直覺中。洞見的德文字 Einsicht，相當於英語的 insight，是層次很高的字眼，表示智慧、睿智的意味，是超越於一般的知解、見識之上的。本質洞見是洞見本質的，不是一般對現象的理解。不過，胡塞爾說本質，如上面所論，是關連著現象來說；而他說現象，亦不是有被執取意味的那種一般的現象。本質也好，現象也好，在胡塞爾的系統中，都不是純世俗諦的層次，而是有勝義諦義的。尤其要注意的是，胡塞爾說本質（Wesen, Eidos），是偏於抽象的準則方面，是理法、原則、規範的意味，它作為形而上的實在，又帶有邏輯的思考規律義。關於本質洞見，胡塞爾先從經驗論證開始展開他的闡釋。他說：

> 經驗論據要我們從在理論上有嚴格確定性的個別事例開始，以進於依嚴格的、由原則性洞見闡釋的方法所得到的普遍性論題。[45]

這裏胡塞爾提到「原則性洞見」（prinzipielle Einsicht）一概念。原則是準則方面的，這正是本質的主要涵義。故原則性洞見即是本質洞見。不過，胡塞爾是不相信經驗論據（wissenschaftliche Begründung）的，它明顯地有不足的地方，而經驗論者也不會真正信賴本質洞見。胡塞爾說：

> 直接經驗只給出單個的單一東西，而不給出普遍的東西，因此它是

---

[45] *Ideen I*, S. 44.

不足夠的。他（經驗主義者）不能訴諸本質洞見，因為他否定它。[46]

　　胡塞爾認為對於普遍的準則，我們不能透過直接經驗（direkte Erfahrung）得到，只能透過本質洞見，才能接觸到。故在認知方面，本質洞見是較經驗方式高一層次的。

　　關於本質，胡塞爾又強調現象學所論述的，是有關本質必然性的問題，這本質必然性（Wesensnotwendigkeit）必定是包含於所謂「物意向對象」（Dingnoema）和相關地包含在被給予物的意識之中。我們要以徹底的洞見的（durchaus einsichtig）方式去把握和系統地去研究它。[47]這個意思並不難明白。現象學所論述的不是一般的經驗現象，而是有本質貫徹於其中的事物，而本質是以軌則、準則說的，它有一定的規範，故必然性是難免的；而這必然性也是貫通於現象學的認識活動的主客雙方的，這即是所意（Noema）與能意（Noesis），亦即是物意向對象與意識本身。這些作為本質的具有軌則、準則義的必然性，只能透過洞見的方式去把得，這洞見必是本質洞見。我們也可以進一步說，物意向對象與意識的關聯活動，用唯識學的語言來說，是在勝義諦層面進行的，不是在世俗諦層面進行的。

　　這種本質洞見的對象既主要是必然的準則、軌則，由於準則、軌則是內在地決定事物的，故這種對象是「內在的存在」（immanentes Sein）；又由於後者在原則上不依於任何物的存在，故是絕對性格的。按這裏所說的內在的存在的內在性（Immanenz）是指經由直覺才能達致、達到的絕對所與性，故它應是屬於物自身的層次，是獨立於一般所說的現象之外的。

　　胡塞爾又以「反思現象」（Phänomene der Reflexion）來說本質洞

---

46 Idem.
47 *Ideen I*, S. 384.

見，[48]將後者從一般的認識活動區別開來。這種現象是純粹的和明晰的，沒有經驗內容，因為它所反思的是準則、軌則，與經驗對象無關。胡塞爾更就這種反思的對象，是給予出來的意識（gebendes Bewuβtsein）和它的主體（Subjekt），表示這種反思能思想知覺（Wahrnehmen）、回憶（Erinnern）、陳述（Aussagen），等等。最後，他說上帝也只能藉著這種反思去認識祂的意識和意識內容。要注意的是，具有這些意義或作用的反思，與一般的反思活動不同。後者是純粹的智思、思考，沒有直覺。胡塞爾這裏所說的反思，是直覺與思想綜合在一起的活動，是勝義諦層次的，有很濃厚的現象學意味。

附記：

　　這篇文字抽自拙著《胡塞爾現象學解析》（臺北：臺灣商務印書館，2003）第二章〈現象學方法〉，在文字上略有刪改。這本書出版以來，外邊評論參差，但銷路好像不錯。大陸的倪梁康先生對它有極為負面的評價，認為我誤析了胡塞爾，並以此「自娛自樂」。（倪文見《讀書》，2007 年 1 月，又見倪梁康著《理念人：激情與焦慮》，北京：北京大學出版社，2007 年 1 月）「自娛自樂」與研討無關，請收回吧。我再次把拙書看過，又看了手頭有的洪漢鼎的《現象學十四講》和日本學者木田元、立松弘孝、新田義弘等的有關文字，還是維持原來的看法，包括物自身的問題。物自身（Ding an sich）概念有出現在胡氏的著作中，他又不點名批評康德以人不能見物自身是歪謬。自康德以後，物自身一語詞，漸由存有論性格轉到價值論性格。倘若物自身要被懸擱，如倪先生所言，則胡氏的經驗意識處理經驗事物，絕對意識又處理甚麼呢？倘若「現象」一概念在現象學中只是如一般人所理解的經驗的意義，則胡氏何必要費那麼大的力氣去建構一套超越的現象學呢？我的意思是，現象學中的「現象」應是一具有終極義的觀念，有理想的、價值的意涵，則不能免於與本質、

---

48 Ibid, S. 175.

物自身所牽涉的超越的層次掛鈎，因此，說胡氏的現象學的「現象」有物自身義，或牽涉及物自身或本質的層次，有佛教所說的勝義諦（paramārtha-satya）的意涵，有甚麼問題呢？再有，現象是對意識顯現的，它顯現於經驗意識之前，是一般的現象，但顯現於絕對意識之前，便不是一般的現象，而應是本質或物自身了。倪先生是現象學研究專家，他談論現象學的問題，自然有其分量，我一向都很尊敬。但異學異見，文本都擺在那裏，你看我也看，你以為是這樣，我認為是那樣，這種多元性的解讀，也是很平常。倪先生當然很熟悉現象學，他的話有高度的精準性，但也有可能太過於專注，只見樹木，不見樹林。我只是從寬廣的比較角度、對話角度來看，存異求同而已。倪先生有時也不免在理解與翻譯方面有未盡善之處，而招來王路的質疑。（見王路〈讀不懂的「存在」起源：與中譯本《邏輯研究》商榷〉，《中國現象學與哲學評論特輯：胡塞爾與意識現象學》，上海：上海譯文出版社，2009，頁 303-325）張祥龍有時也不完全贊同他的翻譯。倪先生自己不也說過：「人類的心識是唯識學和現象學的共同出發點，而它們的目的地，也都在各自的意義上與『轉識成智』的意圖相關聯」麼？（倪梁康著〈唯識學中「自證分」的基本意涵〉，劉國英、張燦輝主編《現象學與佛家哲學》，臺北：漫遊者文化事業股份有限公司，2007，頁 89）實際上，有關唯識學的自證分概念，日本方面已有很多很多的研究。倪先生在其文章中所提及的一些觀點，彼方（宇井伯壽、勝又俊教、上田義文、勝呂信靜、橫山紘一、富貴原章信）已有述及了。可惜的是，倪文完全沒有交代。如果倪先生事前有涉獵過，便可省去很多工夫。

至於耿寧先生的問題，那是二十一年前（1993）在北京西山舉行的國際學術會議發生的事。會上有一組是由一個美國的女性學者，好像叫林淇，講梁漱溟和耿寧先生講唯識學的，約有三十個聽眾，包括我在內。耿寧先生的報告和我的提問與雙方的言談，的確如我在拙著《胡塞爾現象學解析》所言。當時有幾十雙耳朵在聽著，我如何能作假，誣捏耿寧先生的說法呢？我問耿寧先生唯識學的自證分是否前後同一，他點頭說是，現象

學的意識與唯識學的自證分都是前後同一的。我幾乎不相信自己的耳朵，便離開坐位，走到耿寧身旁，用粉筆列表顯示自證分有自身的種子，種子是剎那滅、恆隨轉的，不可能是前後同一。自證分是種子的現行，自然也不可能是前後同一。耿寧先生沉默了一陣，我便返回坐位，耿寧便談其他的問題。在我和耿寧先生談話之間，會上沒有任何人發言，都在聽我們的對話。倪先生不在現場，但可以找在場的聽眾（如果能找到的話）問一下。我雖然對耿寧質疑，對他還是挺尊敬的。事後我們都不把這對話當作一回事。在惜別的晚宴上，我特別走到耿寧旁邊，問他會後會到甚麼地方，他說會入住一間平民的旅店，親身體會一下北京市的人的生活與嗜好，云云。倪先生自己也說：「在現象學與中國哲學的關係問題上，我相信，耿寧先生的研究方式將是中國大陸和臺灣方興未艾的現象學研究的未來主要方向之一。雖然胡塞爾本人一再強調理論現象學的第一哲學性質，雖然他本人從根本上是一個非實踐的哲學家，我們對他哲學的研究卻必定會帶來『實踐』或『實用』的目的，否則我們對他的『興趣』便無從談起。」（倪著《現象學及其效應：胡塞爾與當代德國哲學》，北京：生活・讀書・新知三聯書店，1994，頁 372）這番話我是絕對贊同的。耿寧先生要住平民旅店，體會北京的人民的生活狀況便具有實踐的意味。他後來對王陽明的研究，相信亦是出於實踐的旨趣。

以上是回應了倪梁康先生的批評。以下要討論一下劉宇光君對我在唯識學與現象學上的觀點的質疑。他在其〈佛教唯識學「煩惱」（kleśa）的基本性質：心理學與倫理學概念之辨〉（收於劉國英、張燦輝編《求索之跡：香港中文大學哲學系六十周年系慶論文集・校友卷》，香港：香港中文大學出版社，2009），質疑我以煩惱心所只是心理狀態，是經驗心理學的主題的不當。按這個問題很簡單，不知劉君何故說得那麼複雜、嚴重。在唯識學，煩惱心所有其種子，而種子是剎那滅、恆隨轉的，它的現起便是煩惱心所，而煩惱心所是生滅法，以經驗性格的心理狀態說之，有何不妥？

另外，劉君在該文附註 84 引倪梁康先生說我誤讀胡塞爾，只是處理

我對胡塞爾現象學的誤讀，還未觸及我據誤讀的現象學反觀佛教時是否也有對唯識宗進行的反向誤讀。這倒是很有趣的質疑。不過，我想劉君不必那麼快便一面倒向倪梁康，隨著後者的腳跟起舞。他應先讀一下胡塞爾的重要著作，對胡氏的現象學有些理解，再看我是否犯了倪先生所謂的「誤讀」問題。倪先生說我誤讀胡塞爾是自娛自樂，這是假的，我讀得很辛苦。

大約在 1995 年，我還在香港浸會大學宗哲系任教。一日劉君來訪，說要入讀浸大博士班，我問他要寫哪方面的博士論文，他說藏傳佛學，我問他懂不懂藏文，他說不懂，我說這樣不行，應該先讀好藏文。他好像有點失望便離去。後來聽說他入讀香港科技大學人文學部博士班，研究《成唯識論》，我有點奇怪的感覺，在那個時期，科大好像沒有研究佛學的教授，更不要說唯識學了。我估量劉君一定讀很艱苦，並佩服他的勇氣。

幾年之後，一日劉君的指導教授黃敏浩先生打電話給我，說劉氏的唯識學的博士論文已經寫好，要進行口試，邀我擔任校外口試委員。我請他把劉君的論文寄來，再作決定。論文寄來了，我看了一遍，覺得劉君用力甚勤，參考了很多著作，概念性、理論性都很強，只是在文獻學上嫌弱，需要花些時間修補。為了不影響劉君的畢業謀職的時間，我婉拒了黃先生的邀約，請他另覓高明，讓論文不需修補便可通過。這個建議是為劉君設想的。劉君可能是因為這點，心裏有氣，因而俟機找我麻煩，在我背後放冷箭。其實這大可不必，我仍然覺得劉君的論文是寫得很好的，我只是依日本、歐、美的學術研究的標準，在文獻學上有點執著而已。

最後一點是有關文獻學的問題。劉宇光在杭州佛學院編的《唯識研究》第一輯（上海：上海古籍出版社，2012）中發表了一篇題為〈東亞唯識宗所知障（jñeyāvaraṇā）體性染、非染孰是：無明（avidyā）或不染無知（akliṣṭa-ajñāna）？〉的論文，在第 62 頁引了安慧（Sthiramati）的《唯識三十頌釋》（*Triṃśikāvijñapti-bhāṣya*）的一段文字：

jñeyāvaraṇamapi……, tasmin……

劉君註明這段梵文引文出自 K. N. Chatterjee, *Vasubandhu's Vijñapti-mātratā-siddhi with Sthiramati's Commentary*（Bhadaini, Varanasi: Kishor Vidya Niketan, 1980）。另外他又參考霍韜晦譯《安慧〈三十唯識釋〉原典譯注》（香港：香港中文大學，1980）的梵文轉寫（transliteration），並標明該段引文可在 Chatterjee 書中第 31-32 頁找到。我手頭有這本書，查 31-32 頁（那是以梵文的數目字式來標示），根本沒有該段引文。我再溯前翻看，發覺該段引文是在第 27 頁第 8 至 9 行。這恐是劉君的疏忽所致。按安慧《釋》是以梵文天城體（Devanāgarī）印出來，要將之轉成羅馬字體，直接將天城體轉寫出來便可以了，何必參考別人的東西呢？除非當事人連轉寫都做不到。這轉寫是學梵文第一天便要作的工夫。是不是劉君做不到呢？另外，劉君對霍韜晦先生的為人與學問都不以為然，何以又拿老霍的著作來參考呢？不怕會出錯嗎？實際上，布舍爾（Hartmut Büscher）曾對安慧《釋》的梵本整理過，並把原文與其藏譯對比印出來。以下我把此書的版本資料列出，或可供劉君參考：

Hartmut Büscher, *Sthiramati's Triṃśikāvijñaptibhāṣya: Critical Edition of the Sanskrit Text and its Tibetan Translation.* Wien: Verlag der Österreichischen Akademie der Wissenschaften, 2007.

第十五章　詮釋學

一、一般義的詮釋學

在我們的日常生活中，總會聽到一些人提出一些意見或觀點。這些意見或觀點，可以是很多元的，其中有科學、藝術、宗教、道德、經濟、政治、教育等等。我們如何理解這些意見或觀點呢？如何以一種理性的態度來理解呢？又我們總會通過語言、文字來理解別人的看法，這些語言、文字可以出現在多種傳播媒介中，如報紙、雜誌、小說、各方面的書籍、電影、電視、電台廣播，在公共場所的人的演說。我們在學校讀書，由幼稚園、小學、中學、大學、研究院等，都會時常聆聽老師或教授的不同說法。我們應該如何理解呢，如何解讀、解釋呢？這都是詮釋學方面的問題。

詮釋學是有關對文本（text）的詮釋的學問，它最初沿著兩個方向發展開來，那是神學詮釋方向與語文學詮釋方向。前者指對《聖經》（*Holy Bible*）的正確的解讀技術，後者則成了神學中的一個重要學科。根據詮釋學一代宗師葛達瑪（H.-G. Gadamer）的鉅著《真理與方法》（*Wahrheit und Methode*）的看法，兩者最初是並行發展的，後來受到特殊的注意，導致舒萊爾馬赫（F. E. D. Schleirmacher）的普泛詮釋學的出現，所謂「傳統詮釋學」，這將在下面解說。

要注意的是，詮釋學有技術性的一面，但不光是這一面，它也有其藝術性的指向。葛達瑪認為，詮釋學是一種藝術的表現，不是技術性的、機械化的（mechanical），而是以完成一部藝術作品為目標的。因此，詮釋

學不止是客觀地對文本作中性的解釋，而是要表現創意。藝術品要有創意，詮釋學也是一樣，在意念上，兩者是一脈相承的。說詮釋學是一件藝術品，要有美感，並不為過。

　　說到這裏，我想起了在北美洲的大學中的博士論文的撰寫。首先，當事人要提出一份博士論文的綱要（proposal），把要寫的論文的題目、緣起、大綱、方法、所能引致的成果、這成果對學術界的貢獻，等等，以流暢的、簡潔的文字寫出來，用字要典雅，不落俗套，讓一般人都看得懂。博士論文是給專家看的，這論文綱要則是給一般讀者看的，因此，達意是很重要的。它要像一幀藝術品般完美，才能被通過。通過後，當事人便可以動筆寫論文了。當然這綱要需附上一份參考資料，上面所錄出的資料，都要是與論文的內容有直接的關係。

　　初步言，我們可以視詮釋學為對於文本的意義（Bedeutung, Sinn）的解釋（erklären, auslegen）與理解（verstehen）的哲學（Philosophie）。「解釋」的層次較低，它基本上是涉及事實性的，是傳達的性格、經驗的性格。理解涉入精神的、生命的層面。法國哲學家利科（P. Ricoeur）便視詮釋學為有關與文本的解釋相連繫的理解程序的哲學，此中有一定的知識論的成分。利科是同時以解釋與理解來說詮釋學，而以後者為本。解釋是廣度性格的，理解則是深度性格的。狄爾泰（W. Dilthey）也說過，自然需要解釋，人則需要理解。自然是經驗性格的，人有經驗性格，這同於自然；但人還有精神性格，這則不是自然所有的。按這自然是科學所對的自然，不是道家特別是莊子所說的自然。後者以人與自然相通，顯然地不是以自然是純然的經驗的對象。狄氏自然是以精神性格為重點來說人，他是詮釋學方面的重要人物，強調與精神有密切關連的理解一面。在這裏，我們說詮釋學，也是重視它的理解功能的一面，我們甚至可以說，詮釋學是有關理解（真理）的大學問。

　　說得哲學性一點，詮釋學最主要的職責，是試圖把握、探索文獻所包含、所敞開、所指向的世界。由文獻所言說的（what it mentions）帶入文獻所展示的（what it reveals）。例如禪門的「屋裏主人公」所言說的，所

展示的是那個主宰我們的身體、行為而隱藏在其背後的真我（true self）或主體性（subjectivity）。我們也可以說，在詮釋活動中，兩個生命的體驗者～文本作者和詮釋者～相遇合（encounter）、相對話（dialogue）。這種看法，把原來是呆板的、機械性的（mechanical）詮釋活動活轉過來，而成為具有生機的、生命的思想活動。關於這點，具體地說是，每當人作為一個讀者、主體面對一份文本或作品而去解釋、理解它時，他所面對的，作為他的對象的，並不是一個死物，不是一個純粹是客觀的、外在的東西，而是一個活生生的談話對手。每份文本的背後，都有一種知識、訊號甚至生命體驗在裏頭，可以反映出作者要傳達的心靈世界的面貌。因此詮釋者與文體的相遇，並不是人自身與無感覺、無意識的東西的遇合（I-it dialogue），而是人自己的生命心靈與另一人的生命心靈之間的「視域的融合」（fusion of horizons），是兩鏡相照。

　　一般來說，詮釋活動的進行，有三個步驟。第一步是文字上的注釋與初步的在義理上的解釋。特別是前者，著眼於語法的闡釋，其核心在語文。解釋則是技術性格的、表面的。這是文獻學方法的運用，可以說是技術性詮釋（technical interpretation）。這種活動不是全盤進行的，而是局部地進行的。第二步是對文字的總體性的理解，其焦點在義理上、精神上的理解。這是具有反思性的理解。這是哲學分析，也稱為哲學性詮釋。第三步則是對文字作具有實踐意義的哲學性的理解（philosophical understanding）。這涉及人生的、宇宙的真理與目標的問題。重點在以文本為根基，在理解上有所突破，提出具有創新性的意念（creative idea），進行創造性的詮釋。這是一種詮釋哲學，即是，能在詮釋他人的作品上展示自身的哲學觀點；施設他人的說法，以開拓自己的哲學慧識。第一步是文字學上的工夫。第二步是義理上的發揮。第三步則富有理念與實踐的意涵。如鄧小平理解馬克斯主義，就中國的特殊的情境而靈活地解讀與運用，發展出社會主義的市場經濟，准許人民擁有私產。透過改革開放的方式、手段，以成就富強的理想。

　　現在有一個很重要的問題：詮釋能否完全是客觀的，完全沒有主觀的

成素呢？答案是否定的。詮釋不能百分之百客觀的，完全不含有主觀性。葛達瑪便認為，我們人在理解一件事物時，無可避免地會將自己的內心意念投射出去。他總會隨身帶著某些特殊的觀點、期待去了解這事物。具體地說，不同的人，如同不同的機器，對外界事物會有不同的回應。一件事物在觀者面前出現，可以具有眾多的不同意義，容許眾多不同的詮釋角度。而觀者的氣質、興趣，由過往不同經驗所構成的世界觀（Weltanschauung）和價值意識，以至自己的個人的主觀意圖，會在心中形成所謂「貫注選擇性向」（input selectivity），以這些氣質、興趣種種因素為標準，去過濾流進意識的雜多材料，讓它們對觀者展示出某些特別的意義和理解。

即是說，觀者自身有種種不同的興趣與關心的事，因此各有自身獨特的觸角，不與他人分享。各自留心所觀的事物中和他自己的利害關係最有切近感的面相，因而有不同的想法。例如遠行的人看見有一輛汽車，會留意它的大小、座位的構造、配置，想著這汽車會載他到遠方，不用走路。賽車手則會留意汽車的性能，它的身型是否尖扁以避大風，還有的是車速問題。汽車商人則會留意汽車的類型，是否過時或是流行的，再有的是它可以賣多少錢，對自己可以帶來多少利潤。偷車賊則會留意汽車內裏有無值錢的東西，車門的位置以便決定應從哪一扇門下手，當然最重要的是如何撬開車門，把汽車開走。

二、普泛詮釋學

如上面所說，詮釋學最初是針對《聖經》而作出來的。《聖經》只有一本，[1]但在不同的民族和文化背景下，對它可有不同的解讀方式。不管

1　《聖經》是基督教的經典，自是基督徒的詮釋對象。但其他信仰的人，則可對其宗教所尊奉的文獻來作詮釋，如佛教徒詮釋《阿含經》（Āgama），道教徒詮釋《太平經》。

怎樣，都涉及一個具體的問題：人們如何以自己的生活經驗和宇宙觀、世界觀為出發點，對經典作出與自己的歷史文化相應合的、切近自己民族的生活習俗與生存理想的解釋呢？這問題必須先解決，理解《聖經》才會有實質的意義。這便是所謂的「處境」（contextualization）的問題。例如香港的教會面對一九九七年回歸中國，將如何調整自身的思想、信仰與在社會中所扮演的角色呢？

上面提到的德國的哲學家舒萊爾馬赫把詮釋學從《聖經》注釋的有限範圍擴大開來（亦可說是解放），推展到一切文本的理解，使理解者有更廣闊的詮釋空間，由此建立詮釋學的普泛性（generality），稱為「普泛詮釋學」（general hermeneutics）。

按《聖經》是由多數獨立的篇章合成的。這些篇章是不同的人在不同時期完成的，由義理的角度看，篇章之間有很多不同說法，甚至相互矛盾。其實《論語》也有相似的情況。孔子在不同場合，對不同學生，對同一主題有不同說法。如「如何行仁」的問題，有時說「克己復禮」，有時說「愛人」，有時說「剛毅木訥」。這些篇章的不同說法，並不能反映共同的信仰。這便產生如下困難：

> 若堅持各篇章的意思，則不能建立共同的信仰；若堅持共同的信仰，則很多篇章變得相互矛盾而不可信。

這些篇章即是文本。這個問題是要解決的。

舒萊爾馬赫提出解決的方法是：在理解文本時，要考慮文本形成時所依的特殊環境，或「歷史語境」（historical horizon of language），就上面《論語》的情況來說，「克己復禮為仁」是對那些自我意識膨脹、不守禮法的人說的。「仁者愛人」是對那些自私自利的人說的。「剛毅木訥近仁」是對那些輕佻浮躁的人說的。舒氏以為，必須這樣理解，才能使多種不同的文本同時為人所接受，這便是「普泛」（generality, universality）

的意思。[2]進一步看，「普泛」還包涵一個意思，便是人的共同性，或共通性。他人的文本為我所理解和認同，表示他人和我有著人的某種共通性。例如他人在文本中說「人不應認賊作父」，我能理解並同意他的意思，表示我和他都有一種正義感，即使賊人給我們莫大好處（例如送一層樓），我們也不應和他親近，甚至巴結他，把他當作親生父母來擦鞋。作者在作品中敞開人的共通性，我的理解與認同是基於自己所敞開的人的共通性。我們通過理解作品進入作者的心靈天地，也通過理解作者來理解自己。這便是普泛詮釋學的理解的本質。很明顯，這種詮釋學是假定了人的生命中有一些共同的理解、想法、嗜好，甚至價值意識。依於這些質素，人與人之間的溝通才是可能的。

三、語言詮釋學

說到理解或解釋，自然離不開進行這種活動的媒介，這即是語言。理解或解釋可簡單地說為是以語言作媒介的一種交談，或與文本的作者進行溝通。葛達瑪便說過，理解的開始，是某一方面的人與我們進行攀談（anspricht）；他並說這是一切詮釋學的詮釋活動中最首要的條件。這讓我們想到宗教遇合的問題。這是現代思想界的重要話題與活動，是不同宗教背景的人的對話，目的是增進相互間的理解。對話的媒介，自然是語言。

這裏有一點要交代一下。語言有對話、交談的傳達作用，但這種傳達作用不必只限於語言。我們可以通過手語、肢體的動作、圖畫，甚至禪門所施行的棒、喝，或解讀公案等方式來傳達意思。不過，我們在這裏講詮釋學，只限於語言，不包括這多種的方式。

理解的對象是文本，那是以語言文字構成的。這些語言文字所構成的

2　這裏所取的譬喻，是就我們熟悉說的，舒萊爾馬赫大概沒有讀過孔子的《論語》，但這並不妨礙我們從其中選取事例。

文本有它的產生的特殊背景，那便是所謂歷史語境。我們理解文本，也應該盡量把它放在它的歷史語境之中，不應就自身的知識背景來作所謂客觀的理解。這在佛教天台學來說，[3]我們應該留意它的用語的習慣，例如「實相」是指終極真理，特別是不與萬法分離開來的終極真理。「不思議」指有背反、矛盾性格的東西的融合與同一，如煩惱、菩提的同一，生死、涅槃的同一。「一心三觀」指一種超越一般的理智或知解的認識規律的對事物的觀法，特別是超越時、空的觀法。不然，三個對象放在不同的地方，如何能以一個主體的身分來同時觀取、認識呢？「中道佛性」指視中道與佛性為等同，中道（madhyamā pratipad）與佛性（buddhatā）等同，中道是客體的真理，佛性是主體的真心，這種等同有心即理或心、理為一的思想模式。「不斷斷」則指不需斷除煩惱或與佛以外的九界眾生斷絕連繫而能了斷生死輪迴的大問題。

　　這種對歷史語境的留意，也牽涉到宗教學上所謂的宗教的類似性（religiöse Homogenität, religious homology）的問題。這概念指不同的人或宗教在心靈、精神或人性方面有相類似的地方。例如佛教的「空」一概念的內涵，在某個意義上可以道家的「無」一概念來表示。儒家的「天道」一概念的內涵在某個意義上可以基督教的「上帝」一概念表示。在關連到詮釋學的歷史語境一問題上，讀者可以藉著這種類似性，把作者在撰寫文本時的心境嘗試再現出來，舒萊爾馬赫稱這種情況為「移情」（Empaphie, Einführung），這有點像藝術上或美學上移情作用；[4]狄爾泰

---

3 我們選取佛教天台宗的詞彙、觀念來作譬喻並沒有特別的原因，只是方便而已。選取另外的學派的詞彙、觀念也可以。

4 作者在作品中展示自己的感受，讀者則以作品的語言為媒介領會這感受。這樣，讀者與作者有了溝通。要溝通得好，讀者要有一種「心理重建」（psychological construction），再現作者創作其作品時的心境，本著這心境閱讀作品，進入作者的心靈世界，「設身處地」地站在作者的立場去領會作者的感受。這便是「移情」，是心理學意義的。

　　如何能「移情」呢？如何能作到「設身處地」呢？這便要對作品或文本的起因和思想背景、作者的生平、性格和他的個人的獨特的思考風格有足夠了解。光是拿文本作為

則稱之為「體驗」（Erlebnis）。葛達瑪則進一步發展，認為體驗是對話雙方（在這裏是指文本作者與讀者）溝通的橋樑。在這點上，特別是在溝通或體驗上，我們又可以天台學的例子來說。智顗大師說「煩惱即菩提」，是一種弔詭的說法，不易理解。我們或許可以就苦痛煩惱本身所可能對我們具有正面的意義或積極的影響來嘗試解讀。譬如說，對苦痛煩惱的經驗與承受，可以培養我們的耐性，也可以擴展我們的容受面：我們不單容受快樂，同時也能容受苦痛，這樣便能提升我們的精神境界，充實我們的心性涵養，以至增長我們的人生智慧。

就理解作為焦點看，葛達瑪認為，一切理解都是對語言的理解，是在語言中發生，並在語言中實現。因此，語言才是人類的本質和寓居之地。它是科學、哲學、文學、歷史、文明之母，是一切理解的基礎。我們要好好理解這種「語言詮釋學」（language hermeneutics）。語言的作用是溝通（communication）。倘若地球上只有一個人，他便不需要語言。語言不是我對自己說的，而是我對別人說的。因此，我與別人在語言中溝通、討論，增進對事物的理解，以至最後了解真理，這是「我」與「你」或別人的對話結構（dialogue structure）。

哲學性地說，理解用語言文字表達的文本，可視為文本與理解者的對話。文本可視為作者向理解者提出問題，向他敞開了（或解放了）自己，讓他進入自己的內心世界。理解文本即是理解這個問題，而理解者的回應即是他對這個問題的回答。例如作者在文本中強調世界有創造者，而且申述種種理由，例如世界現象有明顯的秩序性，如春夏秋冬、寒來暑往，必須要有創造者提供這種秩序性才能維持。但理解者卻認為世界沒有創造者，一切秩序是自然地形成的，自然（大自然）的運行，有從混亂走向秩

一個客觀對象來研究是不行的。

若能這樣做，則能促成讀者與作者的真正對話，讀者不單能理解文本的意義，還能理解那些藏於文本背後的、連作者自己也未必意識到的意義。這樣，讀者對文本的理解，可能超過作者自己。這是這種詮釋學最可貴之處。

序的傾向。在這樣回答問題中，理解者也敞開了自己，與文本作者作坦率的交流。

更哲理性一些，在一個真正的對話中，對話的雙方都向著對方開放自己。他人在語言文字中展示他的體驗，例如森林在夜間有種種影像搖動以至移動，便說有鬼。我聽了後，對這個體驗作出自己的判斷，或是贊同，或是反對。反對的情況如，影像搖動和移動是樹木受大風所吹，樹葉搖動；另外，帶著樹葉的樹枝掉在地上，大風吹來，便會隨風向移動。人之所以覺得有物搖動和移動，是一種震盪不安的內心效應。人做了壞事，傷害了他人，便感不安，總是懷疑有人一直跟著他，俟機報復，或覺得鬼神、神靈會懲罰他。因而夜間見到樹木搖動或移動，便以為是鬼靈做的，或竟以為這些樹木為鬼靈。這樣，我表示了自己對他人的體驗的理解。重要的是，這種理解是我自己的，故可以說是對我自己的理解，知道自己，明白所謂「心理效應」（psychological effect）。但這理解卻是通過與他人對話才變得清晰明朗。這即是，我通過他人而理解了自己。因此，在對話中，我理解了他人，同時也了解了自己。

對話的顛峰表現，是真裡的展現。在對話之初，我們是無法預知對話的結果的，無法預見真理的，但我們可以說，真理在對話的過程中逐漸展現開來。只要對話還在進行，真理就繼續展現，最後水到渠成，花熟蒂落，真理全面地披露開來。這是對話的最高價值。例如，有關宇宙的起源問題，通過對話，可以把那些訴諸鬼神迷信的說法清理開來，甚至除卻一些具有特殊宗教信仰的說法，如日本神道教的宇宙大御神創造世界的說法，最後歸結到一些較有科學理據的說法，如原始的大爆炸，氣流逐漸凝結，而成為天體中的多數星球，諸如此類。不過，這種對話已超出對文本的詮釋的那種對話形式了，後者是單層的，只限於作者發出問題，理解者回應這一層。作者是不能反回應而使對話繼續下去的。

歷史與地理的因素使不同民族有不同語言。不同語言之間，往往存在著一條天然的鴻溝。這是由於每一語言系統都有其特定的生活語境，例如對同一對象，叫法相同，但涵義可以相差很遠。如漢語的「走狗」，表示

爪牙、馬仔、傍友、跟班之意，有非常濃厚的貶抑意味。但英語的
"running dog"，則表示跑動起來特別生動可愛的狗。因此翻譯便有一定的
困難。必須把握某一語言中的語詞的特定義蘊，才能在不歪曲原意的的情
況下把一種語言轉換成另一種語言。故翻譯是一種語言的原意在另一種語
言中的「再現」（reappearance），其中包括「解釋」：解釋不同語詞的
意思。這解釋很重要，它是譯者對語言在理解的基礎上重新塑造。故高級
的翻譯，不單是語言的轉換，更是透過語言而來的再創造
（reproduction）。故翻譯者對所翻譯的東西有基本的理解，才能做得
好。最後一點：語言詮釋學是基於以語言作為媒介的工作。對於忘言絕慮
的、言詮所不能到達的絕對的境界，例如在冥想經驗中的所見（與神相照
面，或對終極的宇宙真理的體證），語言詮釋學是無效的。即是說，語言
詮釋學只能用於語言範圍之內，不能用於語言範圍之外。這便是這種詮釋
學的限制。能越過這限制的，是體驗詮釋學。

四、體驗詮釋學

　　上面提及的詮釋學家，大體上都覺察到和同意語言詮釋學的意義與功
能。狄爾泰則特別把詮釋學關連到「體驗」（Erlebnis）方面去，以詮釋
學的根本特色在體驗。這種體驗詮釋學（Erlebnis Hermeneutics）是普泛
詮釋學與語言詮釋學的進一步發展的結果。它所顯現的對文本的理解大體
上有三方面的特色。其一是直接性。體驗是生命的經驗，是內省性格的，
是一個人向自己的生命的內裏直接接觸屬於生命、精神或心靈亦即是自我
的東西。它不是向外觀察和研究自然世界的東西。譬如我們對良知的反
省、自覺，都是體驗活動，其道德性格比較強，其基礎是應然的意識，不
是實然的意識。

　　其二是整體性。我們體驗的對象是我們自己的生命、精神、心靈或自
我。這些東西自然有重疊性，但構成一個整一體、統一體，不能被拆解、
被分割為多個部分，如同終極真理一樣。因此，我們對其體驗活動，亦是

一個整一的、統一的活動，需要一下子完成，沒有階段可言。例如良心的發現，這其實是一種覺悟，悟入到我們生命的內部的那個道德性格的主體性。

其三是超時間性。生命、精神、心靈或自我在本質上是超越時間的，因而能把過去、現在和未來的事情融為一體來處理，對這過去、現在、未來這些東西的體驗，亦是超時間的。例如對良知的自覺，是恆時在本質上相同的，過去如是，現在如是，將來也如是。又例如對「講信用」、「守時」這種道德行為的體驗與履行，在過去、現在和未來都是一樣的。一百年前的人應講信用，一百年後的人也應講信用。這若轉為空間，也是一樣的。在地球上要講信用，在月球或其他星球也要講信用。

這三種性格都可以說是精神科學或人文科學的特色，而為自然科學所無的。為了要就這些特色來為精神科學定位，把體驗詮釋學歸類到精神科學的方法中，因此要嚴加區別精神科學與自然科學的不同。扼要地說，自然科學是以客觀的自然世界為理解對象，力求其宏觀面貌，盡量避免主觀因素的涉入。精神科學則把問題焦點集中在生命的起源、道德判斷的正當性和力量，和行為的應然性的影響力。它所關心的，不是客觀的、外在的自然現象和經歷，而是人的內在的行為動機、意志、思維、情感等諸項。對於這些方面，自然科學的方法是管不到的，它是體驗詮釋學這種方法應用或發揮所長的領域。就東西方的文化及其差異來說，體驗詮釋學雖發源自西方，但它與東方毋寧有更密切的關係，倘若我們以西方文化傾向物質文明一面，東方文化傾向精神文化一面的話。[5]

5　自然科學在德文來說是 Naturwissenschaft，其中的 Wissenschaft 相當於科學，亦即是英語中的 science。但人文方面的科學，或各方面的學問，則不是研究自然現象的學問，而是研究人自身的文化、生活，甚至精神的生活，不是一般所謂的科學。這會讓人產生誤解，以為人文科學與自然科學相對待，其「科學」是同一意思。為了闡明人文科學的「科學」與自然科學的「科學」的不同，唐君毅先生曾提出我們不應用「人文科學」的字眼，而應用「人文學科」的字眼，這樣，兩種學問的內涵便得以分得清楚，不會生起混淆。這或許是解決這個問題的辦法。

進一步說，自然科學的了解方法，是解釋（Auslegen, explanation），以達到格物致知的目的。它是透過確定的符號結構來解釋被觀察的自然現象，如愛恩斯坦（A. Einstein）的 $E=mc^2$ 的質能互變公式，這是純客觀的，沒有主觀性。精神科學的了解方法，則是理解（Verstehen, understanding）。理解的核心內容是生命的意義、真理是甚麼、人的良知如何活動、道德如何踐履一類問題。很多時涉及個人的價值意識，以甚麼東西為最有價值，是生命、愛情、自由、信仰抑或另有他物，價值根源如何建立等問題。此中很明顯有個人的不同的生活體驗和嗜好、興趣、人生旨趣等在裏頭，因而有一定的主觀性。

但體驗詮釋學的這種理解方法，是否真的完全沒有客觀性可言呢？完全沒有約束性呢？也不是，在一定程度上，其客觀性還是可說的。它的基礎在人對道德信條的認同，例如講信用。人們大體上都認為在我們的日常生活中，人應該講信用，他們不但要求別人講信用，也會約束自己，要自己講信用。他們認為講信用是好事，應該做的事。不然的話，人的生活會出現誤會、事故，讓人不能愉快地生活下去。例如你約了朋友往郊外燒烤，定了早上九時集合，你便應該準時到達集合的地點，不能十一時才到。當你準九時到，你也希望別人同樣九時到，不要十一時才到。

五、哲學詮釋學

現在讓我們回返到語言文字本身。葛達瑪非常重視語言在理解中的重要性，認為我們的一切理解都是在語言中發生的，讀者若要與文本建立某種關係，需要涉入語言的範域。一般來說，我們只能靠語言來理解存在，因此有人把葛氏的詮釋學稱為「語言詮釋學」。進一步說，我們通常是認為對文本的解釋與理解都是方法論意義的，葛達瑪對理解有較極端的看法，有視理解含具本體論意義的傾向。他稱自己的詮釋學為哲學詮釋學（philosophische Hermeneutik, philosophical hermeneutics），在這種哲學詮釋學中，語言被本體化了，成了語言本體論，一切理解或理論與解釋，都

要在語言中發生。進一步，他闡述哲學詮釋學的有關理解的根本論點，它
與真理特別是本體有不可分離的關係。即是說，理解即是真理的生化
（Wahrheit als Geschehen）。它不限於我們的主體的理解，而更及於真理
對我們的開顯、實現、展現（Erscheinung）。除非不說理解，一說理解，
便必然涉及真理通過語言的開發與實現。這讓我們想到一個問題：語言是
不是那樣重要呢？語言有沒有限制呢？有沒有語言不能表達的超語言的東
西，例如本體的世界呢？葛氏似乎認為語言可表達一切，儘管他認為真正
的語言不是抽象的符號，不是僵化的、死硬的文字，而是具有生命的，它
的主體在動詞（verbum）。他似乎未意識到語言之外的真實世界或語言
所不能表達的絕對的事物；他只重視言說一面，未有重視超言說一面。這
點若以東方哲學作參照，便很明顯了。《老子》書中說「道可道非常
道」，禪宗所講的「忘言絕慮」，正表示有不能以語言表達的「道」，或
絕對的、終極的東西。由此我們便明白維根斯坦（L. Wittgenstein）所說
的「語言所不能到的地方，我們只能保持緘默」的智慧或洞識了。

　　再下來便是這樣一個問題：理解純然是一種對文本的客觀的解讀，抑
有讀者的主觀（或主體）的創發性呢？葛達瑪首肯創發性一面，他先說舒
萊爾馬赫，謂後者視理解為一種對作品的重新的構架（rekonstruktiver
Vollzug einer Produktion），具有創造的意涵，而且這種重新構架可以突
顯文本作者本來疏忽了的，未意識及的內涵。在這種重新構架的活動中，
讀者自己的主體性，或個別的體會、旨趣的滲入，是免不了的。這便可說
創造義。在這種詮釋中所展示的新的內涵，是超越文本作者的意識空間
的。葛達瑪自己也曾引述查勒頓尼烏斯（J. M. Chladenius）的說法，即
是，我們理解文本作者的作品，有充分理據去想像文本作者自己未有想及
的內容。按這裏可以有一種對話的意涵，即讀者與作者對談，讀者向作者
提出作者的未完足的、未盡善之意，作者忽略了某些有意義的東西。不
過，在這種對談之中，作者是沒有機會回應的。

　　葛達瑪認為，理解（Verstand, 作抽象名詞用）活動對原來的文本來
說，具有再產生的意涵，這可以說是對曾經了解過的事物的再了解，這是

一種再創造的活動（Nachkonstruktion），這種再創構的成立，是以一種具有創建組織的原初決定（Keimentschluβ）為根基的。這個意思，就關連到天台學來說，對於智顗大師的「中道佛性」、「不空」、「佛性常住」等概念，也可這樣處理。而葛氏所謂的具有創建組織的原初決定，正是智顗哲學的出發點和根本精神，那便是他從《法華經》（Saddharmapuṇḍarīka-sūtra）中所體會到的開權顯實、發跡顯本的靈感。特別是他對釋迦的從本垂跡這一宗教的體會，即是，釋迦自久遠以來即已成佛，他是為了普渡眾生這一充滿悲願的宗教理想而從本體世界以色身之跡示現，便很有本源的（ursprünglich）意義、原初的意涵。這跟基督教所說的道成肉身也是相通的。上帝以終極真理的人格神之尊，為了拯救蒼生，從原罪中解放開來，於是差遣獨生子耶穌，作為救世主（Messieh），道成肉身，來到世間受苦受難，最後上十字架被陰乾，以其寶血去洗滌世人的罪業。在這一點上，佛教與基督教很有對話的空間。

　　天台學上承《法華經》，受到中觀學的熏陶，吸收《涅槃經》的佛性思想，因此，要深入地了解它，便不得不照顧它的所承，從思想史的脈絡探討。我們也要在這裏做點工夫，看一下詮釋學。我們可以說，對於思想史的理解，就詮釋的角度而言，特別是參考利科的觀點來說，我們應基於一種「效應歷史的意識」（Wirkungsgeschichtliches Bewuβtsein）來理解。即是說，我們不視思想史為一種純粹是外在的、客觀的現象，或事件，而視為一種「效應歷史」（Wirkungsgeschichte）；它不是與現代環境割截開來，而是與後者連成一體。我們自身與思想史有一種互動的關聯：我們在思想史中得到培育，而思想史的存在根源，也要在我們的生活環境中立定。基於這點，便有所謂「視域」（Horizont）與「體驗」（Erlebnis）問題。即是，我們要參涉我們的視域與體驗來處理思想史，我們要與思想史相融和，把它作為文本來理解，和它進行對話（Dialog）。視域與體驗便在這個意義下顯出它們的重要性：告訴我們思想史對時代的啟示，為我們與歷史的關係定位。說到這裏，我們想到智顗大師在其《法華玄義》中引《法華經》的「一切世間治生產業皆與實相不

相違背」的話語，「一切世間治生產業」指具體的現實環境，這是我們的視域，為我們所接觸、所體驗的；「實相」則是傾向於抽象意義，是治生產業的背景、基礎，這相當於思想史。兩者不相違背，指我們的現實環境，是實相參涉的場地。離開現實環境，實相便失去作用、示現的平台了。兩者是相融和的，不相衝突的。同樣，我們的視域也與思想史溝通與融和，思想史是在當前的視域中發揮它的啟示作用。離開了當前的視域，思想史便成了古董，失去生命力、活力，對時代不能起指引的作用。

在這裏，葛達瑪和利科各自提出新義。葛氏認為讀者理解文本，不是重述文本的原來意思，而是通過與作者的對話、溝通之後，以具有創新性、創發性的義理來把文本的意涵活轉過來。這不是重複，而是再創造。利科則強調思想史與效應的歷史意識，特別是讀者跟思想史的互動關係。思想史與作為現實環境的視域有不能相互離開的關係。離開了視域，思想史便無法成立，或會一直停留在原來的階段，而成為一個死體。

有一點要注意的是，我們自身的視域與體驗讓我們進入思想史之中，以主體的身分展示前此判斷（Vorurteil）作用，把原來背負著的既成的想法，散發出來，這有時會造成偏頗的、慣習性格的見解，因而形成活動性格的效應歷史。這種做法的意義很明顯，它以一種實存的、主體性的態度理解思想史，後者對於當事者來說，自然不是與自己的處境完全無關的客觀現象，於是雙方有一種互動的關係。

在葛達瑪來說，詮釋學不能離開具體的、特殊的存在，不管是人也好，物也好。這裏有一種實踐的意味。葛氏也認為詮釋學應該是一種與現實有密切關連的實踐性的學問，因此他提出詮釋學的實用、應用（Applikation）的功能。在他看來，理解本身便是一種效應、效能（Wirkung），是對存在世界的開顯。這對存在世界的開顯，可以天台宗的「一念三千」的說法中看到。三千諸法象徵存在世界，它與我們的一念同起同寂：同時生起，同時沉降，三千諸法隨一念的狀態而浮動；一念是淨，則三千諸法是淨法，其中沒有執著；一念是妄，則三千諸法是染法，其中充滿迷執。不管是淨是染，三千諸法或存在世界都是受一心所開顯

的。

　　順著詮釋學的應用的效能說下來，我們可以討論得深入一些。詮釋學講解釋、理解，應該是與應用連在一起講的。即是說，被我們解釋、理解的東西，會對人產生感染的效應，而影響以至形成人的信念，構成人的世界觀、價值觀，這便是應用了。此中有教化的功能。就天台學來說，作為終極真理或實相的中道佛性，是具足功用的，能夠普渡眾生。功是以自身通過修行而累積下來的功德，用是利益他人，教化、轉化眾生。關於這轉化或教化，葛達瑪用的字眼是 Bildung，那是從詮釋學來說的。他用「深沉的精神上的轉變」（tiefgreifender geistiger Wandel）來說教化。他並把教化界定為「人展開自身的天資和力量的獨特方式」。即是說，教化不是把一些東西，或者本能、涵養，從外界加入來，使之成為被教化者的生命存在的一部分，而是透過引導、啟發的方式，把被教化者本有的內在的天資、殊勝的潛質引發出來，以成就一種有道德義、宗教義的理想。這天資和力量或能力（natürliche Anlagen und Vermögen）應該不是就生物學的生物本能說，而應有超越的意味，可視為相當於佛性，而其展開或表現方式，在佛教來說，便是般若智慧。他特別多次提到精神（Geist），認為精神科學是跟隨著教化而起的，精神的存在（Sein des Geistes）與教化理念（Idee der Bildung）有本質上的連繫。若對比著天台學來說，精神的存在相當於中道佛性，教化理念則與能普渡眾生的中道佛性的功用相通，後者依智顗的說法，便是以治眾生的病患為喻的知病、識藥、授藥的本領。即是，佛或菩薩對眾生進行種種精神上的治療，以不同的法藥對治不同眾生的不同的精神上的病痛，像世間的醫生開藥給病人服用那樣。

　　關連著教化的問題，葛達瑪又強調人的明顯特徵在能斷離直接的和自然的成素（Unmittelbaren und Natürlichen），在本質方面具有精神的、理性的面相（geistige, vernunftige Seite），但他不是常常能守持這些面相，卻隨順周圍環境的負面因素的腳跟起舞，因此需要教化。這似有人性本善的意味，可惜人不能持守，因此需要教化來使他歸於正軌。這種說法顯然類似孟子。對比著天台學來說，直接的和自然的成素可比配智顗常說的無

明、一念惑心或我見。而本質方面的精神的、理性的面相，則可比配法性
（dharmatā）。依智顗，人常有一念惑心，生起我見，而表現壞的行為，
因此需要修行，要有止、觀的工夫，以恢復原有的法性的光明。這些點都
可以說宗教的類似性，很多宗教都這樣說。說到教化，葛達瑪認為它的一
般性格是讓人自己成為一個普遍的精神本質或存在（allgemeines geistiges
Wesen）。陷溺於個別性（Partikularität）中的人，便是未接受過教化的
人。這裏說的普遍的精神存在，在佛教特別是天台學來說，便是無生無死
的法身（dharma-kāya）。葛氏有關教化的結論是，要尋求普遍性的提升
（Erhebung zur Allgemeinheit），而棄去特殊性。這即是捨無明而復法性
（法身）。說得弔詭一些，便是實現煩惱即菩提，生死即涅槃的宗教理
想。這又可以說宗教的類似性了。

第十六章　機體主義哲學

一、懷德海哲學的特色

　　以下要探討與闡明懷德海（A. N. Whitehead）的世界觀或宇宙論。懷氏的系統是一種機體主義（organism）的哲學，他放棄實體觀念而說機體，或有機的存在。他的哲學體系比較難以把握，可以說比胡塞爾的現象學更難捉摸。此中的原因是，他的體系中很多重要觀念的意義互相重疊，而又環環相扣。例如實際的存在、實際的境遇、事件、合生、涉入、攝握、結聚、永恆客體等等，每闡釋其中一個觀念，勢必要牽連其他的觀念，因而讓人有不知從何著手之感。同時，他的思想有一個發展歷程。一般來說，這個歷程可分三個階段：數理邏輯、自然哲學、形而上學特別是宇宙論方面。而他的整套的形而上學，充滿動感，這動感主要表現於它的發展的歷程方面，故他的形而上學又可稱為「歷程哲學」（process philosophy）。這種哲學影響到神學方面去，因而引致「歷程神學」（process theology）的出現。他的這套哲學在當今流行的歐陸的現象學、詮釋學和英美的分析哲學之外，獨樹一幟。

　　懷氏的思想既然分三期，他的著作也相應地分為三類。初期著作自然以他和他的學生羅素（B. Russell）所合著的《數學原理》（*Principia Mathematica*）為最重要。中期的重要著作則有《有關自然知識原理的探究》（*An Enquiry Concerning the Principles of Natural Knowledge*）和《自

然的概念》（*Concept of Nature*）。[1]後期的重要著作，自然是他的鉅著《歷程與實在》（*Process and Reality*）了。另外還有《觀念的冒險》（*Adventures of Ideas*）、《思維模式》（*Modes of Thought*）。《象徵主義：其意義與影響》（*Symbolism: Its Meaning and Effect*）介於中期與後期之間，而偏於後期。在此書的稍前，有《宗教的形成》（*Religion in the Making*），那是探討宗教問題的，但亦有很多宇宙論的意見在內。我在這裏探討懷氏的機體哲學的世界觀，主要依據他的以下七本著作，我依它們對本章的研究的重要性列出如下：

1. *Process and Reality.* Corrected Edition by D. R. Griffin and D. W. Sherburne, New York: The Free Press, 1978.

2. *Concept of Nature.* Cambridge: Cambridge University Press, 1978.

3. *Adventures of Ideas.* N. P., 1955.

4. *Modes of Thought.* New York: The Free Press, 1968.

5. *An Enquiry Concerning the Principles of Natural Knowledge.* Cambridge: Cambridge University Press, 1955.

6. *Religion in the Making.* Cleveland: The World Publishing Company, 1963.

7. *Symbolism: Its Meaning and Effect.* New York: Fordham University Press, 1985.

另外，對於懷氏的其他兩本著作：《相對性原理》（*Principle of Relativity*）、《科學與現代世界》（*Science and the Modern World*），我多年前已經看過，在寫這一章時，我已沒有時間和精力再看，書中提到的有關這兩本書的內容，只能憑記憶了。

在這裏，我要扼要地述說一下懷氏的思想和它的發展。就基本立場

---

1 懷氏在後一書中，表示這兩本著作是類似性格，所談的內容很接近。不過，《探究》建基於數學的物理（mathematical physics），《概念》則較近哲學與物理。二書的目標在於闡明自然哲學作為依據對於一種重構的理論物理學的基礎性。

言，懷氏無疑是一個實在論者（realist），以即時的經驗作為認識與存在的起點，強調在時空中發生的事件（event）的根源性，並未強調意識的根源性。即是說，我們的意識發生作用，投射到外面去，而到達事件或對象：這些事件或對象早已存在，意識只是照察到它們而已。進一步言，在他的早期思想中，事件與對象（object）仍未有清楚的區分，這兩者要到中期強調自然哲學時期，才清楚區分開來。至於價值問題，則要到後期或晚期才真正提出。即是說，在中期，他視事件裏面的實在的成分為價值；在晚期，價值變成事件裏面的不變的部分，而事件就整體來說，是在不停地流逝的，可以說是一種流程（passage）或歷程（process）。至於他的形而上學的機體主義哲學，則肯定是到了晚期特別是寫《歷程與實在》時才真正建立起來的。在這本書中，懷氏特別指出，他的形而上學的討論植根於普遍的相對性（universal relativity）。這樣，他的非實體主義（non-substantialism）的理論立場便明朗了。這種立場的要點是，一切事物都存在於相對相關的狀態中，沒有恆常的實體（substance）可言。這與佛教所說的空、緣起，有一定的對話空間。

　　一言以蔽之，懷氏認為主體、客體或對象、主體的活動以至於活動的場所，都有實在性。不過，這種實在性不是在實體的脈絡下成立的，而是在機體主義的脈絡下成立的，因此，我們不妨稱他的系統為實在的機體主義。以下我即以對他的機體主義哲學的探討來展開本章的研究。

二、機體主義哲學：存在的問題

　　在其科學哲學著作《科學與現代世界》中，懷氏首先稱自己的哲學為一套機體主義（organism）的哲學。爾後他在總括自己在哲學上的特殊思維時，也喜用「機體哲學」這種字眼。這種字眼容易讓人想到生機、動感的質料方面去，不以實體來說個體物，而是把它作為一件事情、事件來處理。在這事件中，有很多因素在活動，作巧妙的結合。

　　在他的最重要著作《歷程與實在》中，懷氏表示，機體主義哲學是一

種實現性的細胞理論（cell-theory of actuality）。即是，每一個終極的事實單位（unit of fact）都是一個細胞的聚合，不能分解為在實現性（actuality）上具有相同的完整性的組成部分。這讓人想到化學上的原子（atom）概念，認為是物質不可分割的最小單位。但實情不是這樣簡單。懷氏強調，根據普遍的相對性原理（principle of universal relativity），一個實際的存在物（entity）可以出現在其他的實際的存在物之中。他再次強調，一個實際的存在物會出現在每一其他實際的存在物中。他特別指出，機體主義哲學主要致力於澄清「出現在另一存在物中」這一概念。這便引出相互牽連、相互包含這樣的意味，排斥獨立存在的實體（independent substance）的概念。說到實體，懷氏便聲言，在機體主義哲學中，被視為常住的，不是實體，而是形相（form）。這形相與他在別處說事件中的對象（object）有關，都具有不變性。這也關連到懷氏哲學中的一個挺重要的觀念：實際的存在物（actual entity）。

　　一切形而上學，說到最後，總是離不開宇宙的終極問題或終極者。懷氏即在他的機體主義哲學中，以創造性（creativity）來說終極者。在他的《歷程與實在》（*Process and Reality*）中，他表示即使是上帝，亦是在創造性的脈絡中說：上帝是創造性的根本的、非時間性的依附物。創造性即表示活動義，故在懷氏看來，機體主義哲學揚棄「實體～屬性」這種概念或思考模式，而是以動感歷程的描劃來代替形態的描述。從當前的事物來說，事物不會以靜態的模式或形態而存在，而是在一個動感的發展歷程當中。至於所謂「真理」又如何呢？懷氏在《歷程與實在》中認為，真理是機體的實現性（organic actualities）的構成性格得到充分的表象。表象（representation）是一種呈顯、呈現的活動；懷氏這樣說真理，符合海德格（M. Heidegger）的名言：實在的本質是呈顯。雙方在重視真理的動感關連上是一致的；但真理的內涵為如何，則未必相同。

　　最後，懷氏在《歷程與實在》中作一小結，表示構成機體主義哲學有四個重要的概念（notion），這即是：實際的存在物（actual entity）、攝握（prehension）、結聚（nexus）和存有論原理（ontological principle）。這四個概念都不好理解。不過，有一點很明顯的是，它們都有很濃厚的宇宙論意味。懷氏自己也不諱言，自身的哲學體系是一套宇宙論（cosmology）。他的《歷程與實在》的〈前言〉（Preface），談的幾乎都是這一點。他更不諱言，他的這種重視歷程、發展的機體主義哲學，特別是以歷程本身具終極性格的觀點，與重視事實、以事實具終極性格的西方的實在論有一段距離，他的機體主義哲學毋寧是近於印度和中國思想的。

　　以上是我就《歷程與實在》一書扼要地整理出懷德海的機體主義哲學。以下我要就他的這種哲學作較周詳的論述，特別把焦點放在存在物的問題上。在懷氏的體系的範疇論之中，有一系列的存在範疇（category of existence），共有八個，依次是實際的存在物（actual entity）、攝握（prehension）、結聚（nexus）、主體形式（subjective form）、永恆客體（eternal object）、命題（proposition）、多樣性（multiplicity）和對比（contrast）。其中，實際的存在物是存在的根本的、終極的單位，可作終極實在（ultimate reality）看。攝握則是關係意義，表示實際的存在物或實際的境遇（actual occasion）相互間的涵攝、交感關係。在懷氏看來，實際的存在物與實際的境遇是相通的。結聚是表示相互內在的實際的存在物或實際的境遇的結集。主體形式則指個別的實際的存在物或實際的境遇。永恆客體則指個別事實的純粹的潛能（pure potential）；或更精確地說，是決定個別事實的純粹的潛能。命題的意思相當寬泛，可指理論本身，或可能的在決定中的狀態。多樣性指存在世界中的種種雜多的分離狀態。至於對比，則指被定了位的、被區別為某種模型的存在物，或在一種攝握中的種種存在物的綜合。在這八種範疇中，實際的存在物與永恆客體位於相對的極端，即是，實際的存在物是最具現實性、實現性的，永恆客體則只是純粹可能性。其他的範疇則夾雜在這兩個極端之間。*2*

2　有關這八種存在範疇，可參考《歷程與實在》，頁 22。又可參考田中裕著：《ホワイトヘッド：有機體の哲學》（東京：講談社，1998），頁 125-128。不過，在我看

　　機體主義是一種非實體主義的表現形式，它是相對於實體主義或實體論而言的。這種哲學或思想的產生，在歐洲很有其歷史的淵源。自希臘的亞里斯多德（Aristotle）開始，歐洲人即慣以實體與屬性這種二元論的思路來思考，視每一存在物都有其實體與屬性兩面，[3]實體是恆常不變，屬性則附在實體上，可以變化。懷德海說機體而不說實體，正表示他要突破這種流傳已久的二元性的機械化的思維方式，以建構一種富有生機、生命感的宇宙。生機與生命必預認歷程，或創化不已的發展軌跡。他要把宇宙說成是活的，不是死的。說到創化或創造，懷氏不依一般神學以上帝的創造世界為基礎說，而是從人的主體的活動一面說。他的《歷程與實在》的主題即聚焦在主體在時空的世界中的創生活動。這種創生的主體，不是可與其他東西分離開來的獨立存在的實體，單個主體也不能獨自負起創造的任務，而是多數的作為機體的主體共同合作，相互扶持，有很好的協調，積聚出一種巨大的群體力動，在抗衡以至改變環境中發揮社會的、社團的力量。在這種活動中，我們可以看到機體主義和機械主義（mechanism）在本質上的不同。機械主義視自然、世界為一種沒有價值意義與目的歷程的物質性的系統，沒有生機、生命可言。機體主義則認為自然、世界是一個有生機的、有生命的結合體，其中的種種存在有其自身的價值與目的，而在這多樣性的價值與目的之中，種種存在物之間又有一種相互涵容、相互影響的有機關係。主體即在其中表現其創生的、進化的力量。機體主義

來，懷德海自己和日本學者田中裕的說明都欠清晰，我也無意作進一步的考察。我只想說明，懷氏既然立了八個存在的範疇，便可證明他對存在世界的重視；談宇宙論的確不能不涉及存在世界的。懷德海的範疇論非常複雜繁瑣，遠不如西方的康德（I. Kant）和佛教的陳那（Dignāga）的範疇論那樣直截明瞭。

3　這裏說存在物與懷德海的「實際的存在物」（actual entity）中的「存在物」（entity）在所指上不完全相同。這裏說存在物是一般的寬泛意味，猶一般所謂事物或現象，是常識層面的說法。「實際的存在物」中的「存在物」則是在實際的存在物這一表述式（expression）的脈絡下說的，有形而上的真實的意思，但這不是抽象意義的真實，而是具體意義的真實，但又絕不是固定不動的實體，而是在歷程中說的。即是，它是處於一種動感中、動態中的東西，永遠在發展的歷程中。它是無所謂靜止的。

與機械主義的最大的不同是，機械主義的基調是唯物論，它的世界是純物質性的，沒有使存在世界統合起來的機能，物質與物質是相互分開的獨立的質體，不能攝握其他物質，它們只能在時間與空間之中佔據一個位置而已。[4]

機體與價值是分不開的。懷德海在他的《科學與現代世界》中曾明言，機械主義不能建立價值觀念，只有機體才能產生價值，是創造價值的單位。在懷氏眼中，科學本身也能發揮機體創造的性能。他索性提出，科學是對機體研究的學問。例如，生物學是處理較大的機體的，例如人的身體；物理學則是處理較小的機體的。[5]機體是不斷持續著它的存在性的實有，甚至原子（atom）也可視為一種機體，是物理學、化學研究的對象。

一般的認識論很強調主體與對象之間的關係。主體是認識主體，對象是被認識的客體。沒有了這種主客之間的關係，認識便無從說起。以康德的知識論為例，主體方面由感性（Sinnlichkeit）與知性（Verstand）共同合成，共同作用；感性憑藉它的接受作用，把外界的被認識的感性與料吸收進來，交與知性，後者以它的作為思想、整合形式的範疇（Kategorie）對這些與料加以處理、組織，而成就知識（Erkenntnis）。在機體主義來說，主客關係不是最重要的關係，全體與部分的關係才是最重要的。一切對象或客體，都是自然世界的部分，自然世界自身是一個全體。在這個全體之中，有部分與部分之間的關係，也有部分與全體之間的關係。一切部分彼此有相對相關的關係，某一部分與全體也有相對相關的關係。因此，在全體作為一個整一體之中，其中有某一部分若發生變化，它的周遭部分

4　法國哲學家柏格森（H. Bergson）便曾嚴批人們把宇宙的存在空間化（spatialize），漠視它們彼此涵有的動感與流動的生機，割裂自然，以靜止的範疇去分析、理解存在世界。因此存在世界的機體性格便無從說起。

5　懷氏表示，在生物學中，機體概念不能夠以在一個時刻中的物質性分野來說明。一個機體的本質是，它是作用性格的，而且是向空間延展的。而作用是需要時間的。因此，一個生物的機體是一個具有時空延展性的統一體，而時空延展是它的（即機體的）本質性格。

也相應地發生變化，而全體本身也起著變化。部分也好，全體也好，都無所謂恆常不變的實體（substance）或自性（svabhāva）可言。[6]倘若以因果關係來說，懷氏認為，一切物體在經驗中都具有原因效能（causal efficacy），它們的作用受到環境條件所決定。

　　現在我們注意一個思想史的問題。西方哲學二千多年以來，都是在柏拉圖（Plato）特別是亞里斯多德的實體觀的影響下發展，包括基督教所強調的上帝這一大實體的推導，何以到了近代，到了懷德海那個年代，興起了與實體哲學大相逕庭的機體主義哲學呢？倘若對這個問題作深遠的反思與回溯，此中的因由也不是近代、現代才其來有自的。西方的哲學傳統本來便存在著一個矛盾或難題：西方人重視自然哲學，以為一切自然現象都由因果律的機械式所支配，而科學的發展，也是在這種因果法則的脈絡下成就的。但在另一方面，西方人也相信自由意志與道德理性，認為行為本身除了受因果律的影響外，主要還是依於這自由意志與道德理性。這特別在人的情況為然。人是一種自然界的存在，一方面與其他存在一樣受制於因果法則的機械性，但人另方面又是一種具有自由意志與道德理性的機體，他有一種自律理性，這種自律理性讓他要對自己所做出的行為負上最終的責任，不能委卸到自然世界方面去。便是由於這種道德理性的機體性，才能把人與自然世界的其他存在區別開來，而不會完全物化、機械化；才能讓道德意識、價值觀念主導人與自然世界之間的關係。沒有道德理性的機體性，人文世界的一切價值便不能建立，終極諧和的理想也不能說。懷德海亟亟推動他的機體主義哲學，正是對這樣一種思維背景的積極

---

6 這種思維方式，讓人想起佛教華嚴宗的緣起思想中的「椽即是舍」的說法。椽是建構房屋的支柱，舍是房屋本身，兩者之間有部分與全體之間的關係。椽有變化，即是，部分有變化，作為全體的房屋也會相應地起變化。作為部分的椽雖不等同於作為全體的房屋，但缺了一根椽，或椽有任何改變，則房屋便不能維持原來的狀態了。這便是「椽即是舍」，「即」不是等同之意，而是在關係上成立之意。公孫龍說「白馬非馬」則是逆向思考，白馬包涵於馬之中，是其中一部分，故不等同於馬。當然我們也可以說「白馬是馬」，那便是椽即是舍的思考形態了。

回應。在他看來，只有機體主義哲學才能把人的人格價值從科學主義的機械性思維與物化傾向的邊緣牽引回來。[7]當然，機體的性格不必只限於人的生命存在方面，也可以向自然世界的生物以至細微但可以作為一個完全的整體看的細胞以至原子方面推展開去。

　　上面提到認識問題與實體問題。關連著這兩個問題，我們可以作進一步的發揮。站在佛學的緣起性空的立場來說，獨立自在的自性或實體這樣的東西是沒有的，這些東西只是我們的意識的虛妄的構想而已。世界是一個相互關連的、不斷在流變的世界。對於事物的認識，或更就事物的存在性這一點來說，我們不能在一個與其他事物完全隔絕開來的情況下來認識某一事物，更不能說它的存在。事物是在一種相對相關的情況下存在和被認識的；即是說，事物的存在與被認識，都是在一種關係網絡中說的，離開了關係網絡，我們對於事物，甚麼也不能說，不管是它的存在也好，被認識也好。關於這點，懷德海自己也意識及。他曾慨歎地表示，在幾個世紀中，充斥哲學文獻中的一個錯誤概念就是「獨立實存」的概念。他認為根本沒有這種存在的方式；而在認識方面，每個實有都只能借助它跟宇宙其他部分的事物的錯綜交織的方式下才能被理解。[8]

　　這種「錯綜交織」，即表示機體性或有機性。懷德海的機體主義哲學中的機體，是廣義的，而不是狹義的。機不一定是生機、生命，只要是有一定的脈絡可尋的結構體，依循一定的律則運行的單位，都可以是機體。自然世界是一個大的機體，原子是一個小的機體。小的機體可以發展成大的機體，這裏有進化論的思想在內。宇宙是大化流行的結果。懷德海的這種生生不已、故故不留的進化的思維方式，在當時或前後時期並不孤起，達爾文（C. R. Darwin）與柏格森，甚至我國的熊十力，都有相類似的思

7　對於這種科學主義的機械性思維對人文世界的障礙與危險，其他東西方的哲學家如現象學宗匠海德格和京都哲學家西谷啟治他們也強烈地意識到，不限於懷德海。只是他們的哲學的理論立場與所提出的回應與解決方法不同而已。

8　這是希爾普（P. A. Schilpp）所編的《在世哲學家文庫：懷德海的哲學》中所載的懷德海的說法。

維導向。[9]亦唯有以這種思路作為背景，才能成就歷程哲學。歷程即是生化的歷程也。既然是生化的歷程，則傳統的物體、質體一類有實體意味、質實性（rigidity）意味的存有論的概念便需放棄，代之而起的，是事件、境遇一類具有動感意味的概念了。這事件、境遇一類概念，正是懷氏的機體主義哲學的重要內涵。

三、關於事件

「事件」（event）是懷德海的機體主義哲學中的一個過渡概念，意義非常重要。懷氏最初在他的體系裏，談到宇宙的根本的終極成分或要素時，便提出「事件」這一名相。就常識的層面來說，事件是一件事故，是虛的，不是實的；它不是物質性、質體性的（entitative）東西，不是物體、質體，這樣，便可化解掉一般人對「實體」概念的執著。事件到底是一種甚麼東西呢？懷氏在他的《歷程與實在》一書中有扼要的交代，表示這個名相有時指謂實際的存在物的結聚（nexus），有時又指被普遍（共相 universal）所客觀化了的結聚。不管怎樣，事件是一種事實。但這樣說太簡單，是甚麼樣的事實呢？同時，說明中的結聚需要解釋。在這裏，我要進一步就他的《自然的概念》一書的說明來作補充。懷氏在書中指出，我們平常習慣把事件三分，分析為三方面的成素：時間、空間和物質。他表示，我們可以接受、運用這種分析來展現自然的重要規律，但這三者中的任何一者都不可能在我們的感性覺察（sense-awareness）中以一種具體的獨立性（concrete independence）被置定下來。我們對自然界中的一個

9　在這裏，有一點還是需要分別清楚。所謂「進化」可以有不同的解讀方式。像達爾文的進化論所言的進化，倘若是建立於「物競天擇，適者生存」這樣的模式之上的，則是純生物學的進化，仍是弱肉強食的機械論。懷德海所言的進化歷程，是存有論的，或宇宙論的，是在一種互相涵容、相對相關的脈絡下提出的，其中所涉及的物項，都具有平等的發展的機會。這則是機體意義，而不是機械意義。

齊一的分子（factor）的知覺，是把它視為在此時此地存在著的。[10]懷氏指出，我們被教導以言說和正規教育來運用物質性的分析（materialistic analysis）來表示自己的思想，這導致在智思方面（intellectually）我們未有留意那分子的真正的一體性實在地展現在我們的感性覺察之前。他強調，便正是這一體性的分子在自然的流程（passage）中守持著自身，在自然中被識別為基本的具體分子。這基本的分子便是懷氏所說的事件（event）。這是以事件為具有一貫的質素、性質，保持一定的同一性在自然的大流中前進。實際上，懷德海在他的早期建構出來的存有論、宇宙論中，是以這樣的事件為中心概念的，以事件為存在界的根本元素。這是自然世界中在事實上發生出來的東西，它便是宇宙現象、事象中的一個單元、一個事項。不過，這種單元、事項不是一個個體物或物體被靜止地安放在那裏，而是有一種活動的、流逝的狀態。整個自然世界便只有事件，至於那些靜止的東西，說是物件也好，物體也好，質體也好，都概括在整件事件、事體之中，在其中找到它的關係性。

　　這樣的事件，由於不是質實不動，而是有其發展狀態的，因而便有延展的問題。所謂延展（extension），是事件擴展開來，讓其影響力達於周圍的、附近的東西，以至進入東西之中，這樣便有所謂部分、全體、聚合等等情況了。懷德海指出，倘若有事件 A，它擴展開來，以達於事件 B，以至蓋過了事件 B，則 B 成了 A 的一部分，而 A 便是全體了。懷氏進一步說，任何兩項事件 A 和 B 可以相互具有四種關係中的任何一種：1. A 延展開來致蓋過了 B；2. B 延展開來致蓋過了 A；3. A 和 B 可以同時延展開來，致蓋過了一項第三事件 C，但 A 與 B 並不相互延展開來致蓋過對方；4. A 與 B 完全分開，沒有連繫。這裏便有延續性的問題。延展是就

10　這所謂此時此地，是就感官和意識的範圍說。懷氏雖傾向於實在論，但應是不承認外
　　界絕對獨立、實在說的。

空間說，延續則是就時間說。[11]懷氏跟著說，自然的延續性正是事件的延續性。這種延續性只是事件的多種性質在關連到外延關係方面的聚合而已。[12]就這點來說，懷氏指出，第一，這種關係是可轉移的（transitive）。按這應是指事件可相互置換。第二，每一事件都包含其他事件作為它自身的一部分。第三，每一事件都是其他事件的一部分。按這有佛教華嚴宗所言事物或諸法之間的相即相入的關係的意味。第四，就任何兩項有限的事件來說，每一事件都包含它們兩者作為部分。按只有有限的事件（finite events）是這樣，即使是包含這兩者在內的事件仍是有限的，事件不可能無窮無盡地延展至無限界線。第五，事件之間有一種特別的關係，所謂「交叉點」（會合點 junction）。

這裏我們要留意所謂「交叉點」，這對懷德海的宇宙論提供重要訊息。懷氏表示，倘若有兩項事件都是另外第三項事件的部分，而在第三項事件中又沒有任何部分與這兩項事件分離開來，則這兩項事件便是處於交叉點的狀態中。我們亦可以說，處於交叉點狀態的兩項事件正構成第三項事件，這第三項事件正是這兩項事件的總和。不過，懷氏指出，這種情況比較少見。在一般情況，任何包含兩項事件在內的事件，都會具有與這兩項事件分開的部分。按倘若是這樣，便無交叉點可言。

懷德海在這裏其實是在討論自然世界以至人間世界的事物的遇合問題。這遇合應該是一種宇宙論意義的關係。只有持實體觀點才不必產生遇合問題，每一事物都可以獨立自足地存在，不必與其他事物發生任何關係。但宇宙的真實不是這個樣子。宇宙的真實表現於事物的相對相關、相互涉入的關係中。同時，事物倘若作為事件看，則亦不能說獨立分離的物體、質體、個體物。事件表示一種現象，一種事態，其中所關涉的分子會隨著時間的延展作空間上的移動。而事件與事件之間，亦可以透過相互推

---

11 懷氏認為，對於表述空間、時間和物質一類重要的科學性概念，最好是視它們出自事件之間的基本關係。

12 這種外延，應是時間方面的，不是空間方面的。

移而有接觸，有接觸便有重疊，但是否會重疊到交叉點的那個程度，便很少見。倘若事件與事件完全融合無間，便可以說交叉點了。華嚴宗所言的事理、事事的相即相入，可以是這種情況。

事件理論的另一意義，是交代時空觀的來源。事件的延展，可以充塞著某個時段，某個處所，由此便可分別推導出時間（time）概念、空間（space）概念。我們對某一事件有所覺察，總會有一種「關係項」（relata）的感覺，這關係項可以視為整項事件的核心，由這個核心的滯留，及與其他東西的碰觸、遇合，我們可以分別抽象出時間、空間概念：時間相應於滯留，空間相應於遇合。這樣，時間與空間成為事件的滯留與跟其他東西的遇合的形式條件。這種時空觀，可通到康德所謂時空是直覺（Anschauung）形式的說法。實際上，關於時空概念的形成，我們可以用比較單純的方式來說明：事件的流行與延伸，可以讓人導出時間概念，事件的拓展與包容（向周圍拓展，以至達於其他事件，與它們相互包容），可以導出空間概念。

懷德海甚至認為，事件本身可被視為一種有生命的機體，這種機體的性格可以把對於事件的覺識、覺察（awareness）與外界的自然相連起來。另外，懷氏又在他的《有關自然知識原理的探究》中提到事件的外在性（externality）的問題，認為這外在性有六點特徵，使那不斷在延展而又不能為我們的知識所涵蓋的自然世界成為科學研究的預設，雖然這種研究本身有其限制性。關於這點，限於篇幅，我在這裏便不多提了。

「事件」概念是懷氏在較早期提出的，認為這可表示最為真實而又具體的存在。在他看來，每一事件有其獨自性格（uniqueness），不能重複。即是說，宇宙間不可能有完全相同的事件。同時，事件是不停流逝的，流逝到另一事件之中，而為它所掩蓋。因此，我們通常不以「變化」這種字眼來說事件。因為變化需要有一個能一邊變動一邊又能持續的質體，我們才能在一段時間之中，分辨這質體的狀態，看看是否與原來的不同。但事件不能被視為能延續的質體，故不能說變化，只能說流逝。「事件」這個概念在懷氏繼續發展他的機體主義的哲學中，被停用了。代之而

起的，是所謂「實際的存在物」（actual entity）或「實際的境遇」
（actual occasion）。

四、事件、對象與處境

　　順著「事件」說下來，懷德海在建構他的機體主義哲學中，又提出
「對象」與「處境」這兩個概念。這三個概念在懷德海的哲學體系中，有
異常密切的關係，但又容易讓人混在一起，增加對懷氏哲學在理解上的困
難。事實上，懷氏在他的不少著作中（特別是《自然的概念》），時常涉
及這三個概念，但似乎沒有一處能把這三者闡釋得清楚明白，三者好像是
環環相扣，需要同時一齊來理解，其意義才能周延地顯示出來。

　　讓我先這樣開始：事件與對象都可說是自然、宇宙中的實有的東西，
兩者的關係，類似佛教唯識學（Vijñānavāda）中的現行（pravṛtti）與種子
（bīja）的關係。事件（event）是自然界事物的呈現的、具體可見的成
分，對象（object）則是自然界事物的隱藏的、抽象的成分。事件的性質
是對象，對象的存在處所在事件。這存放對象的處所，便是處境
（situation）。或許這樣說會更清楚：事件中有對象，甚至是多個對象，
對象與對象的關係，構成事件；對象的性格構成事件的性格，或影響事件
的性格。而事件則是對象的載體，離開事件，便無法找到對象。對象以事
件作為它的處境，事件則對對象提供一個處所、處境，讓對象能安住下
來。在這裏，我先引一段懷氏的《自然的概念》的文字看看：

> 我把有一個對象處身於其中的事件，稱為「對象的處境」
> （situation of the object）。因此，一個處境即是一項事件，後者是
> 處境關係中的關係項（relatum）。……在某一意義來說，一個對
> 象即是事件的性格，這事件即是對象的處境。[13]

13　《自然的概念》，頁 147。

即是說，對象不能獨立地說，它需要在事件的脈絡中說，而且決定事件的性格。而事件作為對象的載體，作為對象的藏身地，正是對象的處境。故就這點來說，事件即是處境。事件是就整項事情說，相當於我們所謂的現象，處境即著眼於所在地，主要是位置、方位（location）的意味，其底子是空間。

現在我要把討論聚焦在事件與對象的關係的問題上，事件是某一具體的事體、事項，發生在某時某地，時間性與空間性都很清晰，有時、空上的延展、外延（extension）。既有時空性，便可言部分。[14]既可言部分，便可與其他事件有相互重疊、相互分開的情況。對象則不同，它傾向於普遍的、抽象的和超越時空的性格，具有一定的恆常性、常住性。故相同的、同一的對象，可以存在於前後不同的事件之中。以懷德海的歷程哲學的詞彙言，事件是在發展中的、進取的，有歷程可言；對象則是在靜止的、抽象的狀態，沒有歷程可言，它是不變的，也沒有部分可言。

有關事件與對象之間的不同，我們也可以透過關係（relation）概念來理解。懷德海在其《有關自然知識原理的探究》中，把事件說成是對象之間的關係（relations between objects），因對象是存在於事件之中，對象與對象之間有接觸，有交感，便成為事件。這接觸、交感便是關係。至於對象，則是事件所擁有的性質（qualities of events）。事件是不斷地流逝、變化的，沒有一息停止下來。對象是無所謂變化，因它不在時空之中；若一定要說對象的變化，則是指相同的對象和周圍種種不同的事件發生不同的關係。但這只是從外面的面相方面來說對象的變化，就對象自身的內部來說，則是永遠不變的。

相應於事件與對象的不同於一般的理解，我們對懷德海哲學中的抽象與具體兩個範疇的所指也要有相應的留意，那是與一般的用法不盡同的。關於這點，懷氏在其《自然的概念》中說：

---

14 懷氏一方面以事件為實有，同時又說它的時空性、部分性。它的實有，應只著眼於現實的存在方面，是時空的存在，不能作終極的、絕對的存在看；也不能說超越性。

> 毫無疑問，分子和電子都是抽象事物。……具體的事實是事件本
> 身。……一個抽象事物並不意味一個甚麼都不是的存在，它只是指
> 它的存在性是自然界的較具體的元素的一個分子而已。一個電子是
> 抽象的，因為你不能夠去除事件的整全構造而仍然保留電子的存在
> 性。[15]

即是，一個抽象事物（abstraction）是指自然界中具體的元素或事件中的
不能獨自存在的東西，如電子。通過實驗，我們可以論證或證實不可見的
電子的存在，但不能把它單獨挑出來當作具體的物體來處理，因此電子是
抽象的。而正在發生而為我們感覺到它的存在性的事件，則是具體的。至
於具體，則無疑是指那種可以為我們的感官所接觸到的事件，例如日出。

　　就認識方面來說，事件有時空性，對象則超越時空性，則我們應以不
同的認識機能去識別它們。我們可以經驗（experience）事件，從它的始
發、變化以至流逝，而成整個歷程。但對於現象，我們需透過確認的智思
（intellectuality of recognition）來認識。這是懷氏在他的《有關自然知識
原理的探究》所說的。這種智思有抽象、抽離作用，可以從不同的事件中
把相同的對象抽取出來。[16]因此，自然知識的可能性，便落在對象上，事
件是無能為力的。事件是一去不回頭的，它給予我們連續不間斷的事象，
但不會停下來供我們去認知。對象則是事件中亦即是自然中的不變的東
西，從它那裏，我們可以得到客觀的、不受時空影響的性質。這與我們的
日常的認識經驗剛好相反。在我們的日常認識活動中，我們是認識對象
的，在現象的層面建立對對象（Gegenstand）的知識，像康德（I. Kant）

---

15 《自然的概念》，頁 171。

16 倘若把事件與對象放在現象（Phänomen）與物自身（Ding an sich）的脈絡下來說，則
　事件可視為現象，對象可視為物自身。但這並不是完全正確，懷氏並未如康德那樣把
　現象與物自身徹底地分開，以現象歸於感性與知性的認識機能，以物自身歸於睿智的
　直覺（intellektuelle Anschauung）的認識機能，後者只有於上帝，人是沒有的。這是康
　德的理解。

所說那樣。對象一方面是具體的，有時空性，也有它們的普遍性相（universal characteristic），因此，我們要以感性與知性的混合作用來捕捉對象的認識。熟悉康德的知識論的人，都知道這點。

接著討論下來的認識問題：對於對象的認識。懷德海提出，要在不同的時段中認取處於不同的事件中的同一的物理對象，是受到連續性的條件所影響的。這連續性的條件正是那種條件，在其中，事件的流程（passage）的連續性可以從較早出的事件發展到較遲出的事件的兩項事件中找到，而每一事件都是對象在相應的時段中的處境。這表示物理現象有恆常性，或至少有持續性，事件則可在流程中由 A 階段發展到 B 階段，而由 A 到 B 有連續性，可造成不同時段的處境，故同一的對象是可以被找到和被認識的。

以上主要討論對象的認識問題。下面我要把討論的範圍延伸到事件方面。懷德海認為，一個對象是在一些事件的性格中的一個成分（ingredient）。一項事件的性格，只有組合成這種事件的種種對象和這些對象涉入這事件中的方式而已。按懷氏這裏以性格（character）或性質來說事件，不就具體事件來說它。另外，這也涉及「涉入」（ingression）的問題。懷氏強調，關於對象的理論即是把事件加以比較的理論。按這也很自然，對象是在事件中決定事件的性格的，故說到事件的比較，不能不涉及對象。懷氏強調，事件的比較，只有在它們能提供恆常性（permanence）的情況下才是可能的。懷氏的意思是，不同的事件中具有常住性或同一性的對象存在，比較即依對象的這種同一性而可能。懷氏提到，當我們說「它又出現了」，我們正是在比較事件中的對象哩。自然中只有對象這種要素是「可再現的」（be again）。按我們所比較的，其實不是不同的事件，而是在不同的事件中的同一對象。不同的事件各有其不同面貌，難以說比較。[17]

因此，依懷德海的這套說法，我們認識的重點，不在事件之中，而在

---

[17] 這段文字有很多按語，這表示我自己的解讀。

對象之中。故我們還是要回到或集中到對象的認識方面來。懷氏在上面約略提過，對於事件，我們是經驗它，但對於對象，我們有智思（intellectuality）來認識。在這方面，懷氏再進一步確認智思（intellect，按此即 intellectuality）的功能與重要性。他表示不由感性覺察（sense-awareness）所置定的對象，可以為智思所理解。他把這樣的對象比況到所謂自然的分子（factor）方面去，這些自然的分子如對象與對象間的關係和關係與關係間的關係，它們不會顯現於感性覺察之前，但可由邏輯推理推證出其必然的存在性。因此，我們的知識中的對象，可以只是邏輯上的抽象事物。按懷氏這樣說對象，離康德之路甚遠。他強調，一項完全的事件從來不呈現於感性覺察之前，因此，一群對象，作為被置定於一項事件中的多個對象的總和，是純然的抽象的抽象。懷氏的意思，似表示對象而離開感性，便無具體的存在性可言，它的存在性是抽象性格的。但抽象的存在性格應如何被了解呢？懷氏結語謂，一個對象可以時常被視為一種抽象的關係而被知，它不是直接地被置定於感性覺察之前。

由上面的所論，可以看到，懷氏的認識論所涉及的被認識的東西，主要是就對象而言，而不是事件。而對象的被認識的重要，是它在不同事件的同一性。他自己曾一再強調，所謂認識，是對同一性的覺察。這同一性自是指對象的同一性無疑。關於這點，懷氏自己也曾透露出來。他曾表示，包含在一個感性對象對自然的涉入之中的具有決定性條件的事件，其特性基本上可以透過處身於事件中的物理對象展示出來。他提到，這其實是一重言（tautology）結構。因為物理對象是某一組感性對象在一個處境中的慣性的同時發生的事情。當我們知道有關物理對象的一切時，我們便可因之而知道作為它的組成分子的感性對象了。事件是流逝的，對象則是不變的。後者的性質如何，便決定了前者的特性。在懷氏看來，我們要了解一項事件的底蘊，只需了解其中所涉及的對象便可以了。不過，他以「物理」、「感性」一類詞彙來說對象，肯定難以鎖定對象的不變性、客觀性。物理的東西肯定會有變化，感性也是主觀的，對象的不變性、客觀性，從何說起呢？

關於事件與對象之間的聯繫，我想引懷氏在《有關自然知識原理的探究》的扼要說法作一小結：對象是事件的性質，事件是對象的關係。對象是性質，但不是實體；事件是關係，是虛的。兩者都展示非實體主義的訊息。*18*

上面所討論的，基本上是環繞著事件與對象兩個主題。其中懷氏提到處境；實際上，事件、對象與處境三者在懷氏的宇宙論中時常是一起說的。因此，我在這裏也要把三者放在一起來論述。首先，我要交代一下處境的意味，特別是它的場所、場域的含義。懷氏所說的處境（situation），很少獨立地被提出來，而是常常與事件與對象一起說。基本上，事件是在時空中發生的事情，其中的重要內容是對象，在事情中扮演重要角色的東西。處境則有地域、場所的意味，是事件發生的地方，因而也是對象的所在地。對象出現在某事件中，這某事件亦可說是處境，是對象的處境。故事件與處境在意味上有重疊之處。另外，處境在懷氏的機體主義哲學中，有進一步的意味。懷氏表示，一個感性對象的處境不單是對於一個確定的知覺事件來說的那個感性對象的處境，也是對於多項知覺事件來說的多個感性對象的處境。例如，對於任何一項知覺事件來說，一個視覺的感性對象的處境總都是視覺、觸覺、嗅覺、聽覺的感性對象的處境。這樣，處境便超越了作為某類特定知覺對象的背景或所在地，而為所有知覺對象的背景或所在地了。再進一步，這所在地、場所也可以不單指有限的的空間或物理空間（一物佔有某一物理空間，便不能容納別的物了），亦可指無限的意識空間。這樣，對象也相應地不只限於是現象性格，只以現象來說，而亦可以本質來說了。

另外，懷德海指出，一般在說及處境時，總會指涉某一種形式，即是說，某一種特定的處境形式。而所提出的辯解，卻未必能適用到另一種形式方面去。但他表明，在所有情況，他都以處境指述對象與事件的關係，而不指對象與抽象的要素的關係。這是說，懷氏說處境，是專就對象與具

---

18 《有關自然知識原理的探究》，頁60。

體的事件的關係言，除此之外，不指其他意味的處境。

　　交代清楚後，懷德海便對事件、對象與處境作一總的描述，以展示三者的時間上的關連。他指出，事件是在時間之中，即具有時間性；對象則在時間之外，沒有時間性。在任何處任何時，當有某些東西繼續存在，活動時，便有事件在內。這表示事件總是有時間性，總是由時間導出，與對象不同。不過，懷氏指出，對象亦可由時間導出，這便是當它與作為處境的事件發生關係的情況。懷氏的意思是，對象存在於事件中，而事件又是一處境時，對象便可言時間性。倘若以現象與物自身這一對詞彙來說，對象是抽象的、客觀的，相應於物自身；但它也可以時間化，而成為現象。這要看它的背景如何，它的背景若是事件、處境，便成為現象了。

　　以上所論述的，是懷氏對事件、處境特別是對象的分析。在總結中，懷氏似乎以惋惜的語態，認為我們把事件分割，把自然分裂為諸部分（其實他自己也不免這樣做），是源於對象，源於我們把它視為事件的組成分子。我們對自然起分別（discrimination），正表示我們在流逝的事件中認取對象。懷氏似有弦外之音：我們對對象與事件的這樣的處理，引致自然的分裂與破壞，這並非人類的福祉。

第十七章　京都學派的懺悔道哲學

　　京都學派是當代東亞哲學中極具分量的哲學學派，由西田幾多郎所創，跟著有田邊元，這是第一代。跟著有很多追隨者，而開拓出第二代、第三代，以至第四代。這學派的核心概念是絕對無，是具有主體性義的終極原理，也是西田以佛教中禪學的無一觀念為中心，吸收了華嚴宗的無礙思想和天台宗的弔詭思考，以及於西方哲學的萊布尼茲（G. W. von Leibniz）、德國觀念論、柏格森（H. Bergson）、詹姆斯（W. James）等的哲學的有用成素，再加上個人的苦心經營和禪坐實踐而建立起來的。這種哲學也稱為場所哲學。田邊元以絕對媒介來理解這絕對無，並建立其懺悔道哲學。第二代、第三代的人也以不同的觀念來解讀絕對無，如久松真一提出無相的自我，西谷啟治提出般若的空，阿部正雄提出非佛非魔，上田閑照則提出禪的人牛俱亡。

　　一言以蔽之，京都學派有兩個流向。一個流向以禪的自力覺悟為主，另一個流向以淨土宗的他力覺悟為主。前者包含西田自己、久松真一、西谷啟治、阿部正雄與上田閑照。後者則包含田邊自己和武內義範。後一輩如尾崎誠和冰見潔也常述論田邊的哲學。這裏聚焦於田邊和他所提出的哲學作些闡述。

一、懺悔和懺悔道

　　田邊元所提的懺悔與懺悔道，表面看來好像很簡單，很容易理解；但認真思考這個問題，則不容易說清楚，主要的問題在它牽涉及生命的一種由懊悔、失望、自責、羞愧、無力種種負面的感受會凝聚、轉化而證成一

種有濃烈的道德的、宗教信仰的巨大的力量。這懺悔活動或行為有一個對象，那便是作為他力大能的阿彌陀佛。當事人要把整個生命存在都託付給這他力大能，向祂告解，表示內心的悔咎與傷痛，祈求祂的慈悲的願力，讓自己從無明、罪惡、卑賤的負面處境翻騰上來，向一個有光明前途的理想趨附，而重獲新生。

懺悔便是這樣一種行為、活動，以哲學的角度、導向來處理這種行為、活動，而建構一套哲學理論，便是懺悔道（metanoetics）。metanoia本來是希臘語，有懺悔、迴心的意味，田邊元把它和淨土宗所歸宗的他力關聯起來，而成就懺悔道哲學（philosophy of metanoetics），開出他力信仰的宗教現象學。這種哲學具載於他的力作《懺悔道としての哲學》中。

在田邊元看來，任何宗教上的救度或救贖，都要依於懺悔，在懺悔活動中證成。兩者是不能分割開來的，它們總是相即地交流著，而成一種辯證的關係。而即在這種辯證法的對峙局面中呈現不同不異的動感的統合狀態。那麼兩者是否在生命中成一個背反呢？所謂背反，是指兩種東西的性質相反，但又總是牽纏在一起，成為一體，不能分離，如生與死、善與惡、罪與福等。我認為懺悔與救度還不能說是一種背反，因為雙方有一種因果關係，不如背反必須設定背反的雙方在存有論上的對等地位。即是，懺悔是因救度是果。任何救度都涉及一種心境上的提升、轉化。這種心境上的提升、轉化，都要基於一種心靈上的自我否定，否定過往作過的行為，然後才能帶出希望與新生。我們不可能想像一個過往作了惡事而又死不悔改的人得到救度。他必須承認自己的過失，而感到後悔，希望能作一些事情，對別人有益的事情，作為補償，即是說，必須要懺悔，改過自新，救贖才能說。田邊似有認為懺悔與救度是一個背反之意，他認為救度與懺悔總是在否定的對立狀態中，不能成為一體，卻又相即交流。這有問題。懺悔為因，救度為果，雙方有一種時序上、理論上的因果關係，不能說背反。

實際上，田邊元對懺悔頗有自己的一套看法，他認為，哲學一方面依從理性的自律而由當前的自我出發。這自我通過由世界而來的限定的一連

串關係，而自覺到絕對無的媒介作用，無中有有，亦即是由空而有，通過死而得生，因而是超越生死的復活的生命。當事人必須有這種信、證。這信、證的媒介行為，正是懺悔。對於田邊的看法，我認為應該注意兩點。第一，田邊提出自我透過由世界而來的限定而自覺到絕對無的作用。媒介經由絕對無的中介作用而成絕對媒介，在這絕對媒介作為精神、意識空間中，種種事物得以相互交集、相互連貫。作為這種種事物的一分子的自我，自覺到絕對無的這種中介作用，與其他自我溝通起來。通過這種溝通，自我自身能對比出自己的過失、錯誤，而實行懺悔。第二，田邊元說自我通過死而得生，因而是超越生死的復活的生命。這個意思有廓清的必要。救度與懺悔不是背反關係，因而不必同時克服、超越救度與懺悔兩個東西，以達致高一層次的存在的、生命的境界，如其後出現的京都哲學家久松真一、阿部正雄所說的那樣。毋寧是，這倒有禪門所說的「大死」、「絕後復甦」的旨趣。這個旨趣是，我們要對生命中的一切負面要素如無明、罪惡、煩惱等作徹底否定，徹底埋葬它們，才有救度可言。必須「大死一番」，才能有復甦的、新生的生命。

　　在關於救度與懺悔的內在關係的問題上，田邊特別強調懺悔對於救度的媒介作用，認為救度需要懺悔才能得到保證，我們實在可以說，懺悔是一種活動，也是一種原理，一種救度原理。田邊指出，救度是需要懺悔作為媒介的，不然的話，救度便不是人的精神對於絕對者的精神的關係。另外，懺悔不單只涉及自己的分別心的問題，還涉及在救度性的轉化中的媒介。若只是涉及心理經驗的話，則這只是悔恨、後悔之類的有限的、相對的經驗事實而已，不能說精神性的體驗，沒有絕對的、超越的轉化意義的行證可言。很明顯，田邊認為懺悔是在精神上、自覺意識上與救度有密切關聯的活動、行為。他雖然未有提到「良知」、「良心」或「道德良知」字眼，但他理解懺悔，是與這種道德主體的道德反省分不開的。即是，倘若當事人沒有德性的、道德自覺的悔意，則一切救度只能是一種機械的、刺激與反應意義的自然活動、事實，不能觸及當事者在精神上、良知上的覺醒，這不是真正的救贖，無所謂「行、信、證」。心理義的、經驗性

的、從分別心說的轉化，不能帶來內在良知的、道德的轉化，只指涉心理的、經驗性的變化，只是心理上的後悔、悔恨而已，而無關於良知的、道德的、自覺的救贖（soteriology），這種轉化亦缺乏超越性、絕對性與永恆性。

　　田邊的這種意思應該不是很難懂。救贖或救度是良知上的、自覺方面的事，自應從精神的層次處理，不能從自然的層次來看。而作為媒介的懺悔，亦應是精神上的、自覺意義的。他還指出，這樣的救贖之路，其大門總是開放的，對一般人來說是敞開的。此中有一種辯證的思維，一般人都能理解。即是，在懺悔與救贖之間有辯證關係，懺悔與救贖之間的媒介作用，即建立在這種辯證關係上。這樣，我們便可清晰地理解到懺悔道對一般人敞開了救度之路。這是一種辯證性格的表現：在絕對轉化的絕對媒介作用中發生的任何肯定都包含否定，和被轉換為否定；在其中，否定可被轉化為肯定，而不必被捨棄。這其實是生命力的一種反彈，這點非常重要。

　　在這裏我只想重申一點：懺悔道哲學對一般人來說，永遠是敞開的，這是毋庸置疑的。其理由很簡單，作為絕對無的條件是媒介作用，這便成就了絕對媒介。懺悔是絕對媒介，它的根源在絕對無，而絕對無是一終極原理，它具有普遍性，因而內在於各人的生命中，因此，每一人都能進行懺悔，這便是田邊元說懺悔道對一般人敞開的理據。關於這點，我們可以說是田邊的宗教哲學對久松的相而無相的超越作用的補充。「無相」雖然克服了一切的對象性，而臻於絕對的境界，但與經驗世界仍在受苦受難的眾生隔離開來，畢竟不夠圓滿。相而無相是必要的，但需要再行深一步，由無相回落到相的世界，以普渡眾生。我們不應只有往相，同時也要有還相才行。

　　田邊對自己的懺悔道的哲學非常有自信，他曾表示自構思這種哲學以來，一切想法都立根於自己個人的實存的自覺。在他看來，在作為懺悔的

自覺的懺悔道之外，不存有其他哲學的途徑了。[1]他又表示，在現實的不合理（按即非理性）的狀況中，他對國內（按指日本）的不正、不義以至偏見與妄斷的事，都有自己的責任感；對於他人所犯上的罪惡與錯誤，有自己也負有責任的感覺。他又承認自己的哲學在解決實際事務上的無力性（按當時是第二次世界大戰末期，日本已呈敗象），因此不得不為自己的哲學的無力絕望而告解、而懺悔。最後，他坦言倘若要再向哲學之路出發，只有懺悔一途。哲學本來便是一種思辯的學問，那是對終極真理的思辯。西方哲學便是一直在這種根本理解下發展的。田邊早年也是學西方哲學起家的，到他接觸親鸞的淨土真宗的教義與實踐，已是後來的事了。為甚麼他說哲學無力呢？我想他是就思辯的哲學而言哲學，這種哲學不能涉足現實的政治、經濟、軍事等務實事情。政治哲學又如何呢？我想也不行，實際的政治家，特別是那些掌權的人，是不大會留意這種哲學的。田邊的哲學有很多精采之點，包含洞見在內，但與現實社會沒有關聯。他的一生只是在大學講課和寫書而已。這從現實的角度來看，不能不說是一種憾事。

　　不過，我們也不應過分低估哲學的力量，特別是在文化形態與價值意識的開拓方面。釋迦、孔子、蘇格拉底等不是一直在影響著東西方以價值標準為主的精神文化麼？田邊的懺悔道哲學雖一時不能有甚麼影響，但它提出一種有普遍意義的道德與宗教活動的理論；就與其他的哲學作比較來說，他的那一套算是與實際的世界距離較短的了。他曾對自己的懺悔道哲學作過估量，提出懺悔不單是一種事後的後悔，那是一種痛苦的憶念，對自己過往的罪過的追悔，或者是一種痛苦的感受，而深深希望那些罪過未有發生過。它是一種自我的突破（Durchbruch）或自我的放棄。這自我突

1　讀者可能認為田邊的這種說法過分誇大懺悔道哲學。不過，倘若我們把哲學只就實踐的導向來說，亦即以生命哲學或生命的學問來說哲學，則懺悔的確是一種非常重要的行為。人不是上帝，不能沒有錯失；只要承認錯失，而樂於懺悔，才有自我轉化可言。自我轉化是一切生命的、行為的哲學的基礎。倘若就這點說，說懺悔道是唯一的哲學路向，並不為過。

破、自我放棄可以激發起生命存在內部潛藏著的正面的強大的力量，讓當事人與過去作過的不當行為徹底地切割開來，而開展出一種全新的生命旅程。以下一節我們便討論這個問題。

二、自我放棄與「大非即大悲」

在田邊元的救度、救贖哲學中，有兩點需要注意，其一是自我放棄，另一則是「大非即大悲」。在田邊看來，當事人由於作了惡事或犯了罪，陷入情感與精神的苦痛中，受到良知的責備，自己無法憑自力解決這些生命上的問題，於是求助於他力，希望藉著阿彌陀佛的願力加被、加持，讓自己從生命的苦痛的深淵中逃出，並且得到覺悟與解脫。這是一般的說法，沒有問題。不過，田邊提出一極其重要之點：他力大悲的救贖行為並不是施與那些完全不作出倫理上的努力，而只抱怨自己的脆弱性、無能性，歌頌他力的全能性的耽於安逸生活而不覺得羞慚的人。他力的救贖只施與那些盡了自力而對自己的無力性感到慚愧，因而實行懺悔的求道者。他特別強調，大悲只會在大非的否定轉化中現成。田邊的意思是，一個人犯了罪，作了惡事，應該全力在自己能力中努力，盡量去解決這惡、罪的問題，即使這樣去作，還是解決不了問題，才應委身於外在的因素，向彌陀佛求助，藉著後者的悲願，讓自己在精神境界上、心靈狀態上得以昇華。倘若不這樣作，光是坐著等候外力的援助，是不會有結果的。他又表示，在求取絕對意義的轉化中，涉及絕對的否定的行為，這作為絕對轉化的絕對否定的行為，亦即是「大非」，是作為救度的大悲而被信、被證的，這是他力信仰的核心點。即是，先有大非然後有大悲。大非是對過往的行為與行為的主體的徹底否定，在這之後，才能有大悲的願力出現，這種大悲的願力，是出自彌陀的至誠悲願的。而這大非即大悲、無即愛或大悲即大非、愛即無是一種具體的、需要親身參與的行動，這是一個實踐的問題，涉及懺悔道的問題，不是可以就理論上的辯解來解決的。關於「大非」、「大悲」、「無」、「愛」這些字眼，常出現於田邊的著作中，

「大非」與「無」是負面說，「大悲」與「愛」則是正面說，兩方面都有辯證的意味。當事人須已徹底否定自己的惡行，才會得到彌陀的大悲助力；而他所蒙受的愛，是從絕對無而來的，這絕對無即是他力彌陀。

　　關於大非即大悲、無即是愛中的「大非」與「大悲」、「無」與「愛」的辯證性格，田邊也表示這種關係不能以邏輯的眼光來看。他提出，倘若大非即大悲這樣的信仰的事實是依某種邏輯而論證出來，則在最早的邏輯便沒有行、信、證的內容，也不是信仰的立場了。這樣便失去他力信仰有別於同一性的神秘主義的成立的理由了。田邊的這種說法，是讓淨土宗的教說特別是淨土信仰與邏輯切割開來，強調在以理性為基礎的邏輯的真理上，還有更深刻的辯證的真理。大非即大悲，無即是愛不是邏輯的真理，而是辯證的真理。在田邊看來，淨土宗的他力信仰中的行、信、證都是實際的行動，當事人只有全力去行動，去信仰，在行動與信仰中與他力的悲願合而為一。越是脆弱而在行動上越是積極的人，便越是淨土悲願要救度的對象，親鸞所提的「惡人正機」便有這個意思，即是，罪與惡越是深重的眾生、根機，便越是救贖的正確對象。這與一般的神秘主義（mysticism）不同，後者不考慮個體的特殊條件而施救，而只籠統地強調抽象的、無分別性的同一性。

　　因此，辯證性格的救度是要考量具體情境的，也有一定的救度程序。在這些點上，田邊在其書中強調只有在懺悔的媒介作用中放棄自己，否定自己的存在價值，只有以這種情況作為媒介，才有救度可言。對於救度的不可思議性的戰慄與感恩，當事人即使是懺悔過，得到救度，也應覺得這仍是不足夠的，難以讓自己繼續生存下去的。這種大非即大悲的不可思議的救度力，並不能消滅這些沉重的罪惡。在懺悔中，戰慄、感恩與誹謗總是在相即相入的循環狀態中，而懺悔與救度、罪惡也交相互動起來。依於這種循環狀態，在懺悔、救度和罪惡中，誹謗與罪惡能夠在懺悔性格的媒介作用中，被轉化為救度，而不必消滅罪惡。這種懺悔的無限構造能引生恐懼與戰慄，但可能讓人傾向於救度的目標。懺悔的媒介作用可以在不斷除煩惱罪障之中讓人得到轉化。

　　對於田邊元的這種語重心長的敘述，我想作如下的說明。第一，以懺悔作為媒介而放棄自己，並不等同於自暴自棄，甚麼也不作，只等待大救星的降臨。這卻表示當事人徹底地要埋葬過去作盡惡事的自己的決心，和期待轉化來臨的熱切渴求。他始終保持著一種謙卑的心態，總是覺得自己改過自新的工夫作得不夠，不值得讓自己繼續生存下去。他越是這樣想，越是這樣否定自己（大非），便越能得到彌陀願力的加持（大悲），越能啟導出不可思議的救贖。當然，這只展示當事人的自省、懺悔與謙卑，並不把救贖置在心頭，作為一種目的。倘若不是這樣，則失卻懺悔道的原意了。第二，在懺悔的活動中，戰慄、感恩和誹謗這三種心態結集起來，而成為一個三位一體（triad）。戰慄是面對自己過往所作過的罪惡的事，感到不安，不能定下心來。誹謗則是咒罵，理性失了常態，自己禁制不了。感恩則是當事人對他力彌陀的悲願表達感激，後者不但不嚴責自己過往的惡行，反而對自己慈悲加持，當事人對這種恩典感念不已。第三，在懺悔道或懺悔性格的媒介作用中，人的邪惡犯罪的心被轉化，而不必斷除煩惱罪障；這煩惱罪障反而可以作為方便（upāya）而被利用，警惕自己，也警惕別人。這是大乘佛教特別是天台宗的圓融智慧的表現：煩惱即菩提，生死即涅槃。

　　以上的敘述，都離不開一個總的確認：懺悔是救度、救贖的媒介。沒有了這種媒介，救贖便無從說起。而真正的懺悔應是發自心的真切的反省與感受，是絕對地自願性格的，不能有任何來自自己之外的壓力在裏頭。關於這點，田邊作出更深入的反省、反思。他指出，在懺悔道中，救度的大非力作為大悲心而運作，絕對無的絕對轉化即以這大悲心作媒介，而懺悔即這樣地成為哲學的通道了。在這裏，田邊提出「無の絕對轉換」，以大悲心作媒介而成就懺悔道，這如何可能，田邊未有解釋。我在這裏姑補充幾句。所謂無（Nichts），是絕對無（absolutes Nichts），它是終極原理，有一定的客觀義，若要作出轉化，成就宗教目標，便得借助能夠運作、運轉的心，這即是大悲心。以大悲心為媒介，把絕對無的訊息傳達到眾生世界，教化他們，便成就所謂「無的絕對轉化」了。這也可以視為懺悔道的

轉化，或哲學的轉化，懺悔道自身便是一種轉化義、救贖義的哲學。

在田邊看來，懺悔是救度的媒介，它的相對的自力成為絕對的他力的媒介，這絕對的他力即是彌陀的悲願。依於此，懺悔為絕對他力所帶引，而被轉換為作惡犯罪之前的心態，體驗到不可思議的、超越的復位的喜悅。我們可以見到，哲學以「媒介的邏輯」把理性（按應指康德所說的純粹理性）媒介進（媒介作動詞解）不可思議的宗教的轉化中，讓人由概念的、理論的並且有否定傾向的媒介，獲致宗教的直接體驗。

這裏所說的宗教的直接體驗，是在實踐的活動中說的，不是在像宗教的定義那樣的概念、理論中說的。以下我們即看田邊如何看懺悔道的實踐義涵。田邊表示，我們以懺悔為絕對媒介來行動，其中的行、信、證是要求絕對知識的哲學的必然要走的路向。而自覺地實踐這種路向的，正是懺悔道。這是他自己所意指的哲學。這不是就懺悔而說「懺悔的哲學」，而是實踐懺悔的他力哲學。進一步說，哲學的懺悔，便是懺悔道。懺悔不是在哲學中作為一個外在的問題而被提出來，也不是止於方法上提出一些規定。他強調，懺悔道是在哲學中發展出來的。哲學需要是哲學的懺悔，才能達致它所要到達的目的地。有（being）是相對的，不可能是絕對。絕對無必須是無，而無是轉化。因此，有作為無的媒介，是轉化的軸心。

按田邊在這裏所說的知識，應是指有關終極的、絕對的真理的知識；這只能透過具有強烈的實踐意味的行、信、證來達致，辯論的、分解的途徑是沒有用的。懺悔的哲學不是思辯的哲學，而是行動的哲學；而懺悔不是拿來說說的，卻是拿來實踐的。在這個前提下，自力與他力便變得不重要了。在實踐中，能夠以自力的方式解決問題，自然很好，倘若不能，而得求助於他力，也無可厚非。人的能力是有限的，他不是上帝。在這裏，田邊把實踐、行動放到最高位置。他強調哲學須是哲學的懺悔才管用；只有在懺悔的行動中，宗教意義的轉化才是可能的。而轉化的根源，正是作為終極真理的絕對無。絕對無是宗教的泉源，它是通過對一切相對性的東西的突破而成就的。相對關係必須先崩潰，才有絕對性的現成。相對關係存在於作為「有」的存在世界中，要達致絕對性，便只能在存在世界中努

力，離開了存在世界，一切都是空談。基於此，有或存在世界便成了絕對無的媒介。在這方面，我們可以看到田邊元的思想在作實效性的轉向（pragmatic turn），也可以說是有實在論的傾向。他很明顯地與西田幾多郎的觀念論的導向分途了。這是他後來批評西田哲學的一個線索。

三、自覺與自我

在這裏，有一個重要的問題可以提出來，那便是自覺的問題：懺悔道在他力的遮蔭下，自覺或主體性意識會不會受到傷害呢？一種哲學倘若缺乏超越的反思與自覺，便會淪於自然論，更精確地說，是機械化的自然主義。一切活動會因此而失去主宰性，其軌跡會由外在的自然現象或因果性來決定，則價值特別是主體性的價值便無從說起。在這方面，田邊也考慮及。他表示，真正的自覺，不是同一性的「生的連續不斷」的自覺，而是作為在絕對與相對之間的「否定的轉化」的「死與復活」的自覺。懺悔的自我放棄與他力的復活的轉化的媒介，加上對自覺的明證，可以為哲學帶來一種客觀的基礎。田邊的意思是，真正的自覺，不是邏輯意義或層次方面的對同一的生的現象的連續不斷地出現的自覺，這是經驗性格的。真正的自覺應是超越的、辯證的；這是對由「否定的轉化」而來的「死與復活」的自覺。這一點非常重要。否定而又有轉化，顯然不是邏輯性的，而是辯證性的，只是其方向不是由正面的肯定開始，而是從負面的否定開始，因此接下來的應是一種肯定，或可說大肯定，在這大肯定中，有「死與復活」的現象學意義的事件不停地出現，而為當事人所自覺。「死」是「否定」，「復活」是肯定；由死到復活，是一種徹底的精神活動，與物理的、身體的經驗性活動無涉。當事人可以在復活、生命的與精神的復活中得到保證，也可自覺到這種復活、復甦。這「死與復活」是一種主體性的活動，但也有客體性、客觀的基礎，其來源應該是他力。

就關聯到他力來說，田邊表示，我們要信任他力，在他力的恩寵下，放棄自我，或自我放棄，把自己的實存性放在自己的死亡之中，才有真實

的實存性可言，才有自由可言。在死亡之中放進自己的實存性，讓這實存性被否定，然後才能確立、認證自己的實存性。這是生命的一個大弔詭，是先死而後生的生死智慧的醒覺。即是說，自己的實存性或生命存在在他力的蔭護和恩寵下，先行自我放棄，必須經過這種自我否定、自我放棄的精神活動，才能建立自己的真實不虛的實存性，亦只有在這種情況下，自由或主體自由才是可能的。他力是客體性（Objektivität），但對主體性並無施加壓力，反而對後者關懷與寵愛；這與他力彌陀的悲心弘願非常相應，當事人在這種情境下仍可享有充分的主體自由。

　　在主體自由與他力之間總保持著一定的均衡關係，主體自由並不是要完全失去自己，他力也不是要一方獨大，把主體自由視為被壓在五指山下的孫悟空，讓它變成完全被動狀態。有關這一點，田邊強調促使我們去放棄自己，正是讓我們回復自己的力量。曾經否定「我們的存在性」，而又讓我們得以復歸於原來的肯定的存在性，是同一的力量。一度單方面承認自己的無價值性與空無性，卻又率真地確認自己對負面價值的反抗性。不思議地，一度被否棄的自我存在轉而為被肯定。我們的存在便是在這種絕對轉化的否定與肯定中被確立的。

　　田邊元的這種說法，展示出他力主義的限度和對主體性的積極觀點。他力對於意志和能力較為薄弱的人是很重要的，當事人在求解脫、求新生的心路歷程中的確很受他力的慈悲願力的影響，但他並不是一面倒地依附他力的助力，他在某種程度上是能保留自己的主體性的。這是因為，如田邊所言，那在開始階段自願放棄自己而委身於他力的悲願的自我，與那最後達致目標，回復原來的自我，是同一的主體性。在整個求道、成覺悟、得解脫的宗教進程中，當事人都能維持自我的主體性。他力是無條件地助成自己的宗教目標，但未有取代自我、割裂自我，自我由始至終都是完整無缺失的。特別是在這整個實踐歷程中，自己憑著他力的慈悲，能夠在自己感到最無價值、最空虛的狀態中，把深藏於自己的生命內部的力量發揮出來，造成生命力的強勢反彈。自我否定的自我轉化成自我肯定的自我；自我始終保持著連貫性，是很不容易的，委身於他力的自我卻能作到。即

是，主體一方面全面地委身他力，把整體生命存在的前程都託付給他力，同時又能保留自己的主體意識、自我同一性。淨土信仰的獨特性與殊勝性，便在這裏。

對於這樣的不可思議的宗教性的歷練與體驗，田邊指出，在懺悔的媒介作用下，對於一切存在都放棄追求，在精神上斷除在刻意的救度義下的存在的回歸、復活，在絕對的大悲心的轉化力之中，才能超越地、媒介地使被轉換的存在回復過來。這是屬於絕對的大悲心、大非力的不可思議的活動。與同一性的自然與必然性無涉。按這種宗教性的歷練、體驗不同於同一性的自然與必然性，雙方也沒有必然的聯繫。這只能說是真誠的懺悔活動與大非即大悲的辯證法的、弔詭的思維運作的結果。在這裏，難免有一些神秘主義的意旨隱藏於其中。既然是神秘主義，我們便不想多說。不過，有一點要指出的是，一切有關宗教理想，也可包含神秘主義在內，都必須通過實際的行為、活動才能竟其功，光是思想或思辯是不足夠的。

四、淨土的世界

以上我們就田邊元提出的懺悔行為和懺悔道哲學補充了禪佛教特別是久松真一的無相的自我的觀點的不足。其中一點是引入淨土宗的還相觀點與實踐，在無相的自我的相而無相的超越導向下，進一步開拓無相而相而回歸向俗事的境域。另外一點是透過懺悔的實踐以強化無相的自我所帶來的貧弱的宗教力量，讓後者變得充實飽滿。這是透過大非即大悲的辯證的思維與實踐而得以證成的。

田邊元的高足武內義範又進一步透過對「阿彌陀佛」的名號的稱念，開拓出一個「我與汝」（I and Thou）的超越的連結，在大地上引發出一種具有現象學意義的神聖的聚合，在其中，眾生在阿彌陀佛的悲願的帶引下，證成一個圓融無礙的淨土世界。這顯然是一種還相的表現。武內強調，就佛的名號的情況來說，兩個活動同時出現。我在當下與阿彌陀的名號相遇，這名號作為永恆性由淨土回流過來。這是以一種在當前的現在中

的我（I）與汝（Thou）相遇合的形式發生的，以那個名號（作為汝Thou）由未來回流過來。在另一方面，在這種遇合發生之際，通過作為一種使召喚和回應連成一體的決定的「南無阿彌陀佛」的宗教活動，那象徵的世界直接地在地上被發現了。按武內的這種說法，有些難懂，要解釋一下，特別是他在歷史面相方面輕輕帶過。文中提到的「兩個運動」，正是精神的兩個走向。其中一個走向是由過去到現在，另一則是由未來到現在。過去表示歷史，未來表示理想、目標。故由過去到現在是歷史的走向，以歷史為主導；由未來到現在則是宗教的走向，以宗教為主導。對於這兩種走向，武內顯然是以價值的眼光來處理，因而特別重視那宗教的走向，由未來到現在。當念頌起阿彌陀佛的名號時，這名號代表淨土，故是由未來回流至現在，或由淨土回流過來。武內以為我與阿彌陀佛的名號相遇是一種我與汝（Thou）的遇合，很顯然地是以阿彌陀佛的名號為淨土，以之為汝（Thou），表示超越的理想。因此他說，在這種遇合發生之際，象徵的世界直接地在地上被發現了。這其實是說淨土世間的實現；象徵的世界即指淨土世間而言。

　　武內進一步強調，這個象徵的世界，作為人與那名號相遇合的背景，也指向世界的敞開，在其中，念佛被歷史地傳播過來。這表示，像海德格的天、地、神、人的結合者那樣，所有的佛都稱頌和保證阿彌陀的名號的世界的實現，每一事物都反照出每一事物來。便正是在這個世界中，如同在布爾特曼（R. Bultmann）的歷史的世界中，與汝（Thou）的相遇，與那名號的相遇，都發生了。按武內義範這樣說，其中的關鍵性的世界，不能依一般理解，被視為現實的歷史的世界、時空的世界，而是作為宗教理想的淨土的世界。在這個世界中，一切東西都是平等的，都具有無比的價值，而且都涵攝其他事物，「每一事物都反照出每一事物來」。這裏說的名號，自然是指阿彌陀佛的名號而言。說念佛被歷史地傳播過來，表示從歷史的層面傳送過來，而成為當前的宗教真實。之所以是這樣，是由於所有的佛的保證，這亦是由阿彌陀佛而來的保證。所有的佛稱頌起阿彌陀佛的名號，而又聯同阿彌陀佛，保證淨土世界的實現。這種說法，完全是宗

教意義的。

　　所有的佛稱頌阿彌陀佛的名號，使我們想到日本淨土真宗的親鸞的主要著作《教行信證》方面來。其中談到誓願的問題。其中的第十七誓願說到諸佛的稱頌的誓願，即諸佛稱頌阿彌陀佛的名號誓願。這表示諸佛通過稱頌阿彌陀佛的名號來讚歎阿彌陀佛的偉大。據一般的理解，這並不是指涉我們對阿彌陀佛的名號的稱頌，而是指涉一件屬於絕對世界的事件：「南無阿彌陀佛」的稱頌出現在正法的彼岸，這件事發生在那超越人的世界的諸法世界中。武內提到，關於諸佛對阿彌陀佛的名號的稱頌如何關聯到我們的念佛的宗教實踐一問題，是難以理解的。不過，他稍後又就這個問題表示，諸佛稱頌阿彌陀佛的名號的實踐，會在我們念頌無礙光如來的名號的實踐中反映出來。這樣便解答了這個問題。他的意思是，我們稱頌無礙光如來的名字，是一種象徵的活動，其中映現出諸佛對阿彌陀佛的名號的稱頌。這自然是從宗教信仰一方面著眼的。武內強調，淨土與這個世界，諸佛與一切眾生，宇宙的合唱隊，回響起那個名號，直徹入十方世界。而在地上的歷史性的念佛的偉業，在這個象徵的活動中，形成一個聚合著天、地、神、人的場所。這樣的象徵活動，如雅斯培斯（K. Jaspers）所說，可稱為絕對的活動。在其中，一切主客的對立都熔化掉，具體的實在以其純粹的面貌出現在活動的場地上。我與汝（Thou）的遇合和呼喚便出現了。

　　這裏主要是要烘托出一種絕對的活動、絕對的境界，也就是淨土的境界。在這種境界中，據武內所說，有三件殊勝的現象顯現出來。其一是事物的主客對立的關係消失了，每一事物都以絕對主體的姿態出現，而擁有無比的、絕對的因而是不能代替的價值。二是具體的實在都以其純粹的面貌出現，即每一事物都不再是現象，不再受時間與空間的約制，而如如地以物自身的姿態出現，一切事物都回歸向它的真實自己、在其自己。三是在這淨土世界中，一切眾生都與作為汝（Thou）的阿彌陀佛的名號甚至阿彌陀自身相遇合，都得到阿彌陀佛的慈悲的本願的憐憫與助力，而走上往生之路，覺悟解脫。

第十八章
純粹力動現象學：哲學與宗教

一、宗教信仰的重要性與體用問題

　　最後，我要闡述一下自己提出來的純粹力動現象學的要義。首先，我構思與建立純粹力動現象學（Phänomenologie der reinen Vitalität, phenomenology of pure vitality）的動機，可以從兩方面來說。一方面是關於宗教信仰的問題。如所周知，宗教信仰非常重要，它能安頓現代人在精神上的空虛感，讓他們憑著一種信仰，使心靈安定下來，專心去做自己的事，實現自己的理想。這種信仰的影響力，有越來越強大、逼切的傾向。在我看來，有宗教信仰是一種福氣，但不能勉強。一個人信奉某種宗教，應該是真正出自他的心願、生命的脾性，作不得假。他虔誠地信奉某種宗教，應該是無條件地接受該宗教的義理的，當然也要遵從相關的儀式來行事。世間上有多種宗教，各有自己的獨特教法與儀式，信仰者各適其適，選取自己最喜歡的宗教。實際上，在很多人的心目中，宗教信仰已經成了他們的生活上的重要項目，不能或缺。在我的理解中，信奉某種宗教，表示對它的教理無條件地全盤接受。能接受的便成為信徒，否則便不會對該宗教起信。信抑不信，接受抑不接受，有很多因素，我們在這裏不擬作深入的、廣面的探討，只表示對宗教的信仰，是一種福氣。有這福氣比沒有這福氣為好。

　　歷史上出現過不少宗教，很多在現時還在流行。我在自己最近所寫的

一本微不足道的小書《宗教世界與世界宗教》中，[1]曾列出其中較重要的，如：印度教、佛教、猶太教、基督教、道教、伊斯蘭教、神道教、薩滿教，也提過一些神話與民間宗教，並且列出一些雖不是宗教但具有宗教功能的哲學如儒學、道家、京都學派。對於這些宗教或哲學，我都不能無條件地接受，因此不能成為它們的信徒，也可以說自己沒有福氣。但我的確很需要有宗教作為信仰的對象。既然現實的、現成的沒有，便只得自己動手，弄一個出來。因此我便要造論，建立純粹力動現象學，作為自己的哲學，也作為自己的宗教。

　　另外一方面是，我很早便看熊十力的書，注意到他先是在南京內學院隨歐陽竟無學佛，特別是唯識學。他提出一個重要的問題：佛教強調諸法本性是空，是寂，但又要普度眾生，這如何可能呢？諸法包括人自身的本性是空寂，無實體可言；若沒有實體，如何能產生力量，以度化自己及眾生呢？普度眾生是大事業，沒有實體生起精神的力量，度化眾生如何說起呢？熊先生便就著這一問題，深入探討下去，最後不談空寂的諸法，轉而歸向《大易》，謂《大易》講生生不息，大用流行。《大易》講生生不息的實體、「易體」，能不停地發出動感、力量，可以勝任普度眾生的大事業。但《大易》是儒家的經典文獻，歸向《大易》，雖然能解決熊先生提出的問題，但卻是援佛入儒，以儒家來取代佛教，這不啻是放棄佛教，而依從儒家，這並不能為佛教解決自身的問題。

　　熊十力在這裏涉及哲學特別是形而上學的體用問題。即是，事物特別是精神，必須具有實體，或便是實體，才能發用，發揮精神的力量，像水力發電機作為機器那樣，發出電能。沒有水力發電機作為根源，發揮電能便無從說起。在形而上學方面，沒有精神實體為根本，便發揮不出精神的力量。熊先生的這種想法是一貫的，在 1949 年以前他寫的《新唯識論》及《十力語要》是這種說法；在 1949 年以後他陸續寫出《乾坤衍》、《明心篇》、《體用論》以至《原儒》，也是持這種看法。只是在《原

1　吳汝鈞：《宗教世界與世界宗教》（臺北：臺灣學生書局，2013）。

儒》一書中，他多引用了幾個「革命」的字眼，又說孔子也講革命，云云而已。

二、佛教中沒有形而上的實體義或體性義的觀念

　　要建立體用論，便得看有無體用關係，這得看在有關宗教亦即是佛教的教法中能否找到具有形而上的實體義或體性義的觀念。倘若能找到，則或可以為佛教建立體用關係或體用論。我因此全面地對佛教中具有終極義的觀念察看它們是否具有形而上的實體義或體性義。我把這些觀念分為主體方面的與客體方面的兩大聚合。主體方面的聚合有般若、般若智、成所作智、妙觀察智、平等性智、大圓鏡智。另外又有佛性、如來藏、如來藏自性清淨心、空如來藏、不空如來藏。客體方面則有空、不空、涅槃、無為法、中道、中道理、中道第一義。作為諦或真理來說的，則有空諦、中諦。以下是對這些觀念的詮釋：

1. 般若、般若智（prajñā），這是《般若經》（*Prajñāpāramitā-sūtra*）所說的智慧，是專門觀照空性（śūnyatā）的智慧，不是實體，無體性義。

2. 佛性（buddhatā），這是成佛的主體，可發出般若智以見事物皆空（śūnya），無自性可得。

3. 如來藏（tathāgata-garbha），這是成就作為覺者的寶藏的潛能，能成就如來或佛的人格的寶藏的潛能。

4. 如來藏自性清淨心（tathāgata-garbha-pariśuddhaṃ cittam），這是就清淨無染的心靈來說的如來藏。

5. 空如來藏（śūnya-tathāgata-garbha），這是本性為空的如來藏。

6. 不空如來藏（aśūnya-tathāgata-garbha），這是說具足種種轉化眾生的功德（guṇa）的如來藏。

7. 成所作智（kṛtyānuṣṭhāna-jñāna），這是唯識學所說的成就世間種

種事務的智慧。

8. 妙觀察智（pratyavekṣanika-jñāna），這是唯識學所說的觀照世間事物的特殊性的智慧。

9. 平等性智（samatā-jñāna），這是唯識學所說的觀照世間事物的普遍性格亦即是空的智慧。

10. 大圓鏡智（ādarśa-jñāna），這是唯識學所說的能同時觀照世間事物的特殊性與普遍性的智慧。

11. 空（śūnyatā），這是佛教所強調的世間諸法的無自性因而是空的性格。

12. 不空（aśūnyatā），這是能成就證成事物的空性的真理的種種功德（不是空的否定面，不是作為空的對反的不空的實體、自性）。

13. 涅槃（nirvāṇa），這是修行者最後獲得覺悟、解脫而感受到的精神境界。他能突破生命的種種苦痛煩惱而證得常、樂、我、淨的境界。

14. 無為法（asaṃskṛta），這是超越、克服一切二元分別意識而證得絕對的、無限的、永恆的終極境界。

15. 中道（madhyamā pratipad），這是不取著於有與無的相對性的不偏不頗的絕對的境界。[2]

16. 中道理，這是作為中道的終極理境。

17. 中道第一義，以中道作為基礎的第一義的、勝義的真理。

18. 中道佛性，這是《涅槃經》（Parinirvāṇa-sūtra）特別是天台宗智顗提出的對終極真理的最全面、最周延的表述方式。中道是理，佛性是心，雙方等同，表示理與心合而為一，主客圓融無礙。這

---

[2] 有人可能會提出天台智顗的三諦的說法，其中有空諦、假諦和中諦。如我在自己很多著作都說到，這涉及我們對龍樹（Nāgārjuna）的《中論》（Madhyamakakārikā）中的三諦偈的翻譯與解讀問題，鳩摩羅什（Kumārajīva）對梵文原偈的漢譯有錯失，讓智顗誤以為龍樹有三諦的說法。實際上，據梵文原偈，中道只是對空義的補充，不能獨立為諦，而成「中諦」。

中道佛性具有常住性、功用性與具足諸法，是佛教中最接近體性
義的終極觀念，但說到底，它仍是以空為性，不是形而上的具有
實體性的本體。

　　由以上的詮釋可以看到，佛教的主要的終極觀念，都沒有形而上的實
體、質體的意味。倘若我們一定要強調事物必須要具有實體、體性，才能
產生作用，新儒學家牟宗三先生便常說有體即有力，無體則無力，特別是
精神作用，以度化自己，同時也度化他人，所謂「普度眾生」，而佛教所
強調的空或中道，都表示一種事物的真相、實相，亦即是緣起（pratītya-
samutpāda），即是空（śūnya）或中道的那種狀態（Zustand, state）而
已。從這個觀點看，熊十力對佛教的空寂之體不能生起力用以普度眾生的
質疑，的確是佛教作為一種宗教的真正問題。

　　在佛教中唯一的一個學派有實體觀念的，是說一切有部（Sarvāsti-
vāda），它提出法體（dharma-svabhāva），視之為具有自性、實體，所謂
「法體恆有」，但這是屬於小乘，大乘諸派都反對它的這種說法，視之為
異端，違離了原始佛教特別是佛陀的緣起無我觀點。我們講佛教，以大乘
佛教為主。

三、對熊十力的體用不二論的質疑
與純粹力動觀念的提出

　　基於有精神實體才能展現精神力量的原理，熊十力為了解救佛教的空
寂的觀點，而回返到《大易》的實體觀，他稱這是「體用不二」。即是，
本體或實體能發出力量、作用以成就人生的種種活動，本體當下自身便能
發出這種作用，而這種作用也必須只由本體發出，不能由其他源頭發出。
本體與作用相互緊密擁抱而存在；就存有論來說，本體與作用是不相離
的：本體是作用的本體，作用是本體的作用。沒有離開本體的作用，亦沒
有離開作用的本體。本體與作用的這種不分離的關係，是所謂「體用不
二」的不二關係。「二」即是分離，「不二」即是不分離。

　　熊十力的這樣的形而上學思想看來不錯，起碼它能避過佛教的空寂的性不能產生作用、功用的困難。不過，倘若更深入地、更周延地考量這種思想，則又會發現一些深微的問題。第一，他說體用不二，是說本體與作用不分離，但本體仍是本體，作用仍是作用。在他的多本著作中，都提過體用雖不二，但還是有「分」，亦即是有分別。這分有本分之意，也有分別之意。從圓教、圓融的角度看，仍是有所不足。[3]

　　第二，熊十力提到本體有複雜性，這也是問題。這複雜性表示本體內有不同成分，或由不同成分構成，這意味著本體可再還原為若干因素，因而不能說本體的終極性。所謂「終極性」（ultimacy）是指不能還原為更根本的成分之意。若說本體有複雜性，則表示本體不是終極義，如是，本體便不是真正的本體。

　　第三，更重要的一點是，我們通常來說在現實的、相對的經驗世間活動，在這個世間中，某種作用或力量的發動、出現，需要有一發動的來源。例如一個農夫，他需要具有健康強壯的身體，才能有足夠的精力下田工作。倘若他生了病，身體虛弱，便缺乏精力，不能下田工作了。上面提到的水力發電機也是一樣。一言以蔽之，我們在這經驗的世間，不論做甚麼事，或以甚麼力量去做事，都需要有發力的源頭、機器以提供力量。機器壞了，便發不出力量去做事了。這是理所當然的，沒有人會懷疑。但倘若我們是在超越的、絕對的世間、環境中做事，是否和在經驗的、相對的世間、環境中做事那樣，需要一個能力、力量的發動的源頭呢？這能力、力量自身是否便可以是源頭、發力的來源呢？這是一個很值得探究的問題。我的意思是，倘若那能力、力量是超越性格的，它自身是否可以作為源頭來發動、活動、工作呢？抑是像在經驗世間那樣，機械性地

---

3 在這裏或前後提到熊十力的說法，其出處都可在拙著《純粹力動現象學》（臺北：臺灣商務印書館，2005）、《純粹力動現象學續編》（臺北：臺灣商務印書館，2008）中多次提及，我在這裏不擬一一再作交代其出處。其他的說法也不再作交代，讀者諒之。

（mechanically）需要一個發力的源頭、發力的體，才能展開活動、工作呢？倘若答案是肯定的，則超越的、絕對的世間與經驗的、相對的世間便沒有甚麼不同了。起碼就源頭與作用、體與用的關係來說是如此。

我把這種超越的力量稱為純粹力動（reine Vitalität, pure vitality）。我的意思是，純粹力動是終極的原理，沒有經驗的內容，它自身便是一種超越的、純粹的活動，自身便具有力量，更精確地說即是，它自身便是力量，便是動感（Dynamik, dynamism），不需要借助一個外在的東西、外在的體來發動。它自身便是力量或力動之源、力動之體，即是，它自身便是動自身，是力動之用，也是力動之體。這樣，就力動言，它同時是體與用。在它來說，體與用完全相同，沒有體用關係，因此「體」、「用」的名相便可廢棄。是不是這樣呢？熊十力提體用不二理論，以體與用不離，體能發用，用發自體；體與用不分離，體與用不二，用必須由體發，是否有機械論（mechanism）之嫌呢？

再說一遍，在經驗世界，可以說體用關係，而且為了瞭然於根源與作用的不同，必須說體用關係。但在超越的世界，超越性格的力量、力動或純粹力動，自身便是一種超越的活動，力量、力動便含於其中，或其自身便是力量、力動，何必要往外尋索一個發力的根源呢？如一定要往外尋索，必無結果，因為自身便是發力的根源，便是體。往外尋索根源，只是騎驢覓驢而已。

四、對於其他有關哲學的疑難

以上簡明地交代了我要造論、構思純粹力動現象學的由來。重複地說，這有兩個面相。一方面是強烈地意欲一種宗教信仰，但在現實上找不到，只有自己動手打造出一種，這便是純粹力動現象學。另一方面是順著熊十力對佛教的批判，在佛教方面努力研究、做工夫，希望在佛教中找到一些說法、觀念，以回應熊先生的質疑。這中間經歷了三十年，並沒有結果，但增加了對佛教及其他哲學的認識，也不算是完全白費。在這段時

期，以至最後構思得純粹力動，有很多波折，也包括三度放洋（日本、德國、加拿大）留學，其中的感受，不足為他人道。[4]在十五年前，我開始造論，接觸過多元的哲學，增加了自己的知識、視野和思考力，又提出對多方哲學的疑難，特別是對儒學、京都學派和康德這幾方面。以下謹提出來供讀者參考。

首先，儒學特別是當代新儒學的牟宗三先生，常言及形而上的終極原理或真實，如天道、天命、天理、道、本心、良知之屬，雖有不同的稱呼，但都是指向同一的作為宇宙創生之源的終極真理。他們強調這宇宙創造之源能創生萬物，神鬼神帝，生天生地（取《莊子》語）。不過，這宇宙創生之源是一抽象的原理，超越於時空的，而萬物則是具體的、立體的，存在於時空之中，此中的創生是如何可能的呢？抽象的原理如何能創生出具體的、立體的宇宙萬物呢？儒學包括傳統的孔孟儒學、宋明儒學和當代新儒學（以唐君毅、牟宗三、徐復觀等為代表）好像沒有面對這個問題作出清晰的交代。熊十力只提過簡單的翕闢成變來回應，但嫌簡略，不能讓人清楚明白。此中顯然有一個宇宙論的推演歷程。即是，抽象的原理進行自我否定、自我分裂，而分化或詐現（用佛教唯識學的用語：pratibhāsa）出宇宙萬象。儒學和其他一些學者如勞思光好像不重視宇宙論的生成與變化的作用。但這宇宙論的生成與變化是一具體化、立體化的原理，要建立萬物的具體性、立體性，非涉及這種原理不可。

第二，天道、天命、天理、道、本心、良知是實體（Substance），因而由它所創生出來的萬事或萬物都應分享其實體性，牟宗三因此而常說

4　可以說的是，構思與建立純粹力動現象學，最原初的動機是為己的，即是，要以這種現象學作為自己的信仰。實際上，我閱讀和寫出那麼多的書，其中很有一部分是為己的。例如，我大半生都生長在苦痛中，那主要是多病所致，因而需要一種哲學來舒緩，於是便寫出《苦痛現象學》。又我是在屈辱的環境中長大和發展的，特別是在求職謀事方面，處處碰壁，於是便寫出《屈辱現象學》。這都是自勉、為己的書；表示苦痛、屈辱不必是自己的敵人，自己可以跟它們交個朋友，和平相處，以減輕和它們所形成的張力和內心的怨憝，讓生活好過一些。至於是否對人有益，則不是最重要的。

「實理實事」，顯示萬事萬物都是真實無妄的，不是佛教所說諸法都是虛妄的。但這「實」的性格，應該有一個限度，不能無窮無盡地「實」下去，以至於堅實到不能改變的程度，而導致常住論。事物若是有常住性，則會變得僵滯，不能變化。若是這樣，便會引生非常嚴重的問題。人若生病，這病若是具有常住性、堅住不改性，則我們便不能寄望這病可以治癒了。推而言之，對於人的負面性格的東西，如苦、罪，一切道德上的教化、宗教上的轉化，便無從說起了。因此，對於這實性，需要有一約制，不能讓它發展到極端的程度。如何約制呢？儒學未有明說。

第三，對於物自身（Ding an sich, thing in itself）的問題，牟宗三先生談得最多。這主要見於他的《現象與物自身》、《智的直覺與中國哲學》二書中。他強調康德認為物自身是睿智的直覺的對象，人沒有這種直覺，故不能知物自身；上帝具有這種直覺，故能知物自身，並且可以創造物自身。他認為人亦可有睿智的直覺，因而亦能知物自身。他並強調儒、佛、道三家都能證成這種認知；程明道講「萬物靜觀皆自得」，這萬物便是以物自身的姿態而呈現。這樣的物自身是作為在存有論上的一種物體而存在的。若物自身只是作為一種存有論的東西而存在，則對我們在生活上並無多大裨益。倘若物自身不光是一種物體，而且是一種行為、行動，具有工夫論的、救贖的意義，則大為不同。即是說，我們的行為，有些是中性的，無所謂善與惡，例如到書局買一本小說來看。但有些行為是具有深厚的道德與宗教意義的，例如不計較自己方面在精神上與物質上有甚麼損害，一心一意去幫助身處於危難中的他人，讓他不致受傷，以至保住性命。這種行為應被視為具有正面的意義、價值，與一般中性的行為大為不同。物自身應有這樣的性格，這便是我所說的物自身的行為的、行動的轉向，它具有濃烈的救贖的意義。我們應該重視、證成物自身的這種行為的、行動的轉向。關於這點，牟宗三好像未有提及，包括當代新儒學在內的儒學好像也沒有提到。我們瞭解物自身，除視之為物體外，並應視之為行為、行動，才能充量證成物自身這個超越的觀念的深厚的意涵。

以下我們看京都學派。京都學派是一個具有多元的內涵的哲學學派，

依國際方面的看法，他們有西田幾多郎、田邊元、久松真一、西谷啟治、武內義範、阿部正雄和上田閑照共三代人物，第四代則在成長中。這些成員各有其自身的學問背景，亦各自吸收西方的哲學和思潮以強化自己的學養。創始者西田幾多郎具有濃烈的哲學的原創性，他吸收德國觀念論、柏格森（H. Bergson）、詹姆斯（W. James）、萊布尼茲（G. W. von Leibniz）等西方大哲的思想精華，又融合東方的思潮，特別是佛教的華嚴宗與禪，以成就其絕對無或場所的哲學。其中的核心觀念是絕對無（absolutes Nichts）。由他以下的學派成員都承受了他的絕對無的哲學觀念，而分別有多元的發展與開拓。以下是我對這種哲學的質疑。

第一，西田幾多郎在他的早期代表作《善の研究》中由純粹經驗出發，建構自己的絕對無的哲學，由此以演化出種種思考與觀念，以及於人類的多項文化成果，如科學、道德、藝術、宗教等等。他講到作為終極原理的絕對無如何開展出現實的存在世界方面，透過絕對無或場所的自我限定來確立自己的世界觀。這在他的晚年著作《哲學の根本問題：行為の世界》與《哲學の根本問題續篇：辯證法的世界》中，以絕對無作為核心的觀念來作自我限定，以成就世界的多元的存在物或事物。他從三個面相來說這自我限定：絕對無的自我限定、絕對無對萬物的限定和萬物的相互限定。這限定是一個存有論的概念，也是一個成就存在世界的終極原則。但絕對無如何透過自我限定以開展出存在世界的種種事物，卻始終含糊其詞，說不清楚。顯然此中需要提出一種宇宙論的推演，交代宇宙中事物的生成與變化。但他所持的是觀念論的立場，與宇宙論特別是不同物類的出現於時空中，有格格不入的態勢。即是說，他總是不能提出絕對無如何自我限定以進行一種繁複的宇宙論的推演來成就存在世界、經驗世界。這不止是限於他自己，整個京都學派好像都要避免觸及宇宙論的推演問題。這樣，現象世界便與作為一切存在的根源的終極真理亦即是絕對無或場所脫了軌，連接不起來。現象世界便呈現懸浮的狀態，沒有深廣的根脈來支撐。這表示京都學派缺乏一個完整的本體宇宙論；這樣的本體宇宙論是不能以絕對無的自我限定輕輕帶過的。

　　第二，對於西田所說的作為核心觀念的絕對無，京都學派自田邊元以下，都是首肯的，並各自以不同的觀念或思想來說絕對無。其中久松真一以「無相的自我」來說絕對無，並提出「能動的無」一觀念。這兩者都是有問題的。以無相的自我來說絕對無，表示作為終極主體性的自我，是遠離一切對象相的。無相即是指超越、克服作為終極主體性的自我的對象相、分別相，而建立絕對無相的自我，使之成為絕對的、真正的主體性。按這樣說自我，偏重於自我的超越性、對經驗性的超離性格。這在義理或邏輯上來說是可以的，但只強調自我的負面的面相，而忽視了它的正面的面相。按一般的理解，自我作為真正的主體性，是正、負面兼具的；正面是它的存在性、世間性，負面則是它的非經驗存在性、出世間性。[5]倘若太強調它的正面性，則會有常住論的傾向；太強調它的負面性，則會有斷滅論、虛無主義的傾向。一個健康的、正大的主體性，應該是同時顧及其世間性和出世間性，而成為「世出世間性」。即是說，應該是超越性與內在性兼備的。超越與內在，都是就世間而言，亦即是就經驗而言。淨土宗一方面講往相，另方面又講還相，即是同時顧及超越性（往相）與內在性（還相）。久松真一提無相的自我，顯然是重視往相、出世間方面，而未有重視還相、世間方面，起碼重視得不夠。

　　另外一個觀念「能動的無」，也是有問題的。若這無是承自西田的絕對無，則上面所說的這絕對無的困難，在久松這裏仍然適用。絕對無不是實體，也不是力動，它的能動性如何說起呢？若這無是來自佛教般若思想與龍樹的空，或禪宗的無，問題也一樣存在。般若思想是專注於般若智的闡述，這般若智基本上只有一個重點的作用，便是觀照諸法的無自性性（aśūnyatā），亦即是空性（śūnyatā）。龍樹繼承了般若思想的空觀，在《中論》中加以發揮。這《中論》的空是甚麼意義呢？我在拙著 *T'ien-*

5　這裏說正面性與負面性，並無估值的意涵，只是就不同的面相而言，並無正面是好的，負面是不好的意涵。

t'ai Buddhism and Early Mādhyamika（中譯本為《中道佛性詮釋學》）[6]中對這空作過仔細的解讀與分析，確定這空有兩種意義：對自性的否定與對邪見的否定，這都是從狀態說，不是從活動說。狀態即是沒有自性和邪見的狀態，沒有力量、力動的意思。至於禪宗的無，都有些實踐的、力量、力動的意涵，但是負面說的，不是正面說的；也沒有實體的意味。慧能在《六祖壇經》中說無一物與無念、無相、無住。這都是實踐義，是超越的主體性或自性的實踐，這超越的主體性不是本體，也沒有實體，動感還是不能說。久松提出「能動的無」，並沒有文獻上與義理上的理據，只增添幾分神秘主義的意味，是不行的。

第三，阿部正雄承接著其師久松真一的能動的無的說法，提出「動感的空」（dynamic śūnyatā）觀念，又在這觀念的脈絡下，提出「自我淘空的神」（self-emptying God）或「淘空的神」（kenotic God）一觀念。此中也問題重重。首先，阿部的老師西谷啟治以空來解讀絕對無，這空正是包括般若思想與中觀學在內的空宗所闡釋的，因此，空是指沒有自性的真理的狀態。既然是狀態，便難以說力量、力動。動感的空便無從說起。至於淘空的神，是阿部提出來以注入基督教的神的觀念中，以化解神所具有的實體性。按基督教是走實體主義的思想之路的，神本身便是一個大實體（Substance）。而佛教則很明顯地是非實體主義的思想，特別是般若思想與以《中論》為依據的中觀學，是以自性的否定來說空的；這自性是實體、本體的形態。因此，基督教的神與佛教的空正是相對反的，我們如何能像阿部那樣，以空注入基督教的神中，以淡化神的本體、實體意味，俾能開拓出基督教的佛教化的道路呢？阿部以這動感的空與淘空的神作為依據與基督教進行宗教對話，注定是沒有結果的。基督教如何能接受淘空的神或神的自我淘空的說法呢？

以上是我對一些哲學或思想所提出的質疑、疑難。我在自己的純粹力

---

[6] Ng Yu-kwan, *T'ien-t'ai Buddhism and Early Mādhyamika*. Honolulu: University of Hawai'i Press, 1993. 陳森田中譯：《中道佛性詮釋學》（臺北：臺灣學生書局，2010）。

動現象學體系中，對於這些質疑與疑難，有善巧的消解。

五、純粹力動的宇宙論的推演
與經驗世界的現成

　　以下我們看純粹力動的宇宙論的推演和如何成就這個現實的、經驗的現象世界。關於這點，我們必須採取一種分解的方式來說明。因為純粹力動作為一終極原理、超越的活動、絕對的力動，是不能獨自存在的，我們一講起這純粹力動，它的存在性已具在於現實的經驗世界的各種事物中了。即是說，世間並沒有單獨的純粹力動，而其中種種事物，亦不會獨立於純粹力動而有其存在性。但為解說上的方便起見，我們擬設在這個經驗世界成立之先，有作為其依據的純粹力動存在，然後這力動依循種種活動，最後形構成這個經驗世界。這便是上面所說的分解的意思。一言以蔽之，我們一說純粹力動，便是指存在於種種事物中的純粹力動；而一說種種事物，便是由純粹力動所創生、所成就的種種事物。這不是說純粹力動與種種事物有一種相即不離的關係，像熊十力所說的體用不二的情況那樣。毋寧應說，純粹力動的存在性，已演化為種種事物，而種種事物，則是由純粹力動所變現、所成就。純粹力動與種種事物不是二，也沒有雙方的「不二」的關係。有二，才可以說不二，若根本沒有二，則不二亦無從說起。亦可以說，有分別，才會有無分別；倘若根本上沒有分別，則亦無所謂無分別。

　　世界的生成，我們姑可這樣作方便的權說：先是有純粹力動存在，之外則是甚麼東西也沒有。在客體方面，純粹力動作為一無經驗內容的終極原理，憑著它本來具足的動感，從抽象的狀態慢慢凝聚起來。這是說力動的凝聚，而有所作為，不是講物質的凝聚，如由氣體變為液體，再由液體變成固體。力動凝聚，便有下墮的傾向，這種傾向使力動的力聚合起來，好像有某種活動，由虛變成實，或由透明變成遮蔽，由清明狀態變成沈濁狀態。最後力動自身凝結，而詐現為氣。氣是物質世界、經驗世界的最底

層次的存在，只是朦朧一片，沒有任何分別性。這樣說次序，頗有朱子理先氣後的意味。但這先後不是時間上的先後，毋寧是邏輯的、理論上的先後。

在氣來說，是物質世界的雛形，但一切仍是渾沌一片，沒有分別。進一步，氣漸漸進行分化，分化為陰與陽兩個面相。就活動的狀態來說，陽氣是剛健的、開放的，陰氣則是柔順的、保守的。這二氣又相互交感、互動，又各自繼續分化，而詐現為種種蘊聚。蘊聚相互碰撞，或相吸相斥，又不斷進行分化，最後詐現為宇宙中萬事萬物。

這裏需要注意一點，純粹力動凝聚、下墮、分化，最後詐現出萬事萬物，它是以其全體存在貫注到萬事萬物中的。因此萬事萬物都分享到它的性格，主要是動感與可變化性。特別是這變化性，它使萬事萬物呈現為一種遊離狀態，而接受其他東西的熏習、影響。因此，包括我們人類在內的整個存在世界，是在不斷變動中的。世界事物的生命、活氣便在這個脈絡中說。

詐現（pratibhāsa）是佛教唯識學的概念，用以指謂作為現象而呈現在我們的感官面前的東西。這是一個很好用的概念，我把它吸收進來，作為純粹力動現象學對存在的一個定位概念，即是，有某件東西放在我的面前，例如一本書，我的感覺機能感覺到它的存在。我能不能確定地說它的存在性呢？我是不是有幻覺呢？這很難說得定。我只能說，有這麼一種東西，好像呈現在我的面前，在我的面前詐現。「詐」便是提出一種假設，說不準的。這本書在我的面前出現，只是好像有這個東西存在而已，未能完全確定它的存在性，只能施設性地說好像有這麼一件東西出現在我的感覺機能之前。這概念可以說到純粹力動方面去，說純粹力動凝聚、下墮、分化、詐現為氣；氣又可進一步分化，詐現為種種蘊聚；這蘊聚又可以再分化，詐現出種種具體的、立體的事物。

上面說明了純粹力動如何在客體方面，經過多種程序，詐現或現起了經驗世界或宇宙的種種事物，這便是宇宙論的推演（cosmological deduction）。在主體方面，純粹力動可直貫地發展下來，成就我們的超越

的主體性，或睿智的直覺（intellektuelle Anschauung）。這睿智的直覺可說為是我們生命中的真我，它具有絕對性、無限性、終極性，能夠照見事物的本質（Wesen, essence），亦即是佛教所說的緣起的性格。即是，現象界的種種事物都是依因待緣而生起的，並無獨立不變的所謂自性（svabhāva）。這是純粹力動現象學和佛教特別是唯識學最接近的地方，雙方在這方面具有很寬廣的對話空間。這裏所說的事物的本質，亦可說是事物的物自身，或事物的在其自己。對於這裏說的物自身，我們不能執得太死板，視之為一種物體，是完整的、不能打碎或解構的「物」。我們最好以意義來說它，這意義即是依因待緣而生起，沒有常住不變的自性，這亦是緣起性。

如上面所說，純粹力動在主體方面直接下貫，而成就睿智的直覺，可理解事物的本質。對於作為現象的萬事萬物又如何認識呢？這涉及睿智的直覺的自我屈折問題。即是，睿智的直覺撒下時空之網，以繫縛萬事萬物，限定之為現象。[7]而自身則進行自我屈折，而成為認知主體，這包括感性（Sinnlichkeit, sensibility）和知性（Verstand, understanding）。這感性與知性可合而為識心，都需在時間與空間的直覺形式中運作。而知性更能提供範疇（Kategorie, category）如因果、實體與屬性之類，以認知現象的普遍性格。而現象的個別性格，則由感性來認知。[8]

識心是凡夫的認識機能，睿智的直覺則是聖者的認識機能。上面說，睿智的直覺可自我屈折而成為感性和知性，亦即是識心，它也可以突破識

7　關於時間，胡塞爾（E. Husserl）在他的《內在時間意識現象學》（*Vorlesungen zur Phänomenologie des Zeitbewußtseins*）書中有深邃的說明。他把時間分為三種：客觀時間、主觀時間、內在時間意識。關於這時間問題，我們這裏不擬作複雜的區分，只就一般的時間說。

8　在這裏，現象的個別性格，相當於佛教的陳那（Dignāga）所提出的事物的自相（sva-lakṣaṇa）；現象的普遍性格，則相應於陳那的共相（sāmānya-lakṣaṇa）；而認知事物的個別性格的感性與認識事物的普遍性格的知性，則分別相當於陳那的現量（pratyakṣa）與比量（anumāna）。

心的障蔽，回復睿智的直覺。識心對事物特別是物體的認知，總是以之為某種質體狀態的東西，是一個整一體，不能被打破打碎的。這有視物體為自性的傾向，這樣的認知是虛妄的，具有執著性。當識心被突破，回復為睿智的直覺，則它對物體的了解，並不視之為一種封閉的、呆板的、不可被打破打碎的，而毋寧是一種結構、構造（structure），是虛靈的，不是死實的。[9]這種認識則沒有執著性。只有這種理解，才能成就胡塞爾所倡導的生活世界（Lebenswelt）。一切理想、價值，都是在這種世界證成的。

六、純粹力動現象學的自我設準

所謂「自我設準」，表示對主體性的理解，或主體性可從多個面相來看。通常一個哲學體系，或有關哲學的發展的歷史，其走向為如何，可以從自我設準方面看。勞思光先生寫《中國哲學史》，對自我設準作過相當詳細的交代。他所提出的自我的設準，或主體性的形態，有四方面：形軀我、認知我、德性我和情意我。形軀我指由我們的軀體所展示出來的主體性或自我，那是屬於物理的、物質的層面，境界難說，通常會被忽略掉。楊朱的拔一毛以利天下的事都不會去做，這是執著於自己的形軀，境界很低，談不上哲學或精神意涵。其他三者都有精神義可說。德性我強調道德的主體性，以道德理性為終極的主體性，這是儒學與康德所重視的。唐君毅先生寫《文化意識與道德理性》便是強調道德的主體性，把它視為人類

9　這樣的結構、構造，令人想起懷德海（A. N. Whitehead）在他的機體主義（organism）哲學中的事件（event）、實際的境遇（actual occasion），兩者都具有終極義。在我國，張東蓀很明顯地意識到這一點。他認為，科學特別是化學所提到的基本的粒子，例如分子、原子，都不能說是物體的最小的、最基本的單位，它們只是構造、結構而已。實際上，這些粒子可以繼續被還原為更根本的粒子，如電子、質子、中子之類。

一切文化活動的總的源泉。[10]認知我則是以感性與知性所構成的認知的主體性，其作用是對現象世界種種事物構成知識，而這些事物在這個脈絡便可成為嚴格的被認知的對象（Objekt）。在認知活動中，主體與對象分得非常明顯，其思想依據是二元論。情意我的意思比較含糊、不確定，甚至是混淆的、隱晦的，它可以是藝術的主體性或美感的主體性，也可以從宗教方面講。藝術與宗教畢竟是很不相同的文化活動，其中最大的分別，是藝術所要成就的是美感欣趣。在其中，作為欣賞者的人與被欣賞的藝術者在精神和形相上有所交流，以至於統一起來，達致超越的無我的境界。宗教則比藝術再進一步，在達致超越的物我兩忘之後，修行者還要從超越的理境中下落到人間、經驗世界，把自己的精神的成果與他人分享，讓他人也能得到宗教的好處，如覺悟、解脫。故藝術可以是出世間的，宗教則必須是世出世間的，你不能置身於不食人間的煙火的出世環境，獨自孤芳自賞，對於世間的種種苦痛煩惱掉頭不顧。勞先生在這方面都未有注意到，對情意如何能觸及宗教的問題，也沒有交代。

　　我在《純粹力動現象學》中對自我的設準作了新的提法。在超越方面，我提出同情共感我與德性我相應，靈台明覺我與美感主體相應，至於宗教的自我，我將之區分為在修行上各有其重點的三個自我：本質明覺我、委身他力我與迷覺背反我。認知我的層次較低，我稱之為總別觀照我。以下一一闡述之。

　　所謂同情共感，是在精神上與他人合為一體，以我心比他心，對於自己與他人，齊等看待。己所不欲，不施於人；己之所欲，施於他人。這是在道德上與他人同情共感，不懷有自我中心主義的意識。這種懷抱，在歷史上，以儒家特別是孔子、孟子、陸象山與王陽明發展得最好，最周延。

10　唐先生在他的晚年著作《生命存在與心靈境界》中以「天德流行」來說儒家，顯示他要把道德的主體性推廣開去，以達於客體方面與形而上學方面，這是在義理上對道德的主體性的開拓的必然結果。道德主體性需要發展到這個層次才能證成它的全幅內涵與義蘊，這也與牟宗三先生所說的道德的無限心相呼應。

能成就道德倫理的價值。

靈台明覺的「靈台」，取自莊子的書。這是一種美感欣趣的心靈，能發出一種明覺作用，照見宇宙世間的美的對象，所謂「天地之大美」，與對象結合為一體，達致無我的超越境界。能成就藝術。

在宗教的自我方面，首先是本質明覺我。這種我或心靈具有很強的明覺性，能照見宇宙萬物的因緣生起性，因而不具有自性這種本質，故對它們不執著。或者說，它能徹底照見萬物皆是作為終極原理的純粹力動經過多次分化、詐現的程序而成，對它們不予癡戀，亦不捨棄，而保持一種不取不捨的態度。能具有這樣的正確的見解，便不會墮入邪見中。不起邪見，便不會生起虛妄的行為，而遠離煩惱。由此可成就解脫、救贖的宗教理想。倘若人自身具有強烈的本質明覺的能力，自己便能成就解脫與救贖，便是自力主義。這最明顯表現在慧能的禪法中。

委身他力我是他力主義。當事人氣稟比較遲鈍，沒有足夠的能力進行自力覺悟，便得依賴自己以外的因素、力量以求覺悟，所謂「他力大能」。這他力大能可以指淨土宗的阿彌陀佛，或基督教的上帝。這種實踐取徑表面上看似為容易，境界不高，但實際上不是這麼簡單。當事人要對他力大能具有絕對的信賴，無條件放棄自己的主體性，把整個生命存在託附予他力大能，依之以成就解脫。

至於第三種自我：迷覺背反我，則比較複雜。即是說，在生命存在中，自我由兩種因素組合而成：迷與覺。或染污與清淨，人欲與天理，或魔性與神性。這自我是一個背反（Antinomie, antinomy），背反的雙方的性質相反，但總是纏繞在一起，不能分開。我們不能取覺而捨迷，以成就覺悟、解脫。天台宗的一念無明法性心便是一個明顯的例子。解決之途，是要從背反的內裏求取突破，超越上來，把背反的相對性壓下去，以成就真正的、絕對的覺悟的主體性。

以上所說的五種自我：同情共感我、靈台明覺我、本質明覺我、委身他力我和迷覺背反我，都可以開拓出文化的活動與成果：前兩種自我可分別發展出道德與藝術，後三種都可各自發展出宗教。至於總別觀照

我，則可發展出科學，不過，它的層次比較低。科學求真，道德求善，藝術求美，宗教則求神聖。人類的精神活動，可概括於這四者之中。為甚麼科學的層次較低呢？因為它是由經驗性的心識開發出來的，而道德、藝術與宗教則由超越的主體性開發出來的。以佛教的詞彙來說，作為真理，科學是世俗諦（saṃvṛti-satya）的真理，道德、藝術與宗教則是勝義諦或第一義諦（paramārtha-satya）的真理。

七、實體主義與非實體主義

以下我們從探討主體性或自我轉到形而上學方面來。東西方的形而上學，自古及今，基本上都是分為實體主義（substantialism）與非實體主義（non-substantialism）。其分別在於實體（Substance）的有無。有者為實體主義，無者則是非實體主義。不過，關於實體和非實體，東西方哲學有不同看法。就西方哲學言，早期希臘哲學的柏拉圖（Plato）以理型（Idea）為實體。宇宙間有很多不同的理型，它們有實在性，在現實世界中各自有其自身的仿製品。理型是最圓滿的，它是形式。它的仿製品則是有缺憾的，不是完全圓滿的，因為這仿製品有物質成分，凡是物質都不可能是完全圓滿的。另外，理型雖有常住性、不變性，但沒有動感，它們存在於不動的理型世界中。這便是所謂「實在論」（realism）。之後的亞里斯多德則提出實體或基底（Substratum），這是西方哲學的典型的實體說。這實體作為一切現象世界中的事物的基礎，常存不變，但可以說動感，它與一些形而上學的原理如動力因和目的因相配合，而有一個發展的歷程。再後便是宗教時期，基督教（Christianity）與天主教（Catholicism）都強調一個人格性的神。如人一樣，有感情和意志，而且具有創造性，包括我們人在內的整個宇宙的事物，都是這人格神所創造的。到了近現代，羅素（B. Russell）他們吸收了柏拉圖的實在論，以實體為實在，同時也承認在時空中存在的一切事物都有實在性，這便是「新實在論」。

　　東方方面，其實體主義的形而上學主要是由印度和中國發展出來的。印度方面有婆羅門教（Brahmanism，今為印度教 Hinduism）和六派哲學這個傳統。婆羅門教肯定一個作為實體的大梵（Brahman），這大梵是終極原理，具有創造性。它創造整個宇宙，同時也把自身的性格分流到萬物方面去，因此萬物自身都有梵的清淨因素。這樣的實體自然是具有動感的。中國方面則有儒家與道家。儒家的形而上學也分幾個階段，主要是先秦時期與宋明時期。先秦時期講天道、天命，再加上《大易》講的乾道：乾道變化，各正性命。強調對萬物的生生不息，這自然具有強烈的動感，是創造之源。宋明時期繼之，講誠體、太極、太虛、理、本心、良知等，都是具有創造性、動感性的實體。這種實體有很強的道德性格。至當代新儒學，則有熊十力講的本體與牟宗三講的道德形而上學。道家方面，則主要有老子的道、無和莊子的自然、天地精神。老子的形而上學強調客觀的實體，莊子的形而上學則重視實體的主觀的實踐境界方面。

　　實體主義以實體為終極原理、絕對真實；非實體主義則以非實體為終極原理。二者以一種對比的、對反的方式來說終極原理、絕對真實。非實體是甚麼呢？它不是虛無主義所說的一無所是、一無所有，而是一種以非估值意義的負面方式、消極方式來表達終極原理。這種形而上學的思考方式為東方哲學與宗教所擅長，西方方面則比較少見，但也不是完全沒有。像以艾卡特（M. Eckhart）與伯美（J. Böhme）所代表的德國神秘主義（Deutsche Mystik）便專擅這種方式，近代的懷德海和海德格分別發展出存有（Sein）哲學與機體主義（organism）哲學，較受注意。德國神秘主義原本來自基督教，他們也說神，但以無（Nichts）來說神的本質，而人的本質也是無。這可間接推導出人與神是同質的，神不是高高在上的不能被攀附的人格實體，人不必攀附祂，因為雙方是同質的。

　　東方方面，其非實體主義的形而上學則有佛教的空觀與禪的無觀。空（śūnyatā）與無都是無實體之意，其正面內容則是一種虛靈而明覺的主體性，它不具有自性、實體，但是實踐的基礎，是在實體主義之外的一種透過禪定與觀照來體證終極真理的方法。這與佛教的邏輯與知識論的「觀

離」（apoha）概念有相通處，雙方都是透過「否定」、「沒有」來說「有」。道家的莊子的思想也屬於這種路數，例如他以「無用」來說「用」，以「不言」來說「大辯」（殊勝的辯知），以「稀聲」（無聲）來說「大音」。在近現代，把非實體主義發展到高峰的，首推日本的京都學派。這京都學派是日本當代最傑出、最受到國際關注的哲學學派。它的始創者是西田幾多郎，繼承的是田邊元。然後有第二代的久松真一與西谷啟治。之後第三代有武內義範、阿部正雄與上田閑照。這是國際方面的看法。在日本國內，則有不同的看法。他們重視西田幾多郎與田邊元，但在第二、三代方面，他們提出不同的人物，除久松真一和西谷啟治外，他們提出高山岩男、高坂正顯、鈴木成高、下村寅太郎、務台理作、木村素衛、唐木順三、辻村公一、九鬼周造、和辻哲郎、山內得立，甚至包括有左傾傾向的戶坂潤和三木清，和禪學泰斗鈴木大拙。他們基本上都認同西田提出的作為終極真理的絕對無（absolutes Nichts）和場所。當然，各個成員有其自身對絕對無的詮釋，另外也各自受到西方哲學的不同的影響。另外，西田在其成名作《善の研究》中闡述的純粹經驗一觀念也備受重視。西谷啟治的高足花岡永子曾提出五個哲學觀念的典範（paradigm）：相對有、相對無、絕對有、虛無和絕對無。這自然是就形而上學而言的；其中相對有與相對無落於相對主義，其問題是明顯的。至於絕對有，她基本上是就西方哲學的實體觀來說，這實體是永恆的、普遍的、不變的。自我也是一實體，不能超越，因此，佛教的無我的實踐便不能說。虛無（nihil）則類似尼采的虛無主義的虛無，主要是對既有價值的懷疑與破壞，但只是負面的作用是不足的，它還要向空、絕對無方面轉進。最後的絕對無，是承接著西田的說法而作進一步的開展。她非常強調絕對無的宗教哲學的轉化，指出絕對無是透過宗教經驗而體證得的，這包括自我的覺醒，和對自我與世界的合一的自覺經驗。另外，華裔美籍學者唐力權教授近年倡導場有哲學，吸收了懷德海的機體主義思想與《易經》的變與不變思想，闡發事物的相對相關而沒有常住不變的實體的性格，亦可視為一種非實體主義的哲學。

八、純粹力動之超越與綜合絕對有與絕對無

　　絕對有與絕對無作為分別概括東西方形而上學的兩大體系實體主義與非實體主義的核心概念，是非常值得探討的。雙方各有其殊勝性和限制性。我們在這裏略作一些說明與評論，然後看純粹力動如何能綜合此中的殊勝性和超越其限制性。先看絕對有。上面提過，絕對有有其充實飽滿的實體性，這種實體是健動性格，能夠不止息地發揮其健動的力量，以創生宇宙中的萬事萬物，給予它們存在性，同時引導它們如何去運行、發展。它創造宇宙萬物，同時亦把自身的實體性與健動性，貫注到萬物中去，使它們也具有充實的內容、體性和剛強的力量，而生生不息地發展下去。在西方的形而上學，除柏拉圖的理型外，其實體都是具有動感的，由實體而生動感，而具足力量，以開拓出種種多元的文化活動與文化成果。牟宗三先生常說有體才有力，無體則無力，他是這樣解讀體力一概念的。分解地說，知性主體能瞭解作為對象的事物，以成就知識的成果，道德實體能夠創生萬物，並引導它們沿著道德的導向運行，以成就道德的行為，所謂「天地之大德曰生」、「萬物並育而不相害，道並行而不相背」。此中有人的倫理，也有物的倫理，後者可以開出環保的思想。這種道德的創生活動，以西方的基督教和東方的儒家最為顯著。儒家講「親親仁民而愛物」來作道德實踐的原則，此中的終極關心，有親疏厚薄之別，以照顧現實的問題，也同時以德澤萬物。基督教則強調神創造天地萬物，並賜予他們自由意志，讓他們各展所長，各自發展。又強調神道成肉身，化身為耶穌，委屈傴僂，受盡種種苦痛，最後被釘上十字架，為人贖罪，以寶血清洗他們內心的邪惡，赦免他們的罪行，以成就宗教的文化。

　　再說絕對無。作為終極原理的絕對無，它以虛靈無滯礙的本性，靈動機巧地作用，不滯著於事物之中，而能體證得事物的本質，了達它們的善巧的相互攝入、相互摩盪的關係，從而在世間進行道德的教化與宗教的轉化。絕對無以其靈動機巧的性格貫注到萬物方面去，因而萬物也分享了這種虛無的、沖虛的性格，不固守其原來的狀態，卻是有很強的可塑性與熏

習性，道德的教化與宗教的轉化便能暢順地進行而竟其功。這在佛教與道家中有很明顯的表現。佛教倡導諸法的緣起性、無自性性，不會自我黏滯而固守其常態，而能配合周圍的環境，在工夫論與救贖論方面作理性的運轉，在人方面由虛妄染污的心識轉而為真實清淨的智慧，在物方面由膠著的、固結的狀態轉而為虛靈的、流暢的狀態。這可以成就宗教的覺悟的、解脫的文化。禪更是大乘佛教發展到最圓熟的宗教形式，具有最高的靈巧性。眾生能在當下一念中自我淨化，轉迷妄而為明覺，「放下屠刀，立地成佛」。不需歷劫修行，頓然的、一下子的覺悟是可能的。道家特別是莊子則強調自然，以泰然處之（Gelassenheit）的平等襟懷，「順物自然而無容私焉」。此中的心靈是完全敞開的，對於人與萬物都能讓其自由自在地發展，「不塞其源，不禁其性」，可以成就美學或藝術的文化。

　　但絕對有與絕對無並不一定能表現出上面所述的殊勝性。倘若處理得不當，它們也會出狀況，而引致一些負面的問題，讓我們的生活變得困難重重。絕對有具有很強的動感，那是它的實體特別是精神實體所散發出來的，這得假定精神實體是在正常的運作中。問題是這實體有時會自我退化，而變得遲鈍，或者受到其他因素的影響，發不出力量，反而凝固起來，僵硬起來，其生命力不能施展出來，而成為一個死體。最嚴重的是，當它的堅實性無限制地住著、滯留在這固實不化的狀態，不但不能作正常的運作，反而變得不動不轉，不能自我鬆開，不斷向內凝結，不能變動，不能轉變。由於它本來是終極性格的，它不起動，其他的東西也拿它沒有辦法，這樣，它便淪於死寂而沒有生氣的狀態，有常住論的傾向。常住論是很可怕的，它便是僵固在那裏，不能變化，好的面相繼續表現為好，壞的面相也繼續為壞。好像一個人生了病，若這病有常住性，則我們不能期待它會變好，回復健康，只會內部不斷沉淪、腐化，到最後是自我毀滅，自我解構。另方面，絕對無也會遭遇到另外的問題與困難。絕對無由於是虛通的性格，這種虛通性有時守不下來，而變成不斷弱化的虛空，缺乏生命的力量，越來越變得軟弱、疲弱無力，而發展、下墮為虛無主義。這樣便甚麼也做不來，只會慢慢地、不斷地自我衰退，不但幫不了他人，也幫

不了自己。一切都變得沒有意義，沒有價值，而淪於大虛脫的狀態，這真是一切皆空（空無）了。

純粹力動作為一終極原理，則能免卻絕對有與絕對無的弊端。由於它是一超越的活動，力量便自然內在於其中，我們不必為它在外面尋找一個作為體的根源，由體生發出力量。它自身便是體，便是用，體、用在這種狀態下完全是同一，沒有絲毫的不同。故體用關係可以廢掉，我們亦不需在這個層次施設「體」跟「用」這對形而上學的名相。體與用是徹裏徹外、徹上徹下的圓融，沒有一般的「體能發用、用由體發」的機械主義的（mechanical）關係。這機械主義的體用關係可應用在一般的經驗的、實用的、現象的層次中，也必須要內在於這層次中，我們才能過善巧的、正常的現實生活。但在終極的層面，體與用是絕對地圓融、同一，這不是要魔術，而是義理上是如此，此中有理論上的、邏輯上的必然性。這樣，純粹力動能周流不息地作用，不會僵硬化、滯礙化，也不會衰退化、虛脫化，它永遠都能保持其靈動機巧的本性。

要注意的是，我們在這裏提出絕對有、絕對無和純粹力動作為終極原理，並不是表示有三種終極原理。終極原理有終極義，不能被還原為更基源的因素了。因此終極原理只能是一，而這一亦不是數學上的一，而是絕對義。絕對有與絕對無表示兩種表述終極原理的語詞，但都各有不足、不周延之處。我在這裏所提的純粹力動，是較周延的提法。它一方面綜合了絕對有與絕對無作為終極原理的正面功能、善巧性；另方面也能避免作為終極原理的絕對有與絕對無由於不妥善的處理而分別陷入的困難：常住論與虛無主義。由於純粹力動具有豐富的內容，它的動感或力動應是毋庸置疑的。這種力量是恆常地發展下去的，不會有止息之時。我們有時覺得周圍環境的幽靜，一切都是那樣的寂寥，好像沒有甚麼東西在變動，那只是我們的感官特別是聽覺不夠敏銳，聽不出有甚麼東西在動而發出聲音而已。其實純粹力動是恆時在動感中的，沒有止息不動的時刻，而淪於常住論。倘若有止息不動，則它由不動轉而為動，需要一個因素。這因素不可能是外在的，它必須是超越性格的，而不能是經驗性格的。超越的純粹力

動不會為任何經驗的東西所影響，包括轉動方面。這因素若是內在的，即存在於純粹力動自身，則純粹力動便會恆時在起動，發揮作用，不需憑藉其他的因素。

另方面，純粹力動也不會完全寂靜，沒有任何活動，像人死了那樣。它自身是超越的活動，因而自身便是超越的力量，不需要往外面尋求一個體，或有實體、體性的東西，由這東西生發出力量來。它自身便是體，我們不必頭上安頭，或騎驢覓驢，為它找出一個源頭。因為這源頭不是別的東西，而就是它自己。

再有一點要注意的，純粹力動概括實體主義與非實體主義，因而也涵攝兩種力動或力量：剛健的力量與柔美的力量。這兩種力量也不單獨的存在與表現，而是相互兼包的。即是，剛健的力量中有柔美性，柔美的力量有剛健性。只是偏向不同而已。實體主義的力量主要是剛健性格的，但並不排斥柔美的成素，而是剛中有柔。而非實體主義的力量主要是柔美性格的，但並不排斥剛健的成素，而是柔中帶剛。這種現象可以在科學、道德、藝術與宗教的文化活動中看到。例如道德，我國傳統的說法是道德具有剛健的性格、力量，它發自道德的實體。在純粹力動現象學中，我們不說道德的實體，而說同情共感的自我或心靈。這心靈是進取的、積極的，我們對於他人的感受有同情共感的懷抱，因而以精進不懈的心去對待他人。此中不必有剛愎自傲的態度，以為自己高人一等，卻是以平和的、謙卑的心去對待他人，讓他人的內心感到你的溫婉柔順。而在藝術方面，它的基本性格是柔順的，以這種靈台明覺我的心靈去創造和欣賞藝術作品，以至大自然的現實的景物，此中的主調或感受是平淡諧和，但也有激越的表現。我們以平和的心境去欣賞西湖的湖光山色，也可以激昂的心去看三峽的滔滔流水，在兩方面都可以享受到美感。在中國山水畫方面，我們可以以寧靜而致遠的心境看倪雲林的近樹遠山，也可以以激盪的心境看馬遠的斧劈奇境。對於其他的藝術種類，都可作如是觀。這是因為我們的心靈本來便具有這兩種生命情調：剛健與柔美，只是著重點不同而已。這兩種生命情調分別發自絕對有與絕對無，兩者善巧地構成我們的心靈、自我。

此心靈、自我的背景，正是純粹力動。*11*

九、存有透過顯現以證成自身的本質

上面說抽象的純粹力動作為一超越的力動，依循一種本體宇宙論的推演，凝聚、下墮、固結、詐現而為氣，氣又進一步分化而成蘊聚，蘊聚再分化、詐現為萬種事象或物體，此中有沒有一種律則或原理，讓純粹力動必定這樣做，而顯現它的存在性與動感呢？這讓我們想到海德格的一句重要的話語：

Sein west als Erscheinen.*12*

這意思即是，存有在顯現中以證成其本質（Wesen）。這是一句分析命題，即是說，存在必會透過顯現來實現它的本質。光是存有而不顯現，不證成其本質，是不可能的。或者可以說，存有與顯現有一種內在的連繫的關係。按在胡塞爾的現象學中，顯現或現象與本質是合在一起說的，這樣說顯現，才有價值意義、理想意義的導向，才成為現象學（Phänomenologie）。在這點上，胡氏顯然有要把康德遺留下來的現象與物自身的分離問題加以解決的意欲。因而才有本質是具體物（Konkreta）

---

11 我時常到日本旅行，最喜歡到那些有海水拍打、衝激巨大的岩石的地方，這種景象日本人稱為崎。伊豆半島便有很多這樣的崎，如石廊崎、波勝崎。這種景象，能發出很強的動感，特別是看到海水衝擊岩石而濺起四、五公尺的浪花，讓人很有震撼的感覺。我因此戲作比喻，以巨岩象徵絕對有，海浪象徵絕對無，整個海水湧動的震撼現象，亦即蘇軾所說的「亂石崩雲，驚濤拍岸，捲起千堆雪」象徵純粹力動。讀者若到日本，可以到海邊體會一下。

12 M. Heidegger, *Einführung in die Metaphysik.* Tübingen: Max Niemeryer Verlag, 4. Auflage, 1976, S. 108.

的奇怪說法。[13]本質既是結合著現象來說，則本質只能是關聯著現象說的本質，現象既是具體的，本質自亦可說是具體的。而本質既要顯現、開顯，結果是具有本質義的物自身勢必要從消極義、遮蔽義中轉化過來，而成為具有正面義的、顯現性格的、積極意涵的狀態。康德的物自身的問題便得以解決。

　　純粹力動的本體宇宙論的推演，也可透過胡塞爾與海德格以上的觀點來說。即是說，純粹力動不會停留在一種靜態的、不動的、超越的狀態，它必然會凝聚、下墮、分化而詐現出萬事萬物。這便是它的顯現，在這顯現中，它證成了自己的本質。現在跟著而來的一個問題是：純粹力動的本質是甚麼呢？這是一個相當困難、頭痛的問題。我們不能就作為它的文化開拓的成果的科學、道德、藝術、宗教來說它的本質，不能說它的本質是真、善、美、神聖。因為這會讓它返回到熊十力說本體有複雜性的問題，這會讓純粹力動被還原為這些複雜的因素，如真、善、美、神聖，這樣純粹力動便不能成為不可被還原為更基源的成素的終極的原理了，它的終極性便不能說了。

　　到了這個限度，我們只能說純粹力動的本質是動感（Dynamik）。它的本質使它不停在運作、活動，以那幾個自我設準：總別觀照我、同情共感我、靈台明覺我、本質明覺我、委身他力我和迷覺背反我為基礎而不停動轉，而開拓出科學、道德、藝術、宗教這幾方面的文化成果。至於它為甚麼開拓出這些文化成果，而不開拓出另外的不同的文化成果，這牽涉及很多具體的、現實的歷史的與地理的問題，不是單純地靠理想主義所能解決和決定的。我們也可以這樣說，這種情況不是現象學或哲學要探討的問題，這是人類民族學、人類社會學的問題。我們可以在這裏擱置不談。

　　另外一個可能的問題是：我們說純粹力動，說人，說他的文化成果，

---

13 E. Husserl, *Ideen zu einer reinen Phänomenologie und phänomenologischen Philosophie. Erstes Buch: Allgemeine Einführung in die reine Phänomenologie.* Neu herausgegeben von Karl Schulmann, Den Haag: Martinus Nijhoff, 1976, S. 153.

是受限於地域的。即是，我們是以地球作為大背景、大環境來說，至於地球以外，太陽系的其他星球，以至太空的星際之間的問題，例如外星人問題，又如何呢？我們只能說，我們目下擁有的科技知識，只容許我們集中說地球的情況，至於地球以外的情況，限於科學、科技知識，只能擱下不談。

十、純粹力動現象學的規模

　　以上的闡述很明顯地是一元論的形態，一切事物、概念、觀念最後都歸宗於純粹力動。而這種一元論，是綜合了很多哲學思想與個人的思考、整合而來的。每一個哲學體系，基本上都是依著這種方式而成立，很少是完全獨創性格的。純粹力動現象學也不例外，我是踏著很多先賢的肩膊而攀上去的。即是說，這套哲學是吸收和消化了很多前人努力的成果再加上自己的用功而成的。在這裏我想報告一下我的整個造論或著書的規模以結束本文：

一、形而上學

　　1.《純粹力動現象學》，臺北：臺灣商務印書館，2005，1075 頁。

　　2.《純粹力動現象學續編》，臺北：臺灣商務印書館，2008，660頁。

　　3.《純粹力動現象學六講》，臺北：臺灣學生書局，2008，137 頁。

二、量論

　　1.《西方哲學的知識論》，臺北：臺灣商務印書館，2009，397 頁。

　　2.《當代中國哲學的知識論》，臺北：國立臺灣大學出版中心，2013，499 頁。

　　3.《早期印度佛教的知識論》，臺北：臺灣學生書局，2014，263頁。

　　4.《佛教知識論：陳那、法稱、脫作護》，臺北：臺灣學生書局，2015，357 頁。

　　5.《純粹力動現象學的知識論》
三、文化開拓
　　1.《科學、道德、藝術、宗教現象學》

參考書目

一、本書目只收錄著書，不收錄論文。

二、收錄以下四種語文之著書：中文、日文、英文、德文。

三、中、日文著書依作者筆劃數目排序。英、德文著書依作者羅馬字次序排序。

四、中文著書方面若無外國作者名稱之中譯，則按作者羅馬字次序列出。

五、日文著書方面若無外國作者名稱之日文漢字標示，則依作者之假名次序列出。

一、中文

卜祥記著《哲海探航：20 世紀中國哲學的艱辛開拓》，北京：西苑出版社，2000。

小野澤精一、福永光司、山井湧編，李慶譯《氣的思想：中國自然觀與人的觀念的發展》，上海：上海人民出版社，2007。

上田義文著，陳一標譯《大乘佛教思想》，臺北：東大圖書公司，2002。

王志成著《和平的渴望：當代宗教對話理論》，北京：宗教文化出版社，2003。

王志敏、方珊著《佛教與美學》，瀋陽：遼寧人民出版社，1989。

王建元著《現象詮釋學與中西雄渾觀》，臺北：東大圖書公司，1992。

王治河著《撲朔迷離的游戲：後現代哲學思潮研究》，北京：社會科學文獻出版社，1998。

王治河、霍桂桓、謝文郁主編《中國過程研究》第一輯，北京：中國社會科學出版社，2004。

王亞平著《基督教的神秘主義》，北京：東方出版社，2001。

王國維著《人間詞話》，王幼安校訂《蕙風詞話、人間詞話》，香港：商務印書館，1961，頁 191-261。

王唯工著《氣的樂章：氣與經絡的科學解釋，中醫與人體的和諧之舞》，臺北：大塊文化

　　　出版公司，2002。

王路著《讀不懂的西方哲學》，北京：北京大學出版社，2011。

王德勝著《宗白華美學思想研究》，北京：商務印書館，2012。

王憲鈞著《數理邏輯引論》，北京：北京大學出版社，1982。

王曉梅著《齊白石書畫鑒賞》，北京：中國輕工業出版社，2009。

木村泰賢著，巴壺天、李世傑合譯《人生的解脫與佛教思想》，臺北：協志工業出版公司，1991。

毛峰著《神秘主義詩學》，北京：生活・讀書・新知三聯書店，1998。

文史哲編輯部編《知識論與後形而上學：西方哲學新趨向》，北京：商務印書館，2011。

文德爾班著，羅達人譯《西洋哲學史》，臺灣：臺灣商務印書館，1998。

中村元著，吳震譯《比較思想論》，杭州：浙江人民出版社，1987。

中國收藏家協會書畫收藏委員會編《中國書畫精品賞析》，北京：文物出版社，2008。

中國社會科學院哲學研究所編《哈貝馬斯在華講演集》，北京：人民出版社，2002。

中國現代哲學史研究會編《中國現代哲學與文化思潮》，北京：求實出版社，1989。

巴托莫爾著，廖仁義譯《法蘭克福學派》，臺北：桂冠圖書公司，1998。

K. 巴特著，戈爾維策精選，何亞將、朱雁冰譯《教會教義學》，香港：三聯書店，1996。

方立天著《佛教哲學》，臺北：洪葉文化事業公司，1994。

瓦格納著，楊立華譯《王弼《老子注》研究》上、下，南京：江蘇人民出版社，2008。

尼采著，周國平譯《悲劇的誕生》，桂林：廣西師範大學出版社，2001。

弗里德里希・尼采著，張念東、凌素心譯《權力意志：重估一切價值的嘗試》，北京：中央編譯出版社，2000。

保羅・尼特著，王志成譯《宗教對話模式》，北京：中國人民大學出版社，2004。

保羅・尼特著，王志成、思竹、王紅梅譯《一個地球多種宗教：多信仰對話與全球責任》，北京：宗教文化出版社，2003。

科林・布朗著，查常平譯《基督教與西方思想》，上下冊，北京：北京大學出版社，2005。

田中裕著，包國光譯《懷特海：有機哲學》，石家莊：河北教育出版社，2001。

休斯頓・史密士著，劉安雲譯《人的宗教：人類偉大的智慧傳統》，新店：立緒文化事業公司，1998。

史懷哲著，梁祥美譯《史懷哲自傳：我的生活和思想》，臺北：志文出版社，1998。

阿爾伯特・史懷哲著，常暄譯《中國思想史》，北京：社會科學文獻出版社，2009。

莫・卡・甘地著，魯良斌譯《甘地自傳》，北京：國際文化出版公司，2009。

包爾丹著，陶飛亞、劉義、鈕聖妮譯《宗教的七種理論》，上海：上海古籍出版社，

2005。

阮新邦著《批判詮釋與知識重建：哈伯瑪斯視野下的社會研究》，北京：社會科學文獻出
　　版社，1999。

西田幾多郎著，代麗譯《善的研究》，北京：光明日報出版社，2009。

西田幾多郎著，何倩譯《善的研究》，北京：商務印書館，1981。

西谷啟治著《宗教とは何か》，東京：創文社，1973。

西谷啟治著，陳一標、吳翠華譯《宗教是甚麼》，臺北：聯經出版事業公司，2011。

牟宗三主講，林清臣記錄《中西哲學之會通十四講》，臺北：臺灣學生書局，1990。

牟宗三講演《中國文化的省察》，臺北：聯經出版事業公司，1996。

牟宗三著《中國哲學十九講：中國哲學之簡述及其所涵蘊之問題》，臺北：臺灣學生書
　　局，1989。

牟宗三著《中國哲學的特質》，臺北：臺灣學生書局，1963。

牟宗三著《佛性與般若》，臺北：臺灣學生書局，1997。

牟宗三著《政道與治道》，臺北：廣文書局，1961。

牟宗三著《時代與感受》，臺北：鵝湖出版社，1988。

牟宗三著《現象與物自身》，臺北：臺灣學生書局，1975。

牟宗三著《道德的理想主義》，臺中：私立東海大學，1959。

牟宗三著《智的直覺與中國哲學》，臺北：臺灣商務印書館，1993。

牟宗三著《圓善論》，臺北：臺灣學生書局，1985。

牟宗三編著《理則學》，臺北：正中書局，1965。

李小可、陳凌主編《世紀可染：紀念李可染誕辰 100 周年文獻集》，長春：吉林美術出版
　　社，2007。

李文堂著《真理之光：費希特與海德格爾論 Sein》，南京：江蘇人民出版社，2002。

李幼蒸著《形上邏輯和本體虛無：現代德法倫理學認識論研究》，北京：商務印書館，
　　2000。

李宗桂著《文化批判與文化重構：中國文化出路探討》，西安：陝西人民出版社，1992。

李振綱著《生命的哲學：《莊子》文本的另一種解讀》，北京：中華書局，2009。

李翀等編著《五代兩宋山水畫精選》，杭州：浙江人民美術出版社，2006。

李剛著《重玄之道開啟眾妙之門：道教哲學論稿》，成都：巴蜀書社，2005。

朱光潛著《文藝心理學》，桂林：灕江出版社，2011。

朱光潛著《西方美學史》上、下卷，北京：人民文學出版社，1979。

朱光潛著《談美》，北京：生活・讀書・新知三聯書店，2012。

朱明忠著《印度教》，福州：福建教育出版社，2013。

朱新民著《西方後現代哲學：西方民主理論批判》，上海：上海人民出版社，2007。

列文森著，鄭大華、任菁譯《儒教中國及其現代命運》，北京：中國社會科學出版社，
　　　2000。

伊利亞德著，楊素娥譯《聖與俗：宗教的本質》，臺北：桂冠圖書公司，2001。

伊塞爾著，霍桂桓、李寶彥譯《閱讀活動：審美響應理論》，北京：中國人民大學出版
　　　社，1988。

江暢著《自主與和諧：萊布尼茨形而上學研究》，武昌：武漢大學出版社，2005。

那薇著《道家與海德格爾相互詮釋：在心物一體中人成其人物成其物》，北京：商務印書
　　　館，2004。

休謨著，關文運譯《人類理解研究》，北京：商務印書館，1981。

哈拉爾德・米勒著，酈紅、那濱譯《文明的共存：對塞繆爾・亨廷頓〈文明衝突論〉的批
　　　判》，北京：新華出版社，2002。

江日新、關子尹編《陳康哲學論文集》，臺北：聯經出版事業公司，1987。

何光滬、許志偉主編《對話：儒釋道與基督教》，北京：社會科學文獻出版社，1998。

何秀煌著《思想方法導論》，臺北：三民書局，1974。

何秀煌著《記號學導論》，臺北：文星書店，1966。

何秀煌著《傳統、現代與記號學：語言、文化和理論的移植》，臺北：東大圖書公司，
　　　1997。

何秀煌著《邏輯：邏輯的性質與邏輯的方法導論》，臺北：東華書局，1998。

何懷碩著《大師的心靈》，新店：立緒文化事業公司，1998。

吳言生、賴品超、王曉朝主編《佛教與基督教對話》，北京：中華書局，2005。

吳汝鈞著《西方哲學的知識論》，臺北：臺灣商務印書館，2009。

吳汝鈞著《佛教的當代判釋》，臺北：臺灣學生書局，2011。

吳汝鈞著《胡塞爾現象學解析》，臺北：臺灣商務印書館，2003。

吳汝鈞著《純粹力動現象學》，臺北：臺灣商務印書館，2005。

吳汝鈞著《純粹力動現象學續篇》，臺北：臺灣商務印書館，2008。

吳汝鈞著《唯識現象學一：世親與護法》，臺北：臺灣學生書局，2012。

吳汝鈞著《唯識現象學二：安慧》，臺北：臺灣學生書局，2012。

吳汝鈞著《絕對無的哲學：京都學派哲學導論》，臺北：臺灣商務印書館，1998。

吳汝鈞著《絕對無詮釋學：京都學派的批判性研究》，臺北：臺灣學生書局，2012。

吳汝鈞著《機體與力動：懷德海哲學研究與對話》，臺北：臺灣商務印書館，2004。

杜小真、張寧主編《德里達中國講演錄》，北京：中央編譯出版社，2003。

杜維明著《人性與自我修養》，臺北：聯經出版事業公司，1992。

杜維明著《現代精神與儒家傳統》，臺北：聯經出版事業公司，1996。

杜維明著《儒學第三期發展的前景問題：大陸講學、問難和討論》，臺北：聯經出版事業

公司，1989。

伍至學編《現象學》，《哲學雜誌》第 20 期，臺北：哲學雜誌社，1997。

漢斯－格奧爾格・伽達默著，洪漢鼎譯《詮釋學 I：真理與方法——哲學詮釋學的基本特
　　徵》，臺北：時報文化出版公司，1996。

漢斯－格奧爾格・伽達默著，洪漢鼎、夏鎮平譯《詮釋學 II：真理與方法——補充和索
　　引》，臺北：時報文化出版公司，1995。

漢斯－格奧爾格・伽達默著，陳春文譯《哲學生涯：我的回顧》，北京：商務印書館，
　　2003。

伽達默爾、杜特著，金惠敏譯《解釋學、美學、實踐哲學：伽達默爾與杜特對談錄》，北
　　京：商務印書館，2005。

伽達默爾、德里達等著，孫周興、孫善春編譯《德法之爭：伽達默爾與德里達的對話》，
　　上海：同濟大學出版社，2004。

汪子嵩、王太慶編《陳康：論希臘哲學》，北京：商務印書館，1990。

安樂哲、郝大維著，何金俐譯《道不遠人：比較哲學視域中的《老子》》，北京：學苑出
　　版社，2004。

巫白慧著《印度哲學：吠陀經探義和奧義解析》，北京：東方出版社，2000。

魯多夫・貝爾內特、依索・肯恩（耿寧）、戈杜德・馬爾巴赫著，李幼蒸譯《胡塞爾思想
　　概論》，北京：中國人民大學出版社，2011。

約翰・希克著，王志成譯《宗教之解釋：人類對超越的回應》，成都：四川人民出版社，
　　1998。

約翰・希克著，王志成、朱彩虹譯《上帝與信仰的世界：宗教哲學論文集》，北京：中國
　　人民大學出版社，2006。

約翰・希克著，陳志平、王志成譯《理性與信仰：宗教多元論諸問題》，成都：四川人民
　　出版社，2003。

約翰・希克著，錢永祥譯《宗教哲學》，臺北：三民書局，1979。

保羅・利科著，姜志輝譯《歷史與真理》，上海：上海譯文出版社，2004。

里克爾著，林宏濤譯《詮釋的衝突》，臺北：桂冠圖書公司，1995。

肯內斯・克拉瑪著，方蕙玲譯《宗教的死亡藝術：世界各宗教如何理解死亡》，臺北：東
　　大圖書公司，2002。

別爾嘉耶夫著，董友譯《自由的哲學》，上海：學林出版社，1999。

艾倫・狄波頓者，林郁馨、蔡淑雯譯《哲學的慰藉》，臺北：究竟出版社，2002。

金岳霖主編《形式邏輯》，北京：人民出版社，1979。

金岳霖著《知識論》，北京：商務印書館，1996。

金岳霖著《論道》，北京：中國人民大學出版社，2006。

金岳霖著《邏輯》，香港：生活・讀書・新知三聯書店，1978。

金岳霖著，劉培育編《道、自然與人：金岳霖英文論著全譯》，北京：生活・讀書・新知三聯書店，2005。

漢斯・昆著，張慶熊主譯《世界倫理新探：為世界政治和世界經濟的世界倫理》，香港：道風書社，2001。

宗白華著《宗白華講稿》，南京：江蘇教育出版社，2005。

宗白華著《美學的散步》，合肥：安徽教育出版社，2000。

杭廷頓、柏格主編，王柏鴻譯《杭廷頓與柏格看全球化大趨勢》，臺北：時報文化出版公司，2002。

杭亭頓著，黃裕美譯《文明衝突與世界秩序的重建》，臺北：聯經出版事業公司，2001。

林同濟、雷海宗著《中國之危機》，香港：黃河出版社，1971。

林建德著《道與空性：老子與龍樹的哲學對話》，臺北：法鼓文化，2013。

林柏亭主編《大觀：北宋書畫特展》，臺北：國立故宮博物院，2006。

林鎮國著《空性與現代性：從京都學派、新儒家到多音的佛教詮釋學》，新店：立緒文化事業公司，1999。

林鵬程編輯《五代宋元山水名畫》，杭州：西冷印社出版社，2008。

尚杰著《從胡塞爾到德里達》，南京：江蘇人民出版社，2008。

尚新建著《重新發現直覺主義：柏格森哲學新探》，北京：北京大學出版社，2000。

周貴華著《唯識心性與如來藏》，北京：宗教文化出版社，2006。

舍勒著，孫周興譯《死、永生、上帝》，香港：漢語基督教研究所，1996。

馬克斯・舍勒著，羅悌倫、林克、曹衛東譯《價值的顛覆》，香港：牛津大學出版社，1996。

卡爾・波普爾著，舒煒光、卓如飛、梁咏新等譯《客觀的知識：一個進化論的研究》，杭州：中國美術學院出版社，2006。

麥克・彼得森、威廉・哈斯克、布魯斯・萊欣巴赫、大衛・巴辛格著，孫毅、游斌譯《理性與宗教信念：宗教哲學導論》，北京：中國人民大學出版社，2005。

房志榮、黃懷秋、武金正、陳敏齡、莊宏誼、陳德光合著《宗教交談：理論與實踐》，臺北：五南圖書出版公司，2000。

迪特里希・朋霍費爾著，高師寧譯《獄中書簡》，成都：四川人民出版社，1997。

亞里士多德著，吳壽彭譯《形而上學》，北京：商務印書館，1981。

帕瑪著，嚴平譯《詮釋學》，臺北：桂冠圖書公司，1997。

卓新平著《世界宗教與宗教學》，北京：社會科學文獻出版社，1992。

郁振華著《人類知識的默會維度》，北京：北京大學出版社，2012。

郭齊勇著《熊十力思想研究》，天津：天津人民出版社，1993。

孫晶著《印度吠檀多不二論哲學》，北京：東方出版社，2002。

阿爾貝特・施韋澤著，陳澤環譯《文化哲學》，上海：上海人民出版社，2008。

馬振鐸、徐遠和、鄭家棟著《儒家文明》，北京：中國社會科學出版社，2000。

馬琳著《海德格爾論東西方對話》，北京：中國人民大學出版社，2010。

亨利・柏格森著，王作虹、成窮譯《道德與宗教的兩個來源》，貴陽：貴州人民出版社，
　　2000。

柏格森著，吳士棟譯《時間與自由意志》，北京：商務印書館，2002。

宛小平、張澤鴻著《朱光潛美學思想研究》，北京：商務印書館，2012。

洪漢鼎著《理解的真理：解讀迦達默爾《真理與方法》》，濟南：山東人民出版社，
　　2001。

洪漢鼎著《詮釋學：它的歷史和當代發展》，北京：人民出版社，2001。

洪漢鼎、陳治國編《知識論讀本》，北京：中國人民大學出版社，2010。

柄谷行人著，林暉鈞譯《世界史的結構》，臺北：心靈工坊文化事業公司，2010。

段德智著《死亡哲學》，臺北：洪葉文化事業公司，1994。

小約翰・B. 科布、大衛・R. 格里芬著，曲躍厚譯《過程神學》，北京：中央編譯出版
　　社，1999。

赫爾曼・施密茨著，龐學銓、李張林譯《新現象學》，上海：上海譯文出版社，1997。

默羅阿德・韋斯特法爾著，郝長墀選編，郝長墀、何衛平、張建華譯《解釋學、現象學與
　　宗教哲學：世俗哲學與宗教信仰的對話》，北京：中國社會科學出版社，2005。

苗力田、李秋零譯《亞里士多德形而上學》，中和：知書房出版社，2001。

洛克著，關文運譯《人類理解論》上下，北京：商務印書館，1981。

姚衛群著《印度宗教哲學概論》，北京：北京大學出版社，2006。

郭美華著《熊十力本體論哲學研究》，成都：巴蜀書社，2004。

胡自信著《黑格爾與海德格爾》，北京：中華書局，2002。

胡軍著《知識論》，北京：北京大學出版社，2006。

胡塞爾著，王炳文譯《歐州科學的危機與超越論的現象學》，北京：商務印書館，2001。

胡塞爾著，李幼蒸譯《純粹現象學通論》，臺北：桂冠圖書公司，1994。

胡塞爾著，倪梁康譯《哲學作為嚴格的科學》，北京：商務印書館，1999。

埃德蒙特・胡塞爾著，倪梁康譯《邏輯研究第一卷：純粹邏輯學導引》，臺北：時報文化
　　出版公司，1994。

埃德蒙德・胡塞爾著，倪梁康譯《邏輯研究第二卷：現象學與認識論研究》，臺北：時報
　　文化出版公司，1999。

埃德蒙德・胡塞爾著，克勞斯・黑爾德編，倪梁康譯《現象學的方法》，上海：上海譯文
　　出版社，2005。

埃德蒙德・胡塞爾著，克勞斯・黑爾德編，倪梁康、張廷國譯《生活世界現象學》，上
　　　　海：上海譯文出版社，2002。
埃德蒙德・胡塞爾著，鄧曉芒、張廷國譯《經驗與判斷：邏輯譜系學研究》，北京：生
　　　　活・讀書・新知三聯書店，1999。
埃德蒙德・胡塞爾著，張慶熊譯《歐洲科學危機和超越現象學》，臺北：桂冠圖書公司，
　　　　1994。
胡塞爾著，張憲譯《笛卡兒的沈思》，臺北：桂冠圖書公司，1994。
哈貝馬斯著，郭官義、李黎譯《認識與興趣》，上海：學林出版社，1991。
于爾根・哈貝馬斯著，曹衛東、付德根譯《後形而上學思想》，南京：譯林出版社，
　　　　2002。
尤貝根・哈貝馬斯、米夏埃爾・哈勒著，章國鋒譯《作為未來的過去：與著名哲學家哈貝
　　　　馬斯對話》，杭州：浙江人民出版社，2001。
哈佛燕京學社主編《波士頓的儒家》，南京：江蘇教育出版社，2009。
高楠順次郎、木村泰賢著，高觀盧譯《印度哲學宗教史》，臺北：臺灣商務印書館，
　　　　1983。
埃克哈特著，榮震華譯《埃克哈特大師文集》，北京：商務印書館，2003。
馬丁・海德格著，王作虹譯《存在與在》，北京：民族出版社，2005。
馬丁・海德格著，王慶節、陳嘉映譯《存在與時間》，臺北：桂冠圖書公司，1998。
馬丁・海德格爾著，陳小文、孫周興譯《向於思的事情》，臺北：仰哲出版社，1993。
馬丁・海德格爾著，熊偉譯《形而上學是甚麼？》，臺北：仰哲出版社，1993。
倪梁康著《胡塞爾現象學概念通釋》，北京：生活・讀書・新知三聯書店，1999。
倪梁康著《現象學及其效應：胡塞爾與當代德國哲學》，北京：生活・讀書・新知三聯書
　　　　店，1996。
倪梁康著《現象學的始基：對胡塞爾《邏輯研究》的理解與思考》，佛山：廣東人民出版
　　　　社，2004。
唐君毅著《人生之體驗》，香港：人生出版社，1956。
唐君毅著《人生之體驗續編》，香港：人生出版社，1961。
唐君毅著《文化意識與道德理性》上、下冊，香港：友聯出版社，1960。
唐君毅著《生命存在與心靈境界》上、下冊，臺北：臺灣學生書局，1977。
唐君毅著《哲學概論》上、下冊，臺北：臺灣學生書局，1996。
唐君毅著《病裏乾坤》，永和：鵝湖月刊社，1980。
唐君毅著《道德自我之建立》，香港：人生出版社，1963。
唐培勇、趙輝著《徐悲鴻繪畫鑒賞》，北京：中國輕工業出版社，2010。
徐友漁、周國平、陳嘉映、尚杰著《語言與哲學：當代英美與德法傳統比較研究》，北

　　京：生活・讀書・新知三聯書店，1996。

徐復觀著《中國人性論史先秦篇》，臺北：臺灣商務印書館，1994。

徐復觀著《中國藝術精神》，臺北：臺灣學生書局，1979。

唐・庫比特著，王志成、鄭斌譯《後現代神秘主義》，北京：中國人民大學出版社，
　　2005。

索甲仁波切著，鄭振煌譯《西藏生死書》，臺北：張老師文化事業公司，1997。

陳嘉明等著《現代性與後現代性》，北京：人民出版社，2001。

陳嘉明主編《實在、心靈與信念：當代美國哲學概論》，北京：人民出版社，2005。

陳嘉映著《海德格爾哲學概論》，北京：生活・讀書・新知三聯書店，1995。

陳衛平、施志偉著《生命的衝動：柏格森和他的哲學》，上海：上海三聯書店，1988。

陸敬忠著《哲學詮釋學：歷史、義理與對話之「生化」辯證》，臺北：五南圖書出版公
　　司，2004。

張文良著《「批判佛教」的批判》，北京：人民出版社，2013。

張世英著《哲學導論》，北京：北京大學出版社，2002。

張世英著《論黑格爾的邏輯》，上海：上海人民出版社，1973。

張汝倫著《現代西方哲學十五講》，北京：北京大學出版社，2003。

張光成著《中國現代哲學的創生原點：熊十力體用思想研究》，上海：上海人民出版社，
　　2002。

張志剛著《宗教哲學研究：當代觀念、關鍵環節及其方法論批判》，北京：中國人民大學
　　出版社，2003。

張志剛著《宗教學是甚麼》，臺北：揚智文化事業公司，2003。

張東蓀著《科學與哲學》，北京：商務印書館，2009。

張東蓀著《張東蓀講西洋哲學》，北京：東方出版社，2007。

張東蓀著《新哲學論叢》，臺北：天華出版事業公司，1979。

張東蓀著《認識論》，上海：世界書局，1934。

張祥龍著《海德格：二十世紀最原創的思想家》，新店：康德出版社，2005。

張祥龍著《從現象學到孔夫子》，北京：商務印書館，2001。

張祥龍著《現象學導論七講：從原著闡發原意》，北京：中國人民大學出版社，2011。

張祥龍主講《朝向事情本身：現象學導論七講》，北京：團結出版社，2003。

張祥龍著《當代西方哲學筆記》，北京：北京大學出版社，2005。

張祥龍、杜小真、黃應全著《現象學思潮在中國》，北京：首都師範大學出版社，2002。

張慶熊著《熊十力的新唯識論與胡塞爾的現象學》，上海：上海人民出版社，1995。

張灝著《幽暗意識與民主傳統》，臺北：聯經出版事業公司，1992。

康德著，何兆武譯《論優美感和崇高感》，北京：商務印書館，2001。

康德著，宗白華譯《判斷力批判下卷：審美判斷力的批判》，北京：商務印書館，1993。

康德著，韋卓民譯《判斷力批判下卷：目的論判斷力的批判》，北京：商務印書館，1993。

康德著，鄧曉芒譯《實踐理性批判》，北京：人民出版社，2003。

康德著，鄧曉芒譯，楊祖陶校《純粹理性批判》，北京：人民出版社，2004。

康德著，龐景仁譯《任何一種能夠作為科學出現的未來形而上學導論》，北京：商務印書館，1978。

莫爾特曼著，隗仁蓮、蘇賢貴、宋炳延譯《創造中的上帝：生態的創造論》，北京：生活‧讀書‧新知三聯書店，2002。

莫爾特曼著，曾念粵譯《俗世中的上帝》，北京：中國人民大學出版社，2003。

崔大華著《莊學研究》，北京：人民出版社，1992。

莫里斯‧梅洛－龐蒂，王東亮著《知覺的首要地位及其哲學結論》，北京：生活‧讀書‧新知三聯書店，2002。

莫里斯‧梅洛－龐蒂著，楊大春譯《哲學贊詞》，北京：商務印書館，2000。

姚衛群編著《印度哲學》，北京：北京大學出版社，1992。

黃心川主編，王守華、朱明忠副主編《現代東方哲學》，杭州：浙江人民出版社，1998。

黃俊傑著《東亞儒學史的新視野》，臺北：喜瑪拉雅基金會，2001。

黃振華著《康德哲學論文集》，臺北：立鍾文具印刷公司，1976。

黃振華著，李明輝編《論康德哲學》，臺北：時英出版社，2005。

黃雪霞主編《法國哲學：柏格森專題》，《哲學與文化》372，臺北：哲學與文化月刊雜誌社，2005。

黃裕生著《宗教與哲學的相遇：奧古斯丁與托馬斯‧阿奎那的基督教哲學研究》，南京：江蘇人民出版社，2008。

黃裕生著《時間與永恆：論海德格爾哲學中的時間問題》，北京：社會科學文獻出版社，1997。

港道隆著，張杰、李勇華譯《列維納斯》，石家莊：河北教育出版社，2002。

荻野浩基著，崔保國、郭常義譯《感性與智慧》，北京：清華大學出版社，2002。

許紀霖、李瓊編《天地之間：林同濟文集》，上海：復旦大學出版社，2004。

許寧著《六藝圓融：馬一浮文化哲學研究》，北京：中國社會科學出版社，2008。

許蘇民著《文化哲學》，上海：上海人民出版社，1990。

莫詒謀著《柏格森的理智與直覺》，臺北：水牛出版社，2001。

笛卡爾著，尚新建等譯《笛卡爾思辨哲學》，北京：九州出版社，2006。

艾瑪紐埃爾‧勒維納斯著，余中先譯《上帝、死亡和時間》，北京：生活‧讀書‧新知三聯書店，1997。

章啟群著《意義的本體論：哲學詮釋學》，上海：上海譯文出版社，2002。

國立故宮博物院編輯委員會編《冬景山水畫特展圖錄》，臺北：國立故宮博物院，1996。

國立故宮博物院編輯委員會編《李郭山水畫系特展》，臺北：國立故宮博物院，1999。

國立故宮博物院編輯委員會編《夏景山水畫特展圖錄》，臺北：國立故宮博物院，1993。

景昌極著《哲學論文集》，臺北：臺灣中華書局，1966。

L. 斯維德勒著，劉利華譯《全球對話的時代》，北京：中國社會科學出版社，2006。

奧斯瓦爾德·斯賓格勒著，齊世榮、田農、林傳鼎、戚國淦、傅任敢、郝德元譯《西方的
　　沒落：世界歷史的透視》，北京：商務印書館，2001。

斯賓諾莎著，賀麟譯《倫理學》，北京：商務印書館，1981。

傅偉勳著《學問的生命與生命的學問》，臺北：正中書局，1994。

傅偉勳著《從創造的詮釋學到大乘佛學》，臺北：東大圖書公司，1990。

馬克·傑爾門、湯瑪斯·哈特門著，楊秋生譯《神的名字》，新店：立緒文化事業公司，
　　1997。

勞思光著《文化哲學講演錄》，香港：香港中文大學出版社，2002。

勞思光著《哲學問題源流論》，香港：香港中文大學出版社，2002。

勞思光著《康德知識論要義新編》，香港：香港中文大學出版社，2001。

黑格爾著，朱光潛譯《美學》一、二、三卷，北京：商務印書館，1979、1981。

黑格爾著，賀麟、王玖興譯《精神現象學》上、下，北京：商務印書館，1979。

黑格爾著，賀麟譯《小邏輯》，北京：生活·讀書·新知三聯書店，1955。

黑格爾著，賀麟等譯《哲學史講演錄》一、二卷，北京：生活·讀書·新知三聯書店，
　　1957、1958。

黑格爾著，楊一之譯《邏輯學》上、下卷，北京：商務印書館，1981。

克勞斯·黑爾德著，孫周興編，倪梁康等譯《世界現象學》，新店：左岸文化，2004。

鄔昆如著《哲學概論》，臺北：五南圖書出版公司，1993。

亞瑟·伯林戴爾·凱思著，宋立道譯《印度邏輯和原子論：對正理派和勝論的一種解
　　說》，北京：中國社會科學出版社，2006。

溫偉耀著《生命的轉化與超拔：我的基督宗教漢語神學思考》，北京：宗教文化出版社，
　　2009。

溫儒敏、丁曉萍編《時代之波：戰國策派文化論著輯要》，北京：中國廣播電視出版社，
　　1995。

彭明輝著《崇高之美：彭明輝談國畫的情感與思想》，臺北：聯經出版事業公司，2014。

道元者，何燕生譯注《正法眼藏》，北京：宗教文化出版社，2003。

萊布尼茨著，陳修齋譯《人類理智新論》上下，北京：商務印書館，1996。

萊布尼茨著，錢志純譯《單子論》，臺北：五南圖書出版公司，2009。

費希特著，王玖興譯《全部知識學的基礎》，北京：商務印書館，1997。

葉宗鎬編著《傅抱石的世界》，臺北：羲之堂文化出版事業公司，2004。

葉舒憲著《中國神話哲學》，北京：中國社會科學出版社，1992。

雷海宗著《中國文化與中國的兵》，香港：龍門書店，1968。

靳希平著《海德格爾早期思想研究》，上海：上海人民出版社，1996。

威廉・詹姆斯著，蔡怡佳、劉宏信譯《宗教經驗之種種》，新店：立緒文化事業公司，
　　2011。

威廉・詹姆斯著，劉宏信譯《實用主義》，臺北：國立編譯館，2007。

董群著《慧能與中國文化》，貴陽：貴州人民出版社，2001。

楊祖陶著《康德黑格爾哲學研究》，武昌：武漢大學出版社，2006。

楊啟光編著《文化哲學導論》，南海：暨南大學出版社，1999。

楊慧林著《聖言・人言：神學詮釋學》，上海：上海譯文出版社，2002。

熊十力著《新唯識論》，臺北：廣文書局，1962。

熊十力著《體用論》，臺北：臺灣學生書局，1976。

熊偉編《現象學與海德格》，臺北：遠流出版事業公司，1994。

臺灣大學理則學教學委員會編著《理則學新論》，臺北：正中書局，1995。

鄧啟耀著《中國神話的思維結構》，重慶：重慶出版社，1992。

鄧曉芒著《康德哲學講演錄》，桂林：廣西師範大學出版社，2005。

趙敦華著《西方哲學的中國式解讀》，哈爾濱：黑龍江人民出版社，2002。

趙德志著《現代新儒家與西方哲學》，瀋陽：遼寧大學出版社，1994。

鄭涌著《批判哲學與解釋哲學》，北京：中國社會科學出版社，1993。

廖炳惠著《里柯》，臺北：東大圖書公司，1993。

克里斯蒂娜・豪威爾斯著，張穎、王天成譯《德里達》，哈爾濱：黑龍江人民出版社，
　　2002。

劉一虹主編《信仰與理性》，瀋陽：瀋陽出版社，1997。

劉小楓著《走向十字架上的真理：二十世紀神學引論》，香港：三聯書店，1990。

劉述先著《文化哲學的試探》，臺北：志文出版社，1970。

劉述先著《全球倫理與宗教對話》，新店：立緒文化事業公司，2001。

劉述先著《現代新儒學之省察論集》，臺北：中央研究院中國文哲研究所，2004。

劉述先著《新時代哲學的信念與方法》，臺北：臺灣商務印書館，1975。

劉述先著《論儒家哲學的三個大時代》，香港：香港中文大學出版社，2008。

劉述先著《儒家思想意涵之現代闡釋論集》，臺北：中央研究院中國文哲研究所籌備處，
　　2000。

劉宗賢、蔡德貴主編《當代東方儒學》，北京：人民出版社，2003。

劉笑敢著《莊子哲學及其演變》，北京：中國社會科學出版社，1993。

劉笑敢著《詮釋與定向：中國哲學研究方法之探究》，北京：商務印書館，2009。

劉翔平著《尋找生命的意義：弗蘭克爾的意義治療學說》，武漢：湖北教育出版社，
　　1999。

滕守堯著《審美心理描述》，北京：中國社會科學出版社，1985。

黎志添著《宗教研究與詮釋學：宗教學建立的思考》，香港：香港中文大學出版社，
　　2003。

潘德榮著《西方詮釋學史》，北京：北京大學出版社，2013。

潘德榮著《詮釋學導論》，臺北：五南圖書出版公司，1999。

蔣孔陽著《德國古典美學》，北京：商務印書館，1980。

滕復著《馬一浮思想研究》，北京：中華書局，2001。

樊和平著《儒學與日本模式》，臺北：五南圖書出版公司，1995。

雷蒙‧潘尼卡著，王志成、思竹譯《智慧的居所》，南京：江蘇人民出版社，2000。

雷蒙‧潘尼卡著，思竹譯《宇宙～神～人共融的經驗：正在湧現的宗教意識》，北京：宗
　　教文化出版社，2005。

閻嘉著《愛與生的苦惱：叔本華》，臺北：牧村圖書公司，1999。

盧國龍著《中國重玄學：理想與現實的殊途與同歸》，北京：人民中國出版社，1993。

賴賢宗著《佛教詮釋學》，臺北：新文豐出版公司，2003。

賴賢宗著《意境美學與詮釋學》，臺北：國立歷史博物館，2003。

斯蒂芬‧霍金著，趙君亮譯《宇宙的起源與歸宿》，南京：譯林出版社，2009。

嚴平著《走向解釋學的真理：伽達默爾哲學述評》，北京：東方出版社，1998。

龍達瑞著《大梵與自我：商羯羅研究》，北京：宗教文化出版社，2000。

韓水法著《康德物自身學說研究》，臺北：臺灣商務印書館，2000。

謝幼偉著《中西哲學論文集》，香港：新亞研究所，1969。

謝幼偉著《哲學講話》，臺北：中國文化大學出版社，1991。

謝林著，梁志學、石泉譯《先驗唯心論體系》，北京：商務印書館，1981。

愛德華‧薩依德著，王志弘等譯《東方主義》，新店：立緒文化事業公司，2002。

古斯塔夫‧繆勒著，孫宜學、郭洪濤譯《文學的哲學》，桂林：廣西師範大學出版社，
　　2001。

魏思齊著《梁漱溟（1893-1988）的文化觀：根據《東西文化及其哲學》與《中國文化要
　　義》解說》，新莊：輔仁大學出版社，2003。

魏敦友著《回返理性之源：胡塞爾現象學對實體主義的超越及其意義研究》，武漢：武漢
　　大學出版社，2005。

伯特蘭‧羅素著，苑莉均譯《邏輯與知識》，北京：商務印書館，1996。

伯特蘭・羅素著，陳啟偉譯《我們關於外間世界的知識：哲學上科學方法應用的一個領
　　域》，上海：上海譯文出版社，2008。

羅素著，張金言譯《人類的知識：其範圍與限度》，北京：商務印書館，1997。

約翰・羅爾斯著，張國清譯《道德哲學史講義》，上海：上海三聯書店，2003。

A. N. 懷特海著，何欽譯《科學與近代世界》，北京：商務印書館，1997。

A. N. 懷特海著，周邦憲譯《過程與實在》卷一、二，貴陽：貴州人民出版社，2006。

A. N. 懷特海著，周邦憲譯《觀念的冒險》，貴陽：貴州人民出版社，2000。

阿爾弗雷德・諾思・懷特海著，楊富斌譯《過程與實在》，北京：中國城市出版社，
　　2003。

阿爾弗萊德・懷特海著，韓東暉、李紅譯《思想方式》，北京：華夏出版社，1999。

釋印順著《空之探究》，臺北：正聞出版社，1985。

釋演培著《佛教的緣起觀》，臺北：慧日講堂，1978。

釋演培著《唯識法相及其思想演變》，臺北：慧日講堂，1978。

龔群著《生命與實踐理性：詮釋學的倫理學向度》，北京：中國社會科學出版社，2004。

龔群著《道德烏托邦的重構：哈伯瑪斯交往倫理思想研究》，臺北：洪葉文化事業公司，
　　2001。

Dupré, Louis 著，傅佩榮譯《人的宗教向度》，臺北：幼獅文化事業公司，1999。

Rinbochay, L. 口述，Napper, E. 英譯，廖本聖譯《西藏格魯派詮釋的隨理行經部宗觀
　　點》，臺北：臺北市藏傳佛典協會，2008。

Tobias, M., Morrison, J. and Gray, B. eds., 薛絢譯《心靈的殿堂》，新店：立緒文化事業公
　　司，1997。

二、日文

川田熊太郎著《佛教と哲學》，京都：平樂寺書店，1978。

上山春平、梶山雄一編《佛教の思想：その原形をさぐる》，東京：中央公論社，1974。

上田閑照著《禪佛教：根源的人間》，東京：岩波書店，1993。

上田閑照、柳田聖山著《十牛圖：自己の現象學》，東京：筑摩書房，1990。

上田義文著《大乘佛教の思想》，東京：第三文明社，1977。

丸山高司著《ガダマー：地平の融合》，東京：講談社，1999。

山口一郎著《現象學ことはじめ：日常に目覺めること》，東京：日本評論社，2002。

山本誠作著《ホワイトヘッド〈過程と實在〉：生命の躍動的前進を描く「有機體の哲
　　學」》，京都：晃洋書房，2011。

小坂國繼著《西田幾多郎の思想：二十世紀をどう生きるか》上、下，東京：日本放送出
　　版協會，2000、2001。

小野澤精一、福永光司、山井湧編《氣の思想：中國における自然觀と人間觀の展開》，
　　東京：東京大學出版會，2001。

大正大學綜合佛教研究所輪廻思想研究會編《輪廻の世界》，東京：青史出版社，2001。

大島末男著《カールニバルト》，東京：清水書院，2000。

久松真一著《東洋的無：久松真一著作集1》，東京：理想社，1982。

中村元著《論理の構造上》，東京：青土社，2000。

中村元著《インドの哲學體系》I、II，東京：春秋社，2000、2006。

木田元著《現象學》，東京：岩波書店，2006。

木田元、野家啟一、村田純一、鷲田清一編集《現象學事典》，東京：弘文堂，1994。

木村泰賢著《印度六派哲學》，《木村泰賢全集第二卷》，東京：大法輪閣，1995。

木幡順三著《美と藝術の論理》，東京：勁草書房，2007。

戶崎宏正著《佛教認識論の研究：法稱著「プラマーナ・ヴァールティカ」の現量論》
　　上、下卷，東京：大東出版社，1979、1985。

立川武藏著《空の構造：「中論」の論理》，東京：第三文明社，1986。

玉城康四郎著《心把捉の展開》，東京：山喜房佛書林，1975。

玉城康四郎編《佛教の比較思想論的研究》，東京：東京大學出版會，1980。

本多惠譯《ダルマキールティの「認識批判」》，京都：平樂寺書店，2005。

北岡武司著《カントと形而上學：物自體と自由をめぐって》，京都：世界思想社，
　　2001。

石井敏夫著《ベルクソンの記憶力理論：「物質と記憶」における精神と物質の存在證
　　明》，松戶：理想社，2001。

田中裕著《ホワイトヘッド有機體の哲學》，東京：講談社，1998。

田邊元著《哲學通論》，東京：岩波書店，2005。

田邊元著《懺悔道としての哲學》，東京：岩波書店，1993。

北川晴朗著《全人的心理學：佛教理論に學ぶ》，仙台：東北大學出版會，2001。

司馬春英著《現象學と比較哲學》，東京：北樹出版社，1998。

司馬春英著《唯識思想と現象學：思想構造の比較研究に向て》，東京：大正大學出版
　　會，2003。

司馬春英、渡邊明照編著《知のエクスプロージョン：東洋と西洋の交差》，東京：北樹
　　出版社，2009。

西田幾多郎著《哲學概論》，東京：岩波書店，1980。

西田幾多郎著《善の研究》，東京：岩波書店，1997。

西田幾多郎、西谷啟治等著，森哲郎解說《世界史の理論：京都學派の歷史哲學論考》，
　　京都：燈影舍，2000。

舟橋一哉著《釋尊》，京都：法藏館，1973。

竹田青嗣著《フッサール「現象學の理念」》，東京：講談社，2012。

阿部正雄著《非佛非魔：ニヒリズムと惡魔の問題》，京都：法藏館，2000。

阿部正雄著《根源からの出發》，京都：法藏館，1996。

阿部正雄著《虛偽と虛無：宗教的自覺におけるニヒリズムの問題》，京都：法藏館，2000。

村上真完著《インド哲學概論》，京都：平樂寺書店，1991。

金子晴勇著《聖なるものの現象學：宗教現象學入門》，京都：世界思想社，1996。

金倉圓照著《インド哲學史》，京都：平樂寺書店，1990。

松本史朗著《緣起と空：如來藏思想批判》，東京：大藏出版社，1993。

岡崎文明、日下部吉信、杉田正樹、竹田純郎、榊原哲也、服部健二、中釜浩一、谷徹著《西洋哲學史：理性の運命と可能性》，京都：昭和堂，2002。

岡野守也著《唯識と論理療法：佛教と心理療法・その統合と實踐》，東京：佼成出版社，2008。

武內義雄著《中國思想史》，東京：岩波書店，2000。

林永強、張政遠編《日本哲學の多樣性：21 世紀の新たな對話をめざして》，京都：世界思想社，2012。

長谷正當解說《高坂正顯：歷史的世界》，京都：燈影舍，2002。

長尾雅人著《中觀と唯識》，東京：岩波書店，1978。

花岡永子著《絕對無の哲學：西田哲學研究入門》，京都：世界出版社，2002。

南山宗教文化研究所編《宗教と宗教の〈あいだ〉》，名古屋：風媒社，2000。

南山宗教文化研究所編《絕對無と神：西田、田邊哲學の傳統とキリスト教》，東京：春秋社，1986。

服部正明、上山春平著《認識と超越：唯識》，東京：角川書店，1974。

高山岩男著，花澤秀文編、解說《世界史の哲學》，東京：こぶし書房，2001。

高山岩男著，齋藤義一解說《文化類型學・呼應の原理》，京都：燈影舍，2001。

高坂正顯著，長谷正當解說《歷史的世界》，京都：燈影舍，2002。

務台理作著《哲學概論》，東京：岩波書店，1998。

峰島旭雄編《宗教の現象學》，大阪，東方出版社，1984。

宮本正尊編《佛教の根本真理》，東京：三省堂，1974。

梶山雄一著《般若經》，東京：中央公論社，1976。

梶山雄一著《輪廻の思想》，京都：人文書院，1997。

梶山雄一、上山春平著《空の論理：中觀》，東京：角川書店，1973。

野家啟一著《歷史を哲學する》，東京：岩波書店，2007。

袴谷憲昭著《批判佛教》，東京：大藏出版社，1990。

現象學、解釋學研究會編集《現象學と解釋學》上下，東京：世界書院，1988。

雲井昭善編《業思想研究》，京都：平樂寺書店，1987。

湯田豐著《ショーペンハウアーとインド哲學》，京都：晃洋書房，1996。

湯淺慎一著《日常世界の現象學：身體の三相構造の視點から》，東京：太陽出版，2000。

西田幾多郎、西谷啟治等著，森哲郎解說《世界史の理論～京都學派の歷史哲學論考》，京都：燈影舍，2000。

新田義弘著《現代哲學：現象學と解釋學》，東京：白菁社，1997。

新田義弘等著《思想としての 20 世紀》，東京：岩波書店，1998。

新田義弘編《フッサールを學ぶ人のために》京都：世界思想社，2000。

新田義弘等編集《無意識の發見》，東京：岩波書店，1998。

鈴木大拙著《金剛經の禪・禪への道》，東京：春秋社，1991。

鈴木大拙監修，西谷啟治編集《講座禪第一卷：禪の立場》，東京：筑摩書房，1974。

橫山紘一著《十牛圖：自己發見への旅》，東京：春秋社，1996。

橫山紘一著《唯識佛教辭典》，東京：春秋社，2011。

橫山紘一著《唯識思想入門》，東京：第三文明社，1995。

增谷文雄、梅原猛著《知惠と慈悲：ブッダ》，東京：角川書店，1974。

關家新助著《西洋哲學思想史》，京都：法律文化社，1985。

藤田正勝著《西田幾多郎の思索世界：純粹經驗から世界認識へ》，東京：岩波書店，2011。

ミシェル・アンリ著，中敬夫、野村直正、吉永和加譯《實質的現象學：時間、方法、他者》，東京：法政大學出版局，2000。

ハンス゠ゲオルク・ガダマー著，轡田收、麻生建、三島憲一、北川東子、我田廣之、大石紀一郎譯《真理と方法 I》，東京：法政大學出版局，1998。

ハンス゠ゲオルク・ガダマー著，轡田收、卷田悅郎譯《真理と方法 II》，東京：法政大學出版局，2008。

ガダマー、アーペルほか著，竹市明弘編《哲學の變貌：現代ドイツ哲學》，東京：岩波書店，2000。

シャーンティデーワ著，金倉圓照譯《悟りへの道》，京都：平樂寺書店，1974。

ツォンカパ著，ツルティム・ケサン、小谷信千代譯《アーラヤ識とマナ識の研究：クンシ・カンテル》，京都：文榮堂，1994。

フッサール著，長谷川宏譯《現象學の理念》，東京：作品社，2008。

エドムント・フッサール著，L. ランドグレーベ編，長谷川宏譯《經驗と判斷》，東

京：河出書房，1999。

アンリ・ベルワソン著，前田英樹譯《記憶と生》，東京：未知谷，1999。

A. N. ホワイトヘッド著，山本誠作譯《過程と實在》，京都：松籟社，1979。

オリヴィエ・モンジャン著，久米博譯《ポール・リクールの哲學：行動の存在論》，東京：新曜社，2000。

L. ランドグレーベ著，山崎庸佑、甲斐博見、高橋正知譯《現象學の道：根源的經驗の問題》，東京：木鐸社，1996。

フレデリック・ルノワール著，今枝由郎、富樫瓔子譯《佛教と西洋の出會い》，東京：トランスビュー，2010。

Böhme, J. 著，福島正彥譯《キリストへの道》，京都：松籟社，1991。

三、英文

Abe, M. *Buddhism and Interfaith Dialogue*. Ed. Steven Heine. Honolulu: University of Hawai'i Press, 1995.

Abe, M. *Zen and Comparative Studies*. Ed. Steven Heine. London: Macmillan Press, 1997.

Abe, M. *Zen and the Modern World: A Third Sequel to Zen and Western World*. Ed. Steven Heine. Honolulu: University of Hawai'i Press, 2003.

Abe, M. *Zen and Western Thought*. Ed. W. R. LaFlear. London and Basingstoke: Macmillan Press Ltd., 1985.

Anacker, S. *Seven Works of Vasubandhu: the Buddhist Psychological Doctor*. Dilhi: Motilal Banarsidass, 1986.

Apostle, H. G. tr. *Aristotle's Mataphysics*. Grinnell: The Peripatetic Press, 1979.

Aristotle. *The Nicomachean Ethics*. Tr. D. Ross. Oxford: Oxford University Press, 1980.

Austin, J. H. *Zen and the Brain: Toward an Understanding of Meditation and Consciousness*. Cambridge: The MIT Press, 1999.

Ayer, A. J. *Language, Truth and Logic*. Harmondsworth: Penguin Books Ltd., 1980.

Bapat, L. *Buddhist Logic: A Fresh Study of Dharmakīrti's Philosophy*. Delhi: Bharatiya Vidya Prakashan, 1989.

Barth, K. *The Word of God and the Word of Man*. Tr. Douglas Horton. Yew York: Harper and Row, Publishers, 1957.

Bergson, H. *The Two Sources of Morality and Religion*. Tr. R. A. Audra and C. Brereton. Notre Dame, 1977.

Bhatt, S. R. and Mehrotra, A. *Buddhist Epistemology*. London: Greenwood Press, 2000.

Blakney, R. B. *Meister Eckhart: A Modern Translation*. New York: Harper and Row, Publishers,

1941.

Boehme, J. *Six Theosophic Points and Other Writings*. With an Introductory Essay *Unground and Freeedom* by Nicolas Berdyaev. Tr. John R. Earle. Michigan: The University of Michigan Press, 1958

Bonhoeffer, D. *Act and Being*. Tr. and ed. Hans-Richard Reuter. Minneapolis: Fortress Press, 1996.

Bonhöffer, D. *Ethics*. Tr. N. H. Smith. New York: Simon and Schuster, 1995.

Bowers, R. H. *Someone or Nothing? Nishitani's Religion and Nothingness as a Foundation for Christian-Buddhist Diologue*. New York: Peter Lang, 1995.

Brown, B. E. *The Buddha Nature: A Study of the Tathāgatagarbha and Ālayavijñāna*. Delhi: Motilal Banarsidass Publishers, 2004.

Brunner, E. *The Christian Doctrine of Creation and Redemption*. Dogmatics Vol.2. Tr. Olive Wyon. Philadelphia: The Westminister Press, 1974.

Brunner, E. *The Christian Doctrine of God*. Dogmatics Vol.1. Tr. Olive Wyon. London: Lutterworth Press, 1970.

Bultmann, R. *Faith and Understanding*. Tr. Louise Pettibone Smith. Philadelphia: Fortress Press, 1987.

Bultmann, R. *Jesus Christ and Mythology*. New York: Charles Scribner's Sons, 1958.

Carr, D. *The Crisis of European Sciences and Transcendental Phenomenology. An Introduction to Phenomenological Philosophy*. Evanston: Northwestern University Press, 1970.

Cassirer, E. *Substance and Function, and Einstein's Theory of Relativity*. Tr. William Curtis Swabey and Marie Collins Swabey. New York: Dover Publications, 1958.

Castell, A. *An Introduction to Modern Philosophy in Seven Philosophical Problems*. New York: The Macmillan Company, 1967.

Chan, W. T. tr. and comp. *A Source Book in Chinese Philosophy*. Princeton: Princeton University Press, 1973.

Chappell, D. W. ed. *Buddhist-Christian Studies*. Vol.11, 1991. Honolulu: University of Hawai'i Press, 1991.

Chatterjee, M. ed. *Contemporary Indian Philosophy*. Delhi: Motilal Banarsidass Publisher, 1998.

Chennakesavan, S. *Concept of Mind in Indian Philosophy*. Delhi: Motilal Banarsidass Publishers, 1991.

Cobb, J. B. and Ives, C. eds. *The Emptying God: A Buddhist-Jewish-Christian Conversation*. With Masao Abe on God, Kenosis and Sunyatā. New York: Orbis Books, 1991.

Collins, J. *The Existentialists: A Critical Study*. Chicago: Henry Regnery Company, 1968.

Conze, E. tr. and ex. *Buddhist Wisdom Books: The Diamond Sutra and the Heart Sutra*. London: George Allen and Unwin, 1980.

Corless, R. and Knitter, P. F. eds. *Buddhist Emptiness and Christian Trinity: Essays and Explorations*. New York: Paulist Press, 1990.

Coward, H. ed. *Life after Death in World Religions*. Delhi: Sri Satguru Publications, 1997.

Dasgupta, S. *A History of Indian Philosophy*. Vols. 1-5. Delhi: Motilal Banarsidass, 1975.

Davis, B. W., Schroeder, B. and Wirth, J. M. eds. *Japanese and Continental Philosophy: Conversations with the Kyoto School*. Bloomington: Indiana University Press, 2011.

Descartes, R. *Discourse on Method and Meditations*. Tr. L. J. Lafleur. Indianapolis: Bobbs-Merrill Educational Publishing, 1980.

Dewey, J. *Experience and Nature*. New York: Dover Publications, Inc., 1958.

Dilworth, D. A. *Philosophy in World Perspective: A Comparative Hermeneutic of the Major Theories*. New Haven: Yale University Press, 1989.

Dumoulin, H. and Maraldo, J. C. eds. *Buddhism in the Modern World*. New York: Collier Books, 1976.

Dunne, J. D. *Foundations of Dharmakīrti's Philosophy*. Boston: Wisdom Publications, 2004.

Edgerton, F. tr. and int. *The Bhagavad Gītā*. Cambridge, Mass.: Harvard University Press, 1972.

Edwards, R. B. *Reason and Religion: An Introduction to the Philosophy of Religion*. Washington D. C.: University Press of America, 1979.

Fatone, V. *The Philosophy of Nāgārjuna*. Delhi: Motilal Banarsidass, 1981.

Feigl, H., Sellars, W. and Lehrer, K. eds. *New Readings in Philosophical Analysis*. New York: Meredith Corporation, 1972.

Fox, M. int. and com. *Breakthrough: Meister Eckhart's Creation Spirituality in New Translation*. New York: Image Books, 1980.

Frauwallner, E. *History of Indian Philosophy*. Vols. 1-2. Tr. V. M. Bedekar. Delhi: Motilal Banarsidass, 1973.

Frauwallner, E. *Studies in Abhidharma Literature and the Origins of Buddhist Philosophical Systems*. Tr. S. F. Kidd. Albany: State University of New York Press, 1995.

Frauwallner, E. *The Philosophy of Buddhism*. Tr. Gelong Lodrö Sangpo. Delhi: Motilal Banarsidass Publishers, 2010.

Fromm, E., Suzuki, D. T. and De Martino, R. *Zen Buddhism and Psychoanalysis*. London: Souvenir Press, 1977.

Gadamer, H.-G. *A Century of Philosophy: Hans-Georg Gadamer in Conversation with Riccardo Dottori*. Tr. Rod Coltman with Sigrid Koepke. New York: Continuum, 2004.

Gadamer, H.-G. *Philosophical Hermeneutics*. Tr. and Ed. D. E. Linge. Berkeley: University of California Press, 1977.

Gold, J. C. *Paving the Great Way: Vasubandhu's Unifying Buddhist Philosophy*. New York: Columbia University Press, 2015.

Gupta, R. *The Buddhist Concepts of Pramāṇa and Pratyakṣa*. Delhi: Sundeep Prakashan, 2006.

Gyatso, J. ed. *In the Mirror of Memory: Reflections on Mindfulness and Remembrance in Indian and Tibetan Buddhism*. Delhi: Sri Satguru Publications, 1993.

Hanaoka, E. *Zen and Christianity: From the Standpoint of Absolute Nothingness*. Kyoto: Maruzen Kyoto Publication Service Center, 2008.

Harris, I. C. *The Continuity of Madhyamaka and Yogācāra in Indian Mahāyāna Buddhism*. Leiden: E. J. Brill, 1991.

Hattori, M. tr. and ann. *Dignāga, On Perception*. Being the Pratyakṣapariccheda of Dignāga's Pramāṇasamuccaya from the Sanskrit fragments and the Tibetan Versions. Cambridge: Harvard University Press, 1968.

Hegel, G. W. F. *The Phenomenology of Mind*. Tr. J. B Baillie. New York: Harper and Row, Publishers, 1967.

Hegel, G. W. F. *The Philosophy of History*. Tr. C. J. Friedrich. New York: Dover Publications, Inc., 1956.

Heidegger, M. *Being and Time*. Tr. J. Macquarie and E. Robinson. New York: SCM Press, Ltd., 1962.

Heidegger, M. *Existence and Being*. Intr. A. Aanl. Werner Brock. Indiana: Gateway Editions, LTD., 1949. (Henry Regnery Company ed.)

Heidegger, M. *On Time and Being*. Tr. Joan Stambaugh. New York: Harper and Row, Publishers, 1972.

Heidegger, M. *What is Philosophy?* Tr. J. T. Wilde and W. Kluback. New Haven: College and University Press, 1955.

Herrigel, E. *The Method of Zen*. Tr. R. F. C. Hull. London: Routledge and Kegan Paul, 1976.

Hick, J. *Disputed Questions in Theology and the Philosophy of Religion*. London: Macmillan Press, 1997.

Hopkins, J. *Emptiness in the Mind-Only School of Buddhism*. Berkeley: University of California Press, 1999.

Hopkins, J. *Meditation on Emptiness*. Boston: Wisdom Publications, 1996.

Hospers, J. *An Introduction to Philosophical Analysis*. London: Routledge and Kegan Paul, 1978.

Hospers, J. *Readings in Introductory Philosophical Analysis*. London: Routledge and Kegan Paul,

1977.

Husserl, E. *Cartesian Meditations: An Introduction to Phenomenology*. Tr. D. Cairns. Dordrecht: Kluwer Academic Publishers, 1991.

Husserl, E. *Ideas Pertaining to a Pure Phenomenology and to a Phenomenological Philosophy*. First Book: *General Introduction to a Pure Phenomenology*. Tr. F. Kersten. The Hague: Martinus Nijhoff Publishers, 1982.

Husserl, E. *Ideas Pertaining to a Pure Phenomenology and to a Phenomenological Philosophy*. Second Book: *Studies in the Phenomenology of Constitution*. Tr. R. Rojcewicz and A. Schuwer. Dordrecht: Kluwer Academic Publishers, 1989.

Ichimura, S. *Buddhist Critical Spirituality: Prajñā and Śūnyatā*. Delhi: Motilal Banarsidass Publishers, 2001.

Inada, K. K. *Nāgārjuna: A Translation of his Mūlamadhyamakakārikā with an Introductory Essay*. Tokyo: The Hokuseido Press, 1970.

Isayeva, N. *Shankara and Indian Philosophy*. Albany: State University of New York Press, 1993.

Jayatilleke, K. N. *Early Buddhist Theory of Knowledge*. Delhi: Motilal Banarsidass, 1980.

Johnston, W. *The Inner Eye of Love: Mysticism and Religion*. New York: Harper and Row Publishers, 1978.

Kalupahana, D. J. *Causality: The Central Philosophy of Buddhism*. Honolulu: The University Press of Hawai'i, 1975.

Kalupahana, D. J. *The Principle of Buddist Psychology*. Delhi: Sri Satguru Publications, 1992.

Kant, I. *Critique of Practical Reason*. Tr. L. W. Beck. Indianapolis: The Bobbs-Merrill Comp. Inc., 1956.

Kant, I. *Critique of Pure Reason*. Tr. N. K. Smith. London: Macmillan and Co. Ltd., 1964.

Kant, I. *Critique of Judgment*. Tr. J. C. Meredith. Oxford: The Clarendon Press, 1969.

Kant, I. *Foundations of the Metaphysics of Morals*. Tr. L. W. Beck. Indianapolis: The Bobbs-Merrill Comp. Inc., 1959.

Kant, I. *Religion Within the Limits of Reason Alone*. Tr. T. M. Greene and H. H. Hudson. New York: Harper Torchbooks, 1960.

Katz, S. T. *Mysticism and Philosophical Analysis*. London: Sheldon Press, 1978.

Kierkegaard, S. *The Concept of Anxiety*. Ed. and Tr. Reidar Thomte. Princeton: Princeton University Press, 1980.

King, S. B. *Buddha Nature*. Albany: State University of New York Press, 1991.

Kirthisinghe, B. P. ed. *Buddhism and Science*. Delhi: Motilal Banarsidass Publishers, 1999.

Klein, A. C. *Knowledge and Liberation: Tibetan Buddhist Epistemology in Support of*

Transformative Religious Experience. Ithaca: Snow Lion Publications, 1998.

Kochumuttom, T. A. *A Buddhist Doctrine of Experience: A New Translation and Interpretation of the Works of Vasubandhu the Yogācārin*. Delhi: Motilal Banarsidass Publishers, 1989.

Krishan, Y. *The Doctrine of Karma*. Delhi: Motilal Banarsidass Publishers, 1997.

Kübler-Ross, E. *On Death and Dying*. New York: Macmillan Publishing Company, 1991.

Küng, H. *Eternal Life?* Tr. E. Quinn. London: SCM Press, 1984.

Lamotte, É. *The Teaching of Vimalakīrti (Vimalakīrtinirdeśa)*. Tr. Sara Boin. London: The Pali Text Society, 1976.

Lancaster, L. ed. *Prajñāpāramitā and Related Systems*. Berkeley: The Institute of Buddhist Studies, 1977.

Lau, D. C. tr. *Tao Te Ching*. HongKong: The Chinese University Press, 1989.

Levenson, J. R. *Confucian China and Its Modern Fate: A Trilogy*. Berkeley and Los Angeles: University of California Press, 1965.

Liu, J. and Berger, D. L. eds. *Nothingness in Asian Philosophy*. New York: Routledge, 2014.

Locke, J. *An Essay Concerning Human Understanding*. Edited and Abridged with an Introduction by A. D. Woozley. Glasgow: William Collins Sons and Co. Ltd., 1980.

Lopez, D. S. ed. *Buddhist Hermeneutics*. Honolulu: University of Hawai'i Press, 1992.

Matilal, B. K. *Logic, Language and Reality: Indian Philosophy and Contemporary Issues*. Delhi: Motilal Banarsidass, 1990.

Matilal, B. K. *Perception: An Essay on Classical Indian Theories of Knowledge*. Oxford: Clarendon Press, 1986.

Matilal, B. K. and Evans, R. D. eds. *Buddhist Logic and Epistemology*. Dordrecht: D. Reidel Publishing Company, 1986.

Masih, Y. *Introduction to Religious Philosophy*. Delhi: Motilal Banarsidass, 1998.

Mishra, R. K. *Buddhist Theory of Meaning and Literary Analysis*. Delhi: D. K. Printworld (P) Ltd., n. d.

Mitchell, D. W. ed. *Masao Abe: a Zen Life of Dialogue*. Boston: Charles E. Tuttle Co., Inc., 1998.

Mohanty, J. N. *Essays on Indian Philosophy*. Oxford: Oxford University Press, 1995.

Mohanty, J. N. *Explorations in Philosophy. Vol. 1: Indian Philosophy*. Oxford: Oxford University Press, 2002.

Mohanty, J. N. *Phenomenology and Ontology*. Den Haag: Martinus Nijhoff, 1970.

Mookerjee, S. *The Buddhist Philosophy of Universal Flux*. Delhi: Motilal Banarsidass, 1980.

Moore, C. A., ed. *The Chinese Mind: Essentials of Chinese Philosophy and Culture*. Honolulu: The University Press of Hawai'i, 1977.

Müller, F. M. tr. *The Upaniṣads*. 2 Vols., New York: Dover Publications, Inc., 1962.

Munsterberg, H. *Zen and Oriental Art*. Rutland: Charles E. Tuttle Company, 1993.

Nagao, G. M. *Mādhyamika and Yogācāra*. Tr. Leslie S. Kawamura. Delhi: Sri Satguru Publications, 1992.

Nagao, G. M. *The Foundational Standpoint of Mādhyamika Philosophy*. Tr. J. P. Keenan. Delhi: Sri Satguru Publications, 1990.

Nishida, K. *An Inquiry into the Good*. Tr. M. Abe and C. Ives. New Haven Yale University Press, 1990.

Nishida, K. *Fundamental Problems of Philosophy: The World of Action and the Dialectical World*. Tr. D. A. Dilworth. Tokyo: Peter Brogren, The Voyagers' Press, 1970.

Nishida, K. *Intuition and Reflection in Self-Consciousness*. Tr. V. H. Viglielmo. Albany: State University of New York Press, 1987.

Nishida, K. *Last Writings: Nothingness and the Religious Worldview*. Tr. D. A. Dilworth. Honolulu: University of Hawai'i Press, 1987.

Nishitani, K. *On Buddhism*. Tr. S. Yamamoto and R. E. Carter. Albany: State University of New York Press, 2006.

Nishitani, K. *The Self-Overcoming of Nihilism*. Tr. G. Parkes and S. Aihara. Albany: State University of New York Press, 1990.

O'Connor, D. J. ed. *A Critical History of Western Philosophy*. New York: The Free Press, 1985.

O'Flaherty, W. D. *Karma and Rebirth in Classical Indian Traditions*. Delhi: Motilal Banarsidass, 1983.

Otto, R. *The Idea of the Holy*. Tr. John W. Harvey. Oxford: Oxford University Press, 1958.

Pandeya, R. and Manju. *Nāgārjuna's Philosophy of No-identity*. Delhi: Eastern Book Linkers, 1991.

Parkes, G., ed. *Heidegger and Asian Thought*. Honolulu: University of Hawai'i Press, 1987.

Pegis, A. C. *Introduction to St. Thomas Aquinas*. New York: The Modern Library, 1948.

Phillips, D. Z. ed. *Religion and Morality*. London: Macmillan Press, 1996.

Pivčević, E. ed. *Phenomenology and Philosophical Understanding*. Cambridge: Cambridge University Press, 1975.

Poussin, L. D. L. Vallée. *The Way to Nirvāṇa. Six Lectures on Ancient Buddhism as a Discipline of Salvation*. Delhi: Sri Satguru Publications, 1982.

Prabhavananda, S. *The Spiritual Heritage of India*. Hollywood, Cal.: Vedanta Press, 1969.

Prasad, J. *History of India Epistemology*. Delhi: Munshiram Manoharlal Publishers, 1987.

Radhakrishnan, S. and Moore, C. A. eds. *A Source Book in Indian Philosophy*. Princeton:

Princeton University Press, 1973.

Raju, P. T. *Introduction to Comparative Philosophy*. Delhi: Motilal Banarsidass Publishers, 1997.

Ramanan, K. V. *Nāgārjuna's Philosophy as Presented in the Maha-Prajñāpāramitā-Śāstra*. Delhi: Motilal Banarsidass, 1975.

Ram-Prasad, C. *Knowledge and Liberation in Classical Indian Thought*. Hampshire: Palgrave, 2001.

Rao, K. L. S. *Mahatma Gandhi and Comparative Religion*. Delhi: Motilal Banarsidass Publishers, 1990.

Ricoeur, P. *Hermeneutics and the Human Sciences*. Ed. and Tr. John B. Thompson. Cambridge: University Press, 1995.

Ricoeur, P. *The Symbolism of Evil*. Tr. Emerson Buchanan. Boston: Beacon Press, 1969.

Robinson, R. H. and Johnson, W. L. *The Buddhist Religion: A Historical Introduction*. Belmont: Wadsworth Publishing Company, 1982.

Roy, L. *Mystical Consciousness: Western Perspectives and Dialogue with Japanese Thinkers*. Albany: State University of New York Press, 2003.

Russell, B. *History of Western Philosophy*. London: Routledge, 1993.

Russell, B. *The Problems of Philosophy*. Oxford: Oxford University Press, 1980.

Saddhatissa, H. *Buddhist Ethics: The Path to Nirvana*. London: Wisdom Publications, 1987.

Sartre, J.-P. *Being and Nothingness*, Tr. H. E. Barnes. New York: Washington Square Press, 1975.

Schmithausen, L. *Ālayavijñāna: On the Origin and the Early Development of a Concept of Yogācāra Philosophy*. Tokyo: The International Institute for Buddhist Studies, 1987.

Sellars, W. and Hospers, J. eds. *Readings in Ethical Theory*. Englewood Cliffs: Prentice-Hall, Inc., 1970.

Sharma, C. *A Critical Survey of Indian Philosophy*. Delhi: Motilal Banarsidass, 1979.

Sharma, T. R. *An Introduction to Buddhist Philosophy: Vijñānavāda and Mādhyamika*. Delhi: Eastern Book Linkers, 2007.

Shibayama, Z. *A Flower Does not Talk: Zen Essays*. Tr. Sumiko Kudo. Rutland: Charles E. Tuttle Company, 1975.

Singh, A. *The Heart of Buddhist Philosophy: Diṅnāga and Dharmakīrti*. Delhi: Munshiram Manoharlal Publishers, 1984.

Stace, W. T. *The Philosophy of Hegel: A Systematic Exposition*. London: Dover Publications, Inc., 1955.

Stcherbatsky, Th. *Buddhist Logic*. 2 Vols. Bibliotheca Buddhica, XXVI. St. Petersbourg, 1930,

1932.

Suzuki, D. T. *Outlines of Mahayana Buddhism*. New York: Schocken Books, 1970.

Taber, J. A. *Transformative Philosophy: A Study of Śaṅkara, Fichte and Heidegger*. Delhi: Sri Satguru Publications, 1992.

Tillich, P. *Biblical Religion and the Search for Ultimate Reality*. Chicago: The University of Chicago Press, 1955.

Tillich, P. *Dynamics of Faith*. New York: Harper and Row, Publishers, 1957.

Tillich, P. *Systematic Theology*. Three volumes in one. Chicago: The University of Chicago Press, 1967.

Tracy, D. *Blessed Rage for Order: The New Pluralism in Theology*. Chicago: The University of Chicago Press, 1996.

Tracy, D. *Plurality and Ambiguity: Hermeneutics, Religion, Hope*. Chicago: The University of Chicago Press, 1994.

V. Guenther, H. *Philosophy and Psychology in the Abhidharma*. Delhi: Motilal Banarsidass Publishers, 1991.

Vidyabhusana, S. C. *A History of Indian Logic*. Delhi: Motilal Banarsidass, 1978.

Waldron, W. S. *The Buddhist Unconscious: The Ālaya-vijñāna in the Context of Indian Buddhist Thought*. London and New York: Routledge Curzon, 2003.

Wargo, R. J. J. *The Logic of Nothingness: A Study of Nishida Kitarō*. Honolulu: University of Hawai'i Press, 2005.

Wayman, A. *A Millennium of Buddhist Logic*. Delhi: Motilal Banarsidass Publishers, 1999.

Wayman, A. *Buddhist Insight: Essays by Alex Wayman*. Delhi: Motilal Banarsidass, 1990.

Whitehead, A. N. *Modes of Thought*. New York: The Free Press, 1968.

Whitehead, A. N. *Process and Reality: An Essay in Cosmology*. Corrected Edition. Eds. D. R. Griffin and D. W. Sherburne. New York: The Free Press, 1979.

Wittgenstein, L. *Philosophical Investigations*. Tr. G. E. M. Anscombe. Oxford: Basil Blackwell, 1981.

Wolmes, S. M. and Horioka, C. *Zen Art for Meditation*. Rutland: Charles E. Tuttle Company, 1990.

Wood, T. E. *Mind Only: A Philosophical and Doctrinal Analysis of the Vijñānavāde*. Honolulu: University of Hawai'i Press, 1991.

Yusa, M. *Zen and Philosophy: An Intellectual Biography of Nishida Kitarō*. Honolulu: University of Hawai'i Press, 2002.

Zaehner, R. C. tr. *The Bhagavad-Gītā*. Oxford: Oxford University Press, 1975.

Zimmer, H. *Philosophies of India*. Princeton: Princeton University Press, 1974.

四、德文

Buri, F. *Der Buddha-Christus als der Herr des wahren Selbst: Die Religionsphilosophie der Kyoto-Schule und das Christentum*. Bern und Stuttgart: Verlag Paul Haupt, 1982.

Dumoulin, H. *Der Erleuchtungs-weg des Zen im Buddhismus*. Frankfurt am Main: Fischer Taschenbuch Verlag, 1976.

Dumoulin, H. *Zen: Geschichte und Gestalt*. Bern: Francke Verlag, 1959.

Frauwallner, E. *Die Philosophie des Buddhismus*. Berlin: Akademie Verlag, 1994.

Gadamer, H.-G. *Hermeneutik I. Wehrheit und Methode: Grundzüge einer Philosophischen Hermeneutik*. Tübingen: J. C. B. Mohr (Paul Siebeck), 1990.

Gadamer, H.-G. *Hermeneutik II. Wehrheit und Methode: Ergänzungen Register*. Tübingen: J. C. B. Mohr (Paul Siebeck), 1993.

Hegel, G. W. F. *Grundlinien der Philosophie des Rechts*. Frankfurt am. Main: Suhrkamp Verlag, 1976.

Hegel, G. W. F. *Phänomenologie des Geistes*. Frankfurt am Main: Suhrkamp, 1980.

Heidegger, M. *Sein und Zeit*. Frankfurt am Main: Vittorio Klostermann, 1977.

Husserl, E. *Cartesianische Meditationen und Pariser Vorträge*. Den Haag: Martinus Nijhoff, 1973.

Husserl, E. *Die Idee der Phänomenologie*. Den Haag: Martinus Nijhoff., 1973.

Husserl, E. *Die Krisis der europäischen Wissenschaften und die transzendentale Phänomenologie*. Den Haag: Martinus Nijhoff, 1976.

Husserl, E. *Erfahrung und Urteil: Untersuchungen zur Genealogie der Logik*. Hamburg: Felix Meiner Verlag, 1985.

Husserl, E. *Ideen zu einer reinen Phänomenologie und phänomenologischen Philosophie. Erstes Buch: Allgemeine Einführung in die reine Phänomenologie*. Den Haag: Martinus Nijhoff, 1976.

Husserl, E. *Logische Untersuchungen. Erster Band: Prolegomena zur einen Logik*. Den Haag: Martinus Nijhoff, 1975.

Husserl, E. *Logische Untersuchungen. Zweiter Band, Erster Teil: Untersuchungen zur Phänomenologie und Theorie der Erkenntnis*. The Hague: Martinus Nijhoff Publishers, 1984.

Husserl, E. *Logische Untersuchungen. Zweiter Band, Zweiter Teil: Untersuchungen zur Phänomenologie und Theorie der Erkenntnis*. The Hague: Martinus Nijhoff Publishers,

1984.

Kant, I. *Die Religion innerhalb der Grenzen der bloßen Vernunft*. Stuttgart: Philipp Reclam Jun, 1974.

Kant, I. *Kritik der praktischen Vernunft. Grundlegung zur Metaphysik der Sitten*. Frankfurt am Main: Suhrkamp, 1978.

Kant, I. *Kritik der reinen Vernunft 1, 2*. Herausgegeben von W. Weischedel. Frankfurt am Main: Suhrkamp, 1977.

Kant, I. *Kritik der Urteilskraft*. Frankfurt am Main: Suhrkamp Taschenbuch Verlaq, 1978.

Kitayama, J. *Metaphysik des Buddhismus: Versuch einer philosophischen Interpretation der Lehre Vasubandhu und seiner Schule*. Stuttgart-Berlin, 1983.

Otto, R. *Das Heilige*. München: Verlag C. H. Beck, 1963.

Schopenhauer, A. *Die Welt als Wille und Vorstellung*. Erster Band: *Vier Bücher, nebst einem Anhange, der die Kritik der Kantischen Philosophie enthält*. Zürich: Diogenes Verlag, 1977.

Schopenhauer, A. *Die Welt als Wille und Vorstellung*. Zweiter Band: *Welcher die Ergänzungen zu den vier Büchern des ersten Bandes enthält*. Zürich: Diogenes Verlag, 1977.

Vetter, T. *Erkenntnisprobleme bei Dharmakīrti*. Wien: Hermann Böhlaus Nachf., 1964.

索　引

凡　例

一、索引條目包括三大類：哲學名相、人名、書名。其中人名類中也包含
　　宗派、學派名稱。

二、三大類條目中的哲學名相和書名各自再細分為：

　　1. 中／日文

　　2. 英文

　　3. 德文及其他歐洲語文

　　4. 梵／藏文

　　人名則分為：

　　1. 中／日文

　　2. 歐洲語文（包括英文、德文及其他）

　　3. 梵／藏文

三、條目選擇的原則方面，較重要的名相在首次出現時均會標示，此後，
　　在文中對該名相有所解釋或運用時，會再次標示。人名和書名方面亦
　　相近，首次出現時均標示，其後再有所介紹或引述時，會再標示。條
　　目在文中如重複出現，但未有再作解釋或引用時，則不再標示。

四、書名及論文名稱標點方面，中、日文書名以《　》標示，論文名稱以
　　〈　〉標示；英、德、歐、梵、藏文書名均以斜體標示，論文名稱則
　　以" "標示。

五、條目排序方面，中、日文條目以漢字筆劃較少的排先，日文假名為首

的條目跟在漢字之後，以字母的次序排列；英、德、歐、梵、藏文均以羅馬體字母排序。其中特別要注意人名的排序，人名當以姓氏排序，但西方人的姓氏一般放在最後，故在索引中會將姓氏放在最前，以方便排序，例如 I. Kant，會寫成 Kant, I.。

哲學名相索引

二、英文

三、德文及其他歐洲語文

四、梵／藏文

人名索引

二、歐洲語文（包括英文、德文及其他）

三、梵／藏文

書名索引

二、英文

三、德文及其他歐洲語文

四、梵／藏文

國家圖書館出版品預行編目資料

新哲學概論：通俗性與當代性

吳汝鈞著. – 初版. – 臺北市：臺灣學生，2016.09
面；公分

ISBN 978-957-15-1700-1 (平裝)

1. 哲學

100   105003291

新哲學概論：通俗性與當代性

著　作　者：吳　　　　汝　　　　鈞
出　版　者：臺 灣 學 生 書 局 有 限 公 司
發　行　人：楊　　　　雲　　　　龍
發　行　所：臺 灣 學 生 書 局 有 限 公 司
　　　　　　臺北市和平東路一段七十五巷十一號
　　　　　　郵 政 劃 撥 帳 號 ：00024668
　　　　　　電　話　：（02）23928185
　　　　　　傳　眞　：（02）23928105
　　　　　　E-mail：student.book@msa.hinet.net
　　　　　　http://www.studentbook.com.tw
本 書 局 登
記 證 字 號：行政院新聞局局版北市業字第玖捌壹號
印　刷　所：長 欣 印 刷 企 業 社
　　　　　　新北市中和區中正路九八八巷十七號
　　　　　　電　話　：（02）22268853

定價：新臺幣七五〇元

二 〇 一 六 年 九 月 初 版

10008
ISBN 978-957-15-1700-1 (平裝)